山西省非物质文化遗产代表性项目名录

刘润民 主 编

文化艺术出版社
Culture and Art Publishing House

图书在版编目（CIP）数据

山西省非物质文化遗产代表性项目名录 / 刘润民主编；
—北京:文化艺术出版社, 2016.10
ISBN 978-7-5039-6211-0

Ⅰ.①山…　Ⅱ.①赵…　②吴…　③刘…　④山…
Ⅲ.①非物质文化遗产—山西—名录　Ⅳ.①G127.13-62

中国版本图书馆CIP数据核字（2016）第256477号

本书由文化部非物质文化遗产司提供赞助

山西省非物质文化遗产代表性项目名录

主　　编　刘润民
责任编辑　齐大任　彭世帆
装帧设计　李　鹏
出版发行　文化艺术出版社
地　　址　北京市东城区东四八条52号　（100700）
网　　址　www.whyscbs.com
电子邮箱　whysbooks@263.net
电　　话　（010）84057666（总编室）84057667（办公室）
　　　　　（010）84057691—84057699（发行部）
传　　真　（010）84057660（总编室）84057670（办公室）
　　　　　（010）84057690（发行部）
经　　销　新华书店
印　　刷　国英印务有限公司
版　　次　2017年6月第1版
印　　次　2017年6月第1次
印　　张　32.25
字　　数　510千字
开　　本　880毫米 × 1230毫米　1/16
书　　号　ISBN 978-7-5039-6211-0
定　　价　180.00元

目　录

一、民间文学

二、传统音乐

三、传统舞蹈

四、传统戏剧

五、曲艺

六、传统体育、游艺与杂技

七、传统美术

八、传统技艺

九、传统医药

十、民俗

附　录

一、民间文学

山西省非物质文化遗产代表性项目名录

董永传说

申报地区或单位：运城市万荣县

董永传说始于汉代，最早载于西汉刘向《孝子传（图）》，此后三国曹植的《灵芝篇》和东晋干宝的《搜神记》也有相关记载。《搜神记》中的董永遇仙传说，因其主题突出（行孝）、情节完整（“鹿车载父”、“卖身葬父”与天女适嫁“助君偿债”），而在我国农村地区广泛流传，成为两千多年来故事嬗变和文学移植的母本，对后世影响深远。

董永传说在两千多年的漫长流传过程中，不断与各地的民众生活相结合。由于民众情感的渗透和口碑的附会，又产生了富有地方特色的传说，留下相沿而成的风俗以及与董永身世有关的文物、碑碣、村落、地名等遗迹。山西省万荣县皇甫乡小淮村一带流传着数量众多且极具地方色彩的董永传说，这些传说、故事具有丰富的文化内涵，既有教化作用又富爱情色彩，深受民众喜爱。当地还留存有董永墓、“董永故里”石碑、董公祠墓址石狮底座等遗址遗迹，并且围绕传说、遗留物还形成了“织合婚布”、“摸石狮子祈福”、“土地庙会”等特殊的民俗事象，深深地影响着当地民众的生活。

董永传说蕴含的史学、文学资料对研究我国各个历史时期社会、经济、政治、文化，特别是文学艺术等方面的研究都有一定的价值。该传说在长期口耳相传的过程中，因地、因时、因人而异，不断演变，在发展流变过程中又具有了向爱情故事演变的趋势，但主题和母题并没有大的变化，其教化功能对当今建设社会主义精神文明和构建和谐社会具有很强的现实意义。

杨家将传说*（杨家将说唱）

申报地区或单位：山西大学

杨家将说唱是流传于山西省广灵县东部与河北省蔚县邻接地区的一部超长的民间叙事艺术作品，它以宏大的篇幅、起伏跌宕的格调、生动传神的表演，畅叙了北宋抗辽名将杨继业一家祖孙九代及其家眷忠勇报国、抗暴安民的英雄事绩和民族气节。

杨家将说唱文本篇幅巨大，保留了古代说唱艺术口头讲述和韵文演唱相间表演的特点，

---

* 该项目省级名称为《民间传唱史诗〈杨家将〉》，经文化部专家组讨论后，改成《杨家将传说（杨家将说唱）》，现为国家级非物质文化遗产项目，本书以国家级项目名称为准。

可谓有说有唱、声情并茂。内容主要分为上中下三部分：上篇主要说唱杨继业、佘赛花二人的故事，兼及杨家儿郎抗击契丹的内容，包括金沙滩血战、穆桂英现身战场；中篇以杨六郎、杨宗保父子与穆桂英的故事为主；下篇以杨文广联合呼家将征西、征南故事为主干，以杨家女性为陪衬，牵及杨家将六、七、八、九代的内容，最后以佘老太君遵旨率全族西迁至西宁结束。叙事内容基本上包容了千余年来戏曲、话本、小说、演义、评书等有关杨家将的大体故事及人物，同时还极为罕见地唱出了第六代至第九代杨家传人的故事线索。作品基本摆脱了中原汉文化对契丹、西夏等少数民族政权及人物丑化、诋毁的套路与桎梏，较为客观地唱出了交战双方各自的理由与原因，在互有胜败的战场上或在和平的日常生活中，塑造了交战双方不同人物的个性特点。这部至今流传在民间、用当地方言演唱的叙事艺术作品，正是多民族共同的历史文化积淀，对于研究杨家将故事、传说、曲艺等文艺作品具有积极的意义。

尧王传说*

申报地区或单位：运城市绛县

尧是中国远古时期的圣王，后代传说中他姓伊祁氏，号陶唐，故亦称为唐尧。分布于山西绛县的“尧的传说”内容丰富，从尧王的出生到他政治生涯、家庭生活等，涉及诸多方面，在当地民间代代相传，并在传播过程中逐渐附会和融合了一些与本事相关联的人物、事件、故事，具有重要的文学价值和历史价值。

绛县尧寓村位于县城南4公里处，村中建有多座庙宇，如尧王庙、全神庙、三官庙（尧舜禹）、娥皇庙、女英庙等，还遗留有“陶唐遗风”、“巍严配天”石匾，“创建寨记”、“古驿道碑”石碑等文物，这些历史遗迹都在叙说着一个主题，即尧王曾带领部落在此地生产、生活过。千百年来，尧王传说不断丰富和完善，并以此附会出许多风物景观，如尧王用过的石椅石桌、尧王洗澡潭、尧王祭天坛、尧王点将台、尧王祭天塔、南天门、锅锅门、青龙岗等。这些人文景观和历史遗迹，经过数代村民的演绎、创作，生成了以尧王热爱百姓、文治昌明、武功韬略、才智绝伦为主要内容的故事群。另外，绛县尧寓村延续数百年而不衰的春秋大祭，也使得尧王传说、历史风物和民俗信仰三者不断地良性互动，以尧王传说为背景的各种艺术形式的介入，反过来又推动了传说在民众中的传播，正如恩格斯所说“每个民族都要经历自己的英雄时代”，尧便是中华民族上古时期的英雄。

---

* 该项目省级名称为《尧王故里传说》，申报国家级项目后改名为《尧王传说》，本书以国家级项目名称为准。

尧的传说

申报地区或单位：长治市黎城县文化馆

尧，五帝之一，姓伊祁（耆），名放勋，因封唐侯，故称“唐尧”，又因封唐侯前曾在家乡随母亲（庆都）烧制过陶器，所以亦称陶唐氏。《纲鉴会纂·三皇篇》载：“神农，其初国伊，继国耆，合而称之，又号伊耆氏。”《山西名贤辑要》记：“尧为黄帝五世孙，生长居处于伊耆二地，即今山西黎城县也。尧初号伊耆氏，实原于此。受封于唐，故又号陶唐氏。旋徙晋阳，及即位，乃定都平阳，又即今山西临汾县也。”《中国古地名辞典》解释曰：“耆，黎国也，即山西黎城县。”

千百年来，人们把尧统领过的部落誉为“陶唐之地”，把他传承下来的教育、修德、重才、谦恭礼让的美德，颂为“陶唐遗风”。“陶唐”二字也由此成为与尧息息相关的文字符号。黎城县东骆驼村，作为尧王感生神话的故事发生地，保留了大量上古传说的遗迹和地名，如尧母洞、司马陶唐、上古陶窑、烧陶峧、丹陵、耆山、尧井峧凹（也称尧帝峧凹）、尧墟峧、尧陵井寨、魃母案、旱魃鬼、尧国黎等；民间还流传着众多尧王故里的传说，像尧王出生的传说、尧王和洗耳河的传说、尧母洞的传说、庆都的传说、旱魃的传说、黎侯虎的传说、丹陵石屋的传说、司马氏寻陶唐的传说等。这些故事、传说、遗迹、风俗成为尧帝文化的一部分，代代相沿，成为一种文化标识，不断鞭策和指导着民众的生产生活，具有深刻的教育意义。

尧的传说

申报地区或单位：临汾市非物质文化遗产保护协会

临汾，古称平阳，因其地理位置重要，自古为兵家必争之地。作为帝尧之都，其文化底蕴深厚，十多万年前，“丁村人”就在此繁衍生息，5000年前，尧帝便开启了华夏文明之门，尧王访贤、让位于舜的传说就发生在本地。

尧的传说通过几千年来世世代代劳动人民口口相传发展至今，具有很强的生命力。1984年，文化部、国家民委和中国民研会联合下发了编辑出版民间文学三套集成通知后，临汾市开始全面普查，搜集采录民间文学资料，各县市出版了“资料本”，继而市里又先后出版了《尧都故事》、《尧都传说》等，之后又搜集出版了《尧舜禹的传说》、《尧的故事》等，以启蒙教育走进学校，并且开展了修复尧庙、尧陵，恢复了祭尧等活动，使继承和弘扬尧文化的优良传统走上了一个新的阶阶段。

临汾作为帝尧的都城，流传着众多与尧王有关的民间传说，如《尧王出世》、《尧王嫁女》、《帝尧和浮山》、《尧王拒礼》、《尧王访蒲伊》、《尧王让贤》、《尧都村的传说》等，它们从不同角度、不同侧面反映了尧的高尚人品、美德以及在历史上的卓越贡献。保护和传承这些故事、传说，对于弘扬中华民族的优良文化传统，共建和谐社会，具有重要的教育意义。

白马脱缰传说

申报地区或单位：晋城市城区文化馆

白马脱缰传说在晋城地域内流传广泛，《泽州府志》、《晋城县志》、《城区志》、《晋城市民间故事集成》、《城区文物》中均有记载。该传说深受佛教文化影响，以“白马舍生取义”为主线而衍生出许多内容丰富、情节曲折动人的故事。这些故事弘扬了人间的真善美，鞭鞑了世间的假恶丑。传说中的白马忠义善良、机智勇敢、嫉恶如仇，成为千百年来百姓们反抗恶势力，追求幸福生活的勇敢化身；它为民除害的反抗精神，影响着一代又一代劳动人民的精神情操，激发起民众战胜困难，建设美好家园的热情和信心。

白马脱缰传说所体现的精神内涵，影响着后人树立正确的人生观、世界观和价值观。白马脱缰散发着中华传统文化“真善美”的光辉，白马百折不挠、忠诚善良、含蓄动人、积极进取的精神影响着一代代人，在当今多元文化的冲击下，学习和秉承这些优良品质，是我们构建和谐社会进程中不可或缺的精神力量。

舜的传说

申报地区或单位：沁水县文化馆

舜，姓姚，有虞氏，名重华，史称虞舜。相传舜的家世甚为寒微，虽然是颛顼帝的后裔，但自五世祖穷蝉起为庶人，生活贫苦。舜辛勤耕稼于历山，品行端正，有卓越的才干和高尚的人格力量。由四岳推荐，娶尧帝二女，后尧禅位于舜。

历山位于沁水县城西南部56公里处，地处沁水、垣曲、翼城、阳城等县的交界处。这里风景独特，景色迷人，保留了大量有关于舜的传说。20世纪70年代，考古工作者在当地发现了下川古人类文化遗址，挖掘出包括尖状器、砍斫器、石锤等四十余种石器，从另一个侧面反映了远古时代人类社会的生活、生产状况。

沁水县历山地区关于舜的传说故事主要依靠口头讲述，代代相承，现在能够收集到的有百个以上，主要有《舜王耕治历山》、《继母投镯一害舜》、《火烧麦秸二害舜》、《尧帝选贤》、《大舜娶妻》、《娥皇造药》、《大舜刀劈东西峡》、《林迟木的传说》、《女英娥皇争偏正》、《血腥臭味树的传说》等。

舜帝是上古五帝之一，又是圣君的代表，人们崇拜他、赞美他、歌颂他，并附生出大量以“贤”、“孝”为主题的故事，表现了民众对舜品德和才能的赞美，同时，客观上也反映了原始社会末期的基本情况，具有很高的学术研究价值。

舜的传说

申报地区或单位：运城市垣曲县文化馆

舜的传说广泛流传于垣曲县历山镇周边区域，主要分布于同善村、神后村、南堡村、皇姑幔以及历山舜王坪等地。舜乃上古五帝之一，尧王禅位之前曾长期在历山耕作，恪守孝道，为世人所称颂，《尚书》、《墨子》、《孟子》、《竹书纪年》、《史记》、《水经注》、《平阳府志》、《山西通志》等书籍中均有相关记载。

历山舜王坪的舜庙创建于何时，已经无从考证。但从历山镇同善村现存的明代“帝舜故里”及明万历三年（1575）和清康熙二年（1663）重修舜井纪念碑的碑文来看，早在明、清时期，历山镇已被公认为是舜活动所在地，并且围绕诸冯山、舜井、负夏城（今同善村）、皇姑幔、历山舜王坪等地，产生并流传了许多关于舜的故事，这些传说从内容上来看，主要有五大类：1.关于舜出生的神异故事；2.舜宽厚仁慈，以恩报怨的故事；3.舜嫉恶如仇，为民除害的故事；4.舜夫妻恩爱，相敬如宾的故事；5.舜心地善良，聪明机智的故事。近年来，垣曲当地成立了“舜文化研究会”，致力于舜文化的研究。经过研究工作者不懈的努力，已搜集整理出《感虹生子》、《继母肆虐》、《负夏定居》、《兄弟种麻》、《躬耕历山》、《尧王访贤》、《塑像向背》、《谷仓纵火》、《落井下石》等一百余个舜帝故事，仍有许多优美的舜帝故事散落于民间，需要进一步搜集整理。

舜是中华文明的重要奠基人之一，其治国、治家思想直到今天，仍在政治、经济、人伦、道德、教化、礼乐等方面，对我们社会的进步起着潜移默化的作用，是中华民族优秀传统道德文化的根源。

烂柯山的传说*

申报地区或单位：陵川县文化馆

烂柯山的传说在陵川县境内流传已久，由百姓世世代代口头传承至今，并形成庞大的故事群，特别是在陵川棋子山脚下的苇水村，几乎人人都知道这个传说。《尚书·洪范》、《史记》、清雍正版《山西通志·山川》、清武彭龄《箕山履迹考》、清光绪版《陵川县志》中都有关于棋子山及箕子隐居陵川谋棋的记载。

陵川烂柯山的传说以"箕子造棋"、"武王访道"、"箕子东渡"和"观棋烂柯"为主要内容，故事情节生动、内容完整，与当地的地名、环境、民风、民俗、游戏竞技以及古代文献中的相关记载互相融合，用独特的角度反映了围棋的起源、发展历史和围棋文化的精髓。

陵川棋子山烂柯的传说为推断围棋起源时期、地点及其所依据的基本原理提供了重要依据，对于促进世界围棋事业的发展，弘扬围棋文化起到了一定的推动作用。

沁县烂柯的传说

申报地区或单位：长治市沁县文化馆

烂柯山传说在山西晋东南地区广为流传，沁县棋子山传说便是此类"遇仙"题材的一则变文，故事将"围棋对弈"改为"象棋厮杀"，又在结尾处增加了羽化成仙的超现实想象，并把仙人与星宿相联系，洋溢着神奇瑰丽的浪漫主义色彩，引人入胜。

棋盘山位于沁县郭村镇伏牛山与沁源交界处，山顶一块大石上刻着个棋盘，棋盘上摆有五颗残子。两届河心有一个碗口粗的石窝，窝内盛满了常年不枯的清水，人们称之为"仙水池"。相传，公子重耳避难赤狄，狐偃、先轸等贤士在古老的象棋中加入军事元素，相互博弈，用来磨炼重耳的斗志。后来，重耳复国后便在赤狄通往晋国要道之侧的山巅，用巨石雕造了

---

* 该项目省级名称为《围棋起源传说》，申报国家级项目后改名为《烂柯山的传说》，本书以国家级项目名称为准。

一幅巨大的棋盘，并建了一座石亭，即今天沁县棋盘山上“仙人弈棋”遗迹。

当地民间广泛流传着农夫遇仙的传说。很久以前，沁县仁胜村有个姓田的农夫，从小父亲去世，留下他和母亲相依为命。一天农夫上山砍柴遇见两位白胡老翁在那里下棋，他砍好柴后便蹲在棋盘旁默默观战，只见两位你吃我杀，互不相让，棋逢对手。后忽见老翁不见踪影，农夫如同在梦中一样赶忙担柴，结果柴不见了，好不容易才找到砍柴的斧头，可早已锈成了废铁，无奈只好空空下山。回村后发现村庄已变了样子，村里的人都认不出他是谁，原来已隔了好几世。农夫最终也幻化为星宿——太白金星。

烂柯传说以生动的情节和完美的内容，为古迹增添了神秘色彩，具有珍贵的文学价值。

广武传说

申报地区或单位：朔州市山阴县

广武位于山阴县城南53公里处，朔州市中南部内长城雁门关外，属黄土高原地带。据明崇祯版《山阴县志》记载，该地“春秋北狄所居”，历代均设郡县，元、明、清至今称山阴县。山阴地势险要，西北洪涛山、东南翠微山形成天然屏障，为历代兵家必争之地。山阴文化底蕴深厚，在广武这片古老的土地上，经过漫长的历史孕育，发生了许多真实的历史事件，并涌现出一批批悲壮动人的历史人物，关于他们的故事至今在民间仍大量流传，故事传说又与地域文化相结合从而展现了民众独特的文化记忆。

广武传说可分为四类：人物类包括“刘邦广武押刘敬”、“杨业四出雁门关”、“六郎点三军”、“光武帝续建长城”、“程不识率军驻北陲”等；风物类包括“新旧广武传说”、“马厩变城池章宗帝巧建三门城”等；军事类包括“李广屈死埋汉墓”、“卫青广武败匈奴”、“汉武帝雁门整军容”、“杨业大战契丹”等；神话类包括“晋景公巧捉狐狸”、“六郎城夜闻马嘶声”等。这些传说表达了强烈的爱国主义精神，是研究晋西北经济、文化和历史渊源的重要史料。

赵氏孤儿传说

申报地区或单位：阳泉市盂县

赵氏孤儿传说是汉民族复仇故事中的经典代表作品，主要讲述赵氏遗孤在公孙杵臼、程婴等人的帮助下锄奸昭雪的过程。故事情节见于《左传》、《史记》等史著，元人纪君祥据此改编杂剧《赵氏孤儿》，18世纪法国思想文学家伏尔泰又将其译为《中国孤儿》在欧洲上演，赵氏孤儿成为最早走出国门的古典戏剧作品。

盂县，古称仇犹国，民间传赵氏遗孤曾在盂山藏匿15年而得以保全血脉，后人改盂山为“藏山”，以藏孤得名也。赵氏孤儿传说在盂县境内广泛流传，主要集中在苌池镇及北部上社镇、下社乡，中部城关镇、南娄镇、路家村镇等地。每年农历四月十五还要在藏山举行隆重的祭祀仪式，纪念灵感大王赵武，天长日久，遂形成了规模盛大的民间庙会。

藏山区域内的藏孤洞、报恩祠、育孤园等景点及附近的大围、荒鞍岭、宝剑沟、落箭山等村名、山名都是盂县民众为纪念程婴携孤远逃追杀、救孤育孤的情感附会。赵氏孤儿的故事逐渐被后人传成神话，赵武被祀奉为“藏山大王”。以盂县藏山为中心及周边的河北省、太原市等地现存供奉赵武的大王庙134处，其中盂县108处。

赵氏孤儿传说以历史人物为原型，塑造了忠臣义士的光辉形象，体现了中华民族重承诺、轻生死、忠直正义的伦理精神，千百年来经过人们的口头及书面流传，已深深烙入百姓心里，起到了潜移默化的教育作用，极大地丰富了人民群众的文化生活。

赵氏孤儿传说

申报地区或单位：运城市新绛县

新绛赵氏孤儿传说主要流传于新绛县泽掌镇、北张镇、泉掌镇、龙兴镇和新绛县城及稷山县部分地区。新绛，古称绛州，与临汾市襄汾县赵康镇同为春秋时期晋国故绛都的管辖地，至今仍有赵武故里、灵公台、哺饥坡、灵辄庙和县城内的两条程氏胡同（藏孤地）等相关遗迹，特别是近年来，在三泉水库发现的关于赵氏孤儿的残碑，更是充分证明该传说在新绛地区流传已久，具有较好的传承基础。

新绛赵氏孤儿传说经过两千多年的口口相传和历史流变，逐渐形成了以“下宫之役”为核心内容，程婴救孤、公孙杵臼设计救孤、韩厥藏孤等故事为主要故事点的传说形态，并继续在民间广为流传。

该传说颂扬了程婴、公孙杵臼舍己救人、义薄云天的高尚情操，鞭策了屠岸贾谄媚、助纣为虐的罪行，揭露了封建统治者视人命如草芥的丑恶行径，颂扬了中华民族传统美德和爱憎分明的价值观，是中华民族文化道德和价值标准的集中体现，也是构建和谐社会和树立社会主义荣辱观的一本生动的教科书。

赵氏孤儿的传说

申报地区或单位：襄汾县东汾阳村

“赵氏孤儿”是发生在晋国历史上一则著名的故事。春秋时期，晋景公听信权臣屠岸贾谗言，致使赵氏家族300余口满门抄斩，韩厥、程婴、公孙杵臼三人设计将赵盾之孙赵武救出，藏于深山古洞达15年之久。赵武在程婴的抚育下长大成人并报仇雪恨，赵氏满门冤屈得以昭雪。

故绛，古晋国都城，其遗址在襄汾县的赵康地区。1965年，“赵康古城遗址”被公布为“山西省重点文物保护单位”。今赵康一带，许多与赵氏孤儿传说相关的遗址、遗迹尚存，诸如故绛都遗址，赵盾、韩厥、程婴、公孙杵臼等人的故里、墓、祠、碑等以及藏孤处。故事不仅在赵康及其周边地区流传，而且辐射至晋中和河北的一些地区，可见其影响十分广泛。

目前，受多元文化的影响，年轻人对这一传说故事早已淡漠，因此，保护和传承该传说就显得非常迫切和必要。这不仅对探索研究晋文化具有重要的历史意义，也对弘扬中华民族传统美德具有极强的现实意义。

赵氏孤儿的传说

申报地区或单位：清徐县清源镇大北村村民委员会

赵氏孤儿的传说千百年来广为流传，可谓脍炙人口、老幼皆知，由此改编的戏曲故事被称为中国文学史上的《哈姆雷特》，它曾被法国文豪伏尔泰改编为新剧本《中国孤儿》，在巴黎演出，影响巨大。

据《清徐县志》记载，本县贾兆村为春秋时晋国大夫屠岸贾的属地，屠岸贾陷害赵家，将赵氏家族满门斩于此地，村民为了让后人记住这段历史，取屠岸贾名字的尾字和赵姓的首字，定村名为“贾赵”，清道光年间又改名为“贾兆”。

贾兆村村名的来历，北村大王庙千年不断的香火，每年农历七月十一传统庙会的形成，清源镇平泉村、清源城区赵家街、东于镇赵家山等一系列与传说相关联的地名由来，以及这些村落的祠堂庙宇、民间活动都承载着清徐民众对善恶忠奸的集体判断和情感寄托。

司马光传说

申报地区或单位：运城市夏县

司马光传说流传于山西夏县一带。夏县位于山西省南部，东邻黄河，西靠王山，北接闻喜县，南与盐湖区和平陆县相连，相传为夏都安邑所在地，今属运城市。北宋著名文人司马光祖籍陕州夏县涑水乡（山西运城安邑镇东北），今夏县县城西北12公里的水头镇峨嵋岭上还留有其祖茔。

司马光（1019—1086）作为我国古代杰出的政治家、文学家、史学家，一生有很多传奇经历，至今在夏县民间还流传着60多个关于他的传说故事。宋人李元纲所著《厚德录》中记载：“至今京洛间多为《小儿击瓮图》”，可见“司马光砸缸”的故事在北宋时期已经广为传播了。另外，司马光头枕圆木而卧，稍惊便醒而读的“警枕”故事，成为后世勤奋好学的典范；他在洛阳修书期间卖马的故事，表明其为人诚信；同时更多关于述说他“修身、齐家、治国、平天下”远大志向的传说也在民间广泛流传。

千百年来，关于司马光的传说故事一直被世人盛传不衰，尤其是“司马光砸缸”的故事，该故事已经被全国各族人民所喜爱，并在小品、话剧、邮票等多种形式中体现，它的影响已经远远超出了故事本身而成为“智慧文化”启蒙教育的重要组成部分。此外，司马光以德治国的思想是儒家思想的继承和发扬，其中所包含的“诚信、勤奋、机敏、善一”的美好品质成为中华民族精神和传统文化的重要财富。

牛郎织女传说

申报地区或单位：晋中市和顺县

牛郎织女传说是中国“四大民间传说”之一，自先秦到今天已经流传了两千余年，被誉为传统文化中的爱情经典。牛郎织女凄美动人的爱情故事是历代文人所偏爱的题材，由此而诞生了众多形式多样、雅俗共赏的优秀文艺作品，而由于这个传说，还形成了盛行于我国民间各地的“七夕”、“乞巧”等重要习俗。

牛郎织女传说的流传地很多，如山西和顺、山东沂源、河南南阳、陕西西安等。山西省晋中市和顺县牛郎峪、南天池村一带，地处晋冀交界的太行之巅，这里世代传承着牛郎织女的美丽神话，与牛郎织女故事有关的地名、风俗以及生态景观，已深深融入民间百姓的日常生活之中，成为当地特有的文化现象。以南天池村为轴心，方圆2—3公里之内，分布着与故事情节相关连的20多处地名、自然景观与人文景观，诸如牛郎峪、牛郎沟、牛郎洞、南天池、南天门、天河梁、簪峪（磨子峪、磨峪）、喜鹊山以及牛郎庙、织女庙等。

牛郎织女传说以民间故事、戏曲曲艺等形式代代相传，当地还遗存有大批故事抄本、曲本，并且至今还保留着七夕之夜“看天”、“祭牛郎织女”习俗和男耕女织的生活方式，为牛郎织女传说的推广奠定了良好的社会基础。

牛郎织女传说

申报地区或单位：运城市永济市

牛郎织女传说的流传地域很多，在山西主要有蒲州（古称蒲坂）与和顺两地。据《史记·天官书》曰：“织女，天女孙也。”《汉书·天文志》云：“织女，天帝孙也。”南北朝时代任昉的《述异记》载：“大河之东，有美女丽人，乃天帝之子，机杼女工，年年劳役，织成云雾绢缣之衣，辛苦殊无欢悦，容貌不暇整理，天帝怜其独处，嫁与河西牵牛为妻，自此即废织纴之功，贪欢不归。帝怒，责归河东，一年一度相会。”而运城地区民间传说中的织女是蒲州姑娘，是舜帝的孙女，王母娘娘的外孙女。舜帝居住和生活在永济市历山脚下的妫汭水河畔，现妫汭水、雷泽湖遗址保留完好。《述异记》中的“天河”，指蒲坂之黄河，“河东”即蒲坂地区的“九龙口”，牛郎织女传说便在古蒲州民众现实生活基础上产生流传开来。

永济牛郎织女爱情故事是我国传统的民间文学艺术，作品中众多有关牛郎织女的古迹、传说和习俗都集中在这一区域。牛郎织女的爱情传说经过长期的历史积淀，已经成为当地村民信仰和生活的一部分。它是我国传统社会中男耕女织自然经济的艺术反映，是我国传统生产方式、生活习俗的产物，是极其珍贵的历史文化遗产。

傅山传说

申报地区或单位：太原市尖草坪区

傅山传说主要流传于太原地区，是以傅山为主人公展开叙述的民间口头传统，近百年来，它一直在民间广泛传承，是当地颇具代表性的文化遗产。

傅山名鼎臣，字青主，著名的政治家、思想家、书画家、诗人、医学家。他一生博学多才，对经、史、诸子、佛道、音韵、训诂、金石、书法、绘画、医学等诸多方面都有颇深的造诣，尤以医学方面的成就最为突出，民间素有“傅山诗不如字，字不如画，画不如医，医不如人”的说法。此外，傅山还是个“奇人”，他生性豪爽、侠肝义胆，创立了傅家拳传诸于世，许多侠义武打小说中将傅山描绘成为武术“宗师”和“侠客”。民间传说他乐善好施、治病救人，以其精湛的医术、高尚的医德普救四方百姓，山西人称傅山为“医圣”，且早已被传颂为“神”，至今仍有得病拜“傅山神”求药医治的民间信俗活动。

以傅山为原型的附会、演绎，在民间发酵、润化，形成庞大的故事群，并以口口相传的形式流传到今天，如《傅山画灯》、《松抱杏与凌泾塔》、《点墨成鸟》、《“烂脚”治头疮》、《傅山过张兰》、《量塔赋诗》、《画驴戏无赖》、《飞笔题书》、《傅山与炕围画》、《傅山与“龙门账”》、《术到高时疑为仙》、《傅山煮石头治病》、《傅山先生游芦芽》等。

晋祠水母娘娘的传说

申报地区或单位：太原市晋源区

晋祠位于太原市西南25公里处的悬瓮山麓，它是为纪念西周时期晋国首任诸侯姬虞而建的祠堂。这里依山傍水，古树参天，亭台桥榭，祠内清澈见底的难老泉水蜿蜒穿流于祠庙殿宇之间，这股长流不息的泉水不仅养育了晋阳儿女，更为晋祠带来了灵气和生机。

晋祠难老泉亭西南有一座水母楼，供奉着晋源水神——水母娘娘。她端坐在盖水缸的蒲团上，一身农家妇人的装扮，青丝半垂，衣着朴素，头上别着梳子，一副梳妆未尽的神态。水母娘娘的传说在晋祠当地流传最为广泛。关于它的起源，众学者意见不一，但明嘉靖四十二年（1563）修建的水母楼却是水母娘娘传说故事流传的最早物证。清代文人刘大鹏在《晋祠志》一书中详细讲述了水母娘娘的故事（柳氏座瓮传说），并记录了每年的祭祀活动。

晋祠水母娘娘的传说（柳氏坐瓮、饮马抽鞭）在民间广为流传，宣扬了人性的真、善、美。作为晋祠文化的重要组成部分，水母娘娘的传说使游客能够更多地了解晋祠，同时对于宣传晋祠也起到了十分重要的作用。

乔阁老传说

申报地区或单位：运城市临猗县

乔应甲，世称乔阁老，亦名“乔半寡”（1559—1627），字汝俊，号儆我，运城市临猗县人，明万历二十年（1592）进士，曾担任监察御史、巡按、少卿、御史大夫等职，出仕于湖北、河北、四川、浙江、宁夏、山西、陕西等地。他一生为官清正廉明、忧国爱民、耿介刚直、不畏权势，深得百姓的崇敬和爱戴。

乔阁老传说故事的内容主要来源于他为官35年间“绝苞苴、除欺诈、清衙蠹、儆官邪”的行事，然后经过民间百姓的口头加工而演化成各种神奇的传说。主要故事有《推车认了个老伙计》、《贺寿反挂牌匾》、《乔阁老推磨》、《乔阁老认干女》、《西安城杖处曹国舅》、《皇帝钦封“乔半寡”赏赐御宴奖阁老》、《奇行侠义救灾民》等100多则。乔阁老故事属于历史人物传说，语言生动，通俗易懂，极富乡土气息，在百姓中口耳相传，且故事内容丰富多彩、趣味盎然，深受民众的喜爱，因此流传甚广。乔阁老的传说具有智慧性、趣味性、教育性等特点，“宁可清贫自守，不做浊官多忧”便是从这些传说故事中提炼出来的深刻的为官启示。

愚公移山传说

申报地区或单位：阳城县文化馆

愚公移山出自《列子·汤问》，是一则具有朴素唯物主义和朴素辩证法思想的寓言故事。它借愚公形象的塑造，表现了我国古代劳动人民有移山填海的坚定信心和顽强毅力，说明了“愚公不愚，智叟不智”，只要不怕困难，坚持斗争，定能获得事业上的成功，对人们生产生活有很大的启发。

山西阳城县愚公移山传说讲的是在王屋山之阳，有一条从王屋山主峰延伸下来的南北走向的大山，山梁西面为愚公村，东面是小有河，愚公村的人每天要绕过山梁到小有河去取水，愚公便带领他的子孙决心挖掉这座山。故事中的王屋山位于山西省阳城县西南45公里处，东依太行，西接中条，北连太岳，南临黄河，因“山形如王者车盖”，故称王屋。故事最后以移山取得了胜利，矛盾获得解决，作为结局，充满了浪漫主义的色彩。由于古代生产力和自然科学不发达的缘故，人们往往幻想着能有超人力量来帮助他们移山填海，征服大自然，所以民众运用浪漫主义的艺术想象，写“操蛇之神”听说愚公要永不停息地挖山而害怕起来，将此事告诉了“天帝”，“帝感其诚”，就派遣了两个大力士把两座大山背走了。

愚公移山在群众中至今还流传着各种变文，据调查，现在山西省阳城县王屋山一带，有“愚公村”、“愚公洞”遗迹，并且在群众中流传着许多相关的传说，具有珍贵的学术研究价值。

珏山吐月传说

申报地区或单位：泽州县文化馆

珏山吐月传说流传于山西泽州地区，是千百年来生活在珏山周边的劳动人民集体创作、口口相传的口头文学。传说以珏山自然天成的景观为依托，借助天体崇拜、地方习俗、名人轶事等作为主要创作背景，全方位、多角度地再现了历史地理风貌和原始先民的生产、生活状态。

珏山吐月系列传说情节生动、内容丰富，极富民间色彩，其中，有以山川名胜和物产为主的地方风物传说，如《珏山双峰的传说》、《月光娘娘殿的传说》、《珏山中秋月饼由来的传说》；有以神仙、文人、巧匠、名医为主的人物传说，如《恶红魔珏山为害》、《镇北方玄武上任》、《刘羲叟珏山观天修历法》、《珏山神医张月鹿》；有以中秋节为背景的节日民俗传说，如

《青莲寺三迁为赏月》、《中秋节的传说》；还有以《永世姻缘同心石》和《凤女神龟结奇缘》为代表的民间爱情传说等。

从目前在珏山地区收集到的百余则传说来看，当地的传说故事在一代代口耳相传过程中，得到了无数传播者的加工、改造，其内容也渗入了广大劳动人民热爱自然、崇尚美好的思想感情和以月亮为审美对象的浪漫主义情怀，具有娱乐价值、学术研究价值和教育价值。

杀虎口传说

申报地区或单位：右玉县图书馆

杀虎口位于山西省朔州市右玉县境内晋蒙两省（区）交接处，北倚古长城，西临苍头河。清《朔平府志》云："杀虎口乃直北之要冲也，扼三关而控五原，自古称为险要"，历来是兵家必争之地。

历史上，杀虎口既是兵家必争之地，也是重要的税关，中原与蒙古、俄国等贸易的必经之路，晋商的发源地，曾经盛极一时的"大盛魁"商号的发祥地就在这里。另外，山陕人民"走西口"也是从这里开始的，正所谓"东有张家口，西有杀虎口"。这里雄伟壮观的古长城，保存完整的杀虎堡，栉比鳞次的烽火台，苍凉古朴的古战场，罕见的古道敞路坡，工艺精湛的古乐楼等，似一颗颗璀璨的明珠，镶嵌在杀虎口的大地上。

杀虎口是明清山西历史的缩影，是中国近代金融贸易兴衰的实证，不仅承载着晋商商帮的光荣与梦想，成长与艰辛，更铭写了山西人西口移民谋生的血泪悲情。这个极具阳刚之气的古关隘，因其地理位置而得历史垂青，留下了许多动人的传说，其中有艰苦创业、白手起家的晋商传说；有纵横驰骋、保家卫国的军人传说；还有无数闯荡口外无名无姓的晋北人所留下的传说故事，形成了一个以历史遗迹为中心的故事圈。

杀虎口传说极具地方特色，对于中国传统经济文化的研究，特别是对晋商外贸经营活动、历代军事政策以及民族迁徙史等方面有重要的研究价值。

老寿星传说

申报地区或单位：寿阳县文化馆

寿阳县位于晋中地区北端，东北与阳泉市交界，西北与太原市为邻，因县城居寿水之阳而命名。寿阳的民间故事200多个，其中有140多个就是关于老寿星的。近年来，经过研究人员的调查考证，又在平头的鹿泉山、长岭的长寿山等地陆续发现了“寿星洞”、“寿星桥”、“寿星泉”、“寿星飞仙石”等文化遗存。

关于黄岭村老寿星出生地黄岭壑，传说寿星受玉帝的委托降生到这里填堵黄岭壑，只因他受不了孤独和怀胎的煎熬，提前出生来到人世，黄岭壑最终没被填平，至今留下了一个大口子。寿星洞、寿星泉位于寿阳西北的鹿泉山中，里面供奉的主神就是老寿星；位于松塔镇长岭村北的长寿山传说老寿星曾在此修炼、养生，山上建有寿仙宫；传说尖山就是老寿星的一个脚趾所留而成——相传玉皇大帝让老寿星上天时，寿星老儿认为自己应为家乡人留点血脉，便掰下一个脚趾种到了寿阳大地，脚趾即成为现在的尖山。除此之外，寿星桥、寿星街、桃子山、寿星飞仙处、罕山（看山）等处均有关于老寿星的传说。

寿阳县流传着大量与老寿星南极仙翁有关的传说和歌谣，并且保留了大量与传说相关的遗迹、风俗，这些纷繁的民俗事项共同构成了寿阳县以寿星传说和遗迹为核心的民间工艺品制作、寿星祭祀仪式，以及弘扬忠孝慈善为主旨的“寿星”文化。

姑射山—乾元山传说

申报地区或单位：洪洞县乾元山九州旅游有限公司

洪洞位于山西南部，是中华民族古老文明的发祥地之一，该地区有着丰厚的历史文化底蕴和众多的传说故事。位于县城西北15公里处的乾元山更因有众多的神话传说而闻名。

姑射山—乾元山传说故事以洪洞乾元山为中心，向四周辐射，范围遍及洪洞全境及周边县市，其中一部分传说故事还遍及全国，远播海外，有着很强的影响力，并成为其他艺术形式的创作母本。

围绕洪洞乾元山而产生的系列传说，类型齐全、故事众多、情节有趣、人物丰满，在中国众多传说中独树一帜。这些传说主要有以尧、舜、娥皇、女英、师旷为代表的人物传说；有以九龙、九亭故事为代表的风物传说；有以奇异天象和仙人飘游为代表的神话传说；还有以道家传说和别具一格的祭祀活动为主题的传说。这一系列传说故事既丰富了中国民间文化的宝库，也展示了该区域独特的人文风貌，具有宝贵的文学、艺术价值。

大禹治水传说

申报地区或单位：河津市文化馆

大禹治水作为一个流传广泛、影响深远的历史传说，记载在诸多历史古籍中，如《尚书》、《诗经》、《左传》、《国语》、《论语》、《孟子》、《山海经》、《楚辞》、《史记》、《汉书》、《越绝书》、《吴越春秋》等，历代的地方志书中也多有提及。

传说中的龙门，在陕西韩城与山西河津之间，黄河至此，两岸峭壁陡立，十分险要，相传这里的水道是大禹凿开的，所以龙门又称禹门口。当时龙门山（在河津市西北）堵塞了黄河河水的去路，黄河水常常溢出河道引起水灾。舜命禹治理洪水，禹率领千万民工，不避寒暑，用“疏导”的方法，开山挖河，奇迹般地凿开了龙门天险，平息了水患。后人为纪念大禹功德，对大禹治水的过程加以文学化，形成了一系列围绕“治水”而生成的民间传说，并衍生出一大批遗址、景观，主要有禹王庙、错开河、禹王洞、米汤庵等。因岁月冲刷、年久失修和日寇侵华时毁坏等原因，现存景观已难以辨认或已濒临消失。

大禹是华夏民族的一位伟大先祖。大禹治水传说，体现了大禹公而忘私，把个人的一切献于为人民造福的事业之中的崇高精神，也体现了中华民族的勤劳、智慧、勇敢、奉献、坚韧不拔和万众一心战胜困难的民族精神。大禹的杰出贡献，对中国历史的演进和发展具有非常深远的影响。

鱼跃龙门传说

申报地区或单位：河津市文化馆

龙门位于山西省河津市西北12公里的黄河岸边。东西两山夹河，悬崖绝壁，相对而立，形状似门。传说春季三月，鲤鱼逆水而上，跃登此门，化而为龙，故名此门为“龙门”。

传说由于龙门是大禹治水时所凿，人们为纪念禹的功德，习称之为“禹门”，因其地处秦晋重要交通渡口，又称之为“禹门口”。

鱼跃龙门传说，正式见诸文字记载的是汉代辛氏所著《三秦记》，该书已失传。据后人著述《艺文类聚》、《太平广记》对该书的引述来看，《三秦记》中曾多处提到鱼跃龙门传说，如“河津一名龙门，水险不通，鱼鳖之属莫能上。江海大鱼薄集龙门下数千，不得上，上则为龙也”，又如“龙门山在河东界……每暮春之际，有黄鲤鱼逆流而上，得者便化为龙”等。后人多用“鲤鱼跳龙门”比喻逆流前进，奋发向上的精神；又用作比喻升官等飞黄腾达之事。

在河津禹门口地区，鱼跃龙门传说呈现出较强的地域性、趣味性，是自然风物、上古神话与民间传说相伴相生的直接产物，传说积极向上、催人奋进，鼓舞人与命运抗争，具有强烈的现实教育意义和丰富的历史文化价值。

嫘祖养蚕传说

申报地区或单位：夏县文化馆

嫘祖，是传说中的北方部落首领黄帝轩辕氏的元妃。《史记》载：“黄帝居轩辕之丘，而娶于西陵之女，是为嫘祖。嫘祖为黄帝正妃。”神话传说中把她说成是养蚕治丝方法的创造者。

山西省运城市夏县尉郭乡西阴村，古为西陵氏部落居住地，是蚕文化的发源地。民间流传着许多与蚕神嫘祖相关的传说，这些传说又与考古发现、三月三嫘祖庙会等民俗活动相互印证，具有真实可靠的基本特性。这些传说以嫘祖养蚕为主线，其中有嫘祖神话故事40多个，如蚕神嫘祖与小白马的故事系列，其中有嫘祖养蚕传说18个；嫘祖初始养蚕，用桑果研制“桑葚液”的故事系列，其中有嫘祖养蚕缫丝故事8个；嫘祖如何苦心研制蚕茧抽丝的故事系列，其中有嫘祖与黄帝婚姻的故事6个；以及羊猴族人反对嫘祖和轩辕的婚事等。数十个民间传说涉及嫘祖生活的方方面面，形成了系统完整的人物传说故事群，具有较强的历史文化价值、艺术价值，是中华民族珍贵的文化遗产。

稷王传说

申报地区或单位：闻喜县文化馆

后稷，姓姬，名弃，是周朝的先祖（农耕业的始祖）。后稷在尧、舜时任农官，受封于邰（今陕西省武功县），传说现在的稷山县就是后稷的故乡和他教民耕种的地方。关于后稷的神话传说散见于历代古籍，而最早的完整记载，则见于西周初年的《大雅·生民》，后《春秋》、《左传》、《史记》等文献中也均有记载。

后稷作为传说中的人物——“履帝迹而生”，既有神性，又有人性，他的主要功绩在于教民播种百谷，为民众谋福利，为民众而献身。他是上古人民心中的劳动英雄，他的良好品格为历代劳动人民所继承，成为中华民族的传统美德。正因为人民非常崇敬他，把他作为榜样，所以后稷死后人们创作了许多关于他的神话传说。《山海经·海内西经》中有“后稷之葬，山水环之”的记载。在他的坟墓周围出现了山水环绕的美妙景象。《淮南子·地形篇》记载了他死后在墓中复活转生，半边身子化作鱼的身躯。在晋南闻喜、稷山、万荣、运城一带不但流传着许多后稷传说，而且还保持着祭祀风俗。稷王山上出产一种五色石子，其形状有的像麦粒，有的像稻粒，有的像玉蜀黍，有的像西瓜子、南瓜子，也有的像豇豆、绿豆等，当地人俗称“五谷石”。相传，这些五谷石，就是后稷和他母亲姜嫄教民稼穑时遗留下的种子变成的。人们对他的神化推及到一草一石，可见后稷在人民的心目中占据着特殊地位。

稷王的传说

申报地区或单位：运城市稷山县文化馆

稷王的传说主要以姜嫄履帝迹生弃、后稷教民稼穑为中心内容，流传于稷山县及其周边地区。稷山历史悠久，是中华民族的发祥地之一。中国农业始祖五谷之神后稷曾在此教民稼穑，数千年的农耕文明的先河在这里开启，境内有全国最大祭祀后稷的庙宇——稷王庙、稷王山、稷王塔等，周边县区还有相关遗址，如新绛县阳王的稷益庙、闻喜县后稷被弃的冰池等。

后稷的降生和首肇农耕的传说古老而优美，距今已4000多年，是华夏民族最古老的英雄传说之一。它以极具传奇色彩的文学形式，曲折地反映了华夏民族从远古蛮荒时代人们过着没有保障的采集渔猎生活，到后稷培育五谷、教民稼穑，开创春种、夏管、秋收、冬藏，富裕文明的农耕生活，这一质的飞跃和变革的壮丽史诗。

稷王的传说与故事极具地域性，具有鲜明的地方特色。由于后稷一生主要活动在稷山，所以关于他的事迹以及传说和故事最早也发源于稷山，并由此辐射到其他地区。稷山流传的稷王传说故事，具有原创性，并且现在依然保持原汁原味，同时也是其他地区对稷传说与故事再加工的母本。

交城玄中寺鸠鸽二仙传说

申报地区或单位：交城县人民文化馆

玄中寺，又名石壁寺，位于山西交城西北10公里的石壁山中，创建于北魏延兴二年（472），至今已有一千五百多年的历史。

玄中寺龙潭祖师、鸠鸽二仙（或称鸠鸽二僧）的传说，出自唐佚书《冥报拾遗》，原作者郎余令，系续《冥报记》而作，成书于高宗永徽、显庆年间（650—660）。宋代以后二书失传，其文散见于《太平广记》、《法苑珠林》等中。清末民初，有人从日本访得二书手抄本刊印。相传宋代龙潭禅师在寺内夜诵《华严经》，感化了栖息在钟鼓楼上的鸠、鸽二鸟，于是二鸟转生在本县坡底荣氏家中，并由龙潭禅师超度出家。这则传说原本是以佛教宣传因果报应、轮回转生为主旨，由于贴近生活，颇能博得人们的认同感，所以一直流传下来。故事中的“老僧”，即指净土宗祖师——龙潭禅师。

交城玄中寺鸠鸽二仙传说在民间流传中极富活力，因表现人民生活、伦理道德、思想情感，反映广阔的社会风貌，故千余年被群众广为传颂，具有很高的佛学研究价值和文学艺术价值。

峪道河马跑神泉传说

申报地区或单位：山西神泉酒业有限公司

峪道河马跑神泉流域因其悠久的历史和独特的水文地理环境，千百年来在造就当地地貌、风物的同时，也孕育了许多民间故事。

峪道河马跑神泉流域传统文化积淀深厚，唐代以来关于峪道河马跑神泉传说就多达百余篇，这些民间传说是劳动人民创造的宝贵精神财富，也是汾阳珍贵的历史文化遗产。

传说围绕马跑神泉展开，反映了马跑神泉来历及其人们的生活状态，特别是《马跑神泉的传说》、《吕洞宾种水的传说》、《水母娘娘的传说》、《彪岭樵歌》、《神坡梁》和《白彪岭的传说》等，对于研究农耕文明时期人类的生存状态与思维方式，提供了鲜活的样本。

峪道河马跑神泉传说故事生动活泼，具有鲜明的地方特色。此外，在峪道河马跑神泉流域内，至今还流传着与传说伴生的以敬水、畏水、祈水为核心的民俗活动，这些活动与民间传说相互依存，互动借鉴，从而推动了这些民间故事的传播。

董父豢龙传说

申报地区或单位：闻喜县东镇官庄村

董父豢龙是广泛流传于晋南闻喜一带的民间传说，该传说在《左传·昭公二十九年》、《史记·夏本纪》、《水经注》、《闻喜县志》等书籍中均有记载。

董父，虞时人，黄帝裔孙，因“蓄龙以服事帝舜。帝赐姓董氏，使豢龙，封诸鬷川”。西晋杜预注：“闻喜东北有鬷川，即董泽也，舜封董父之国矣。”董泽里是董氏家族的发祥地，自舜赐姓董父，迄今已四千余年，世袭繁衍，源远流长。后人依附于“董父豢龙”的传说，衍生出众多民间故事，如《女娲始辟董泽湖》、《董姑与汤王》、《九莲宝灯》、《流油碑的故事》、《两龙潭的传说》、《龙到头的传说》、《龙王庙的故事》等，并且由此而派生出董泽遗址、董父庙遗址、龙山文化遗址、汤王董姑拜堂处、仰韶文化遗址、龙泉遗址、豢龙处遗址等大批文化景观。

董父豢龙是历史上最早关于龙图腾的民间传说。龙是中华民族和文化的象征，深入挖掘、研究这一传统文化对于揭示上古时期汾河流域的生产生活状况具有重要的意义。

介子推传说

申报地区或单位：介休市文化馆

绵山，亦名绵上，因春秋五霸之晋文公名臣介子推携母隐居被焚又称介山。在介休绵山一带，至今广泛流传着关于介子推的大量传说，并以此衍生出寒食节这一民俗活动。

介子推是春秋时期晋国人，一度追随晋献公的公子重耳流亡他乡。其间，介子推在重耳饿极之时，悄悄割下自己的股肉给重耳充饥，重耳知后大受感动。后来，重耳终于回国即位，是为晋文公，却在封赏群臣时，落下了介子推。功不言禄，洁身自好的介子推偕母出走，隐居介休绵山山中。晋文公悔悟后上绵山寻访，求之不出，无奈之中放火烧山，想逼他偕母出山。但是狐偃、赵衰这两个也曾经随重耳逃亡的大臣，自知自己的功劳比不上介子推，暗中使人四面放火，最终将介子推母子烧死在绵山上。此事《左传》有记载，屈原在其《九章・惜往日》中曰："介子忠而立枯兮，文君寤而追求。封介山而为之禁兮，报大德之优游。思久故之亲身兮，因缟素而哭之。"东汉周斐《汝南先贤传》明确记载，当时民间已将介子推故事与禁火习俗相提并论，其曰："介子推以三月三日自燔，后成禁火之俗。"西晋孙楚《北堂书钞・祭介子推文》曰："至三月清明，断火寒食，其至先后一月。"自此以后，历代帝王将相、文人雅士都留有诗文歌吟介子推。现今介休绵山上，还有大量传说、遗址、碑刻、诗文，用以纪念缅怀介子推。

介子推传说是我国民间传说的重要组成部分，具有较强的历史文化价值、社会教育价值和文学艺术价值，更是研究节日起源的重要依据，备受民众和学界的广泛重视。

介子推传说

申报地区或单位：万荣县孤峰山景区发展有限公司

万荣介子推传说是以万荣孤峰山为主要区域，辐射全县及周边的地域性民间文学。关于介子推的记述最早见于《左传》，此后《庄子》、《吕氏春秋》、《史记》等均有不同程度的记载，而介子推的相关传说是西汉以后逐步定型的，割股奉君、火烧介子推、足下等故事都产生于这个时期。

介子推传说在万荣县广为流传，由于民众情感的渗透和文人的附会，产生了许多富有地方特色的传说，留下了相应的文物遗迹、古村落、风俗等。今传孤山乃介子推隐居处，孤山主峰发云寺东撒马坡便是介子推遇火焚身之地。山上还有东汉以前修建的“介子推”祠，此外，庙东北十余里又有一村庄名“怀介”，取怀念介子推之意。当地寒食、清明的祭祀活动中有蒸“子推馍”（又名“子福馍”）的习俗，此风俗千百年来已和人们的生活融为一体。

介子推传说在当地的流行，表明了民众对于传说所反映的介子推人格的广泛认同，介子推在民众对于历史的解读中，已化成人们心目中“含冤的英雄人物”，是人们对忠孝观念最朴素的理解与崇拜，具有较高的思想价值和艺术价值。近年来，由于现代大众传媒对传统口耳相传信息传输方式的取代，更由于当地青少年对本地传统文化的不够了解和重视，传说的流播受到很大的冲击，需要加强整理和保护，以使之传承下去。

杨贵妃传说

申报地区或单位：永济市杨贵妃文管所

山西省永济市首阳山前独头村是中国古代四大美女之一杨贵妃的故里，这里广泛流传着有关杨贵妃的传说故事。

杨贵妃传说主要有以下内容：玉环名字的来历、幼年从秃头到美女的典故、杨玉环的宫廷生活、“霓裳羽衣舞”的创作和杨玉环逃亡日本等不同人生阶段的传说，其内容丰富、形式多样。传说故事中杨贵妃被百姓誉为“舞蹈家”，在马嵬坡落难后，民间更是演化出了贵妃死而复生，东渡日本的说法，寄托了人们的无限同情和怀念，也从客观上对杨贵妃的宫廷生活作了一个公正的评价，“安史之乱”的罪恶根源并非杨贵妃。

扑朔迷离的民间传说，犹如颗颗灿烂的明珠，给这位大唐贵妃的一生增添了不少神秘色彩，构成了杨贵妃这个人物完整的历史传说画卷，是研究杨贵妃一生的有益补充，具有重要的历史文化价值。

狄仁杰的传说

申报地区或单位：太原市小店区营盘街办文化站

狄仁杰的传说是太原小店区狄村民众十分喜爱的口头传统，它以唐代杰出宰相狄仁杰刚正不阿、断案如神为母本，附会演绎出的故事群总称，主要流行于太原市小店区及其周边。近年来，由狄仁杰传说母本而改编的有关《狄公案》、《狄仁杰探案》等电视剧作品更拓宽了狄仁杰传说的流布范围。

狄仁杰(630—700)，字怀英，太原市小店区狄村人，唐代武则天时宰相，杰出的封建政治家。他一生刚直不阿、政绩颇丰，尤以断案闻名，在其工作过的地方，留下了不少的民间传说，为后人所乐道。太原市小店区作为狄公故里流传着数量众多的传说、故事，主要有:《不怕鬼怪》、《勇救雷公》、《针灸治瘤》、《花七偶文》、《智救晋祠》、《自叹弗如》、《劝主戒色》、《白云深处》、《命中注定》、《公正无私》、《放纵死囚》、《狄公下棋》、《受命于天》等。这些故事大都表现狄仁杰体恤百姓，不畏豪权的本色，深受当地百姓颂扬。

狄仁杰是历史名人，也是文化名人，通过对狄仁杰传说的广泛研究，有助于了解当时社会的价值取向、政情民风;发掘保护这一民间口头文化遗产，彰显其社会价值、文化价值，也将对传承三晋文脉，起到积极的作用。

黄河仙子的传说

申报地区或单位:临汾市大宁县文化馆

黄河仙子是秦晋沿黄河一带的民间俗神，其庙址坐落在山西省大宁县城西35公里处黄河岸畔的一面陡壁石龛中。黄河仙子的传说起源较早，主要流传于陕西省的延长县、宜川县，山西省的大宁县、永和县等地。

相传，黄河仙子(当地人尊称曹娘娘)是玉皇大帝的女儿，曾两次下凡拯救人间苦难。第一次下凡，她帮助远古人类解除大自然的种种困扰和侵害，促进人类的繁衍和发展。二次下凡，她投生在陕西省延长县曹家庄一个贫苦的铁匠家庭，取名还香。为追求真挚的爱情，她抵抗封建婚姻礼数，出家东逃，借助法力渡过黄河，在马头关的峭壁石龛中坐化。黄河两岸民众用胶泥裹了她的真身，并为其修庙，尊为黄河仙子。每年农历正月二十二黄河仙子祭日那天，晋陕两岸以及更远地方的善男信女，自发前往马头关祭拜，祈求平安，婚后不育青年男女，则祈儿祷女。届时，马头关两岸人山人海，庙前彩旗飞扬、香火缭绕、鞭炮轰鸣、热闹非凡。

黄河仙子的传说丰富和传承了灿烂的黄河文化，延续和深化了秦晋之好，具有重要的文化、社会价值。

晋文公的传说

申报地区或单位：运城市绛县文化馆

晋文公重耳是春秋时期的晋国明君，他一生曲折坎坷，在位期间审时度势，实施行之有效的政策，并进行一系列改革，从而奠定了晋国的强盛和繁荣。

晋文公一生文功武治、雄才大略，在晋都故绛（今绛县）周围留下了许多动人的传说，主要有《随父迁绛的传说》、《骊姬之乱的传说》、《被迫逃亡的传说》、《割股刻君的传说》、《退避三舍的传说》、《拔剑泉的传说》、《槐泉老子下村儿的传说》、《槐泉为啥不唱美人图的传说》、《寒食节的传说》、《文公罐的传说》、《文公蒿的传说》、《“牢窿洞”的传说》、《卓子遇难的传说》、《点将台的传说》、《车厢城的传说》、《周游列国的传说》、《复国即位的传说》、《平叛吕郤集团的传说》、《以德报怨的传说》、《创建三军的传说》、《讨逆勤王的传说》、《伐卫破曹的传说》、《会盟诸侯的传说》、《文公辞世的传说》等50余个。还有大量遗迹、古迹存世，主要有郇王的介子推庙和点将台、东晋峪的拔剑泉、小祁的练兵场、下村介子推割股刻君的土地庙、晋文公陵墓、南城晋大夫士蔿故里、卓子沟卓子遇难处、沸泉晋文公避难处、绛城“晋旧都”石匾、范村狐偃将军庙等数十处。

晋文公作为一代霸主，辞世后长眠于下村西郊，他足迹所致，均留下许多感人的传说。整理、抢救这些传说，对保护、继承传统，推动先进文化的发展，具有十分重要的意义。

李娘娘的传说

申报地区或单位：临汾市翼城县文化馆

孝定李太后是明穆宗朱载垕之贵妃，明神宗朱翊钧之生母，《明史》中记载她出生于北京漷县，但山西翼城县民众却认为孝定李太后生于翼城兴贤坊（今西关宣庄），后徙漷县（今北京通县）。当地一直流传着许多关于李娘娘的传说、故事与婚嫁习俗，形成了独具地方特色的李娘娘信仰。

李娘娘传说乡土味浓厚，故事内容通俗、风趣、易懂、易记、易讲，广泛流传于翼城县境，且辐射至曲沃、绛县、侯马、新绛、襄汾、浮山、沁水等地。《翼城民间文学三套集成》丛书中曾登载了大量有关李娘娘传说和相关故事，主要内容有《秃疮女变天仙的传说》、《穆宗皇上封皇妃的传说》、《史巡按认亲的传说》等。除此之外，翼城县还流传有特殊的婚嫁服饰习俗，《翼城县志》记载，翼旧时嫁女必头戴凤冠，身披霞帔，腰束玉带，足登龙凤鞋，乘坐龙凤轿。据传，此为孝定李太后特赐家乡女子的出嫁礼仪，他处女子不得享此殊荣。

李娘娘的传说在翼城县广为传颂，它将口头文学与历史文化、手工习俗巧妙结合，不仅丰富了翼城妇女的物质文化生活，而且使李娘娘的传说得以流传，对于传承中华民族传统美德、增强社会凝聚力、提升民族亲和性、构建和谐社会，具有十分重要的意义。

松林积雪的传说

申报地区或单位：晋城市泽州县大箕镇松林寺

松林积雪的传说流传于山西泽州大箕镇晋普山周边地域，它是以松林积雪（晋城四大景观之一）作为阐述对象而产生的地方风物类传说，在当地民间久负盛名。

松林寺是松林积雪景观所在，该寺又名灵岩寺，乃泽州县境内最大的法轮禅院，坐落在晋普山东部山腰，创建于北魏时期，隋大业年间由慧观头陀重建，金元时代曾予维修。山门为阁楼式建筑，三进院落，整个建筑规模宏大，风格独特。古寺后院建有大雄宝殿，殿内塑有释迦牟尼、文殊、普贤、十八金刚、千手观音等塑像，佛像后有一深井，炎炎夏日，井口白霜如雪，水质冰凉，古人将这一奇特景观誉为松林积雪。据传，深井水为“无根圣水”，只有孝敬父母、品德高尚的“贤士”能喝到，而能喝到“圣水”者便格外受到上苍宠爱。因此，每逢庙会，善男信女们便结伴而行，或三三两两，或三五成群，上山烧香许愿，到井边求得圣水，祈求上天赐福于自己和家人。千百年来，寺院始终香火旺盛，闻名遐尔。

松林积雪的传说是源于松林寺奇特的自然景观而逐步形成的民间文学作品，主要内容包括：松林寺平顶松的传说、松林积雪的传说、松林积雪的来历、金牛的传说等。这些传说大都有明确的倾向性，贯穿了民众的道德评价，反映了大多数人的审美观。景观因为传说性的解释，使无生命的自然物似乎变得有了灵性、有了生命，更具观赏性，更能吸引游人；传说因为粘附在某一景观上，增强了它的可信度而脍炙人口，两者相辅相成、交相辉映。

汾神台骀的传说

申报地区或单位：临汾市侯马市群众艺术馆

台骀，上古五帝之一帝喾时期人，时为治水的官吏，金天氏少昊的后代，所属部族是最早的一批晋人，其故事散见于《左传》、《山海经》、《史记》、《水经注》等典籍。台骀因治水有功，死后被汾河沿岸百姓广为供奉，太原、宁武、汾阳、侯马等地至今仍存有多处台神庙，其中历史上始建最早、现存规模最大、保存最完整的一处位于侯马市西台神村北的古翠岭上，距今两千余年。

台骀作为传说中的汾水之神，自古以来就受到人民的尊敬，侯马市高村乡东、西台神村元明以来祭祀台神之风甚重，并且围绕各种民间信俗产生了一系列有关台神的传说，如台骀庙的传说、台骀治汾洮的传说、台骀庙会的传说、台骀庙茵陈的传说、台骀庙神牛的传说、台骀庙娘娘更衣的传说等。这些传说主要是以台骀治水为核心内容，表达了民众对为国为民谋福祉的上古先贤的怀念、崇尚之情，也体现出人类祈求丰年，与自然和谐相处的美好愿望。

汾神台骀的传说语言风格上具有浓重的晋文化色彩，朴实流畅，鲜明生动，为台骀文化提供最原始、直接的素材，对于民俗学、民族学、语言学、社会学等诸多学科都具有极高的学术价值。

卫夫人的传说

申报地区或单位：运城市夏县文化馆

卫夫人，名铄，字茂漪，自署和南，生于晋武帝泰始八年（272），卒于晋穆帝永和五年（349），河东安邑（今山西夏县）人，东晋女书法家。卫氏家族世代工书，卫铄夫李矩亦善隶书。卫夫人师承钟繇，妙传其法。王羲之少时曾从其学书，卫夫人是“书圣”的启蒙老师。

卫夫人的传说源远流长，主要流布于其故地山西夏县尉郭、苏庄一带。关于卫夫人的生平故事，《山西书法通鉴》、《山西历史人物传》、《点击中国书法》等十多种书籍和史料中均有记述。在民间，卫夫人的传说主要源于私塾、学堂、小学，通过老师传给学生，学生传至家庭乃至社会。

卫夫人学书求变求新，她规摹钟繇，深得“汉隶”笔法，参以卫氏家传之风，融会贯通一体，善长隶书和正书。关于她的传说、故事，夏县当地主要流传有：《卫夫人学书》、《卫夫人与“墨汁雨”》、《笔阵图与黑龙潭的传说》、《玉石白菜》、《卫夫人与画鹅点睛》、《卫夫人慧眼识羲之》等。卫夫人学书、授徒、创新的传说故事有极强的凝聚力，对激励广大青少年继承和发扬中华文化的优秀传统，树立正确的人生观，以科学的精神、求实的态度，奋发学习、积极进取、健康成长，必将起到有益的引导和促进作用。

王泰来的传说

申报地区或单位：晋城市泽州县大箕镇南沟村委、秋木洼村委

王泰来是明末清初富泽州晋商巨子，依靠雄厚的经济实力最后在京城做了高官，后被奸臣诬告屈斩于京都。关于王泰来，民间有两种说法，一是认为王泰来是王氏家族几代生意人的统称；二是认为王泰来所指的是王璇。王璇（1636—1706），字在只，泽州大箕镇人，主要生活在明末至清顺治、康熙两朝。早年曾入贡，后经商，由于经营有方，最终成为富甲一郡的巨商大户、泽州望族。王泰来故居位于山西省泽州县大箕镇南沟村与秋木洼村中间地段，今依稀还可找到从前的围墙根基，关于王泰来的传说在当地流传甚广，可以说是妇孺皆知。

相传，王泰来生于一个贫苦的农民家庭，父亲王国宾是一个勤劳善良、乐善好施的“煤黑子”。王泰来出生时，正值大年三十，王国宾见刚刚出生的儿子呱呱乱叫，家中无米无粮，急得王国宾犯了愁，走出家门，忽然见晋普山的山坳中有亮光，顺着亮光而去，只见是一草屋发出的亮光，屋中是一对老夫妻，王国宾说明来意，老者便递过半袋米送与国宾，说：“否极泰来，你的好日子快要到了，好生养护新生之婴吧。”王国宾谢过老人，拿起那半袋米，一路小跑回到家，取开口袋一看，全家人被惊呆了，原来是几块金砖藏在袋中，从此王国宾给儿子取名“泰来”，并做起了小生意。王泰来长大后把“泰来”作为商号的名字，自已起名“自振”，在他经商的道路上，从未停止过施舍穷人，救助灾区的义举。今泽州地区流传着大量有关王泰来的传说故事，如《王泰来诚信经商》、《王泰来开茶庄》、《王泰来与丝茶古道》、《王泰来与金头的传说》等，这些民间口头流传正是王泰来经商之路上留传下来宝贵的文化和精神财富。

炎帝的传说

申报地区或单位：长治市城区炎帝文化研究会

长治古称上党，是中华古代文明发祥地之一。相传炎帝神农氏曾在这块土地上耕稼穑、艺五谷、尝百草、创医药，进行一系列生产生活活动，创造了人类从渔猎到农耕，从游牧到定居的伟大历史变革。

长治市区幅射周围百里之内有炎帝神农文化遗址、遗迹五十余座，记载炎帝史迹的碑文数百通。长治市城区、郊区壶关、长治县、长子、屯留、黎城县等地都有炎帝庙、炎帝碑碣，从北齐到民国近二千年的碑文记载着五千年神农的史迹，炎帝的传说和这些遗址和碑文成为中国古代文明最为真实的写照；是炎帝神农在上党地区生活生产的见证；是极其珍贵的文化遗产。现搜集到已出版的炎帝文化相关作品有《五帝断代工程研究》、《炎帝文化》文集、《炎帝文化》季刊杂志、《炎帝汇典》、《炎帝在上党的神话传说》等。

长治又是中国神话的故乡，神农尝百草、精卫填海、女娲补天、后羿射日等中国创世神话传说就发生在这个地区，许多与炎帝神农有关地名与遗址、密集的祭祀炎帝陵庙碑碣和炎帝神农传说证明了这个地区是炎帝神农文化的密集区，见证了上党地区历史文化的久远和深厚。

青果寒泉禅寺的传说

申报地区或单位：长治沁源县交口乡候壁村

青果寒泉禅寺，俗称青果寺，位于长治市沁源县交口乡侯壁村境内。该寺始建于唐，复兴于明，建筑规模庞大宏伟，上下左右共分5座院落，每座院落都有许多相关的传说和神奇的故事，在当地代代相传，经久不衰。

青果寒泉禅寺是山西佛教圣地之一。据碑文记载五台山佛教圣地常派遣名师高徒来此坐禅讲道，香火鼎盛之时，群僧聚集，有诸佛汇聚，如来映现之奇观，并伴有如铭佩环，琴脆笛悦之声在寺院上空回荡。青果寒泉寺每年农历四月初八都要赶庙会，届时善男信女，芸芸众生，拜佛还愿，祈求平安。这一福泽百姓的盛大庙会，遂形成了当地特有的民风及民俗文化。围绕着周边的自然、人文景观，寺院内外产生了许多神奇怪诞的传说、故事，如青果寒泉与南蛮盗宝的故事；常青翠柏与魔怪移植的传说；杜戊戌状告地藏殿，阎罗爷显圣惩恶侄的传说；先师菩萨（李侃）与侯璧结缘的传说等。这些民间口头流传的作品为古老的建筑群增添了神秘瑰丽的色彩。

青果寒泉寺历史悠久，古迹众多，在长期迎神、敬神、祈雨、还愿等礼俗活动中，人们将口头叙事传统附于会各处景观，逐渐形成了数量庞大的传说故事群，深入挖掘其民俗学、民间文学内涵，将有利于寺庙文化资源的整合、创新，该项目具有重要的学术研究价值。

石海的传说

申报地区或单位：太原市小店区北格镇北格村

清末，社会动荡不安，晋商为了通行安全，保护自己财产免遭劫掠，雇佣品德高尚、武艺高强的保镖护行，石海就是典型代表。据现搜集到的资料记载，石海1856年出生在太原市小店区北格村，3岁即开始拜师习武，因其聪明好学，师傅所传授皆能举一反三，在与众多的师兄弟历次较艺中均名列前茅，尤其擅长轻功、气功和长拳等。石海16岁便随师押镖，25岁创办了自己的威远镖局，常年奔走于甘、陕、江、浙一带，虽然经历多次凶险，但都能化险为夷。清宣统二年（1910），在去河北的一次押镖途中遇袭负重伤，后回北格村养伤一年有余，终因伤势过重于民国元年（1912）秋去世。石海虽然没有留下生平传记，但有关他的传说，久传不衰，至今老年人谈起来，还津津乐道、啧啧称奇。

在北格村，石海的故事一直在村民中口口相传，比较著名的有《初露锋芒》、《循声试探》、《侠义救女》、《喝退强盗》、《保镖竞艺》等。石海常年在外押镖，村里人对他并没有多少了解，只是每次押镖回来，邻居们才会听听石海或是他的徒弟们讲解押镖途中所经历的故事，正是这些坊间传言，才使得石海的故事在群众中广为流传。然而，在北格村村东不远处的杨义地，最后仅留下一块石海墓地，1964年村里实施农村基本建设，也把墓地所在处给改成了农田。如今，在北格村里提起石海，基本都没人知道了，只有一些老人或是讲解地方史的老师，还晓得有关石海的传说、故事。因此，加紧对镖师文化的搜集、整理，将会进一步完善晋商文化，推动当地社会经济建设更加和谐与繁荣。

汾州民间传说

申报地区或单位：汾阳市汾州文化研究会

古汾州民间文学，系指分布在汾阳市境内，以及20世纪70年代初划入文水县境内的若干村落中，流传的民间文学作品，主要分为散文体的传说、故事、笑话；韵文体的汾阳文场秧歌（包括过街板）、莲花落、顺口溜、三弦书、小曲、小调、叙事诗等。

汾阳市境西高东低，依次为山区、丘陵区、平川区、河灌区。由于地形特点分明，这些地域内的气候物产、民风民俗也有很大差异，如山区、丘陵区的民风较为淳朴，而河灌区由于历史上经常发生争水、泄洪等争斗，因此民风比较强悍，与之相应的民间文学从内容上也就充分反映，同时汾州民间文学也反映了市境东、南、西、北各个区域鲜明的特点。

古汾州民间文学不仅形式多样，而且内容十分丰富，如人物传说有《唐朝诗人宋之问的传说》、《北宋名将狄青的传说》、《明代才子孔榜眼的传说》等；神话传说有《鬼魂告状》、《三十里桃花洞》、《仓颉造字》、《水母娘娘》、《黑龙泉》、《天人天寿》、《三神祠》、《三贤祠》等；风物传说有《秦晋古道向阳峡的传说》、《神塘水的传说》、《酒乡杏花村的传说》、《荞麦的传说》、《重耳沟》等；说唱作品有《八仙庆寿》、《张四姐下凡》等。此外，还有反映古汾州风俗民情、名人轶事、狐仙狐女、妖魔鬼怪、人文建筑、历史事件、村落市井、物产特产、商家商业、生活趣事、人情世理的作品数百篇。

古汾州民间文学以大量的传说、故事、说唱作品，形成了独特的文化氛围和艺术内涵，成为散发着黄河流域文化芳香的烂漫山花，至今为广大群众津津乐道。

晋城“九头十八匠”的传说

申报地区或单位：晋城市城区文化馆

“九头十八匠”传说在晋城地域内流传广泛，距今已有近千年历史。“头”和“匠”是金元时期户籍制度的产物，即被异族掳掠的中原平民、匠人，“九头十八匠”则是明清时期古泽州（晋城）附近一些带“头”、“匠”村名来历的统称。

“九头十八匠”传说与当地冶铁匠人有关，大体有两种说法：一是说后周时期，柴荣为保障军队的后勤补给和武器供应，秘密在泽州建立27座寨子，将其分为9组，每3个寨编为1个组，设1头领，负责分配原材料，验收、保管兵器，提供后勤服务。头领住的地方为“头”，匠人住的地方称“匠”，遂形成了“九头十八匠”。第二种说法源于异族统治时期的户籍管理。宋金对峙时期，南宋王朝偏安一隅，中原地区大片国土沦丧，泽州沦为金国属地，成为金、宋、蒙古对峙的前线。为了保证战争对铁器的需求，金、元两代的奴隶主将俘虏带回草原，作为各自的私属，形成了若干“头项”（也叫“投下”）。投下人平时向领主纳赋服役，战时则由领主率领出外作战。由于中原人不适应草原的生活和生产，投下领主又将俘虏寄留于各州县，派人集中管理，后陆续设置官府。从元太宗开始，将人户按州县分封，凡属某领主的人户，统称为某头下，由领主世袭继承。这种把战争俘虏寄留在地方上进行管理的特殊“头下”制度，客观上促成了晋城“九头十八匠”传说的生成。

晋城自古以来就是煤炭和铁矿石的重要产地，“九头十八匠”传说不仅为晋城地区增添了丰厚的文化内涵，还为我们更好地认识和了解当地经济、文化、历史提供了丰富的资料，具有重要的研究价值。

“王通王绩王勃”的传说

申报地区或单位：万荣县三王研究学会

万荣县通化镇历史悠久，文化积淀深厚，是隋唐时期著名文儒“王通、王绩、王勃”（三王）的故里。当地遗存有圣人墓、文中子祠以及数十通碑文，并且围绕圣贤的生平、遗迹形成庞大的故事传说圈，影响辐射至河津、渭南、三门峡、西安等周边地区。

通化村名来源有二：一是传说王通死后，曾有一伙盗贼扒其墓穴，行窃之后为了掩盖丑迹，便四处谣传“王通墓中空无一物，连尸带宝全部化为神奇升天”，人们信以为真，此村即改名为“通化”。还有一说，通化村在隋唐以前，原名雾林镇，人们为了纪念这位先贤大儒，改名为“通化”，顾名思义，通化村者，王通博施教化于斯村之谓也。

作为王通、王绩、王勃故里的万荣县，千百年来流传着许多有关“三王”的传说，如《文中子问世》、《吉祥征兆》、《河汾门下》、《斗酒学士》、《一字千金》、《赴会作序》、《腹稿》、《通化村名的来历》、《通爱、集贤村名的来历》等，为人们喜闻乐道，得以在民间广泛流传。今人还出版了《文中子研究》、《说中子中文》、《王勃诗文咀华》、《文中子考信录》、《论王通》、《永恒的三王》等一系列著作，为三王传说的整理、发掘打下坚实基础。

三王故里传说具有广泛的群众性和口传性，这些故事、传说大都有其历史的核心，是未经后人加工过的零散资料，具有重要的历史考述价值。同时，“三王”博学多才，受到世人景仰，当地流传的故事、传说是对其高风亮节品格的追崇，对后人有较大影响，具有极佳的教化功能。

石勒传说

申报地区或单位：榆社县文化馆

石勒（274—333），字世龙，羯族，上党武乡（今山西榆社县北）人，十六国时期后赵建立者，史称后赵明帝，是历史上唯一一位奴隶皇帝。在位期间，石勒重视农业、劝课农桑，任用汉族知识分子，尊崇儒教、整饬风俗、革除陋习，对促进民族和睦共处，推进文教、经济发展起了积极的作用。后赵建平四年（339）石勒去逝，被安葬在榆社县北寨乡赵王村的北山上。（另三种说法为邢台、武乡、陵川）

石勒在中国历史上有着重要而特殊的影响，榆社、和顺、武乡，甚至左权、祁县太行山中段等各地均不同程度地留下了大量关于石勒及后赵的传闻、遗迹，这些也正是石勒籍贯争论地区所表达出来的对后赵石勒研究的共同愿望、共同价值。今天与石勒相关的地名传说不胜枚举，例如社城、石源、刘王后、龙门、武源、马陵、仰天、赵王、堡下、上城南、下城南、北寨、南寨、官寨等。

石勒传说对榆社影响大，不仅为当地遗留下大量名胜古迹，而且他本人知难而进、重文崇佛、兼收并蓄、改革创新、不甘落后、胸怀壮志的处世原则和治国方略，都对榆社的发展具有积极的意义，特别是因庆祝战役胜利而产生的民间舞蹈霸王鞭，更为榆社民间艺术的继承和繁荣起到了积极的作用，具有重要的民间文学、艺术学、宗教学、历史学研究价值。

蒲津渡铁牛传说

申报地区或单位：永济市文化馆

黄河大铁牛是山西永济黄河蒲津渡遗址中最主要的历史遗存，唐开元十二年（724）改建蒲津浮桥时铸造。千百年来，当地流传了许多有关铁牛的传说、故事，这些民间轶文在晋、秦、豫黄河交汇的金三角广大地域都有流传，包括陕西渭南地区、河南三门峡地区以及山西运城、临汾地区。

蒲津渡铁牛传说是蒲州一带的民众集体创作，口耳相传的成果，这些民间作品彰显出我国古代劳动人民的无穷智慧和高超技艺，同时也反映了先民们喜怒哀乐的情愫和弃恶扬善的美德，从中起到教化民众，启迪心灵的作用。蒲津渡铁牛传说内容丰富、神奇瑰丽，有的主要说明铁牛状巨，一只数万斤的庞然大物是怎样由人工奇迹般地铸造而成，在《话说铁牛村》中有具体体现；有的主要讲铁牛的神奇法力，在《良言劝老聃》故事中有描述；有的主要说铁牛是镇河牛，保护沿河民众不受水怪的侵扰，在《为民鼓与呼》有陈述；还有的主要反映铁牛违规的故事，在《闯路走天下》、《伤疤的故事》中有详叙。这些传说，有时间、地点、人物、情节、趣味，寓意深刻，发人深思。

诸多流传在民间的铁牛传说，清晰勾勒并印证了蒲州城郊蒲津大浮桥的建造历史，表现了先民们顽强奋斗的生活轨迹和聪明才智的伟大创举，对于弘扬中华民族顽强拼搏精神，建设和谐社会有着极大推动作用。

李佬人的传说

申报地区或单位：长治市黎城县文化馆

李佬人的传说是流传于黎城县及其周边地区的民间口头传统，作品多以机智勇敢、惩恶扬善为主题，表现了民众百折不挠、积极向上的人生态度以及风趣幽默、睿智豁达的审美情趣。

“佬人”是旧社会专司征粮的“村官”称谓。晚清时期，“李佬人”出生在黎城西部山区岚沟一带一个叫“龟子石”的山村里（此村多为李姓）。在长期与官、匪、恶势力的较量之中，“李佬人”彰显出他见多识广、聪明机智、风趣幽默的卓越才能，为山民办了许多好事。久之，人们对其真名不知，但关于“李佬人”的佳话却传遍了黎城的各乡村。他那敢于斗争、善于斗争的机智故事“飞进”了千家万户，他那百折不挠、积极向上的精神鼓励着处于苦难中的黎城人民。

李佬人的传说不但有许多智斗官军、智斗贪官的幽默故事，还有不少智斗恶霸地主的风趣笑话，让人时而担心、时而舒心、时而揪心、时而放心，直到一切事情都化险为夷后，又突来一个笑料，令人忍俊不禁、捧腹大笑。百余年来，关于“李佬人”所遗留的各种传统笑话、幽默故事在传讲中悄然发生着变化，人们根据身边的人和事，采取虚构、夸张等手法，或张冠李戴，或斩头去尾地去“制作”，待“编”好后，就迫不及待地在街头巷尾或田间地头，互为传颂。经过无数人的传讲，李佬人的传说形成了别具风格又妙趣横生的笑料和幽默故事，它形式活泼多样、短小精悍，内容包罗万象、贴近现实生活，既有积极的颂扬，又有无情的鞭挞，既有善意的批评，也有辛辣的讽刺，且每一个段子都妙趣横生，令人回味无穷，深受人民群众欢迎。

女娲补天神话

申报地区或单位：泽州县文化馆

“女娲补天”是中国最古老的神话之一，关于这则神话的最早记载见于《淮南子·览冥训》：“往古之时，四极废，九州裂；天下兼覆，地不周载……女娲炼五色石以补苍天，断鳌足以立四极，杀黑龙以济冀州，积芦灰以止淫水。”这则创世神话反映了古人对于世界的一种认识。女娲是神话中创造人类和化育万物的女神，又称娲皇。神话故事中的女娲以其超人的本领与智慧拯救苍生于水火之中而赢得人们的爱戴。时至今日，我国很多地方还保留有供奉女娲的娲皇庙和其他有关女娲娘娘的传说。

泽州“女娲补天”遗址，位于城东10公里的金村镇浮山山腰。《泽州府志·山川》载：“县东南三十五里，插入天汉，高若云浮，形家谓为天马。上有伏羲庙，北谷娲皇窟，中虚如囊，相传炼石补天处。”《大清一统志》、《凤台县志》等地理、方志典籍也有相关记载。千百年来，当地民众每年农历三月十八都会举行规模盛大的女娲祭祀活动，并将女娲神话不断附会演义，创作了大量的女娲与各种自然灾害作斗争的神话故事，这些神话不仅反映了远古世界人们生存境遇，而且表现了人们改善自然环境的信心和乐观精神，体现了我们祖先在争取生存的斗争中所显示的气魄、智慧和力量，具有极高的历史、文学研究价值。

精卫填海神话

申报地区或单位：长子县文化馆

“精卫填海”是中国上古最著名的神话之一，它流布范围广，影响大。

精卫填海神话广泛流传于山西省长子县西发鸠山一带。据《山海经·北山经》载：“又北二百里，曰发鸠山，其上多柘木，有鸟焉，其状如乌、文首、白喙、赤足，名曰‘精卫’，其鸣自詨。是炎帝之少女，名曰女娃，女娃游于东海，溺而不返，故为精卫，常衔西山之木石，以堙于东海。漳水出焉，东流西注于河。”《后汉书》、《水经注》、《述异记》、《淮南子》、《山西通志》等典籍中均有“发鸠之山，今在上党郡长子县西”和“发鸠山在长子县西”的记载。发鸠山东麓的灵湫庙，原名泉神庙，是东汉时期为祭祀女娃精卫而建，主殿三圣母塑像，中间为精卫，左右为其母、姐。建初至今，年年祭祀，唱戏说书。当地老百姓称此殿为“三娘娘”殿，现存石碑40余座，均有精卫填海的故事记载。围绕故事的母题，在发鸠山及长子境内，还产生了诸多与此相连的神话和传说故事，当地老百姓甚至把女娃奉为浊漳河泉神，每年农历三月初一加以祭祀。

精卫填海神话故事群塑造了一个不以海为大、不以己为小，口衔木石、誓平东海，拥有坚强意志的女神形象，是极其珍贵的人类口头文化传统。

精卫填海神话

申报地区或单位：高平市文化馆

精卫填海神话是中国上古神话的典型代表，千百年来被世人传诵不息，并内化为中华民族的民族精神。

山西上党地区历史悠久，是神话传说的集中发生地。高平是中华民族的始祖炎帝活动的重要地域，距县治东北15公里的建宁村羊头山附近流传着大量关于炎帝初耕农事和精卫（炎帝小女儿）填海的神话传说。《山海经》中的“发鸠山”——今长子与高平交界处的羊头山，即为精卫填海的故事发生地。精卫填海神话反映出精卫坚韧不拔、锲而不舍的精神，受到人们的尊敬。晋代诗人陶渊明在诗中写道：“精卫衔微木，将以之填沧海。”精卫已经升华为中华民族不屈的形象象征。

精卫填海神话是中华文化不可缺少的重要组成部分，但随着现代化进程的加快，神话这种远古时代留下的遗产逐渐失去了活态传承的土壤，亟待予以保护。

后羿射日神话

申报地区或单位：屯留县文化馆

后羿射日神话流行于屯留县乃至整个上党地区，距屯留县县城西北45里的老爷山（即三嵕山），传说是古代神话英雄羿为民射日除害之地。关于此地理位置的界定，《山海经》、《淮南子》、《古今图书集成·职方典》、《山西通志》以及明、清《屯留县志》等史料中均有记载。

相传，远古时期，天空十日并出，禾苗枯焦，民不聊生。尧帝奏知天帝，羿奉天帝之命下凡射日，魂附于长相奇异，身材魁梧，射技超群的屯邑大力士张三嵕之身，于屯留瓦泽岭（后名三嵕山）射落九日为民除害。百姓从此五谷丰登，安居乐业。尧帝感念羿的功绩，知张三嵕系羿之化身，奏请天帝封张三嵕为羿神，将瓦泽岭改称三嵕山，并为其在此山建造行宫。人们敬奉张三嵕为三嵕爷，又将张三嵕为民建功的三嵕山，称为老爷山，沿用至今。

据相关文字记载，自唐代起，此山始建庙宇。宋崇宁二年（1103）徽宗皇帝赵佶，额封羿神为灵贶王全职显应侯，赐建气势恢弘的三嵕大庙。此后，人们出于对神话英雄的崇敬喜爱，"三嵕爷"又成了可以管天、管地、管风、管雨的神仙。随着岁月的推移，围绕羿射九日故事为发端的各类传说，在屯留县及上党大地久传不衰，形成了一种独有的口头文化传统，一直流传至今。

后羿射日神话

申报地区或单位：襄垣县文化馆

后羿射日神话是流行于上党地区民众的口头传统，关于射日的具体地点，西汉刘安编著的《淮南子》中明确地指出："尧伎羿射九鸟于三峻之山，杀九婴于山水之上，缴大风于青邱之泽。"

三嵕山又名老爷山，因此山所祀神祇极多，当地人泛称"老爷"；襄垣人也称太阳为"老爷"、"日头爷"；后世俗称此山为老爷山，其地跨襄垣、屯留两县。相传远古时期，"十日并出，炙杀女丑（女巫），于是尧乃命羿射杀九日"（引《山海经·海外西经》），以除天下之旱，后世奉羿为"三嵕山之神"，司雨露。宋崇宁二年（1103），赐额"灵贶"，又封"显应侯"，据清乾隆版《襄垣县志·营逮考》载："灵贶王庙在县西南之峻山。"

数千年来，围绕后羿射日故事为发端的各类传说，在襄垣县及上党大地久传不衰，日臻完善，形成了“后羿射日五阳岭传说”、“庙沟山传说”、“马蹄湾传说”等故事群。襄垣羿射九日的民间传说是人民群众口耳相传留下来的集体创作结晶，具有广泛的群众性和民间性。该传说蕴含的历史、文学资源对研究上党地区的民间文化，特别是上古时期的社会形态有着特殊的价值。它集中反映了人们掌控自然，战胜自然，祈求美好生活的愿望，也反映了原始先民的世界观、价值观、人神观。

崔生遇虎故事

申报地区或单位：襄垣县文化馆

崔生遇虎是流传在山西襄垣虒亭地区的一个广为人知的传奇故事：崔生之任过虒亭，孤馆逢虎女，沉虎皮于琉璃井中，妻女数载携子复回，旧地重游，复皮为虎，仙去，韬负子女迷寻，虎怜之，引子女入山，韬黯然郁郁，守山而终。该故事既有教化作用，又具封建婚姻伦理色彩，契合了民众追求爱情、幸福的内在感情。在长期口耳相传的过程中，该故事因地、因时、因人而异，不断演变，但主题和母题并没有大的变化。

关于崔生遇虎故事的记载颇多。最早载于唐河东人（今山西永济）薛用弱的《集异记》，宋《太平广记·卷四百三三》引录有其中《崔韬》一折。此后成为历代故事嬗变和文学移植的母本，不断出现在小说、话本、曲艺和戏曲之中。宋元话本《崔智韬》(《醉翁谈寻》引)、董解元《西厢诸宫调》(诸宫调为北宋泽州今山西晋城人孔三传首创)、关汉卿《谢天香》杂剧以及佚名的元杂剧《人头峰崔生盗虎皮》，均不同程度地提到或用到过这个故事，清蒲松龄《聊斋志异》中的《画皮》故事亦与此甚有渊源。可见，从唐到元明时期这一故事在民间广泛传播，对后世影响深远。

虒亭作为故事发生地，除历代史志记载与文人墨客留下的诗文、碑刻、壁画外，在漫长流传过程中不断与民众生活相结合，已成为当地的一个文化标识。由于民众情感的渗透和文人的附会，产生了富有地方特色的传说，出现相沿而成的风俗与崔生遇虎故事相关的文物、村落、地名等遗迹。人虎姻缘反映了古人对美好婚姻家庭的向往，诠释了天人相和的理念，这一理念在构建当代文明的进程中具有积极的意义，需要我们去保护、开发与传承。

广禅侯故事

申报地区或单位：阳城县文化馆

广禅侯故事是晋东南地区百姓以宋代民间兽医常顺封侯为基本原型而创作的传说故事群总称。《泽州志》载："广禅侯常顺，泽州常半村（今山头村）人，生于北宋仁宗嘉佑四年，卒于南宋文宗绍兴六年，自幼习医，东履太行、西涉汾水，每医病畜，手到病除，名扬九州，传之为神。"阳城县山头村水草庙明永乐十六年（1418）碑文载："宋徽宗政和四年（1114），金人入侵，平阳一带与宋兵大战年余，宋军力不能支，时值阴雨天，战马三停病一，愈不可支，时常半村牧医常顺，行医至约县西百里之汾河边，见战马神志恍惚，身生白灰板块，奔走惊窜，真真嘶鸣，不时甩尾打身，回头撞脖，断为所疾'族蠡'。病马万余，病则需治，无病则防。外敷服药慢不救急，调草药六七味，沸水烹之，倾之河中，驱无病马先浴饮之；后驱病马浴饮之。日一次，约四五日，六七日马愈，兵进，略胜。挽留军中，肯，继趋别地行医，宣和二年（1120），钦封广禅侯，以嘉其术。"

在封建社会"封侯""赐爵"多为文臣武将、皇亲国戚。一个牧医郎中封侯，无疑是件惊天动地的事。于是，阳城民众以宋金交战为背景，将"常顺医战马"、"黄帝敕建水草庙"为主要内容的民间传说不断演绎、推新，并在长期讲述、传递和互动中逐渐形成了庞大的故事群。另外，水草庙及其延续数百年而不衰的春秋祭祀，也使得广禅侯故事与历史风物和民俗信仰三者不断地良性互动。以广禅侯故事为主要内容改编的折子戏、章回体小说、电视剧竞相推出，各种艺术形式的介入反过来又推动了广禅侯传说在广大民众中的传播和继承。

广禅侯故事宏大的叙事篇幅，错综复杂的人物关系，生动的"草根"奋斗史以及布衣郎中胸怀天下、扶危济困、医者仁心、力挽狂澜的民族大义，对社区民众和医务工作者都有着重要的教育意义。

张生和莺莺故事

申报地区或单位：永济市普救寺旅游有限公司

张生和莺莺的故事发源于山西省永济市蒲州镇及周边地区，故事母本出自唐元稹的《会真记》，宋代秦观、毛滂及赵令畤等对其进行了改编，至金代董解元以其为蓝本编写的《西厢记诸宫调》，增加了故事的篇幅，情节更加细腻生动并且变悲剧为喜剧。到了元代，又经过王实甫的改编，使其成为篇幅巨大、描写人物性格细腻、排场宏伟的作品。由于其反封建礼教、门阀婚姻的主题具有深刻而普遍的意义，在民间产生了极深远的影响，所以得到广大人民的传颂。

在故事发生地山西永济一带现存有莺莺塔、张生借宿的西轩、莺莺一家人寓居的“梨花深院”、张生与莺莺相遇的回廊、张生游览的僧堂、菩萨洞、罗汉堂、崔莺莺为父做法事的大雄宝殿等建筑，这些遗迹使张生和莺莺的故事更加具体生动。千百年来，当地民间传说与文学作品互相借鉴，故事叙事更加曲折，人物形象更加丰富，反对封建礼教，主张婚姻自由的主题更加鲜明。

孔子回车故事

申报地区或单位：泽州县文化馆

孔子是中国古代著名的思想家、教育家，是中国儒家思想的开创者。关于孔子的故事千百年来在民间广泛流传，发生在山西泽州一带的孔子回车故事便是其代表之一。

相传春秋时期，身逢乱世的孔子胸怀远大抱负，为宣传儒家思想，长期奔波，周游列国。在由卫至晋途中，经星轺驿（今拦车村）遇一群小孩在路中用小石头垒城墙，孔子让孩子们让道，七岁孩童项橐反问：“自古及今，只有车绕城走，哪有城给车让道之理？”孔子无言，只好绕城而行；后至天井关前，见道旁树上一黄鼠拱立，似作揖状，遂叹此地知礼已甚，旋车而返。这段拦车与回车的故事在《凤台县志》、《泽州府志》、《泽州文史资料》中均有记载。历代名人在游历天井关时，也留下了不少感慨孔子回车的不朽诗篇。

在天井关围绕拦车与回车的故事派生出许多关于孔子的传说，这些传说历史悠久、流传区域广、人物刻画鲜明、故事完整，属民间传说中可信度较高的民间文学作品。它不仅具有一定的教化作用，而且具有一定的历史研究价值。

张四姐大闹温泉县故事

申报地区或单位：交口县文化馆

“张四姐大闹温泉县”是流传在山西省交口县温泉乡及其周边地区的传统民间故事。该故事以张四姐率勇士起义反元为蓝本，将仙女张四姐与败落公子崔文瑞的自由婚姻和人生经历作为核心内容，在流传过程中，不断充实、完善，形成了以崔百万许愿、张四姐和崔文瑞成亲、张四姐“撒豆成兵”击退官军、用“真火”焚烧县衙、包公断案、宋王降旨等情节组成的完整、系统、极富民间性和地域性的民间故事群。

张四姐大闹温泉县故事充分表现了温泉乡一带的劳动人民勤劳勇敢、蔑视权贵、伸张正义的高尚情怀，饱含着强烈的反抗封建礼教的思想，歌颂青年男女追求婚姻自由、鞭笞丑恶势力，赞扬人间真、善、美的真挚感情和美好愿望，是一部交口版的“天仙配”，具有较强的现实教育意义和文学创作的借鉴价值。

张四姐大闹温泉县系列故事的传播者以民间说书艺人为主，在传播过程中，逐渐渗透到当地群众生活中，具有较强的群众基础。故事中出现的村名、地名又多与现实相互印证，具有地域变迁和文化研究的重要价值。

张四姐的故事

申报地区或单位：孝义市传统文化研究会

“四姐闹温阳”在孝义境内广为流传，故事讲述天帝的四女儿为追求爱情与封建礼教相抗衡的传奇经历，歌颂青年男女追求婚姻自由，鞭笞丑恶势力，赞扬人世间的真、善、美。故事中有众多的现存实物，甚至村名、地名都是真实存在，如崔家庄、东庄沿村、西泉村、温泉村以及大铁钟、八角琉璃井、铜帮铁底河等。千百年来，四姐闹温阳这一古老的传说经孝义劳动人民口口相传，并不断充实、完善，已形成具有完整情节的故事群。

“四姐闹温阳”形成并在民间广泛流传，大约发生在金元时期。当时，异族入侵，人们陷入水深火热之中，大家怀念北宋王朝，期盼上天有眼，派一位能伸张正义、救民于水火的人物，非常切合当时的实际情况，于是便有了故事中的张四姐。20世纪60年代，孝义剧作家张思聪先生依据民间传说创作出大型戏剧《张四姐下凡》，由孝义碗碗腔剧团排练上演，受到观众青睐。

“四姐闹温阳”具有多重意义，它反对封建礼教，提倡男女婚姻自主；教化激励后辈青年人正直向上、刻苦努力、追求美好幸福生活；提高民族凝聚力与向心力，对于加强民族团结、构建和谐社会起到积极的作用。

晋商茶路上的故事

申报地区或单位：山西晋贾茶文化有限公司

万里茶路是继丝绸之路衰落后，东亚大陆上兴起的又一条国际商路，它从中国福建崇安（现武夷山市）起，途经江西、湖南、湖北、河南、山西、河北、内蒙古、从伊林（现二连浩特）进入现蒙古国境内，经库伦（现乌兰巴托）到达中俄边境的通商口岸恰克图，再经伊尔库茨克、新西伯利亚、秋明、莫斯科、彼得堡等几十个城市，最终到达圣彼得堡，全长13000余公里。这是一条连接中蒙俄，沟通欧亚大陆的贸易之路，也是民族团结、民族交融、文明传承之路。

晋商是万里茶路的开拓者，同时也是万里茶路的经营主体。他们在这一条茶路上留下了一串串动人的故事，至今仍然在沿线的国家和地区广为流传，从不同角度反映了晋商不畏艰难险阻，勇于前行的胆量和英雄气概。这些故事、传说有的反映晋商能经营，善管理的创新精神和聪明智慧；有的表现诚信为本，以义制利的经商理念和商业道德；有的彰显以人为本，助人为乐的善事义举和道德情怀；有的表达了民族交往、和睦相处的文化影响和人文精神。晋商茶路上的故事生动感人，富有传奇色彩，在国内外有着广泛的影响和厚重的历史文化价值。

晋商茶路上的故事宛如一颗颗璀璨的明珠撒落在江河湖海、沙漠草原。他们的精神像一座座丰碑耸立在中华大地、欧亚大陆。收集和整理这些故事，对于保护和传承万里茶路上的晋商文化资源，弘扬晋商精神意义重大。

宋丑子故事

申报地区或单位：忻州市定襄县

宋丑子故事是广泛流传于忻州定襄及其周边地区的民间口头文学，其故事内容丰富、诙谐幽默，充满了浓郁的地域文化特色。故事中他用自己的聪明智慧，让那些贪官污吏、黑心财主和生活中一些心术不正、尖酸刻薄者屡遭戏弄、吃尽苦头，维护了百姓的正当权益，成为生活在社会底层老百姓心中的英雄人物。

宋丑子故事中还有许多表现生活情趣的机智幽默桥段，如《舁轿》、《看门》、《不下驴》等，诸如此类的故事还有很多，经过了集体创作和几百年的流传，宋丑子的形象在定襄当地家喻户晓，一些故事还流传到山西全省和河北、内蒙、陕西等地。

宋丑子是中国汉民族的阿凡提，是中国民间机智人物故事宝库中的重要组成部分，关于他的传说对于丰富中国民间机智人物故事研究有着较高的学术价值，而且在定襄乃至山西的民间文化体系中也颇具典型意义，值得加以研究、保护和开发。

万荣笑话

申报地区或单位：运城市万荣县

万荣县位于山西省西南部，黄河与汾河交汇处，文化底蕴深厚，是闻名全国的历史文化名县和笑话之乡。战国舌辩家张仪、隋末教育家王通、唐代大诗人王勃、明代理学家薛瑄等历史文化名人皆出于此。正是这千古历史的积淀，世代人文的浸润，孕育了万荣笑话产生发展的文化土壤。加之此地民风淳朴、崇文尚农，在日常生活及劳作、学习之余，民众常以幽默、诙谐的态度演绎对生活的理解与热爱，创造了为人所津津乐道的万荣笑话。

万荣笑话生于乡野，传于民间，是一种典型的草根文学。几百年来，群众口耳相传，一人讲，千人编，万人传，不断丰富，不断完善，遂成精品。万荣笑话最大的特点是一个“挣”字。笑话中的主人公都有一股“挣劲”，表现形式是“舌辩”、“讲偏理”或处事执拗、倔犟、争强好胜。正是这些诙谐、认死理、不服输、犟到底等特有元素构成的笑话，喻理于笑，揭示了深刻的哲理，讽刺了形而上学，也集中体现了万荣人倔犟顽强、聪明诙谐、争强好胜的性格特点。

万荣笑话是中国北方典型的口头传统，它集中了东方幽默文化的各种元素，世代受到民众的追捧。

襄汾七十二呆

申报地区或单位：襄汾县非物质文化遗产保护协会

“七十二呆”笑话起源于襄汾县刘庄村，在襄汾民间广为盛传，它以浓厚的民间泥土气息和强大生命力，在晋南乃至山西久传不衰，是民间口头文学中的一座金矿。故事主角“呆呆”是群众描绘创造的一个可亲、可爱、又可敬、可佩，虽流露呆傻，却勤劳淳朴、憨厚爽直、执着认理、急人所急、乐于助人又嫉恶如仇的正义人物。“呆”的面孔，富含喜剧、相声、小品情趣，在听者喜悦、欢笑中揭开戏剧的罩衣，抖开相声的包袱，表现了劳动人民大智若愚的智慧和自我批评、自娱自乐的乐观精神。

“七十二”是个代数词，不具体指数量，而是代表这类故事的总和。从目前收集到的故事数量来看，仅结集出版的第一册《七十二呆》一书中就有144则之多，续集的200多则正在编辑中。“七十二呆”每个笑话里既表现了襄汾人的倔强、执着、宽厚、直爽和敢于坚持真理的净劲，也一一道出了襄汾人纯真、幽默、风趣、机智和勇于追求真理的性格。

“七十二呆”是襄汾人在漫长的历史长河中创造出的民间文化的奇葩，可以说是襄汾人智慧和才干的集中体现。作品中的人物虽然表现出傻、笨、愚、拙、痴的面孔，但隐藏在内心的本质是大智、大勇、幽默、聪明的反抗不平的精神和机智。呆的形象、智的内心，是一大创造，一大特色，也是襄汾《七十二呆》这部民间笑话的文学价值所在。

贰

二、传统音乐

左权开花调

申报地区或单位：晋中市左权县

“开花调”是流行于山西省太行山区的一种汉族山歌形式，因这种山歌歌词的上句常以“××开花”为起兴，下句点题，故当地人把这种形式的山歌统称为“开花调”，其中左权开花调在这一区域最为出色。

左权开花调的音调简洁，旋律进行以级进七声性音阶为主，间或出现大跳音型，用于表现情绪、情感的起伏跌宕。歌词绝大多数由相互呼应的上下两个乐句组成，独特之处在于，所谓“花”，不仅有植物之“花”，更有各类日常用具、物品之“花”，如“门搭搭开花扑来来，门外走进哥哥来”、“玻璃开花里外明，远远照见俺咯旦儿亲”、“油灯灯开花一点明，小酒盅挖米不嫌你穷”等。另外，歌中用本地方言所构成的衬词衬句也堪称一绝，如“啊咯呀呀呆”、“亲咯旦儿”、“亲呀咯亲呀么呆呀咯呆”等。代表曲目有《桃花红，杏花白》、《有了心思慢慢来》、《会哥哥》、《格旦亲》、《想亲哥》、《土地还家》等。这些民歌构思精巧，歌词新颖，衬词衬句凸显了浓厚的地方色彩，感染力极强，深受广大民众的喜爱。

河曲民歌

申报地区或单位：忻州市河曲县

河曲民歌是河曲人民在长期的生产和生活过程中，进行即兴创作，抒发内心感受的一种山歌形式，主要流行于河曲县及其周边地区。

河曲民歌曲调高亢、嘹亮，语言纯朴、自然，歌词结构采用上下句体式，上句起兴，下句表情，往往一个上下句就揭示出一种深邃的感情状态或描绘出一种逼真的生活画面，像“山在水在石头在，人家都在你不在”、“听见哥哥唱上来，热身子扑在冷窗台”等，带着浓郁的泥土气息，听来凄美动人。它的产生、发展与河曲特定的历史、地理环境及民俗风情有关。河曲位于山西省西北部，东界偏关、五寨，南界岢岚、保德，西、北隔黄河分别与陕西、内蒙相邻，是一个“鸡鸣三省”的特殊地区，由于地处黄河弯道，交通阻隔、土地贫瘠、旱涝无定，这一特殊的人文地理环境形成了当地老百姓每年春去冬回，到内蒙古大青山、河套一带打短工、拉长工的“走西口”生活方式。这种年复一年的离妻别子的痛苦人生，自然产生了咏叹人间离苦、别绪、思念、期盼的“走西口”民歌，当地人称之为“山曲”。

河曲在明代就享有“户有弦歌新治谱，儿童父老尽歌讴”的美誉，文化艺术底蕴十分深厚。这里的劳动人民一辈辈流传下来的这些具有浓郁地方特色的民歌，充分反映了河曲人民质朴、豪放、诙谐的性格以及他们艰难的社会生活状况，具有重要的学术研究价值。

保德民歌

申报地区或单位：忻州市保德县

保德地处黄土高原，位于黄河中游晋陕峡谷区，忻州市西北部，属晋陕蒙交汇的三角地带。保德历史悠久、文化灿烂，是民歌的海洋，早在明代就有“时凭不用夸天险，依棹风流听浩歌”的民谚。

保德民歌品种繁多，保留了许多著名的曲牌，如【碰梆子】、【珍珠倒卷帘】、【转山头】、【十对花】等，体裁上主要可以归纳为四大类：山歌、小调、酒曲、船夫号子。内容上包罗万象，有反映劳动人民苦难生活和对自己悲惨命运的不满和反抗的作品；有反映青年男女之间的爱情和婚姻问题的作品；有歌唱历史人物传说故事的作品；有反映人民革命斗争的作品，比较著名的有《五哥放养》、《挂红灯》、《对巴巴圪梁梁上那是个谁》、《打樱桃》、《五月三化》、《卖扁食》、《泪蛋蛋抛在沙蒿林》、《红红火火二十五》、《六月六火辣辣的阳婆照当头》等。

保德民歌是山西民歌的重要组成部分，它融合了内蒙的爬山调、陕北的信天游以及河曲、偏关的山曲儿，形成了语言质朴、形象简练、感情直率的风格，具有重要的艺术文化研究价值。

盂县民歌

申报地区或单位：盂县文化馆

盂县民歌，也叫小曲、小调调，是一种反映盂县人民生产、生活的表演艺术形式。盂县民歌在全县均有分布，按流派可分为西部、北部、东部和中部民歌。西部主要流传区域在东梁、西潘等地；北部为上社、梁家寨、下社等地；东部在牛村、仙人、北下庄等；中部为路家村、南娄、孙家庄等村镇。其中，又以西部、北部和东部流传最广，这些地区由于交通不便，居住分散而娱乐活动较少，唱小曲便成为当地民众生活中不可或缺的一部分。

盂县民歌的旋律高亢嘹亮、悠扬宛转，多以下行为主；调式运用上，以商调式、徵调式和羽调式为主；歌词内容上，含蓄质朴、生动感人、韵辙规整；节奏以2/4、4/4 节拍较多，并有民歌中少见的3/4、3/8 拍；曲式结构上，以两个乐句和四个乐句为基本曲式结构，同时运用“呀呼嗨”、“啊呀呀”、“哩格儿棱”等衬字。盂县民歌的体裁大致分为劳动号子、秧歌、情歌、山曲、小调五种，主要作品有《叫大娘》、《四报扛长工》、《卖扁食》、《你把良心背到脊背上》、《羊肚肚手巾毛毛多》、《那可怎呀》、《五更调》等。经调查，盂县民歌现存曲目约有400余首，歌手80余人。

翼城西闫民歌

申报地区或单位：翼城县文化馆

西闫民歌流行于山西省翼城县西闫镇，是一种诙谐风趣、通俗易懂、委婉动听，颇受群众喜爱的山区小调。

据传，在西闫镇十河村一带，很早就流行唱酒曲。起先是讨媳妇闹洞房时，在洞房里唱的一种小调。闹洞房者让新媳妇喝酒，新媳妇不能喝酒，就得唱一支小曲。这样你也让唱，他也让唱，新媳妇不喝酒，就得一支一支地唱下去。所以许多新娘在没结婚之前就你传我，我传你，学了不少小曲，以备新婚之夜闹洞房时唱。由于这些小曲风趣好学，慢慢地也传到男人的酒场上，不能喝酒或输了的，干脆唱支小曲来代替，此后人们便把这些小曲称为酒曲。由于酒曲曲调越唱越多，歌词越唱越精，逐渐形成了固定的曲牌和唱词，与民谣一样，在民间广为流传起来。

20 世纪40 年代，因西闫一带是翼城革命老区，一些文艺工作者将酒曲进行加工整理，成为当地民歌小调。尤其是在1945年，老艺人李世龙组织唱民歌的高手，在大河山成立了河山剧团，他们上演的节目是用民歌小调来唱的，即唱一段民歌，中间打一阵锣鼓过门，俗称锣鼓板戏。随着剧团到处演出，民歌小调传遍了各地，不仅在西闫镇一带，而且包括周边沁水县的张马、中村等地也开始流行。近年来，受多种娱乐方式的冲击，西闫民歌的流播受到了较大的影响，急需开展有计划的保护工作。

吕梁民歌

申报地区或单位：吕梁市群众艺术馆

吕梁民歌发源于黄河流域，是祖祖辈辈的吕梁人“感于哀乐，缘事而发”，用拦羊嗓子回牛声吟哼吼喊出的山野之声。它的历史可追源到古代巫歌和祭祀秧歌调，并与古已有之的春节“闹红火”习俗紧密相联。离石出土的汉代画像石中有关于乐舞百戏和秧歌的内容，可见当时吕梁区域歌舞已经十分盛行。

吕梁民歌主要有山曲、号子、小调、套曲等类型。“山曲”是吕梁最富有特色的民歌，它构筑了吕梁民歌的主体，彰显了吕梁民歌的个性。从表现内容上看，吕梁民歌大致可以分为以下几类：1.表达爱情思恋的，如《高山上盖庙还嫌低》、《摇三摆》、《刮野鬼》、《串枣林》等；2.倾诉艰苦生活状态的，如《送情郎》、《去求财》、《推磨磨》等；3.祈盼民主、自由的，如《煮了钱钱下了米》、《送桂花》、《嫁给了白头翁》、《放开脚》等；4.控诉社会黑暗的，用民歌反映社会不公平的，地主残酷剥削的，如《旧社会太不平》、《翻身小唱》、《揽工苦》等；5.歌唱革命的，如《毛主席恩情唱不完》《抗日小唱》《变工队》、《翻身小唱》等。

民歌作为一种典型的民间艺术，它是人们生活中“乐”的调节，“生”的追求，“性”的渴念，“情”的自觉。人们通过吕梁民歌这一媒介构建了朴素的道德观、人生观、价值观，使民歌成为吕梁人生产生活和精神世界的需要。

太原民歌

申报地区或单位：太原市小店区文化馆

太原民歌历史悠久，源远流长，《诗经》中的“唐风”和《乐府诗集》中的“并州歌”便是太原民歌最早的作品。在漫长的历史进程中，由于受到秧歌和其他艺术形式的影响，太原民歌逐渐成型。明、清至民国期间，太原民歌吸收了从沿海及外地传来的“马头调”，并将一些曲目结合了本地语言、民俗，形成了太原地区的民歌演唱风格，传承至今。

太原民歌主要由情歌、民间小调、民间叫卖曲、劳动号子、说唱曲、马头调和新民歌组成。传统民歌大都源于地道的本土民间歌曲；劳动号子则是当地群众修田盖房时由领号人即兴演唱，其他人随声附和的民歌表现形式；说唱曲则吸收了周边地区的曲艺说唱形式而形成的民歌类型；马头调来源于全国各地过往客商的演唱，并融合了当地的口音，人们又将此类民歌称为码头调（太原俗称旱码头）；新民歌一般为新中国成立前后由劳动群众编创。据普查统计，太原民歌传统民歌有80余首，新民歌有40余首，说唱曲有7首，劳动号子2首，叫真曲（民间叫卖曲）9首，马头调有10首，共计150余首。在长期的传承和发展中，由于地域差异，太原民歌形成了河东和河西两个流派，河东歌手粗犷奔放，河西歌手情感细腻，形成了两个风格不同的传承区域。

太原民歌涵盖社会生活的多个层面，其唱词语言朴实简练，比喻生动夸张，再加口语化的装饰音，以及花彩的衬字，形成了独特的艺术风格，具有重要的民俗学、民间文艺学研究价值。

襄汾民歌

申报地区或单位：襄汾县人民文化馆

襄汾民歌是当地民众在长期生产生活实践活动中，经过广泛的口头传唱所形成和发展起来的集体创作，是民众表达自己思想、感情、意志和愿望的一种艺术形式，世世代代伴随着人类的生产生活发生、发展、传承至今，也是反映襄汾人民社会生活和发展的历史缩影。

襄汾民歌体裁多样，有号子、山歌（高调山歌、平调山歌）、小调（秧歌、民间歌舞、说唱歌曲、抒情歌、儿歌、诙谐歌、叫卖调）等；题材内容丰富多彩，大致可以分为爱情歌曲、生活歌曲、生产歌曲、时政歌曲、历史传说歌曲等。

襄汾民歌的曲调旋法丰富，表现激情、热烈、冲动等情绪的常用大跳音阶进行，如“高调”山歌大部分皆是，小调亦常见此类唱法；曲式结构形式多样，有上下二句体的对立结构，还有一上二下或二上一下，三上一下复对应式的四句体结构，还有在基本乐段后加上衬词连接句和最后一个乐句反复对比，形成较为复杂的乐段结构等；歌词以七言四句为多，也有五言四句的，还有长短不齐奇数结构的句子；调式大部分是“变体燕乐徵调式”，还有不少商调式、羽调式，大部分乐曲围绕主音四五度进行或级进进行，由于歌曲发展的需要，调式交替、转调等手法也广泛使用。

襄汾民歌曲调动听、旋法独特、种类繁多。进一步对其挖掘、整理，将对研究当地音乐历史的发生、发展、演变以及民歌与民间器乐、民间说唱音乐、民间舞蹈、民间戏曲的关系提供较为详实的音乐资料。

碛口号子

申报地区或单位：临县碛口民间演艺有限公司

碛口号子又称艄公号子，是扳船的艄公们为了协调动作，统一节奏，由简单吆喝逐步演变为有领、有和的行船号令，主要流行于黄河中游晋西北临县碛口古镇以及丛罗峪、曲峪、克虎、八堡一带，并辐射至与碛口相对的陕西吴堡、佳县的部分村镇。

碛口号子大体可分为起船号子、顺流号子、跌碛号子、抽船号子、拉纤号子、背船号子、蹬杆号子等。起船号子是老艄开船的号令，众艄公听到指令号子，齐心呼应，合力扳棹起航；顺流号子是船行时，老艄站立船尾，观察河面所发号令；跌碛号子也称闯碛号子，闯碛，就是行船过暗礁，当船进入河碛后，号子就变成了众人领众人应，只听到“嚎——，嗨！嚎——，嗨！”声声不断；抽船号子也称靠岸号子，老艄：“歇一歇，缓一缓呀么。”艄公：“嗨——哟！嗨——哟！”老艄：“咱们用上劲呀么，齐来哟——！”艄公：“嗨——哟！嗨——哟！”拉纤号子即逆流上行的协同号令，艄公们拉着纤绳，沿着崎岖的峡谷，遇山爬山、遇河涉水、遇崖攀崖、遇滩踩乱石；背船号子是船或遇浅滩，或修补等情况下，需要船工们下水背船，为了求得团结合力，老艄会领唱号子；蹬杆号子是船工们手拿铁锚或木棒，双脚蹬地，用力撑杆，使得船远离石礁的领唱号子。

碛口号子来源黄河划筏行船劳作，属民歌的一个重要载体，在漫长的发展过程中，它吸收当地民歌、民谣、民间音律，形成一种独特的黄河流域传统民间音乐，具有重要的文化艺术研究价值。

五台山佛乐

申报地区或单位：忻州市五台县

五台山佛乐是指山西佛教胜地五台山寺庙中长期流传的传统佛教音乐，包括声乐和器乐两部分。“声乐”是在法事仪式中对各种经文的演唱，主要有“和念”、“令调”、“吟诵”和“直数”四种形式；“器乐”是由若干件打击乐器和吹奏乐器以及法器组成乐队，为经文诵咏中的部分曲调进行伴奏或单独进行器乐演奏，演奏的乐曲称为“小曲”。五台山佛乐在近两千年的发展过程中不仅始终沿用随佛教进入中国的“歌赞”、“转读”、“唱导”等形式，而且还保存有唐宋以来各时期流行的民歌和乐曲，乐谱都是“工尺谱”，其中常见的早课曲目有《楞严咒》、

《大悲咒》、《十小咒》等，晚课曲目有《弥陀经》、《忏悔文》、《蒙山文》等。五台山僧人以师徒间口传心授的方式一代一代传承着这一音乐艺术，并在点笙（调音）方面有着独特的技术手段和调音法。

五台山佛教音乐是音乐艺术与宗教相结合的产物，是社会发展中的一种特殊文化现象，也是五台山佛教文化的重要组成部分。它是北方佛教音乐的典型代表，除五台山所属地域外，在整个北方及全国都有较大的影响。

左云楞严寺佛乐

申报地区或单位：左云县文化馆

左云县楞严寺佛乐流传于山西省左云及内蒙古自治区凉城县一带，产生于明朝初年，丰富、发展在明、清两代，伴随着僧侣们的唱经及佛事活动发展传承至今。在长期的流传过程中，它吸纳了天竺乐、龟兹乐、安国乐等佛曲音乐的元素，并和当地民间音乐相结合，逐步形成的一种具有蒙汉特色、异域风情的寺庙音乐。

左云楞严寺佛教音乐是由歌赞曲和器乐吹奏曲两部分组成的。歌赞曲主要有：【六字赞】、【方便偈】、【三皈依】、【千声佛】、【亚古灵】等十余首；器乐吹奏曲有：【柳摇金】、【左鞑经】、【右鞑经】、【凡鞑经】、【大乘经】、【双调柳青娘】、【急毛猴】、【小开门】、【大八板】等28首。演奏时使用的乐器有：管子、笙、手鼓、镠、铛子、引磬、铞子、铙钹、手掴子等。左云楞严寺庙堂音乐一般在僧侣诵经和佛事活动中唱响，同时也在民间各种法事中演奏。歌赞曲起调深沉平稳，旋律庄重典雅，再配以讽诵之经词，遂形成一种极其肃穆的音乐气氛；吹奏曲则风格多样，既有蒙曲的粗犷豪放，又有汉调的婉转流畅，在激越跌宕的音乐旋律中，还不乏梵音的空灵邈远。

楞严寺佛乐是晋北地区独具特色的庙堂音乐，它的存在形态对研究北方民族文化的融合，以及明、清以来佛事活动的状况，有着一定的历史参考价值。同时，该音乐清新悦耳、悠扬动听，地方特色浓郁，也给佛教音乐的民间化勾勒出一条较为清晰的轨迹，具有较高的艺术价值。但是，由于楞严寺庙一度毁于战火，僧侣散尽，致使庙堂音乐随之衰落，乐曲流失十分严重。目前保存的乐曲大多是从民间收集而来，其中可能还掺杂了一些非佛乐曲目，寺庙音乐的传承发展也相对落后，急需予以保护。

恒山道乐

申报地区或单位：大同市阳高县

恒山道乐是在晋北地区浓烈的宗教气氛与环境中历经千百年而保存较完好的一种具有地方音乐特点的道教音乐。演奏人员主要由恒山“应门士”（即在家道士）组成，当地人称之为“恒山道乐班”。

恒山道乐的基本内容有赞叹、器乐曲、工尺谱、宫律调系统等几个部分。赞叹是经文的唱诵，也是道乐中的声乐部分；器乐曲是道乐中的器乐演奏部分，有“套曲”和“支曲”之分；工尺谱为乐谱，且一直沿用至今；宫律调系统为传统的五调、十律和四韵十二宫六十调，属古代民间音乐宫律调系统。“套曲”保存完整是恒山道乐的一大特征，赞叹套曲曲目有《一盏灯》、《十灭罪》、《瑜珈经》等；器乐套曲曲目有《普安咒》、《要账》、《水红花》等；打击乐套曲曲目有《天下通》等。“支曲”主要是保存于清光绪《神曲全部》抄本中的《将军令》、《太平年》、《粉红莲》等89首。

恒山道乐是道教与民间音乐相结合的历史产物，反映了道教的艺术表现形态与美学追求。其宫调系统中五调和传统十律的存在，为研究我国古代音乐的谱、律、调提供了鲜活的传统音律资料。同时，它融入当地岁时节日和婚丧嫁娶等民俗活动中，也极大地丰富了人们的文化生活。

恒山道乐

申报地区或单位：大同市浑源县文化馆

北岳恒山是我国北方地区道教活动的圣地，宗教氛围浓厚，活动频繁，北岳道乐在此基础上产生，后又不断吸收民间鼓吹乐，唐宋大曲、法曲而成型。

恒山道乐是我国北方道教音乐的一支，其演奏人员主要由恒山在家道士组成，当地人称为“北岳道乐班”。唐宋以后，道乐班社所演奏的音乐，主要为“赞叹”、“器乐曲”，又有“套曲”和“配曲”之分。“赞叹”是唱经的音乐，主要有《洞玄赞》、《一盏灯》、《开通赞》、《光明赞》、《返魂香》等，具有很强的旋律性，以笙管伴奏，发声方法与“晋北道情”相似。“器乐曲”是道乐中的乐器演奏部分。“套曲”有《一提经》、《山坡羊》、《干指》、《柳妖精》、《翠竹廉》等五套，要求“正套”必须“大工大尺”，严格按字谱拍板演奏，风格庄重典雅。“配曲”有《小八门》、《劝君悲》、《鬼拉腿》等，音乐风格活泼火爆，高亢激烈。主要乐器有笙、笛、管子、萧、二胡、琵琶、三弦、法螺、鼓、铙、钹、云锣、铜磬、木鱼、法铃、铛等。

恒山道乐在山西省浑源县及其大同、太原、河北、内蒙古等周边省市已自成流派、自立体系，各个派系所保留下来的乐曲和曲目，对弘扬民族传统文化，继承和发展民族传统音乐有着十分深远的影响。

道教音乐

申报地区或单位：长子县文化馆

道教音乐是一种非常古老的汉族宗教音乐，它是道教仪式中不可缺少的内容，具有烘托、渲染宗教气氛的作用，并且能够增强信众对神仙世界的向往和对神仙的崇敬。据清光绪八年《长子县志》记载，长子道教大约于唐代初年传入县境，五代以后传播日益广泛，道教音乐即随其斋醮活动而产生发展。新中国成立后，由于大批道士还俗，分得土地参加生产，长子道教音乐趋于衰亡。20世纪90年代，几位健存的老道士将境内全真、正一两派融合为长子正一道，以祈求赐福、消灾解脱、超度亡灵、风水调理等仪式回馈信徒，并且整理出一批道教音乐用以参与所需的科仪活动。

长子道教音乐由经乐、打击乐、管乐组成。经乐即开经乐，如招亡韵、开经韵、三叹韵、桥过韵等；打击乐一般由铙、钹、鼓、小镲、铛组成，贯穿整个斋醮活动；管乐由笙、管、笛子、唢呐组成，起烘托、渲染经韵氛围的作用，同时也演奏一些地方小调，如【大开门】、【迎仙客】等唢呐曲牌，为了迎合观众的欣赏需求，还可以吹奏一些地方小戏，如沁源小调、壶关秧歌等。斋醮活动由一人或众人组成，一人以诵经为主，多人活动则加入乐器伴奏，活动内容以丧葬仪礼为主，大都伴有画符、诵经、谢土、超度亡灵、跑幡、过桥、道灯等程序。20世纪90年代，长子县文化馆曾对道教音乐中的谢土、转十供、取水、招亡魂、跑幡、过金银桥、观灯等科介仪式进行了录音录像工作，并整理出了一系列乐谱，如《施食科》、《观灯科》、《土壇经》、《桥过科》等。

长子民间道教属正一教，其音乐丰富多彩，与当地的丧葬习俗紧密相关，对研究长子的宗教发展、器乐演奏以及民俗活动都有重要的社会文化价值。

柏林坡道教音乐

申报地区或单位：绛县文化馆

道教音乐历史悠久，曲目丰富，别具风格，是我国民族音乐遗产中的重要组成部分。绛县从事道教音乐的道人主要集中在“柏林坡东岳太山庙”及南樊“崇祯观”两处。这两处道教音乐活动的场所，在抗日战争和解放战争中被毁，太山庙的道人在柏林坡打窑洞安家，崇祯观道人在南樊中堡、柴堡分散居住，继续从事道教音乐的表演。

柏林坡道教音乐经过世代流传，现在还保留有诵经音乐、曲牌100余首。这些音乐或曲牌以工尺谱记录，通过口头传唱，家族传承至今。柏林坡道教音乐的主要乐器有唢呐（唢呐哨自己做，宽、厚比一般唢呐声音宏亮、高昂如号声）、笙（17苗）、管子、笛子、扁鼓、小钹、铙、大钹等。表演时一般有7 人参加，文道士6 人，武道士1 人。文道士奏乐开祭奠、念经，乐器排列次序为打击乐一面，扁鼓在中，小钗和大钗为扁鼓的两面，吹奏乐在另一面，唢呐在中，两边为笙。武道士除告庙、行路要外，还要扎场表演。武道士表演耍刀子、穿铡刀、水流星、火流星、扔蛋子等，文道士鼓乐伴奏。这些活动主要用于当地民众的丧葬礼仪和祭祀活动。

近年来，道教音乐的生存艰难，不少艺人放弃了收入微薄的音乐表演，致使很多班社解散，大量老曲牌失传。目前急需政府制定科学合理的保护规划，创造便利条件，使之得以继续传承下去。

晋南威风锣鼓

申报地区或单位：山西省临汾市群众艺术馆

晋南威风锣鼓是由锣、鼓、铙、镲四种乐器共同演奏的一种汉族传统打击乐艺术表演形式，因其表演时锣鸣镗镗、钹音清脆、鼓声如雷、气势磅礴、威风凛凛，故名威风锣鼓，主要流行于山西晋南地区，尤其在临汾市的霍州、洪洞、汾西、襄汾、曲沃、浮山等地最为盛行。

晋南威风锣鼓“融舞姿、音响、技巧、服饰、队形于一体，集粗犷、剽悍、倔强、好胜、风度于一身”，突出表现为一个字“威”。其队伍编制包括乐器配备比例和人员组成，乐器配备主要根据乐器体积、音量大小而定，达到声部协调，音响和谐为目的，通常1个扁鼓配2—

3个锣，铝钹比鼓少些，铙钹比铝钹少些。人员安排则不强求一律，规模可大可小，队员可多可少，一般来说，少则40人，多则百人为宜，特殊情况亦可组成数百人的大型锣鼓队或在舞台上表演的二三十人的微型锣鼓队。不论大型或小型，每个队都必须有1名指挥员。根据演奏需要，队员按个头高低分成大、中、小三类，以便配备乐器，划分声部，每个声部的人数必须配成偶数，以便排列队形。表演形式主要有两种，一种是挎鼓表演，指鼓手各挎1面圆形大鼓敲打表演，这种形式的表演，讲究的是阵容变化和姿势造型，如鼓技、锣花、铙花、钹花、槌花及整体队列队形变换等；另一种是架子鼓表演，这种形式主要用于队伍行进中边走边演。代表曲目有《七牌子》、《牛腰子》、《乱如麻》、《风搅雪》、《银扭丝》、《倒垂帘》等。

威风锣鼓融音乐、舞蹈、技艺于一体，展示了黄河文化的深沉厚重，体现了生活在黄土高原上的北方汉子粗犷豪放、不屈不挠、奔腾不羁的性格，是中国汉族传统艺术宝库中的精品。

绛州鼓乐

申报地区或单位：山西省绛州鼓乐艺术团

绛州鼓乐又称绛州大鼓，产生于历史文化名城新绛县，是山西新绛县及其周边地区民间社火活动中流行的一种锣鼓音乐艺术形式，一般分为赛社锣鼓和鼓吹锣鼓两类。赛社锣鼓亦称闹年锣鼓或社火锣鼓，主要用于赛社和春节期间的社火活动，是绛州鼓乐的主要代表。赛社锣鼓以花敲鼓和穿箱锣鼓著称，花敲鼓又名花腔鼓、花庆鼓、干鼓等，全套乐器只有多面形制不同的鼓和板两类，无铙钹，也无其他铜质乐器；演奏技法有击鼓边、敲鼓边、墨鼓钉、蹭鼓面、打鼓帮、抽鼓皮、磕鼓环、碰鼓架、单槌滚、双槌擂、槌相搓、槌相击、槌相打、捶相挑等十几种；演奏起来声韵铿锵，气势恢宏，具有独特的艺术风格和地方色彩，深受广大民众的喜爱。常用曲目南路有《叽呱啦》、《啦呱叽》、《扎咚呱》等，中路有《钉缸》、《麻雀踩蛋》等，北路有《牛斗虎》、《凤凰单展翅》、《狮子撩绣球》等。

太原锣鼓

申报地区或单位：太原市

太原锣鼓是指流行于太原及晋中、吕梁部分地区的一种民间打击乐表演形式，主要活跃在民俗社火和祝贺庆典场合，是太原及其周边地区民众文化生活的重要组成部分。

“绛州的鼓、威风的锣、太原锣鼓舞大钹”是人们对山西三大鼓种的赞誉。太原号称铙、钹之乡，太原锣鼓最大的特征就是以铙、钹等乐器为主，在演奏中边击边舞，铙、钹上下翻飞，动作刚烈舒展、粗犷阳刚，节奏激越鲜明、铿锵自然，场面铙扬钹舞，一片金色，激奋壮观，最能表现山西粗犷豪放、雄宏激越的黄土高原文化气息。此外，在一些庆典活动中，往往会有2支锣鼓队摆开阵势、互相对抗，这种对抗和较量是太原锣鼓的一个传统习俗，这种对抗表演恰似两军对垒，誓必决一胜负，其演奏技艺之娴熟，场面之激烈，实属国内罕见。

太原锣鼓充分展示了山西人自古就有的粗犷彪悍、不屈不挠，对胜利充满向往和追求的地方特色，深受本地区广大民众的喜爱。

云胜锣鼓

申报地区或单位：原平云冈大锣鼓艺术社

云胜锣鼓（也称云冈大锣鼓）是流传于晋北地区的一种锣鼓艺术，其中以原平市永兴村的锣鼓队最为著名。

早在北魏开凿的云冈石窟的第16窟中，就刻有手持小镲的锣鼓乐队的演奏形象，这说明小镲当时在民间就已普遍流行。历史上，晋北高原战事频繁，该乐种常用于欢迎将士凯旋，战争结束后，转而主要用于民俗节日演奏。到民国年间，它已有所式微。改革开放后，其传承人邢明轩、张林雨大力传承，率队在国内外频繁演出，颇获盛誉。1997年吕骥先生听了该乐种的录音后，将其比作“中国锣鼓交响乐”。

云冈大锣鼓曲目丰富，现存133首，拥有37种独特指挥法。它与我国其他锣鼓所使用的鼓的演奏法的不同之处是，一到三品二档以上的曲目，演奏员不用鼓棒而只用手指击鼓，且各种乐器皆有鸳鸯打法的绝活。老艺人中流传有这样一句俗话：“晋北大锣鼓的乐器性能是以鼓为君，象征骨骼；小镲乃皇后，小锣是舌头，二者紧密配合，起筋脉血液的作用；大镲是皮肉，套锣是点缀，起辅助作用；木鱼象征眉目，再加上持鞭指挥是灵魂，就是一个完整的人。”

云冈大锣鼓不仅生动地表现了晋北人民的生活情趣，而且折射出诸多的历史风貌，具有较高的艺术研究价值，然而，近年来，由于各类资料散落民间，无力搜集，致使这一民间艺术形式蒙尘乡间，急需抢救和保护。

泽州对鼓

申报地区或单位：泽州县文化馆

泽州对鼓是流传于山西省泽州县大箕镇的一项传统音乐表演形式，当地流传有“朝天一扇碑，祈雨一对鼓，三十一孔桥，二百零俩狮”的说法。据对鼓老艺人常小和回忆，泽州县大箕镇小箕村自古以来就有对鼓参与取水、祈雨、闹红火等民俗活动。

泽州对鼓共有曲目10套（部分艺人认为12套，但目前无人会打第11、12套），以“小闸”与“大闸”（近似于小过门、大过门）连接各套。早期乐队编制一般为8鼓、2马锣、2小锣、（小叫狗）1小钹，共13人，近年来加入若干大镲，乐队可达几十至上百人。表演时以小钹击拍，头鼓领奏。演奏中以鼓击打基本节奏，马锣与击鼓心同步，并不断加花，小锣与击鼓边同步，多为弱拍弱位。传统的乐队布局为三列若干行，中间一列以马锣与小锣穿插站位，两边全部为鼓。泽州对鼓独具特色的乐器配置、音色组合特别适合队列行进表演，具有较高的艺术与文化价值。

20世纪六七十年代，随着各种民俗活动的弱化，取水、祈雨等仪式逐渐消失殆尽，不仅使对鼓表演场合转变为以“闹红火”、游街为主，而且从艺人数骤减。目前在泽州县境内，对鼓表演仅有小箕村、南庄、大阳等地仍有流传，全县对鼓艺人不超过百人，传承形势严峻。

花敲鼓

申报地区或单位：垣曲县新城镇古堆村

花敲鼓，亦名花庆鼓，由于演奏时不用锣、镲伴奏，以革、木敲打为特色，又称“干鼓”，是流传于山西垣曲各地的民间音乐表现形式。

花敲鼓在演奏中尽量发挥鼓的优势，充分挖掘鼓的潜力，击打鼓的所有部位，甚至连鼓环、鼓钉都打遍。表演时用鼓24 面，代表24 个节令。演奏时，中间4 人手捧拍板（俗称夹板）、梆子作舞，象征牛、虎、狮子、麒麟四兽，四兽的寓意取牛之忠、虎之猛、狮之威、麟之祥。花敲鼓至今仍保留着夹板演奏的古老习俗，据唐杜佑《通典》记载，夹板"长阔如手，重十余枚，以苇连之，击以代拍"。当地宋金墓葬也发现有拍板砖雕，说明唐宋时民间乐器中已广泛使用拍板，而目前锣鼓中保留拍板的只有花敲鼓。一般锣鼓都以锣打节拍，而花敲鼓以拍板、梆子打节拍。持拍板者亦踏拍起舞，动作简练、质朴。这种鼓乐近似宋代鼓板，据说古时演奏者都带着面具。

花敲鼓起源无从考证，一说隋开皇十六年（596 ），临汾县令梁轨引水灌田，民众修建了梁公祠以纪念，并在第二年打起了这种锣鼓。另一说元至正元年（1341 ），绛州古堆村建造圣母祠，每年各村庄轮流主持圣母祠迎神赛社，遂有花敲鼓出现。但花敲鼓缘起之地却已成定论，花敲鼓最初流行于古堆村、上院村和三泉村，不久又流传到马首山下的南行庄，便形成了三个流派。南路以上院村为代表，中路以三泉村为代表，北路以南行庄为代表。南路、中路基本相似，只是中路的表演者身系两串金银色马铃，下端结一绺红鬃毛，舞动时铃铛叮咚、红穗腾跃，别有风韵。北路增加了镲子，且24 面扁鼓的鼓架略低，队形改变为4鼓1组，成双成对，表演由简到繁，时而同打一鼓，时而互击鼓棰。三路同出一源，各有千秋。花敲鼓的曲牌有16 套，可以独立演奏，也可联缀表演。虽然三路锣鼓点的编排不同，但是旋律未变，仅是称谓有异。南路曲牌堪称代表，有《开场》、《叽呱啦》、《啦呱叽》等。花敲鼓的击鼓技巧独特，运用磕、擦、搓、挑、撩、敲、碰等击奏法，变化多端、音效丰富，令人耳目一新。

庆唐神鼓

申报地区或单位：浮山县文化馆

庆唐神鼓也称"浮山架子鼓"，主要流行于浮山一带。据《浮山县志》记载："天圣宫在县南三十五里羊角山之麓，唐武德二年建祠（庆唐观），天圣五年，诏改观为天圣宫……"庆唐神鼓正是在天圣宫道乐基础上演变而成的。

庆唐神鼓是一种大型的鼓乐表演。在乐器使用上，架子鼓只有鼓、钹、锣3件乐器，平时多用钹领奏，偶尔也用锣领奏；在乐队编制方面，其编制比例一般是一鼓、两钹、四锣；在节奏方面，主要由基本节拍与节奏的基本字节、变体字节和混合节拍与节奏的混合字节构成；在表演上沉炼刚健、泼辣火爆，既有排山倒海、威武雄壮的磅礴气势，又有抑扬顿挫、跌宕起伏的温雅风韵；在曲式结构上，庆祝唐神鼓的"大锣鼓"和"路行"属联牌体锣鼓套曲结构，每首曲牌既可作为单曲演奏，又可联缀成套曲形式，二者可以相互交替套用，又可分而演奏，且衔接自然、和谐，曲牌流畅、节奏紧凑。

浮山县庆唐神鼓始于唐代，最初产生于道家祭祀活动，表现了初唐盛世国力强大、物阜民安的繁荣景象，后来流入民间，与百姓的生活相结合，使用于迎神祈雨、节日庆典、民俗活动中，从而逐步演变为具有一定规模的，乐章完整、阵容整齐、铿锵有力的民间锣鼓艺术。

金鼓乐

申报地区或单位：洪洞县万安镇

金鼓乐亦称“金鼓子”，流行于山西晋南洪洞一带，是集吹奏、敲击、舞蹈为一体，广受群众欢迎的民间鼓吹艺术。据洪洞县曲亭村碑文记载，明清时期洪洞金鼓乐便已规范成乐行，得到官府认可，订立在乡规民约中。

金鼓乐形式多样，演奏与表演时不拘一格，队伍人数可多可少，多至数十人，少则三四人，一鼓、一钹、一锣、一唢呐；演奏时主要以吹、打为主，要求唢呐艺人具备深厚的艺术功底与技巧：会大换气、口腔内杂耍、鼻子吹奏、放花等；打鼓艺人还要熟练掌握武术与舞蹈动作，能行进表演，也能坐场表演。

金鼓乐多用于婚丧嫁娶、节日庆典、庙堂祭祀等活动，是当地群众主要的娱乐形式之一。新中国成立后，洪洞成立民间艺人协会，艺人们加工整理了传统曲目《五虎爬山》，并由文化部艺术局录音录像，选送联合国教科文组织，亦曾在亚太地区一些国家播映。加强对金鼓乐的保护，有利于传统文化的延续，对提升民众的精神文化生活品质具有重要意义。

侯马台神花鼓

申报地区或单位：侯马市群艺馆

侯马台神村一带有新媳妇到菩萨庙求子的习俗，台神花鼓便是为送子娘娘献上的歌舞，又因鼓谱在台神村发现而命名。

台神花鼓由6人表演，分滚鼓、包头、顽童，后随伴奏、伴唱数人，表演者扮相花俏，头饰钗环、红绿衣着、步法轻盈、姿态优美；鼓点不停反复，犹如“银瓶乍破水浆迸”之势，鼓点欢快活泼，前后共7套，俗称一锤至七锤，有踏场、踩院子等。花鼓唱曲有《娘娘庙降香》（曲一、曲二）、《观灯》、《捎书》、《接书》、《闹元宵》（曲一、曲二）、《写十字》、《绣荷包》、《踏青》、《回回进宝》、《打虎》、《十把扇》、《五更鸟》、《四股绳》等。

挖掘、收集、整理台神花鼓的相关资料，对研究春秋战国时期的祭祀仪式、台骀文化、民俗生活具有很高的学术价值和实用价值。

侯马台骀锣鼓

申报地区或单位：侯马市群艺馆

台骀锣鼓流传于侯马西部的高村乡西台神村，它由晋王祭祀用的宫廷音乐发展而来，因祭祀汾河河神——台骀而得名，距今已有2500余年的历史。

台骀锣鼓分高、中、低三声部，小鼓、小锣为高声部；大锣为中声部；大鼓、大钹为低声部。演奏时高低声部交替，有板有眼、抑扬顿挫。演奏乐器有大鼓、小鼓、大锣、小锣、大钹5种。18人演奏，其中2人兼敲大小鼓，4对大钹、8个大锣、4个小锣。乐队指挥由鼓手兼任，演奏起来互相兼顾。演奏曲目共6套，由13个曲牌组成，即【起鼓】、【老牛上坡】、【老虎下山】、【叉鼓】、【大鼓原番】、【小鼓原番】、【转鼓】、【撵锣】、【三筛锣】、【咬鼓】、【叫鼓】、【跑鼓】、【落鼓】，该艺术形式风趣生动，是当地群众礼仪、庆典常用的表演形式。

挖掘、收集、整理台骀锣鼓的相关资料，对研究春秋时期古晋国音乐祭祀仪式，丰富人民群众生活，构建和谐社会都有着重要的现实意义。

文水桥头大鼓

申报地区或单位：文水县文化馆

桥头大鼓是流传于文水民间的一种打击乐，主奏乐器是1面十分罕见的巨鼓，因源于桥头村，当地人称“桥头大鼓”。桥头大鼓主奏乐器是一面直径12尺、高约4尺，由4名鼓手分站东、南、西、北敲击的巨鼓，当地人称“九龙浑天雷公鼓”，协奏乐器为铙、钹。演奏时，由64名铙钹手按伏羲64卦的布局簇拥在大鼓周围，形成多队形变化的演奏阵式。

文水桥头大鼓源于古代的祭祀祈雨活动，距今至少有六百余年的历史，它与当地民间迎祀麻衣仙姑活动紧密相联，在漫长的历史发展过程中，二者巧妙地融为一体。清末，祈雨祭祀仪式和迎祀麻衣仙姑的活动空前隆重，文水桥头大鼓作为18家迎祀队伍之首，每次都大出风头。中华人民共和国成立后，文水桥头大鼓以其古朴的艺术风格和独特的表演形式，受到了广大人民群众的欢迎和喜爱。“文革”期间，桥头大鼓遭到了毁灭性的打击，艺人弃艺，鼓谱流失，仅剩几名。

20世纪80年代初期，文水县文化部门对几近流失的民间文化艺术进行全面的挖掘、抢救、整理，使得文水桥头大鼓这一传统表演形式得以新生。

福胜锣鼓

申报地区或单位：吕梁市文水县闫家社村

福胜锣鼓是流传于山西省文水县闫家社一带的民间打击乐，起源无考。远古时期，闫家社属“小约村”，地广人稀，兽害不止。村民采取敲打响器的方式驱吓野兽，形成了一种原始的打击乐。唐开元七年（719），小约村最繁华的地带建起了一座福胜寺。在优美的佛乐与当地民乐相互交流的过程中，一种具有明显宗教色彩和浓郁地方特色的打击乐诞生了，因主创人员乃福胜寺的飞云长老和普法大师，故称“福胜锣鼓”。清末，伴随着迎祀麻衣仙姑的民俗活动，福胜锣鼓达到鼎盛时期。

福胜锣鼓分为四部分，依次为狗咬狗、刹朝令、将军令、步星斗。狗咬狗，又名“狗厮咬”，像“口技”一样模拟人喊狗吠的声音，惟妙惟肖。刹朝令是朝神拜佛的意思，节奏铿锵，庄重又不失热烈。将军令本是古代军中凯旋时所奏之乐，多用于喜庆活动。步星斗，原为僧人踏着日月星辰方位边舞边奏的一种表演形式，音乐优雅舒缓。北宋年间汾水改道，小约村切割为闫家社、狄家社、尹家社和裴会四地，福胜寺在闫家社境内。闫家社周天庆金榜夺魁后，众人提议将福胜锣鼓四部曲更名为欢天喜地、合家团圆、凯旋而归、平步青云，合称“状元过街”，传承至今。福胜锣鼓的演奏乐器有大鼓、小鼓、铙、钹、锣等。技法有单击、双击、滚击、边击等。阵型有四方阵、半月阵、圆月阵、井字阵等。变换队形有雷惊天地、百花盛开、孔雀开屏、众星捧月、鲲鹏展翅、二龙戏珠等。

福胜锣鼓是宗教文化与农耕文化完美结合的产物，是文水历代民间艺人智慧的结晶，也是当地悠久历史、风情民俗的见证。它对研究文水古代的宗教、文化、音乐、舞蹈、美术等具有重要的学术价值。

斤称锣鼓

申报地区或单位：长治市武乡县人民文化馆

斤称锣鼓原名斤称歌，流行于长治武乡丰州镇富庄村、东村、城关村、魏家窑村一带，是一种十分特殊的汉族民间艺术形式。这种锣鼓以旧式度量衡制十六两一斤的换算口诀进行演奏，整套锣鼓分15遍连续演奏，每遍口诀都不同，故既不能一锣到底，也不能反复重叠，更不同于一般的曲牌连奏。

从秦始皇制定统一度量衡，到新中国成立之初，我国一直延用了十六两进位制的重量计量方法。南宋杨辉创“两价化斤价”歌诀：“一求，隔位六二五；二求，退位一二五；三求，一八七五记……”，即一两等于0.0625斤，二两等于0.125斤，三两等于0.1875斤……艺人们将十六两(斤称)歌诀，用鼓、锣、钹的组合，按2/4、3/4节拍“一是625，二是125，三是1875，四是25，五是3125……”演奏，即为斤称歌的雏形。明清两代，武乡地区的锣鼓艺人经过不断地整理加工、创新改进，在长期的实践中，融入其他艺术元素，使十六两“斤秤歌”逐步形成具有一定模式且独具特色的地方打击乐，传承至今。

斤称锣鼓敲打起来高昂嘹亮、节奏明快、起落跌宕，上击下拍、左敲右打、铿锵有力，广泛应用于民族乐队、民间器乐合奏，以及各种戏剧、曲艺、歌舞和吹打乐。在当地社火表演中，涌现出了一大批技高艺深之人，深受人民群众欢迎。这种把汉族民间艺术与数字结合起来，融知识性、趣味性与娱乐性为一体的社火表演形式，堪称山西汉族民俗文化艺术一绝。如今，它的数学应用功能虽已成为过去，但其文化娱乐的功能却将永存。

晋都文锣鼓

申报地区或单位：临汾市曲沃县乐昌镇席村

晋都文锣鼓是流行于曲沃县城北太子滩周边村庄一带的民间社火表演艺术。曲沃为古晋建都之地，民间文化深受宫廷礼乐制度的影响，锣鼓器乐以典雅、悠扬、清新、悦耳见长，故称“晋都文锣鼓”。

旧时，曲沃锣鼓表演，大村皆有。民国年间，以西海、蒙城、交里桥、新庙和太子滩等庙会为中心，分东西南北中五大片，其风格各有千秋，但均以“文”著称，与粗犷、豪放、雄浑、激越的威风锣鼓形成了鲜明对比。

晋都文锣鼓一般以八锣、两钹、四鼓、二丁锣为一班，演奏者身着清代服饰，长袍、马褂，凉帽壳，鼓手由另一人撑凉伞罩顶，伞边镶以珍珠、玛瑙、铃铛、流苏。1979年以后，锣鼓表演发展为百人、几百人队，男女各半，以各种队形衬托锣鼓节奏，场面壮观，气势浩大；锣鼓曲牌由【路行】、【慢箛锣】、【紧箛锣】、【头牌】、【贰牌】、【叁牌】、【肆牌】七部分组成；记谱方式原始简单，锣用“O”表示，钹用“X”表示，没有小节线，只用“.”表示，易懂、易学、易记；表演时，锣鼓队入场后，先入场转一圈，由小丁锣引领入场，到头分开两支，再绕场半圈后定场，演奏到每个牌子的14个单时，小丁锣和钹走到中间对打，打完后互换位置，打到11个单时，小丁锣和钹再到中间对打，打完后再回原来位置。

晋都文锣鼓历史悠久，表演形式多样，群众参与性高，它的曲调悠扬柔美、清晰和谐、庄重典雅，以动风见长，对锣鼓艺术的发展有着重要的参考研究价值。

软槌锣鼓

申报地区或单位：运城市万荣县软槌锣鼓研究会

软槌锣鼓是流行于万荣县孤山南麓高家庄一带的民间社火表演艺术，因其鼓槌用麻绳组结而成，质地柔软又有韧性，而得名。软槌锣鼓起源于何时，无文字记录，但是从当地的民间传说及演奏曲目、曲牌来推断，应与古代战事有着很深的渊源。早期高家庄的软槌锣鼓主要用于祭祀，表现欢乐、喜庆；民间多用于丧葬，来寄托哀思；新中国成立后，演变为传统的民间社火。

软槌锣鼓表演别具一格。配置的8面大鼓，直径大于其他鼓种，需用鼓架支撑；8面大钹，每个重约13斤；16面锣，每面重15斤，每面备有“锣项”，即“支架”；鼓槌系用粗麻绳制作，两头扭成疙瘩，用时头天晚上用冷水浸湿，并用文火烘干。表演方式分为“行路鼓李”和“阵地战”。前者边走边打，主要用于街头行进表演；后者要求32名队员摆成方形阵势，中间为鼓手、钹手，两边敲锣的一字摆开，鼓手为领头羊，边舞边打。鼓槌或在脖颈旋转，或在胯下疾速飞过，辗转腾挪，变化多端。曲牌多与战争有关，主要有【新鏖战】、【金鼓】、【风搅雪】、【杀鼓】、【双关战】、【新鼓】、【炸鼓】、【行路鼓】等，其中【新鏖战】最为精彩激烈，是软槌锣鼓的代表作。结尾处，鼓手们以密而有力的鼓点及参差有序的举槌造型，展示出如同战场的宏大场面。

软槌锣鼓历史悠久，表演风格独特，与大多起源于迎神赛社的民间锣鼓不同，它流传下来的曲牌、曲目都与战争相关，这对于研究锣鼓艺术的起源、发展，具有重要的学术价值。

人祖山祭祖鼓乐

申报地区或单位：临汾市吉县文化馆

人祖山又名庖山、风山，位于山西临汾地区吉县县城西北，山中历代庙宇约达200处，其中最负盛名的是有“娲皇宫”和“伏羲皇帝正庙”，即人祖庙。每年农历七月十九，当地民众都要举行盛大的祭祖活动，而鼓乐便成为贯穿活动始终的祭祀器乐。据民众传言，人祖山祭祀鼓乐源于宫廷，明嘉靖时期流落到黄河岸畔的文城乡同乐村，因此又称“同乐鼓乐”。

参与祭祖活动的组织主要分4社，东社蔡家川，西社文城，南社东城，北社王家垣青村。农历七月十八，各社抬着供奉女娲的花轿上人祖山集合，当天晚上四社民众在歇马店唱大戏至清晨。第二日，大家就抬着花轿上人祖庙，各社按节奏敲锣打鼓，鼓声锣声应和着歌声，“抬爷爷，上风山，人祖庙上祭祖先；沟沟岔，抬爷爷，爷爷是个金娃娃”。到达后，稍事歇息，便开始敬“爷爷”（拜神）活动。先摆放供品，接着焚香烧表祈福，之后各社表演“滚磨”、“穿针”等古老的祭祖锣鼓。表演结束后各社在山上吃饭，神人共乐，共享供品。下午各社开始返回，锣鼓的节奏比上山时的明显加快，主题为庆丰收。下山后，各社在王家垣同乐村集中，将花轿放在打麦场的“女娲槐”下，然后杀猪敬神祭祖，十里八乡的村民都赶来，鼓乐阵阵，场面壮观。敬神祭神活动结束后，大家将祭品按户分享，将供奉女娲的花轿摆放在午生村的庙中，至此祭祀活动全部结束。

人祖山祭祖鼓乐以鼓、钗、锣为主要乐器，表演形式主要以庙会和节日庆典为主，每次表演人数不限，鼓谱众多，现在仅流传有【上高山】、【风搅雪】、【庆丰收】3支，需要及时抢救、整理和挖掘。

丁樊锣鼓

申报地区或单位：万荣县丁樊神韵鼓乐艺术团

丁樊锣鼓是流传于山西省万荣县丁樊村及其周边地区的一种汉族传统民间艺术，发轫于敬神、祈雨等民俗祭祀活动，后与隋唐时期的燕乐、吹打乐结合而成。据万荣县志记载，隋末李世民东渡黄河曾屯兵于万荣，现万荣境内孤峰山存其多处遗址和相关传说，其随军鼓乐《秦王点兵》更是流传至今的名曲，丁樊锣鼓即脱胎于此。

丁樊锣鼓除春节、元宵做迎神赛社、镇邪驱魔闹社火外，平常还做葬礼用之。传统锣鼓曲牌有【一条龙】、【老虎拔牙】、【路径鼓】、【闹元宵】、【祭神鼓】、【芝麻开花节节高】、【祭灵】、【二进宫】、【秦王点兵】、【穆桂英挂帅】等；锣鼓套子有【黄河魂】、【故事鼓】、【祭祀锣鼓】、【跑灵锣鼓】等二十余种。表演时，每班锣鼓设大铙二、大钹二、大鼓二，扮作武士，并有一二十人头包黄巾，高举长条龙、凤、飞虎、火焰旗助阵，领头者执大黄罗伞，称为“锣鼓旗伞”。上庙时彼此对架比赛，打鼓者作舞鼓槌，纵身跃鼓，飞腿跨鼓，鼓点紧凑，洒脱利落。乐器由12斤铜锣、8斤铜钹和特制的0.4米直径蒙皮定音鼓以及小铜钹、小斗锣、开道锣、铙等组成。鼓的制作工艺比较传统，鼓腔选用桑木、椿木作料为上乘品，鼓面一般用黄牛和水牛皮，鼓钉多为铁钉，手工打造。

万荣丁樊锣鼓以粗犷、剽悍、雄奇见长，演奏徐缓时如潺潺流水，重击时如霹雳轰鸣，表现了黄河儿女纯朴、率直、激昂、豪迈的情怀，具有重要的文化艺术价值。

壶关迓鼓

申报地区或单位：长治市壶关县

“迓鼓”是一种历史悠久的汉族民间舞蹈形式，分为文迓鼓和武迓鼓，原为北宋时期的军中歌舞艺术。壶关迓鼓起源于壶关县百尺镇鸦村、赵村一带，是当地群众迎神驱邪的一种民间祭祀活动，迄今已有数百年历史。壶关迓鼓在长期的流传中，由于地域差异和乐班传承不同，现已形成了5种流派：以百尺镇鸦村为中心的迓鼓片，以百尺镇石南底、赵村为中心的武术鼓片，以树掌镇树掌村为中心的龙舞鼓片，以龙泉镇北河、龙潭河为中心的狮舞鼓片，以常平开发区为中心的将军锣鼓，伴舞锣鼓片。

壶关迓鼓的演奏乐器主要有大鼓、马锣、小马锣、钹（包括大钹、小钹）、狗嘶咬、拍板

（也叫扎）等；演出形式有二龙出水、八卦阵、九龙图、十面埋伏等多个阵法；锣鼓曲牌有【狗嘶咬】、【大过街】、【长流水】等十余个；表演剧目有《朱仝上梁山》、《老包下阴间》等；打击乐分为迓鼓、武术鼓、龙舞鼓、将军锣鼓、伴舞锣鼓五大品种；表演到高潮时有鼓腾、锣舞、镲飞等动作，深受当地群众喜爱。

凌云八音会

申报地区或单位：古县文化馆

凌云八音会是一种寺庙音乐，主要流传于古县、安泽、沁源等太岳山区一带，并以古阳凌云为核心地带，据传是由一位叫慧尘的法师带入兴唐寺（属洪洞县，始建于唐），传承至今。凌云八音会最早是僧众超度亡灵的法乐，后逐渐与民间礼俗、节庆活动相融合，成为当地著名的民间吹打器乐。

凌云八音会主要由祭呐、禅鼓、笛子、管子、二胡、钹、云锣、笙八种民间乐器组成；表演形式有吹、拉、弹、唱、说；代表曲目是《天上下雨地下湿》；主要套路为小开场 — 秦始皇赶山 — 落金钱 — 天下童 — 咚咚隆咚 — 织布 — 纺线 — 小曲调 — 南瓜蔓 — 小三拍样 — 大三拍样 — 道腔 — 眉户 — 老乱弹（蒲剧选段）— 拐银匠 — 钉缸 — 箍铬锅 — 当皮袄 — 十二拍子老麻丝（洋鼓洋号）— 黑驴赶脚 — 上山虎爬坡（三起三落）或福香妈哭福香爸 — 小寡妇上坟 — 狼吃娃 — 杂要（农具杂技表演）。表演者每演奏一曲之前都四句对白，对白相当于要表演曲目的引子，又以表演“说白话”、“撇挠钹”、“抹流子（音 ma–liu–zi）”和“撂碗子”著名。

凌云八音会经过漫长的历史变迁已经逐渐演变成太岳山一带农村的一种业余音乐组织，发展壮大这种文化遗存，对于促进地区精神文明建设，带动文化产业发展，丰富群众文化生活，构建社会主义和谐社会，都具有重要的促进作用。

上党八音会

申报地区或单位：晋城市
长治市长治县
长子县

“八音”是中国古代对民族乐器的统称，具体指金、石、丝、土、革、竹、木、匏八类。“会”即是一种形式、一个平台，将各种乐器有机地结合在一起演奏音乐，就称作“八音会”。民间组织的八音会音乐班子，主要使用鼓、锣、钹、笙、笛、箫、管、胡八种乐器，故也名“八音会”。

上党八音会演奏活动多在祭神告庙、婚丧嫁娶、开业庆典和社火仪式中举行，其演奏形式有家庭场地坐吹和街头吹奏两种。八音会曲牌繁多，最多时达近千个，由于传承技术简单落后，使许多曲牌逐渐流失，现在还有【打地鼓】、【劝金怀】、【大赐福】、【迎神鼓】等百余种。主要曲目有《霸王鞭》、《大十番》、《小十番》、《节节高》、《一串铃》、《戏牡丹》、《大观灯》、《十样景》、《老花腔》等地方戏曲唱段和地方小调。八音会的吹打乐器主要为：吹奏类的唢呐、笙、口噙子、哑腔等；拉弹类的高音呼胡、中音呼胡、老呼胡、板胡、二胡、扬琴、二弦等；打击类的老鼓、同鼓、扁鼓、手板、锣、梆子等。其演奏形式活泼、声音高亢宏亮、节奏欢快、风格粗犷豪放。

文水鈲子

申报地区或单位：山西文水县岳村村委会

文水鈲子是流传在山西省文水县境内的一种独特的民间原生态锣鼓打击乐表演形式，音乐豪放雄浑、粗犷奔放、古朴厚重，具有浓郁的黄土风情，因其起源并主要流布于岳村一带，故又称岳村鈲子。

文水鈲子音乐使用的乐器有小钹、大钹、大铙、大鼓（雷公鼓）等，表演队伍的队形变化以“阵”称之，不同的“阵”形变化、敲击方法和演奏姿势，使其呈现出不同的音响效果，表达着不一样的诉求，如“双龙出水”、“二龙戏珠”等流动队形和“方阵”、“菱形阵”等固定阵型，配合《雷公闪电》、《普降甘霖》、《喜庆丰收》等曲目与祈雨的内容极为契合。

作为农耕社会中祈雨祭祀的音乐，它被当地百姓代代传承，并逐渐与他们的生活习俗相结合，不断赋予新的内涵，成为人们喜爱的民间艺术形式，被广泛运用于迎神赛社、日常迎宾仪式以及其他活动场合，成了文水县传统音乐艺术的品牌。

文水马西铙

申报地区或单位：文水县马西铙艺术研究会

马西铙是流传于山西省文水县马西村一带古老而独特的汉族民间器乐，因演奏时以铙为主而得名。马西铙原称“噔咣咣”，是文水当地祈雨祭祀时的主要器乐表演形式。每逢久旱不雨之际，村人便将隐唐洞（村西北子夏山）内铁猴子像（孙悟空）背下山进行祭祀，“噔咣咣”贯穿始终，因此当地有“要求雨，找马西，隐唐洞有个铁猴子，爱听马西的铙片子，听得高兴就下雨”的口谚。北宋末年，有邢、李二姓军乐手落户于此，对“噔咣咣”进行一系列改革，将军队阵法融于演奏中，并改称其为马西铙。清末，乐人邢毓芬、钮居功又规范了“擦击”、“错击”、“挽击”、“磨击”等各种技巧性动作，将表演动作、表演阵图有机结合，融合于文水迎祀“麻衣仙姑”的民间信俗活动，传承至今。

“马西铙”表演形式主要分为：1.《天地人之和》即“马西铙”的主旋律，又有《风调雨顺》、《万物蓬勃》、《喜庆丰收》三个乐章，配器为大鼓、大铙、大钹、呱子和旋子，主要用于祭祀求雨；2.《吵鸡会》，多用于结婚寿诞等喜庆场面，表演形式多为坐班制配器有鼓、大铙、小钹、旋子和锣；3.《狗相咬》，俗称“狗厮咬”，只用鼓、锣、铙，演奏时间可长可短，自由反复，形成一问一答的效果，多用于民间社火中的锣鼓牌子表演。

文水马西铙节奏复杂多变，旋律起伏跌宕，表现出豪壮、雄浑、粗犷、热烈、古朴、厚重的艺术风格，对研究当地历史文化、农耕祭祀、民风民情、器乐艺术等都具有很高的参考价值。

汾阳围铙

申报地区或单位：汾阳市戏曲歌友协会

汾阳围铙旧称虢虞围铙（古汾阳乃虢虞二国被灭之后迁徙流亡之所），因表演时以大鼓为中心，持铙者环鼓排立演奏而得名，流传于汾阳市西南虢城、虞城、阳城、田屯、靳屯、文侯、董和村等地，主要集中于春节闹社火（一般到农历二月初二后结束）以及祈雨、祭冷雨（冰雹）、酬神等民俗活动当中。

汾阳围铙表演道具很简单，主要是鼓、铙、钹、镲四种打击乐器，鼓有大鼓（代表王）、中鼓（代表师帅）、战鼓（代表士兵），大鼓用于指挥钹（代表司马），中鼓用于配合大鼓指挥铙（代表卒长），而战鼓和小镲（代表乡民）用于渲染气氛，鼓、铙、钹、镲各司其职。演出时，锣鼓多在本村进行，有时邻近几个村也相约一起进行，基本程序分为告庙迎神、聚集演练两步骤。首先在寺庙院中进行演出，以迎接各路神仙，有时附近几个村相约一起竞技斗艺，各展风彩；然后，在大鼓的指挥下，大钹发出浑厚苍凉的呐喊，大铙随着中鼓以轻击、重击、闷击、磨击、轮击等手法，发出强悍清亮的回响，小鼓急促，小镲利落，以齐打、对打的形式，用“水吊鱼”“流水急鼓”“得胜令”“迎亲”“回头、秧歌”“霹雳火”的鼓点节奏，展现古人围田狩猎和喜庆丰收的欢乐，以祈苍天保佑幸福安康。

汾阳围铙历史久远，与古乐“击石拊石、百兽率舞”一脉相承，对于研究黄河流域文化，探究当地民众迎神祭祀等宗教民俗活动有着重要的学术研究价值。

晋北鼓吹（忻州市）

申报地区或单位：忻州市忻府区、五台县

晋北鼓吹是以唢呐、笙、管等吹奏乐器和锣、鼓、铙、镲等打击乐器组合进行演奏的一种传统器乐表演形式，常用于庆典、社火、婚丧、祭祀等民俗事象活动中。

晋北鼓吹主要流行于山西北部忻州、阳高、五台等地，其中，在忻府区一带俗称“八音会”，其艺术实践一般以“八音会班”为单位，通常，每班有班主1人，响工（或称吹鼓手）10人左右，乐器有唢呐、管子、口琴、笙、海笛、小锣、钗、板、鼓、梆子、胡琴、三弦等。它所表演的曲目丰富多彩，既有大量表达喜庆和抒情的曲目，又有不少深沉而悲苦的哀怨祭悼曲目，如按照音乐大致可分为四类：社火曲牌、戏曲唱腔、民间小调、庙堂乐曲。其中，社火曲牌《大得胜》最具代表性，它包含了许多唐宋元明遗音，全曲共8套69个曲子，曲调来源主要是民间器乐曲，也有一部分来自五台山的庙堂音乐和当地的民间歌曲。晋北鼓吹集庙堂音乐的宁静恬淡、关塞精神的雄浑激越、游牧文化的奔放高亢、中原艺术的和谐浑厚于一体，它的演奏或高亢明亮、火爆热烈，或清澈柔沉、缠绵悱恻，艺术表现力很强，深受广大民众的喜爱。

晋北鼓吹（阳高）

申报地区或单位：大同市阳高县

阳高晋北鼓吹是流行于山西北部阳高县一带的以唢呐为主奏乐器，辅以鼓、锣、镲等打击乐器烘托气势的一种传统器乐表演形式，普遍应用于庆典、社火、婚丧、祭祀等民俗事象活动中。

阳高晋北鼓吹历史悠久，早在600年前，滑氏远祖滑玉和作为民间艺人，于明永乐年间应召参加皇宫庆典，得到了明成祖朱棣的褒奖，御封为皇宫乐师。后因皇族内争被贬出京，卷入大槐树移民大潮，迁居到现在的阳高县，他们家族以吹奏唢呐“八大套”曲见长，一代代流传，并不断演变、发展，形成了独具晋北民俗特色的鼓吹乐班社——阳高滑银山鼓乐班。该班社“八大套”曲的演奏乐器是以“大杆”即主奏唢呐，担当演奏乐曲的主旋律乐器；“二杆”（也叫拉塌）用来伴奏；鼓、锣、镲等用来烘托气势。演奏时主、副相衬，文武相错，此起彼伏，此呼彼应，可谓粗犷雄放、大气磅礴。主要演奏曲目有《将军令》、《水龙吟》、《百鹤宴》、《大雁落》、《上巧楼》、《大八门》、《柳河吟》、《小雁落》等。精湛的演技、独特的韵味使得阳高滑银山鼓乐班的“八大套曲”成为大同地区的一大文化品牌，极具保护价值。

定襄八音

申报地区或单位：忻州市定襄县金唢呐艺术团

晋北鼓吹在定襄县俗称“八音会”，表演团体以“八音会班”为主，班社中一般有班主1人，响工（或称吹鼓手）10人左右，乐器有唢呐、笙、管子、锣、钗、鼓、板、梆子，主要演奏套牌音乐，如《大得胜》、《八大套》等。

《大得胜》是流行于晋北定襄、五台、崞县、忻州等地区的一部大型民间吹打乐组曲，此组曲由《将军令》、《耍孩子》、《出鼓子》、《过街词》等11首曲牌连缀而成，演奏时，可根据情况之不同，取舍其中某些曲牌，使其形成大、中、小三种类型，亦可抽取其中某些曲牌，如《过街》、《耍孩子》、《跑场》等用作高跷、跑高、旱船、花车等民间舞蹈的伴奏音乐，表现了人们欢庆胜利的场面。《八大套》指8个大型整套器乐合奏曲，共包括各种曲牌、小曲79首，去掉重复部分有61首。曲调源于民歌，民间器乐曲、戏曲、宗教音乐等。《八大套》中仅《大骂渔郎套》以高低两只唢呐为主奏，其余皆由管子主奏。演奏风格古朴爽朗，快板段落活泼欢快，各曲调之间单奏锣鼓段过渡，气氛颇为热烈。

清末民初，随着北路梆子戏的兴盛，定襄八音始仿学吹戏，惟妙惟肖地模仿“十六红”、“两股风”、“十三旦”等名角的唱腔，令观众如醉如痴。定襄八音长期在当地婚丧嫁娶以及大型庆典活动中起引导作用，是群众最为喜爱的文娱形式之一，加强对其乐谱的搜集、整理、建档、保存工作，具有重要的社会价值、学术价值。

晋北吹打乐

申报地区或单位：山阴县民间艺术团

朔州民间吹打乐，主要流传在大同、朔州、忻州及周边地区，起源甚早，北魏时期开始流传，后与散乐结合后，逐渐作为民间吹奏乐被普遍应用于岁时节令、庆典祭祀、婚丧社火等民俗事项中。清中叶以前，朔州民间吹打乐主要是吹奏当时流行的套牌音乐，清末民初以后，逐步仿学吹戏，极大丰富了演奏内容。

朔州民间吹打乐一般分祭祀、婚嫁、殡葬、庆典、庙会等几种场合。曲谱五大类（白事类、婚事类、祭祀类、庙会庆典类、其他类），六大套，共计60多个曲目。此外，还仿学晋剧、耍孩儿、道情、秧歌、二人台、北路梆子等多种剧种的吹打曲调，代表性作品有《打狮狮》、《龙灯》、《船灯》、《秧歌舞》、《踢鼓秧歌》、《将军令》、《超归令》、《祈雨》、《哭大大》、《战雁门》等。主要演奏乐器有唢呐、管子、海笛、咔、口琴、笙、笛子、锣、乳锣、阴锣、小锣、鼓、板鼓、手板、钗、木鱼、不实闲、铛子、梆胡、底胡、二胡等。著名的民间班社有武新山鼓乐班、张树东鼓匠班、康庄村鼓匠班、梁宝林鼓匠班、北周庄村鼓匠班、解四鼓匠班、宗超平鼓匠班、刘氏鼓吹乐班、闫继承鼓匠班、吕晋义班社、唐宝鼓匠班等。

朔州吹打乐是民间吹奏与历史文化相结合的产物，它既反映晋北地区人们对民间婚丧嫁娶等民俗事项的重视，又体现了该地区豪放兼容的文化传统，具有重要的历史、文化、艺术研究价值。

岚县八音

申报地区或单位：岚县文化馆

“岚县八音”，俗称响工，传统响工的乐器有唢呐、笙、管子、鼓、镲、铜鼓、二锣子，响工一般6—8人1班，有班主，活动场所为民间庙会、婚丧嫁娶。岚县八音历史久远，无准确时间考点，大体成型于北魏年间。当时，从西域传入了锣、钹、唢呐等乐器，逐渐与本地民乐相融合，形成了民间八音与佛教音乐相互交融的鼓乐体系，俗称岚县八音。

岚县八音分为鼓吹乐和宗教音乐两大类，鼓吹乐又分为勾吹、双吹、套曲三部分。勾吹配有一支唢呐，两串笙，打击乐有鼓、镲，以吹奏小调为主，演奏形式多为走吹；双吹配有两支唢呐，一支吹高音（挠大杆子），一支吹低音（拉筒筒），打击乐有鼓、镲、铜鼓等，以吹奏套曲、合奏曲为主，两支唢呐旋律基本为平行八度，或四五度，演奏形式多为坐吹；套曲主要指古时流传下来以表现战争中“祭旗”、“出征”、“布阵”、“冲锋”、“庆功”、“祭奠”等场合的军乐曲目，如《出马》、《调兵》、《火烧战船》、《得胜回营》、《十二英雄》、《哭泣泣》、《雁过南》、《望长城》、《报忠台》等。目前，岚县八音作品共搜集整理56首，其中勾吹乐曲10首，双吹乐曲39首（包括套曲），佛教音乐曲目7首，被《中国民间器乐曲集成·山西卷》、《吕梁民间器乐曲精选》选录。

岚县民间八音现在活动在境内的有50余班社，从业者达500人之多，经常出现在城乡的红白喜事、古会、社火、开业庆典活动中，已成为群众喜闻乐见的文化娱乐活动。

高家班吹打乐

申报地区或单位：太原市晋源区文化馆

高家班吹打乐是流行于太原市晋源区古城营村及其周边地域的祖传民间器乐形式。据传，“高家班”曾是明代宫廷乐队，嘉靖年间，重臣王琼身故，灵柩返回故里太原，皇帝特准宫廷乐队迎送亡灵，并赐疙瘩锣开道，为其葬礼吹奏。后来，这支乐队定居在此，逐渐演变成了民间乐队。

高家班以吹打为主，唢呐有各种不同规格，由高、中、低音组成，其次有各类笙如扩音笙、十七簧笙等，打击乐有各种鼓、锣、水钹、铰子等，弹拉类有胡和弦。曲牌种类繁多，可分为以下几类：1. 民间古曲九大套，113乐段，有《南路苦驻马》、《楚江秋》、《棉塔絮》、《朝元歌》、《月儿高》、《驻云飞》、《北路苦驻马》、《北路楚江秋》、《召歌塔燕》等；2. 民间音乐大牌子曲26首，有《小扎鼓看灯山》、《到春来》、《到夏来》、《到秋来》、《到冬来》、《女朝天子》等；3. 民间音乐流水牌子曲48首，有《出兵排》、《得胜鼓》、《将军令》、《牛斗虎》、《喜曲登梅》、《大开门》等；4. 民间敲打锣鼓曲牌38首，有《三点将》、《大头小尾》、《怀玉兰》、《小下楼》、《画眉序》、《普天乐》等；5. 丝弦牌子曲27首，有《鬼扯状》、《十样景》、《朝凤》、《大救驾》、《小学艺》等。

高家班吹打乐既有古曲继承，也有对戏曲、秧歌、民歌的广泛吸收，主要活动在民间婚丧嫁娶活动当中，具有重要的历史、文化、民间器乐研究价值。

祁县八音会

申报地区或单位：祁县西六支乡人民政府

祁县八音会是流传于山西晋中祁县及周边地区的一种汉族民间吹打器乐。八音会原为民间组织的音乐班子，以唢呐为主，主要用于婚丧礼仪，又可分为粗乐、细乐。两支唢呐加鼓钗的称“粗乐”。小唢呐做主乐，笙、管、胡呼为和乐的称为“细乐”。

明代以来，从事演奏的乐户地位低下，为人所鄙视，祁县人称为“王八疙瘩”，习其艺者极为稀少，艺人之名不见经传，有则以绰号或小名留世。清末，祁县乐手大多师承高三忙，肉儿，王保儿等乐师，演奏班艺人散居各村，由赁铺牵线聘用，有事则聚。1930年左右，以祁城村范氏家族为主的传统民间八音会艺人，每在春节期间结伙“聒街”，走街串巷，登门入户献艺，讨得一些蒸食或钱财，以补不足。新中国建立后，婚事仪式中废除轿迎习俗，吹奏亦豁免，从艺者愈稀。祁县八音会使用乐器有大鼓、小鼓、板、大锣、小锣、钹、镲、小云锣、梆、巨琴、二把、胡胡、唢呐、木鱼等。演奏曲牌有【大十番】、【小十番】、【十样锦】、【长皮】、【节节高】、【戏牡丹】、【得胜令】、【招军】、【如令】、【盗令】等数十个。代表曲目有《凤还巢》、《看灯山》等。

祁县八音会吹打并重，演奏兼备，组曲格律与节奏变化丰富，旋律高亢悲壮、激越豪放、热烈火爆、荡气回肠，具有重要的文化、艺术研究价值。

上党乐户班社

申报地区或单位：山西省壶关县

上党乐户班社是流布于山西省东南部上党地区，以民间音乐演绎民俗礼仪为主，承办民间礼仪乐事的一种民间细乐。其鲜明特征为礼乐合一，无乐礼难报、无礼乐难施，是山西上党地区民俗礼仪活动的重要载体。

上党乐户班社的传承者主要是生活在上党地区的“乐户”历代后裔。“乐户”一词最早出现于北魏的文献典籍中，也称之为乐人、乐师、乐工、乐伎等，是奴婢的一种。其形成缘于刑事株连，是封建社会刑事处罚的一种手段，通常将罪犯的家属没入官府，充当官妓，名隶乐籍，户称乐户，以吹弹歌唱供人享乐，世代沿袭。在乐户集中的上党地区，从事民俗礼仪音乐的乐户自称“行道家”或“行户家”，被社会辱称为“王八”或“龟家”，民间也有“吹工”、“吹手”、“鼓匠”、“吹鼓手”等称呼，显示了其所从事职业的社会地位低下。直到中华人民共和国成立后，乐户才真正获得人格上的自尊，享有了公民应有的权利和社会地位，传统意义上的“乐户”才真正消亡，但他们历代相传的音乐文化活动却得以保留下来。

上党乐户班社及其传承下来的乐谱有极其重要的文献价值和活化石意义，班社艺人在实践中积累的演奏基础、宫调、乐律体系和音乐理论体系是全国范围内非常珍贵的文化遗产。上党乐户班社演奏的民俗礼仪细乐是上党地区赛社与乐户文化的主要载体和集中体现，它有着巨大的历史文化价值。

上党乐户

申报地区或单位：长治市潞城市西流村王家乐户

上党乐户旧称“行道家”，史籍中也称乐人、乐师、乐工、歌工、乐伎等。旧时，长治市潞城县乐户共有8家“科头”，微子镇朱家、翟店镇朱家、合室村朱家、西流村王家、西社村王家、杨家庄杨家、古驿村杨家和王家，其中7家都已失传，唯有西流第五代传人王进支完好保存历代祖宗相传至今的刺绣堆花衣、各种面具、各种旧乐器，更为珍贵的是其父王计苟于民国二十六年（1937）承传下来的一本手抄古典曲牌（工尺）乐谱。

王家“乐户”吹打器乐分为吹奏、打击、拉弹三类，吹奏形式与内容有曲牌吹奏和戏曲吹奏两部分。曲牌吹奏主要服务于宫廷礼宴、官府祭祀、寺庙迎神以及民间的婚丧嫁娶、岁时庆典等各种仪式的全过程。所奏曲牌通常有【太平鼓】、【花腔鼓】、【朝天子】、【迎仙客】、【大赐福】、【大开门】、【小开门】、【小八板】、【靠山红】、【过街红】、【四季红】、【满堂红】、【大观灯】、【孤梢月】、【降香曲】、【祭青天】、【送高堂】、【拜祖】、【谢菩萨】、【哀三刮】、【备马牌】、【将军令】等。戏曲吹奏是根据各种仪式议程安排吹奏的坐场戏曲，有上党梆子、上党落子、襄武秧歌、壶关秧歌、豫剧、涉县落子等。

王家“乐户”的吹打历史悠久、技艺精湛，挖掘、抢救和保护“乐户”的传统音乐对丰富和完善上党乃至全中国的民间音乐史都将产生一定的推动作用。

临县大唢呐

申报地区或单位：吕梁市临县

临县大唢呐是一种以大唢呐为主要乐器的民间传统吹打音乐形式，它以口传心授的方式在山西省吕梁市临县及其周边一带广为传承，深受当地群众的喜爱，是当地群众文化生活的重要组成部分。

临县大唢呐吸纳了陕北大唢呐的粗犷、豪放，还融汇了晋川小唢呐的清秀明快、委婉细腻，形成了一种排街则威武雄壮，座场则优雅婉转，喜则爽朗明快，怒则涛声阵阵，哀则凄切缠绵，乐则红火热闹的器乐合奏乐，其音量高亢，音色厚重，音乐穿透力极强，还有“腮振音”、“气哄音”、“死曲活吹”等吹奏绝技更是叫人赞不绝口。流传至今的传统古曲有100多首，特别是辅助打击鼓点乐《合愣则》、《大得胜》、《小得胜》等乐曲极具地方特色，主要代表作有《满天星》、《得胜回营》、《民间小曲》、《本调花道则》、《水龙吟》等。

临县大唢呐以其曲牌丰富、调式清晰、粗犷豪放等特点为得广大民众喜闻乐见，这一古老的传统民间艺术是黄土高原文化的重要载体和吕梁乡土风情的真实反映。

吉县唢呐

申报地区或单位：吉县文化馆

吉县壶口唢呐是以当地民俗活动为载体的民间吹打乐，是晋南地区吹打乐的典型代表，主要流布于吉县及其周边地区，常用于各种庆典礼仪活动。

根据明史记载，明嘉靖年间，朝廷重臣石宝遭贬来到吉县，便开始从事吹打乐表演，经过多年努力，对吉县原有曲牌进行了大量的改编，使吉县吹打乐逐渐自成体系。之后，吉县吹打乐享誉远近，对晋南各县的民间音乐，起到了引领和示范作用。

吉县壶口唢呐的内容大体可分为两方面，一是吹奏技巧，二是吹奏曲目。吹奏技巧主要是靠苦练而来的古朴的演奏方法，如口鼻无休止循环换气，一口吹多个唢呐，用鼻孔吹奏，模拟动物、鸟类鸣叫，模拟男低音演唱等。吹奏曲目也非常丰富，大都以民歌、地方戏曲、民间小曲和戏剧曲牌等为素材，深受当地民众喜爱。主要作品有:《百鸟朝凤》、《全家福》、《抬花轿》、《六字开门》、《社火》、《大得胜》等40余首。唢呐乐器有小唢呐、中唢呐、大唢呐3种，配乐乐器有锣、鼓、笛等。

九大套

申报地区或单位：太原市小店区

“九大套”是流传在太原郊区的传统吹打乐套曲，至今在小店区北格、小店、刘家堡、西温庄、黄陵等地广泛流传。高家班是当地一个比较出色的民间吹打乐组织，高姓一家祖传五代从事吹打活动，距今已有二百多年的历史。20世纪70年代末，小店区文化馆经过3个月的译记整理，将明代古乐“九大套”和138首唢呐及丝弦曲牌（工尺谱）全部译成简谱，传承下来，极大地丰富和完善了本地民间音乐。

小店“九大套”民间吹打乐分为吹奏类、打击类、拉弹类，多用于民间婚事丧葬等仪式活动。吹奏类主要乐器有唢呐、笙（一般用17簧扩音笙）、管子、竹笛、横笛、箫。打击类主要乐器有大堂鼓、小堂鼓、战鼓、小鼓、板鼓、疙瘩锣、马锣、小锣、云锣、二锣锣（俗称叮叮单）、小钗、二钹、铰子、木头等。拉弹类主要乐器有胡胡、二胡、中胡、大胡、板胡、三弦等。吹奏曲目既有对古晋阳民间乐曲的继承，也有对秧歌、民歌、时令小调等艺术种类的广泛吸收，还有从戏曲、歌曲、曲艺乐曲中引进的范例，故具有多源性艺术特征。

“九大套”民间乐曲是晋中地区优秀的民族民间音乐文化，挖掘、抢救、保护“九大套”曲目在丰富和完善民间音乐，改造和发展民族音乐等方面都将产生重要的推动作用。

十不隔

申报地区或单位：陵川县文化馆

“十不隔”是一种民间打击乐，演奏时所涉及的乐器有十几种，而且这些乐器相互配合，不可分隔，遂得此名，流传于陵川县附城镇南马村及周边地区。它的起源年代无从考证，多用于迎神赛社、庙会活动，后广泛应用于岁时节令和重大事件庆典活动。

旧时每逢过节或重大事件，都要打着“十不隔”到村里的东福堂庙请皇老爷。请皇老爷的仪式非常隆重，乐队在前，乐器主要有：雷鼓、则铛、更锣、煞锣、马锣、七星、小镲、大梆、节撞、十不歇、碰铃、擦铙。演奏时乐队以鼓为中心，人数可多可少，其他乐器围鼓而打，节奏由慢到快、由弱到强，越打越紧，越打越激烈，到达高潮时，围鼓而打的乐器全部举过头顶，向中心靠拢，整个演奏过程气氛热烈、激情高昂，铛一响，全部乐器戛然而止，紧接着从头再来，如此反复，边行进边表演。演奏队伍后面是飞龙旗、金瓜、钺斧、朝天镫，皇老爷打着皇罗伞，队伍浩浩荡荡，在激昂热烈的音乐声中行进，表达了人们祈求神灵保佑平安，降福村民的良好愿望。中华人民共和国成立后，这种旧的习俗虽日渐淡化，但在节日、重大事件庆典等活动中仍一直使用。

“十不隔”属上党音乐的有机组成部分，是劳动人民在生产生活中为表达自己的喜悦心情而创作的艺术精品，具有重要的文化研究价值。

大同五音联弹会

申报地区或单位：大同市群众艺术馆

大同市“五音联弹会”始建于清道光年间，是我国最早的民间室内乐班社之一。据《大同府志》记载，明朝中叶，大同府守军沈军门、沈固组织民间音乐社团，融汇当时流行的主要音乐演出形式，可视为大同五音联弹的雏形。到了清代，大同五音联弹会正式形成，后被广泛传播到大同城区及周边县乡，两百年间一直活跃在民间。

五音联弹会表演时一般在室内进行，参加者有十人左右，用铜鼓子、打琴、枚（笛子）、鱼鼓、夹板、四块瓦等乐器演奏，并有人伴唱，曲调通俗易懂，形式随意活泼。演唱小曲有《切蒜台》、《十里墩》、《改字十里墩》、《十样锦》等200余首；民间曲牌联奏作品有【苏武牧羊】、【大开门】、【正八板】、【柳青娘】、【黄莺亮翅】、【小八门】、【放风筝】、【喜相逢】、【西洋钉缸】、【红莺亮翅】等百余首；民间道情有【正要孩儿】、【反要孩儿】、【西江月】、【尖河路调】、【高调梅花】、【平十字调】、【步步紧】、【四平调】、【一枝梅】、【平板干板】等。

大同至少有600多年少数民族统治的历史，期间造就了汉族和少数民族音乐相互交流、融合、杂揉的借鉴过程，形成了独具地域特色的民间音乐，即边塞音乐。五音联弹会即是边塞音乐传承的主要音乐社团，同时也是探索、研究边塞音乐形成、发展、变化、流向的活化石，为我国边塞文化内涵提供了鲜活的资料，具有重要的文化艺术研究价值。

三、传统舞蹈

山西省非物质文化遗产代表性项目名录

天塔狮舞

申报地区或单位：临汾市襄汾县

天塔狮舞又名雄狮登天塔，是流行于襄汾县陶寺村一带的民间舞蹈节目。每逢过年、过节、庙会或其他重大节庆活动，就会有天塔狮舞表演，给观众以惊、险、奇、绝、美的艺术享受，深得民众的广泛赞誉。

天塔狮舞就是在传统打击乐伴奏下，由领狮人、两只大狮和4只小狮在9米高的天塔上进行表演。天塔由29条板凳叠垒搭建而成，共15层，中间无任何卯榫或物件构连，且在整个表演活动中没有任何保护措施，对表演者来说，不仅要具备高超技艺，还要有大无畏之勇气。塔台高高耸立，表演松紧有度，动作大起大落，狮子眼、舌、尾活动自如，且能做出口吐条幅之类的绝活。这种高台表演，力量中融汇着技巧，技巧中渗透着文化，空中动作有惊无险，造型舒展大气，显示出动人的魅力。

目前，天塔狮舞已有一定的声望和较大的演出市场，但高空表演的高难度性和从事这项活动所具备的素质要求，使学习者寥寥，后继人才的选拔异常艰难，其传承与发展还有很多工作要做。

西华门舞狮

申报地区或单位：太原市民间文艺家协会

西华门舞狮是一门独具地方特色的民间舞狮艺术，兴起于20 世纪20年代，由当时居住于太原西华门街道的民间艺人张璧始创，最初只流行于太原西华门及杏花岭一带，距今有近百年的历史。

舞狮是我国民间期盼丰年盛世，渲染喜庆吉祥的一种传统舞蹈形式，广泛流传于全国各地，素有南狮北狮，文狮武狮之别。太原西华门的舞狮属北狮文狮类，具有浓郁的地方特色。给狮舞伴奏的音乐分两种类型，其一是鼓吹乐，用于舞狮行进及场间休息；其二是清锣鼓（社火锣鼓），用于舞狮表演动作的伴奏及气氛渲染。表演舞狮的狮头狮皮道具都是西华门狮子会的班主张璧独具匠心亲手制作的。狮头是用纸锦壳彩绘成，狮皮是用染绿的蔴丝织成。两演员一穿着打扮，一头油绿绿文绉绉的狮子便活灵活现地展现在人们面前。玩狮子的全是拔山扛鼎的壮汉，身手矫健敏捷，先跑场子，后游四方，一会儿跳板凳，一会儿翻桌子，滚爬坐卧刚柔并济，闪展腾挪绝活频现。西华门舞狮最受人拍手称道的是“母狮下崽”的绝招表演。西华门狮子会里连上锣鼓队员，总共十余人。每年的正月初二至二月二，他们或游街窜巷，或拜官府商号，为庆典、贺功、报喜、联欢等助兴，给当地带来一派喜悦欢快的节日气氛。

南上官狮舞

申报地区或单位：临汾市侯马市南上官村委会

南上官狮舞表演属于北派狮舞中的“武狮”，是清代中晚期流传于山西省侯马市凤城乡一带的传统民间舞蹈。《侯马市志》载，康熙五十年（1712）南上官创办义学时，曾有本村王于镐等人请过狮子舞来庆贺。据老辈艺人回忆，旧时每逢春节、元宵节期间，人们便舞起威武的雄狮，祈求风调雨顺、国泰民安。

南上官狮舞表演以锣鼓和钹为伴奏，集歌、舞、乐、杂技于一身。所舞狮头系竹篾扎成，皮用染成黄色的羊毛制作。小狮一人舞，大狮双人舞，一人站立舞狮头，一人弯腰舞狮身和狮尾。舞狮人全身披包狮被，下穿和狮身相同毛色的黄色狮裤和金爪蹄靴，外形和真狮极为相似，表现出雄狮的威武雄壮。武狮表演共分为三个部分：首部为“引狮舞”，在鼓钹的配合下，8位引狮郎手持绣球欢快舞动，粗犷豪放的舞步，为后面武狮的出场渲染气氛；中部为“狮舞”，一般每个“引狮郎”逗引1只狮子，8只大狮子张开血盆大口，飞扑跳跃向“引狮郎”奔来，随后是可爱的小狮子翻滚上场，表现了作为百兽之王的威武雄壮，乐队用锣鼓和钹奏出轻、重、缓、急的节奏，鼓声震天，表现出威武和生动的场面；尾部为“登山飞人舞”，场上的方桌和梯子分别代表高台和高山，表演中两只威武的雄狮纵身跃上方桌两角，将“引狮郎”围在方桌中央，“引狮郎”为逃离狮口，不停向上攀登，雄狮也紧追不舍，当“引狮郎”登至最高处时，头朝下沿缆绳滑下，雄狮也从八个方向飞身跳下地面，将整个表演推向高潮。演出过程惊险刺激，险象环生，体现了中华民族尚武的精神风貌。

南上官狮舞表演以精湛的表演技艺，粗犷豪放的演出风格和紧张刺激的场面，受到当地老百姓的喜爱，具有很高的艺术价值、研究价值和欣赏价值。

高跷走兽 *

申报地区或单位：运城市稷山县

高跷走兽是稷山县阳城村一种独有的汉族舞蹈表演形式，每逢农历闰年正月廿九举办庙会时，为祭祀火神而献演，意为驱邪避妖、战胜灾难，自清雍正年间开始盛行，至今已有300多年的历史。

高跷走兽是由两人表演的连体高跷，需要两个演员通力合作，将制兽艺人的精湛技艺与高跷演员的精彩表演完美地结合。表演时，他们依据所扮角色画着脸谱、穿戴着走兽道具，足踩高跷，同演骑兽状，在锣鼓、花鼓等传统打击乐器的伴奏下边舞边行，气势宏伟，十分壮观。

高跷走兽的主要道具是走兽，其形象基本都是古时流传下来的，虽经多次修补，原貌仍存。其兽头和兽身均是由技艺高超的师傅先做出模型，再用麻丝、麻纸、细绳、细竹、铁丝、布料等缝制和绑缚而成，并涂抹成五颜六色，经演员穿戴，外形雄奇威猛。稷山县清河镇阳城村现存8个走兽——猕狼、独角兽、麒麟、鳌、梅花鹿、黑狸虎、貘、象等。这些走兽有现实生活中的动物，但大部分是依据想象而来，更多的是图腾崇拜的产物，还有的来源于神话传说或故事。这种道具的制作方法，尤其是饰演方法至今秘不外传。

高跷走兽及其表演体现了当地百姓祈盼风调雨顺、农业丰收的美好愿望，它丰富了当地民众的精神文化生活，增强了人与人之间的团结和谐，具有重要的社会价值、文化价值。

定襄高跷

申报地区或单位：定襄民间高跷秧歌协会

定襄高跷是一种传统的民间舞蹈艺术，多用于元宵节和其他重大喜庆活动。据传，明洪武二年（1369），为庆祝推翻元朝统治和新王朝的诞生，刘伯温号召全国各地开展各种文娱活动，大造普天同庆的欢乐气氛，由南方士兵将江南一带的秧歌引入北方，于是产生了定襄高跷。

定襄高跷的基本内容包括跷子、走场、动作、表情、化妆、扮相、服饰、道具、音乐伴奏

---

* 该项目省级名称为《走兽高跷》，申报国家级项目后改名为《高跷走兽》，本书以国家级项目名称为准。

等，1支秧歌队伍一般有30—40人，另有1引跷人。基本动作有坐轿式、骑马式、推车式、行进式、自由式等，舞技有弹跳、跨步、旋转、独立、探海、劈叉等，走场图样有小唐王乱点兵、凤凰展翅、乌龙绞柱、二龙出水、老龙摆尾、金砖墁地、周瑜点将、仙人搭桥、鹊桥相会、柳叶青、梅花盛开等。演员手里一般要拿扇子、马鞭、手绢、拂尘一类的道具，身披斗篷、穿礼装，也有扮戏剧人物的，另外还有叫"二不楞"、"三强盗"、"算卦先生"、"媒婆"等丑角，该类型人物可不按规矩在场上乱走、乱逗，滑稽可笑，起活跃气氛的作用。音乐以八音传统曲牌《大得胜》套曲为主，演唱曲目有《伍子胥过江》、《三国调》、《妓女告状》、《水刮西包头》、《放风筝》、《观灯》、《光棍哭妻》、《走泥工》、《送情郎》、《探妹妹》等三百余首。

定襄高跷秧歌具有悠久的历史渊源和表演传统，演唱节目保留了许多清末民初的民间乐曲，它将高跷与秧歌合二为一，既有锣鼓伴奏，又有八音吹奏，既能演唱传统，又可即兴发挥，具有重要的文化艺术研究价值。

垣曲武高跷

申报地区或单位：垣曲县文化馆

武高跷在垣曲县分布甚广，主要流行于垣曲县新城镇坡底村和华峰乡胡村，尤其以坡底村最为著名。据传，武高跷起源于孩童们玩耍嬉闹时的娱乐游戏，后来，村人加入锣鼓伴奏、装扮脸谱，逐渐成为节庆活动中的固定表演形式，传承至今。

坡底武高跷表演动作主要有正走、倒走、跳狗牙、穿8字、高跷二节抬、过天桥、抬三节、抬转球等；表演技巧有单拐过天桥、倒走过天桥、桥上劈叉、单腿扑蝴蝶、背拐、碰拐等；道具主要有高跷、绑带、抬杠、天桥；表演服装为古代武士服、小丑表演服装、戏剧服装等；伴奏乐器为大鼓、钹、镲、锣等；锣鼓点吸收秧歌舞蹈的音乐，大体为"咚咚，锵咚锵，咚咚，锵咚锵；咚锵咚锵，咚咚锵"，随着节奏的不同，鼓点时而快，时而慢，扣人心弦，尤其在特技表演的时候，鼓点疾如流水，令人随着鼓点而惊，随着鼓点而叹。

坡底村武高跷一般在春节、元宵节等重大传统节日中表演，体现了民众对美好生活的向往和追求，其音乐沿用秧歌舞蹈的鼓点音乐，由群众自发组织、创新出许多表演技巧和内容，具有浓郁的地方特色，为当地的民间舞蹈、民俗社火研究提供了丰富的资料。

响铃高跷

申报地区或单位：隰县文化馆

高跷，也称“拐子”，是由表演者脚踩木跷进行舞蹈表演。由于表演者高出一截，观众需要仰起头来或是站在高处观看，所以也有人把高跷称为“高瞧戏”。

隰县千家庄响铃高跷源于清朝末年，因跷腿拴有响铃而得名，是当地百姓在春节、元宵节闹红火时的重要文艺形式，百余年来，受到当地民众的广泛欢迎。

响铃高跷一般高为1.5米，最高的跷可达两米，演出时以小鼓、小锣、唢呐为伴奏乐器，表演者装扮成《水浒》、《西游记》、《白蛇传》等作品中的人物形象，进行跳桌子、上高台、叠罗汉、劈叉、拉骆驼等高难度动作表演。曲牌多用当地的民间小调如《拜新年》、《放风筝》、《买扁食》、《绣荷包》等。目前，各乡镇、村落都有自己的高跷队，一般人数都在百人以上。其中，千家庄高跷队以其新、奇、独、难的表演特点最被人称道，多次受邀赴各地演出。

集义高跷

申报地区或单位：太原市清徐县文化馆

集义高跷流传于清徐县集义乡代李青一带，分文跷和武跷两种表演形式，其中文跷有“走步”、“蛇脱皮”、“插队走”、“凤凰展翅”、“龙摆尾”等套路；武跷有“跳桌子”、“跳双登”、“单腿跳”、“双腿跳”、“盍拐”、“碰拐”、“翻跟头”、“鹞子翻身”、“大劈叉”等难险动作，既可在大场中变换队形图案，也可以走街串巷演出。音乐起点节奏为：X X |XX X | XX XX | XX X|。人物形象和装饰制彩均依民间故事、戏曲主题而定，演出剧目主要有《武松杀嫂》、《西厢记》、《拾玉镯》、《清风亭》、《送丑女》、《西游记》、《沙漠牵骆驼》等。

庙前高跷

申报地区或单位：太原市民间文艺家协会（迎泽区）

庙前高跷主要流传于太原市迎泽区庙前街附近，演出时间为每年农历的正月、二月二、五月十三（伽蓝菩萨圣诞日，俗称关老爷磨刀日）、七月十五（中元节、俗称鬼节）等，约于清康乾时期兴起，属中跷类。庙前高跷演出剧目以晋剧的某些唱段或情节为主，扮演人物繁杂，以生动轻快、文华细腻的文跷见长，多用唱、念、扭、摆、舞、逗、颠、蹦等形式进行表现，也不乏武跷威武刚劲的表演。常见单体表演有锦鸡独立、苏秦背剑、怀中抱月、蝎子倒钩、打蹲子、跌八叉、磕跷腿、鹞子翻身、风摆菏叶等；手头道具表演有挥扇、抡棍、挑担、打棒、舞剑、垂钓、甩袖、抖马鞭、耍烟袋等；群体组合有扑彩蝶、叠罗汉、编骆驼、攀杠子（上扁担）等。惊险表演有珍珠倒卷帘、鲤鱼跳龙门（跳越三层高凳障碍）、过（斜坡）独木桥、过天桥等。伴奏音乐为社火锣鼓（花鼓、铴锣、小钹等）或八音会。

元王高跷

申报地区或单位：长治市沁县文化馆

元王高跷流行于沁水县郭村镇元王村周边，后辐射至定昌镇西渠上村、段柳、长胜村及郭村的开村、南沟村等地，至今已有两百余年历史。元王高跷有武高跷之称，因这种高跷鼓点快，以表演高难度动作著称，扮相常以“三国人物”及戏剧人物为主，如《白蛇传》、《西游记等》等，演出时间大都在每年春节期间或元宵灯节，演出场合不固定。

神农高跷

申报地区或单位：晋城市高平市文化馆

神农高跷流行于高平市神农镇，迄今已有100余年的历史，每年正月十五元宵节期间演出。神农高跷表演内容为"香兰送闺女"，人物有老头、老妇、小舅子、伴娘以及4个轿夫抬着新娘子，他们身着彩衣，足蹬三米多的高跷。前面是八音会开道，边扭边跳并伴有语言逗趣，深受群众的喜爱，反映了山西地方嫁闺女的风土习俗。中间是武跷表演，演员脚踩两尺多高的跷，一袭黑衣，王婆戏耍烟袋挑逗出一片笑声，文丑头顶竖着小辫，风趣诙谐憨态可掬，上装女旦抖动彩扇，下装众丑高难的跷功令人惊叹。演员们各种组合造型更令人目不暇接，由6人组成的"飞人"造型更是令人叫绝，中间3名男演员一字排开相互挽臂，两侧各挽1名女演员，同时另1名女演员坐骑在正中间男演员的脖颈上，3名男士踩着急促的鼓点儿开始原地转圈，此时两侧身轻如燕的女演员便顺势"飞了"起来，场面煞是壮观。

飞岭高跷

申报地区或单位：临汾市安泽县府城镇飞岭村

飞岭高跷流传于临汾市安泽县府城镇飞岭村，至今已有百余年历史。飞岭村现在的表演队伍有三十人之多，其中扮演的角色皆是大家耳熟能详的，如"老渔翁"、"济公"、"关公"、"唐僧"、"沙僧"、"孙悟空"、"猪八戒"、"小猴"、"许仙"、"青蛇"、"白蛇"、"秦叔宝"、"媒婆"、"傻妞"等，演员们诙谐的表演给观众带来很多的欢乐和回忆。飞岭高跷有文、武之分，文跷主要表演走唱，有简单的舞蹈动作；武跷则表演倒立、跳高桌、叠罗汉、劈叉等动作，是一种群众喜闻乐见的民间文艺活动形式。安泽历史悠久，文化底蕴深厚，飞岭高跷的产生和延续，正是安泽文脉的表现之一，对于地方戏曲、音乐、民俗、群众文化等各学科的发展都具有重要的研究价值。

花腔鼓

申报地区或单位：临汾市襄汾县赵康镇赵雄村委会

花腔鼓是流行于襄汾县赵康镇赵雄村的一种民间祭祀性乐舞，由傩舞演变而来，表演时演员戴面具，只跳不唱，内容为"众鬼闹判"的吉祥剧，以傩舞的形式从反面威慑、教化民众。

关于花腔鼓的起源问题，目前尚无史料可查。当地民间流传唐贞观年间鼓师花庆为判官义举（私改生死簿为李世民增寿）感化首创“花庆鼓”的传说，襄汾方言“庆”、“腔”音似，遂变为“花腔鼓”。除此之外，根据目前发现的碑刻遗迹，结合花腔鼓的表演内容和形式来推断，此舞至迟在明代中期就已经产生。

传统花腔鼓演出时间在正月二十五，表演者身着剧服，脸带各种狰狞面具（演奏者面具到鼻子部分，钟馗小鬼面具则遮盖全部面部）、口挂胡须。演奏乐器有鼓、小锣、梆子、夹板，4名演奏者为1组，共分8组。演出形式有两种，一种是队列行进，演奏曲牌为【大得胜】和【小得胜】；另一种是广场表演，演奏者分列两边，钟馗头带官帽，身着官服，一手擎虬杖，挂生死簿，一手握笏板，威风凛凛，张嘴怒视，5小鬼跟随判官左右，蹦跳着在人群中寻找捉拿的对象，引来各种哄笑或是躲闪。演奏曲牌有【过门】、【大得胜】、【小得胜】、【珍珠倒卷帘】、【凤凰单闪翅】、【八仙过海】、【厦坡滚核桃】、【逗鹌鹑】、【摘豆角】、【老虎呲牙】、【单憋脚】、【双憋脚】、【尾声】等。敲击技巧有击鼓心、蹭鼓皮、打鼓梆、滚鼓边、㩟边钉、锤相击等。

花腔鼓属于傩舞范畴，表达了民众对祈求平安驱除鬼祟的强烈愿望，具有重要的学术研究价值。

翼城花鼓

申报地区或单位：临汾市翼城县

翼城花鼓是山西民间鼓舞中具有代表性的一种，俗称“打花鼓”，又叫“斗花鼓”和“闹花鼓”。它究竟形成于哪个时代，尚无法定论，但至迟在清代以来，已成为当地群众在欢庆丰收、节日庆典、庙会祭祀的例行表演形式。所谓“绕城西北东南走，到处皆闻花鼓声”即是这种状况的真实写照。

翼城花鼓的打法有上百种，鼓的动律是上身灵，下身沉，上身动作变化多样，下身则多用“大八字步半蹲”、“弓箭步”，移动时常用蹲、蹦、跳、碾、转，动作幅度大、速度快，显得热烈奔放、刚健有力、活泼明快。一般以行进和广场表演为主，也有舞台表演，最初只是一人一鼓表演，后发展为一人多鼓、多人多鼓表演，并加入了当地民歌演唱，表演角色主要有花鼓手、背花锣者、女苗子、小丑等；乐器、道具主要有花鼓、大苏锣、呆锣、扇子和手帕等。其表演风格可以概括为：气势逼人似猛虎，神态逗人像顽猴，灵巧多变姿态美，铿锵有力节奏快。

翼城花鼓体现了一种蒸蒸日上的奋发精神，充分表现着人们欢欣鼓舞的情绪，是翼城民众文化生活的重要组成部分。

万荣花鼓

申报地区或单位：万荣县汉薛镇南景村

万荣花鼓是流行于山西万荣县一带的民间舞蹈表演形式，当地每逢过年过节或喜庆丰收时，就会有群众自发组织的万荣花鼓表演活动，它是当地老百姓精神文化生活的重要载体。

万荣花鼓有三种形式，第一种是低鼓，即腰系鼓；第二种是高鼓，即胸前鼓；第三种是多鼓，即将鼓系于头部、胸部、右肩及两腿中间，最多者一人可系十多个鼓。表演套子有一点油、风搅雪、干炒豆、狗撕咬、鸭子浮水、十字花、倒推磨、枣花、缠住脚、穿八字、蛇蜕皮、龙摆尾、连环套等。万荣花鼓最讲究的还是打鼓方法与技巧，三种鼓虽各有不同的打法，但它们有一个共同的规律，即以右手为主、左手为辅，右手花样繁多、左手花样简单，其技巧动作有掏腰、掏腿、绕膝及高难度动作“狮子滚绣球”、“秦琼背剑”、“凤凰双展翅”等。

土沃老花鼓

申报地区或单位：沁水县文化馆

土沃老花鼓是流传于晋城市沁水县土沃乡一带的传统舞蹈艺术。之所以称为土沃老花鼓，一是因其流传历史悠久，二是因人们对其独特的表演形式久看不厌。每年的春节、元宵节、农历二月十九（祭观音）和七月十五（鬼节），老花鼓表演是当地必不可少的活动项目。

土沃老花鼓是集打、唱、跳为一体的舞蹈表演形式。表演队伍二三十人或三五十人不等，主要角色有老丑、小丑、花姑、老汉、老婆、腰鼓手、报马童、担鼓；主要表演步法是“曲曲步”，要求全脚擦地行进，身体左右拧转，如风摆杨柳，轻柔优美；表演形式分为“双龙出水”、“三盏灯”、“十二连勾”、“双龙摆尾”、“双插花”、“九道弯”、“荷花转”、“单闷葫芦”、“枣化形”、“双分头”等，最为精彩的是“四丑登场”；主要音乐有两种，一种是舞蹈谱（走场锣鼓），分为走场谱和登场谱，一种是曲调谱（花鼓调），分为“老调”和“新调”两种曲目，歌词即兴编填；主要乐器有自制口噙鼓、小堂鼓、腰鼓、大锣、小锣、小钹、小镲、小勾锣等；服饰和道具主要有串铃、丝麻胡嘴、蝴蝶帽圈、对襟袄等二十余种和羽毛扇子、拂尘。另外，演员基本模仿戏曲的生、末、净、旦、丑各行当，也有特色型，全是自己设计自己化妆。

北垣花鼓

申报地区或单位：运城市闻喜县文化馆

北垣花鼓是流传于闻喜县凹底镇栗村（北垣是地域统称，由凹底、薛店、阳隅3个乡镇构成，位于闻喜北部）周边地域内的一种民间舞蹈艺术，一般活跃于逢年过节、赶庙会、镇宅以及生日祝寿、婚宴、集会等节庆活动，春节和元宵期间尤为盛行。

北垣花鼓为硬锤打法，传统表演一般为4个或8个演员，主角是1名鼓手，同时有4名或6名舞女各执手锣，既伴舞又伴奏。每自然段演完后，或是伴舞者边歌边舞，歌唱一段朗朗上口的民间小调；或是鼓手即兴吟念快板，内容大部分是触景生情，夸赞一类的顺口溜。乐器配置上除花鼓外，另有大锣1面，大钗小钗各1个，手锣4个或6个。花鼓曲调多采用民间小调、歌谣，如剪花调、玩秋千调、绣荷花调等，有时是即兴创作，信口唱出。曲牌共分五节，即一锤、慢二锤、四锤、紧二锤、五锤。除胸鼓舞外，还有低鼓（腰鼓）、腿鼓、头鼓、肩鼓等，可以站着打，坐着打，卧着打，还可吊在棒子上打。步伐有水摆浪、正转、斜转、仿古装戏步伐等，有时可转可打，身、手、眼、腿、指一齐平动。柱数有四翻：连环温数、吊柱花鼓、边打顿压、连打四柱。

北垣花鼓始终与民俗文化紧密联系在一起，广泛用于节日、婚嫁、寿诞、丧葬、乔迁等诸多民俗风情或庆祝活动中。表演者在斗妙争能中，各出新招，以博称赞。由于艺人们不断从地方戏、杂技、武术、器乐、民歌中广收博学，使原有的形式、内容更加丰富，对于研究戏曲音乐、社会、历史、民俗等方面具有很高的学术价值。

稷山高台花鼓

申报地区或单位：运城市稷山县

稷山高台花鼓历史久远，相传远古时代，圣人后稷于山西稷山教民稼穑，开启了华夏民族农耕文明，稷山先民以鼓乐祭拜，花鼓由此而生。千百年来，人们沿用这一古老的方式祈求五谷丰登，由传统花鼓发展演变而来的高台花鼓更赋予了这一传统民间艺术新的生机。

稷山花鼓有着广泛的民众基础，逢年过节、赶庙会、闹红火，只要有人群聚集的场所就一定有花鼓表演，以桐上花鼓、东蒲花鼓、稷山安福艺校花鼓最具代表性。最初的表演形式为身着男式服装的演员在舞台的中心抱鼓表演，另有4个男扮女装的配角围着他表演。乐队在旁边伴奏，而且每一个段落间还配有歌曲演唱。后来，稷山花鼓逐渐有女演员加入演出，人员逐渐增多，表演形式不断改进。抱鼓的由单人变为双人双打，跑圆场的由4人增至8人、10人。自明清以来，稷山花鼓又有了质的飞跃，演员阵容壮大了，化妆、服装更为讲究，动作技巧更为丰富，高难度技巧有蹲步劈叉、鹞子翻身、凌空跃马、水中捞月、金鸡独立、孔雀开屏、秋千荡虎、倒挂金钩等，演出人员多达二三十人。在表演形式上特有的高台造型，抱鼓的成了6人3对，在表演到高潮时用十几条板凳叠摞起架，演员分层表演，难度加大、花样增多。

稷山高台花鼓热烈欢快、干脆利落、有声有色、气势磅礴。在当地影响甚大，群众十分喜爱。

令伯转身鼓

申报地区或单位：临汾市襄汾县令伯村委会

转身鼓是一种民间鼓乐形式，因以转身击鼓作为主要特色而得名，主要流行于襄汾县邓庄镇令伯村，翼城县王庄乡王庄村等地。转身鼓历史悠久，建国前一直专为迎神祭祀活动表演，直到新中国成立以后，才逐渐成为广大群众欢庆节日的一种娱乐形式。

令伯转身鼓的别致在于将4面鼓分别置于架上，8名鼓手两人同时击1鼓，用敲、打、撩、挑、擦、碰、搕等方法或击鼓心、或击鼓边、或击鼓棱、或击鼓帮，或双槌相击奏出变化多端的声响，并在演奏高难击鼓技巧的同时，作出灵巧的踏步悠步、掏腿、迈鼓、绕鼓、转身、换位、转圈等舞蹈动作，鼓点与舞姿互相融合、相得益彰。

令伯转身鼓的曲牌（亦称鼓点）是当地劳动人民在生产、生活实践中创造出来的，题材广泛，内容丰富。在四十余个曲牌中，有表现各种击奏技巧的，如【扎唧咚】、【咚击扎】、【咚扎唧】、【咚咚唧咚咚】、【扎咚哪咚扎】、【卿咚扎】、【顶鼓槌】等；有表现各种舞蹈动作的，如【转鼓一】、【转鼓二】等；有反映劳动人民生活、生产的，如【抉面片】、【摘豆角】、【缠穗子】、【先生过桥】、【小娃摇耧】、【厦坡里滚核桃】等；有体现人们传统欣赏习惯的，如【珍珠倒卷帘】、【凤凰单展翅】、【凤凰双展翅】、【狮子滚绣球】、【八仙过海】等；有反映生物和自然现象的，如【鹭鸳跌跤】、【狮子大张口】、【老官绊牙】、【麻雀喳蛋】等。这些曲牌，欢快流畅、悦耳中听、扣人心弦，从情绪上反映了人们欢欣鼓舞的心理，描绘了当地人民的生活和生产方式，具有浓郁的田园风味。

王庄转身鼓

申报地区或单位：临汾市翼城县文化馆

王庄转身鼓由4人转着圈打，配器有梆子、呆锣、小钹等，古时用于祭祀和社火活动，后来经加工，既可在广场表演，也可在舞台表演，成为重大节日和各种庆典必不可少的表演节目。翼城当地有“弃里大锣鼓、官庄跷、王庄转身鼓扭折腰”的说法。

据老艺人回忆，转身鼓300年前已在王庄村流传开来，是王氏先人在陕甘宁做生意时带回来的，后来经过不断改善、加工，现已成为王庄村参加社会表演的主要节目，曾多次在庙会中表演，均受好评。

王庄转身鼓表演时，场上放四面大鼓，由四人转着打，配器有两个梆子，两个呆锣，四个小钹。其鼓点有六七种，不同于一般的鼓点。表演时不仅壮观，而且很有韵味，可谓鼓舞之精华。服装以古代武士和现代锣鼓装束为主。

王庄转身鼓以击鼓心、敲鼓边、碰鼓槌所发出的声音，有节奏、有规律、有快慢、有强弱地运用到各种曲牌中，构成了和谐而动听的音乐；表演时热情高涨、鼓点紧凑、节奏明快、动作干净利落、潇洒大方；手、臂、腿、脚、腰都非常灵活，击鼓时以各种转身动作姿态及踏步、半蹲、扭腰为见多，舞姿有张有弛、繁而有序。“转身鼓”最显著的特点就是“转”，每个鼓手都不停地围着鼓边击边转，每个鼓手分别以左右转身击鼓，鼓手边自转边集体逆时针方向朝左移动位置，鼓点与舞姿珠联璧合、相得益彰。

转身鼓历史悠久，表演形式独特，与人们生产、生活息息相关。无论是早期的祭祀、赛社，还是如今的节庆、社火，转身鼓都表达了历代劳动者祈求美好生活的良好夙愿，挖掘、传承、发展转身鼓艺术，对繁荣民间艺术，构建和谐新农村将产生重要的作用。

平定武迓鼓

申报地区或单位：阳泉市平定县

平定武迓鼓是流传于平定县东浮化山方圆30里范围内的一种传统舞蹈艺术，本名“迓鼓”，俗称“压迓鼓”或“压鼓”，产生于北宋神宗熙宁六年（1073），传说赵匡胤被困某城，遂乔作倡优，且歌且舞，混出城外，幸免于难，于是有迓鼓传世。到清代末年，武迓鼓已流传广泛，浮化山周围村庄都组建有迓鼓队，每逢年节或庙会活动，武迓鼓必然作为锣鼓仪仗伴随整个活动始终。

平定武迓鼓的表演，一般由21个男性演员背插单靠旗、胸挽八宝绳花，扮作梁山好汉，各操1件打击乐器，演奏成套各具名目的古典锣鼓曲牌，同时进行各种套路的舞蹈（要回）和阵法演变，来表现古代行军破阵的场面。平定武迓鼓的舞蹈步法特点在“踏”，“踏”就是按节拍压步而行，因在直观上给人以“压”的感觉，故得了一个“压鼓”的俗名。平定武迓鼓保存了一整套古典锣鼓曲牌、演阵图案和要回套路，但剧目只有《朱仝上梁山》、《赵匡胤下河东》、《李自成进京》三种。据文献考，迓鼓在勾栏瓦舍中为杂剧，在市井乡间则变为“元霄迓鼓”、“村里迓鼓”、“河转迓鼓”。迓鼓演员的装扮及表演特征非常类似于宋杂剧“装孤”的表演，具有较高的历史文化研究价值。

昔阳迓鼓

申报地区或单位：昔阳县文化艺术中心

昔阳迓鼓是广泛流传在昔阳县境内的一种传统舞蹈形式，它是以鼓点为唯一伴奏形式而产生动律，舞者本身又兼鼓手，舞步以“平颠步”、“扑垫步”、“蹲点步”为主，表现形态为各种“摆阵图”。

昔阳迓鼓属于典型的广场舞。从传统的组合形式来看，它由9面鼓（其中1面高音鼓为“引鼓”，是指挥和领舞，其余8面为“接鼓”），另配小钗两副，堂锣4面，掌锣也就是音锣4面，大铙两副，大钗两副，共计23件乐器组成比较和谐合理的表演队。“二十一人迓鼓舞，边打边舞摆阵图。三环套二回棱阵，五马破曹六曲图。七郎射箭八宿环，老龙盘窝十阵图。狗相咬、大过节，老鸦叭哑新兴鼓。长流水、大得胜、迓鼓梢、四回鼓。八段锣鼓十个阵，游龙舞动看‘引鼓’”。这是对祖辈流传下来的迓鼓形态的形象概括。随着时代的发展，昔阳迓鼓尽管在规模和阵营上进行了大胆尝试，21 人的组合形态已被打破，最多的曾达到150 人的庞大队伍，演出场合也由过去单一广场表演发展为可在舞台演出，但它的舞蹈形态的基本特色和鼓乐形态的基本特点还保持着特有的神韵和风貌。

昔阳迓鼓在当地群众生活中占有重要地位，生动反映了当地民众的审美情趣、民俗民风和历史文化，具有多方面的研究价值。

阳泉文迓鼓

申报地区或单位：阳泉郊区文化馆

迓鼓流行于阳泉、平定、盂县、昔阳、和顺等市县，其表演形式有两种：集说白、歌唱、舞蹈、伴奏于一体的称文迓鼓；由成套锣鼓乐配合多人舞蹈、演阵的称武迓鼓。

阳泉文迓鼓俗称“打迓鼓”，始创于宋代，由军队传入民间。旧时多在街巷场地表演。起初3人表演，老旦击鼓，小旦拍镲，器乐伴舞，依次说唱，反复交替。后来增至4人4乐，无坤角，全由男人表演，唱词道白使用方言土语，合辙押韵、通俗易懂。题材紧贴时势，健康积极、滑稽幽默，有时候结合内容见啥说啥，群众喜闻乐见。长久以来，迓鼓以它独特的舞姿、精练的方土白话、简捷明快的曲调，泼辣、生动的表演形式，深受群众的喜爱，一直流传至今。

阳泉文迓鼓具有打、说、唱、舞的基本特征，演奏、表演和说唱形式灵活多变，具有较高的文化艺术价值。中华人民共和国成立后，阳泉文迓鼓在一代代迓鼓艺人不断地努力改革中，在继承原有的动作和曲调的基础上，不断吸收众多民间音乐、民间舞蹈素材，不断汲取本地评说、莲花落等传统艺术之长，在表现人们的生活、理想、志趣与爱憎感情上更加生动活泼，更加爽直泼辣，更加富有神韵，成为新时期活跃在农村文化阵地的生力军。

踢鼓秧歌

申报地区或单位：朔州市

踢鼓秧歌是流行于晋北地区的一项深为群众喜爱的民间舞蹈艺术，在朔县、平鲁、山阴、应县、怀仁、神池、丰镇、集宁等县的乡镇最为盛行，当地大秧歌演员均能表演踢鼓秧歌。

踢鼓秧歌最早起源于土著居民祭祀田祖以祈丰年的活动。随着历史的发展，逐渐发展成为以广场、街头小型表演为主的娱乐活动。当地民间艺人中流传着这样一种说法：梁山好汉“招安”沦落之后，董平、刘唐、呼延灼等人流落到朔州一代和当地“舞坊”群众共同编排梁山好汉“备马出征”、“刀杀四门”等故事，以纪念先辈的壮举，年复一年，逐渐形成了踢鼓秧歌舞蹈。

踢鼓秧歌常在春节、元宵节、祝寿、拜女婿、应邀还愿等活动中表演，表演场地一般在街头、广场、院落，男角称踢鼓子，女角称拉花。表演形式有大场子、小场子和过街场子三种，表演的人数和节目据形式而定。最初的男角腰间挎鼓（一尺长、六寸粗），边舞边击，后来变化为由专人敲击。化妆开始时只着一些简单纸花、布帕和简单的粗布衣，后逐渐变化为接近戏剧化妆的形式，到现在仍有一些条件差的村寨还是纸花粗布装饰。

踢鼓秧歌有着鲜明的地方色彩和浓郁的生活气息，是当地人民群众主要的娱乐习俗活动，保护、发展踢鼓秧歌对于丰富人民群众的文化生活，提高人民群众的素质，促进社会的安定团结、全面发展都将产生重要作用。

五寨八大角秧歌

申报地区或单位：五寨县文化馆

八大角秧歌是流传于山西五寨、神池一带的集说、唱、舞为一体的民间舞蹈艺术，因其主要角色为8人而得名。五寨八大角秧歌历史悠久，《山西舞蹈史话》曾记载："在山西民间，宋、金、元时期的舞蹈有《迓鼓》、《八大角》等。"当地流传其起因有二：一说源于元末农民起义；另一说来自梁山好汉三打大名府的故事。

八大角秧歌的角色有28人（可略增减），主要有引头鞑子、抽鼓、拉花、老婆、老汉、愣小子、愣女子、风公子；演唱内容丰富，题材上有山歌、牧歌、情歌；曲调上有信天游、爬山调、四句头、三句半、顺口溜、莲花落、说花嘴、数来宝、快板、相声等；器乐多用打击类，主要有堂鼓、小锣、铙钹、铰子、大钗、小钗等，吹奏类有唢呐、笙等，后来也有加入吹奏、拉弹类的，如胡琴、三弦、四胡等；表演形式一般分为压场、揉场、圆场；阵法有四门八斗、踩花、三威、蛇盘九颗蛋、梅花十字阵等20多种；剧目有《五嫂观灯》、《十盏灯》、《赶集》、《挑菜》、《茉莉花》、《四季花》、《火烧赤壁》等近百个。除了春节、元宵节期间村与村之间的相互慰问演出外，八大角秧歌还有一种主要活动形式，即会班演出。届时，数家秧歌班社集中到一起交流经验，比赛技艺，民间称之为"赛演"。

五寨八大角秧歌真实体现了当地民众忠厚、淳朴、执着的个性和民俗风情，同时也反映了古代农牧民对艺术的不懈追求和对未来美好生活的渴望。保护、传承这一民间艺术，对于构建和谐社会、促进社会进步有着重要的现实意义。

神池硬架子秧歌

申报地区或单位：神池县窑子上村村民委员会

硬架子秧歌是流传于山西省雁北地区的传统民间舞蹈，主要分布在神池、五寨、朔州、平鲁、偏关等地，以广场地摊表演为主。关于其起源，当地流传着两种说法。一说在清朝道光年间，有一恶霸勾结官府，鱼肉乡民，义侠朱光祖广邀四方英雄好汉，于庙会时布阵设伏，一举将其剿杀，百姓感其恩德，据此编成秧歌，在广场表演，流传至今。另一说是来自《水浒传》梁山好汉三打大名府的故事。

神池硬架子秧歌有角色18名，前8名有鼓子4名，老生、须生各2名，拉花4名（旦角装扮）。后8名有身穿长袍、手摇羽扇的官先生，风流潇洒的风公子，身挂串铃的毛小子，村姑装扮的毛女子，老态龙钟的老汉，一手舞弄棒锤、一手拿小笤帚的丑婆婆，穿开裆裤子的楞小子，又丑又傻的楞女子。另外还有三花脸装扮、手摇马鞭的“络旄”2人，一人指挥前8角和乐队，另一人指挥后8角。舞蹈动作吸收了戏剧中吹胡子瞪眼、左右甩髯以及武生、老生的架子功表演，主要有金刚扫地、蛇龙出水、落地旋风、猛狮抖身、仙人指路等十余种。主要阵式有五雷阵、梅花阵、单掏云、双掏云、天地牌、跳四门、温场、海钓鱼、拉山子等。内容主要出自《忠义水浒传》三打大名府的故事，表演形似哑剧，开始有戏剧雏形。

神池硬架子秧歌是以舞蹈为主的武秧歌，每年正月十五元宵节之际，定时组织活动，深受当地群众喜爱，具有重要的学术研究价值。

浑源耍故事

申报地区或单位：浑源县文化馆

“耍故事”是一种集体舞蹈，也叫“地秧歌”，属“踢鼓秧歌”的一种，流传于山西省浑源县及其周边地区。关于它起源于何时，查无记载，据当地艺人口述，“耍故事”最早起源于民众以保平安、祈丰年为主要内容的祭祀活动，随着时代的发展，逐渐成为以广场、街头小型表演的娱乐形式，主要表现形式为武功、对耍、单耍、戏耍和杂耍。

浑源耍故事表演人员有18人，分别是宋江、张青、孙二娘、林冲、时迁、顾大嫂、李逵、鲁智深、武松、扈三娘、刘唐、安道全、吴用等。行当分为须生、武生、青衣、武丑、刀马、武花脸、二花脸、文丑等。表演者根据不同角色，身穿固定服饰，手拿特制道具，随着锣鼓点的强弱节拍翩翩起舞，舞姿多变、活泼异常、各有千秋。舞蹈队形有“天地牌”、“大十字”、“编蒜瓣”、“双荞麦棱”、“金钱眼子”、“五葫芦”、“城钩月”、“万字”、“八卦”、“四大四小”等二十余种。道具有白马、红马、马鞭、大扇、彩扇、手锣、箭子、木棒、衣打子、货架牌、货郎鼓、书、笔等。服饰分为斗蓬、马褂、打靴、界衣、道袍、女披、彩裤、彩绸、围裙、战衣、腰带等。头饰有红风帽、面牌、黑三枝（胡须）、黑线帘、女盔头、毡帽、蓬头、金箍、黑罗帽、黑水纱、红头网、大额子（盔头）等。伴奏乐器有大鼓、大锣、大钹。

“耍故事”表演形式多样，独具一格，舞蹈动作敏捷、武术功底深厚，给人以热烈、明快、活泼之感，它贴近群众、贴近生活、陶冶情操、寓教于乐，具有一定的艺术欣赏价值。

临县伞头秧歌

申报地区或单位：吕梁市临县

伞头秧歌是一种在街头和广场表演的大型民间舞蹈艺术，因以手执花伞者领头舞蹈和演唱秧歌而得名，主要流行于山西省吕梁地区的临县、离石、柳林、方山、石楼等县和陕西省榆林地区的吴堡、佳县、米脂、绥德等县，其中尤以临县最盛。

伞头秧歌的一支秧歌队人数不等，多则二三百人，少则七八十人，前面有门旗、彩旗和鼓乐队开路，中间有架鼓子和各种小会子表演，最后有龙舞、狮子舞收尾。表演主要是扭和唱，可以扭时不唱，唱时不扭，也可以扭唱结合，交替进行。扭秧歌主要集中在“过街”、“掏场子”和“小会子”表演中。之所以称为伞头秧歌，就是基于秧歌队中有一举足轻重的角色——伞头。伞头是一支秧歌队的统领，他身穿长袍，头戴金盔，右手执花伞，左手摇响环（俗称虎衬），主要职责是指挥全局、选派节目、带领秧歌队排街、串院、掏场子，并代表秧歌队即兴编唱秧歌。秧歌队的所有活动均用舞蹈语言和即兴编唱秧歌来完成，正所谓“触景生情、就地取材、现编现唱、永不重复”。

临县伞头秧歌现有30多种舞蹈场图，10多首舞蹈曲牌，40多种演唱曲调。其中舞蹈以架鼓子最具特色，架鼓子是由打鼓的（男角）、拉花的（女角）、扇风的（丑角）组成，表演时男角打鼓，动作粗犷；女角耍扇，表演细腻；丑角插科打诨，诙谐幽默。

临县伞头秧歌起源于我国古代祭祀活动中的迎神赛会和民间傩舞，在漫长的发展演变过程中，吸收了当地各种艺术形式，逐步形成了自己的艺术风格，长期以来深受当地群众的喜爱，并引起国内外专家的广泛关注。

汾阳地秧歌

申报地区或单位：吕梁市汾阳市

汾阳地秧歌是流传在山西省汾阳、孝义一带的的汉族传统舞蹈，因最初是以民间歌舞形式在平地上进行表演，故称“地秧歌”，人们又称其为“掏场子”，一般分为以舞蹈为主的“武场地秧歌”和以演唱为主的“文场地秧歌”。

汾阳地秧歌的活动时间主要集中在春节期间，一般到农历二月初二后结束，多在本村内活动，也有村与村之间相互邀请，正月十四、十五、十六3天则聚会县城，竞技斗艺、各展风采。演出时，先出场的是武场地秧歌，它早期由12名舞蹈者组成，分执4副“花棒”、4个“小锣”和4个“腰鼓”，称作“十二角身子”，其中女旦角由男性反串，现在演出队伍多为12的倍数，如36人队，72人队，最大者108人队，演出基本程序为告庙祭神、排街、掏场子、过街板，可在固定场地表演，也可以边走边演，其舞蹈形式由武术动作和势法演变而来，套路丰富，变化多端，主要有开场大阵、二龙出水、蛇蜕皮、蒜辫子、单勾心、十字花、三十六连勾、两条龙双引等。武场套路走完以后，队伍便围成一圈，开始表演文场地秧歌，由专门的演员演唱具有鲜明地方特色和浓厚乡土风情曲子，唱毕，再回归原队列形式，整个队伍再向前行进，开始下一轮的演出。

汾阳地秧歌历史久远，表演形式多样，当地人民娱神崇祀的一种民俗活动形式，具有浓厚的生活气息和乡土风味，是黄河流域农耕文化的具体呈现，有着重要的历史、艺术价值。

原平凤秧歌

申报地区或单位：忻州市原平市

凤秧歌又名“过街秧歌”、“份儿秧歌”，是原平市北贾村独有的一种民间歌舞形式。每逢过年过节或是当地赶庙会时，它便活跃在街头、广场，近年来又搬上了舞台，深受当地群众的喜爱。

原平凤秧歌的历史十分悠久，从可考的最早民间艺人李正环开始，如今已传到第六代。其名称的由来，说法有二：一是因表演道具而得名，表演时男角头上戴着的甩圈草帽的顶端，缀有一个乒乓球大小的红绒球，颇似凤凰头上的红冠，谓之“凤帽”，故名凤秧歌；二是传说凤秧歌由安徽凤阳花鼓在三百年前传入崞县，与当地踩圈秧歌相结合，吸取了当地民歌小调，逐渐演变而来。

原平凤秧歌的演出队伍少则十余人，多则几十人，传统表演形式分为踩街、踩圈圈、开轱辘三大部分，过街时以轻盈舒缓的舞蹈见长；踩圈时以热烈欢快的情绪取胜；演唱时有群有双、有说有唱，以唱为主，以舞为伴。在舞蹈表演中，男角头戴附有竹圈的小帽，身背特制小鼓，既要把帽子上富有弹性的竹圈甩出去绕着身体转动，又要把腰间的花鼓敲响，其特点是动作舒缓、刚柔相济、洒脱大方、风趣幽默、引人入胜；女角手打特制小锣，在击锣的过程中头部、两臂、两肩、两胯前后交替摇滚，尤似鲤鱼摆尾。

原平凤秧歌的传统节目有80余个，绝大部分是反映农村生活和生产习俗的，常伴有“上院”、“踩街”、“撵瘟神”等民俗活动，这对研究原平乃至晋北地区的民俗文化有重要意义。

唐城花灯秧歌

申报地区或单位：安泽县唐城镇唐城村民委员会

唐城花灯秧歌，是一种以秧歌的舞步为基础，舞者手持花灯，花灯随舞者的舞步而舞动的舞蹈。适于夜间燃起烛火时表演，舞者在烛影摇曳中舞动步伐，与灯影相映成趣。

每年的正月十三，是唐城村民庆丰收的集体日子。众百姓忙活了一年，举着花灯，扭着欢快的秧歌尽情地表演，所有的欢快情绪都要在这一天宣泄出来。

唐城村习俗规定所有参与花灯秧歌的队伍都要集中于街中心，由主持指挥调度。在震天动地的威风锣鼓声中，花灯秧歌队伍绕街一周，队伍长达近百米。表演次序依次是，开路的十人放烟火，行至每个路口都会鸣炮仗，威风锣鼓边走边敲，后面是数十人的打旗手，然后是百人花灯秧歌队伍，全村人随行观看。表演时伴奏乐器主要有锣鼓、镲、小镲、腰鼓等，节奏一般都是4/2节奏和4/4节奏，表演步伐一般是十字步、前进步、跑花灯步和慢四步。活动以唐王李世民传说为框架，与集市、庙会等民俗活动相融合，群众参与度较高。

白店秧歌

申报地区或单位：侯马市新田乡白店村委会

白店秧歌是流传在侯马市白店村及其周边地区的舞蹈。它历史悠久、舞姿独特、曲调优美动听，在山西省南部一带颇有影响，主要用于婚丧嫁娶、节庆礼仪活动。

白店秧歌队由舞伞者1人，鼓手1人，击锣者2人，击镲者2人，共6人组成，既可以广场表演，也可以舞台表演。表演形式主要是跑队形和与演唱民歌小调交替进行。常用队形主要有“之字路”、“蒜辫子”、“剪子关”、“单蛇蜕皮”、“双蛇蜕皮”、“二龙出水”等。锣鼓点较为简单，唱腔优美动听，歌词内容以反映劳动人民的喜怒哀乐为主。目前保留的比较古老的曲牌有【观灯调】、【货郎转乡】、【恨媒婆】、【小扎青】等5首。

白店秧歌的舞蹈动作古朴，舞伞者的手臂动作比较僵硬，脸部呈现老成持重的神情，近似木偶表演，其余五人的舞蹈动作同舞伞者形成截然不同的风格。

水船秧歌

申报地区或单位：吕梁市柳林镇青龙社区文化活动中心

秧歌舞又称扭秧歌，历史悠久，是我国最具代表性的一种汉族舞蹈形式，也是一种集体性民间广场歌舞艺术。秧歌舞起源于古代农业劳动，民众在田间辛苦插秧，耕耘间隙，敲锣打鼓，用来助兴，早在宋代就有农事中唱秧歌的记载。后来人们不断丰富发展，将劳动之余自娱自乐的各种歌舞形式都统称为秧歌。秧歌舞队一般由十多人至百人组成，扮成历史故事、神话传说和现实生活中的人物，边舞边走，随着鼓声节奏，变换各种队形，因舞姿丰富多彩，深受百姓欢迎。

柳林水船秧歌又称“跑秧歌”，是一种大型的民间舞蹈，盛行于柳林沿川一带，以柳林镇、穆村镇、薛村镇等乡镇为典型分布区。秧歌队伍由艄公和“装身子的”（秧歌队员）两部分组成。两位艄公（男艄、女艄）不但是主要表演者，而且是整个活动过程中的总指挥；“装身子的”人数根据村庄规模而定，少则十余人，多时可达二三百人。他们分别扮作各种民间演唱（会子）角色，既有传统剧目中的生、旦、净、丑，又有现代戏中的工、农、商、学、兵，还有傻小子、丑婆等，人物众多，舞姿优美，极富观赏价值。水船秧歌伴奏乐器有：鼓板、圆鼓、铰则、铙钯、马锣、唢呐、硬铰等。音乐分锣鼓声和唢呐曲牌两部分，锣鼓声以配合男、女艄的舞蹈动作为主，也用于其他造型或做技巧动作，唢呐曲牌用于“过街”和“掏场子”，过街时用【得胜回营】、【拉兔子】等，掏场子时用【狼吃瓜】等。陷（Ran）船是水船秧歌的精华所在，意为船在黄河中行进，突陷泥潭，无法行进，以艄公为首的全船人齐心协力，排难起航的完整过程。整个表演情节完整、幽默诙谐，表现了黄河流域人民战天斗地、粗犷豪放的性格特征，对研究黄河流域的民俗文化有极高的学术价值。

旱船秧歌

申报地区或单位：吕梁市离石区文化馆

旱船秧歌也称跑旱船，是一种模拟水中行船的汉族民间舞蹈。离石旱船秧歌的活动区域主要以离石城为中心，东到大小东川，北至大武以南，西至黄河岸口，下至上白霜，南至金锣镇。明末清初，离石地区已流行唱秧歌的传统，人民在农闲之余，聚集在一起载歌载舞，共同欢庆。在此基础上，人们又发挥创造力，增创了许多和生活息息相关的秧歌曲调，这些通俗易懂的曲调，既表达了人们对丰收的喜悦，同时也寄予着对来年的祝福与期望。

离石旱船秧歌分为表演和演唱两部分。伴奏亦分前后两套，前套服务于表演，后套服务于演唱。秧歌队成员少则五六十人，多则一二百人，统一穿着华丽的服装，按照一定的套路进行表演，扮演角色除艄公和“船芯子”外，还有历史人物、神话人物等。伴奏亦分前后两套，前套伴奏乐队服务于表演队伍，使用的乐器有唢呐、鼓、锣、板鼓、镲等；演唱队伍跟在前套表演队伍后面，伴奏人员边演奏、边舞蹈、边行进，有唱秧歌者即兴演唱秧歌，或表示祝愿、祝福，或嬉笑逗乐，或针砭时弊，或歌功颂德。

踢鼓秧歌

申报地区或单位：大同市大同县文化馆

大同踢鼓秧歌也称大同秧歌，流行于大同县的杜庄、吉家庄、峰峪、麻峪口等地。清道光版《大同县志·风土》载：“上元，俗名灯节，乡下多扮灯官，唱插秧歌，来城内相徽逐。”所谓“插秧歌”，疑即今之“秧歌”，属边舞边唱或舞中夹唱之歌舞形式。

大同秧歌以舞为主，由17人组成："秧歌头"1人，"踢鼓"4人，"棒子"4人，"风公"、"大脚婆"、"络毛"、"看书先生"各1人，有时没有秧歌头，由16个人表演。踢鼓秧歌表演形式主要有"大场子"、"过街场子"和"对耍"等。

大场子是一种广场表演，把乐队安置在场中的一个角落，秧歌队以"东、南、西、北"为正，按"角——正——角"，或者"角——正——角——正"方向进行。表演中摆"天地牌子"、"大十字"、"西门斗"等队形图案，演出结束时摆"天下太平"、"文明村"等字形，摆一字，唱一段，唱罢起舞。过街场子就是在街上边舞边走。乐队在前，秧歌队排成两个竖行列后。秧歌头独立队前边舞边指挥，风公、大脚婆排头，头趟鼓子、头趟花子等角色顺次排列。每个角色以自己的个性动作进行表演，以秧歌为主，队形一般是"蒜瓣子"。对耍即两个村或几个村秧歌队的一种联欢活动，是耍秧歌中比较隆重的一种表演形式。两队演员献艺竞技，各显其能，场面壮观，令人大饱眼福。踢鼓秧歌以打击乐（锣、鼓、镲）伴奏。鼓点有【乱鼓】、【起鼓】、【行进鼓】、【切鼓】四种。行进时，伴奏在秧歌队前面，鼓居中，小镲和大镲分别在其左、右，小锣和大锣分别在其左、右后。定场表演时按上述基本队形站于场地一角。大同踢鼓秧歌历史悠久，载歌载舞，在民俗节庆活动中集中演出，体现了古代人们对生活的美好向往和自娱自乐的生活方式，以及审美情趣和文化内涵，具有很高的历史、文化和艺术价值。

地秧歌

申报地区或单位：大同市南郊区文化馆

地秧歌也称踢鼓子秧歌，流传于大同市南郊区口泉乡张留庄村一带（张留庄、西万庄、羊坊、上窝寨、下窝寨五村），而以张留庄地秧歌为精。南郊地秧歌起源于清初，内容主要描写一位忠臣被人陷害而招致朝廷大兵追杀，全家人化妆为唱戏的打扮，佯装疯癫躲过了追杀的故事。演出时，演员以戏剧生、旦、丑行当而着装，锣、鼓、镲、棒为道具，踩着大秧歌的锣鼓点边走边演，并有固定套路的队伍造型、说唱内容（也可随时改变说唱内容，宣传形势）。地秧歌把戏剧行当的动作表演及中国武术运用其中，并形成以人摆字及图案变换，主要有"天下太平"、"四葫芦"、"五葫芦"、"四门斗"等成套作品。整个表演按照【启示】、【慢板】、【中板】、【快板】、【收式】五种鼓点进行表演。

地灯秧歌

申报地区或单位：临汾市汾西县文化馆

地灯秧歌是一种古老的民间社火，一般在夜间表演，流传于汾西县9个乡镇（社区）、100多个行政村，盛行于勍香镇、对竹镇、佃坪乡以及刘家庄、西村等地。地灯秧歌旧时称古秧歌，表演时常同地灯（亦称“九如意”、“九曲阵”）一起进行表演，所以也称地灯秧歌或摆灯。地灯秧歌表演多在农历正月十九至二十七之间进行，传统摆灯必须摆3年，每年3天。地灯秧歌表演队一般由11人组成，主演者7人，其中1人扮秧歌头，亦称“伞头”，1人扮卖弦老汉，1人扮卖菜婆婆，1人扮腰鼓手，2人扮媳妇，1人扮跟秧歌的小女子，另4人为乐队。表演过程大体可分为打场子、走唱说唱、顶四门、拉花等4个程式，先由伞头率演员走大圈、打场子，接着由演员说唱表演，唱词多为即兴之作，内容丰富多彩。歌唱形式有独唱、领唱、说唱、二人对唱、三人对唱等。走场说唱之后，由腰鼓手和两个媳妇在场4角表演4次相同的动作组合，称为“顶四门”。表演结束后，由秧歌队带头，众村民跟随，由“地灯”入口走进去，游地灯；游完后还要挨家挨户表演，3天内表演完毕，每到1家均受到主人热情款待。

花伞秧歌

申报地区或单位：隰县文化馆

花伞秧歌起源于我国古代祭祀和道教斋醮，民间多用于迎神赛会、拜神祈雨等祭祀活动，表达民众祈求风调雨顺、五谷丰登、四季平安的美好心愿。隰县花伞秧歌是一种古老的民间表演艺术，它是清代初年由陕北难民逃荒时带入的，主要流传于隰县城南乡柴家村及其周边地域。

花伞秧歌的表演形式主要有扭、唱、吹奏三个方面，扭秧歌主要集中在“过街”、“广场”和“院落”表演，大致顺序为门旗、彩旗、舞龙、乐队、领头花伞（伞头）、秧歌艺人、表演者、花轿、旱船、骑驴收尾。表演时，伞头右手拿花伞、左手摇响环，随着音乐节奏左右旋转、舞动；男演员头系白毛巾（羊肚子手巾），身穿民族服饰，腰系红绸子，一手执花伞、一手执花绢，女演员手拿花扇，身穿中式服装，尽情表演；舞蹈场子分为《蒜辫子》、《蛇盘九颗蛋》、《五角星》、《卷席筒》、《十二莲灯城套城》、《五大洲》、《里四外八》、《枣核儿乱开花》等；伴奏曲牌有【切草帽】、【订娃娃】、【秧歌曲】、【绣金匾】、【找顶缸】、【切蒜苔】、【夫妻识字】、【对花】、【眉户剧】等；舞蹈以跨鼓子最具特色，唱词四句一首，主要分为七字句，十字句，方言入韵；伴奏乐器有唢呐、大鼓、锣、镲等。

花伞秧歌内容丰富、形式活泼、规模壮观、雅俗共赏，有着鲜明的地方特色和浓郁的生活气息，是当地人民群众主要的文化娱乐习俗活动，具有比较重要的文化艺术研究价值。

挑高秧歌

申报地区或单位：襄垣县非遗协会挑高秧歌传习所

“挑高”是一种二人对唱形式，一人摇响环，一人撑雨伞，你唱我和，即兴演唱，二人竞唱，越挑越高，故名；后来又加入打击乐器，发展为挑高秧歌，在襄垣、武乡一带流传广泛。关于挑高秧歌的起源，当地流传有3种说法，分别是石勒军队乐舞说、三官祭祀信俗说、乡土郎中行医吆喝说。且不论其最初形式如何，根据属性与内容来推断，挑高秧歌是在民间歌舞基础上形成的社火表演艺术。

挑高秧歌一般在春节、上元节期间组织演出，活动的范围除在本村挨家挨户进行演出外，邻村之间还要互相交流演出。走场是演出主要部分，一般是大家伙（锣鼓）领队入场，小家具（挑高乐器）随领头唱着带队走场进入。走场形式有长蛇阵、龙摆尾、打圆场、面对面、蛇蜕皮等。人物分主、配角，主角包括一正一丑，唱词根据角色进行分工，正角头戴礼帽帽、身穿大衫、一手摆响环、一手打雨伞、丑角头上挽独角、红袄绿裤、勾三花脸、手拿扫帚和响环，唱词幽默、调笑；配角人数不等，没有演唱任务，每人手拿1件击乐，以伴奏为主，跟着走场。唱词有两种，一种是固定的，如参神的和故事性的；一种是不固定的，随时编词进行对唱，对唱词必须与对方的唱词和着唱，所以这种对唱词就得随听随编随唱。伴奏乐器有堂锣、中钗、叫钓、响环等。唱腔有“挑高”、“小板鼓”、“莺歌柳”，还是“夯歌”、“纺花调”等。

挑高秧歌是一种大型的民间歌舞活动，小则数十人，多则数百人在班首的带领指挥下，各自施展自己歌、舞、吹、奏才能且井然有序，具有重要的文化艺术研究价值。

亮宝

申报地区或单位：永济市文化馆

亮宝，亦称蒲州伞秧歌，汉族民间舞蹈，源于永济市蒲州（今蒲州镇）一带，系蒲州先民社火祭祀活动中一种行进中仪仗形式的自我表现行为。亮为展示之意，宝即贵重物品，亮宝之法是将宝物（首饰、金银、珠宝、瓷器等）粘贴在竹篾上端，再将竹篾扎在高杆（竹竿）上，配以纸穗、绣球、铃铛等饰物，竹篾因承重而向下弯曲成伞骨状，故民众也将其称之为“金银伞”、“花伞”、“青瓷伞（挂青瓷小餐具）”等。

据艺人口传，明清时期蒲州民众每年节日都要到大庆关集中表演。解放初期，大庆关被黄河淹没，伞秧歌只在3个公社境内流传：西南社——上店头、贺家巷、鲁家，东南社——后坡、东阎郭，东北社——苏家屯、北阎郭。每年二月初五至十一三社庙会（敬奉吕洞宾）、二月二十一至三十万固寺庙会，是花伞秧歌表演相对集中的时期。表演时，伞把一端必须顶住肚子，因此表演者要挺凸肚子而上身后仰，为了安全起见，艺人们用一根长布带通过脖子，腰间缠绕几圈，肚子前留一松兜，将伞把插入，双手紧握伞把马步蹲裆，踩着“三闪”、“路经”、“乱劈叉”的锣鼓点，前进、后退、转圈。演员均为男性，头戴小孩相公帽、身披妇女花红衣、脸上扮成三花脸，滑稽幽默，给人以视觉上的愉悦。

亮宝是永济民众喜闻乐见的社火表演形式，它最初是一种原始的民间信俗活动，通过向神祇亮宝来取悦仙灵，祈福祛灾，后来随着时间的推移，逐渐发展为庆丰收、欢度节日的文娱活动，因其历史久远，舞蹈道具原始古朴，故而具有比较重要的学术研究价值。

寿阳爱社

申报地区或单位：晋中市寿阳县

爱社俗称耍鬼，是山西省寿阳县的一种古老而稀有的汉族民间舞蹈，它借助祭祀鬼神的傩舞形式，表现了“轩辕大战蚩尤”的创世传说和远古人类狩猎时代自然崇拜、人神崇拜、鬼神崇拜的信仰风俗，寄托了劳动人民祛邪、避灾、祈福的美好愿望。

寿阳爱社表演的是轩辕黄帝的将士们假扮24家魂头鬼混入鬼门关，攻占蚩尤城的传说。表演队由24人组成，6名大鬼戴鬼脸面具主要表演，18名小鬼站成城郭形两边助阵，表演程序分武势、倒上墙、直墙、小场、过关、耍桌等，整个表演既无唱词也无说白，伴奏仅有锣鼓而无丝弦，节奏平稳、气氛沉闷，舞蹈动作是将武术中的小洪拳与舞蹈融会为一体，粗犷简单，原始性极强，呈现出一种古朴、森严的神秘色彩，演出时长约50分钟。

寿阳爱社反映了中华民族由狩猎文明的“神鬼图腾”向农耕文明的“动物图腾”的演变，蕴含着远古神鬼信仰和祭祀傩舞的重要信息，具有独特的文化研究价值。

五鬼盘叉

申报地区或单位：晋城市陵川县

五鬼盘叉亦名“小鬼捉刘氏”，因有5名表演者扮演小鬼且持叉舞蹈，故名。它是山西省陵川县六泉乡（原冶头乡）赵豁池村独有的民间舞蹈，产生年代无文字可考。据传，清光绪年间就已流传，多在每年正月初四“接香客”时表演。此外，农历六月初一、初六赶庙会时也到邻村表演，民间称为“行乡走会”。

五鬼盘叉由8人表演，其中5人扮演小鬼，1人扮演老地方（土地神），1人扮演小阎王，1人扮演刘氏（女）。表演时，阎王率众小鬼上场，捉拿一贯打骂公婆、欺侮邻里、作恶多端的刘氏。众小鬼在老地方的带领下，找到刘氏与其展开搏斗，刘氏则四下逃窜、躲藏，虽撒泼抵抗，但最终被5个小鬼叉于空中，拿回阴间。该舞蹈每个动作都具有鲜明的性格特征：小阎王带领众小鬼旋风似的绕场，融民间舞蹈、武术、戏曲动作为一体；众小鬼既有“吸腿、跳转、扑步”等基础性动作，又有“烤火、磕转、迈顶”等单一的个性动作；刘氏不仅有“虎跳、跌叉、吃叉”等技巧性动作，还有手握叉前翻360度的高难度动作；特别是小阎王的“足尖步”，五趾着地，左右颠拐，飘忽不定，极具神秘色彩。当五个小鬼用钢叉将刘氏托于空中时，更使人望而生畏。此表演前素有跪拜祭叉的习俗，表演时以打击乐伴奏，并燃放鞭炮，整个舞蹈在打、逗、闹的气氛中进行，只舞不唱。表演题材取材于神话传说，意在劝人弃恶从善，具有积极意义。1987年山西省文化厅对该舞蹈进行了录像，该舞蹈也于1993年入选《中国民间舞蹈集成·山西卷》。

背铁棍

申报地区或单位：晋中市祁县

祁县晓义的铁棍是一项传统民间社火表演艺术，它兴起于明末清初，距今已有400多年的历史。民国初期，晓义村以古庙坐落地划分为“娘娘庙”、“老爷庙”、“三官庙”等6个社，每个社有1—3组铁棍，20多根。至今，还有6组晓义村铁棍，总共约有40多根。

晓义铁棍出色地运用了传统工艺和技能，注重小孩和大人之间的配合，每组单元之间的配合，表演者整体与鼓乐之间的配合。下面抬的人用肩膀抬杆，一律迈“八”字步，抬左肩、迈右腿，抬右肩、迈左腿，前四人迈左腿，后四人迈右腿，随着鼓乐器的节奏腾挪行走，铁棍上下颠动，带动上面的小孩左右摇摆，韵味十足。每组铁棍上面有3个小孩，摆动双袖，饰演1台传统剧目，如《铁弓缘》、《三姐下凡》等，加上乐队鼓乐齐鸣、锣鼓喧天的演奏，场面十分壮观，极具地方特色。

背铁棍

申报地区或单位：晋中市榆次区张庆乡张庆村

背铁棍是榆次区东阳镇民间社火的主要活动形式之一，它集口头文学、舞蹈、戏剧、杂技诸多艺术精华于一体，并且逐步形成独特完整的表演体系。铁棍的造型和式样繁多，大都带有故事性，如三人棍、二人棍。3人者，2女1男，如《白蛇传》中的白蛇、小青、许仙；2人者，1男1女，如《西厢记》中的相公张生和小姐莺莺，或扮有两位小姐者均有之。铁棍的基本构成有底座、铁架、故事人物和抬负者四部分。

铁棍的制作比较复杂，底坐要用好榆木制作，配有如山水、楼阁、花卉等各种背景，其中抬杆也需榆木，左右两根，各四米多长。底座上面固定有铁架子，架子上再固定各色人物。铁架子的制作难度和要求较高，不仅美观奇特，更要十分牢固，因演员要在3米的高处站立、摆动：比如蛇青背剑，在小青的背上斜背着宝剑，剑头上站着人；转动铁棍，即最上边的人可自动旋转，使人们看了十分惊奇。抬铁棍人均为身强力壮的男子，前后各4位，共8人。上铁棍的女孩多为十二三岁的少女。小演员均按古代戏剧人物穿着打扮，衣袍长袖，重彩化妆。活动时，演员们随着抬铁棍者的步伐节奏，摆动双臂，飘若天仙。上铁棍被人们视为极荣耀的事情，旧社会有钱人家的女孩子大门不出、二门不迈，为了早给孩子选亲，即把女儿送到大村镇去上铁棍，经过化妆打扮，即可名声远扬，招来门当户对提亲者有之。

静升抬阁

申报地区或单位：晋中市灵石县静升镇静升村

抬阁又称擡阁，旧时民间迎神赛会中的一种游艺项目。在木制的四方形小阁里有两三个人扮饰戏曲故事中的人物，由别人抬着游行。静升抬阁流传于山西省灵石县静升村，与古代社祭活动紧密联系，明清时期由当地火星会组织活动，传承至今。

抬阁和颠阁是静升社火的压轴节目，两阁抬起颠着走，节奏有别。一张大型方桌之上，配以特制景物，竖以铁构支架，撑起两名或三名化妆了的窈窕淑女，铁支架基部压坐数名儿童，组成一组戏剧人物，或《三姐下凡》，或《白蛇传》…… 犹如空中舞台。为降重心，桌下又压重物，这空中舞台总重在一吨上下。长长的杉木抬杆与短杆配合，由8名壮汉抬起颠行，步调一致，颠簸幅度甚大。抬阁、颠阁需几组艺人轮换，大换班时，保护人员用顶端月牙形撑杆支于舞女臂腋之下，以防扭伤。主要剧目有《白蛇传》、《三姐下凡》、《打金枝》等，每台抬阁反映一个内容，都是精选的民间故事或戏剧情节。

静升抬阁是集戏剧、舞蹈、美术、音乐为一体的综合艺术，风格独特、艺术精湛、内涵高雅、规模宏大，具有极强的观赏特征。

襄汾抬阁

申报地区或单位：襄汾县汾城镇总工会

襄汾抬阁历史悠久，源远流长，最早流行于本县西中黄村，故又称“西中黄民间抬阁”。据老艺人相传，本村地处三官峪洪灌地带，过去每逢岁旱之时都要开展祭鼓祈雨的民俗活动，人们穿上节日的服装，载歌载舞，围观者多时就把化妆好的儿童扛在肩上行走，或是站在木方桌上表演，这便是扛抬和桌子抬的雏形。后经艺人改进曾以戏曲内容、生活内容的形式出现，日渐盛行，遂成为民间社火中一种娱乐主要活动。

襄汾抬阁有扛台、桌子抬和高抬三种形式，其中高抬出现在扛台、桌子抬之后，制作和表演难度较大。高抬分为做台（本地叫绑台）和演出两个部分，做抬要经过试拐、化妆、做彩、绑抬几个步骤。新中国成立前，村内按人口和居住方位划分为几个院（如东院、南院），各院都有组织人员和存放办台物具的库房和活动场所，村内有专人负责统一指挥，大多由德高望重受人尊敬的老者担任，演出都有一定的行走路线。由各院绑好抬后按序到广场集合，然后按院排序出走。每院抬前都有院牌和开路锣鼓，阵容十分隆重。抬阁间有路行锣鼓，间隔配合，鼓点与扮演者步脚一致，演员一招一式举止都潇洒自如，每抬配有15人，担负着抬抬、表演、指挥、照管一切事宜，转完行走路线又到广场汇演比赛。

襄汾抬阁一般是在每年农历正月十五时演出，是农村中人民群众喜闻乐见的文艺活动形式之一，融戏曲、舞蹈、杂技于一体，具有重要的民俗学、民间文艺学研究价值。

榆社霸王鞭

申报地区或单位：晋中市榆社县

榆社县位于太行山西麓、山西省中南部，东临左权、和顺，西连祁县，南与武乡毗连，北接太谷县和榆次区，县内至今仍流传有霸王鞭、土傩秧歌、民间社火等具有鲜明特色的民间艺术。

榆社霸王鞭有着1700多年的悠久历史。传说西晋末年，榆社人石勒不满西晋王朝统治，率众反抗，百姓纷纷响应，其势力不断扩张，所向披靡，建立赵国，史称后赵，并被誉为“五胡之魁”，石勒也被当地民众称为“霸王”。建立后赵后，石勒立志称霸中原，每次战斗胜利后，士卒手舞足蹈，举枪挥鞭舞之，这种即兴舞蹈形式由军营传入民间，演化为当地百姓祈鬼神、庆丰年、贺喜事的民间舞蹈艺术。因其承赵王称霸中原之意，发祥地又在榆社，故将这种舞蹈形式称之为榆社霸王鞭。

榆社霸王鞭起初以鞭端磕打四肢为其基本动作，后来演变到磕、打、推、挑、转、翻、荡、摇、摆、甩10种花样。霸王鞭快慢结合、刚柔相济，时而节奏明快、铿锵有力，时而节奏和缓、轻柔飘逸。其富于变化的表现形式，充分表达出劳动人民丰收后的喜悦心情和对美好生活的憧憬，深受人民群众喜爱。

榆社霸王鞭是一种蕴含着悠久历史文化的民间艺术形式，它集舞蹈、武术、体育于一身，鞭法复杂、风格独特。对于长期从事表演的群众来说，霸王鞭不仅能够锻炼身体，增强体质，而且还可以通过长期的锻炼来增进表演者的搏击能力，起到防身作用，是极其珍贵的民间文化遗产。

西石霸王鞭

申报地区或单位：运城市垣曲县古城镇西石村

西石霸王鞭是流传于垣曲县古城镇西石村一带的民间舞蹈形式，关于它的起源民间主要有四种说法，即赵王石勒说、宋代镖师说、西楚霸王说、游戏娱乐说。清代，西石霸王鞭表演已日臻娴熟，民间会舞鞭者甚众，多为青中年人和儿童，且全为男性。是时，西石霸王鞭表演共25场，场场不重样。清末到建国前夕，社会动荡，百姓流离失所，许多舞鞭技艺失传，流传到今天仅8场，主要有风绞雪、剪子观、双人抡、双蛇蜕皮、大分局、六踢脚、两头抡、大十字调。

西石霸王鞭又名“打花棍”，是一种列队的舞蹈形式，由35人组成，舞者手持单鞭或双鞭，表演动作主要有摇鞭、跌脚、踩脚、纵身、腰翻身、二踢脚、透鞭、击臂、击腋窝、击肩、叉腰、缭绕、滑鞭、跨步、挡鞭、抡鞭、挪鞭等十多种，表演技巧有缭绕、挡鞭、二踢脚、透鞭等。在表演中，随着鼓点等乐器的节奏，男女舞鞭者手持花鞭，忽上忽下、时左时右地挥动，敲击自己的手、臂、肩、脚等不同身体部位，鞭杆绕身，彩穗飞舞，铜钱四下作响，让观众眼花缭乱，目不暇接。伴奏乐器主要有大鼓、大锣、引锣、得锣、大钹、小钹、板鼓。鼓点采用秧歌舞蹈音乐和过去两军对垒作战欢庆胜利的音乐，大致为咚咚 锵 | 咚咚 锵 | 咚咚 咚咚 | 锵 — |。

西石霸王鞭是垣曲人民在独特的自然景观和文化历史环境中，在长期农耕生活和节庆习俗中形成的别具特色的一种民间舞蹈形式，是民众思维与物质观念的产物，其题材、内容、艺术形式都是为适应农民和农村居住特点而产生，具有浓厚的乡土气息和地方特色，具有广泛的地域性和民间传承性。

武乡顶灯

申报地区或单位：长治市武乡县

武乡顶灯是一种原始古朴的“歌伴舞”，形式典雅稀奇，表演洒脱粗犷，有着浓郁的乡土气息和历史遗风。

顶灯即在普通饭碗（木碗、瓷碗、塑料碗均可）的碗边转圈糊上各色纸，里边放上旧式灯盏或蜡烛，顶在头上进行表演，人数不限，少则六七人，多至上百人。表演服饰没有统一规定，有的统一穿队服，有的根据角色配套穿衣。队形有“卷帘洞”、“蛇蜕皮”、“九连环”、“大穿堂”等。武乡顶灯在古时只是一种民间歌舞形式，后来加进了“武乡圪圈秧歌”从中伴唱，才有了文字内容。传统作品主要有《请神到位》、《祈雨》等30多首，表现抗日战争时期的作品有《来了日本狗日的》、《粉碎九路围攻》、《八路军进了村》、《保护抗属三不难》、《抗战胜利有保证》等。

高平九莲灯

申报地区或单位：高平市文化馆

高平九莲灯是流传在晋东南地区的一种民间舞蹈，也是当地元宵节闹红火时最活跃、最热闹的民间艺术形式之一，在高平尤为盛行。

高平九莲灯起源无考，清乾隆三十九年（1775）《高平县志》中记载：“上元，县华灯，烈焰烟火腾灼，箫鼓喧闹，群履秉夜嬉游，三更乃止。十六日乡城男妇走……”“华灯”即九莲灯，据民间传说，天上九个仙女下凡，看到人间繁华不愿返回，留在人间耍灯共舞，结婚生子，所以九莲灯就由原来的9个人发展到18人乃至更多。

“舞灯”是高平九莲灯艺术的主要表现手段，灯的舞法包括“溜灯”、“甩灯”、“对灯”、“分灯”、“绕灯”、“晃灯”、“转灯”等。艺人们将舞灯的表演特色概括为“快如风、稳如钟”，其跑场路线非常丰富，这是高平九莲灯的主要特点。高平九莲灯的音乐伴奏和“上党八音会”基本相同，具有乡土气息的民间吹打乐热烈火爆、高亢激越，与舞蹈配合协调，浑然一体。演唱多为地方民间小调，旋律优美、淳朴热情，更加增添了九莲灯的地方色彩。

冶底九莲灯

申报地区或单位：晋城市泽州县南村镇冶底村

冶底九莲灯是泽州县南村镇冶底村所特有的民间歌舞，由于缺乏文字记载，起源于什么年代已无从查考。据艺人们口传大约在明代万历年间就有相关活动，一直延续至今。

冶底九莲灯是在正月十六夜晚表演的一种社火项目。演出时，每人左右手各拿1组九莲灯，每组九莲灯高达2米，24人随着社火音乐翩翩起舞，摆出各种造型和字样，沿着村里的街道耍闹。邻村的老百姓也会前来观看，届时人山人海，热闹非凡。

冶底九莲灯以金蛇蜕皮式动作，快步向场地内呈“R”形路线行进，周围伴着舞狮、腰鼓、大型旱船，场面颇为壮观，其旋灯技巧和穿插舞队的形式颇具新意。舞蹈在设计身段、步伐时吸收了八洞神的横灯形式，跑场中要进行长蛇正反蜕皮及场次表演，每大段结束，便摆出一个字型，欢唱一首歌曲，四段四个大字，即“天下太平”。穿插的乐曲内容有“十二月花”以及当地的“十大反”和拜寿戏曲音乐，单项表演大约在凌晨演出。

九莲灯的制作仍然延续着传统的制作工艺，每盏灯面材料还是应用以前的白色麻纸和五颜六色的皱纹纸，灯架由木枝撑起，用蜡烛点灯，每盏灯由铁器连接而成。

冶底九莲灯历史悠久，源远流长，制作工艺独特，经过长期的发展演变，已成为冶底人民精神文化的一种表现，反映了民众渴望九州大地风调雨顺、天下太平的美好愿望。

跑莲灯

申报地区或单位：晋中和顺县文化馆

跑莲灯又称“九莲灯”、“耍灯”、“花果灯”，是一种古老的灯舞民间艺术，流传在晋中和顺，晋东南高平、沁水、陵川等地。

和顺跑莲灯主要讲杨衮《火山王抢亲》的故事，经过几代民间艺人们的代代传承和发展，已经成为活跃在乡村街头，宅前场院内的民间灯舞艺术形式。关于其起源说法有二：一是源于古代军队战前以戈、钺举起灯火，招魂盟誓的祭祀活动；二是上元节张灯俗走游行的古老形式，因表演者手持花灯，花灯周围用五色小莲装饰而得名。

跑莲灯参演人数不限，但一定是双数（最少40人）。舞步和场面结合变化多样，走、跑、跳是基础动作，随着音乐和鼓点的起伏，它的舞步和道具摆动形成各种各样的画面，如老龙盘窝、二饼、三环套、蒜辫、四门斗等阵式。曲调来自当地民间传统锣鼓点、小调、吹打乐，以唢呐、笙为主，乐曲有《大开门》、《游场子》、《坐帐调》、《赶紧板》等，打击乐以大锣、大鼓为主，锣鼓点有【七锣】、【五锣】、【三锣】、【跳锣】等。花灯是以当地大山上特产的一种荆条枝通过艺人们手工扎制成型，再用五色纸裱糊，并在上面剪出民间传统窗花，特制成民间莲花灯道具。人物形象为：大大王花脸（红脸），头戴反王盔，红胡子，戴双翎，里穿红靠，外穿绿蟒袍，手拿帅旗令箭，袖里藏有走线铜锤；二大王三花脸，八字胡，头戴蒜臼盔，只带一根鸡翎，身穿半身黑大褂，手拿一个木瓜锤；两个活嗦鬼（哆嗦的意思），喳喳胡，头戴猫头盔，外披皮毛，手拿木枪（古枪），走灯的兵都手拿莲花灯。演到高潮时，随着欢快的锣鼓，队形的变换，盏盏灯笼恰如流星飞转、火龙盘旋，场面壮观。

霍家山龙灯

申报地区或单位：晋城市沁水县文化馆

龙灯舞是我国特有的民间传统舞蹈，又称“龙舞”、“龙灯”、“耍龙”等。霍家山村位于沁水县端氏镇南部山区，耍龙灯的习俗历史久远。据霍家后人追忆，当地的龙灯舞是明代嘉靖年间先辈在汉口经商时，学习并移植回来的，至今已有480余年历史。

霍家山“火龙”主要用竹篾扎成圆筒，形成笼子，披上透明的龙衣，内燃蜡烛或电灯。火旦直径0.4米，长1米。龙头高0.85米，长1.2米，宽0.7米，龙口0.6米，后圈直径0.4米，用料有竹子、棉纸等。龙身共7节，每节长1.65米，直径0.3米，身长共11.55米，用料有竹篾、细麻绳等。龙衣用白纱布制成。

火龙的主角是“火旦、龙头、龙尾”3个人，1组8人是一个整体，碎步起跑。舞龙共有6场：1.老龙漫游；2.蛇蜕皮；3.双龙会；4.大翻身；5.盘龙戏珠；6.收尾退场。音乐以唢呐为主，锣鼓伴之。巨龙摇头甩尾、翻腾漫游、气势雄伟，舞兴浓处放几把烟火，更有腾云驾雾之势。

霍家山龙灯经久不衰，如今每年元宵节都要参加沁水县里组织的传统民间文艺展演。它将艺术性、观赏性、群众性和可操作性融为一体，从开场到下场，六场舞姿各有不同风格。在配上上党宫调和地方音乐后，龙在场上有慢有快、有张有弛、忽高忽低、时而激昂、时而温顺、翻腾滚打、运行自如。

霍家山龙灯凝聚着千百年来中华民族的艺术精华，记载着沁河流域人与自然、人与社会、人与神灵间的复杂关系，蕴藏着民众无穷的智慧和创造力。

风火龙舞

申报地区或单位：长治市襄垣县非物质文化遗产保护中心

风火龙舞是流传于襄垣虒亭地区的一种独特的民间社火表演，其起源无法考证。《水经注》中记载，汉高祖破韩五信于铜鞮（今虒亭），大军获胜后，曾用虒亭的火流星和龙灯舞来庆贺。当地盛传李隆基任潞州别驾时也来虒亭于漳河岸边观看了赤鲤腾跃和龙灯舞与火流星的表演。千百年来人们赋予风火龙舞更多的人文情怀，平添其神秘色彩。

风火龙舞以专门锣鼓乐器与鼓点配合“火流星”表演，主要伴奏乐器是龙鼓、锣、钹、大镲、小镲等，其中龙鼓是整个活动的核心伴奏乐器，也是整个表演的总指挥。一切调度、演出节奏，都是在鼓点指挥伴奏下完成的，鼓声雷动、气势澎湃、振奋人心。由于龙灯体内安有蜡烛，加之与火流星配合所以表演一般多在夜晚出现。风火龙舞表演内容多样，有神龙下界、二龙戏珠、龙困海滩、金龙盘玉柱、跳龙门、龙打滚、转八字、盘龙卧海、四斗门、双驳花、龙吐须、龙喷火、上龙凳以及翻龙桌等30多种阵法表演。风火龙灯舞参与人数众多，组织严密、形式完整，舞技强悍遒劲、阵式磅礴恢弘，既寓藏着厚重的历史文化感，又具有浓郁的时代气息和鲜明的地方特色，它融舞蹈、音乐、体育、杂技、武术、娱乐于一体，极具民众性、娱乐性。

襄垣地处黄土高原，自然条件恶劣，土地贫瘠，先民们在与上天斗争之外，把对美好生活的希望寄托在风火龙舞中，舞蹈象征着吉祥、美丽和威严，承载着震摄、祛秽与消灾。因其跨越时空的长期性及独特的文化地域性，决定了这一民间传统舞蹈具有珍贵的历史价值、科学价值和社会人文价值。

盐湖龙灯舞

申报地区或单位：盐湖区金井乡贵家营村

龙灯舞是运城市盐湖区贵家营村一带民间传统舞蹈，相传起源于明洪武年间。清代中叶，老艺人梅守正自发组织舞龙队到河南、陕西等地参加各种祭祀活动。到了民国期间，艺人们在原有的舞龙基础上，进行了再创作，加入了柔丽妖媚的“魔女”，故起名“龙灯魔女舞”。

盐湖龙灯舞由三部分组成，开始是魔女、龙女集体舞：在一个星月皎洁的夜晚，龙女们从天上来到人间，手持莲花灯，翩翩起舞，以表答欢悦的心情。接着是龙灯独舞，独舞中的“三出庙门”别具风彩：龙摇头摆尾，口喷烟火，连续冲过三层庙门。最后是龙和龙女们的群舞，群舞时，气氛欢快热烈，不断在悠扬的乐曲声中变换着队形，使舞蹈达到了高潮。青、红两条大龙在表演时，龙眼会眨，龙嘴会上下张合，龙口能喷火，龙口含的绣球自动旋转，整个龙头灵气、精气十足。扮演魔女者头上佩戴龙、虾、龟、鱼、蟹、蚌等各种形象造型头饰，身穿荷花裙，手提荷花灯，在夜间表演时安装蜡烛，人动物移，使全场呈现一派五彩缤纷、海天水地、亦真亦幻的效果。

盐湖龙灯舞涉及民俗、历史、神话和艺术等诸多研究领域，具有群众性、娱乐性和观赏性的特征，是珍贵的文化遗产。

东蒲舞龙

申报地区或单位：太原市小店区文化馆

东蒲舞龙是流行于太原市小店区北格镇东蒲村及其周边地域内的民间文娱活动。古人的心目中，龙具有呼风唤雨、消灾除疫的功能，太原市小店地区历史上一直以农业生产为主，风调雨顺对于生产生活具有极为重要的意义，所以民众希望得到龙的庇佑，由此而形成了在祭祀和民俗节庆时舞龙的习俗，传承至今。

东蒲舞龙经过了四代人传承，形成了相对固定的表演形式，即舞龙者在龙珠的引导下，手持龙具，随锣鼓伴奏，通过人体运动姿势的变化，完成龙的舞、游、穿、腾、翻、滚、戏等动作和套路。单龙演出一共20人，其中12人舞龙，8人配演。基本套路形式分为：1.逆向跳龙行进，逆时针方向（向右跳转）2次立圆，执龙珠者不转身；2.跑斜园场，龙珠引龙体逆时针快速跑斜园，前低后高，跑2周以上；3.出宫造型，龙体成斜园，龙头高昂中央，珠在4、5节龙身上方做滚珠动作；4.龙穿身，头跨越第5节龙身，珠引头做8字舞龙两次；5.单侧起伏小圆场，龙珠引龙体逆时针方向小圆场，龙体在队员右侧快速上下起伏；6.起伏行进，龙珠引龙体逆时针走圆场，行进中通过队员直立高擎龙，短步托龙不断变化，龙体上下流线状起伏行进；7.纵向曲线慢腾进，龙珠引龙体矮步右端龙行进，左转，珠腾越第4、头越第5节龙身，2、3、4分别交叉越6、7、8节龙身，之后，珠引龙体右转重复以上动作。

东蒲舞龙流传久远，带有浓郁乡土气息和原创基因，通过对“东蒲舞龙”的研究，有助于当地文化的传承以及对太原地区古老的社火文化的研究。

翼城堡子河蚌舞

申报地区或单位：翼城县文化馆

河蚌舞亦称“逗河蚌”，是翼城县西闫镇堡子村一种群众性传统舞蹈，一般在正月十五闹社火时表演，中华人民共和国成立后，也经常参加一些庆典活动。

河蚌舞起源于清嘉庆年间，距今已有180多年的历史。表演时，演员装扮成河蚌精和逗蚌人，逗蚌人把1块卷叠起来的花格布斜扎在身上，手牵1根红绳，红绳另一端拉一个河蚌精，两个人拉着红绳跑圆场；接着，逗蚌人放下绳子，把花布解下抖开（花布表示鱼网）在场子里追捕河蚌精，河蚌精做着各种躲闪的动作；最后，逗蚌人捕住河蚌精，2人分别抓住红绳的两头摆造型亮相。表演时的乐器为锣、鼓、花槌等。中华人民共和国成立后，河蚌舞的内容更加丰富，形式更加完美。河蚌精由1只变为4只或8只，逗蚌人由一人增到数人，同时增加了等待跑队形的内容。河蚌精上身蚌壳一张一合，腰身不时地左右扭转，很是吸引人；逗蚌人动作自由奔放，非常便于演员自我发挥；船夫为老者，给人以老成稳重的感觉；钓鱼人则为小丑打扮，手持长长的钓鱼杆，左右晃摆，显得十分顽皮。大家一起欢快地变换着跑二龙出水、龙摆尾、蛇蜕皮等队形，使整个舞蹈显得欢快、热烈、优美、风趣。

渔翁逗海蚌

申报地区或单位：忻州市繁峙县繁城镇北城街村

渔翁逗海蚌是一种化装表演的民间舞蹈艺术形式，也称“逗河蚌”、“海蚌舞”，主要流传于繁峙、代县、静乐、五台、忻县、翼城、浑源、长治、交城、太原等地，具有很强的戏剧性。

渔翁逗海蚌系民间娱乐的一种表演形式，源于宋代，成形于明，由民间舞蹈发展而成，当时只是一种在街头巷尾跑摊子表演的广场艺术，到现在仍未脱离广场表演，逢时过节，繁峙境内大部分村庄均有此表演，深受当地民众喜爱。

繁峙渔翁逗海蚌是根据流传在民间“鹬蚌相争，渔人得利”的成语故事编创而成，分“海蚌赛壳”、“水中斗智”、“岸边”、“嬉戏”、“跑大圈”、“夹攻下场”6段情节。人物有：渔翁，头戴斗笠、身披蓑衣、手拿钓竿；海蚌，由女角妆扮，背上绑两扇贝壳，随人物感情和情节需要而开合。此外其他地区也有将此改编为1个渔翁，4个海蚌，或者没有渔翁，全是海蚌，成为社火表演中烘托气氛的集体舞蹈。在乐器配合上，文武场兼备，显得红火热闹。乐队演奏以繁峙民间音乐“乙字八八”为主旋律。

繁峙渔翁逗海蚌以拟人的手法将海蚌人物化，并与人沟通，通过渔翁以食诱蚌、泼水戏蚌，海蚌单壳打翁、双壳夹翁，以及两者水中斗智、岸上追逐等表演，表现了渔翁与海蚌嬉戏逗乐的情景。

麒麟采八宝*

申报地区或单位：侯马市新田乡乔村村委会

麒麟采八宝是自清代中、晚期以来流传在侯马市乔村的一种拟兽类舞蹈，多在传统节日、庙会、拜神、祈雨时表演，以祈求风调雨顺、国泰民安。

麒麟采八宝的伴奏乐器是锣鼓加唢呐，表演共分三部分。第一部分叫“云舞”，由8个金童玉女手持云朵翩翩起舞，营造出一个祥云环绕、如幻如梦的仙境，展示麒麟在天上生活的场所，为后面麒麟的出场作烘托和渲染。第二部分为“麒麟舞”，麒麟的造型由龙头、鹿身、马蹄、牛尾和五彩鳞甲构成，每只麒麟由两人配合扮演，一人舞麒麟头、一人舞麒麟尾。表演时，随着乐器轻、重、缓、急的节奏，在祥云环绕之中，高贵而美丽的两只麒麟交替舞蹈，以各种动作时而腾空跃起、时而匍匐在地，口吐神火、喜怒变换，表现两只麒麟来人间施法镇灾避邪，为人间带来平安，这是麒麟舞表演的精华部分。第三部分是“采宝舞”，由麒麟采集人间“琴、棋、书、画、古、楼、瓶、博”八宝（8个金童玉女代表着8个宝物），回到天上装点神宫，表现麒麟也十分向往和喜爱人间的美好事物，并与人类和谐相处。

麒麟采八宝以其丰富的想象力和精湛的表演技艺表达了天人合一的美好境界。其文化内涵深厚，表演磅礴大气，具有重要的艺术研究价值和欣赏价值，是华夏民族珍贵的文化遗产。

寿阳竹马

申报地区或单位：寿阳县文化馆

寿阳竹马是寿阳平头镇罕山脚下独具特色的传统民间舞蹈形式，它集高跷、竹马、武打于一身，内容最初表现的是关公和周仓的打斗场面，后来加进了《三英战吕布》、《虎牢关》中的多个戏剧人物。

过去寿阳竹马和当地的“爱社”同属傩剧艺术，主要用于驱邪逐疫、祀神祭天、祈求丰年。清代以后受戏剧影响，丢掉面具，转向了人物戏剧化。中华人民共和国成立后，多由当地人进城街头表演，深受群众喜爱。寿阳竹马演唱曲调接近山歌调，半说半唱，以说为主，

---

* 该项目省级名称为《侯马麒麟舞》，申报国家级项目后改名为《麒麟采八宝》，本书以国家级项目名称为准。

根据剧情需要划分不同角色。演员面部化妆，身着舞台服饰，前后扎竹制马架，脚踩半截高跷，并组成一组组丰富多彩的武打戏剧场面。表演过程中有上坡前倾、下坡后座、马失前蹄等高难度动作，通过各种队列变换，把剧中人物表现得栩栩如生、淋漓尽致。目前，民间现存演出剧本有《唐朝八大将》、《幽州降香》等。

寿阳竹马是一种独具特色的民间乐舞，具有历史文化与艺术等方面的研究价值。

左权五里堠

申报地区或单位：晋中市左权县辽阳镇五里堠村村委会

竹马，俗称“跑竹马”，是民间广泛流传的一种社火表演形式，一般出现在春节、元宵节闹社火活动中，现已拓展至节庆、游行、开业、庆典等场合。

左权五里堠表演不拘形式，唱念作打以剧目要求而定，唱词以七字句、五字句为主。演员可以即兴发挥、现编现唱，抓住什么演什么、看见什么唱什么，妙趣横生、幽默诙谐，观众捧腹而笑、余后生情、回味无穷。

左权五里堠竹马阵法变化多达十余种，如跑大圈、大圈套小圈、十字串、扭八字、前后跑、左右跑等。表演形式多变，依据剧情需要，可一马独舞，可两马、三马或多马合舞，还可群马上阵共舞。骑马人可自持马鞭扬鞭催马，还可设赶马人手持马鞭与骑马人配合舞，其舞步独特，舞姿优美。常用的舞步有大跨步、小跨步、碎步、云步、跳步等，伴有“摇头摇尾”、“摇头晃脑”，起、卧、抖身等动作，还吸取左权小花戏里的动作和步法，如“回头望月”、“啰嗦步”、“十字步”、“三颠步”等。跑马调是其专门曲调，节奏明快活泼，旋律流畅，唱中有念，非常上口。场地不受条件限制，既可在台上表演，也可在台下跑场，还可参加大型庆典和游行，以及广场演出。传统节目有《桃园三结义》、《赤壁之战》、《回荆州》、《送粮》、《夫妻观灯》、《一马当先万马奔腾》等。

左权五里堠竹马具有非常浓郁的地方特色和民情风土味，代代相传至今，反映了当地民众勤劳淳朴、诚实守信、勇于创新的性格特征，具有重要的社会、文化价值。

阳城裤马

申报地区或单位：阳城县文化馆

裤马，顾名思义为裤子做的马。它是用中式大档裤内装麦秸，一头作马首，一头为马尾，白裤腰是表演者坐骑的部位，所以老百姓称其为“裤马”。

裤马的形成源于民间活动，后来逐步成为“祈求”、“庙会”等民俗活动的主要形式。在长期的民俗活动中，裤马的制作逐步衍变的艺术化，活动的平台也越来越广，由单纯的庙会、祈求等民俗活动扩展到春节、元宵及各种庆典活动。

阳城裤马清代初年形成于阳城县町店镇凌沟村，其表演形式千变万化，一般程式有“双进门”、“水溜溜”、“串八字”、“蛇蜕皮”、“十字靠”、“南瓜蔓”等，通过艺人巧妙运用“跑”、“跳”、“踼”、“蹲”等动作，在八音会【老开门】、【节节高】、【五朵花】等曲牌的伴奏下，身穿戏服的演员胯下“骑马”，手挥柳鞭，拖拽而行，疾驰跳跃，娴熟精湛的表演往往赢来台下阵阵喝彩。

裤马表演的特殊形式和千变万化的动作以及特殊的制作材料，无不饱含着土乡土色的气息，它是人民群众在生活生产中的独创，是古老民间舞蹈的遗存，具有重要的史学价值。

翼城孝义旱船

申报地区或单位：翼城县文化馆

孝义旱船是翼城县王庄乡孝义村传统民间舞蹈表演形式，历史悠久，表演套路多，一般在正月十五闹社火时表演。

据传，孝义村是翼城县跑旱船的发源地。老人们回忆，孝义旱船约形成于清初，光绪年间已负盛名，距今有二百多年历史。其村张家、郭家、马家均有传人。著名的老艺人有张万春、马效温等，均生于1858年前后，至今已传八代。

翼城孝义旱船常以多只彩船参加表演，表演者均以《白蛇传》、《打渔杀家》等戏曲中的人物进行化妆。旧时，驾船人为男扮女装，戴墨镜，尤其在船面上特意装两只假腿和一双小脚。中华人民共和国成立后，直接由俊俏的小姑娘和小媳妇来驾。一只船配一船夫，船夫扮演者头戴黑色或黄色圆圈帽，前面上翻，写有“壽”字，嘴带白色长胡子，身穿黑色或黄色道袍、腰系板带、脚蹬长靴。“文革”期间，曾改为绿军装、戴军帽、打绑腿。此艺术表演形式既可行进表演，也可在广场表演，还可在舞台表演。配乐主要有鼓、锣、钹、唢呐等。由于孝义旱船表演技艺高超、热烈壮观，所以，不论是在村镇或是在县城表演，均受到人民的喜爱。随着文化市场化趋势的加剧，传统的翼城旱船急剧衰落，表演和道具制作人才不断减少，发展前景不容乐观，亟待抢救扶持。

阳城旱船

申报地区或单位：阳城县文化馆

阳城旱船是阳城县社火表演中的一种传统舞蹈形式，流布于全县各个乡镇。其中，最具代表性的则数凤城镇东关村和西河乡陕庄村的旱船表演。

旱船起源于民间祭祀活动，随着历史的发展，其活动方式也由单纯的祭祀（祈雨）活动扩展为庙会等社火活动和农历正月十五闹元宵等节日庆典活动。阳城旱船是木制的船形结构，加以装饰，由艺人背缚表演。表演内容多为戏剧人物造型，有表现《杨家将》、《岳飞传》的内容，也有表现其他传说故事，创造了许多栩栩如生的人物。此外，在长期民俗活动中，旱船表演巧妙吸收了民间舞蹈的表演程式，熟练掌握了碎步、搓步等技巧，将整个迎风破浪、乘胜前进的跑船态势表现得行云流水，惹人喜爱。

阳城旱船的产生、发展，经历了清朝、民国的成熟和繁荣，日本侵华时期的中断，中华人民共和国成立初的抢救，“文革”中禁演至衰落，20世纪80年代复苏，几起几落，传承至今。

侯村花船

申报地区或单位：运城市盐湖区侯丰农作物种植专业合作社

花船，亦称旱船，是一种广场社火艺术，具有浓郁的地方风情和民族色彩。侯村花船流行于运城市盐湖区金井乡侯村及其周边地域，起源于明末，据传乃曲氏兄弟（郎中，荣河人）祛瘟疫后为稳定民心而创。清道光年间，曲氏后裔曲春泰又将花船的扎制与表演都进行了改进，增设锣鼓器乐伴奏，海仙穿插演唱和武术表演等，时有民谣曰：“西王高抬侯村船，想盖点子比登天难”，给予盛赞。

侯村花船是用竹竿扎制而成，四周围丝绸，里外用彩纸糊起，绘有各种图案。船舱左右各开一窗，窗口两侧贴有"一帆风顺""五谷丰登"等吉祥用语，并配有镜子、银项圈、纸花、彩灯等装饰品。花船表演主要以舞为主、说唱为辅。演出时，首先由三眼铳开道打场，之后花船与艄公出场沿表演场地急速飞走一圈亮相。接着鼓乐齐鸣，戴着头饰的海仙出场穿插演唱，所唱曲调为采花四平调，其唱词多为古代传说、神话等。接下来花船开始进行表演，船娘子的船随艄公的船桨和音乐锣鼓节奏而动，跌宕起伏、左右摇晃，呈现出一幅水上行船时的生动画面，中场穿插武术表演以壮声势。伴奏乐器主要有唢呐、笙、大鼓、大钹、大镲、小铙等。

侯村花船融文学、绘画、音乐、舞蹈、建筑等艺术于一体，具有很高的艺术和审美价值。它是当地农村过春节的一种流动的风景，在缺少河沟湖泊的黄土高原上，以这种形式来表达对于水的渴望，无疑是当地民间艺术中一种纯粹的精神体现。

盂县牛斗虎

申报地区或单位：盂县秀水镇南白水村

"牛斗虎"是一种模拟动物形体、习性的传统舞蹈，流行于盂县北部、东部和中部地区，其中，尤以秀水镇南白村的牛斗虎最具代表性。

相传这种民间舞蹈起源于当地流传的一则民间传说。盂县牛斗虎以牛虎争斗为内容，形象地刻画了老虎的凶猛威武，又颂扬了老牛忠厚倔犟、不畏强暴，英勇保护小主人的献身精神。整个舞蹈由2人扮演牛，2人扮演虎，1人扮演人熊，另外还有乐手5人。牛皮与虎皮均以布制成，披于演员身上表演。伴奏由大鼓、大锣、大镲演奏锣鼓点"霸王战"。在打击乐的伴奏下，牛、虎在步伐、身段、手势的套路下进行扑打抵斗的表演。"牛"代表正义、忠厚、坚毅的精神崇拜，"虎"代表邪恶、凶险的反面角色，两者在"人熊"的引诱下互不相让、不屈不挠、撕战到底。最后，牛的正义战胜了虎的邪恶。盂县牛斗虎因其步伐、动作的规范化，服装、道具的形象化，音乐、节奏的程式化和正义战胜邪恶的精神内涵构成了它的艺术审美价值。

盂县牛斗虎作为一种集舞蹈动作、民间打击乐和故事情节、舞台调度为一体的民间舞蹈表演，既可在广场表演，也能上舞台演出，是一种极具推广价值的艺术形式。

昔阳拉话

申报地区或单位：昔阳县文化艺术中心

昔阳拉话是一种风格独特、闻名省内外的传统民间舞蹈，起源于宋、元年间，至今已有近千年的历史。据发源地路家峪村老艺人回忆，昔阳拉话又叫文故事，是由一位名叫王小三的讨饭艺人传下来的。

由于拉话表演的节目多有故事情节，带有讲故事的意味，按昔阳人的说法就是叨舌叨舌。于是，“文故事”逐渐被演变成为“拉话”。

昔阳拉话表演者为8人，分别扮演老生、小生、小旦、花脸4种行当，手执圪节鞭、竹板、八角鼓、钱杆儿4种道具，以踩脚、垫脚、跌步、斜场、抱脚、四平架6种基本舞步，编排成前后左右穿插变化的舞蹈队形，伴以激昂宏亮的打击音乐，和以4/4沉稳平展的音乐节拍，唱着悠扬悦耳的歌声，形成激昂庄重、舒展流畅、刚中有柔、粗中有细的特殊舞蹈韵味，给人以豪放浑厚、肃穆亲切而又古香古色的美感。伴奏乐器以小唢呐、笙、竹笛为主，还配有呼胡、二胡等乐器，打击乐与中路梆子的武场完全相同，传统节目有《八洞神仙赴蟠桃》、《崔虎抢亲》等。

历史上昔阳拉话仅在邻村演出，活动范围很小。中华人民共和国成立后，各级文化部门对昔阳拉话进行挖掘整理和加工改编，并根据时代要求赋予新的表演形式和表演内容，使之流传并发扬光大。

翼城浑身板

申报地区或单位：翼城县文化馆

翼城浑身板亦叫“花板子”，因表演者手持3片系在一起的檀板而得名。在乐队的伴奏下，表演者有节奏地用檀板击打手、肩、膝、大腿、脚背、脚心等，是一种优美的民间舞蹈，被当地人亲切地称为“乡村健美操”。

浑身板主要流行于翼城县王庄乡王虎村和南梁镇郭家坡村的郭姓家族中，是在庙会、祭祀、赛社等活动中表演的一种民间舞蹈形式。明人姚旅所著的《露书》中曾写到，在山西南部见到过多种民间舞蹈，其中就有一种手持檀板，边拍边舞，“如飞花着身”的“花板舞”。可见，这种民间舞蹈形式，早在五百年前的明代就已在当地广为流传。

浑身板参舞人数20—28人，分为4—5 组，每组1人打板，1人打鼓，1人敲木鱼，1人击斗锣，1人持伞。打板者头包三角巾、身穿中式衣裤，其余人戴礼帽、穿长袍。行进时队伍成一行，击板者在锣鼓伴奏下表演，其他人边击乐器边向前行。表演时，击板者以右手拿着的木板拍打左手以及肩、膝、腿、脚等部位，同时配以“踏步”、“跳转”、“吸腿”、“弹腿”、“射雁”等舞步。随着舞姿的变化，木板左拍右擦、上击下打，发出有节奏的声响，整个表演舒展大方、优美动人。浑身板融音乐、舞蹈、健身于一体，具有较高的艺术性和审美性，对研究晋文化和唐尧文化的发展有着十分重要的意义。

左权小花戏

申报地区或单位：晋中市左权县开花调艺术团

左权小花戏是流行在左权、和顺一带的一种轻盈、活泼的民间歌舞，由旧时“社火”中的一种“文社火”演变而来，表演者均为少年男女，人人手持彭扇，边舞边唱，其特点是歌舞并重，或偏重于舞。这种歌舞形式还能以人数较多的大型舞队，在乐队伴奏下，以整齐的步法和多变的扇花做出各种舞姿造型，参加重大节日的游行表演。

左权小花戏有歌、有舞、有戏，小而精、花而美。所谓“一小二花三有戏”正是对它独特艺术风格的高度概括。“一小”是指扮演花戏的演员年龄小，都是八九岁至十五六岁的少年；演出所需要的场地小，街头巷尾以至家中，或围着火堆均可演出；所演的节目也都很短小，大都在15分钟左右。“二花”是讲小花戏的舞蹈动作花梢，步法花梢。扇法更花梢，舞蹈动作中女的多用“卧鱼”、“鸳鸯戏水”、“小燕展翅”、“金鸡独立”等，男的则用“骑马蹲裆”、“凤凰展翅”、“拔海”、“弓箭”等；步法主要有“三颠步”、“嘞嗦步”、“十字步”、“四六八步”、“颠跳步”、“大小箭步”等；扇子是小花戏的万能道具，各种五颜六色的彩扇，舞动起来讲究很多，扇法的开、合、转、动，静、速、慢，变幻莫测，以蝴蝶扇为主的扇花多达五十余种。“三有戏”是指节目具有诙谐幽默的戏剧情节，有一定的戏剧矛盾冲突，构成了小戏形式，其特点是歌、舞、戏三者紧密结合。小花戏中所唱曲调都是当地流行的小调，这些调子既是这种歌舞的一部分，又是可以独立的民歌，其曲调优美流畅、节奏清新明快。

朔州喜乐

申报地区或单位：朔州市

朔州位于山西省北部，坐落在雁门关与外长城之间。它在悠久的历史长河中积淀了深厚的文化底蕴。“喜乐”是流行于朔州一带的民间歌舞曲艺形式，最初是土著居民对付恶狼野兽的一种恐吓活动，后来逐渐演变为一种百姓对抗自然灾害的祭祀仪式，唐宋时期成为敬神、驱鬼、还愿的民俗活动，最终成型于清末。

传统朔州喜乐活动没有固定日期，而是按许愿人家所择吉日而定。全部活动一般要进行3天，从第一天的晚上开始，到第三天的早上结束。活动场地多在堂屋内的神龛前，或是房前的院子里。活动程序可分为五大部分："请神"、"打五弄"、"观坛"、"观山"、"下后场"，其中"打五弄"和"下后场"的某些段落以舞蹈表演为主，其他部分主要是演唱。

朔州喜乐是融舞蹈、杂技、曲艺、民歌、戏曲于一体的古老民间艺术，其表演形式主要是打、唱、舞。乐器和道具主要是扇鼓、四块瓦、筷子、竹板、纸鞭、手绢等。其鼓点、音色、节奏别具一格，表演者边演唱、边摇鼓、边扭舞，动作以扭为主，表情活泼。唱腔大部分是喜乐的传统曲调，如"哭孟姜"、"种洋烟"等，也吸收地方民歌和小演唱的曲牌，如"珍珠倒卷帘"、"小牧牛"等。耍鼓带有杂技表演的特点，耍法有八九种，如"金丝缠腕"、"插花盖顶"、"传鼓"等。鼓点亦有八九种，如"打舞弄"、"耍纸鞭"等。

朔州喜乐是黄河系列文化与边塞地方文化的组成部分，是古老傩文化的遗存，具有突出的历史文化价值。

二鬼摔跤

申报地区或单位：小店区文化馆
忻州市体育运动学校

二鬼摔跤又称二娃摔跤、二喜摔跤，是1人背驮2鬼（傀儡道具）进行表演的汉族民间舞蹈形式。表演时，演员背驮二鬼摔跤道具，通过艺人腿、背、臂等综合协调动作，给观众以"二鬼"摔跤的外在表现形式。

二鬼摔跤这一民间舞蹈形式自诞生以来，就活跃于节日、庆典、祈雨等民间习俗活动中。到清末民初时，该表演达到了最兴盛的时期。

由于该表演对艺人的体力要求高，大部分表演者为男性，女性很少参与。表演时，有打击乐作伴奏；表演场地以广场或舞台为主；2个人物，1个表演者，对峙、撕扯、扭打、翻滚；动作时而舒缓、时而激烈，活灵活现地体现出二鬼打斗的热闹场面，让人忍俊不禁。二鬼摔跤要求表演者具有强健的体魄、高超的技巧和极强的自控能力，该舞蹈可1人表演，也可多人集体表演，但必须以1人为主演，其余为辅助表演者。每到春节、元宵节等重大活动，二鬼摔跤都是最受当地人民喜爱的压轴节目。

屯留瞪眼家伙

申报地区或单位：屯留县文化事业发展中心

“瞪眼家伙”，又名“一更催”、“草圪节”，是流行于屯留县东部及长治市郊区西部农村的传统民间祭祀舞蹈。“瞪眼家伙”是我国北方地区传统农耕文化的产物，原是用于祭祀的锣鼓乐。清光绪三年（1877），当地农业丰收，村民为了酬谢神灵保佑，以锣鼓乐谢神，“互视会意、互相敲拍、瞪眼传情”，并改变原来的打法和队形，变祭祀舞蹈为欢庆丰收舞蹈，俗称“瞪眼家伙”。

屯留“瞪眼家伙”的表演者全是青、壮年男性。表演时持鼓、铙、钹者居中，由鸣号者居首，持马锣者殿后，敲击节奏张弛有致，舞蹈动作简朴大方，音响气氛热烈奔放，表演阵势恢宏粗犷，队列变化灵活多样，表演者乐器在手中运用自如，身体或俯或仰，双腿或弓或伸，双臂或曲或张，脸对脸，眼对眼，互瞪传情神彩飞扬，敲击力度忽弱忽强，时如两虎相争，时如二龙戏水，又如凤鸟飞翔，反映出了村民健康向上坚韧顽强的精神风貌，以及祈盼风调雨顺五谷丰登的良好愿望。

扛桩闹故事

申报地区或单位：阳城县文化馆

扛桩闹故事，亦称上桩故事，俗称顶桩或扮故事，是阳城县独有的一种民间舞蹈，主要流布于城南关村和寺头乡的张庄村。

扛桩闹故事，明末出现雏形，清初成熟，到现在已有近四百年的历史。扛桩闹故事最早起源于民间的祭祀活动，那时每逢大旱，人们求雨过后把神像请上供桌，并把两个儿童扮作童男童女抬出游行，即称“抬棍”。久而久之，随着人们的日常生活和祭祀活动的衍变，由“抬棍”变为扛在肩上赤脚行走，到现在的扛桩形式，并加上了一些戏剧人物故事，也从单纯的祈雨祭神活动，拓展到了春节、元宵、庙会等庆典节日活动，成为人民群众喜闻乐见的传统习俗活动之一，被人们誉为“无言的戏剧”、“空中的舞蹈”。

扛桩闹故事主要传承方式为家庭传承，往往是小孩在桩上表演，成人在桩下操作，现在的表演艺人多为孩时的扮装表演者。每到庆典之时，各家各户自购服装，自发组织桩班进行表演。故事内容主要取材于《杨家将》、《岳飞传》、《西游记》、《战幽州》和《杨门女将》等，扮相多姿多彩、威风凛凛，加之顶桩艺人进行手舞足蹈的精彩表演。

扛桩闹故事经历了明、清时期的成熟和发展，到日本侵华时期的中断、中华人民共和国成立初的抢救、“文革”中禁演至衰落，几起几落几经周折，仍然薪火相传，可见生命力之强。

定襄大马社火

申报地区或单位：定襄县宏道镇北社西村委会

大马社火也称盔甲社火，是流行于忻州市定襄县宏道镇及原平同川一带，集舞蹈、戏剧、武术、杂技、民乐和古代军事布阵等为一体的民俗节庆祭祀活动，属广场哑剧表演。据县志记载，大马社火始于明代。当时晋北一带常受北方少数民族侵扰，民众为了自卫和抗敌，常习武操练、排兵布阵，后来又将武术与社火相结合，遂形成当地的民间文艺表演形式——大马社火。

定襄大马社火以民间传说和戏剧故事为题材，1个故事即为1码社火。表演时一般探马在前，后面依次跟着会旗、火铳队（炮队）、旗队、社火队，最后是锣鼓队。表演剧目多为《三国演义》、《隋唐演义》、《杨家将演义》、《水浒传》等，演员一般着戏剧服装，按照剧中人物性格化装、绘脸谱、操持各种兵器道具等。所用器械有大刀、片刀、长枪、鞭枪、斧、钺、鞭、锤、棍等。乐器配以口径1米大的大战鼓、二人抬马锣、铙钹等。演出步骤分为走场亮相、单人演武、反方布阵、正方应战、对打破阵五个阶段，每场表演约需一小时，演出后，观众们还要在街头品评一番，哪村的水平高，第二年首先聘请他们，相互学习交流。旧时，除春节、元宵节演出外，每年伏水节（初伏第一天）庙会，同川八十三村半总要轮流组织大马社火队，到北社东村龙宫圣母殿前演出助兴，场面壮观。

定襄大马社火融舞蹈、杂技、武术与戏剧表演为一体，既有剧情，亦有民间舞蹈、杂技绝活、武术对打套路，具有较高的民间文化艺术研究价值。

独龙杆

申报地区或单位：晋中市灵石县静升镇静升村

静升独龙杆是一种汉族民间舞蹈，历史悠久，至今已130余年。独龙杆最初是为驱邪而做的原始表演，后来逐渐演变成具有戏剧性的汉族民间表演艺术，目前是传统社火活动项目，表达了灵石地区劳动人民辟邪除灾、迎祥纳福的美好愿望。

独龙杆为红绸裹缠的丈余长的杉木杆（今用竹竿代替）。演出时，由两名艺人抬起，杆中端坐1演员，多为丑角，下有数名配角伴行。伴奏以戏乐为主，节奏明快，表演诙谐、幽默。在音乐声中，抬杆艺人随节奏上下颠动，根据指挥和观众需要或前进、或后退，主角在表演过程中适时与观众互动，引人注目。表演内容有《济公》、《唐知县审诰命》、《七品芝麻官》等。

独龙杆表演带有杂技性质，表演当中，平衡是整个表演的关键，要求抬杆艺人与骑杆演员密切配合，主角需具有极高的表演技巧方能端坐于杆中。在演出中，演员不必循规蹈矩，需机智灵活与观众交流，信口褒贬、笑声不绝、回味无穷。独龙杆表演技术难度较高，具有很高的艺术价值和欣赏情趣，其表演内容用丑角的形式来宣扬正义、惩治邪恶，净化社会风气，使观众在笑声中得到启发，受到教育。

独龙杆讲求整体配合效果，表演特色诙谐有趣，深受群众的喜爱。表演者在渲染气氛的同时还可达到锻炼健身的目的。近年来，民众对独龙杆加以改进，将其固定在汽车上表演，龙杆增至8米、龙身长达15米、鳞甲上粘合镜片、龙身两侧彩以云纹、龙眼闪电、龙口吐烟，又将传统背棍三叠罗汉固定于龙背，龙尾系操纵绳，俯仰腾飞、啸吟震天、蔚为壮观。

平定皇纲

申报地区或单位：平定县文化馆

平定“皇纲”是流行于平定县西回村的汉民族传统舞蹈。“纲”是古代官方、商贾的运货组织，民间“纲”是送货队伍、工具与运货过程之总称，分水、旱两种。水纲有船纲、筏纲，旱纲则有车、驮、抬、担纲等；又分生辰、花石、盐、棉、皇纲诸性质。西回纲表演属抬纲，因所演向皇帝进贡的故事而得名。

古时，纲队有统一号子及步伐，沿途过村街时，纲队都有颇具情趣的行进表演，村民闻风聚观。时间长了，人们又将此表演搬于元宵、庙会等娱乐活动中。平定皇纲的表演道具纲箱为木制，长二尺许，四围漆彩，四角插彩旗，外延插木龙头，口衔穗垂，左右上方各插串铃一挂，中央插幡旗，箱两端装有铁环。以槐木制抬杆，极富弹性。两人一乘，三乘为一拨，古以四拨十二乘为规模。头纲、尾纲分别插帅旗、令旗。抬纲者裸上身，分两行表演，有“二龙出水”、“长蛇阵”、“九曲黄河阵”等套路；并有“抛杆”、“转向”等绝技。串铃及铁环经颠簸而发出有规则之节拍声，与演员狂吼吆喝声，观众喝彩声，汇成强大波涛，气势恢宏、画影飞舞，给人以美的享受，堪为民间一奇，平定皇纲对于研究当地的历史、文化和艺术都有重要价值。

漾杠箱

申报地区或单位：晋城市泽州县大箕镇南河底村

漾杠箱是一种民间社火表演形式，源于古代祈雨活动，流传在泽州县南部山区的大箕镇、犁川镇、晋庙铺镇、山河镇、南岭乡等地。

杠箱是为皇帝贡银进贡的一种运送工具。古代，由于交通不便，杠箱必须由两人抬行，卫队护送，由于镖队的形象佳、风格好，受到百姓的好评。泽州县大箕镇南河底村（明末清初属凤台县古河阳镇）是通往京城的一条古驿道，古河阳镇是杠箱进京朝贡的必经之地。明末清初，凤台县南部山区大旱连年，庄稼欠收，当地百姓为了让苍天能下一场及时雨，仿做杠箱（上面插各种粮食作物）由两人抬着打头阵，后面伴有器乐、舞狮、二翘、玉蝴蝶、秧歌、地不摊等一些民间艺术，这就是古河阳镇及周围村落形成杠箱的起因。新中国成立后，南河底村每年二月十四定为古庙会（坡头村大庙），在庙会上便可见到模仿漾杠箱的队伍。8个抬杠箱人员抬起杠箱两顶，着黄稠缎子服饰，脚穿白袜、黑鞋，头裹白羊肚毛巾。音乐会、舞狮、二翘、玉蝴蝶、秧歌、地不摊、要老虎等各种形式的民俗活动紧随其后，以庆国泰民安、风调雨顺。杠箱还作为地方上要故事时起到打头或开边的作用。

漾杠箱是在古代祈雨习俗中演化而成的传统舞蹈艺术，深入挖掘其形成过程，对研究古凤台地区的历史、气象、风俗、文艺等方面有着重要的学术价值。

肆

四、传统戏剧

晋剧

申报地区或单位：山西省晋剧院
山西省太原市
山西省晋中市
大同市晋剧院

晋剧起源清代，由山陕梆子北上晋中演变而成，是山西最具群众基础的戏曲剧种；在演变过程中，艺人为适应当地群众的欣赏习惯，吸收、融合了祁（县）太（谷）秧歌、汾（阳）孝（义）秧歌的腔调、音韵及打击器乐，逐渐成型，清末民初的近百年间是其最佳发展时期。

晋剧的唱腔结构属于板腔体，大致可分为“乱弹”、“腔儿”、“曲子”，主要板式有平板、夹板、二性、流水、介板、滚白、导板7种；唱词是以上下句为主的结构形式，唱词工整，多以“七字”或“十字”句为主；演唱形式有对唱、轮唱、独唱等，道白属晋中方言与普通话结合；行当丰富，主要有青衣、须生、花脸三大脚色；特技善用翎子功 、帽翅功、马鞭功、手绢功、水袖功、髯口功、甩发功等多种表演技巧；文武场编制为9人，称九手场面，乐目有晋胡、三弦、二弦、四弦，武场为鼓板（指挥）、铙钹马锣、小锣、梆子；弦乐曲牌有【小开门】、【剪剪花】、【雁过南】、【走马令】等，这些曲牌可单独或联辍使用，也可由若干曲牌组成联奏曲；代表剧目有《打金枝》、《醉陈桥》、《双蝴蝶》、《血手印》、《明公断》、《杨八姐游春》、《齐王拉马》、《六月雪》、《黄鹤楼》、《许策跑城》、《清风亭》、《孔雀东南飞》、《金水桥》、《下河东》、《空城计》等。

晋剧从清代初步形成以来流传至今，已经成为山西的最大戏曲剧种，它在板式唱腔、音乐构建、表演风格等方面，形成完整的艺术体系和鲜明的地域特色，具有重要的学术研究价值。

蒲州梆子

申报地区或单位：山西省临汾市蒲剧院
山西省运城市蒲剧院

蒲州梆子，即蒲剧，当地人通称“乱弹戏”，因兴于山西晋南古蒲州（今永济）一带而得名，主要流行于山西南部各县和陕西、河南、甘肃、宁夏、青海、内蒙等省的部分地区，是山西四大梆子戏中最古老的剧种。

蒲州梆子属板腔体，唱腔以梆子腔为主，另有昆曲、吹腔及民歌小调等，共7种基本板式，唢呐曲牌和丝弦曲牌三百多支。伴奏乐队有文、武场之分，文场乐器以板胡为主，辅以笛、二股弦、三弦、二胡等；武场乐器采用鼓板、枣梆、马锣、铙钹等，锣鼓经十分丰富。行当扮演分须生、老生、小生、正旦、小旦、老旦、大花脸、二花脸、三花脸等角色。表演风格火爆奔放、舒展明快，注重做功，擅用特技表现人物，有不少难度较高、观赏性极强的表演技巧，仅特技绝活就有三十余种，其帽翅功、髯口功、翎子功、梢子功、鞭子功、椅子功、扇子功、要纸幡、彩功等表演特技在全国享有盛名。

蒲州梆子在发展过程中，曾出现过两个不同的艺术流派。一是以蒲州为中心的“南路戏”，“南路戏”重传奇性的故事，多演以爱情为主的典雅剧目。一是以平阳为中心的“西路戏”，西路戏以演传统的上、中、下二十四本为主，重做功唱腔，多火爆激昂之情。近百年来，蒲剧艺术曾涌现出几代著名演员，如杨老六 、孙广盛 、王存才、景留根、阎逢春、杨虎山、筱月来、张庆奎、王秀兰等。新时期蒲剧著名演员有任跟心、郭泽民、武俊英、景雪变等，他们不仅继承了许多传统戏，同时也排演了《土炕上的女人》、《关公与貂禅》等新编剧目。

北路梆子

申报地区或单位：山西省忻州市北路梆子剧院
山西省大同市北路梆子剧团

北路梆子是流布于晋北、内蒙古、冀西北及陕西省部分地区的一个梆子戏剧种，该剧种行当齐全、剧目丰富，唱腔主要以板式变化为主，兼有地方民歌、小曲等。它作为山西省四大梆子之一，在梆子戏声腔剧种中占有重要的地位。

北路梆子是由“山陕梆子”演变而成的。“山陕梆子”在长期的外地演出中，受当地的语音、民俗、民间艺术、欣赏习惯等因素的影响，逐步分化成不同风格的梆子戏剧种。北路梆子就是“山陕梆子”分化出来的“上路调”，也称“北路调”或“北路戏”，直到1954年山西省首届戏曲观摩演出大会上，北路梆子才被正式命名。北路梆子从唱腔风格上又分“代州道”、“云州道”、“蔚州道”三个流派。“代州道”是指以忻州地区为中心的北路梆子，也称“小北路”；“云州道”是指以大同地区为中心的北路梆子，也称“大北路”；“蔚州道”是指以河北省蔚县一带的北路梆子，也称“东路戏”。

北路梆子 —— 云州道（大北路）是北路梆子剧种里影响较大的一个流派，它与北路梆子——代州道（小北路）相比，流布范围更广，其中包括山西省的同朔地区，内蒙古自治区的丰镇、集宁、呼市、包头一线，河北省的张家口地区等。由于“大北路”的流布范围横跨晋、冀、蒙三省区，因而其唱腔、音乐、表演、剧目等方面都形成了与其他流派不同的边塞特色。以王玉山（艺名“水上漂”）为代表的“大北路”唱腔，区别于“代州道”的华丽婉转，形成了一种沉稳粗犷、高亢豪放的演唱风格，充分体现出了大同及内蒙古地区的民俗风情和地域特色；音乐演奏坚持“北路调”习惯性的调高（Bb），较“小北路”更加火爆热烈；武场击乐较其他流派更加铿锵有力；表演上少了“小北路”那样的细腻、柔美，而多了一些舒展豪放、棱角分明的表演风格。“大北路”的演出剧目既有梆子戏共有的优秀剧目，也有反映当地历史故事的特色剧目，如所演的《走雪山》，其中“走雪”一折久演不衰，在流布地区具有相当大的影响。

北路梆子是一个非常完备的戏曲剧种，深受人们的欢迎，它对板式唱腔的完备和发展起到了很大作用，对中国戏曲发展史的研究有着重要价值，同时也对繁荣当地戏曲事业起着主导作用。

上党梆子

申报地区或单位：山西省晋城市上党梆子剧院
山西省长治市

上党梆子流行于山西东南部古上党郡地区，清道光末年官方称之为“本地土戏”，民国二十三年（1934）赴省城太原演出时，叫“上党宫调”，当地群众则一直称其为“大戏”，1954年山西省首届戏曲观摩演出大会始定名为“上党梆子”。

上党梆子以演唱梆子腔为主，兼唱昆曲、皮黄、罗戏、卷戏，俗称“昆梆罗卷黄”。在晋东南分“上府”（潞府八县）、“州底”（泽州五县）两大流派。“上府梆子”较著名的班社是“乐意班”，后来分为“乐意”、“三义”两个流派；“州底梆子”一直尊“鸣凤”为宗。唱法上，“上府梆子”出口重，落声轻，州底戏以晋城方言为基础。“上府梆子”近代名家有段二森、平福成、王东则、申灰驴、张桂枝等，“州底梆子”近代名优则数赵清海、郭金顺、申银洞、赵德俊、吴晚芝、郝同生、郝聘芝等。

上党梆子唱腔以板腔体为主，间亦用曲牌体。板式中运用最多的是【大板】和【四六】，其他尚有【中四六】、【垛板】等；曲牌体唱腔有【靠山吼】、【一串铃】等。调式为徵调式，除【紧大板】和【介板】外，其他各类板式中的过门，都是宫调式的。武场伴奏乐器有大锣、大鼓，弦乐是巨琴、二把和胡胡。角色行当主要有生、旦、净、丑四种，亦可细分为生角（也称红生、须生）、老生、小生、正旦、老旦、小旦、大花脸、二花脸、三花脸（也叫作“丑”）九个行当。

晋城鸣凤班是上党梆子的代表班社，在上党剧坛久负盛名，也是州底派的代表班社。鸣凤班保持自己流派特色的关键，是拥有一批自己的特色剧目，如上党梆子《雁门关》、《乾坤带》、《夺秋魁》、《彩仙桥》、《金玉佩》等，皮簧剧《苦肉计》、《清河桥》、《挂龙灯》等，上党昆曲《长生殿》、《别母乱箭》、《赤壁游》等，上党罗罗戏《打面缸》、《打铁》和上党卷戏《卖荷包》、《窦老争亲》等。

雁北耍孩儿

申报地区或单位：山西省大同市耍孩儿剧团

耍孩儿又称咳咳腔，是以曲牌名命名的一个戏曲声腔剧种，主要流布于雁北及内蒙古东南地区，它的形成时间较早，起源说法众多，尚无定论。

耍孩儿唱腔属曲牌体，又称“平曲子”，分为“本体”、“主插体”、“异体”三种结构类型。演唱时，以主曲为骨架，嵌入“喜钹子”、“苦钹子”、“倒三板”、“半钹子”、“垛钹子”、“梅花钹子”、“串儿”等曲调，组成一整套唱腔，同时又巧妙地吸收梆子戏中【介板】和【滚白】的唱法，使板腔体音乐和曲牌体音乐融为一体，转换自如、不落痕迹。“正曲”（又名平曲子）有八句三段式的严格规范，且要求四、七句倒辙，第五句末一定平声押韵。唱腔特点是发声使用后嗓子，听起来深厚、质朴；唱词前带衬字咳腔，便于把观众引入自己的音乐感受区域，给词意的表达奠定良好的基础，下句的咳腔则不只有承上启下的作用，且在抒情上可补上句之不足，唱词处理上常用重叠手法；传统角色分红、黑、生、旦、丑五大行；伴奏音乐分文、武场，文场以板胡、笛子为主奏乐器，音调旋律欢快活泼，婉转嘹亮，武场则使用大锣、小锣、鼓、钹等；代表性剧目有《白马关》、《七人贤》、《三孝牌》、《打佛堂》、《对联珠》、《送京娘》、《金木鱼》、《狮子洞》、《花园会》、《二龙山》、《赶脚》等四十多个。保护这一古老剧种对于曲牌剧种起源、发展、流布、生存的研究具有重要的意义。

灵丘罗罗腔

申报地区或单位：山西省灵丘县罗罗腔剧团

灵丘罗罗腔是全国地方稀有剧种之一，表演时，一人在前台演唱，众人在后台帮腔，和之以“罗罗哟哟”之声，故名罗罗腔。它由弋阳腔演变而来，主要流传于山西灵丘及其周边浑源、应县、繁峙和河北阜平等地，清朝乾隆年间较为兴盛，清末至民国时期渐呈衰颓之势。

罗罗腔有南北之分，灵丘罗罗腔属北曲弦索系统，在艺术上有鲜明的地方特色。乐队不拖腔伴奏，只在每个乐句尾音部分加入伴奏，过门之后即停，给演员的唱演留下很大发挥余地，能说能唱，节奏可快可慢，音量可大可小。男角在尾句部分用高八度的假嗓耍腔，俗称“背宫音”，反映出其中古老唱腔的痕迹；女角踩“走花梆子”、“踩畦子”等台步，配合身段动作，载歌载舞，生活气息浓郁。文场伴奏乐器通常有：小板胡、笛子、笙、唢呐、三弦等；武场打击乐有板鼓、战鼓、堂鼓、手板、小镲、小锣、中虎锣等。传统音乐唱腔有“九腔十八调，七十二哈哈”之说，现存唱腔主要有【数词】、【娃子】、【甩板】、【流水】、【平板】、【垛板】、【散板】、【哭腔】、【山坡羊】、【圪脑儿】等十多种，其中【数词】是比较有代表性的唱腔，它说唱性强，有曲艺说唱的味道；代表性剧目有《飞天闸》、《描金柜》、《审土地》、《小二姐做梦》、《锦缎记》、《龙宝寺》、《黑驴告状》、《两狼山》、《杨家将》、《罗通扫北》等四十多出。

孝义碗碗腔

申报地区或单位：山西省孝义市碗碗腔剧团

孝义碗碗腔是在皮影戏的基础上发展而成的地方稀有小剧种，主要流行于吕梁、晋中、太原等地，因以“碗碗”（碗状铜铃）为主要击节乐器而得名，而皮影多在夜间演出，以纱窗借光亮影，故亦称“月调”、“影调”、“纱窗腔”。

孝义碗碗腔主要有两种声腔：皮腔和碗碗腔，两种声腔均来自孝义皮影戏（纸窗皮影唱皮腔，纱窗皮影唱碗碗腔）。皮腔唱腔有两种形态，一种为四句体，“起承转合”结构，艺人多称为【平板】（慢板），加锣鼓点称为【流水】；另一种是可以多次反复的上下句唱腔，艺人称为【垛板】。碗碗腔属特殊的板腔体结构，不能以常规的板眼来规范节拍，其唱腔特点是真假声混用，多用“虚词假声腔”，假声唱法也分两种，一种是“二音子”，另一种是“尖音子”。“尖音子”是在“二音子”基础之上再翻高形成。伴奏乐器分为打击乐和弦乐，打击乐器除全部吸收晋剧外，还有碗碗和节子两样体现自己特色的特殊乐器。弦乐的主奏乐器是胡胡、月琴、二弦。优秀剧目有《柳树坪》、《三上桃峰》、《风流父子》、《风流姐妹》、《风流婆媳》、《酸枣坡》等。

曲沃碗碗腔

申报地区或单位：山西省曲沃县

曲沃碗碗腔是流行于山西省曲沃县一带的汉族传统戏剧，属于皮影戏腔调，因其特色乐器为小铜碗而得名，又因其领奏乐器月琴旧称“阮咸”，故也被称为“阮儿腔”，还有一说叫“湾儿腔”，因其产生于黄河湾处。

曲沃碗碗腔来源于陕西大荔、朝邑、华阴等县的皮影曲调，其唱腔属板腔体，基本板式有慢板、二八板、流水、介板、滚白等；伴奏乐器主要有铜碗、月琴、二股弦，俗称三大件。表演时，用月琴伴唱、铜碗间音，以声传情、以乐传神、唱白并茂、以唱制胜，唱词七字、十字居多，词句通俗流畅，好听易学。

曲沃碗碗腔自清末传入曲沃后，红极一时。当时的曲沃有“九台九关”小京师之称，每年农历七月二十逢古会期间，可谓是“七十二台皮影箱，满城都听碗儿腔”，盛况空前，殊为罕见。民国初年，曲沃碗碗腔进入鼎盛时期，著名班社有“陈小班”、“大富班”、“王柱子班”等，并形成了不同的艺术流派，代表剧目有《五花马》、《困铜台》、《清白居》、《昭君和番》、《大西汉》、《花柳林》、《六月雪》、《双报恩》、《红灯记》、《白玉钿》、《三忘卖布》、《老少迷》等。

朔州秧歌戏

申报地区或单位：山西省朔州市朔城区大秧歌剧团

朔州秧歌是融武术、舞蹈、戏曲于一体的综合性民间艺术形式，主要流行于朔州市和内蒙古南部的集宁、呼市、包头及河套一带，另外，在河北张家口及陕西靠近山西的市县也有留存。

朔州大秧歌形成于清初，是由踢鼓秧歌和土探秧歌衍变而成的。其唱腔结构主要是板腔体，也有一部分联曲体。板腔体有七种基本板式："纽子"、"二杠子"、"三性"、"急鸿崖"、"介板"、"滚白"、"导板"，此外，还有一些辅助板式，对主要板式起补充和衔接作用。联曲体唱腔是大秧歌的传统唱腔，有"训调"、"红板"两类。"训调"中慢速的"平训"、"大悠板"、"二悠板"、"五音堂"等是一板三眼，缓慢抒情，用来表现沉思、忧郁、悲伤等情感；中速的"四平训"、"越来调"、"银纽丝"等适于叙事和表现喜悦的情感；快速的"芫荽调"、"下山训"、"闪半边"等是一板一眼，表现欢快、活泼的情绪。"红板"有"苦红板"、"慢红板"、"紧红板"之分，其曲调基本相同，只是节奏速度有别，用来表现忧郁苦闷或慷慨激昂等不同情绪。朔州大秧歌在演唱时，唱腔多用"咳腔"、"舌音花腔"，有时也用拖腔，色彩丰富，表现力极强。其乐队分文武场，文场4人，分操呼胡、笛子、笙、小三弦；武场4人，分操鼓板、水钗、马锣、小锣，此外，根据板腔的要求还添加1人打木头（梆子）。

朔州大秧歌现存传统剧目39个，分本戏、会戏、出戏3种，代表剧目《泥窑》曾进京在中南海为党和国家领导汇报演出，获得高度评价。

繁峙秧歌戏

申报地区或单位：山西省繁峙县文化馆

繁峙秧歌戏是流行于山西晋北繁峙、应县、代县、原平一带的汉族戏曲剧种，由汉族民歌和歌舞发展而成。

"秧歌"曲调于明万历年间传入繁峙的奋地和白马石一带（今属应县），当时只是一种在街头跑摊子演唱的广场艺术，群众称之为"玩艺儿"、"奋地秧歌"等。表演形式分为只扭不唱的"过街秧歌"、有扮相的"故事秧歌"、歌舞结合的"耍玩艺儿"以及男女问答对唱表演故事的"秧歌"4种。清道光年间，民间艺人张信、张代把各地流行的秧歌曲调、器乐曲牌收集起来加以改进，吸收其他剧种的唱腔并融合于"秧歌"之中，又改编、移植了大量剧目，将其搬上舞台，演出深受广大群众的喜爱，称其为繁峙秧歌戏，一直流传至今。

繁峙秧歌戏唱腔结构由板腔体和曲牌体混合组成，其中板腔体的基本板式有10种，曲牌体的"训调"有17种，另外还有器乐曲牌75个，小调若干。行当扮演，初期以小生、小旦、小丑为主，后随着艺术形式的不断完善，增加了须生、青衣、老旦、老生、大花脸、彩旦等角色。表演方面，繁峙秧歌注重唱功，几乎没有武打戏。唱词以七字句、十字句为主，道白原用繁峙方言，后受北路梆子的影响，多变为"蒲白"和繁峙方言结合使用，丑角仍然使用方言，保持其角色语言的特殊韵味。

祁太秧歌

申报地区或单位：山西省祁县
山西省太谷县

祁太秧歌，又称“晋中秧歌”，是民众自编自演的融小曲、杂说、歌舞、戏曲为一体的综合性民间艺术，主要流传于祁县、太谷、介休、平遥、文水、交城、孝义、汾阳、清徐、榆次、太原南郊等地。它以农村生活故事、民间习俗、传闻轶事等为题材，以优美的曲调和表演形式，真实地反映人民生活，因此深受广大人民的喜爱。

祁太秧歌早期的表演形式是元宵社火中的踩街秧歌，大多是以第三人称说见闻、数典故、叙景致的歌舞形式。表演时，由俊扮、丑扮两位公子手持折扇领头，俊扮领着身背花鼓的女演员，丑扮领着拍小镲、敲小锣的男演员，分两行走街，无弦乐伴奏，只是轻敲边鼓、轻击锣镲掌握节奏。清代，秧歌艺人在省外商人频繁往来太谷、祁县的背景下，编出了反映商人生活的小戏，到清末民初，他们又改编了大量晋剧剧目，并且与晋剧艺人一同组建“风搅雪”班社，同台演出。晋剧艺人在表演、化妆、服装等方面，给秧歌以重大影响，进一步提高了秧歌戏的艺术水平。

祁太秧歌曲调丰富，现在能搜集到的曲子约三百余首。唱腔曲谱按句式分为七种：二句式、三句式、四句式、五句式、六句式、垛句式、花句式。句尾押韵，1剧1曲，或1剧多曲，语言生动活泼，唱词多为排比句式，且有“依儿哟、呀得儿丢 、衣打去 、晦得儿……”等虚字衬词。传统剧目有《绣花灯》、《采棉花》、《看铁棍》、《换碗》、《洗衣计》、《看秧歌》、《太挑菜》、《起解苏三》、《郭巨埋儿》等。

目前，祁太秧歌的传承问题值得关注，历史上留存的300多个祁太秧歌剧目现在能演出的只有40个左右；秧歌曲调唱词整理收集尚不完善；许多经典技艺已经失传；演艺人员出现断层等，这些问题需要逐步解决。

襄武秧歌

申报地区或单位：山西省襄垣县
山西省武乡县

襄武秧歌，又称襄垣秧歌、武乡秧歌，兴起于襄垣、武乡交界地区的18村，流行于晋东南大部分地区，具有浓厚的乡土气息。

襄武秧歌源于明末清初的民间社火活动，早先称之为挑高秧歌，后在当地说唱艺术、民间歌舞的基础上，吸收西火秧歌、上党梆子等艺术成分，逐渐兴盛发展起来。清咸丰年间，艺人田维等组织自乐班、同乐会等半职业秧歌班社，将《刘芳舍子》、《小姑不贤》、《摘豆角》、《闹洞房》等剧目搬上舞台，成为地方戏曲剧种。光绪十五年（1889），襄垣县上良村艺人王福锁集襄垣西营、城底、上良、下良、白杨岭、韩唐、店上、源头、果沟和武乡上合、下合、北漳、监漳、陌峪等18个村的自乐班，组成第一个秧歌职业班社，称为“十八村秧歌班”，排演大型蟒靠戏《河灯会》、《富贵图》等，于是出现了在同一出大戏中“官唱梆子，民唱秧歌，花脸（不包括小花脸）唱梆子，生旦唱秧歌”的秧歌与上党梆子交错演唱形式。民国初，秧歌大兴，班社林立。较有名的班社是襄垣县公款局出钱，豪绅经营的官秧歌改良班、天义班、三元班等和武乡的鸣凤班、鸣胜班、永乐义等及屯留的安乐现、长子的安乐义等。

襄武秧歌唱腔最初为民间小调，后来吸收上党梆子的音乐成分，逐渐发展为拥有12种基本板式和多种辅助板式的地方小剧种，早期角色以“三小”即小生、小旦、小丑为主，后在此基础上增加须生、青衣、花脸等行当。表演上讲究唱功和做功，道白以上党方言为主。现存传统剧目150多部、现代戏250多部，剧情简单、语言质朴、表演生动，深受广大观众喜爱。

壶关秧歌

申报地区或单位：山西省壶关县

壶关秧歌，原名“西火秧歌”，是流行于壶关、长治、陵川、长子、屯留、潞城、平顺一带的地方剧种。

壶关秧歌约兴起于清代，原为逢年过节、打铁挖煤时唱的调子，打地摊演唱。同治年间勃兴，发展成用锣、鼓、钗等打击乐器伴奏的简单戏曲演唱形式。基本唱腔以上下两句结构体为主要曲式结构，声腔为板腔体和民间歌舞清腔系，板式有散板、悲板、数板、倒板、垛板、贯板、流水板等，男女不同腔，唱腔旋律的特点是四度、五度跳进结构的波浪式下行状态。唱词一般以七字句和十字句为主，有时也唱五字句（用于垛板）和四字句（用于贯口）。开始无弦乐伴奏时，演员上下场和句间换气休喘，舞蹈动作多是伴锣鼓音乐来完成，且无固定调高的限制，演员可根据角色的需要与自己嗓音的高低和音域宽窄程度任意定调，来表达剧中各类人物的性格与情感，其旋律清新流畅，唱词生活气息浓厚。演唱时，演员要求用自然发声法，还要充分利用垫字、衬字和虚字，如：啊、呀、这、就、哪个、呀得儿、喽嗬、里嗬等，道白属汉语北方语系，中州音韵四声音调。代表剧目有《凤英骂街》、《雇驴》、《天齐庙》、《苏姐姐梦梦》、《打酸枣》、《侍女登科》、《连理狱》、《双许亲》、《烧刘三》、《烧桃园》、《松江口》等。

壶关秧歌曲调简单易学，唱词通俗易懂，表演朴素自然，内容与群众生活十分贴切，深受当地群众的喜爱。

泽州秧歌

申报地区或单位：高平市文化馆
泽州县文化馆

泽州秧歌也称高平秧歌、州五秧歌，是在撂地表演的地圪圈秧歌基础上发展而成的地方剧种，流传于晋东南高平、晋城、阳城、陵川、沁水一带，因其流布区域古称泽州而得名。泽州秧歌形成于清乾隆年间，嘉庆年间搬上舞台，到咸丰年间达到极盛。20 世纪初，高平、晋城、陵川、阳城、沁水的泽州秧歌自乐班，曾达数十个。

泽州秧歌属板腔体，主要板式有十字腔、七字腔、五字腔、紧板、慢板等，唱词简单，道白很少，有的剧目甚至是一唱到底，没有道白。伴奏场面不设丝弦，仅用武场，主要乐器有鼓、板鼓、锣、钹、小锣、梆板等。传统剧目有《打棒槌》、《打酸枣》、《小姑贤》、《打油堂断》、《杀狗劝妻》、《三娘教子》、《喜日》、《新羊工》等二百多部，内容大都以反映家庭矛盾、婚姻纠纷、惩恶扬善为主，舞台道具、表演形式和其他戏曲剧种相近，服装、头饰较其他剧种稍简单。

泽州秧歌带有浓厚的乡土气息、贴近群众、贴近生活，有着深厚的群众基础，民间流传着“遍地秧歌遍地戏，人人都会唱几句，黑夜唱上台，白天唱到地”“热圪瘩秧歌冷台子戏”等说法。泽州秧歌鼎盛时期，秧歌剧团、自乐班社几乎遍及古泽州府的村间地头、三里五庄、庙会社火。可以说泽州秧歌反映了泽州人民的思想感情，是他们文化生活不可缺少的重要组成部分。

碓臼沟秧歌

申报地区或单位：山西省大同市

碓臼沟秧歌主要分布在左云、丰镇、凉城及其周边地区的下深涧村、张旺庄村、东胜庄村、座北窑村、光明村等地，其唱腔活泼、旋律优美，兼有中原细腻和塞北粗犷的双重风格，地方特色浓郁，是颇受当地群众喜爱的一个民间剧种。

碓臼沟秧歌是源于明代的一种民间小戏，演出内容多表现民众日常生活，以宣扬邻里和睦、妻贤子孝的“家庭戏”为主；演出模式类似于晋剧、北路梆子、民歌等。清末逐渐衰落，抗日战争及解放战争的动荡时期，绝迹舞台。新中国成立后的五六十年代，在党和政府的重视下，这一古老剧种得到了大力扶持，演出传统又逐渐恢复起来。“文革”期间，“样板戏”的流行又使该剧的发展遭受挫折。自改革开放以来，该剧种虽又重新获得发展机遇，但如今又因种种原因而面临失传的危机。

碓臼沟秧歌现保留下的曲牌主要有【红板】、【训子】、【苦相思】等十多个板式曲牌。演唱方式独具一格，音乐明快活泼，唱词通俗易懂，吐字格外清晰，乡土气息浓厚，该剧有中国戏曲多腔过渡发展的痕迹，对戏曲发展史研究有着重要的学术价值。

汾孝秧歌

申报地区或单位：山西省孝义市传统文化研究会汾阳市韩家桥村

汾孝秧歌也称“圪圈圈”秧歌，流传于山西汾阳、孝义一带，最初以民间歌舞形式撂地演出，故又称“地秧歌”，后来发展成以舞蹈为主的“武场地秧歌”和以唱曲为主的“文场地秧歌”两种形式。“文场地秧歌”吸收了各类民间故事情节，又加入人物扮演，逐渐向戏曲表演形式过渡，形成了集歌、舞、乐、技四位一体的综合性民间艺术。

武场，俗称“掏场子”，是揉武术、舞蹈、音乐为一体的广场艺术；文场，即戏曲表演，一般仅有两至三人，故事内容简单，以唱为主，无道白，不配丝弦，又称干板腔秧歌。唱腔分为两种形式，一种是“四六句子”，结尾加“哼”、“嗨”等虚词；另一种是“七字句”、“九字句”、“十字句”的大唱段及一些移植唱词。剧目以民间生活小戏为主，同时又改编了大量中路梆子戏目，当地群众中流传着这样几句顺口溜，“三娘教子二进宫，状元祭塔下河东。正德戏凤别窑，二娘写状挑袍。”曲调种类多样，有秧歌板调、民歌小曲、西曲调、数念杂说等。

唱词有传统，也有改编，并且能够随时随地即兴创作，艺术构思巧妙，语言形象风趣。

汾孝秧歌没有专业剧团，艺人平时各自谋生，入冬集伙成班，演至年后二月初二散伙。现今具有代表性的团体有孝义宋家庄秧歌剧团、孝义北头村秧歌剧团、孝义小王营村秧歌剧团、孝义郑兴公园秧歌协会的秧歌剧团等，代表性传承人有李静枢、张锐丰、武杰、武永虎等。

西火秧歌

申报地区或单位：长治县文化中心

西火秧歌也称西火干板秧歌，由“地圪圈”秧歌发展形成，起源于长治西火、荫城一带，又称“荫城秧歌”、“红板秧歌”，约兴起于清咸丰、同治年间，原为逢年过节打铁挖煤时唱的调子，打地摊演唱，道光年间勃兴，遍及长治大小村镇。

西火秧歌唱腔一般分为短板和长板（慢板），短板为七字句，长板为十字句，尾字要求押韵；早期行当只有“小生”、“小旦”两个角色，清咸丰年间逐步发展齐全；剧目短小精悍，表演粗犷泼辣，道具简便宜置；传统剧目有《打酸枣》、《十二月观花》、《双许亲》、《双凤配》、《双姑贤》、《三顶灯》、《打南阳》、《白玉簪》、《忠孝牌》等三十余本。中华人民共和国成立后，随着人们物质、精神生活的变化，西火秧歌的内容也不断翻新，如新增剧目《收羊毛》、《闹满月》、《麻绳记》、《新羊工》、《巧送钱》、《民兵的枪》、《兄弟应征》等。

沁源秧歌

申报地区或单位：沁源县人民文化馆

沁源秧歌是在民歌小调基础上，由广场演唱的散板秧歌和花鼓秧歌发展而成的小剧种，属曲牌体，流传于山西省沁源县、太岳山麓、沁河流域以及晋中、晋南的部分地区。

沁源秧歌以当地语音为标准曲韵，曲调各有专名，如“平调”、“混江龙”等，传言有360调，现仅存200余种。每一曲牌的曲调、唱法、字数、句法、平仄等也都有基本定式。这些曲牌来自民歌小调，大都由词发展而来，故曲牌名与词牌名相同者甚为多见，诸如【摸牌】、【送行】、【卖芫荽】、【小二姐梦梦】等。不论哪个曲牌，都可以填写新的歌词，为民歌小调演变成小戏，创造了基本条件。

沁源秧歌的调式俱全，以“宫、徵”调式为主，旋律上起伏较大，调式主音向上向下作七度、八度的大跳极为常见，有的如《大挑腔》等曲，竟超过了十度。这种音调与节奏相结合，形成了粗犷豪放、强悍明快的风格。

沁源秧歌的传统剧目共有30余本，如《送行》、《小二姐梦梦》、《打连成》、《大观灯》、《小观灯》、《观花灯》等，新编剧目60本，如《回头看》、《围困城关》、《狗小翻身》、《光荣抗属》、《一封信》等，移植剧目25本，如《三月三》、《刘四姐》、《小二黑结婚》、《社长女儿》、《自有后来人》等。

太原秧歌

申报地区或单位：晋源区音乐舞蹈工作者协会
太原市小店区文化馆

太原秧歌是一种富有民间乡土气息和生活韵味的地方小戏，曾在太原市晋源区、小店区一带盛极一时，极具地方特色。

早期的太原秧歌内容多为抒情歌曲，由一人或两人撂地表演。清中叶，太原秧歌正式搬上了舞台，剧目增加了故事情节，同时还划分出生、旦、净、丑等行当，服装、道具和表演艺术也有了相应的提高。太原秧歌也曾向中路梆子学习了不少表演技艺，并且移植了很多演出剧目。剧目的增多和表演艺术的不断提高，使它在广大农村中产生了很大影响，出现了一些卖台口搞营业的半职业班社。

太原秧歌属单曲体，即1剧1曲。曲牌分为大套曲（十字大调）和小曲曲两部分，大套曲演唱的是反映历史题材的剧目，如《游湖》、《庆顶珠》、《翠屏山》等；小曲曲演唱的则是表现婚姻、爱情和劳动生活的剧目，如《捣米》、《小赶会》、《姐妹俩》等；还有一部分剧目是从其他剧种演变过来的，如《刘三推车》、《招亲》等。行进演出中男演员大多以武生打扮，女演员以小旦装扮，步法有颠步、云步、剪步和飞脚等。男演员以马鞭或扇子为表演道具，女演员以手帕、花扇为道具。太原秧歌在街头行进时，“一个唱的是十字调，一个唱的是二宝调”，在钗、鼓、钹、小锣、大锣、梆子等武场乐器伴奏下徐徐前进，每到人群聚集红火热闹的街道，打开场子，表演一个或几个剧情简单而又精彩的小剧目，如《十二月采花》、《放风筝》、《盼五更》、《看红灯》、《捣米》等。1964年太原秧歌《争参军》在北京参加了华北地区歌话剧调演，受到刘少奇等国家领导人的亲切接见。

近年来，太原秧歌老艺人相继谢世，许多剧目因多年不演濒临失传，小店区部村仅存太原秧歌唯一活动的业余班社，抢救这一小剧种迫在眉睫。

广灵秧歌

申报地区或单位：广灵县文化馆

广灵秧歌是流传于广灵、浑源、灵丘、阳高以及河北涞源、蔚县、易县等地的民间小剧种。该剧种剧目丰富多彩，音乐优美流畅，唱腔高亢激越、铿锵跌宕，板式变化自如，表演质朴风趣，乡土气息浓郁，因此深受当地民众的喜爱。

广灵秧歌是在民歌、小曲的基础上结合当地民间舞蹈、技艺、武术等广场艺术而逐步形成的。该剧种的发展成熟虽无确切的史料记载，但以广灵县殷家庄戏台上保留的清道光六年（1826）“罗家疃元霄班演出《打经堂》、《杀山》”之舞台题壁为依据，可以推断广灵秧歌至少在清道光年间已发展成熟，并登上戏曲舞台。

广灵秧歌唱腔包括训调19个、小曲3个、各种板式8种。文武场乐器与其他剧种大致相同。传统代表剧目有《烈女传》、《三贤》、《合凤裙》、《花亭》、《送枕头》、《打瓦罐》、《杀狗》等100多个，其唱腔高亢跌宕，音乐优美流畅，剧目贴近生活，演员表演风趣活泼，深受当地民众的欢迎，具有极高的艺术价值。

平腔秧歌

申报地区或单位：陵川县文化馆

平腔秧歌，也叫“混场秧歌”，产生于陵川县礼义镇东沟村，俗称“东沟秧歌”。从东沟村保留下来的秧歌班戏箱内发现的“李登科、李伏来掌班”字样可推断，道光年间东沟村就已组建有秧歌班。

平腔秧歌的音乐为微调式，有“七字腔”与“十字腔”两个基本板式，此外还有表达伤心、悲哀情绪的“哭腔”和一种特殊的板腔——“倒板”。该剧种行当齐全，无文场伴奏，属干板秧歌，行腔运调时不加伴奏，打击乐仅用于上下场、起送板和每个乐句的最后一小节。一出戏里，只有唱词，没有道白或仅有一两句念白，有时连唱十几句无伴奏，演唱后要混打一阵锣鼓，唱腔句式规整，用方言入韵，唱词生动、形象、风趣、活泼。

平腔秧歌由于流行地区的不同，特别是由于方言的差别，形成了不同的唱派，自古就有东腔、西腔、东沟韵之分，东腔高亢，西调平而深沉，东沟韵每句曲调都出现八度或五度大跳，旋律跌宕、委婉动听。传统剧目有《空棺记》、《阴阳案》、《乌金镯》、《金簪记》、《清泉山》、《兄妹吵厅》、《虹江口》等本戏，《采桑》、《卖药》、《小姑贤》、《打酸枣》、《刷街门》、《劝赌博 》、《二夫人争风》等折子戏；还有《错打算盘》、《招待所》等反映现实内容的现代剧目。

大树秧歌

申报地区或单位：晋城市阳城县非物质文化遗产保护中心

大树秧歌流传于阳城县北留镇大树村，因明清时期村外有护城河围绕，亦称大水沟秧歌。据当地艺人口传，早在清代乾隆年间，大树秧歌就以民间说唱形式流传于本县境内和晋城一带，距今已有300余年历史。

大树秧歌在演出过程中只用武场乐器鼓、锣、钗、旋和梆子，全部唱腔在梆、板击节下进行，故又称“干梆秧歌”。演出剧目有《花木兰》、《通天荡》、《劫皇纲》、《扫穴离庭》、《黄巢起义》、《反县衙》、《红罗山》、《十八相送》、《断桥》、《小姑贤》、《打酸枣》、《五女兴唐传》、《三滴血》、《上坟路遇》、《拖笆》、《兄妹开荒》等二百余种。舞台角色分“生、旦、净、丑、末”；常用板式有大板、慢板、紧板、倒板、喜板、怒板、悲板、叫板、送板、介板等；唱腔有“十字腔”（又叫鸡蛋腔）、“七字腔”、“五字腔”、“西火腔”（因从西火村传来而得来）等；声腔、节奏、旋律有“上八调”和“下八调”之分，上八调高亢奔放，下八调低缓、柔美；道白很少，即便有道白也在音乐过门中道出，同时出以京白为主结合地方方言，老少易懂，易记易学；舞蹈动作不仅有大型剧种的传统程式，又有生产劳动中的实践经验，表演朴实无华、活泼可爱、健康向上。

大树秧歌以民间说唱形式演化而成，它吸收了太行山区的民歌、小调、鼓书等艺术元素，乡土气息浓厚。由于秧歌唱腔不加音乐伴奏，故显得高亢、明快，叙事性强，在山西各地方剧种中，别具一格，具有重要的学术研究价值。

沁水秧歌

申报地区或单位：晋城市沁水县文化馆

沁水秧歌，俗称“四八板”，是干打干唱的一种地方小戏种。沁水秧歌产生于清末，盛行于民国年间，至今已有上百年历史，受当地方言的影响，原只传于境内的城关中村、王寨一带，现已流布至城东苏庄等地，成为民间自娱自乐的演唱小曲。

沁水秧歌的唱词内容是寺庙“经文”、民间笑话改编后的说唱作品，演唱分四、八板式，有的板式为唱，有的板式连说带唱，不仅有民间管弦乐的伴奏，也有戏曲式的打击乐。音乐伴奏简单，唱词四句一折，无板调的变化，配乐曲谱字数每句七字、十字或间有长短句。伴奏乐器有木鱼、三弦、二胡、板胡、扬琴、笛子、低互、唢呐等。器乐谱经过专业人员搜集、整理、改编，由原来的1个曲子展开创作，形成了5个小曲，现已保留使用，继续服务小演唱等多种形式的文艺节目。主要代表作品有《踢银灯》、《闹赌场》、《打扁担》、《特殊岗哨》等，其中《打扁担》在20世纪70年代曾代表原晋东南地区赴省汇演并获奖。

沁水秧歌具有独特的演唱风格，唱腔活泼、悦耳，曲调婉转，喜、怒、哀、乐分明，便于民间演唱，尤其适合于小戏、小演唱、表演唱等，易懂好听，深受广大艺术爱好者和群众的喜爱。沁水秧歌对于研究当地佛教“唱经”与地方戏曲的发展具有重要意义。

中庄秧歌

申报地区或单位：阳城县非物质文化遗产保护中心

中庄秧歌流传于阳城县润城镇的上庄、中庄和下庄三个自然行政村，解放前，上庄、中庄和下庄统一为中庄村，根据属地命名为中庄秧歌。

中庄秧歌产生于何时，无法考证，根据老人讲，很早以前就有人哼唱，但中庄秧歌的复兴阶段还得从解放前夕(1946)算起。当时解放军的老二团就驻在邻村，团长陈建兴(后为四川老红军疗养院院长)在中庄村设供给部，为了配合当时形势的需要，他动员、组织村民中的积极分子和文艺爱好者成立了醒民剧团。当时剧团的负责人为上庄的卫金龙，下庄的李敦兴、段佰祥等人，编剧导演为下庄的张泽生和李宜川，他们配合减租减息、宣传男女平等、送子参军、破除迷信，编排了《节约一把米》、《拼命》、《河神娶妻》、《王秀兰》、《二流子回头》、《四姐妹拜寿》、《抬猪龙》、《拥军》、《小参军》等节目，并活跃于阳城、沁水、晋城等地，对中庄秧歌的发展起到了积极的作用。

中庄秧歌的唱腔有【五更鼓】、【辽调】、【探亲家】、【骂梁】等十几种，根据不同的情节运用不同的曲调，朗朗顺口，深得群众的喜欢。现今中庄秧歌只流传有【五更鼓】一种曲目，其余十几种曲调已近失传。据调查，会唱的只有几个老艺人，而这些老艺人有的已经过世，有的在外工作，有的年事已高，致使中庄秧歌大部分曲调得不到传承、传播，面临失传危机。

祁县武秧歌

申报地区或单位：晋中市祁县温曲村

祁县温曲武秧歌是在祁太秧歌向戏剧化发展过程中派生出来的一个小剧种，它既不属于梆子戏，也不像秧歌剧，而是祁太秧歌和武功拳术有机结合的一个艺术品种。温曲武秧歌的主要表演手段是武打套路，剧目大都是取材于我国古典名著《水浒传》的武戏，由艺人自编自演，表现见义勇为、为民除害的英雄人物。

祁县武秧歌始于明代万历年间，村人贺朝奉学得精湛的拳术，并把武功融于舞蹈程式中，作为一种社火表演形式流传至今。清嘉庆年间，武秧歌逐步向舞台化发展。道光年间，“同乐社”正式上演《清风岭》等十几个剧目。新中国建立后，温曲成立了“劳动人民俱乐部”，上演了武秧歌《白水滩》等十几个剧目。

祁县武秧歌表演注重实打，与戏曲中虚拟化的程式套子不同；唱腔采用祁太秧歌的曲调稍加改革进行演唱，有的剧目全剧没有一句唱腔，全部是念白；武打场面的音乐伴奏，采用中路梆子的锣鼓经，如“四股头”、“五锤子”、“七锤子”、“乱家具”等；脸谱近似中路梆子，服装全部“小打扮”，不顶盔按甲；武打道具全部是真刀真枪，不使用戏曲中制作的道具；代表剧目有《吃瓜》、《卖艺》、《翠云楼》、《神州会》、《昊天关》、《木兰从军》等。

土滩秧歌

申报地区或单位：榆社县文化馆

榆社土滩秧歌是当地群众自编、自导、自演、自乐的一种民间小戏，最初是民众参加祭祀活动时自编自唱的祈祷词，后逐渐形成一种随时随地在田间地头、街头巷尾的文艺表演形式，因活动时头人高举灯伞、手持响环，故又名走伞秧歌、伞把秧歌。清代中期，榆社县各村在春节社火活动中都有土滩秧歌表演，城关村、逆流河村、顶村、武源村、南白村、赵王村、银郊村、讲堂村的班社尤为突出。

土滩秧歌艺术主题集中，气氛活跃热烈，剧情简单紧凑，语言生动形象，韵律和谐，具有浓郁的乡土气息。唱词多用七字句或十字句，韵律统一，唱之上口，听之易懂，学之易记。艺术形式独特，表演形式简单，即排即导，易演易唱，既通俗，又红火，适于在农村、田间、街头演出，深受群众欢迎。土滩秧歌最初只配锣、鼓、钗、钹等简单武场乐器，到抗日战争时期，由于受梆子戏影响，服饰、扮相、道具、乐器等都有了较大发展，并且分行当念唱道白，构成了简单的故事情节；表演也从简单的扭、唱、转圈，到随剧情发展固定行当，分生、旦、净、丑等角色，分场结构，扮作唱白齐全，成为一剧一曲的单曲体声腔剧种。传统剧目有《春生招亲》、《会仙厅》等，清末民初剧目日增，主要有《王小二赶脚》、《摘花》、《偷南瓜》、《拐豆腐》、《九龙杯》等50多个，特别是根据流传在本县农村的一段换亲故事改编而成的《圪麻凹儿打换亲》在榆社流传甚广。

榆社土滩秧歌历史悠久，人文气息浓厚，气氛活跃热烈，剧情结构紧凑，语言生动形象，韵律和谐，乡土气息浓厚，具有较为重要的艺术文化研究价值。

翼城秧歌

申报地区或单位：翼城县人民文化馆

翼城秧歌也称干板秧歌，起源于明清时期的社火小调，后经历地摊子表演唱，又移植了梆子戏中的一些袍带戏，逐渐成型。清末民初，翼城秧歌戏较为盛兴，当时全县30多个村庄有秧歌戏班，大部分戏班在50人以上，较出名的秧歌戏班分布于故城、冶中、岳庄、冷泉、南常岭（斜口庙）段庄、木坪、孝义、杨石家、霍家涧等村。

翼城秧歌属于“三小戏”，配乐只用打击乐（鼓板、马锣、小锣、梆子等）和唢呐，无弦乐。唱腔近似于民歌，词律上以七字、十字句居多。曲调分两类，一类是平板、流水、高腔等四句体结构板式，属一板一眼或有板无眼，主要表达欢快、高昂、柔美、热情等情感；另一类是哭板、慢板、介板等板式，为一板三眼或自由节拍，用来表达悲愤、苦愁、哀怨等情感。角色行当齐全，所演剧目大多属袍带戏，也有部分靠甲戏，流传下来的本戏有《金瓶梅》、《花云寺》、《花玉带》、《彩球记》、《钗环记》、《巧姻缘》、《青峰山》；回戏有《三对面》、《下书》、

《送头》、《观灯》、《秦雪梅吊教》、《骂官》、《卖水》、《击掌》、《走旱船》、《小姑贤》、《双锁柜》等20个，大多反映民间家庭生活。代表性剧目有《巧姻缘》、《渡林英》、《杨八姐宿店》，著名的秧歌艺人有故城王泽元（小旦），南常岭闫恩照（须生）、李茂生（丑角）、冶中李立福（老生）、李九河（彩旦），孝义张长福（花脸）、马适元（须生），霍家涧霍士荣、霍士伟等。

翼城秧歌是一个古老的地方剧种，唱腔、道白通俗易懂，风趣幽默，乡土气息浓厚，具有比较重要的艺术文化研究价值。

晋北道情戏

申报地区或单位：朔州市右玉县道情剧团

晋北道情是山西民间小戏的一种，流传于神池、右玉等晋北二十余县及内蒙古南部、陕西东部、河北西北部地区。

道情，原系宗教艺术，脱胎于唐代的道观经韵。最初以说唱道教故事或相关题材为主要内容，是道家用以宣传其宗教思想的艺术形式。到了北宋，随着说唱艺术的兴起，逐渐活跃在群众之中，并诞生了“道情”这个名称。后随着戏曲艺术的发展，特别是清代梆子戏的兴起，部分道情开始吸收北路梆了的音乐元素，由说唱转化为戏曲，以曲牌体形式演唱道教故事，宣传教义。到清末民初，道情戏职业班社林立，著名艺人辈出。

晋北道情的唱腔曲调，相传有72大调，若干小调，今存套曲13种96曲，如《大红袍》、《皂罗袍》等。伴奏乐器文场有笛子、四胡等，武场有渔鼓、简板、单皮鼓、大锣等。表演重文轻武，重唱轻做，均为男演员扮戏，建国后始有女演员登台演出。剧情主要是宗教故事和劝善故事，代表性剧目有《韩湘子出家全图》、《庄周梦》、《郭巨埋儿》等，还有一些生活小戏和移植剧目如《老少换妻》、《八义图》等。

晋北道情是我国北方道情的缩影，是研究民间宗教音乐和戏剧的活化石，具有很高的学术价值、艺术价值和历史价值。

临县道情戏

申报地区或单位：吕梁市临县道情剧团

临县道情是由说唱道情演变而成的地方戏曲剧种，主要流行在晋西北临县以及吕梁山沿黄河一带。传统唱腔为曲牌体，分为平调（由道歌演变成型的唱腔）和小调（当地民歌同道歌结合形成的唱腔）两大类。平调唱腔是早期说唱道情时所用的曲牌，主要有【耍孩儿】【终南调】、【浪淘沙】等；小调唱腔主要是明清俗曲和地方小曲，主要有【太平调】、【五更调】、【小放牛】等。近现代以来还借鉴了板腔体唱腔的结构方式，使唱腔向板腔化发展。伴奏乐器在说唱道情阶段有“文八仙”和“武八仙”，即“文场四大件”（管子、四胡、竹笛、笙）和“武场四大件”（渔鼓、简板、小钗、木鱼）组成。传统剧目有《经堂会》《卖道袍》《祈子》《三度林英》《张良撒家》《盘道》《李大闹店》《张连卖布》《打樱桃》《唤妹子》《扯风裙》《合风裙》《挂画》《戏风》等。

临县道情属于道情系统中的北路系统，地方色彩浓郁，红、黑、生、旦、丑行当齐全，以“二小”或“三小”为主构成角色体制，角色很少化妆，服装以单色为主，很少杂色，没有五彩斑斓的视觉效果。演唱方式以坐唱为主，兼有站唱、背唱、边唱边舞以及帮腔等多种形式。旦角多行快步、碎步，与轻快的道情音乐节奏相协调；须生的表演则以稳健的坐唱为主，保留了道情说唱时期的痕迹。临县道情音乐婉转缠绵，曲调开朗而流畅，节奏明快而活泼，艺术风格柔美而典雅、浪漫而抒情，充盈了浓郁的乡野生活气息，为吕梁地区广大观众喜闻乐见的艺术形式。

研究临县道情的演变方式和过程对认识戏曲的形成和发展、戏曲音乐的嬗变有着重要的价值。

洪洞道情

申报地区或单位：临汾市洪洞县

洪洞道情，原称“道腔”，是流行于山西洪洞一代的道家说唱艺术，清末民初，经过同乐班、三盛班、兴盛班等班社艺人的不断创造革新，将原有说唱形式与蒲剧和眉户的舞台艺术相结合，并吸收当地民间小调，最终将其搬上舞台，成为行当整齐、剧目丰富，深受当地百姓喜爱的地方戏剧形式。1961年，田汉以“三教所唱，各有所尚，道家唱情，佛家唱性，儒家唱礼”为据，建议将“道腔”改称“道情”，由此得名。

洪洞道情音乐基本属于曲牌连缀体，但也有板式变化体的成分，传统唱腔主要由“高调”、“官调”、“平调”三大部分组成，节奏鲜明，抒情性强，善于表现喜闹的生活小戏。部分唱腔吸收了若干民歌小调，旋律悠扬缠绵，潇洒幽深。主奏器乐为渔鼓、简板、碰盅、四胡和高音七眼串竹笛，专业剧团成立后逐渐加上了笙、管、小唢呐、二胡、中胡、三弦、扬琴等。在表演形式上，它融合了秧歌的表演技法，走三步、退两步、摆臂扭腰，轻柔优美、潇洒大方，并擅长运用扇子功、手帕功、裙子功等技巧，配以节奏明快的音乐曲牌，有着和谐而迷人的魅力。代表性剧目有《龙虎山》《郭巨埋儿》《三世修》《三英卷》《断乌盆》《十万金》《石花景》《林英降香》《挂神子》《拐银匠》《买豆腐》《送茶》等。

神池道情戏

申报地区或单位：忻州市神池县

神池道情是流行于山西北部、内蒙古东南部、河北西北部及陕西东北部黄河沿岸一带的地方剧种，属于俗曲道情的一个分支，民间素有“七弯八转”之誉。

神池道情的发展，大致经历了“坐腔道情”、“过街道情”、“风搅雪道情”、“戏曲道情”几个阶段。“过街道情”是社火玩意儿的一种形式，每到冬闲正月，神池乡间盛行各种社火，玩意班的演员们装扮各种人物在街头歌舞，待“踢鼓秧歌”踢过一场后，圈子里便唱起了道情，由第三人称变为第一人称演唱。至今神池道情中的部分鼓点与踢鼓秧歌的鼓点十分接近，有的则完全一样。“风搅雪道情”，即地方小剧种之间互“搅”，如道情与秧歌、道情与二人台等。

神池道情音乐分为唱腔、曲牌、锣鼓经三大部分，调性又有“正调”和“反调”之分，节奏形式包括艺人口中的“单梆子”和“双梆子”。曲调上，有些是盛行于唐代、宋代、元代时的词牌，像【耍孩儿】、【西江月】等，基本上保持着原有的格式；唱腔上，又揉进了地方戏曲的某些音乐特色，如“流水”、“介板”等，主要是汲取了山西北路梆子的音乐，还有一些曲子，则吸收了民歌中的营养，形成自己特有的风格；伴奏乐队分文、武场，最早的特色乐器是渔鼓、简板，成戏后，简板被鼓板所代替，渔鼓仍沿袭至今。传统剧目有《湘子传》、《张良传》、《庄周传》、《翠莲传》、《小桃研磨》、《烙碗记》、《三贤》、《四劝》、《打灶君》等；近期剧目有《醉陈桥》、《斩黄袍》、《金沙滩》等100部。

神池道情丰富的唱腔音乐，不仅继承了古老的传统道情与民间道情曲艺，也融合了民歌及地方小戏的某些音乐成分，又兼有地方大戏的部分唱腔曲，从而具有唱腔构成的多源性特征。目前全国115种俗曲道情中，只有包括神池道情在内的十几个属于戏曲道情，是非常珍稀的戏曲剧种之一。

大涧道情

申报地区或单位：大同市灵丘县文化馆

大涧道情是流行于山西灵丘及其周边地区的一种民间小剧种，它起源于繁峙境内，系唐代道教音乐的产物。清宣统二年（1910），灵丘县大涧村白永昌、吕作福、白永印、白家绪、张玉禄、刘周来、乔三、乔双锦8位村民拜繁峙磨二为师，学习道情，后组成20多人的戏班在山西灵丘、广灵及河北涞源、蔚县等地区演出。演出过程中，艺人们将晋北地区的民间音乐、舞蹈、俗曲等形式融入道情，逐渐形成了独具地域文化特色的大涧道腔。

大涧道情唱腔以联曲体为主，常用的曲牌有【双梅】、【单梅】、【一枝梅】、【大红袍】、【南北】、【跌落金钱】、【苦河子】、【反要孩儿】等，同时还吸收了北路梆子和晋剧的音乐元素。曲调原有72调，现存12调。唱腔以真嗓演唱，清悠委婉、悦耳动听，富有生活气息。伴奏器乐为板胡、二胡、笛子、低胡、渔鼓、锣、钗、四块瓦等，其中的渔鼓为道情的特定乐器。传统剧目有《卜卦》、《扇坟》、《三贤》、《龙蛇阵》、《顶灯》、《泥窑》、《五女兴唐传》等，以生活小戏为主，台词生动活泼、通俗易懂。

大涧道情乡土气息浓厚，极富民间色彩，深受流布地区观众的欢迎。该剧种以联曲体唱腔为主，主奏乐器古老而独特，具有很高的艺术研究价值，是晋北地区非常有影响力的珍惜小剧种。

兴县道情

申报地区或单位：吕梁市兴县人民文化馆

山西兴县李家湾道情是晋西北地区道情艺术的代表，据《兴县志》（清光绪版）、《兴县文化志》记载，该剧种早在明代由陕西传入兴县李家湾、黑峪口等地，清乾隆以后，经不断创编使其内容更加丰富，同时又吸收了当地民间歌曲、歌谣及秧歌舞步，将原来宣传佛、道教思想的道情剧增添了不少反映民间生活的内容，从而成为一种具有特殊唱腔和表演形式的地方剧种。

李家湾道情音乐由锣鼓点、曲牌、唱腔三部分组成。锣鼓点大部分与晋剧锣鼓点打法和名称相同，有“七锤子”、“流水”、“硬三锤”、“突辘子”、“滚器”、“急急风”、“懒五锤”、“三翻腰”、“四股头”等二十多个。道情原有曲牌有【八板】、【跌落金钱】、【万年红】等，从其他剧种中吸取的有【急毛猴】、【一句半】、【南瓜蔓】等，丝弦曲牌有【柳青娘】、【西江月】、【满天星】、【哭皇天】等，唢呐曲牌有【小三眼腔】、【全尾声】、【拜场】等。唱腔由叫板、起板、过门、唱腔、绕弦、转板、流板等几部分组成，常用的曲调有【七字调】、【垛七字】、【十字调】、【一枝梅】、【跌落金钱】、【浪涛沙】、【流水】、【西江月】、【哭板】、【滚器】、【高挑一枝梅】、【介板】、【八句调】、【苦七字】、【苦十字】、【反十字】、【东石榴】、【梦昏调】等二十多种。剧目有反映道教思想的如《高老庄》、《五福堂》、《经堂会》、《韩文公训子》、《五龙台》、《克家》、《五雷阵》等；宣扬儒家传统的有《蛤蟆洼》、《刘全敬瓜》、《三贤》、《夜宿花亭》《草场》、《五玉带》、《九件衣》、《烙碗计》、《刘秀走南洋》、《闹花园》、《游花园》、《玉凤配》、《红罗衫》等；民间歌舞秧歌剧有《小放牛》、《叫妹子》、《八仙过海》、《小姨子送枕头》、《打樱桃》、《刘三跑驴》等。文场由胡呼、管子、梅笛、扬琴、笙、四胡、低胡、三弦、唢呐等乐器组成；武场由渔鼓、简板、小钗、马锣、手锣、水铰组成。民国初年使用渔鼓、简板敲其节拍，后用秧歌、晋剧中的板鼓、小鼓代替。

李家湾道情源于道教、庙堂音乐，后取各方所长不断改进，并吸收黄河沿岸民间歌舞内容，使其逐渐形成独特的唱腔和乐曲风格，具有重要的学术研究价值。

永和道情

申报地区或单位：临汾市永和县文化馆

永和道情是流传于山西省永和县南庄乡、打石腰乡一带的民间说唱艺术，它脱胎于道教音乐，后与地方各种艺术形式相结合而成。据当地艺人回忆，永和道情早在清代中晚期就已形成规模，解放初期活动更加频繁。每到农闲时，人们聚集起来唱道情，特别是春节、元宵节期间，热爱道情的艺人们走村串户，所到之处受到群众的热烈欢迎，说唱道情逐渐成为当地民间一项最重要的文化活动。

永和道情音乐为曲牌体，折子戏则采用曲牌联套。曲调仅存【平调】、【十字调】、【耍孩儿】、【连腔】、【西凉腔】、【一枝梅】6种。行当齐全，生、旦、净、丑均有，演出亦无严格的形式，动作普遍生活化，重唱功，无打戏，无固定戏服，服装大多为民间自制用以区分角色。现收集到比较完整的剧本近百个，主要有《河湾打雁》、《灵英降香》、《之雪过江》、《夸媳妇》、《王莽捉刘秀》、《李大开店》、《真假刘诚》《秦香莲告状》、《韩琦杀庙》等。文场乐器有板胡、二胡、三弦、管子、笛子和四音（用四股弦、双马尾制弓）；武场乐器有梆子、鼓板、小鼓、小叉叉，竽鼓（竹制）和碰铃等。

永和道情曲调婉转悦耳，以“说唱”为主，剧情生动逼真，表演细腻圆滑，民间气息浓厚，深受老百姓的喜爱，具有较为重要的文化艺术价值。

孝义皮影戏

申报地区或单位：山西省孝义市文化馆

皮影戏又称“影子戏”、“灯影戏”，有的地方又叫“皮猴戏”、“纸影戏”，它是一门集绘画、雕刻、文学、表演、光学、力学于一体的综合艺术，是“真人借假人的影子迷人，假人借真人的唱腔抒情”的一种独特戏曲形式。

孝义皮影戏是我国皮影戏的重要支派，孝义皮影戏中的影人造型是用驴皮、牛皮或者羊皮雕簇而成，由头楂、影身两部分组成。影人头楂有生、旦、净、末、丑，还有仙佛、妖魔等，影身可分为上身、下身、臂、腿、手等，各部位关节灵活。演出时，头楂插在影身的颈套里，根据角色的需要任意更换，与影身组合成扮相、形态各异的影人。在表演艺人的操纵下，影人靠灯光的透射映现在屏幕上，随着乐器伴奏和唱腔的配合，作出坐、卧、行、走、踢、打、翻转、提袍甩袖、腾云驾雾等各种动作，形成了栩栩如生的戏剧表演形式。

孝义皮影戏主要有皮腔纸窗影戏和碗碗腔纱窗影戏两种形式，皮腔纸窗影戏因其以白色麻纸做窗亮影，民间习称为“纸窗灯影儿”，又因其演唱时，以小唢呐为主要伴奏乐器，学术界称之为“吹腔影戏”；碗碗腔纱窗影戏，因其在演唱过程中，有一个“碗碗”状的铜铃（俗称“盅盅”）参与唱腔和曲牌的全部伴奏，并由它来掌握整个音乐节奏，故得名“碗碗腔”，又因其同时以纱为窗亮影而称之为“纱影戏”。孝义皮影戏的影人造型逼真，衣着雕镂精细，繁而不乱、简而不疏、刀法屡利、色彩明亮，影窗效果清晰、明亮大方。音乐古老而独特，唱腔属于板腔体，但又保留了联曲体的混合节拍和强起强落的特点，唱词中方言土语朗朗上口。

孝义素有“皮影之乡”的盛誉，千百年来，就是在这块广袤的黄土地上，孝义皮影戏汲取着历史积淀下来的丰厚营养，用光与影的默契交融，演绎着来自民间或悲或喜的生活，寄托着普通百姓淳朴而善良的希冀，因而这朵艺术奇葩，质朴古拙、写意传神，凸显着黄土高原民俗文化的深刻内涵。

绛州皮影戏

申报地区或单位：新绛县文化馆

影戏，即皮影戏，又叫“灯影子”，是用牛皮雕刻人形物状，借灯光在幕布上显影的一种民间戏剧，相传源于汉代。有诗载：“汉妃抱子窗前耍，巧剪桐叶照窗纱，文帝治国安天下，制乐传于百姓家。”唐、五代时，佛僧以素纸剪刻影人，诵法念经，超度亡灵。宋代孟元老的《东京梦华录》中载：“每一方巷口，无乐棚去处，多设小影戏棚子，以防本坊游人小儿相失，以影聚人。”反映了皮影戏在北宋时的演出盛况。元、明时期，皮影戏不仅在我国广泛流行，而且传到国外。清代各地影戏班社林立，演出风靡一时，遍及全国。绛州皮影戏便是在此时由陕西韩城一带传入的。

绛州皮影戏以碗碗腔入曲，属于板腔音乐，用小铜碗碗击拍而伴奏。影戏的主要乐器有小铜碗碗、板鼓、截子、手锣、钹、小马锣、马锣和唢呐。弦乐有月琴、呼胡、二股弦、笛子等。影戏戏箱，一担可挑，但行当齐全，各种楼阁、花园、绣阁、书房、寺院、堂口，应有尽有。演出时可以腾云驾雾、上天入地，变化莫测。传统剧目有80余个，如《火焰山》、《武松打虎》、《蝎子山》、《收火龙》、《五花马》、《通天河》等。

皮影戏

申报地区或单位：太原市清徐县常丰村皮影艺术团

清徐皮影艺术可以追溯到清光绪十六年（1890），当时清徐常年有四五个皮影戏团体在活动，随着时代的发展，目前仍坚持演出活动的皮影艺术团就剩常丰村一家。

常丰皮影艺术是集民间美术、剪纸、戏曲、音乐为一体的综合艺术，它所展现的人物形象是民间老艺人意念化和夸张化的过程。常丰皮影以牛皮作原料，经过选皮、制皮、画稿、过稿、镂刻、敷彩、发汗熨平、缀结合成等8道工序，手工雕刻3000余刀制作而成。人物制作成功后，由1—3个演员用双手操控，每只手上有3个竹棍作为控制剧中人物的动作表演，最终将其展现在用白纱布作的屏幕上。皮影人物高度一般是40—50厘米，操作者边操作人物动作，边唱边说，旁边伴有乐队伴奏，给观众一种皮影能动、能唱、能说的视角效果，别有情趣。一般皮影戏演出都是采用的碗碗腔调，而清徐常丰皮影艺术团在演出中还融入了祁太秧歌、山西民歌等民间小曲小调，受到了更多观众的赞赏和欢迎。皮影戏对表演的技艺也有很高的要求，表演者除了要能1人控制三四个影人的动作，还要密切配合场上的配乐，兼顾旁白、唱腔。常丰皮影剧团代表性剧目有《粉妆楼》《孙悟空三打白骨精》《西厢记》等。

皮影是一种古老的民间艺术，对于研究老艺人们如何将各门艺术有效借鉴，又如何有效运作、发展，特别是双手的操作和操作者与唱、道白、音乐默契的配合等方面，有着深刻的艺术研究价值。

侯马皮影戏

申报地区或单位：临汾市侯马市

皮影又称“灯火”，属傀儡的一种，是中国民间广泛流传的古老剧种之一。侯马皮影戏在清末民初就已十分兴盛，演出时，影人在表演者操作下，通过灯光的透射，映记在屏幕上，同时配合各种乐器伴奏和唱，真可谓“一口叙述千古事，双手对千百万兵”。

侯马皮影戏伴奏音乐为艺人创造的“碗碗腔”音乐，因以碗碗（形如小铜钹）为主要打击乐而得名。演唱时，小生、小旦、青衣真假嗓结合，吐字多用真声，拖腔多用假声，先吐字后拖腔，老生、须生、小丑全用真声，花脸多用喉声和脑后音，全曲1人包唱，并通过板式的变化来表达一定的感情和内容，如欢音长于表现欢快明朗、节奏强烈的情绪，使人欢欣喜悦，苦音擅长表现悲痛、哀怨、忧伤的情感如说如诉，催人泪下。伴奏乐器文场有月琴、板胡、二胡、二股弦、笛、唢呐等，武场有板鼓、战鼓、引锣、马锣、钹、小钹、手锣、切子、碗碗等。主要唱板曲牌有【慢板】、【流水帽】等19个。传统剧目30余本，如《五花马》、《花柳村》、《白洋河》、《栎花计》、《火焰山》、《收火龙》、《大变化》等。20世纪七八十年代，皮影老艺人集体创作了《杜鹃山》、《红灯记》、《小运动员》、《采蘑菇》、《看瓜》、《大闹天宫》、《三打白骨精》、《鹤与龟》、《蓝子卖母》等新编剧目。

侯马皮影戏将曲词、音乐、舞蹈、武术、服装、脸谱融为一体，给人以听觉和视觉的双重享受，它是人民群众最好的精神食粮，具有较高的保护、研究价值。

孝义木偶戏

申报地区或单位：吕梁市孝义市

孝义木偶戏流传在山西省吕梁孝义市及周边市县，具有浓郁的乡土风情、地方特色，它是用木头刻成各种人物、兽类等偶像，进行表演的一种戏剧艺术。

孝义木偶戏属杖头木偶，产生于宋代，起初，它是采用孝义秧歌干板腔调，后来用皮腔调，中路梆子兴起后，又采用中路梆子腔调，即晋剧声腔。明清时期，因夜间照明设备差，木偶戏在白天演出，而皮影戏只能在夜间演出，于是木偶、皮影两班社联合，白天上演木偶戏，夜间上演皮影戏，慢慢地两班社合二为一，成为一个班社，即灯影班。灯影班独具特色，少则7人，多则9人就能开台演出，俗称“七紧八慢九消停”。由于灯影班便于在山村乡里演出，每逢良辰佳节、赶庙会、过生日、做满月，大家都乐意请灯影班演戏助兴，世代相传，逐渐形成了一种民间习俗。这一时期，孝义木偶艺术发展迅速，民间艺人创造了各种各样的木偶人脸谱，眼睛能转动，嘴巴能开合，表演传神、形象逼真，木偶戏班如春笋破土、竞相兴起，木偶艺人辈出。

新中国成立后，老艺人那鹏飞等大胆创新，用碗碗腔演唱木偶戏，使孝义木偶戏更加丰富多彩，除《三打白骨精》《三调芭蕉扇》《通天河》等大型木偶戏久演不衰之外，晋剧移植剧目也在不断上演，如《三度梅》《忠报国》《明公断》《三击掌》《走山》《九件衣》《斩黄袍》。这一时期，孝义木偶的制作，造型更加优美、彩绘更加精致、神态更加生动，具有独特的艺术感染力和浓厚的民族风格。如今，孝义除了孝义市木偶艺术团之外，还有孝义木偶艺术展演团、必独村的武海棠演出团等。孝义市还建立了皮影木偶影视拍摄基地，这给孝义木偶、皮影艺术创造了更广阔的发展空间，使之在新时代焕发出了更强劲的生命活力。

浮山木偶戏

申报地区或单位：浮山木偶艺术团

偶戏，在山西的传播历史悠久，这种又称之为“傀儡戏”、“傀儡子”的民间戏曲，源于汉代，是由殉葬木俑演变发展而来的。

清末民初，浮山地区木偶兴盛，当地有许多人以制作偶制箱而闻名，涌现了许多木偶戏艺人。1949年，浮山县成立了木偶剧团，剧团吸收蒲州梆子和眉户戏的音乐唱腔，排演了《金刚庙》、《闹堂》、《斩子》等剧目。之后，浮山木偶剧团参加了山西省第一届民间艺术观摩演出并随国家文艺代表团赴朝鲜慰问演出，博得各界人士的赞赏。20世纪70年代，浮山木偶戏进一步发展，编演剧目达三百多出，在山西各地演出频繁，还到附近省份及四川等地外出表演。然而到了20世纪80年代，随着市场经济、外来文化的冲击，木偶戏演出日渐式微。

浮山木偶戏集杖头、提线表演为一体，并可同台演艺，节省人力，一人多用。木偶戏艺人一人多艺，操纵演唱配合密切，水乳交融。表演中，出台木偶挥刀动枪、舞拳弄棒、抖袍提袖、甩稍摆翅、耍扇抛彩、卸帽脱衣、吹胡子瞪眼、盘脚打座、摇头、跪、拜翻、跳等，全凭艺人操纵。演出内容既可表演古装剧，又可表演现代戏、小品，还可表演民族歌舞、杂技等高难度动作，尤其擅长表演神话故事，如《通天河》、《火焰山》、《三打白骨精》、《孙悟空智取芭蕉扇》、《西游记》等。

浮山木偶戏源于生活，高于生活，以精湛的舞台艺术，将历史故事、英雄人物及中华民族的传统美德编成剧情搬上舞台，表达了劳动人民向往美好生活、祈求幸福吉祥、渴望丰衣足食，祈盼和谐美满的愿望，是珍贵的非物质文化遗产，应予弘扬和保护。

芮城木偶戏

申报地区或单位：芮城县文化馆

杖头木偶是一种古老的民间手工操纵表演艺术，芮城当地称其为“肘猴”。旧时，芮城“肘猴”班社众多，清代道光年间，老艺人尚程凯创立了杖头木偶“晋兴班”，至今已传承150余年。20世纪七八十年代，经过黄鹞子、张项有等老一代艺人改良，芮城木偶戏更趋成熟和完美。

芮城杖头木偶多用于婚庆喜事、传统节日、迎神赛会等民俗活动中，演出场地不受限制。木偶道具有大、中、小三种，分为暗杆木偶与明杆木偶；结构由偶头、偶肩、偶杖杆三部分组成。木偶人物之寇分为轻帽、硬帽，衣服分外衣、内衣（连接杖杆用）；造型细腻传神、刚柔兼备，着重刻画人物的性格，无脸谱化。

芮城木偶戏唱腔分蒲剧和线腔（民间则以线腔为主），并且广泛吸收地方戏曲和优秀民歌的曲调。唱词平稳细腻、风格鲜明，唱、白均为芮城地方语音。主奏乐器为板胡，打击乐分开场锣鼓、起板锣鼓、配合上下场舞蹈动作的锣鼓。曲牌分唢呐曲牌、丝弦曲牌等。演出剧目有传统戏《隔门贤》、《小姑贤》、《西游记》、《封神榜》、《三国志》、《水浒传》中的片段；有民间小戏《小放牛》、《王小二过年》等；有现代剧目《七斤三两》、《人·偶》等。

芮城木偶是晋、秦、豫黄河“金三角”一带传统戏曲艺术中的一枝独秀，它将宗教信仰、民俗民风、生活情操融于其中，覆盖面广、影响力大，具有极高的文化保护价值、艺术欣赏价值和戏曲研究价值。

线腔

申报地区或单位：运城市芮城县

线腔又名“线吼”、“线胡”、“线猴”，发源于关中东府地区的合阳县，流行于朝邑、大荔、澄县以及山西的芮城和河南的灵宝等地。它最大的特色是采用提线木偶表演，戏曲唱腔是在劝善调的基础上吸收了秦腔“乱弹调”发展而成。

线腔的脸谱目前尚未发现有关文字记载的资料，但从图案设计和色彩运用上看，既有乡间杂要等姐妹艺术的成分，也有着很明显的唐俑特点。木偶造型逼真生动，在掌心大的木偶面部涂以色彩，图案简洁、色调明快。提线是线戏的主要表现方法，也是线偶人的精髓所在，演出时木偶在台上扮演各种角色，艺人们则藏身幕后通过提线来操纵木偶。表演者运用提、拨、挑、扭、勾、闪、摇等技巧赋予木偶以生命，使它神态百出、栩栩如生。

线腔的音乐曲调可分为“线腔”、“乱弹”两大类，其中乱弹有慢板、二八、流水、散板等板式。不同行当有不同的演唱方法。伴奏乐器设文、武场面，其中武场用两种鼓板，即干鼓与暴鼓，干鼓主要用于唱腔过门伴奏，暴鼓音调低旷，近于“暴”声的谐音，主要用于动作间奏。开场和尾声的演奏，在伴奏唱腔时，鼓师左手持木制筒板，摇击而按拍，音响高而亮；另有三面大小不同的锣，扎在一个木架上，由鼓师一人兼击，两个大壳板胡为主；后加进了笛子、二胡、单胡和弹拨乐器等。线腔的剧目很多，主要代表性的有《青衣计》、《钟鼓计》、《怒沉百宝箱》等。线腔剧团成立之后较有成就的演员有张卜草、郭墨兰等。

20世纪90年代以来，戏曲演出市场不断萎缩，加上剧团管理经营不善、演员素质偏低、演出剧目陈旧等一系列原因，线腔的生存面临着巨大的挑战，跌入了最低谷，需要及时保护。

锣鼓杂戏

申报地区或单位：运城市临猗县文化馆
运城市万荣县锣鼓杂戏研究会

锣鼓杂戏流传于山西省南部，主要以临猗、万荣为中心，包括运城、河津、稷山、新绛、垣曲、夏县等地，是一种古老仪式戏剧。它植根于民间，与民间信仰紧密结合，依附于祭祀仪式，以驱凶纳吉、祈福禳灾为目的，具有浓郁的宗教祭祀色彩，当地民众称其为“杂戏”、“杂耍”、“土戏”、“咚咚嚓”，学术界根据其伴奏乐器而称为“锣鼓杂戏”或“铙鼓杂戏”。按照旧俗，每逢正月，临猗县的龙岩寺都要演出锣鼓杂戏以敬神祀佛，因此又有“龙岩杂戏”之称。

锣鼓杂戏唱腔为吟诵形式，有少量曲牌，如【越调】、【官调】、【油葫芦】等；伴奏无弦乐，乐队由鼓、锣、唢呐组成，以大鼓主奏，同时承担乐队指挥之责，基本鼓点有擂鼓、战鼓、走鼓、刹鼓、列儿鼓、跌场鼓、行营鼓等8种；表演程式化，演员扮演的脚色固定，每剧数10人，均为男性且是家族世袭，演出时，由一名身穿长袍、头戴礼帽的“打报者”引各种角色上台至左角入坐，角色登场用“念”的方式自报家门，举手动步及唱、吟、念、白都配锣鼓，“打报者”还负责拉前场、传令、禀报，向观众解说剧情及充当树木、石头道具，类似宋代杂剧中的“竹竿子”；演出剧目以军事题材为主，“三国戏”尤多，流传至今的有《伐西歧》、《乐毅伐齐》、《三请诸葛》等百余种，现存有手抄本锣鼓杂戏剧目《铜雀台》等十余本，其中的《会洛阳》系乾隆十二年抄本。

作为迎神赛社活动中以驱邪纳福为目的而演出的仪式戏剧，锣鼓杂戏表演程式稳定，说唱艺术的痕迹明显，其音乐唱腔、表演、乐器设置及演出程式均保留了宋金、元杂剧的形态，这对了解戏曲的原生形态及其发展规律有着重要的意义。

任庄扇鼓傩戏*

申报地区或单位：山西省曲沃县

任庄扇鼓傩戏是山西省曲沃县任庄村民于每年元宵节前后进行的一项古老的祭祀表演活

* 该项目省级分类为民俗类，申报国家级项目后改为传统戏剧类，本书以国家级项目分类为依据。

动。整个祀神活动围绕着祈祷丰收和禳瘟逐疫进行，即“遵行傩礼，禳瘟逐疫，祈福祛灾”。

任庄扇鼓傩戏活动分为议定、摆坛和表演三个阶段。整个活动历时3天，正月十四日，进行以酬神为中心的傩礼活动，游村、入坛、请神、收灾，祭祀以后土圣母娘娘和水神龙王为主的各方神祇；正月十五、十六演唱各种酬神戏曲，包括《吹风》、《打仓》、《攀道》、《猜谜》、《采桑》、《坐后土》等，最后举行送娘娘仪式。从3天表演顺序与内容来看，任庄扇鼓傩戏自始至终完整地保留了原始宗教祭祀活动的傩文化形式，包含由傩舞向傩戏、由娱神向娱人的过渡因素，这可以说是我国戏剧最早起源的萌芽，对研究中国戏剧史极具价值。

任庄扇鼓傩戏是土生土长的、根植于曲沃丰厚宗教民俗土壤中的历史遗留。它体现了先民趋吉避凶、追求幸福的强烈愿望，对其进行科学考察，不仅能够探知原始傩礼的历史本相，也是探究当地民众世界观和生活状况的重要根据。

赛戏

申报地区或单位：山西省朔州市

赛戏是个十分古老的剧种，“赛”是古代的祭祀活动，意在酬报神福、祈求平安，因此，这一剧种是专为祭祀（赛）演出的，而且把戏剧活动和祭祀活动有机地融为一体，所以叫“赛”、“赛赛”或“神赛”。

赛戏属吟诵体戏曲，无唱腔，只有锣鼓击乐，以断句烘托气氛。赛戏的演出，有固定的台口，固定的日期，以及相对固定的剧目。赛戏表演较为粗犷、原始，除祭祀活动中特有的表演程式之外，还吸收了民间舞蹈、民间武术等表演技巧。赛戏整体演出活动，包括祭祀仪式、民乐吹奏、戏剧演出、广场社火、说书讲史等几个部分。赛戏所用乐器中击乐部分有大锣、大鼓、大镲，吹奏乐器有笙、管子、唢呐、“扁连”等；吹奏曲牌有【将军令】、【水龙吟】、【紧八拍】、【大雁落】等十多支曲子。赛戏的砌末里，有一把系了红绸子的“竹扫帚”，是赛戏剧种的一个标志。赛戏的舞台美术非常简单，体现出它的古朴、简练和鲜明的祭祀色彩。赛戏的服饰有蟒、袍、披、巾等，但质地粗糙，制作工艺较差。在演出中，砌末的运用，服饰的穿着，多有不讲究之处。赛戏特有的演出习俗，如坐台子、吹台子、刮街、抓集、说夜书等，充分体现了赛戏的古老性、祭祀性的特色。值得一提的是，在赛戏特有剧目《调鬼》演出时，演员要戴鬼祟面具。

赛戏融民间祭祀与地方戏曲于一体，具有浓郁边塞地方特色，在我国戏曲文化中占有重要地位，是中华戏曲文化的活化石。

鳌石赛戏

申报地区或单位：大同市阳高县文化馆

鳌石赛戏属于晋北赛戏的一个分支，流布于阳高县鳌石村及其周边5个乡镇，演出范围遍及山西的晋北、河北、内蒙地区。鳌石赛戏传入年代不详，据当地出土的碑文记载，至少在雍正末年、乾隆初年即已有了成规模的赛戏班子，名为“和合班”，在鳌石周边乡村开展娱乐活动，深受当地民众喜爱，这种演出一直延续到20世纪60年代。

鳌石村每年农历正月十五为祭神日，从农历正月十三开始到正月十六结束，共4天。正月十三演员化装，走街窜巷，叫刮街，意为驱邪打鬼；农历正月十四上午在真武庙前上演《列鬼》剧目；农历正月十五排队，在活动场地栽老杆、摆迷宫供观众游乐；农历正月十六揭桌，将街上摆在桌上的供品分给观众。舞台演出一般在村中庙前搭台，每台必演《列鬼》剧目，然后上演其他剧目。

鳌石赛戏无弦乐伴奏，剧目的唱词通过吟诵的方式来表现，分文腔、武腔、白腔三种腔调，唱词的句式有五字头、六字头、七字头和八字头，吟诵的词句平仄较为严格，合撤押韵，词句通俗易懂。文场有唢呐、笙、管、扁链，武场有板鼓、战鼓、大锣、小锣、大镲、钹。打击乐曲调分为两大类，一类是开场用的套曲，一类是吟诵唱词中的鼓点。行当、装扮同梆子剧略同。传统剧目有《三战吕布》、《孟良盗骨》、《李陵碑》、《出幽州》、《告御状》、《李陵碑》等。

鳌石赛戏源于上古先民的祭祀活动，从其传承谱系看，可溯自清乾隆时期，所传剧本、表演形式均为仪式剧最典型的特质，具有重要的戏剧发生学研究价值。

二人台

申报地区或单位：山西省河曲县文化体育发展中心

河曲二人台是流行于山西北部、内蒙古西部、陕西北部、河北张家口等地，融民歌、说唱、舞蹈、戏曲等诸多因素为一体的民间小戏。

河曲位于山西、陕西、内蒙古三省交界之处，素有“鸡鸣三省”之称。因处黄河之畔，大小渡口遍布境内，向有晋西北“水旱码头”之誉，成为周边地区的贸易中心。而河曲境内自古民歌盛行，有“户有弦歌新治谱”、“儿童父老尽歌讴”之风俗。民众把唱山曲当作自己的生活和表达内心情感的方式，即所谓“曲曲本是古人留，留给穷人解忧愁。几天不把山曲唱，少年英雄白了头”。他们在田间地头劳作时唱、乡间群聚闲聊时唱、赶车行路时唱、谈情说爱时唱，高兴时唱、忧愁时唱，甚至发火、骂人、打嘴仗时也唱……“想甚唱甚，见甚唱甚”，可谓无时不唱，无处不歌。二人台（河曲）就是在这民歌的基础上发展起来的。

二人台河曲的表演形式大体分两类：一是注重故事情节表现的“硬码戏”，以唱腔表演为主，采取“抹帽戏”的形式，注重刻画剧中人物；二是人物故事简单、舞蹈性较强，场面热烈红火且变化多样的“火爆曲子”，亦称“带鞭戏”，其特点是吸收并发展了民间社火走场子的特点（耍扇子、手绢、红绸、霸王鞭等），边舞边唱，节奏由慢到快，歌舞表演逐渐推向高潮后戛然而止。

二人台河曲唱词大部分源于民间口头文学，其语言“词浅情深、话落有声”，擅长用排比、对偶、夸张、比兴等手法。传统剧目有70多个，属“硬码戏”的如《走西口》、《借冠子》、《卖菜》、《探病》等，属于“火爆曲子”的如《打金钱》、《打樱桃》、《打秋千》、《挂红灯》等。这些剧目有着浓郁的生活气息和地方风土色彩，作品大多反映的是民众对幸福生活的向往和对爱情及自由婚姻的追求。

二人台

申报地区或单位：山西省曲艺团
阳高县二人台剧团

二人台是流行于内蒙古自治区及山西、陕西、河北三省北部地区的戏曲剧种，俗称“双玩意儿”，又称“二人班”，因其剧目大多采用一丑一旦二人演唱的形式，所以叫二人台。二人台主要内容以反映农村生活情趣为多，表演形式大致分为三种：一种是清唱（俗称坐腔）一般不化妆；一种是跑场（亦称滚鞭），一般由男女对唱并加念白及表演；第三种是小戏，多有故事情节，人物超过两人额，分场分幕。

各地的二人台，在长期发展过程中，逐渐形成不同的艺术风格。传统二人台表演形式比较单一，角色只有一丑一旦，服装也很简陋；道具只有手帕、折扇、霸王鞭。乐器伴奏只用笛子、四胡、扬琴、四块瓦（或梆子）；所唱内容多是五更、四季、十二月之类的小曲，如《红云》、《十段锦》、《十对花》等；舞蹈身段也和秧歌大同小异，多以第三人称进行演唱，情节简单，少有鲜明的人物形象。但随着二人台的向外传播，在演出中，艺人们对二人台进行了改革和创新，特别是从民歌中汲取素材，并加以改编，如《走西口》原来是以第二人称对唱的形式演出，改编后成为以第一人称进行表演，加进了情节和人物的小戏。

随着二人台演出内容的丰富，它的音乐、表演和服饰也有所创新。比如在服饰方面，由于艺人经济条件稍有宽裕，添置了一些质地较好的行头。尽管二人台艺术上有了很大发展，但作为一个剧种，还有待进一步完善，以提高它的艺术表现力。

上党落子

申报地区或单位：长治市潞城市
长治市黎城县
长治市上党落子剧团

上党落子，原名“黎城落子”，民间也称“黎城闹”或“闹戏”，属于河北武安落子的一个支流，是流行在晋东南地区的戏曲剧种。上党落子约在清朝道光年间由河北武安流入黎城，后与当地语言、民歌相融合，逐步发展为具有上党乡土风貌的剧种。由于在发展过程中，不同的班社分别受到上党梆子和蒲州梆子的影响，因而在清光绪年间，上党落子又形成南路、西路两个艺术流派，后两者在艺术上又相互进行借鉴和吸收，逐渐统一了风格。

上党落子的音乐唱腔是宫调式的，以板腔体的唱腔为主。主要版式有“流水”、“清流水”、“散板刀”，其中“流水”用量最大。曲牌分丝弦曲牌和唢呐曲牌两种，丝弦曲牌有【小八板】、【备马牌】、【春天乐】、【万年花】、【天下乐】、【小桃红】等三十余种；唢呐曲牌有【大开门】、【辕门鼓】、【一枝花】、【到春来】、【普天乐】、【水龙吟】、【将军令】、【万花灯】、【朝天子】、【遍江南】等共四十多种。这些曲牌大都是从上党梆子和“八音会”等民间音乐中吸收的，也有少部分是吸收其他兄弟剧种的。武场乐器有手板、老鼓、小锣、大锣、铙钹、梆子、小镲、唢呐等，文场乐器有胡胡、老胡胡、大笛、笛子、笙等。传统剧目有《杀惜》、《访昆山》、《蝴蝶杯》、《断桥》、《哭坟》等。

上党落子属板腔体，且板式丰富，其声腔、念白以及脸谱、服饰、身段表演等有独特的艺术价值。

眉户

申报地区或单位：山西省运城市
山西省临汾市

晋南眉户原称“迷胡”，因其曲调婉转缠绵，使人听之入迷而得名，是一个由地摊说唱过渡到舞台演出的民间小剧种，又称“曲子”、“清曲”等，主要流传于山西南部临汾、运城及其周边县乡。据考，清乾隆、嘉庆年间，晋南地区的一些盲艺人和贫民将【银纽丝】、【两头忙】、【醉太平】等12首汉族民歌以三弦伴奏、四页瓦击节，走街串巷，打地摊演唱，为人婚丧、喜事助兴，用以谋生，成为眉户的原始表演形态，到道光、光绪年间，这些晋南民歌、说唱艺术与成熟戏剧形态经过长期的融合与演变，最终形成了较为完善的地方小剧种，人们称之为“迷糊”，后更名眉户，至今已有近三百年的历史。

晋南眉户属于联曲体音乐，传统唱腔曲牌有72大调，36小调，音乐表现丰富，流传地域较广。表演程式吸收了蒲州梆子的水袖、帽翅、靴子、翎子、椅子、帕子等特技。剧目内容丰富、题材广泛，善于反映群众生活，特别是农村生活。戏剧结构简单，一般为单线发展，叙述一人一事，从中挖掘人们熟悉的生活常理。传统剧目有《烙碗记》、《如意店》、《打经堂》、《三进士》、《卖水》、《四差捎书》、《张连卖布》等。

新中国成立后，晋南眉户得到迅速发展，形成南北两大流派。南路以临猗为中心，1952年临猗县成立了眉户剧团；北路以临汾为中心，形成了临汾地区眉户剧团。两路剧团在音乐改革和剧目排练上都取得了显著成效，涌现出一大批优秀的眉户表演艺术家。

上党二簧

申报地区或单位：山西省晋城市城区

上党二簧，也叫上党皮黄，当地人称之为上党土二簧，过去，它是由上党梆子班社与昆曲、梆子、罗罗、卷戏等声腔同台演唱，现已成为独立的戏曲剧种，主要流行于山西晋东南地区。

上党二簧唱腔分西皮、二簧两大种类，还包括反二簧在内，总称皮簧，属板腔体。西皮有原板、二板（分慢、中、快）、散板、摇板；二簧有正二簧、反二簧、原板、二板。西皮声腔具有圆润、委婉、清脆之艺术特色，易于抒发感情，多被生、旦两行采用；二簧腔板式较少，变化也不多，此外还有一种“平板二簧”，已失传。用西皮演唱的剧目最多，有《佘塘关》、《苦肉记》、《清河桥》等；用正二簧演唱的有《二进宫》，反二簧演唱的有《白帝城》、《一捧雪》，正反二簧同唱的有《五丈原》；西皮、反二簧同唱的有《虹霓关》、《白鼠洞》等。

上党二簧唱腔丰富多彩，注重唱、做两功，其中做功戏文雅朴实、细腻逼真，唱腔圆润委婉、变化多端，在过去常和昆曲作伴演出。乐器伴奏分文武场，文场主奏乐器是京胡，配奏乐器是京二胡；武场打击乐较为特殊，伴奏乐器有鼓、板、中音锣、钢叉、高调小锣。现如今由于戏剧市场不景气，缺乏稳定收入，致使能够演唱上党二簧的艺人无心收徒传艺，二簧唱腔后继无人、濒临消失。

怀梆戏

申报地区或单位：运城市垣曲县

怀梆戏也叫“怀庆梆子”、“老怀梆”，属于梆子腔体系的稀有剧种，源于明末，在垣曲县的蒲掌乡、英言乡流传，以独特的唱腔、念白、音乐形式称著，深受百姓的喜爱，在当地极为盛行。

明清时期，蒲掌乡、英言乡的各村都有许多戏班子频繁活动于民间。当时，蒲掌乡、英言乡隶属河南省怀庆府（现在的沁阳）济源县管辖，其戏剧演出班子也曾多次到怀庆府演出，并同各县的演艺人员相互交流切磋，逐渐形成了具有独特风格的梆子戏体系，故被人们称之为“怀梆”，长期流传于蒲掌乡、英言乡各村。

怀梆戏是中国戏曲的一个稀有剧种，流传了400余年，艺术形式独特，剧目多为古装戏，有《穆桂英下山》、《杨门女将》、《铡赵王》、《铡美案》、《赶青山》等近百种。其演唱是以梆定板，唱词多为整齐规范的二、二、三格律句式和三、三、四格律句式，多以方言吐字，唱腔慷慨激昂，表演粗犷奔放，行当齐全，唱作并举，形成自己独特的艺术风格。演唱板式主要有慢板、二八、流水、散板、飞板（非板）等，其中二八板中的挑后嗓和慢板中的花柳腔是怀梆独有的别具一格的唱腔。怀梆戏的武戏场面风格独特，多数演员能十分自然地将武术动作运用到戏剧演出之中，这在戏剧界十分罕见，有着较高的研究价值。

凤台小戏

申报地区或单位：和顺县文化馆

凤台小戏源于明末清初，是一个剧目短小精悍、音乐清脆明快、表演细腻雅致、服饰道具轻便的小剧种。它产生于太行山脊和顺县凤台村，活跃在晋中东部山区，距今已有三百余年的历史。

凤台小戏最初由家传式的说唱形式发展而来，演出内容也多是一些民间曲调和片段词曲，如《张生和莺莺》、《占花魁》、《红娘下书》、《八角鼓》等剧目。经过艺人们的不断完善，到了明末已经形成曲调清雅流畅、剧情简练完整、人物角色丰富、诗词雅俗共赏的地方小戏。主要剧目有《顶嘴》、《避雨》、《送灯》、《饯别》、《拷红》、《寄简》、《逾墙》、《拍蝴蝶》、《打尿床》、《牧牛》等三十余个。

凤台小戏的音乐，色调鲜明、韵律独特，乐器也和其他剧种有所不同。现留存有37首曲牌，有的可以单独反复使用，有的是几个曲牌连接使用。唱词自由流畅、朗朗上口，有七字句、十字句、五字句、四字句、三字句和类似元曲结构的长短句，运用自然、不拘一格。唱腔属于联曲体的结构，唱腔中的虚词衬托和全部唱腔血肉相连，使唱腔丰满动人，韵味更浓，如“哪哈依呀嗨”、“哎嗨呦”等。凤台小戏以“蒲白”为基调，除了唱词间的夹白和简单的对话外，大都以韵白为主，间或也用方言乡语。每句字数相等，句尾必须押韵，并和唱腔前后呼应，相辅相成。表演上唱、做、念兼备，没有武功戏。

在抗日战争和解放战争时期，凤台小戏处于灭绝险境，部分剧目失传。中华人民共和国成立后，在文艺工作者积极整理剧目、记录曲谱，并吸收了不少中路梆子的表演技巧和程式，使表演艺术有了很大提高。

夏县蛤蟆嗡

申报地区或单位：夏县文化馆

蛤蟆嗡是流传在山西省夏县祁家河乡西山头村一带的传统小剧种，据已故老艺人杨红俊生前追忆，蛤蟆嗡约形成于光绪初年，属于南北方民间俚曲相互融合的产物，后因胡琴手杨学银自制成一种能够演奏出蛙鸣般声响的胡琴进行伴奏，遂取名“蛤蟆嗡”。

清末民初，蛤蟆嗡有了较大的发展，曾有过20余人的“自乐班”，购买戏箱，在舞台上进行演出。夏县蛤蟆嗡的音乐分为唱腔和弦乐曲牌两大部分，属于套曲体，根据唱词的格式和不同的情节套曲演唱。主要曲调有《扬高调》、《花鼓调》、《莲花调》、《阴丝调》等。乐队分文、武场，文场只有两把胡琴和一把四胡，声音清脆、悠扬；武场有大小板鼓、铙钹、小云锣、小跋等，声音慷慨激昂、雄壮有力。在这些乐器中，锣大于蒲剧马锣，锣中心有一深窝，击奏的声音很像蛤蟆鼓鸣；钹大于蒲剧铙钹，钹窝较浅，拍击出的声音也像蛤蟆叫。

夏县蛤蟆嗡的题材广泛，有的取材于历史故事，如《闹酒店》、《闹马房》等，主要是表现英雄主义，歌颂劳动人民反抗封建专制的斗争；有的来源于民间传说，如《兰桥会》、《渔舟配》等，主要是描写恋爱婚姻，表现妇女追求平等自由的美好愿望，具有反封建礼教的倾向。但总体而言，夏县蛤蟆嗡题材大多以反映现实生活的为多，如《小寡妇上坟》、《买瓦盆》、《钉缸》等，主要赞扬群众淳厚、质朴的品质。

20 世纪三四十年代，由于灾荒战乱，老艺人相继去世，乐器遗失，剧种濒临失传。中华人民共和国成立后，当地政府积极挖掘和传承这一民间剧种，成立乡文艺宣传队，编排了一些现代剧目，但传统剧目消失殆尽，音乐和唱腔也面目全非，如今蛤蟆嗡剧种已趋于灭绝，亟待抢救和保护。

垣曲曲剧

申报地区或单位：垣曲县曲剧团

曲剧，旧时也称“高台曲”或“曲子戏”，是在河南当地流行的鼓子曲和踩高跷表演基础上发展而成的，盛行于河南及山西南部的垣曲县境内。

民国初年，曲剧由河南传入山西，中华人民共和国成立前，垣曲县的蒲掌、英言、窑头等地隶属河南省王屋府管辖，与河南的渑池、新安隔河相望，相互来往密切。是时，有英言越调曲子班、峪子村曲剧班常年在垣曲县演出，后在河堤、南堡等地也相继出现。

垣曲曲剧的前身为高跷曲子，已有400余年的历史，分为两大流派，即“南阳曲子”（大调曲子）和“洛阳曲子”（小调曲子），曲牌有一百五十多个，其中【银纽丝】、【太平年】、【汉江】、【书韵】、【诗篇】、【满州】、【剪剪花】、【阳调】、【慢垛】等较常用。代表剧目有《花庭会》、《楼台会》、《陈三两》、《风雪配》、《秦香莲》、《十五贯》、《卷席筒》、《寇准背靴》、《屠夫状元》、《情系法网》、《花菇岭的弯弯事》等。1953 年，垣曲县成立垣曲县前进曲剧团，多次参加省、地市戏曲汇演并获嘉奖，涌现出翟东海、琚德祥、孙香云、白雪琴等一大批优秀的曲剧表演艺术家。

垣曲县曲剧团是山西省唯一的专业曲剧团。听曲剧、唱曲剧，系垣曲当地民众婚庆、庆典当中主要的娱乐内容之一。

弦儿戏

申报地区或单位：夏县文化馆

弦儿戏是流传于山西省夏县庙前镇的民间小剧种，大约形成于清嘉庆年间，因早期的弦儿戏伴奏是用三把同样的丝弦板胡，故弦儿戏又被称为“六弦戏”。

弦儿戏属于套曲体，原有曲调17个，现保留常用的有“闹调”、“凄凉”、“五更”、“岗调”、“赴场”、“扭丝”、“背官”等7个。此外“青油罐”、“不得紧”、“紧述”、“慢述”、“半碗”等曲调均已失传。在器乐使用上，以弦奏为主，主奏乐器有大心板鼓、大心马锣、枣木梆子、小战鼓等。主要剧目有《白玉兔》、《珍珠衫》、《花柳木》、《烧骨记》、《回龙阁》、《阴阳扇》、《小姑贤》、《会风扇》、《张连买布》、《三伙打灶》、《磨房相会》等。

抗日战争时期，弦儿戏曾一度停演十年左右。中华人民共和国成立后，又重返舞台。“文革”期间，弦儿戏被禁演。十一届三中全会后，夏县文化馆在调查研究的基础上，积极发掘抢救，根据老艺人的清唱，记录了4本长达10万字的传统剧目。目前弦儿戏剧团已不复存在，剧目恢复困难很大，弦儿戏濒临失传，急需保护。

夫子岭弦腔

申报地区或单位：晋中市和顺县文化馆

夫子岭弦腔流传于和顺县东乡夫子岭村一带，系河北丝弦戏的一个分支，民间又称其为“先先腔”。据当地艺人口述，弦腔是明末由一位河北落魄艺人带过来的，传入后与当地民歌、方言融合，形成独特风格，相沿至今约300余年。

夫子岭弦腔属于弦索声腔系统，是板腔体的组织形式。常用的板式有二板、三板、慢板、介板、甩板、落板等，所有板式（除了甩腔与青叶外）都可分别在不同的调高上演唱。调式分越调和关调，越调为G宫调式，关调为G徵调式。唱腔中有自己的派生程式和花腔，如“三倒腔”、“贵子腔”、“锁南子”、“青叶”等。弦腔中男女都用木功嗓（即自然声）和假声相结合的方法演唱，以本功嗓为主，当唱到句末尾音和拖腔处便翻高八度用假声演唱，形成了唱腔真假声交替运用的特点。道白以方言为主，吸收了丝弦与晋剧蒲白的音调，注重音韵吐字，清婉缠绵。传统剧目有50多种，大多为朝代大戏，反映宫廷内部忠奸斗争和军事斗争的故事，代表剧目有《吊梅山》、《大进宫》、《罗裙记》、《访洪调》、《两狼山》、《孙膑下山》等；本戏有《天子落》（连三本）、《松柏林下》（连三本）等；现代戏有《李祥举逃难》、《婚碰》、《白毛女》等。乐器分文、武场，文场主要是板胡，配有四弦、二胡、小三弦、横笛、唢呐、笙等；武场以板鼓为主，配以马锣、铙钹、小铰、小锣、鼓、小镲、云锣等，没有梆子。

夫子岭弦腔是一个较为古老的剧种，在清初即已盛行，绵延至今。当地的弦腔剧团常年利用农闲，走村串乡，曾经到左权、昔阳、阳泉、榆社、平定、怀鹿等地表演，深受群众欢迎。

乐乐腔

申报地区或单位：临汾市浮山县文化馆

乐乐腔俗称“家戏”、“土戏”、“闹戏”、“乐戏”，是流行于浮山、襄汾、翼城、曲沃和尧都区一带的地方小剧种，因常演喜剧、闹剧而得名。乐乐腔历史悠久，起初由民歌、器乐结合地摊说唱，明朝末年逐渐形成较为完备的独立剧种，清末民初发展至鼎盛阶段，后因灾荒等原因日渐衰落。

乐乐腔的演出俗称一小二土，服装以软折为主，大多上演“小戏”、“土戏”、“家庭戏”和“回回戏”，代表性剧目有《五福捧寿》、《双拜寿》、《拐骡子》、《张公赶驴》、《张三赶脚》等。演员行当以生、旦、丑三门为主，曲调欢快、悦耳动听，表演且歌且舞，突出“喜闹”的特点。唱腔以联曲体为主，唱段基本上是四句体乐段，也偶有上下句乐段和多句体乐段结构。伴奏乐器文场只有小唢呐、笛子，以吹高音为主，武场则用大锣、大钗、大鼓、小鼓、云锣和碰铃。基本节奏为一板一眼、一板两眼和无板无眼，板式有慢板、平板、顶板、散板等。文场曲牌有【乐乐蔓】、【喜蔓】、【平板】、【花腔】、【慢板】、【反溜子】、【娃娃】、【大钉缸】、【靠山】、【月儿圆】等十余个；锣鼓经有【十七钱】、【穿龙尾】、【十样景】、【十三板】、【夹山】5套。演员基本上全用本音（真嗓），但也有部分唱腔用到复音（真假嗓的结合），念白早期是本地方言，后来发展为地方官话，现在则沿用蒲白，节奏上略有差异。

浮山乐乐腔是明代在浮山秧歌的影响下，同民间音乐和地方小调结合而成。在200余年的发展中，经六七代人的不断传承和创新，乐乐腔在唱腔板式、表演技巧、装饰伴奏等方面都产生了巨大的变化，为地方剧种的研究提供了珍贵的实物资料。

翼城目连戏

申报地区或单位：临汾市翼城县文化馆

目连戏是以佛教故事“目莲僧救母”为题材，保存于各地民俗活动中的古老剧种，被誉为“戏祖”。翼城目连戏俗称要目连鬼戏，流传于翼城县隆化镇南捍村。据当地艺人口述，明末，翼城南捍村苏姓富商从南京经商，将此剧带回该村，很快传入两坂、西闫、沟西、东石桥、故成等村。清中叶，目连戏颇为盛行，南捍村附近的6个村庄在搬神古庙会（六年一次）上连唱3—7天。清末民初，村里组建了南捍民众剧团，以演此剧走村串巷巡回演出，范围扩展到浮山、沁水、阳城、绛县、闻喜、曲沃、侯马等地。

翼城目连戏唱腔大多为高腔，兼有部分平调，高腔以十字句为主，平调以七字句为主，都是上下句结构，演出特点是“不被管弦，锣鼓助节，一人启齿，众人帮腔”。曲调有【平高腔】、【花高腔】、【西江月】、【哭调】等30多个。伴奏乐器有鼓板、大苏钹、小钹、小锣、战鼓、梆子、铜铃等。行当齐全，可演《目连救母》、《游地狱》2本24出戏，连演3天3夜。《目连救母》内容多属阳间事，白天演出，主要场次有《目连还家》、《扫佛堂》、《刘保顺上坟》、《刘氏发誓》、《花园刘死》、《算卦》、《请名医》及《太白星赠九连环》；《游地狱》多属阴间事，夜间演出，舞台上群魔乱舞、阴森诡异、气氛恐怖。在化妆方面，凡是神人，脸上必须带有金色，牛头、马面、大鬼、小鬼等角色则戴面具。

翼城目连戏对研究中国戏剧起源，沿革及发展传承等具有较高的学术价值，为研究中国戏曲史、文学史，民俗文化等提供了珍贵的资料。

扬高戏

申报地区或单位：芮城县文化馆

扬高戏是以船工撑篙（木杆）所唱的号子为基调发展起来的地方小剧种，主要分布在山、陕、豫交界处以及宁夏、甘肃东部，尤其以芮城沿黄河一带最为兴盛。据传，盛唐时期，芮城地方官为盛迎李世民亲驾，曾搭台演扬高戏，太宗看后大为赞赏，并命宫中乐伎司将曲调记载下来带回长安，此后，扬高戏逐渐流传各地。明、清时期，扬高戏发展成型，行当齐全，唱腔完备，班社林立。据统计，民国至抗战时期，仅芮城就有四大扬高戏班，即张仁杰班、佩民班、李江西班和太安村的李春荣班，其他地方如解州的赵连成班、襄汾县安同班和柱子班、河南陕州猪嘴（艺名）班、灵宝亢彦林班和杜彦祥班（即苏老六班）、卢氏有匡玉明班；著名艺人有须生张拉娃（擅演关公戏）、小生三娃（人称铁嗓子）、花脸董牛娃（演“单头戏”甚多）等。建国后，扬高戏日渐衰落，唯有芮城县太安村张长兴剧团坚持演到1962年解散。时至今日，扬高戏仍在乡间流传，但频临失传，亟待保护。

扬高戏属多声腔剧种，剧目内容包含了众多历史人物、历史事件以及神话故事传说等，曲牌、锣鼓经资源丰富，唱腔尾音上扬，多用手锣伴奏，现搜集到唱腔曲调68种，武场打击乐曲谱41个，文场过门曲牌16个。

扬高戏是一个古老的地方戏曲剧种，在晋秦豫一带流传广泛，早于蒲剧和眉户产生，今眉户唱腔和蒲剧锣鼓经有许多是借鉴扬高戏的，如【岗调】、【劳子】、【流水】、【七锤子】、【五锤子】等，研究其曲调唱腔，对解读戏曲音乐、声腔的发展具有重要作用。

伍

五、曲艺

山西省非物质文化遗产代表性项目名录

潞安大鼓

申报地区或单位：山西省长治县文化中心

潞安大鼓是流行于古潞安府（今山西长治）一带的传统曲艺表演形式，又称“潞安老调”、“干板腔”和“潞安鼓书”。

潞安大鼓早在清乾隆三年便有了雏形，即由潞安府鼓书艺人路占元、董祥五等成立的“盲子队”，后不断发展成为鼓书行会“三皇会”，到清代中叶时，潞安大鼓已经发展成为行当齐全、表演内容丰富的曲艺表演形式，深受当地百姓的喜爱。

潞安大鼓的表演形式最初为多人分持鼓板、三弦、二胡、低胡等乐器，按行当围成圈来说唱，走上舞台后，则变成由一人敲击鼓板站立舞台中央说唱，另有数人分司三弦和二胡在旁边伴奏。其唱腔为板式变化体，音乐曲调丰富，旋律优美。传统节目有《打登州》、《破孟州》、《燕王扫北》、《巧连珠》、《巧奇缘》、《拙老婆》等。潞安大鼓的演出不受场地和道具的限制，易编易排，保护和传承这一民间文化艺术，有利于丰富群众文化生活，促进社会和谐。

襄垣鼓书

申报地区或单位：长治市襄垣县

襄垣鼓书是流行于山西省东南部襄垣县及其周边县区的一种曲艺表演形式。它上承宋元“鼓子词”的说唱传统，并融汇了当地的“柳调”表演，成型于明末清初，成熟兴盛于清朝中叶，至今仍活跃在当地百姓的生活礼仪和民俗活动中，是当地百姓娱乐教化的重要艺术形式。

襄垣鼓书一般以鼓、板、锣、钹和二把、二簧、胡呼、月琴、三弦、八角鼓、二胡、笛子、笙等乐器作伴奏，说唱相间表演。有些技艺超凡的掌班（掌板的鼓师）艺人，可以手脚并用，同时演奏平板鼓、挂板、脚锣、小锣、镗锣、脚梆、木鱼、镲、钹、惊堂木等全套打击乐器。它的唱腔属于板腔体，不仅具有快、慢、跺、抢等多样性的唱法，而且有着哭、悲、喜、怒等功能化的唱腔，在长期的发展流变中，又逐渐吸收了当地的民间小调、道士化缘调、民间叫卖调以及梆子、落子、秧歌等唱腔元素，唱腔十分丰富，传统曲目众多，并有起板、二性板等多种板式和十多种常用的器乐伴奏与闹场曲牌。

长子鼓书

申报地区或单位：长子县文化馆

长子鼓书是流行于山西省长子县及其周边地区的一种曲艺表演形式，通常以单人敲击书鼓和简板并自拉二胡伴奏，以唱为主，说唱相间表演，后来逐步发展为双人或多人分持书鼓、简板、竹板，还有板胡、二胡、低胡等乐器，间奏式伴奏，互相配合说唱。其唱腔主要为板腔体，板式有流水板、数板、垛板、悲板等。另外，增加了器乐曲牌用于开书前的“闹场”演奏。进入20世纪80年代，其表演形式更加复杂化，唱腔中插入了梆子、落子等，乐器增加了手风琴、锣、钹及电声乐器等，使其表演更加丰富多彩。

长子鼓书的传统曲目以中长篇为主，主要有《金镯玉环记》、《包公案》、《徐公案》、《施公案》、《回龙传》、《白玉楼》等，抗战以来新编演的节目以短篇为主，主要有《风雷》、《小二黑结婚》、《江姐》、《烈火金钢》等，深受当地百姓喜爱。

泽州鼓书

申报地区或单位：泽州县文化馆

泽州鼓书是由徐廷荣（晋城韦匠人）从绥远学艺带回泽州而传播开来的以大鼓京腔为母体的一种曲艺形式，后经过第二代传人崔小红几十年的不懈追求和改革，在原来曲调的基础上，吸收上党梆子、河南豫剧、坠子、四弦书等姊妹艺术的精华，创作而成。

泽州鼓书扬弃了最初鼓书中节奏拖沓、多有重复的积弊，顺应社会快节奏的生活现状，以其易于表现情节惊险、打斗激烈的书段之艺术特点，受到了群众的欢迎。泽州鼓书传统书目有《呼延庆打擂》、《刘公案》、《雷公子投亲》等长篇书目12部，中小段传统书目60多部，中小段现代书目三十多部，共计100余部。20世纪的六七十年代是说唱新书的时代，为了适应时代要求，艺人改编创作了大量现代曲目，如《糖衣记》、《借驴》、《财迷精》等，为在农村站稳脚跟，打下了基础。

武乡鼓书

申报地区或单位：武乡县人民文化馆

武乡鼓书也称鼓儿词、武乡调，起源于武乡，流行于上党地区，由宋金鼓词演变而来。清代乾隆初年，武乡盲艺人成立了“三皇会”，借以传授鼓书技艺。后来代代相传，并在曲调上不断丰富和改革。武乡鼓书的早期演唱形式是桌上放一只矮木架支书鼓，演唱者操挎板、鼓键击节，另一人操老胡或二胡伴奏。

清道光年间，盲艺人们吸收当地民歌小调和道士的化缘调，充实了原有曲牌，丰富了歌唱的表现力。咸丰年间，盲艺人们又吸收了上党梆子、上党落子等地方戏曲的特色，唱腔、曲调和板式又有了较大的发展。清末民初，盲艺人段小五又创新增加了起板、二性、垛板、截板，并将抢板改造成紧抢板和慢抢板，使鼓儿词的形式更丰富、更完善。后来，又有人创造了由鼓儿词转唱成戏曲的“转板”。击乐伴奏除了原有的书鼓、书板外，增加了大锣、大钗、镗锣、小铮、梆子等，但都由1人操作，手脚并用，整套锣鼓节奏紧、尺寸严、气氛红火，至此使鼓儿词的唱腔、板式基本定型。

武乡鼓书的唱腔属板腔变化体结构，有鼓儿词、柳调两种曲调，一般相间使用，有时只用其中一种。鼓儿词唱腔以大板为主要板式，另外有抢板、散板、哭板等。

武乡鼓书以坐唱为主，在演唱长篇书时，由多人分任其中的主要人物角色，以独唱、对唱、齐唱等形式来表述情节和刻画人物。演唱者分操乐器伴奏，弦乐有京胡、二把、胡胡、月琴等四大件。人数再多时可加三弦、二胡、中胡等。

武乡鼓书传统书目丰富，长篇书目有《五女兴唐传》、《金鞭记》等三十余部；中篇有《杨七郎打擂》、《高文举宿花亭》等四十余部；小段有《小二姐做梦》、《小两口争灯》、《穷汉过年》、《皇历迷》等八十多段。

高平鼓书

申报地区或单位：高平市文化馆

高平鼓书也称“鼓儿词”，是流行于上党地区的民间曲艺形式。它由宋金鼓词演变而来，成型于清代乾隆初年，距今已有三百多年的历史。

高平鼓书的演唱以唱为主，间以道白，坐场表演。唱词结构以七字句居多，也有十字句和五字句的唱词。演唱者多为盲艺人，使用方言土语演唱，风格淳朴。后来吸收了女性演员和明眼人，曲调和曲目均得以不断丰富，内容涉及民风民俗、古典戏曲、地方传说故事等。

演出时，演唱者在桌上放一只矮木架支书鼓，操挎板、鼓键击节，另一人操三弦或二胡伴奏，后来增加了大锣、大钗、镗锣、小铮、梆子等乐器，形式更加丰富。主要作品有《谷子好》、《杨七郎打擂》、《高文举宿花亭》等大部作品，小段有《小二姐做梦》、《小两口争灯》、《穷汉过年》、《皇历迷》等，具有很高的历史文化和民间艺术研究价值。

高鼓书艺人多为盲人，到20世纪八九十年代高平鼓书由于盲人鼓书表演艺术家申富才先生的发扬达到鼎盛，而后逐渐走向衰败。

隰县打鼓书

申报地区或单位：临汾市隰县文化馆

打鼓书是隰县民间古老的说唱艺术，主要流传于隰县城南乡一带。鼓书，过去居民用其敬神、谢土、喜庆还愿，后发展为冬春农闲时的民间娱乐节目，经过历代艺人在实践中不断发展完善，明代中期已形成完整的唱腔体系，清末民初正式命名为打鼓书，延续至今。

鼓书内容多来源于《杨家将》、《五女兴唐传》、《三国演义》、《隋唐演义》、《水浒传》等话本小说，代表曲目有《金镯玉环记》、《珍珠汗衫记》、《五女兴唐记》、《包公案》、《刘公案》等。演唱时，说书人怀抱三弦琴（弦子、三股弦），膝头系小铜钹，腿下系简板，开场时先拍醒木，道开场诗后，接唱书帽，最后开正本，如二人演出，乐师拉三弦琴，脚踏简板，说唱者一手执简尺一手敲板鼓。鼓书曲调颇杂，有河南坠子、河北鼓书和地方小调，艺人们根据词意内容来选择。唱句一般为七言，采用喜调、悲调、器调、骂调等叙事。演出场合不固定，春夏在家庭院落、街头小巷，冬闲在较宽的窑房；演出时间一般伴随敬神、过寿、谢土、小孩过生日等民间礼俗活动。

隰县打鼓书是用词体语言说唱的方式配以民间乐器讲述故事，这种独特的艺术形式千百年来一直受到当地民众的喜爱和认同，具有广泛的群众性和民间传承性。

沁水鼓儿词

申报地区或单位：沁水县文化馆

沁水鼓儿词是民间曲艺表演艺术。明末清初已具雏形，流行于清代，盛行于民国初年，20世纪50年代达到鼎盛，2000年沁水鼓儿词入编《中国曲艺志·山西卷》。

沁水鼓儿词以说唱为主，它的说唱板式分为四种，即"流水板"、"一横板"、"二横板"、"三横板"，最早是一人自打自唱。伴奏乐器简单，只用小鼓和挎板。清末至民国年间沁水鼓儿词有了很大的发展，人员开始增加，伴奏乐器增加弦乐，打击乐也增多，并创造了一人同时使用多种乐器伴奏的新的表演方式，深受群众喜爱，市场空间得到拓宽。20世纪60年代，伴奏乐器又增添了京胡、二胡、低胡、唢呐等民族乐器，这又推动了沁水鼓儿词的发展。

沁水鼓儿词艺人的表演道具有醒木（也称"惊堂木"）、鼓箭、简板。说唱曲目以传统古书的曲目为主，主要有《包公传》、《烈女传》、《五女兴唐传》、《回文屏》、《汗巾记》、《五猪孝母》、《十八女行孝》、《王祥卧冰》等。1941年为配合革命工作，艺人开始创作宣传革命题材方面的作品，编写的曲目主要有《智取华山》、《送公粮》、《王大娘养鸡》、《周小卷巧治胡不安》、《安家》等。

由于沁水鼓儿词的道白和说唱语言带有一定的局限性，市场范围受到限制，又因多年来"鼓儿词"说唱艺人多是盲人，这给鼓儿词的创新和再生带来很大的困难。

翼城琴书

申报地区或单位：翼城县文化馆

翼城琴书又名"铰子书"，俗称"本地书"，是流行于山西南部翼城县及周边曲沃、襄汾、浮山、沁水、绛县等地的一种曲艺表演形式，其早期的表演形式为一人敲击铰子或击打扬琴、弹奏月琴自行伴奏，用翼城方言乡音说唱相间表演。后来不断发展，出现了多人演出的形式，并加入小扬琴、三弦、四胡等伴奏乐器，演出时，场地中间置一桌子，主演立于桌后，乐队分坐桌子两旁伴奏。到民国初期，又增加了竹笛、板胡、二胡、小钹、八角鼓等伴奏乐器。

翼城琴书的唱腔属板牌混合体，包括"钹儿腔"和"鼓儿腔"两种腔调。"钹儿腔"因主演者在演出时手执单叶钹而得名，属板腔体，板式有慢板、二八板、花二八、紧二八、飞板等。"鼓儿腔"因主演者演出时手执八角鼓而得名，属单曲体。"钹儿腔"和"鼓儿腔"可以共用于一个唱段之内。唱词以七字句为主，格式为上下句体，下句押韵。传统节目甚多，已知共有大本书五十余部，小本书七十余部，经常摘演的“回书”200余个，书帽300多个。其中，代表性的大本书有《钗环计》、《墙头记》、《响马传》、《空山传》、《杜公案》等；小本书有《王刚借女》、《杀狗劝夫》、《鹦哥孝母》、《十个小和尚》、《张古懂借妻》、《王刚借闺女》、《五子夺魁》、《刘玉莲赶会》、《打蛮船》、《挑袍》、《古城会》等。新编演的节目有《李大福参军》、《敌后武工队》、《欧阳海之歌》、《看机器》、《树新风》等。

目前，翼城琴书正面临巨大的生态危机，传承立人，前景堪忧，急需保护与扶持。

曲沃琴书

申报地区或单位：曲沃县文化馆

曲沃琴书是流行于山西南部曲沃县及其周边山、陕、豫三省交界地带的一种传统曲艺表演形式，因表演时演员手持八角鼓和单扇钹交替击节伴奏，故旧称“鼓儿书”或“铰子书”。一般认为它是清道光年间由河南南阳传入当地的“越调”（也作“月调”）与当地的方言小调相结合发展演变而成，至今已有130余年的历史。

曲沃琴书的表演形式早期为一人手拿梆子自行伴奏，采用曲沃当地方言坐着说唱，也有自拉四胡、脚踏木鱼的演出，或一人一手打小扬琴一手击挎板说唱表演。后来逐渐出现了多人搭档演出，伴奏乐器除梆子、四胡、扬琴、木鱼和挎板外，增加了八角鼓、小铰、板胡、三弦、笛子、二胡等。其唱腔属板牌混合体，有“铰子腔”和“鼓子腔”两种：“铰子腔”是主演者手持单钹儿伴奏时演唱的曲调，是唱腔的主体，属板腔体，主要有慢板、二八板、紧二八、飞板等板式和“叫板”、“大叹韵”、“小叹韵”等功能性唱腔；“鼓子调”是主演者手持八角鼓伴奏时演出的唱腔，插入“铰子腔”中演唱，属单曲体结构。两种唱腔调高不同，交替演唱时需要转调。唱词以七字句为主，四句为一个段落，偶数句押韵。传统曲目内容丰富，有取材于古典小说的长篇书，有来自文人墨客创编的中篇书，有取材于民间传说和神话故事的小段书，还有一些诙谐幽默、妙趣横生的小书帽等。

沁州三弦书

申报地区或单位：长治市沁县

沁州三弦书是一种流行于晋东南沁县、武乡、沁源、襄垣和晋中左权、榆社，以及晋南安泽、浮山等地的传统曲艺表演形式，又名“老州调”。其形成年代尚无考证，但根据老艺人回忆，清顺治年间已有沁州盲艺人组织“三皇会”在表演三弦书。它的演出形式，早期是一人自弹三弦，兼用摔板和小铙伴奏，说唱相间表演，后来发展成为多人分持三弦、二把和反二把、笛子、四弦、二胡等乐器伴奏，以一人为主，其他人为辅的群口说唱形式。表演程序通常是开场先演奏一段器乐曲牌，接着吟诵四句“提纲”，然后“起板”或称“叫板”，之后转入“正书”说唱。沁州三弦书的唱腔为板腔体，曲调有“月调”和“平调”，曲目有长篇、中篇和小段，代表作主要有长篇《清烈传》（45回）、中篇《高文举夜宿花亭》（3回）、小段《反菜园》等。

沁州三弦书长期活跃在当地民间祭祀和民俗活动中，是老百姓精神文化生活的主要组成部分，深受广大民众的喜爱。

霍州三弦书

申报地区或单位：霍州市群艺馆

霍州三弦书，也称霍州地方书，是清代末年兴盛并流传于霍州地区以三弦为主要乐器的民间说唱艺术形式。

霍州三弦书演唱形式多以单人活动为主，或两人及多人合作分角色演唱。演唱者通常是面前横放一张条桌，身坐古式靠背椅，左脚蹬甩板，以此击节，右膝上绑一扇小钗打花填空，怀抱三弦，边弹边唱边打小钗。其曲调常用“断桥”、“别母”、“崩三崩”、“割韭菜”、“将军令”等曲牌，用于开书前招引观众，渲染气氛。书调为板腔体，有“三不应”、“平板”、“高调”、“哭腔”、“紧板”、“碗儿腔”、“连湘”、“尾调”。小调为联曲体，有单唱，也有对唱，常用曲调有“萱花”、“画扇面”、“绣荷包”、“虞美人”、“对花”、“破赤牛”、“送郎君”、“小寡妇上坟”、“鳏棍哭妻”等十多种。

霍州三弦书说唱书目极为丰富，分正书和闲言两大类，正书长短相当于中篇鼓词，一般分作十至十五回。传统书目有《白绫记》、《汗衫记》、《梨花记》、《洗衣记》、《进宝记》、《困铜台》等二十多本。闲言是单独的回书，也包括书帽、小调演唱的小段，这类书保留和遗传下来的总共在百段以上。此外，还有一种特殊的演唱形式——“打鹞婆”（“碰猴书”），用于每场书结束后的加演节目，即用木猴碰击甩板，演唱一个风趣诙谐小段，常演书目有《打鹞婆》、《黑不溜》、《走娘家》等。

由于霍州三弦书的表演者全系盲人，均为口述传承，传统书目丢失殆尽，急需抢救和保护。

临县三弦书

申报地区或单位：吕梁市临县文化馆

临县三弦书原名“说书”，流行于临县、兴县、方山、离石、柳林、陕北佳县、吴堡、榆林等地，相传在清代咸丰年间由柳林传入，也称柳林调。临县三弦书是由古老的祭祀活动演变而来，初为民众祈雨降福、敬神还愿的表演，后来演化成农闲时间不可或缺的娱乐活动。

临县三弦书唱词保留了丰富的方言俗语和习惯用语，多用衬字，文白间用，传统书目有《珍珠汗衫记》、《金镯玉环记》等近百余部；表演形式为一人说唱（现有二人同台和群口表演），注重故事性、趣味性和表演性，可随时随地开场；伴奏乐器以三弦为主，辅助乐器有竹板、小铜镲、醒木，后来又加入扬琴、笛子等；唱腔属于板腔结构，主要板式有前奏曲、起板、七字流水、十字流水、怒板、器板、落板等，曲调分平调、四平调、上川调等；唱词以七字居多，也有八字句、十字句，每一组句数均为偶数。演出时，舞台前面放一张桌子，桌子上面置有惊堂木一块，说书人左小腿上绑竹板，右大腿上绑小铜铲，怀抱三弦，右手食指戴一小骨片拨弦，中指和无名指之间夹一支竹筷，拨弦时顺带敲击小铜铲，还要用书墩（惊堂木的俗称）掼桌子，一个人表演一台戏，十分热闹。

临县三弦书是一种具有浓郁地方特色的民间艺术，它是民间文艺的集大成者，对于研究当地的曲艺史、民俗史、社会史等方面具有重要的学术价值。

离石三弦书

申报地区或单位：吕梁市离石区文化馆

离石三弦书是一种汉民族说唱艺术，主要流传于离石、柳林、临县、方山、中阳等县域和陕北部分地区，伴随三皇祭祀活动产生，清中后期发展成型。

离石三弦书表演者多为盲艺人。表演时，说书人怀抱三弦，腿上缚甩板，自弹自打自唱，可插入道白，一般是或弹或唱，只有在表现紧急场面时才边弹边唱，渲染气氛。唱词主要根据通俗小说和话本进行改编，也有艺人根据民间故事和真人真事创作的符合时代特色的新曲目。句式主要以十言为主，七言为铺，兼有其他；板式有流水板、垛板、散板、哭板、截字板等；调式分为为古调（即山东调）和新调（即柳林调）两种；伴奏乐器有三弦、二胡、压琴、笛了、甩板、醒木等。传统剧目有《大八义》、《小八义》、《七侠五义》、《小五义》、《续小五义》、《五女兴唐传》、《施公案》、《魏公案》、《罗通扫北》、《杨家将》、《呼家将》、《岳家将》、《康熙访山东》、《乾隆下江南》、等百余部。

离石三弦书扎根于民间，在离石及周边地域广为流传。各个历史时期盲艺人流传下来的作品，对于弘扬民族传统文化，丰富人民群众的业余文化生活，促进社会主义精神文明建设有着不可估量的作用。

平遥弦子书

申报地区或单位：晋中市平遥县文化馆

平遥弦子书，又名“平遥盲书”，俗称“瞎子说书”，流传于平遥及周边汾阳、孝义、介休、沁源等地，据《平遥县志》记载，弦子书起源于明末，距今已有300余年的历史。

平遥弦子书的演唱形式起初是单人坐唱，配有简单的弦、板、镲，边奏边唱，后来人员增加，根据内容情节分出角色和红、黑、生、旦、丑的行当，乐器也添置有大、小三弦，四弦，胡琴等。唱腔吸取了晋东南琴书和晋中民歌小调的韵味，后来又逐渐加入地方戏曲、秧歌的一些旋律，开场曲牌有【梵王宫】、【上包头】、【抢亲】等。主要板式有平板、散板、剁板、念唱板等，方言入韵，具有浓厚的地方色彩。演唱内容改编自民间故事、笑话趣闻，后来由明眼人口授，也学说长篇章回小说和连串的古书段。传统书目有《大八义》、《小八义》、《五女兴唐传》、《呼延庆打擂》、《杨家将》、《韩湘子讨封》、《青龙传》等。

弦子书是平遥代表性的传统曲艺形式，在晋中一带都很受老百姓的欢迎。它是在特有的地理环境、经济条件、文化氛围、风土人情等诸多因素下逐渐形成的，具有鲜明的地方特色；通过这一艺术形式，再现了不同历史时期的时代特征，对我们研究、探索平遥的社会、经济、文化等方面的历史有着重要的学术价值。

泽州四弦书

申报地区或单位：泽州县文化馆

泽州四弦书是一种传统曲艺表演形式，因以四弦（四胡）为主要伴奏乐器而得名，主要流行于山西省泽州县及其周边县区。

早期的泽州四弦书只有一人用四弦和腿板自行伴奏，采用泽州当地方言说唱表演。后来，随着社会的发展和进步，逐渐发展为多人伴奏，一人主要说唱。其唱腔主要为板腔体，板式有平板、紧板、介板、三倒板、官韵等；伴奏乐器有四弦、三弦、胡胡、二把以及腿板和大、中、小钹，伴奏方式为间奏式，即演唱时不伴奏；唱词基本为七字句，格式为上下句体，下句押韵；节目以“贯”为单位，“一贯”指节目故事的一个段落，通常演约一个小时，一个长篇节目通常由若干“贯”组成，称为“大贯”；代表性的传统长篇节目有《回文屏》（三十二贯）、《三洪传》（二十四贯）、《烈女传》（十三贯）、《红罗山》（九贯）等，中篇节目有《百鸟朝凤》、《杨八姐游春》、《二老比子》等，短篇节目有《小寡妇上坟》、《光棍哭妻》、《小两口吃粽》等。

旧时，泽州四弦书演员全部为盲艺人，大多二三人结伙，并无班家组织，演出场合大多为酬神、还愿、庆贺等民俗活动。新中国成立后，泽州县成立了以四弦书为主的曲艺队，期间，四弦书的表演出现了站立和走动的形式，乐器方面以二胡取代四弦，并增加了唢呐、小鼓和梆板。进入21世纪后，随着艺人的离世和演出场次的减少，泽州四弦书濒临消亡，急需抢救与保护。

陵川钢板书

申报地区或单位：陵川县文化馆

陵川钢板书是由当地“干板书”吸收河南“四股弦”音乐素材演变而成的一种民间说唱曲艺形式，因说书者手持钢板演唱而得名，流行于陵川全境，盛行时曾流传至泽州、高平、长治、壶关以及河南辉县等与陵川相邻的部分地区。

陵川钢板书以演唱中长篇书目见长，以唱为主，说唱相间，一人多角。其形成年代无文字记载，相传，早在清末这种演唱活动就已渗透到百姓们的婚丧等风俗习惯中。清末民初，出现了艺人相约二三人合作演唱的方式。1946 年陵川成立盲人宣传队，陵川钢板书成为“盲宣队”演唱的主要曲种。演唱的传统曲（书）目有《包公案》、《刘公案》、《响马传》等80余篇。它的音乐唱腔属单曲体唱腔结构，有“引腔”、“正腔”、“紧腔”、“哭腔”等。历史上有名望的演员有刘聚发、王秀魁等十余名。

陵川钢板书作为一种汉民族的民间艺术，早在清末便已渗透到百姓的民俗生活当中，然而由于长期囿于传统形式较少革新创造，加之传承主体局限于盲人曲艺队伍，陵川钢板书日渐衰危，需要大力扶持与保护。

长子钢板书

申报地区或单位：长子县文化馆

钢板书别名“犁铧大鼓”，又称“梨花大鼓”，因说书者手持钢板演唱而得名。清光绪二十年（1894），艺人王双根、朱老三先后携家带口逃荒到长子县，将这种说唱艺术形式带入。因师祖为两人，所以长子钢板书至今仍分南北两派：北派以说为主，演唱真假嗓结合，代表人物有王双根、张余金；南派则以唱为主，全用假嗓，代表人物有朱老三、董小秃、周小唐、陈有命、施全忠、申锁则。

长子钢板书一般不适合多人演唱，表演形式为说书者一人，兼击板鼓，两人操琴，乐器仅有三弦、二胡各一把，如今加入板胡、扬琴、电子琴等乐器。所持乐器不是铜片而为钢板，不是月牙形而为长方形，因铜片悦耳柔和与演变后的曲种音乐不合，而钢板高脆更适合钢板书的曲种音乐，这也是外来曲种变异后融入地方曲调的一种器乐的改革。传统书目有《呼家将》、《小八义》、《响马传》等；新编书目有《谁过谁家的门》、《迈新步》、《访书记》、《四丑开会》、《叫爸爸》、《智取北高庙》等。

长子钢板书从表演形式、唱腔音乐、伴奏乐器到传统节目，都具有极强的地方特点，不仅对研究当地曲艺的历史现状与流变发展很有价值，而且对于研究当地的方言语汇、民风民俗、社会心理等，也有重要的参考作用。

洪洞书调

申报地区或单位：洪洞县祥瑞传播公司

洪洞书调又称“洪洞地方书”或“四音子书”，主要流行于山西省洪洞县及周边的古县、霍州、汾西、浮山等地，是具有鲜明地方特色又为当地民众喜闻乐见的一种曲艺形式。洪洞书调的具体形成年代无文献资料可考。据现存艺人口述的传承谱系推断，至迟在清代末期的道光年间就已经十分盛行，距今至少有150年的发展历史。

洪洞书调的早期表演形式主要为一人自弹三弦，采用洪洞方音表演，说唱相间，以唱为主。唱腔属板腔体，基本曲调为上下两句结构，由当地的民间小调发展而成。后来衍生出平板、慢板、紧板、踏板等板式和“哭腔”、“喜腔”等特色唱腔，以及用于开书的“引子”和落腔的“落板”等。民国初年，出现了二人说唱或一人说唱、多人伴奏的演出形式。伴奏乐器除了三弦，还增用了打琴（扬琴）和单扇镲等，并出现了“洪洞琴书”的别称。约从1905年起，艺人李德云（艺名“李仙”）开始采用四胡伴奏，从此四胡逐渐代替三弦成为主奏乐器。洪洞书调的演出旧时多在民间酬神、还愿、祝寿、贺喜等场合进行，艺人基本上是盲人。传统节目有《王员外休妻》、《九子图》、《朱买臣休妻》、《三堂传》、《三贤传》、《红罗衫》等。20世纪20年代，洪洞的盲艺人成立了行会组织“洪洞县三皇社”，郭宗担任社长。此时的演出组合增至十人左右，乐器增加了笛子、京胡、小唢呐等，并开始使用“腿板”（亦称“甩板”）。

中华人民共和国成立后，洪洞书调的演出活动被纳入群众文化工作，由洪洞县文化馆负责对民间艺人进行管理。并在此前后组织编演了《迎解放》、《四路大军攻临汾》、《十二月生产》、《学雷锋》、《十学王杰》等短篇新节目。伴奏乐器又增加了二胡和八角鼓等。20世纪60年代初，为解决洪洞书调盲艺人的生活困难，洪洞县民政部门成立了盲人工厂，艺人行艺又学工，物质生活和精神面貌均得到改善。

平陆高调

申报地区或单位：运城市平陆县文化馆

平陆高调，原名“丝弦戏”，俗称“山窝子戏”，形成于清同治年间，起初流行于平陆县沙口、张峪一带，后渐扩展至夏县、芮城、临晋、运城及河南的陕县、灵宝和陕西的潼关、滑南等地，因其演奏时所用主奏乐器是四胡（四弦），故又称“四弦书”。早期的平陆高调由盲人及算命先生走村串乡，操四弦、击木鱼演唱，内容多系民间故事与历史传说，主要是在庙会、祭祀、民间婚丧嫁娶等民俗活动中表演。

平陆高调属坐唱音乐，表演形式分为两类：一种是“单体”，指一师一徒的结合体；另一种是“群体”结构，由多人组成。不论何种类型，其名分或流派均以师承相沿袭。曲目内容丰富，多取材于乡土民情、故事轶事，唱词结构分十字句、七字句、乱字句，押韵形式既能一韵到底，也可以由几种韵体交替进行。音乐唱腔属板腔体，共计八种板式：慢板、慢二性板、紧二性板、乱板、催板、流水、介板、数板，除此外，还有二性异板、流板等板式，但均不作为独立板式存在，仅以起板或转板而运用。伴奏乐队由文武场构成，文场乐器有四胡、板胡、小低胡、三弦、二胡、笛子，武场乐器有木鱼、手锣、大小钹、拍板、马锣、梆子等。曲牌有【飞手】、【梳妆台】、【捻线】、【排宴】、【八板】、【二八板】。传统剧目有《怕婆娘》、《挣嫁妆》、《檀香女苦瓜》、《绕二姐吊孝》、《九子图》、《祝英台下山》、《刘秀讨饭》、《打幔帆》等四十余个。

平陆高调集民间说唱与口头叙事作品为一体，从不同角度和层面反映了人间的真善美，突出了当地民性特点及传统道德风貌，具有很高的社会价值和研究意义。

晋东南说唱道情

申报地区或单位：长治市屯留县
晋城市阳城县

道情艺术历史悠久，流传区域广阔。它属道教声腔艺术，源于唐朝道教经韵。最初的道情称道歌，是传道者宣传教义及募捐化缘的工具，称为“道腔”，后来逐渐演变成一些民间艺人为了维持生活在庙会中为人说唱的一种艺术形式，迄今已有三百多年的历史。晋东南说唱道情分布于屯留、阳城等地，由于过去是以地摊说唱的形式演唱，故称其为晋东南说唱道情。

屯留道情又名“莲花落”，俗名“打莲花板”，起源于屯留县的上莲，是当地人民群众喜闻乐见的一种民间艺术。屯留道情在明朝末年初具雏形，以后逐渐兴盛，到清初满汉文化交融时期最后定型，曾流行于长治、长子、潞城、壶关等地，抗日战争开始后，走向衰落。屯留道情唱腔属板腔体，规整有序，富于音韵变化，善于抒情叙事，具有浓郁的乡土文化气息；演唱方式简易独特，演唱者一身多角，表演灵活自如，惟妙惟肖；乐器与道具兼而使用，有简板一副，官钗一扇，筷子一支，无弦乐伴奏，这在全国唱曲范畴中亦属罕见；唱本体例顺畅自然，段落结构层次分明，容易识记；曲目主要有《珍珠倒卷帘》、《林英送茶》、《黑闺女嫁了黑女婿》、《五朵金花》等，故事情节生动，跌宕起伏，以宣扬抑恶扬善、和谐相处、诚实守信、勤劳勇敢、尊老爱幼等传统道德精神为主要内容。

阳城道情因兴盛于阳城南关，故亦称南关道情，其曲调婉转动听，深受人们喜爱。阳城道情历史悠久，传说从元代就有道情说唱的形式，是流行于阳城县境内的一个外来曲种，它于何时何地流入阳城说法不一，不少专家认为，阳城道情音乐具有苏南民间吹打乐的某些特点，很可能是由苏南一带传播而来。阳城道情的唱腔曲牌有【皂调】、【歪调】、【垛板】、【回调】等10个，贯称“十段锦”，其唱腔特色和当地方言土语紧密联系，旋律委婉明快，行腔流畅自如，富于变化，大有苏南民歌轻柔活泼的特点。阳城道情的伴奏乐器为渔鼓、简板、铜板、京胡、四弦、箫、三弦、月琴等，说唱曲目多以道教故事为题材，曲目分为韩（湘子）家和李（翠莲）家两类。韩家的曲目有《拷打追湘》、《七仙点化》、《湘十八救母》等14本，李家的曲目有《何金龙算卦》、《唐王游地狱》、《对金舍钗》等4本。

晋东南说唱道情是稀有的民间传统艺术品种，是上党地区盛开的一朵艺术奇葩。挖掘、抢救、保护这一传统曲种，对道教民间音乐、中国曲艺史的研究具有一定的学术价值。

屯长道情

申报地区或单位：长治市长子县文化馆

屯长道情是屯留道情、长子道情的合称，流传于晋东南长治、长子、潞城、壶关等地，起源无考，当地流传朱元璋以道情说唱煽动民众造反推翻元朝暴政的传说，兹为一说。道情源于唐代道教经韵，初称道歌，用渔鼓、简板伴奏，是传道宣传教义及募捐化缘的工具；宋代吸收词、曲牌，衍变为在民间布道时演唱的新经韵。之后，道情中曲牌一支发展为戏曲，诗赞体一系形成曲目相类的说唱道情。因此，屯长道情乃诗赞体道教经韵的一支。

早期道情唱腔较少，基本是数板形式，只在结尾哼出简单腔调。后来在长期的演唱中，艺人吸收了当地的一些民歌小调，使其逐渐有了比较固定的唱腔，伴奏乐器用小钹代替了渔鼓，但仍保持单人坐唱或走唱的形式。演唱者左手持简板，在小指上拴挂一扇小钹，右手持筷子敲击小钹，和简板配合，打出“啪堂啪堂”的节奏声响，用以奏前奏和间奏，简板一直贯穿始终。

传统的屯长道情属单曲体，一支曲调多次反复演唱，曲调有三种不同的结构形式——单板、双板、插板。演唱方式简易、独特，演唱者一身多角，表演灵活自如，惟妙惟肖。场地随遇性大，亲和力强，具有与观众拉近感情距离的艺术魅力。乐器与道具兼备使用，无弦乐伴奏。代表性书目有《韩湘子传》、《二十四孝》、《谭香哭瓜》、《龙三姐拜寿》、《珍珠倒卷帘》等。

屯长道情系上党曲坛富有代表性的唱曲曲种之一，不仅对研究当地曲艺的历史现状与流变发展具有极高的学术价值，同时对方言语汇、民风民俗、社会心理等方面也有重要的参考意义。

河东说唱道情

申报地区或单位：运城市盐湖区

河东道情，起源于古河东地区，分布于山西晋南一带及黄河两岸。它起源于道教音乐，是道士传播道义的一种吟唱形式，后人称其为“道曲”、“道歌”、“仙乐”。由于在过去是以地摊说唱的形式演唱，故称河东说唱道情。

河东说唱道情的地摊坐唱表演是从表演的语气、声腔中来区分行当的。它搬上舞台后和其他戏曲形式一样，表演人物分生、旦、净、丑四个行当，并根据不同的人物勾画脸谱、包头着装。伴奏乐器分为管弦乐器和打击乐器两大类，管弦乐器以四胡为主，其次是笛子、三弦、二胡等，定音以笛子为准；打击乐器以渔鼓、简板为主，由一人担任，其次是板、马锣、铙钹、分分、小锣、三才板。

河东说唱道情的词本内容，长篇以二十四孝、修仙学道为主，中、短篇主要反映忠义廉耻和民间生活琐事。在说唱时以长篇为主，中、短篇为辅。它的唱词结构形式以七字句为主，六、八、十字句次之；演奏曲牌有【龙虎斗】、【搭秋架】、【愁闺怨】、【满庭芳】、【升三级】、【拐子腿】等；牌子曲（民歌体）有【跌落金钱】、【哭西京】、【两头慢】、【两头紧】、【茉莉花】、【竹节梅】、【桃花帘】、【乐逍遥】、【豆蔻年华】等；主要唱腔曲调有【皂罗袍】、【耍孩】、【紧耍孩】、【撩板】等。

河东说唱道情演出时，常以5—8人为一班（俗称八仙班），多出现于祭祀、庆典等活动。在说唱前，要摆一张八仙桌（俗称方桌），放两把椅子，上首坐的是渔鼓、简板、四弦，其余人皆坐板凳。道情演唱在过去都是用于迎神赛会、祈福还愿、贺寿等习俗活动，在演唱过程中有独特的演唱规约和行话等行业习俗，这成为河东说唱道情区别于其他曲艺形式的主要特征。河东说唱道情曲调优美，极具浓郁的地方特色，无论在文学方面，还是在音乐艺术方面，都有一定的研究价值和艺术价值，成为艺术工作者学习、借鉴的重要艺术形式，同时对研究当地的历史文化、民俗风情等也有着重要的参考价值，是极其珍贵的民间文化遗产。

河东说唱道情

申报地区或单位：运城市永济市

永济道情起源于道教音乐，在长期的流传过程中，逐渐形成了东、西两路流派。东路道情以卿头镇曾家营村为代表，包括卿头、王杆、高淮等村，人们把它惯称为曾家营道情。这一地区在历史上先后属解县、虞乡等县管辖，艺人又多在运城、安邑、临晋、猗氏一带演出，故受蒲州的影响较大。他们伴奏用铜器和鼓板，文武角色俱备，用词典雅，节奏紧凑，风格高昂激越。西路道情以韩阳为代表，流传地包括辛店、王店、双店、盘底等村，群众又称其为韩阳道情。这些艺人多在黄河两岸演出，吸收了当地的语言艺术，在一定程度上受秦曲、眉户的影响，伴奏以三叉板击拍为主，中音乐器较多，旋律缠绵，幽雅动听，具有较强的抒情韵味。

永济道情声腔属板体和曲牌体并用，另外还吸收民间小调的唱腔，主要组成部分是“皂罗袍”、“耍孩儿”。在调式上有宫、徵之分，宫调多表现喜悦的情绪，风格明快豪放；徵调则宜表现忧伤平和的思绪，抒情性较强。永济道情传统曲牌主要有【分手】、【大救驾】、【满庭芳】、【乐逍遥】、【渔翁】、【斗鸡嘴】、【龙虎斗】、【愁肠曲】、【吊死鬼】、【风摆柳】、【滴泪巾】、【拜新年】、【四季花】等，主要伴奏乐器为四弦、笛子、三才板。传统剧目有《尧访舜》、《煞娘家》、《小姑贤》、《隔门贤》、《恩仇记》等，现代剧目主要有《岭南风云》、《开园时节》等。永济道情通过吟、唱的形式劝化人尊老爱幼、助人为乐、勤俭持家、扬善弃恶，在宣传教义的同时，也弘扬了中华民族的优良传统。

太原莲花落

申报地区或单位：山西省太原市

太原莲花落是流行于太原市及其周边地区的一种说唱兼有的汉族传统曲艺艺术，最早出现于南宋时期，当时叫“落花”，属于佛教劝善和募捐的一种演唱形式。

太原莲花落的表演多为一人自打“七件子”伴奏，自说自唱。所谓“七件子”是指表演者分执于两手的竹板，因右手所执两片大竹板，左手所执五片小竹板，故名“七件子”。表演时，先扣大竹板，间配小竹板，大竹板打板，小竹板打眼，相互配合，有板有眼，打板三巡之后，开始说唱，说唱词基本上是七言四句为一段，全用太原方言来合辙入韵，一般以唱为主，间以夹白，边唱边说，抑扬顿挫，尾音稍长，颇合当地人的口胃。其传统曲目多为脍炙人口的历史故事，长篇的有《五女兴唐传》、《万花楼》和《呼延庆打擂》；短篇的有《小两口打架》、《小寡妇上新坟》和《夫妻格水》等。

大同数来宝

申报地区或单位：大同市工人文化活动中心

大同数来宝是一种使用大同方言以对口为主的说唱曲艺形式。大同地区历来就有说“串话儿”（顺口溜）和方言快板儿的传统，清朝末年盛行一时。最有名的说唱艺人有“侯买客”和“夏哈巴人”（夏俊）等。

大同数来宝表现内容广泛，既展现当地风土民情，又反映时代热门话题，歌颂真善美，鞭挞假恶丑；既有快板的辙韵吟诵之美，又有相声的幽默风趣之风。说唱者以己自喻，嬉笑怒骂，妙趣横生。其题材涉及广泛，从20世纪70年代的《怨谁》开始，有喜事新办、计划生育、老年再婚、交通安全、商业道德、环境保护、综合治理、体制改革、下岗就业、禁绝赌患、破除迷信、反腐倡廉、诚信建设、构建和谐社会及对大同古城的热情赞美等内容，该曲艺形式从内容到形式都很接地气，又因语言的鲜活性、生动性和地域性，深受广大人民群众的热爱。

大同数来宝主要作品有《怨谁》、《喜事新办》、《动手术》、《好大大》、《老来俏》、《家丑外扬》、《逢九》、《夸大同》、《七嘴八舌拉家常》、《酒后失言》、《望子成龙》、《老婆的外遇》、《亲子鉴定》、《防不胜防》、《婆媳之间》、《男大当婚》等。

离石弹唱*

申报地区或单位：山西省吕梁市离石区

离石弹唱是一种历史悠久的传统说唱艺术，起源可上溯至宋代。现流行于山西省离石、柳林、方山、中阳一带，相传约形成于清代中叶。据《永宁州志》和《离石县志》记载，离石弹唱源于宋代孔三传所创的说唱艺术——诸宫调，后受元杂剧和明清小说的影响不断演变发展，民国至20世纪五六十年代，又吸收了道情戏、民歌、二人台、秧歌等的艺术精华而达到鼎盛。离石弹唱最初主要流行于离石、中阳、方山和柳林一带，后不断传播，现已辐射到了晋陕黄河流域，深受老百姓的喜爱。

离石弹唱的表演形式是在乐队伴奏下，男女演员手持彩扇边舞边唱，唱手最少二人，最多十几人不等。演唱曲词丰富，常用的有“四大景”、“八小景”、“闹五更”、“九湾十八洞”等，代表性曲目为【审录】(王金龙与苏三的爱情故事)，还有【关公挑袍】、【金钱莲花落】、【赶舟】、【唤妹子】、【借顺顺】等，伴奏乐器有三弦、四音子(四胡)、笛子、管子、笙、四块瓦等。

演出场地不限，街头、院落、广场、庙会或舞台上都可表演。表演的唱词一般都是即兴创编，四句一节，句句讲求押韵，反映的都是现实生活，唱词自然朴实、简捷明快。

弹唱的表演方面融宋代说唱的诙谐、戏剧唱腔的高亢、二人台和民歌表演的活泼明快于一体，声情并茂，再加上道具的衬托和晋胡、管子等特殊乐器的音乐表现，活灵活现地反映了劳动人民对“乐”的调节、对“生”的希望、对“性”的渴望和对“情”的自觉，是当地民间文化的“历史活化石”。

阳泉评说

申报地区或单位：山西省阳泉市

阳泉评说起源于平定，发展在阳泉。它以阳泉方言为基调，吸收普通话吐字咬词的语音，赋予方言特有的韵律和不规则的节奏，长短句式，合辙押韵，表演说中有评，评中带说，风趣幽默。表演形式分为单人、双人、多人和化妆评说等多种。

---

* 该项目省级名称为《柳林弹唱》，申报国家级项目后改名为《离石弹唱》，本书以国家级项目名称为准。

阳泉评说是民间艺人郗富根（1889—1964）于民国初年收集平定乡里秧歌、迓鼓道白等地方曲艺，结合当地特有的方言韵律，吸收北京天桥卖艺的曲艺形式，创造出的一套以说为主、格律自由、方言韵白、风趣幽默的单人演说形式"哈哈笑"。后人在此基础上，加工发展为阳泉评说，并将之搬上舞台，现已成为以阳泉为中心的一种地方性民间乡土艺术。

阳泉评说是平民化的艺术，反映的是老百姓的生活感触、喜怒哀乐，内容通俗易懂、简单明了、俗中有雅、浅中寓深。它具有漫画式的特点，善于运用讽刺、夸张的表现手法，风格诙谐幽默，是一门笑的艺术。

阳泉评说在一定程度上记录了山西东部地区不同历史时期中的社会变迁，展示了阳泉的民俗风情，民众的伦理道德观、审美情趣，是地方社会文化的一个缩影，具有鲜明的地方特色和浓郁的乡土气息，是一项珍贵的民间口头文学遗产。

垣曲镲

申报地区或单位：运城市垣曲县文化馆

垣曲镲，俗称"镲口"、"镲段"、"打镲"，是流行于垣曲县历山镇、古城镇、王茅镇、华峰乡、长直乡、解峪乡、皋落等地的一种说唱曲艺形式，可用第一人称代言，也可用第三人称叙述，与快板、快书相近。

垣曲镲产生于何时无明确记载。据村民口述，早期打镲多活动于田间地头、街头巷尾，用以逗乐取笑；一般用手拍，嘴伴奏作为节拍过门，镲手见景生情，即兴演说，少则两句，多则不限，时称"干板镲"。后来，为了便于演员演说，增设小手镲作为击节乐器，演出时，演员一般无动作，打镲时站舞台中央，过门中左右走动，表演贴近生活，深受民众喜爱。从现有资料来看，镲在清末就已经在垣曲县盛传。

垣曲镲以节奏为主，清一色方言土语，只说不唱，没有旋律，演员手持打击乐伴奏过门，无其他道具。唱词辙韵较为自由，两句一韵脚，四句一段，古城方言入韵。句式以七字句居多，基本结构为"二二三"，也有多字句，都是在七字基础上加减衬字、衬词而形成的。镲段必须精炼，情节不宜太复杂，主要结构为开端、扣子（情节的铺垫）和结局。伴奏乐器简单，主要有小手镲、锣、鼓，击法为"咚咚嚓、咚咚嚓、咚嚓、咚嚓、咚咚嚓"。表演形式便易，一般独角演出，方言表述，停顿时以小钹或小锣伴奏，演员踩着"镲点"踱步，伴奏完毕，再回到舞台中央进行下一节，结束时伴着锣鼓退场。

垣曲镲是一种说唱叙事表演艺术，有着浓郁的地域特色，是垣曲这片古老土地上民间传统文化积淀的佳品，具有厚重的文化底蕴和艺术价值。

河津干板腔

申报地区或单位：河津市文化馆

河津干板腔俗称撂干嘴，是流传于河津市樊村镇、僧楼镇一带的新兴曲艺种类，因演唱时无伴奏，全凭演员一张巧嘴干说而得名。撂干嘴原本是民众上山取炭、砍樵时自编自唱的口头创作，后来渐渐引入“社火”表演，最终登上舞台，1964年晋南文艺汇演时被正式命名为“河津干板腔”。

河津干板腔表演时无须伴奏，但听起来却有板有眼、快慢有致、抑扬顿挫、强弱分明。句式一般为七字句，节奏为四三，方言入韵，要求上下句同韵，即上平下亦平，上仄下亦仄，且韵脚还须同一声调，在平声韵中要区别阴平、阳平，在仄声韵中，要区别上、去、入，不同声调一定不能相押。表演形式有单口干板腔、群口干板腔两种，演唱内容不固定，随编随演，即兴发挥，可以表彰好人好事、开业庆典、上梁过寿、结婚典礼等欢快的内容，也可以揭露坏人坏事，讽刺黑暗面。传统段子有《转柬》、《走满月》、《熬活》、《小女婿》等，比较出名的表演者有史进生、史二窝、王蛮蛮、杨玉林、董朝元、马秀海、李法元、王合立等。

河津干板腔是一种独具地方特色的民间曲艺表演形式，无乐器伴奏，随编随演，用韵灵活，从清中后期到今天一直是当地民间社火中必不可少的说唱表演节目，具有重要的艺术文化研究价值。

陆

六、传统体育、游艺与杂技

山西省非物质文化遗产代表性项目名录

形意拳

申报地区或单位：太谷县形意拳协会

形意拳是流行于太谷及其周边地区，一个内外功兼备、单练对练齐全、实践理论皆有的大派拳种，长期练习可以强身健体。

道光二十九年（1849），神拳李老农（名飞羽，字能然）在太谷护院保镖时，首将祁县戴氏心意拳传入境内。其后十几年间，他与弟子车毅斋、贺运恒以及李广亨等经过反复实践、潜心研究，在心意拳基础上发展创编，并命名为形意拳。

形意拳的内容包括形意基本功——三体式桩功，形意入门拳——十二路形意弹腿，基本拳法五行拳（劈为金、崩为木、钻为水、炮为火、横为土），十二形拳（龙、虎、猴、马、鼍、鸡、燕、鹞、骀、蛇、鹰、熊），六合拳、进退连环、鸡形四把、八势拳、杂势锤、形意连拳等形意单练套路，五花炮、九拳、五踩六捶、五行炮、挨身炮、连环手、九套环、十二连捶、劈捶、十六把等形意对练套路，还有攻防要道、实用技法等。形意拳以“人之形为物之形，物之意以人意悟之”为立法之本，象形取意，服务拳法。形意拳以“四象”为根，“三节”为用。“四象”即“鸡腿、龙身、熊膀、猴相”；“三节”，以一身而言，分之为三节，即躯干为中节，脚腿为根节，手臂为梢节。

形意拳经过几代人的不断努力，吸收少林拳、太极拳、八卦掌等拳种的长处，结合实践、总结经验，内容、功法、技法日趋成熟，理论、套路、技击逐渐向完整的体系发展。

心（形）意拳

申报地区或单位：山西省晋中市

心意拳，又称六合心意拳、心意六合、形意拳，主要流行于山西晋中及其周边地区，是中国四大优秀传统名拳之一，常用于防身护镖和强身健体。自明末清初，心意拳逐渐形成比较明晰的具有广泛代表性的三大主要流派：一为以河南洛阳马学礼等为代表的河南马派心意拳；一为以四川金道人（金一旺）为鼻祖的金家功夫（心意拳）；一为以山西戴隆邦、戴文雄、郭维汉、李洛能等为代表的山西心意拳。山西心意拳在基础桩功、拳架、拳式、练习方法、要领、要求和拳术套路等许多方面产生了重大的变化，理论体系和技术体系发展得更加严谨、系统和完善。

山西心意拳的主要拳法分为以下几大类：1.劈、崩、钻、炮、横五形拳；2.龙、虎、猴、马、蛇、鸡、燕、鹞、鹰、熊十形拳；3.乌牛摆头、狸猫上树、饿狗扑食、野马践槽、灵蛇拔草、金鱼抖鳞、鹞子穿林七小形；4.裹、践、钻三拳；5.崩、背、炮三棍；6.养、坐、开、闸、砸、竖、射七步丹田功；7.一至五趟螳螂闸势捶；8.挑顶、云领、展截、裹胯四把；9.蹲猴势桩、浑元桩、三才桩、两仪桩、童子功等功、技、法、式等。

山西心意拳讲究“心与意合，意与气合，气与力合，手与足合，肘与膝合，肩与胯合”，是一门内外兼修、练养并蓄、阴阳互易、静动相协、师法自然的优秀内家拳。

心意拳

申报地区或单位：永济市心意拳协会
祁县戴氏心意拳协会

心意拳亦称“形意拳”、“际可拳”，明末清初由山西蒲州（今永济市尊村）人姬际可创立，因其内载五行连环，龙、虎、马、鼍、猴、鸡、鹞、燕、蛇、鲐、鹰、熊等形具备，象其形、取其意，形意拳由此而得名。

自姬际可创拳之后，经山西祁县戴隆邦、河南马学礼二人传承，形意拳便兴盛于大河南北。戴隆邦传河北李洛能，以五行拳为基本拳法，是为形意拳之北派；马学礼以鹰、熊二式为根，是为形意拳之南派。因此，在传承过程中又有“心意拳”、“心意六合拳”、“六合心意拳”、“形意拳”等多种称谓，但均为一脉相承。

心意拳以“心之发动曰意，意之所向为拳”作为拳理，以金、木、水、火、土“五行生克”为内涵，以“六合”为法则，参照少林寺龙、虎、豹、蛇、鹤五拳，以龙、虎、马、鼍、猴、鸡、鹞、燕、蛇、鲐、鹰、熊十二形为基本功夫，结合大枪术，创立了劈、崩、钻、炮、横五行拳和心意六合拳，即“心与意合、意与气合、气与力合、肩与胯合、胯与膝合、手与足合”。另有连环拳（21式）、杂式捶（45式），皆由五行拳和十二形相衍而生。

心意拳融技击性、观赏性于一体，不仅可以强身健体、陶冶情操，而且可惩恶扬善、维护地方治安，具有极高的文化价值和社会价值。

洪洞通背缠拳

申报地区或单位：洪洞县通背缠拳协会

洪洞通背缠拳又名“通背拳”、“洪洞通背”，是一种古老的传统武术拳种，主要流行于山西洪洞及周边地区，通常用于防身健体。通背缠拳最早可追溯至宋代，自清乾隆年间先辈郭永福大师传艺洪洞以来，已盛行二百多年，传播十余县，其习练者众多，名师辈出。

洪洞通背缠拳有其鲜明独特的拳理、拳法和技术要求。“通背”者即周身通达、力从背发之意也。“背”为周身活动中心。“缠拳”者含意有三：其一为缠绕之意，为化敌力之法；其二即手法，变化无穷、攻防不止、破法不断，如同缠住对方一般；其三为此拳的最高武功秘笈招法，称之为二十七路缠手，故此拳名曰“通背缠拳”。洪洞通背缠拳有完整的技术体系、文化内涵。套路分为“母拳”套路、“子拳”套路、器械套路、对练套路四大类。“母拳”为一百单八势，分9排，其中内含顺缠、逆缠、顺绕、逆绕，得手而缠，随手而绕，以缠绕求进、求化，以小力胜大力询四两破千斤之法，还包括行拳二十四势、行拳二十八势、散打七十二招、短打一百零八招。“子拳”秘诀套路有三十二路套手，二十七路缠手，是该拳种的灵魂。器械有长、短、杂、软四种。对练套路有徒手对练、器械对练、多人对练、徒手对器械对练。

通背缠拳是中华武林艺苑中的一颗明珠，它在健身养生、传承中华武学文化等诸多方面都有着极其重要的价值。

文水长拳

申报地区或单位：文水县左家拳总会

文水长拳是北方武术中较有影响的一种拳术，因由清朝著名镖师左昌德创始，又名左家拳，迄今已有近二百年的历史。

文水是“武术之乡”，孝子渠村坐落在县城西南，因历来有练拳的习俗，世人称之为“拳窝子”。清光绪年间，左昌德就出生在这里。左家拳初始于家传，精技于师授，丰富于交友，践行于保镖。左家拳是左昌德等几代人在不断实践中，汲取各派武术精华，结合实战而形成的拳术，具有典型的北方拳风格。以腿见长，主要腿法有踢、蹬、踩、踺、踹、摆、钩、扑、跺、挂等10种。谱曰：“手是两扇门，全凭腿打人”，“左家弹腿天下走”就是对左家拳威力的考评。

左家拳在历代子孙的传承中，已形成体系完整、结构严谨的拳法，其中“面掌”、“弹腿”和“虎头双钩”堪称左家三绝。纵观左家武学，经过历代左氏传人的创造，在健身养生、传承中华武学文化等诸多方面都有着极其重要的价值。至今该拳还在山西、陕西、北京、江苏等地广为流传，习者甚多。

南少林五行拳

申报地区或单位：太原市万柏林区体育总会

南少林五行拳又名“行迟功”，此拳源于福建少林寺。据《少林五行柔术谱》记载，清乾隆年间，福建少林寺寺僧妙丹禅师会此术，因寺被火焚，被迫出走。行到直隶（今河北省）通州境内，有李恩元拜妙丹为师学此艺数年，李传其孙李志英，李志英在天津开设镖局，广交天下武林英杰。后有山西太谷县人董俊，字秀升者，于清光绪辛丑年慕名往学，遂将此拳传入山西太原一带，该拳术在太原、清徐、晋祠、榆次、汾阳等地影响很大。

南少林五行拳历经二百余年，七代沿袭和传承，套路严谨，拳法多变，有坐功、动功、静功、桩功、对练、套路、器械，适合不同年龄、体质的人练习，并且不受场地、季节的限制，对提高广大群众身体素质，开展全民健身运动有积极的作用。但由于历代拳师收徒谨慎，大都遵循“宁可失传，不可乱传”的古训，所以传承链条脆弱，急需抢救、保护。

傅山拳法

申报地区或单位：太原市尖草坪区傅山文化园

傅山拳法系我国明清时期的历史名人傅山先生所创，至今在民间已流传了三百余年。

傅山将养生功法八段锦与道家紫微八卦午之精华相结合，创编出傅山拳法。此拳技法多样、姿势舒展，融太极拳与道教健身术于一体，既能养身健体，又具搏击防身之功。20世纪80年代中期在武术资料挖掘整理中，山西省灵石县蔡承烈献出了一册光绪六年（1880）的《傅拳图》手抄本。其内容主要有六十多个套路动作名称和图像，还有六路傅拳名称的记载，经北京傅山拳师李思元、程怀玉认证，确系傅山先生所创“傅山拳法”，即“子午太极拳”，又称“绵山太极拳”。在此基础上又经多位专家研究、考证，于1987年12月出版了《傅山拳法》一书，从而使这一多年埋没于民间、濒临失传的古拳法重见光明。

傅山拳

申报地区或单位：晋中市灵石县武术协会

傅山拳，原名朝阳拳，系反清义士傅山先生所创，流传于灵石县城、两渡村、夏门村一带。据《灵石县志》、《何氏家谱》记载，清初傅山在灵石县介庙、石膏山寺庙隐居，传道、讲学、行医，兼授武艺，期间曾受聘两渡村名门望族何家。何氏子女学文习武，并珍藏《傅拳图》手抄本留于后人。从此，傅山拳流传于灵石，至今已有300多年的历史。

傅山拳以道家气功之吐纳导引，医家之经络走向，结合易筋经、八段绵、紫微八卦等武术精华编创而成，今流传有傅山太极拳81式、太极剑51式。傅山拳法的整个套路，结构严谨、动作起承转折、自然顺道、轻灵柔活、沉着稳健。动作刚劲且柔，以柔克刚，刚柔相济，攻守自如；架势有高有低，动作有快有慢，高低呼应，快慢相间，先文后武（即先慢后快），文起武收。演练时，要求虚领顶劲，含胸拔背，沉肩垂肘，提肛圆裆，进退稳健，虚实分明。由于该拳具有捋、挪、挤、按、采、挒肘等技击手法，还有踢、打、摔、捧、拿等技巧，是攻防实用性较强的套路。傅山技击动作的组合符合攻防技击的变化规律，在战场捕俘、肉搏、侦察，平时的防身自卫、社会治安等方面，都有实用价值。

傅山拳既有强身健体价值，又有攻防技击绝招，还有优美的艺术观赏性，适合中、老、青少年习练，尤以体弱多病、年老者最宜。

杨氏太极拳

申报地区或单位：太原传统杨氏太极拳协会

杨氏太极拳是历史悠久的汉族拳术，太极拳的重要流派之一，由杨露禅祖孙三代及其弟子等人在陈氏太极拳的基础上发展创编而成。因杨氏太极拳姿势开展，平正朴实，练法简易，故深受广大群众热爱，开展得最为广泛。

杨式太极拳的基本内容包括太极拳理论、拳术套路、器械套路、太极推手等几部分。太极拳理论介绍太极文化理论、中医经络学理论、道家引导吐纳术、太极拳拳理等内容。太极拳套路有杨氏拳103式和49式之分；器械套路包括杨氏太极剑67式、太极刀13势、太极杆等。太极推手可分解为定步、活步、大捋、乱踩花等架式，基本动作有掤、捋、挤、按、採、挒、肘、靠、进、退、顾、盼、定（13势），要求习练者虚领顶颈，含胸拔背，松腰，分虚实，沉肩坠肘，上下相随，内外相合，用意不用力，相连不断，动中求静（10要），基本要领是抻出肘尖，空出胳肢窝，肘尖拽膀尖，连手腕，带手指（20字诀）。太极拳的本质主要是技击，是自卫防身。杨氏太极拳更是如此，它强调上下相随，不丢不顶，外柔内刚，绵里藏针，暗含发劲，藏而不露，打人不露形，它以舍己从人，引进落空，以柔克刚，后发先制，四两拨千斤的独特技击风格，威震武坛。

杨氏太极拳自创始以来一百八十余年代代相传，不断发扬光大。对这一中华优秀文化遗产我们理应备加爱护，妥为保存，并不断发展，使之越来越丰富完备，为人类的健康事业和社会的文明和谐发挥其应有作用。

洗髓经健身术

申报地区或单位：山西省群众艺术馆健身中心

洗髓经健身术主要分布在太原市、晋中市一带。“洗髓经”是我国古老的传统健身法，相传为达摩所创，距今已有1500多年的历史。

19世纪末，形意拳大师、中国武术协会委员布学宽先生首先认识到脊椎锻炼的重要性，并开始注意围绕腰椎脊柱进行运动，以加强腰椎颈椎的肌肉力量，使“夹脊洗髓”、“清虚其内”变成可能，后来与按摩头部穴位结合起来，将大脑与心脏锻炼合为一体，达到“清身涤虑”。他通过对形意拳的学习和了解，又与形意拳中的内脏修炼法相结合，形成外动内养、内外结合的独特内功修炼方法——洗髓经健身术。

洗髓经健身术，源于古老、传统的健身方法。它是一种围绕腰椎脊柱进行颤动、屈伸、旋转等，并以锻炼腰椎脊柱韧度及强度为主要内容的综合性健身方法。东方传统体育养生法，如中国的易筋经、洗髓经、八段锦、五禽戏等，以及印度的瑜伽都十分注重脊柱的旋转屈伸运动，这也是东方传统体育的运动特点之一。众所周知，易筋经、洗髓经、八段锦、五禽戏均是我国传统体育养生的珍贵宝典，它们根植于民族传统文化之中，有着悠久的历史，是在长期实践的基础上形成的。

由于社会的不断发展及生活节奏的加快，腰椎和颈椎病逐渐成为现代发病率较高的疾病。目前针对颈椎、腰椎的治疗方法，较普遍的是中、西医所提倡的牵引、手术及药物治疗。而洗髓经健身法主要针对腰椎脊柱进行综合锻炼，是一种更主观、更积极的方法。因此，经常练习洗髓经健身法，有助于加强腰椎脊柱的锻炼，能变化人之气质，修先天之本，使任督二脉流通，骨、髓、脑三者均充实健壮，实现强身固精、元气旺盛、精力充沛之功效。精气足，则可不断地补益脑髓，健康中枢神经系统，因此可以说，洗髓经是针对人体最高司令部——大脑的良好体操，也是形意拳修炼内功心法的主要方法之一。

浑元一气功

申报地区或单位：武警山西总队

浑元一气功，又名一气浑元功、罗汉护体浑元一气功等，乃嵩山少林寺秘传硬气功，主要是练习抗击打能力、耐承受能力和击打能力，由清末拳师王新年所创，在山西境内流传于晋中部分地区。

浑元一气功分为内练和外练。内练是基础，主要是练气功，分为养气法和叫气法两部分。外练就需要两个人才可以练，具体而言，又有以下步骤：第一步是碰撞法，就是人体与人体相同部位互碰互撞的对抗性运动，使皮质神经和五脏六腑逐步适应重力的碰撞，提高抗震力和增强身体的耐承受力。第二步是抽打法，是由面到线条的适应，用条式铁沙袋为锻炼器械，对自身27个部位52个点面，以条线形成面积，进行力度渗骨的抽打，起到外练的作用。第三步是拍打法，是在抽打法的基础上利用武术器械三节棍，将受力面积发展至以点渗力的自我击打法。接下来就是击打法、头颅法、腹渗法、互打法等具体的运用练习，这个时候的练习就开始锻炼用手指砸砖块、用头砸石块、用铁锤打腹部等。

浑元一气功是一种将气功法和传统拳术有机结合的武术，它不仅吸收了硬气功防守护体的长处，而且能进一步发展到兼顾防守与进攻的统一。长期习练者既可调气养生，又能防身护体，兼具内气集运与实战抗击功效。

晋阳风火流星

申报地区或单位：太原市晋源区

晋阳风火流星，俗称"火流星"，是一门融民间杂技与武术为一体的民俗社火表演艺术。

风火流星是把一米多长的绳子两头各拴着一个十几岁少年拳头大小的铁笼，里面装有炽热的炭火，表演者通过两手做背花、馒头花等动作，使绳子两端的铁笼在空中由慢到快地旋转，笼中火花四溅，火借风势，风助火势，形成的各种各样的图案。一般是在晚上进行，可以单人或多人表演，期间还能够做行、站、坐、卧、翻、滚等多种动作，人在火中，火随人转。表演的套路与武术套路大致相似，有双龙开道、火龙缠身、悟空舞棍、火龙十八滚等。其表演由小锣鼓来配乐，在不同鼓乐声中变换动作，时而紧凑，时而舒缓，时而高昂，时而低沉，扣人心弦。

风火流星将锣鼓艺术、民间杂技、传统武术融为一体，表演时能够产生出惊险刺激的视觉效果，因其制作简单，易于携带，内容质朴，长期练习既能强身健体，又可丰富群众的文化生活而深受百姓喜爱。

晋阳三三叉

申报地区或单位：太原市晋源区武术协会

耍叉，又名舞叉、飞叉等，是一种杂技表演艺术，常常作为民间社火的传统节目留存于各地。山西的民间耍叉内容相似，形式各异，主要分布于晋中、晋南部分县市。

晋阳三三叉流布于太原市晋源区东城角村、西寨村、东庄营村一带，源自古代屯军士兵闲暇时的娱乐杂耍表演，后来逐渐演变成为逢年过节时的社火演出，并带有祈雨、求福的意蕴。

三三叉，根据道具的大小，分有大、小飞叉。大飞叉是一米多长的木棍，顶端套着带有三个分叉的铁器，棍子上还带着三个镲、两个环，以求在表演中能发出响动；小飞叉与大飞叉的样式相同，只是长度略短，而且棍和叉是一个整体，全部为铁质。表演者将道具通过胳膊、肩膀进行舞动，不需要配乐。表演形式有站、蹲、躺，分为单人表演、双人表演、混合表演等。套路有蝎子翘尾、凤凰单展翅、凤凰双展翅等。

晋阳三三叉是优秀的民间地方文化，挖掘、抢救、保护此项杂技艺术，将对拓展古晋阳民间文化的内涵，促进和带动地区民间杂技的发展，丰富群众文化生活，提高人民的身体健康水平，构建和谐社会具有重要的意义和作用。

寿阳耍叉

申报地区或单位：晋中市寿阳县文化馆

寿阳耍叉是流传于寿阳县黑水村一带的民间杂技形式。据老艺人回忆，旧时当地每年要在农历六月初四到鹿儿山赶会，为寿星祝寿或得雨还愿，六月初六还要在黑水村赶会。届时要请巫师念动咒语，驱邪辟鬼，消难免灾，耍叉是集会上的必演节目。清中后期，寿阳地区习武成风，大批武术、杂技把式涌现，耍叉技艺日臻完善，曾被召入宫中为慈禧太后做专门演出。

寿阳耍叉就是在武术中诞生的一种民间杂技表演形式，表演者10—50人，赤背赤膊上下滚动着铁叉，表演时铁叉在手、臂、肩、背、脖、胯、腋、膝、腰、臀、腕、髁、头等全身部位不停转动，铁环不时发出阵阵响声，围观者拍手叫好。还有一种小铁叉，长仅2尺，较大铁叉易于掌握，表演时两手持两根尺余短棍，上下翻动，甚是别致。据老艺人回忆，耍叉的表演套路古代有五十多种，现在能够想起来的有插花盖顶、二郎担山、海底捞鱼、凤凰展翅、金钩钓鱼、金鸡劈马、单双膀花、金丝缠蔓、蛇心背剑、金鸡串瓣、歪大瓮、打把儿、掏麻雀、高飞叉等30余种。演出者一般头罩白毛巾，身挂红兜肚，上身赤膊，下身穿黑裤，脚穿煞鞋。演出道具有4尺长铁叉，每人1根，一端为叉，另一端为梭枪、红缨、铁环，分大、小两种。

在寿阳，人们把民间杂技武术耍叉作为健身锻炼和民俗表演的一种方式，每逢重大节庆日都要进行此活动。它不仅是一种民间杂技，也是“寿文化”的重要内容，对研究寿阳地区的历史、民俗、传统杂技等方面具有重要的学术价值。

火叉

申报地区或单位：临汾市翼城县文化馆

耍“火叉”是流行于翼城县晓史村的一项民间社火表演形式，具体形成年代无考。据艺人们口传，清末山东一曹姓人落户晓史村，靠给人打短工为生。此人精通武术，将火叉融入当地“符册十社三月十二搬神庙会”，之后每逢村里闹元宵和各种庆典表演，火叉都以固定节目参与，还多次应邀去邻县曲沃、浮山等地演出。

耍火叉是一种民间表演艺术，人数不限，15—20人最佳，其道具是一根似“山”形的铁叉，上面带有3个铁环，安装在长约1.2米的木棍上，可行进表演，也可圆场表演。表演技艺有盘旋、有挽花、有掷空、有穿跨等。盘旋又分大盘、小盘，小盘是双手双臂挫动使火叉左右来回旋转，大盘是两臂敞开靠臂力使火叉来回盘旋，又称为“火龙盘旋”。挽花分单手挽花、双手挽花。单手挽花是一个手臂拨弄火叉成轮状上下转动，双手挽花是用双手双臂让火叉上下轮转。掷空是耍火叉的亮点，是在盘旋之后，将火叉用臂功旋转掷空，高达两丈上下，如彩练横空。好把式能连掷数次，且都是臂掷臂接，人们称之为“火龙腾空”。穿跨是在挽花时将火叉从胯下穿越，好把式才能做到，人们称之为“火龙越涧”。耍火叉时配器贯用打击乐，主要有鼓、锣、钹，一般打花鼓点，用以增强气氛。

耍火叉融舞蹈、杂耍于一体，要求多人合作，配合默契，该技艺经过数代人的完善、加工，已形成一套完整的表演程式，具有重要的民俗学、社会学、体育学研究价值。

鞭杆

申报地区或单位：盛甫武术研究院

鞭杆又称鞭杆子，汉族武术短器械之一，在甘肃、山西、宁夏、陕西等省流行较广，尤以山西为盛。据不完全统计，山西境内传有八仙鞭、12手鞭、13鞭、15手鞭、24鞭、32手螳螂鞭、36鞭、梅花双十字鞭、三才鞭、尺八鞭、56手舞花鞭、盘龙鞭、63鞭、心意六合短棍、八合鞭、乱马撅、子母顺手鞭、纽丝鞭、九连环鞭、七星鞭等，其中最具有代表性的是五台人张含之及弟子陈盛甫、杜大兴、武跃文等传授的驼骡鞭。明清时期晋商以骆驼和骡马组成驮帮，向外输送煤炭和土特产以交换钱物和生活用品。在当时的条件下，骆驼与骡马是长途运输的主要工具，晋北的驮帮主要往来于西北口外（今内蒙一带），由于路途遥远，常有强盗拦路抢劫，为了自卫必须进行武功修习，在实际外出运输中，深感携带刀、枪、剑、棍等武器既不方便，又惹人注意，因之发明创造了用赶骡马的鞭杆代作武器，经过长期的实践和武术家的提炼，便形成了简便实用的技法和不同的套路，一直流传至今。

鞭杆既可以单练，也可对练（如“鞭杆对打”），鞭杆的基本套路有“十三鞭”、“三十六鞭”、“陀螺鞭”等。演练时，单手或双手持鞭杆，梢把并用，常常调手换把。其击法有戳、劈、挑、扣、蹦、点、击、撩、拦、截、拨、架、推、挎、绞、压、舞花等。演练中要求手不离鞭，鞭不离身，走鞭换手干净利落，动作有左有右，身法伸屈吞吐，方法刚柔相济，力贯鞭梢。

鞭杆深受民众喜爱，它包含了多种武术器械技法的精华，其理论体系与传统哲学、兵学、医学有着密切的关系，具有重要的研究价值。

铁礼花

申报地区或单位：长治县民间文艺家协会

“铁礼花”民间俗称“铁犁铧”（犁铧熔化铁水向空中打散），是流传于上党地区的节日社火活动。长治地区冶铁业兴盛，旧时，每逢农历二月十五或七月十五，当地人有在老国槐树下用融化的铁水向枝叶间散打的习俗，人们选用这种方式寄托对“屈死鬼”的同情，祈望他们能像铁树开花一样，再世成人，从而形成了鬼节打铁礼花的习俗。后来，随着社会的发展，“铁礼花”逐渐演变成人们在紧张劳作之余，祈盼生活富足，用以放松身心的一种节日社火习俗。

“铁礼花”习俗与当地传统节日密不可分，主要有“添仓节”、“老君节”、“神农节”、“元宵节”等。打铁礼花时，要选用铸炼铁器后的报废铁料，经坩锅熔化成铁水，专人负责抬出铁水，铁礼花关键在于一个“打”字，老练的艺人舀出铁水放在木板上，手持另一块打板猛击放着铁水的一头，铁水被击打出去，碰到树枝，向空中迸射出万道光芒，凌空绽放、流星陨落、光彩夺目。此时，艺人们旋转着“火伞”、奔跑起来的“火牛”、腾空飞舞的“火龙”，一个个活灵活现的表演构成了一幅绚丽多彩的民风民俗图。为防止被飞溅出来的铁花烫伤，打铁礼花的艺人一般头戴一个用水浸湿的帽子，并且把老羊皮袄反过来穿在身上，手里拿的勺子是用木头做的，并且需要在水里浸泡一天，才不会燃烧。

“铁礼花”产生于劳动人民的生产实践活动，与人民生产生活息息相关，为我们研究上党地区经济和社会生活的变迁提供了大量的实物资料，具有重要的历史文化研究价值。

挠羊赛

申报地区或单位：山西省忻州市

挠羊赛是山西省忻州市一带盛行的以活羊作为奖品的摔跤比赛。1960年在全国文教群英大会上，忻州（当时称忻定县）获得“摔跤之乡”的美称。

据《旧五代史》记载，忻州远在唐朝就已有群众性的“角抵”活动。据考古学家、文博研究员李有成先生考证，挠羊赛起源于明洪武二年（1369），是由忻州传统的“角抵”演变而来。当时忻州的民俗风情是“安家先安神，建宅先建庙”，出现了村村有寺庙、巷巷有神堂的现象。每座寺庙都定期或不定期地举办盛大庙会，“酬神演戏，角抵斗胜，蔚然成风”。角抵斗胜者连续摔倒六个人之后，奖给祭祀“神灵”的活羊一只，获胜者将羊高高举起，绕场一周，向“神灵”表示敬意，向观众致以谢意。这一竞技活动民间就称之为挠羊赛（忻州方言“挠”即举起的意思）。挠羊赛在近千年的流传中，与忻州人民生活密切相关，当地有“立了秋，挂锄钩，唱戏挠羊放牲口”的民谣。

传统挠羊赛的选手不着跤衣，上身赤裸，不论体重轻重、年龄大小。主办方聘请有经验的老者作为比赛裁判。比赛时，除脚以外的身体部位不能着地，否则判输。比赛一跤定胜负，失利者下场，胜利一方留在台上接受下一位选手的挑战。连续摔倒五人则被称作“好汉”，而连胜六人的选手将被誉为“挠羊汉”（五和六据说与关羽过五关斩六将有关）。“好汉”和连胜三人以上的选手也有奖品。现今的比赛一般沿袭传统规则，变化不大。

太谷绞活龙

申报地区或单位：太谷县文化艺术中心

绞活龙是太谷民间社火活动中的代表性传统体育项目，很受群众欢迎，主要在山西省太谷县一带流传。活动时间一般为每年的农历腊月三十晚到二月初二“龙抬头”期间，一般在夜间表演。

绞活龙场面宏大、技术复杂、编排有序、热闹非凡。在明快的乐曲声中，既有空中的小龙戏珠，又有地上的老龙滚动飞舞，老龙和小龙时而摇头摆尾戏弄彩珠，时而上下翻腾，做出“上天入海”等种种动作。最后，两条龙双双从口中喷出凌空四溅的烟花，同时地上放开“锅子火”，火焰腾空而起，五彩光芒齐射，加上锣鼓助兴，将绞活龙表演推向高潮。绞活龙与一般舞龙灯不同，绞要技术要求严，动感强，极具观赏性。操作绞要者需几十个人经较长时间演练，方能配合默契、动作协调，使空中的长龙和地上的老龙有节奏地相互交织、上下盘旋，达到活灵活现的表演效果。现今，太谷绞活龙在技术和装置上均有突飞猛进的改革创新，人摇辘轳改为了电控，五彩缤纷的霓虹灯取代了龙身、龙头内的蜡烛，麻绳改成了钢索，龙口还可喷水喷火，使这一活动更加精彩动人。每年元宵之夜，灯火辉煌，锣鼓喧天，绞活龙场面蔚为壮观，让人流连忘返。

太谷绞活龙作为当地最具特色的社火舞龙表演，体现了民众对神灵的崇敬爱慕之情，龙是人们心中神的化身，民众希望通过舞龙表演祛邪免灾，保佑一方平安。因此挖掘和整理绞活龙的相关资料，具有重要的学术研究意义。

永济飞狮

申报地区或单位：运城市永济市文化馆

空中飞狮是在高于地面的平台或木桩上进行的狮舞表演，永济境内主要以栲栳镇南湖村和虞乡镇土乐村为代表，民众将南湖舞狮和土乐高杆狮虎统称为永济飞狮。

南湖舞狮起源于清光绪末年的古蒲州，主要活动在永济一代，属于一种民间社火活动，又称蒲州舞狮。它的特点是武功亮相，舞狮者默契配合，内摇外摆、翻滚旋绕、扑箭蹦跳、精彩玄妙。惊险场面有滚绣球、老虎伏刀连架双打、狮子老虎上刀山、狮子老虎爬高杆、狮子老虎过天桥、群狮舞动、狮子老虎上方桌、狮子老虎上铁梯等，其中地台表演主要有狮子滚绣球、打滚、栽立桩、群狮斗架、双狮吐字、跳跃飞腾、老虎追人、行礼吐字等，空台动作有抓杆、上杆、溜滑坡、狮腿登空、杆上空投圈椅、狮子娃倒下打秋千、杆上栽立桩、狮子娃单行滑坡、踩单线下坡、吃麻花扭绳、狮子老虎杆上哨旗角等。

高杆狮虎杂技在土乐村已有二百余年历史，源于先民为避灾纳祥而创建的社火活动。它由高12米、直径30厘米、间距8米宽的两根木杆直立，两边绳护，左右两根粗绳，间距60厘米，横跨50余米。人穿自制的狮要皮貌，在不借任何外力帮助下，徒步而上，在空中所拉的绳上表演过天桥、单人悬空、互走平绳等十多个节目，下有锣鼓伴奏，表演成员有三十多人。

永济飞狮是一种民俗社火表演活动，狮虎世人崇拜，被奉为吉祥物镇邪、避灾，狮虎共处体现了民众期盼和平，追求幸福的美好愿望；加强飞狮技艺的挖掘、保护，有利于促进当地民俗活动发展，具有重要的社会价值。

翼城老虎上山

申报地区或单位：翼城县文化馆

翼城老虎上山是在传统民间杂耍“虎舞”（俗称耍老虎）基础上发展而成的传统体育项目。

翼城县南梁镇下涧峡村表演的老虎上山形成于明末，兴盛于清朝和民国时期。据老艺人回忆，该村在清代曾有“老虎会”组织，会员50—80人，每年元宵节期间在本村和南梁镇进行表演，还常参加县城社火表演，也应邀到外地演出。

翼城老虎上山表演时，需要在高15米的木杆上搭建两块门板，再固定两把圈椅，作为“假山”；两边各挂两条大绳，从顶端斜拖地面，作为云梯。开场后，先有一段平地表演，即樵夫打柴归来，途中遇到两只大老虎和两只小虎，仓皇逃命，老虎穷追不舍，幸遇一壮士（即舞虎人，戏剧中壮士装扮）搭救，方才逃跑活命。接着壮士与四虎在平地“小山”上搏斗几个回合，难以将虎制伏。舞虎人连忙引虎上山，即沿着云梯，把一只老虎引上高杆顶端进行表演，与此同时，两只小老虎也跟着大虎上山，并在山上与大虎嬉戏、吃奶，做“凤凰单展翅”、“金鸡独立”等动作，另一只大虎在山下巡视，做各种动作。整个表演配以锣、鼓、钹等乐器，惊险壮观，气势雄伟，表演者随后一一沿绳下山，结束表演。

翼城老虎上山作为一种大型广场表演形式，不仅具备一定的情节套路，而且全部动作都在高空展示，技巧性强，惊险壮观，具有较高的观赏和实用价值。然而，翼城老虎上山属于群众组织开展的广场活动，有严格的操作规范，再加之从艺者参与者愈来愈少，组织表演已十分困难，现在只在逢年过节闹社火时偶尔演出。

盂县武术社火

申报地区或单位：阳泉市盂县

盂县西小坪村武术社火表演起源于明朝洪武二年（1369），距今已有600多年的历史。据武氏族谱记载，明朝洪武二年，西小坪村武家始祖武贞老人曾是朝中一名武官，他从寿阳来到西小坪村定居，从事农耕，传授武艺，并且研习不断，武氏后人及本地民众也受其影响，故习武传统在当地经久不衰。

盂县武术社火有别于戏剧武打和竞技武术，它将武术的套路、动作、步伐等要素加以夸张，随着锣鼓的节奏进行表演，集强身健体、自我防卫、艺术欣赏为一体，独具风格。武术社火的表演形式分为集体表演、单人独练、双人对打、多人组合等，动作套路有40多种。武术社火的另一个独特之处是把生产、生活中的用具，如铁锹、扫帚和菜刀等作为道具进行表演，并将它们赋予正义和邪恶的内涵，使之情节化，由此可见人民群众的独具匠心和武术社火的艺术审美特征。

盂县武术社火是在借鉴武术套路和戏曲武打两者精髓的基础上加入民间竞技表演的综合艺术形式。它是人民群众在生产劳动和生活实践中提炼出来的，是人民群众原创的，同时也是和人民群众的生活息息相关的一种民间艺术。

拔花花

申报地区或单位：太原市尖草坪区文化馆

拔花花是一项流行于太原尖草坪区和阳曲县广大农村的传统民间体育竞技项目，活动时间为每年农历正月十五至二月二之间。

拔花花主要在农闲时由民众自发举办，是一项比体力、比技巧、比矫健身姿的群众性体育竞技活动。活动场地一般安排在村口、十字路口等乡村中心位置。活动时搭起一个木架，高约七八米，中间一根横木，横木下固定一个滑轮，轮上穿一条麻绳，横木上方约两米高位置再固定一根横木，木上插着各式各样的绢花。游戏时，活动者要由地面拉住麻绳爬上中间的横木，想方设法把身体翻上去，再站起来，便可任意拔下一枝鲜花，再由横木上翻下来回到地面。整个动作既要迅速灵活，又要姿势优美。拔花花集竞技性、娱乐性、趣味性于一体，既能增强人民的身体素质，又能培养大脑的思维能力，对丰富人民文化生活、陶冶青年情操、娱悦百姓情趣有着重要的作用。

打瓦游戏

申报地区或单位：永和县文化馆

打瓦是流传于我国北方地区的一项由多人参与的竞技性投掷游戏，种类动作繁多。据考证，宋朝文献中便有“打砖”一词，足见其历史久远。

永和打瓦游戏场地一般长7—10米、宽6米，道具为就地选取的长宽约20厘米、厚约2厘米的方石板，参加人数从两人到多人不等。分组比试，以准获胜。既适合儿童游戏，也适合中青年人娱乐，老年人也可参加。其规则朴素、程序简明、娱乐性强。伴随着打瓦游戏还产生了很多童谣、民歌，也派生出如“打茅屎官”、“打枣棍”等类似游戏。

目前，该项目虽无传承谱系，却代代流传，在永和县很多地区流行。但是由于现代生活方式的改变，永和打瓦游戏即使在最偏僻的农村，游戏者也廖廖无几，需要及时记录、抢救。

动物棋

申报地区或单位：乡宁县文化馆

动物棋是产生并流行于山西省乡宁一带，以石材或木材制作的各种动物模型作棋子，以手绘或石刻的方形或多角形图案为棋盘，利用人们对动物的认识，结合生产生活的经验，融中国象棋、围棋及其他棋种规则、技法于一体的传统棋类游戏。

据《动物棋全书》记载和当地民间传说，动物棋的流行最早可推至清末。后经百余年的民间总结、加工和创新，乡宁动物棋逐渐形成了以动物棋和神仙棋为代表的两种基本形式。动物棋根据动物的特性和捕食方式分为斗戏、占戏、抓戏、王戏和仙戏五大类共10套36种棋戏。每一种棋戏集中代表一种动物。神仙棋有平面棋和立体棋两大类，需要特别指出的是立体棋在排兵布阵时，根据动物特性，按照空中、陆地逐层分布，这种棋法尚属国内唯一。

动物棋内容丰富、形式多样，并随时代的发展和人类认识水平的提高，形式和内容又多有创新。动物棋是人们对于社会的朴素认识，反映了乡宁先民的智慧和想象力，有着较强的文化和娱乐价值。

手歌

申报地区或单位：临汾市汾西县文化馆

手歌是一种运用肢体动作配合口技音乐的原生态表演形式，它不依靠任何道具，单纯依靠两只手，同时借助口中的气流，有技巧地拍打分合，能够击奏出旋律和节拍。

手歌的创作者为汾西县勍香镇人要瑞昌，他师从河北省沧州市刘同赏师父和郭世武老先生，经三十多年的探索、创新，逐步创造出融口技、杂耍为一体的的民间绝技。手歌的基本技术要点是两手围在嘴边，与嘴里流出的气流相击相呵，发出的音频可以模仿犬叫、鸟鸣、开火车、手打快板等声效，还可以用手歌奏几十首优美动听的歌曲、京剧，甚至可以用手歌为外国电影配音。要瑞昌手歌的主要表演曲目有《我爱北京天安门》、《常回家看看》、《社会主义好》、《我是一个兵》、《红旗飘飘》、《泰坦尼克号》、《黄梅戏》选段、京剧《红灯记》等，他还为多部电视剧用手歌表演形式配音，其表演艺术博得中外多名民间艺术专家的高度赞赏，被誉为“中华一绝”手歌大王。

手歌表演艺术极大地发挥了口腔和双手的潜能，丰富了当地农民群众的文化生活，具有比较重要的社会、文化、经济价值。

七、传统美术

中阳剪纸

申报地区或单位：山西省中阳县文化馆

山西省中阳县位于黄河中游黄土高原的吕梁地区，这一带民俗文化积淀极为深厚，保留着较为完整的原生态人文环境，由此形成中阳剪纸古老的民俗文化内涵与艺术形态。

中阳剪纸主要分布于中阳县境内南川河流域、刘家坪地区和西山边远山区。南川河流域的民俗剪纸风格细腻、古朴典雅，在中阳剪纸中占据主流地位。刘家坪的剪纸风格淳朴、刚健，西山边远地区的剪纸风格粗犷、雄浑，这二者与南川河流域剪纸的主流风格相依相存，丰富着中阳剪纸的特色。

中阳剪纸与当地传统民俗文化血肉相连，它以中阳当地的民俗信仰、岁时节令、人生礼仪、神话传说为主要表现内容，其中既有以鱼、蛙、蛇、兔为主题的装饰纹样，也有配合岁时节令、人生礼仪的民俗剪纸，还有以民间神话为题材的剪纸作品。中阳剪纸多以红纸剪成，体现着喜庆、热烈的民俗气氛，有时也根据风俗习惯，运用紫、黑、黄、绿、蓝等彩色纸剪制作品。中阳剪纸的主要作者是中阳农村中的劳动妇女，剪纸是她们日常生活中的一项重要内容，是她们审美情趣和聪明才智的集中表现。

中阳剪纸富有浓郁的山野泥土气息和原始艺术质朴的美感，生动形象地记录了劳动妇女的理想和追求。其技艺的传承关系一般是自发的，亦有以家族方式传承的。现在主要传承人有王计汝、高宝香、刘玉莲、王中文、马翠莲等十几人，年龄均已在60岁以上。这些老人一旦离去，中阳剪纸势将面临后继无人的局面，最终可能走向消亡，故应尽早采取措施对之进行抢救、保护。

广灵染色剪纸

申报地区或单位：大同市广灵县

广灵县位于山西省东北部，素有“塞上明珠”之美称。广灵剪纸以其鲜艳的色彩、生动的造型、纤细的线条、传神的表现力和细腻的刀法，独树一帜，被誉为“中华民间艺术一绝”。

广灵剪纸源远流长，可上溯至“周成王剪桐封虞”的故事。成王把桐叶剪成“圭”形赠给弟弟叔虞，并封他为唐王。这个桐叶“圭”就是最早出现在山西的“剪纸”，距今已有3000多年的历史。据专家考证，广灵剪纸初唐时已具雏形，到明代形成独特的风格，并沿袭至今。

广灵剪纸技法主要为刀刻染色，其与众不同之处在于要经过设计图样、熏、刻、剪、染多道工序；表现形式上，有阳刻、阴刻、折叠、染色、套色、洗色、单色之分。剪纸作品巧夺天工，内容丰富，取材广泛，品种繁多，有十二生肖、花鸟鱼虫、戏剧脸谱、神话传说、现代人物、自然风貌、旅游景观、劳动生活场景等。

近年来，广灵县文化局组织新一代从艺人员，顺应市场和商家需求，不断探索设计、刻制、染色新工艺。在保护、挖掘、整理、研究和开发的过程中，广灵剪纸在文化艺术上取得了重大突破，剪纸品种和规模由原来的几十种扩大到上千种，内容由传统题材扩展到著名文物古迹、旅游景点等各个领域，其产品由传统的张贴装饰品发展为时尚的美术工艺品、旅游纪念品、剪纸挂历、台历、贺年卡、邀请函等，成为集观赏、收藏、实用等价值于一身的艺术珍品。

孝义剪纸

申报地区或单位：山西省孝义市传统文化研究会

孝义民间剪纸艺术历史悠久，源远流长。早年孝义的民间剪纸由以下几种类型构成：一是巫术信仰习俗和残存的先民图腾崇拜的剪纸；二是传统的民间礼仪活动的剪纸，包括岁时节令的民间剪纸和人生礼仪习俗的民间剪纸；三是服饰习俗中的民间剪纸等。现如今的孝义剪纸则是用各种色彩、各种手法，从不同侧面和角度反映美好的现实生活，以美化生活为动机，寄托着人们对美好生活的向往和真挚情感，有着深沉的思想内涵和艺术价值。

高平剪纸

申报地区或单位：高平县文化馆

高平剪纸，历史悠久、品种繁多、内容丰富，伴随着生辰、婚嫁、丧葬、喜庆节日和日常生活，可以说日常生活是促进剪纸发展的社会因素，同时又是丰富剪纸内容和样式的源泉。以戏曲为题材的剪纸是高平剪纸中最典型、最具代表的一种，其造型多夸张饱满、形象生动传神。

剪纸虽小，乾坤实大，它是与劳动人民的生活密不可分的艺术情感的表现形式。近年来高平剪纸在题材内容、手法技巧等方面有了很大的发展，已经逐渐和实用分开，向纯艺术的方向发展。

浮山剪纸

申报地区或单位：浮山县文化馆

浮山县是闻名遐迩的“中国民间艺术之乡”，这里的剪纸艺术源远流长。相传魏晋时期，民间女子已有剪彩帛为花鸟贴插头鬓之风尚。至唐时，更有用纸剪制飞鸟花虫贴于窗户的习俗。明清以降，县内剪纸艺术趋于鼎盛，后经代代相传，一直沿袭至今。

浮山剪纸品种繁多，内容丰富多彩，包括人物、花卉、走兽、飞禽、山川、楼阁、民间故事等，其风格质朴粗犷、朴茂并美，具有独特的艺术气质。尤其是改革开放以后，浮山县当地政府、文化部门十分重视对民间剪纸艺术的收集、整理、创作、交流、展览活动，为古老的民间艺术注入新的活力。

静乐剪纸

申报地区或单位：静乐县非物质文化遗产保护中心

静乐剪纸是山西剪纸艺术的代表之一，主要分为墙花和窗花两大类别。剪纸内容丰富，有民间传说“八仙过海”、“麒麟送子”等；生活写照“姥爷送外甥”、“抿豆面”、“四姐挑菜”等；还有花草树木、飞禽走兽等多种题材。静乐剪纸风格粗犷、独具特色，洋溢着黄土高原的泥土气息，显示着黄河文化的古老文明，既有别于江南剪纸之纤秀，又包含着土、粗、野的原始风味。

静乐民间剪纸作为一种民间宣传教育工具，以及美化家庭的装饰品逐步形成，并不断发展起来，千百年来，随着劳动人民的不断创作和发挥，静乐剪纸从形式到内容也都在不断改变，形成了浓厚的地方特色。

隰县剪纸

申报地区或单位：隰县文化馆

隰县剪纸艺术历史悠久，种类繁多。作品大致可分为剪纸和刻纸两种，创作类型有窗花、鞋花、面花、刺绣以及刊物的题花、尾花、插图等多种形式。按照地域范围来划分，隰县剪纸又分为农村、城镇两大创作阵营。农村中剪纸多用剪刀，内容上有六畜兴旺、五谷丰登、花鸟鱼虫等，寥寥数剪，栩栩如生，处处体现出生活的朴素美感。城镇剪纸多用刻刀，所剪内容以人物见长，贴近时代，清秀细腻。总的来看，隰县剪纸以粗犷、豪放、浑厚见长，结构简单，黑白对比分明，具有浑然的装饰性和夸张性，其中不少作品因构思新颖、技法独特而出国参展，还有一些精品被各国友人广泛收藏。

新绛戏曲剪纸

申报地区或单位：新绛县文化馆

新绛民间剪纸历史悠久，相传二千五百年前春秋战国时期，建都古新绛的晋献公命令宫中巧匠用簿金片剪成10种果子纹样缀于绣鞋之上，表示当时被晋国征服了的10个小国向其纳贡称臣，此鞋样现仍流传于新绛一带，名曰《十果鞋》。唐代诗人李商隐的《人日》诗中曾称“镂金作胜传荆俗，剪彩为人起晋风”。

新绛剪纸艺术分布广泛，主要题材大致有三：传统民俗类、戏曲故事类、现实生活类，其中又以戏曲故事类居多。新绛戏曲人物剪纸，俗称窗人，也称窗花，受皮影戏影响极大，其代表作品有《空城计》、《柜中缘》、《卖水》、《伎乐图》、《教子》、《游园》、《窦娥冤》、《钟馗百图》等。它兼有版画的明快和雕塑的凝重，粗犷拙朴，散发着浓郁的黄土气息，对探索中华民族传统文化具有极高的历史价值和文化价值。

武乡剪纸

申报地区或单位：长治市武乡县职业介绍服务中心

剪纸是中国最普及的民间传统装饰艺术之一，有着悠久的历史，因其材料易得、成本低廉、样式百态、形象生动而广受欢迎，又因它适合农村妇女闲暇制作，既可作实用物，又可美化生活，所以在全国各地广为流传，甚至形成了不同地方风格流派。山西民间剪纸总体来说，具有粗犷、雄壮、简练、纯朴的特点。但是，因地域环境、生活习俗、审美观念的不同，各地剪纸又有差异。

武乡民间剪纸是伴随着山西民间剪纸艺术的产生和发展而逐渐形成的一个具有独特风格、地域特色的民间艺术。它传承了山西剪纸的基本做法，以镂空的方式加工制作，剪纸刻法有阴刻、阳刻和阴阳刻三种，制作工具有剪刀、刻刀、垫板、宣纸等，相关作品有《清明上河图》、《孔子》等。

武乡剪纸是当地土壤滋生的综合性的文化艺术，是武乡人文民风的现实表现，它不仅富有传统工艺的简练、纯朴的特点，而且融入了革命老区地方特色，具有重要的艺术价值。

沁源剪纸

申报地区或单位：长治市沁源县郭道镇郭道村

沁源剪纸源远流长，主要分布于郭道村及其周边区域，依附于节日庆典、婚丧嫁娶等民俗活动中，表达了民众祈盼幸福、吉祥的美好愿望。

沁源剪纸主要体裁有：窗花、门笺、礼花、刺绣花、灯花、艺术剪纸画、轴裱剪纸画。按题材分为神仙、佛像、名著人物、戏曲故事、农事耕作、节令习俗、历史典故、新闻时事、风趣幽默、传统寓言、风景花卉等作品。传统制作工具有剪刀、纸捻、香头、锥子、裁纸刀、油灯、麻纸、刷子等。代表作品有《狮子滚绣球》、《猫戏蝶》、《省亲》、《教子》、《老鼠娶亲》、《鱼闹莲》、《蛇盘兔》、《九鱼一兔》、《猴猫撵兔一扑葱》、《蟾蜍吹笙笙》、《蛤蟆抱金砖》等。

沁源剪纸是在传统剪纸基础上产生的一种润饰艺术，兼具现代神韵和传统地方特色，它多用谐音和象征寓意手法表现，技法丰富成熟、独特细腻，作品大多以剪刀剪制而成，是沁源民间艺术的一种象征符号，具有重要的艺术价值。

陵川剪纸

申报地区或单位：晋城市陵川县文化馆

陵川剪纸艺术历史悠久，其最本质的特征是写实和变形的统一，它是人们在对自然认识的基础上，融入主观情感，经过以心造型、以理造型、以美造型的创制过程而产生。

陵川剪纸在继承传统民间剪纸艺术的同时，又吸收了国画、版画、铜铬画、布贴等表现手法，以戏曲人物和佛教文化为主要创作题材，代表作品有《戏曲人物系列》、《月华》、《兰闺雅集图》、《山鬼》、《醉仙图》、《四季花鸟》、《梅兰竹菊》《中华盛世》、《醉荷》、《母爱》、《千手观音》、《清明上河图》等。陵川剪纸造型简洁夸张，线条疏密得当。它以概括的方式来处理自然物象，保留最本质的东西，使得画面有变化，不致单调贫乏。其次是以点、线、面作为基本表现形式，要求画面线条、板块组合讲究色彩对比效果，做到实处不死板、虚处不空洞，显出一种节奏感、韵律感。

右玉剪纸

申报地区或单位：朔州市右玉县飞天民间艺术发展中心

右玉剪纸艺术历史悠久，地方色彩浓厚，主要流传于朔州、忻州、大同地区以及内蒙古呼和浩特东南部、集宁、丰镇等地。

右玉剪纸分为单色剪纸和彩色剪纸两种形式，单色剪纸即只用一种颜色的纸张进行裁剪，作品分为人物类、花草鸟兽类、动物类、风景类。彩色剪纸主要是以各色彩纸镶拼而成，其特点是一幅剪纸作品由多种彩色纸剪成的小部件组合创构。制作工具有剪刀、刻刀、锥子、纸捻、刻板、各种色纸、图案样品、煤油灯（熏花用）等。主要作品有《穆桂英挂帅》、《打金枝》、《寇准背靴》、《花木兰》、《飞天》、《蒙娜丽莎》、《四大菩萨》、《太师少师图》、《红楼梦系列》、《十二属相》、《八骏图》、《福狗》、《雄鸡一唱天下白》、《麒麟送宝》、《孔雀牡丹图》、《二龙戏珠》、《龙凤图》、《北国风光》、《家乡》、《瞧闺女》、《瞧！ 大婶、大妈们的手艺》、《沙棘地里的憨小子》等。

右玉剪纸是中华文化几千年来历史积淀的产物，在三晋传统民间艺术中占有很重要的位置，它体现了中国民间美术的造型意识、审美理想和哲学观念，释放着特有的艺术魅力，具有重要的文化艺术价值。

柳林剪纸

申报地区或单位：吕梁市柳林县民间剪纸协会

柳林民间剪纸历史悠久，主要分布于柳林县孟门镇、王家沟乡、陈家湾乡、三交镇等地，它以丰富的民俗事象为基础，与农耕习俗密切结合，是柳林地方传统文化的有机组成部分。

柳林剪纸内容丰富、题材广泛，大体可分为四类。一是用于逢年过节美化环境的岁时节令剪纸。二是婚丧嫁娶时的人生礼俗剪纸，如“喜花”、“蛇盘兔”等。三是宗教礼仪活动的装饰。四是用于制作刺绣、布玩具的底样。从制作手法来看，柳林剪纸大多为单色剪纸，手法有阳剪、阴镂、阴阳结合三种。从制作工序来看，大体可分为起稿、订纸、剪镂、贴裱四个步骤。柳林剪纸代表作品有《智取生辰纲》、《哪吒》、《教子》、《十二月民俗》、《柳林三镇》、《后天八卦》、《驱邪吉祥虎》、《柳林盘子》、《元宵旺火》、《农耕图》等。

柳林民间剪纸淳朴浑厚、豪迈粗放，善于变形夸张，多用块面结合，线条简练概括，人物特征鲜明，作品风格朴素、单纯、明快，充满野味，极富生活气息，具有重要的文化艺术价值。

寿阳福寿剪纸

申报地区或单位：晋中市寿阳县文化馆

寿阳民间剪纸发源于黄河流域中部，是黄河文化发祥地极为古老而原始的传统民间美术形式。它借助方寸天地，以历史传说为内容，以朴素的五色彩纸为原料，创作了大量的剪纸作品，这些作品表现了华夏民族勇于斗争、爱国爱家、坚强勇敢的民族精神，表现了寿阳古老的山川文化积淀。

寿阳福寿剪纸的原料一般为红纸或红色宣纸，工具为纸捻、剪子（或刻刀）以及画好的图样，或者直接凭着臆想构思构图，叠成五到六层，一气剪（刻）成。寿阳剪纸具有北方地区粗犷、厚重、淳朴的特点，创作的主题多为祈求福寿、象征吉祥的内容，体裁格式上，根据当地民俗与实用需要因物、因事而构图、而创作。代表作品有《老寿星故事》、《浮化山传说》、《福寿之乡》、《寿阳八景》、《十二生肖》等系列。

寿阳福寿剪纸是寿阳“寿文化”的重要组成部分和传播载体，表达了民众对美好生活的期盼与憧憬，具有重要的文化艺术价值。

左权剪纸

申报地区或单位：晋中市左权县文化馆

左权县位于晋中地区东南部，太行山主脉西侧，此地历史悠久，文化底蕴丰厚，是全国著名的“歌舞之乡”，素有“民歌海洋”、“小花戏之乡”的美誉，曾被命名为“山西省民间艺术之乡”、“中国民间艺术之乡”。

左权剪纸作为一种民间传统艺术，以不同手法反映了各个历史时期的政治、经济以及民众文化生活。作品形式不拘一格，有动物、人物、经典名著、风景名胜、历史名画等，小到几公分（脸谱、花鸟等），大到几十米（《清明上河图》、《辽城元宵》、《古城新景》），形式多样，内容丰富，种类繁多。主要作品有《聚宝盆》、《丰收》、《金陵十二钗》、《暮归》、《观音》、《国色天香》等。剪纸人物动态优美，性格明显，线条秀丽流畅，色彩对比鲜明，虚中有实，寓意深刻，整幅作品洋溢着浓郁的太行山民俗文化。

左权剪纸艺术是植根于这块红色沃土上的艺术奇葩，它扎根于民间，将人们朴素的感情诉诸于剪纸，为民众带来吉祥、和谐、幸福的生活气息，也向后人展示了中华民族的文化气度和底蕴，具有鲜明的地域特色和浓郁的生活情趣，深受当地民众喜爱。

闻喜剪纸

申报地区或单位：运城市闻喜县文化馆

闻喜剪纸历史悠久，源远流长，作品分为花卉、禽鸟、昆虫、十二生肖、龙凤、人物、山水云石、吉祥福寿、装饰类和时政长卷类等。各类剪法因画面不同而手法各异，色泽上又分单色剪纸、染色剪纸、拼色剪纸和综合剪纸。

闻喜剪纸以传统主题纹样闻名于省内外，其特点是洗炼奔放，从夏代记岁按历法演变过来的《鹿头花》、《扣碗》、《老鼠嫁女》、《麒麟送子》、《龙凤配》等闻喜剪纸作品，其造形古朴、构图严谨、线条浑厚，形象记录了中国远古物候文化，引起了国内外历法、艺术、民俗等各方面专家的重视。

闻喜剪纸广泛用于生辰、婚嫁、丧葬、节日、喜庆和日常生活等诸多民俗风情中，随着社会的发展，剪纸内容和样式不断丰富。图案式样主要有有双喜字系列、福寿字系列、丹凤朝阳、福寿双全、鸾凤授带、麒麟送子、龙凤呈祥、鸳鸯戏水、百鸟朝凤、五福捧寿、鱼跃龙门、三羊开泰、莲生贵子、六合同春、连年有余、双狮滚绣球、万象更新等；人物长卷有红楼图腾十二裙钗、裴氏宰相长卷、关公系列长卷、二十四孝、中华民族长卷、中华姓氏图腾长卷等。

闻喜剪纸文化内涵丰富，它不仅表现了中华民族淳厚的民情民风，而且融入了各族人民的思想情感，使我们可以领略到民族艺术的神韵，具有重要的文化艺术价值。

万荣剪纸

申报地区或单位：运城市万荣县月贵剪纸工作室

万荣剪纸艺术历史悠久，分布广泛，植根于当地民俗活动之中。

万荣剪纸题材丰富，主要包括花卉图案、鸟兽虫鱼、神话和历史人物、戏曲故事等，其制作方法通常都是按照现有底样裁剪出新的图案。底样常常是历代相传、家家相借之物，一部分是民间专门在庙宇里画神像艺人的副产品，一部分则是剪纸艺人的创造。从功能上分，万荣剪纸主要有以下四类：第一类张贴用，即直接张贴于门窗、墙壁、灯彩、彩扎之上作为装饰，如窗花、墙花、顶棚花、烟格子、纸扎花、灯笼花等。第二类摆衬用，即用于点缀礼品、嫁妆、祭品、供品，如供花、礼花、烛台花、斗香花、重阳旗等。第三类刺绣底样，用于衣饰、鞋帽、枕头，如鞋花、枕头花、帽花、围涎花、衣袖花、背带花、鞋头花等。第四类印染用，即作为蓝印花布的印版，用于衣料、被面、门帘、包袱、围兜、头巾等。剪刻形式有锯齿、月牙儿、花朵、涡纹、云纹和水纹等，其中锯齿和月牙儿是很重要的两种刀法。代表作品有《五牛图》、《百蝶图》、《二十四孝图》等。

万荣剪纸是将自然崇拜、宗教思想、心理意识、造型语言融为一体的特殊民间艺术，它充分体现了民众战天斗地、镇邪驱鬼、祈求吉祥、人寿年丰的坚强意志和良好夙愿，具有重要的民俗学、艺术学研究价值。

阳泉盘合

申报地区或单位：阳泉市矿区文化馆

阳泉盘合是一种大型团花类剪纸艺术，在晋中、阳泉、昔阳、和顺等地颇为普及，尤其是婚事中，作为一种寓意极深的祈盼、祝福和美化居室的装饰物，深受人们喜爱。

盘合多选用红色纸张进行剪制，有剪、刻、撕、烧等手法，又分阴阳，具体而言，有单、叠、拼、点、勾、衬、染等形式。题材无特定要求，有花鸟、鱼虫、人物、山水等。节庆、婚俗中剪的最多的作品有《连年有鱼》、《鸳鸯戏水》、《喜鹊登梅》、《二龙戏珠》、《孔雀回头看牡丹》、《麒麟送子》、《八仙过海》、《老鼠娶亲》、《龙凤呈祥》、《十二生肖》等。盘合剪纸作品以象征、隐喻、谐音等手法，表达了民众祈福纳吉的心理，如民间说法中，鱼为吉祥物，多从谐音而来，用莲花和游鱼，合为连年有鱼，以图吉利；“蛇盘兔”在言语中是“常年富”的意思，所以家家户户过年的窗花上都能看到这幅图案，意在对美好生活的向往；“溜开百子”是希望得到后代，续上香火，繁衍人生；以牡丹、荷花、菊、梅、兰、竹、四时应景花卉，插入瓶中，借其音义，比作“四季平安”，预示人们生活美满、幸福、健康长寿。

阳泉盘合深受当地地理环境和社会人文的影响，具有强烈的地域特征和民族特色，盘合作品线条简洁、自然流畅、充满动感，明显带有黄土高原的纯朴气息，它既是对当地自然环境和人们生产生活的反映，又有对来自黄土地艺术的意象演化，其剪法浓厚粗拙，苍劲古朴，寓意极其深远。

祁县剪纸

申报地区或单位：祁县城赵镇人民政府

城赵镇（由原里村乡、城赵镇合并而成）位于祁县西部，历史悠久，民间文化种类繁多，当地剪纸艺术十分兴盛，流布于汾河、昌源河流域的里村、修善、原东、丰固一带，广泛用于节日庆典、婚丧嫁娶、生日寿诞、祭祀祈福等各种民间活动。

城赵镇剪纸艺术基本分为两大系列：一是艺人留样图，用水喷湿，贴于木板上用灯烟（古用蜡烛，后用煤油灯）熏制而成；二是艺人用笔绘图，或心传盲剪。表现内容也颇为广泛，有生活情趣的，有道德礼仪的，有抑恶扬善的，有寓幸福吉祥的，有寄托美好希望的，真可谓深刻中反衬着直白，稚拙中反衬着成熟，夸张中反衬着写实，简洁中反衬着精巧。代表作品有《鱼戏莲》、《清风亭》、《三娘教子》、《门神》、《嫦娥奔月》、《水浒一百单八将》、《千里送寒衣》等。近年来艺人们又进一步拓展到民俗系列，创作出《百业图》、《五十六个民族大团结》、《福禄寿全》、《虎跃龙门》等一大批反映时代精神的优秀作品；更有一批名著系列，如《金陵十二钗》、《杨家将》、《岳家八大锤》等，深受民众喜爱。

城赵镇剪纸艺术，在几十代人的努力下，渐渐以其独特的艺术魅力，浓郁的乡土芳香，质朴的烂漫风姿，扬芳吐艳于黄土文化的各个角落。作品件件纤巧清秀，大与真人相类，质朴可爱、妙趣横生；小如微雕造型，栩栩尚古风、处处显今韵，彰显出古朴自然、流畅秀丽的风格，成为山西剪纸艺术中独特的晋汾流派。

河津剪纸

申报地区或单位：河津市尚义轩剪纸艺术中心

河津位于山西省西南端，运城市西北角，是中华文化的重要发祥地之一，此地历史悠久，人文荟萃，民间艺术种类繁多，特别是民俗剪纸在古耿大地多有留存，它丰富了我国的民间剪纸艺术，在区域民俗文化活动中发挥着不可替代的作用。

民间剪纸是民俗文化的形象载体，它的创作题材都以民俗为基础，民俗文化的观点决定了剪纸内容的取向，形成了民间剪纸深厚的文化内涵和独特的表现形式。河津剪纸在制作工艺上有以下特点：1. 制作材料简单易得，一般以大红纸、蜡光纸、丝绸、色宣纸等作为主要材料，民间主要以普通红纸为原材料；2. 制作工具都是找村里的铁匠师父加工制作的，大小不同的剪刀一般需要3—4把；3. 每幅作品的每道工序都必须是手工和剪刀完成，且作品的构成都是由剪纸的特有符号和文化内涵组合而成；4. 制作工序复杂，河津剪纸延续了古老的制作方式，首先从订纸开始，经过铺纸、喷水、压纸、设计花样、打纸捻、剪制等多道工序，大幅作品需要好多天才能完成，极具文化特色。代表作品有《关帝百龙图》、《河东戏曲百图》、《河东孝学文化》、《河东婚俗图》、《河东年俗图》、《河东古信俗图》、《西厢记爱情故事剪纸》、《龙门文化剪纸》、《稷王文化剪纸》等。

河津剪纸植根于博大精深的中华传统文化之中，浓缩了中华文化的传统理念，传承了古老民族的人文精神和思想脉搏，对研究古代文明和传统民俗文化发展具有重要的学术研究价值。

剪纸

申报地区或单位：山西剪纸协会

山西地处太行山之西、黄河以东，民间剪纸艺术分布于各地，从风格上说，基本上分为粗犷、质朴的单色剪纸和婉约、柔丽的彩色染刻纸两大类。前者遍布晋南、晋东南、晋中、晋西北，后者集中于雁北一带，尤以广灵称最。

剪纸在民间的流行，往往伴随着生辰、婚嫁、丧葬、喜庆节日和日常生活。山西各地因风俗各异，故民间剪纸呈现不同的艺术特点：吕梁地区的剪纸含有汉代石刻艺术所具有的质朴、粗犷、雄浑、博大之气；晋南剪纸刀笔遒劲，酣畅淋漓，且具有粗中见细、拙中藏巧的特点；雁北的广灵、灵邱剪纸凝重而艳丽，既有塞外之野趣，又存关内之隽秀；而地处山西腹地的晋中剪纸，则呈圆润秀丽、纤巧精细的风格。

民间剪纸产生在劳动者之中，劳动者的审美情趣又直接受他们所处的地理环境、社会生活和社会心理的影响。凭黄河水、黄土山养育的山西人民具有粗犷豪放、朴实敦厚的气质和性格。他们飞剪走纸，将自己的情思、才华和美好的心愿都倾注在朝夕相伴的剪纸中，构成了特有的地域习俗与人文心态，并显示着极高的审美价值。

平阳木版年画*

申报地区或单位：山西省临汾市

临汾市古称“平阳”，为帝尧之都，是中华文明最早的发祥地之一，因地处汾水之滨而得名，素有“三圣故里”和“华夏第一都”的美誉，其历史文化资源丰厚，是木版雕印的发源地，北宋时就已成为全国四大雕印地之一。

平阳民间木版年画始于隋唐，兴于宋金，盛于元明，民间艺人称明清时期为年画的“黄金时代”。《中国古代印刷史》称平阳民间木版年画为版画的“始祖”，《中国版画史》中有“版画之头，平阳启之”字句。宋金时的《隋朝窈窕呈倾国之芳容》、《义勇武安王位》两图出自平阳，为我国最早的民间张贴画（版画）珍品，是平阳民间木版年画代表作，郑振铎先生称其为“世界版画精髓”。平阳木版年画由黄河流域的炎黄子孙世代传承下来，是中华民族五千年来的文化遗产。

传统作品《义勇武安王位》（又称《关公图》）、《隋朝窈窕呈倾国之芳容》（又称《四美图》）、《东方朔盗桃》（又称《寿图》）、《增福相公》等是我国最早的年画代表作。明清作品有《尧舜禹三官大帝》、《关圣帝君》、《八仙》等。现代作品有木版屏条画《植棉模范吴吉昌》、《饲养模范王传河》、《女射击英模徐金金》、《女医生模范石兰峰》，木版单幅年画《贺老总评戏》、《解放临汾》等。

---

* 该项目省级名称为《平阳木版画》，申报国家级项目后改名为《平阳木版年画》，本书以国家级项目名称为准。

平阳木版年画表达了劳动人民祈求丰收、吉祥的美好愿望，取材广泛、内容丰富，反映出黄河三角地带平阳民间的生产、生活、宗教、戏剧以及人生礼仪和岁时节令等诸多方面的内容，堪称民俗历史的真实写照，它是民间艺人智慧的结晶，也是中华民族优秀的文化遗产。

绛州木版年画

申报地区或单位：新绛县文化馆

绛州木版年画起源于北宋，兴盛于清朝中叶，是在传统雕刻印刷工艺的基础上发展而来的传统艺术。历史上的绛州木版年画与天津杨柳青、河北武强、江苏桃花坞、河南朱仙镇木版年画齐名，代表作有《春牛图》、《四季美人》、《猴子抢帽》、《馗头》等。

绛州木版年画的刻版印刷技艺十分繁杂和讲究，从起草绘图到最后印制出一幅年画需要经过十几道工序，既要有高超的绘画水平，又要有不俗的刻版技艺，还要熟练掌握套版印刷的窍门。

在漫长的发展过程中，绛州木版年画在内容、题材、形式上都形成了自己特有的风格。造型以线描为主，品色套印补充，衣物多套印，面部多施晕染，色彩典雅端庄，画面主题突出，人物洗练传神。它的绘画、刀刻，线条细腻、手法独特，所印制的年画颜色鲜亮。某题材内容广泛，有历史故事、神话传说、戏剧、世俗、门神、神祇、关公、钟馗等，主要反映的是农耕时代人民群众祈福避邪、禳祸驱灾、盼望五谷丰登、生活富裕、婚姻美满、子孙满堂、幸福长寿、吉祥如意等，寄托着人们祈求幸福、驱灾避邪的美好心愿。

绛州木版年画品种繁多，手法齐全，雕版精湛，线条细腻，年画内容所体现的民俗内涵丰富，艺术价值较高。然而，由于纯手工木版制作成本太高，工序复杂，传统民间艺术正受到严峻考验，绛州木版年画传承之术渐渐退出历史舞台。

定襄面塑

申报地区或单位：忻州市定襄县

定襄县地处山西省中北部，忻定盆地东部，全县面积865平方公里，人口22万。定襄历史悠久、文化发达、经济繁荣，自古就有“山西文风数二定，数了定襄数平定”的说法。

定襄面塑是远古人类饮食文化、民俗文化和民间美术的综合遗存，是中国古代文化的活化石。它的每件作品都有一种朴素的原始美，塑造的形象简练概括、粗犷豪放、朴实丰厚、天真烂漫、形态夸张、神韵突出，富有鲜明的地方特色。它所反映的内容有飞禽走兽、花鸟鱼虫、民间故事、戏剧人物、十二生肖等，这种极具地方特色的文化形式备受世人青睐。中央美术学院、清华大学美术学院、南京艺术学院的师生以及日本的民间艺术学者，都曾多次到定襄采风学习，并在他们的著述中高度评价了定襄面塑艺术。在20世纪90年代末到21世纪初，定襄面塑艺术作品出现在小学美术课本和有关的辅导教材中。现在，有许多从事民俗和民间艺术研究的专家，都把定襄面塑的造型艺术与剪纸、刺绣、玩具、雕刻等民间艺术的造型体系、美学体系上升到理论的高度去研究，并总结探寻定襄面塑与我国民族艺术产生和发展的渊源关系。

现在随着社会生活的发展变化，定襄面塑这种珍贵的民间艺术已面临人亡艺绝的危险境地，随着一些老艺人的去世，已有许多面塑造型失传，如不抓紧抢救，定襄面塑艺术的失传将成为事实，必须采取有力的措施来保护这一珍贵的民间文化遗产。

焙面面塑

申报地区或单位：晋城市阳城县

阳城县位于太行、太岳、中条山之间，历史文化底蕴深厚。由于此地山高谷深、重峦叠嶂，构成了当地民俗文化形成和传承的特殊地理环境。在长期的生活生产中，随着社会的发展和人们精神生活需求的提高，许多与民俗活动相适应的礼仪文化、饮食文化长久传承并不断丰富。

阳城传统面塑分布很广，根据制作方法不同，可分为生面塑、炸面塑、蒸面塑和焙面面塑。焙面面塑即焙面娃娃，是阳城面塑中的佼佼者。焙面面塑以阳城县城关为主，另有少数分布在乡村，是在每年农历七月十五，娘家为闺女送“十五”时所带的礼馍。其风格迥异，具有鲜明的地方特色。

焙面面塑是用特制的砂土套锅经焙烤而制成的，主料为上好的麦面，辅料是杏仁水、糖稀搭色水、黑豆、花椒子等，闻着香、吃着脆，是阳城最有特色的面食品。

焙面面塑表现内容丰富，有传说故事、戏曲人物，还有动物飞禽、花鸟鱼虫。1994年，焙面面塑参加山西省文化厅举办的“山西民间艺术一绝”大展，选送30余件作品，一举夺魁，荣获金奖。后又参加文化部“中国民间艺术一绝”大展，选送18件作品，获集体金奖，使这一土生土长的民间艺术大放异彩。然而时隔十余年，大部分老艺人相继去世，焙面面塑已面临失传的危境，目前，这一境况已受到各级政府、文化部门的重视。

新绛面塑

申报地区或单位：运城市新绛县

山西面塑各地叫法不一，形态各有特点，它们大都出自农村乡镇家庭妇女之手，以上等白面为原料，经过揉面、造型、笼蒸、点色而成，造形夸张生动，用色明快大方，风格粗犷朴实，富有美感，具有鲜明的地方特色。

新绛地处汾河下游，是山西省小麦主要产区之一。据史书记载，早在宋代，人们就开始用白面塑成猪、羊，代替真猪、真羊祭祀。此后，这种既经济又实用的办法便在古绛州一带沿袭下来。逢年过节，这里的家家户户都要用上等的小麦磨成面粉，捏制出千姿百态的面塑欢渡节日。由于新绛面塑注重彩色点染，花色绚丽，面塑制品华丽别致，造型较为夸张，所以当地人称之为“花馍”，尤其以“走兽花馍”最为出色。新绛面塑的品种多达60余种，但受面质软、发酵所限，所塑之物，只求神似，不求形似，它似陶非陶，像瓷非瓷，极富观赏性，有着很高的艺术价值和文化价值。

闻喜花馍

申报地区或单位：运城市闻喜县

面塑，民间俗称“面花”、“面人”、“面羊”、“羊蒸馍”、“花馍”等，是作为人生仪礼、岁时节日等民俗活动中馈赠、祭祀、庆典、装饰的信物或标志。面塑本身只是一种民间艺术品，但它又与各地风俗人情有着千丝万缕的联系，因此又是一种长久积淀而成的极有代表性的地方文化。

闻喜花馍分布于闻喜广大农村以及邻县的乡镇，因种类齐全、花样繁多、制作精美、构思巧妙获得美名，人称闻喜为“花馍之乡”。闻喜花馍有花糕、花馍、吉祥物、盘顶四大系列，二百多个品种，代表作品有《龙凤糕》、《三羊开泰》、《麒麟送子》、《火喜馍》等。其中，最小的花馍直径只有几厘米，最大的直径为六十多厘米，重达10公斤。闻喜花馍始终与人们日常生活中的礼仪习俗紧密联系，它广泛用于节日、婚嫁、寿诞、丧葬、上梁、乔迁等民俗活动中的祭祀庆典仪式之中，是民俗仪式活动中不可缺少的重要内容。

闻喜花馍作为一种民间生命力极强的造型艺术，生长和扎根于民间，是民众生活的一种重要表现形式，对于研究当地历史、民俗特征和雕塑艺术都有着不可忽视的现实意义。

高平面塑

申报地区或单位：高平市文化馆

高平面塑造型精美、形象独特、品种繁多，在吃用方面别具特色，主要用于民俗礼仪活动中，有着浓郁的民俗色彩。

高平面塑南北风格有明显差异：北部供神蒸枣山，造型似浮雕，敬灶君则用蒸面兔，敬门神用小枣山，敬天地则用大面猪；南部献供则是以节节高为主，平时十二层，如果是闰月的话则要蒸十三层，最上面则是当年的生肖造型，周围是鱼拱莲，寓意年年有余。

高平面塑历史悠久，但究竟起源于何时，目前尚无可靠的文献记录和实物资料。但显然，高平丰富的民俗生活为面塑艺术的流传提供了肥田沃土，周而复始的大量运用更使之兴盛不衰。民间艺人利用隐喻、暗喻等象征手法，创作出多层次、内涵十分丰富的面塑作品，而这些面塑作品又体现着劳动群众的纯朴意愿与真挚情感，显现着民俗风情的精神奥秘，美化着人民的生活，慰藉着老乡们的心灵。

高平面塑是当地民俗文化的重要组成部分，具有较高的观赏研究价值，它已融入当地丰富的年节民俗活动当中，成为民间不可或缺的节日礼俗形式。

万荣面塑

申报地区或单位：万荣县城镇云仙传统工艺面塑铺

万荣面塑，俗称花馍，以小麦为原材料，将生面搓成圆形长条，再按设计卷曲、筷夹、刀切，最后入笼蒸熟，出笼点色而成。

人们根据岁时节令，用白面塑成动物、花卉等不同物品，用于祭奠亡魂、乞求神灵，以及串亲访友、人情往来。送给不同身份人的吉祥花馍也是各式各样：大寿桃祝老年人健康长寿，卷包祝成年男子财运亨通，石榴枣花祝新媳妇早生贵子，书包砚台祝孩子们学好文化、长大成人。最具代表性的面塑是过春节时一种名为“枣山”的大型供品。这种枣山以面卷红枣，拼成等腰三角形，角顶塑一层如意形图案，上面再塑上3—5个“小元宝”，同时，还塑上一个供咬铜钱的“钱龙”。这个大型面塑是敬献给灶王爷的，祈盼他“上天言好事，下界保平安”。这些面塑的造型、色彩、用途都与当地民俗活动、民俗风情紧密联系并发展变化着。

万荣面塑多达100余种，有着鲜明的民间和地方特色，造型夸张生动，用色明快大方、风格粗犷朴实，并富有雅拙的美感，有着很高的历史价值和文化价值。

孝义面塑

申报地区或单位：山西省孝义民间面塑艺术委员会

孝义面塑是流传在山西省孝义市及周边地区的传统民间艺术。孝义地区盛产小麦、黍米和杂粮。千百年来，生活在这片土地上的人们，每逢重大节日、婚丧嫁娶、生日做寿、盖房上梁等场合，就做出各种各样的食用面塑。

孝义面塑的制作有一套严格的工序。第一步是选上等面粉；第二步要发好酵，发酵全凭经验，发早了蒸出的馍发酸，发迟了影响后面醒馍的速度；第三步是把前晚发好的酵面中掺入适量的面粉，倒入温水和匀；第四步是揉面，揉面是面塑制作的重头戏，面是越揉越白，越揉越筋，揉到软硬度适宜；第五步是捏面塑，面塑没有教材，也没有什么图样，全凭一代代艺人口传心授，模样全装在脑子里；第六步是醒馍，让馍发发虚；第七步是上笼蒸，这里面也有学问，诸如水开上笼，笼圈盖严，急火上气，落气出笼等；第八步是出了笼要趁热上食品色；第九步是待上好色凉干，需要组装的还要用竹签把辅助的部分与衬托的花瓣等进行组合。

孝义面塑以师徒口传代代相承，体现了人民群众的传统美德、审美观念、价值取向等历史积累，具有较高的历史、文化和科学价值。

太原面塑

申报地区或单位：杏花岭区三桥街道办事处桃北西社区

太原面塑，俗称面花、礼馍、花糕、捏面人。它以糯米面为主料，调成不同色彩，用手和简单工具塑造各种形象。太原旧社会的面塑艺人“只为谋生故，含泪走四方”，挑担提盒、走乡串镇、随风入俗、做于街头，深受群众喜爱。

太原面塑内容丰富、形式多样，如老人过寿，晚辈多数带着寓意长寿的桃形馍拜寿，馍上装饰着松鹤，也有紫色葡萄和灰色松鼠，取多子多孙之意，还有福禄寿喜等；女儿出嫁时，母亲、姥姥、舅舅要送一笼屉礼馍，面塑和礼馍相结合，有富贵牡丹、莲年有鱼（连年有余）、金鱼满堂（金玉满堂）、花开石榴（多子多福）、并蒂莲花（同心同德）等；结婚时，男方家要为女方捏两个看饼，状如圆盘，顶端是莲花和牡丹，用来祝贺新婚夫妇相亲相爱、白头偕老，女方接到看饼后掰下外圈，将中间部分回赠给男方，表示真心实意、永结连理；上梁时主人家要举行祭祀庆典，还要蒸上梁馍供奉，其形制似“蒙古包”，装饰的纹样多选用象征富贵的牡丹花和“万字纹”、“双盘长纹”等，喻为延绵不断之意；农历七月十五蒸面羊祭茔缅怀故人；农闲季节蒸形态各异的面羊、面鱼、面狮、面虎、面人等自制“糕点”，用来探望长者、关怀晚辈、增进友谊等。

太原面塑在世代传承的民俗活动中形成了特定的含义和文化指向以及表达方式，一直为百姓遵循、沿袭，对研究我国北方农耕社会的生产劳作以及民俗、风情、意识形态、美学心理等方面均具有重要的价值。

晋阳花馍

申报地区或单位：太原市晋源区晋阳文化研究会

花馍，也称面花、面塑等，是我国北方民间礼仪活动中所用的祭品之一，由上古时期祭祀礼器演化而来。太原花馍的品类众多，其中晋源区所流行的晋阳花馍细腻艳丽、造型独特，它是当地生日寿辰、婚丧嫁娶、祈祷祭奠等民俗活动中必不可少的礼品，最具地域特色。

制作花馍要挑选精细的小麦加工成粉，凭借灵巧的双手和丰富的想象力将面团制作成造型人物、走兽、花鸟、鱼虫等，上屉蒸制几十分钟，出笼时再彩绘上食用颜色而定型。制作过程中要注意几个要点：一、和面要掌握软硬适中，才能在蒸制过程中不失捏制原样，出笼时造型丰满不变形；二、面和碱的配比，揉的均匀，才能做到蒸制不走样；三、上笼蒸制过程的火候非常重要，一旦火候不到造成捏制的造型缩比不均称，直接影响花馍捏制的造型，所以每道工序既有传统技艺，又有技术要求；四、花馍着色多用对比强烈的红、绿、黄、蓝等颜色，并用豆类、谷物加以点缀，造型不管是人物还是动物，都憨态可掬，笨拙幼稚，有静有动，相映成趣；五、花馍的制作有明显的地域性特征，花馍的造型要与民俗结合，才能体现劳动人民的理想和生活图景，反映出劳动人民的聪明才智。

晋阳花馍是土生土长的造型艺术，它纯朴的造型，镌刻着晋阳文化古老的印迹，是古晋阳地区农耕文化的典型民间艺术，具有较高的文化、艺术研究价值。

代县面塑

申报地区或单位：忻州市代县面塑艺术研究中心

代县面塑是一种具有浓厚乡土气息以面粉蒸制造型的艺术品，相传与纪念介子推捏“寒食燕”习俗有关。明清时期，代县面塑十分流行，成为当地百姓婚丧嫁娶、岁时节令、祭祀祈福时的必备之物。

代县面塑制作大体分为七个步骤：和面、发面、上碱、制作、气蒸、着色、保存。代县面塑形式多样、内容丰富：春节期间，人们捏制枣山、花糕、佛手、石榴等各种形状的供物来酬天谢地、祭灶君和祖先；清明节要捏“寒燕儿”，大不超寸，点染插在树枝上；农历七月十五，民间有着蒸面人的习俗；八月十五要蒸花糕，上面盘玉兔、嫦娥，月圆之时，供于院子当中，表达人们希望丰衣足食的美好愿望；婚娶之日，男方蒸石榴馍，里面包有桂圆、莲子、核桃、枣，寓意“早生贵子”，女方蒸十二生肖喜盒子和饭蛋馍，寓意着婚后生活十全十美、多子多福；满月时，姥姥要蒸两个奶头馍，馍馍要做成奶头的模样，里面包有白糖，寓意奶水多，上面插有七个小面人（五个男孩、两个女孩），寓意“五男二女七子团圆”；周岁时要蒸“岁岁平安、步步高升”馍；十二岁蒸开锁馍，民间认为这是孩子迈向成年的一道门槛，寓意“开窍、开智慧”的意思等。

代县面塑循时应节，随风入俗，自然成为民俗文化的重要组成部分，它既丰富了民俗活动，满足了人们在精神上、物质上的需求，又发展了与民俗生活相适应的民间面塑艺术，并赋予它特定的文化内涵和寓意。

太平面塑

申报地区或单位：临汾市非物质文化遗产保护协会

太平面塑源于襄汾县景毛乡北李村，当地俗称“花馍”，主要流行于山西省襄汾县及周边的浮山、曲沃、翼城、乡宁、临汾以及运城部分地区。太平面塑具有鲜明的地方风格，在婚丧嫁娶、寿诞生辰、人生礼俗和祈祷祭祀等方面都有着广泛的群众基础，深受百姓喜爱。

太平面塑在制作程序和用料方面均有严格的要求，制作过程一般可分为四个步骤：揉配、造型、笼蒸和点色。主料要用上好的小麦精粉，在发酵和和面时必须注意适时适量。制作工具主要靠手，辅以小剪、小刀、小木梳、擀面杖、菜刀、镊子、笔帽、手电筒、塑料圈、瓶盖、竹签、毛笔及各种颜料等。制作技巧主要有：捏、剪、揉、夹、压、盘、叠、镶、嵌、组合、压纹、纹花、色调配置等，在制作期间要把握良好的分寸感，做成形但不做足，留给面的自然饧发和蒸汽来完成作品，以充分发挥面的特性，使蒸熟的面制品既不开裂，又不萎缩，上色后色泽饱满、形态如生。

太平面塑尤其讲究染色，其面塑制品华丽别致，其形式、用途和色彩都与当地民俗活动、民俗风情紧密联系并发展变化着。创作取材内容十分广泛，十二生肖、历史传说、神话故事、戏曲故事、花鸟虫鱼、蔬菜水果等样样俱全。此外，太平面塑在造型上讲求抽象性、信仰性和理想性。作品朴实简练，造型夸张生动，用色明朗大方，风格粗犷，富有雅拙的美感，刻画形象追求神似和意境，具有鲜明的地方特色，是研究历史、考古、民俗、雕塑、美术等学科不可忽视的民俗实物资料。

万荣面人

申报地区或单位：运城市万荣县董氏面人工作室

万荣面人又称万荣面塑，是流传于运城市万荣、垣曲等地的民间手工艺品。我国古代很多地方流传着逢年过节时用面粉做“饽饽”、“枣花”、“月糕”、“面鱼”、“面羊”的风俗，这些面食一般是作为蕴含祝福意义的食品或者祭祀的供品。随着时间的推移，慢慢出现了专门从事捏面人的师傅，他们用模子或者手捏成各种人物、动物摆到街市上，沿街叫卖，那些彩色的面人儿逐渐就成了专供欣赏的民间工艺。

万荣面人讲究七道工序，一捏、二滚、三点、四搓、五摊、六画、七剪等，追求快速成形、现场制作、形象逼真、入情入画、长久保存、不能变形。捏成的面人要放到避风干燥处，可涂刷一层鸡蛋清，这样更加结实发亮、光滑润泽、色泽鲜艳、易于保存。面塑的形象多是传统戏曲、四大名著、民间传说、神话故事、儿童卡通中的人物、十二生肖和其他动物，比如刘备、关羽、张飞、福禄寿、八仙、嫦娥、哪吒、唐僧师徒、杨家将、水浒英雄、金陵十二钗等。所用的原料为糯米粉、面粉、蜂蜜、色料、甘油等，工具主要有拨子、梳子、篦子和剪刀。

万荣面人是一种综合性的民间艺术形式，与当地民众生活紧密相连，面塑作品色彩鲜艳、简明快捷、形象逼真，具有重要的民俗文化与艺术审美价值。

阳泉彩色面塑

申报地区或单位：阳泉市城区文化馆

阳泉彩色面塑俗称“捏面人”，最早是一种街头民间工艺，用糯米粉和白面加彩后，捏成各种小型人物，一般用于嫁娶礼品、寿辰生日、馈赠亲友、祈祷祭奠和殡葬供品等方面。

彩色面塑作为民间美术之一，用料简单，设色随心所欲，古朴而绚丽。其制作理念是以传统的民间年节事项和民俗理念为依据，选用日常使用的面，依照祖辈传下来的“样”，捏制成型，不注重色彩的过度，用艳丽的色调突出某一个部位或加饰重点部位，使用鲜艳明快的对比或夸张的细部处理，使所捏制的作品各不相同。

彩色面塑在造型上没有一定的规矩，艺人们就地取材，按照传统的做法对耳、眉、眼、鼻进行单独处理并用面色线加工，色面便于加工，极富立体效果。彩色面塑工艺品以民间故事、神话传说、古装戏剧人物为题材，主要作品有“十二生肖”、“八仙过海”、“天女散花”、“麒麟送子”、“十八罗汉”、“仙女贺寿”、“福禄喜寿”、“关公”、“门神”、“杨家将”、“西天取经”、“水浒人物”、“红楼梦人物”、“观音”、“老寿星”、“戏剧人物”等。

阳泉彩色面塑是在继承老一辈传统面塑的基础上，根据当地民间故事、传统习俗、年节活动和民间神祇崇拜观念，将地域特色、人文理念巧妙地应用到制作过程中，用堆底、包活、盘链、网辨、卷、压等捏技，通过各种颜色的巧妙搭配制作而成，具有极为重要的艺术文化研究价值。

乡宁花食

申报地区或单位：临汾市非物质文化遗产保护协会

花食，面塑的一种，顾名思义是用面粉制作的手工艺品。乡宁面食文化历史悠久、内容丰富、种类繁多，富有地方特色，是一种由风俗习惯积淀形成的极具代表性的地方文化。

乡宁花食主要包括清明节上坟祭祖用的寒食馍，祭祖上坟用的“子柱”、“顶子”、“娃娃子”、“滚坟鱼”。小孩过岁、婴儿满月时，要蒸“牛箍鸾”或称“项圈馍”、“鼓鼓馍”、“枣花长馍”，象征从此敲响了人生征途的鼓点。小孩12岁时要在娘娘庙举行“赎身”仪式，除了通常的礼仪，还要蒸项圈馍。青年人谈婚论嫁过程中用“龙凤呈祥”图案，结婚时蒸花糕馍。老年人过寿时蒸寿桃馍，过世后，家人和子侄、外甥要蒸4个“主灵献食”，4盘子“花食”，4盘子“花点”，以作祭奠的礼仪。总之，乡宁花食名目繁多，造型逼真，各具特色。

乡宁花食制作工艺讲究，一个花馍需要七大工序（制酵、揉面、捏形、醒馍、蒸制、着色、插花）、100多道小工序，全靠手工揉捏而成。制作手法包括：搓、团、捻、擀、剪、切、扎、按、捏、卷等，所用的工具包括擀杖、剪刀、筷子、梳子、竹签等。捏花馍没有教材，也没有什么图样，全凭一代代艺人口传心授，大大小小的面团在艺人的手里变成各式各样造型逼真、栩栩如生的艺术品。

乡宁花食既可食用，又具一定的观赏价值，还能为民众寄托美好祝福，是一种综合性的民间美术工艺，具有重要的艺术文化研究价值。

大阳面塑

申报地区或单位：泽州县文化馆

大阳，古称阳阿，位于山西省泽州县西北部，此地历史久远、民风淳厚，传统文化种类众多，面塑就是生长在这片沃土上的一朵奇葩。

大阳面塑究竟起源于何时，目前尚无可考的文献记录和实物资料，但是，当地丰富的民俗生活为面塑艺术的流传提供了丰厚的文化空间，民众周而复始的大量运用更使之兴盛不衰。

大阳面塑主要以大气、恢宏著称，其中的“青狮白象”、“八仙下凡”、“凤催牡丹”、“枣山”、“寿桃”、“十二生肖”等作品尤其被人们所喜爱。面塑作品中还插有戏剧中的人物和百样以上的花鸟，如孔雀、蝴蝶、荷花、二龙戏珠、鹿驮梅、鱼拱莲等。这些动物制作好后要蒸熟，根据造型特点要涂染各种颜色，然后再用竹条插在蒸熟了的猪羊、青狮、白象身上，组成蘑菇形状，摆在一张直径一米多的餐桌上，敬献前要用两个男人抬着游街示众，观者甚多。面塑所用的器具与群众生活中的相差不大，有大陶瓷盆、发面缸、擀面杖、切面刀、面板、筷子、食用色素、蒸锅等。

20世纪七八十年代，当地兴起了许多面塑专业户，民间艺人利用隐喻、暗喻等象征手法，创作出多层次、内涵十分丰富的面塑作品，而这些面塑作品又体现着劳动群众的纯朴意愿与真挚的感情，显现着民俗风情的精神奥秘，美化着人们的生活，慰藉着老乡们的心灵。每逢过年、过节、诞辰、婴儿出生以及婚丧嫁娶时，都要蒸出造型不一的面塑，以祈幸福、吉祥之意。因其作品工艺造型精巧，具有浓郁的民俗性，不断走向市场，深受人们的喜爱。

山西民居砖雕艺术

申报地区或单位：山西省非物质文化遗产保护中心
山西省民居雕刻艺术研究会

清徐县位于山西省太原市南部，属于太原市管辖。穿境而过的汾河与潇河，为清徐这个文明而古老的地方沉积了优质丰厚的砖雕烧制土壤。在境内都沟新石器遗址、马峪古文化遗址中，相继出土了大量灰陶、黑陶和彩陶。经专家鉴定，出土陶器属仰韶文化，这说明早在夏商之前，清徐先民已经掌握制陶烧砖技艺。

隋、唐、宋、元以来，从境内诸多寺庙砖瓦中，均可看到雕刻痕迹。特别在明后期至清前期的两百余年中，随着晋商的崛起，境内各村各社建造坛庙寺观蔚然成风，“一颗印”式的“四合院”到处林立。脊领、影壁、花墙、门楼等砖雕工艺品的市场需求量很大，这就极大地促进了清徐砖雕艺的发展。清代中后期，境内平均四个村庄中便有一座小砖窑，而且每座砖窑均可烧出“花货”（即砖雕）。当时，境内窑王堡、小王村、大常村、东木庄的砖雕花样繁多、产量颇丰，销路也很远。

细考清徐砖雕的特点：一是土质特好，经久耐用；二是花样繁多，套路颇大；三是画工精细，刀工别致；四是谱系明确，传承有序。1928年后，境内庙宇不断拆除，砖雕市场日见疲软，各地砖雕业主纷纷封窑。目前，砖雕产品并无多大市场，清徐砖雕正濒临失传的危机。

山西民居砖雕

申报地区或单位：陵川县文化馆

砖雕艺术在我国有着悠久的历史，它以砖为基本材料，雕以各种图案，具有浓郁的民族风格。山西居民砖雕历史悠久，早在金代便已取得了极其辉煌的成就。尤其清中期以后，富甲一方的晋商开始大规模地修建气势宏大的宅院，在砖雕装饰方面不惜工本，极为讲究。该时期的砖雕不仅工艺纯熟、精到，构图饱满、繁复，题材广泛、多样，技师更是综合运用了圆雕、浮雕、线刻、透雕等工艺手法，充分反映了中国传统民居对美的追求。

陵川书鼓砖雕散见于陵川县全境的古式民居以及庙宇、道观等建筑上，以潞城镇较为集中，且保存完好。这些砖雕图案多位于房屋挑檐下墀头的上方。书鼓砖雕反映的人物和内容多来源于当地非常兴盛的陵川鼓书的传统书目，图案以鼓书说唱中的主乐器扁鼓作为主形象，以其他的人物情节图案作为辅形象，内容丰富、题材广泛，含有各种吉祥寓意，表达各种美好愿望。

陵川书鼓砖雕用料考究、形式多样、内容丰富、工艺精湛、布局合理、构思精巧，以其特有的鬼斧神工般的雕塑嵌筑工艺，赋予建筑以灵动的美，同时也鲜明地折射出当地民众传统的建筑观念、风俗习惯、道德伦理、价值取向、审美情趣，蕴含着丰富的艺术、历史和文化价值。

太谷砖雕

申报地区或单位：晋中市太谷县晋派砖雕研究所

太谷砖雕是流行于山西晋中太谷县及其周边地区的一种传统建筑物装饰构件雕刻技艺。太谷县历史悠久，据“白白燕遗址”发掘的地下实物佐证，当地早在约四千多年前就有了烧窑历史，境内乌马河、象峪河等众多河流，为太谷沉淀了优质丰厚的砖雕烧制土壤。明清时期，晋商崛起，太谷及其周边造房、建庙蔚然成风，影壁、脊领、墀头、门楼、花墙等砖雕需求集增，促使当地砖雕产业达到了一个前所未有的发展高峰，并涌现出许多技艺高超的砖雕匠人，他们以口传身授的方式将晋派砖雕技艺传承、发展至今。

传统的太谷砖雕制作工艺分窑前雕和窑后雕两类。窑前雕主要工序有选土、冻土、筛土、浸泡、过滤、练泥、醒泥、脱坯、打稿、打坯、出细、阴干、装窑、封窑、焙烧、窨水、出窑、打磨、修补、编号、浸砖、拼接安装、过浆、打磨等；而窑后雕首先要烧制出青砖，然后把所选砖放入水中磨平，接着进行打稿、打坯、出细（用刀、凿在砖上刻画出画面构图）等步骤。图案取材丰富多样，多以民间喜闻乐见、吉祥如意的物象为题材，大致可分为四类：自然类、社会生活类、吉祥如意类、纹饰类等。雕刻技法上主要有：阴线刻（刻画轮廓，如同绘画中的勾勒）、浅浮雕、高浮雕、圆雕、半圆雕、镂空透雕、减地平雕（阴线刻画形象轮廓，并在形象轮廓以外的空地凿低铲平）等手法。

太谷砖雕艺术是山西劳动人民在长期艺术创造活动中的艺术经验和智慧结晶，它是晋中地区优秀民间文化的代表，具有重要的艺术研究与观赏价值。

黎侯虎（布艺老虎）

申报单位：长治市黎城县

黎侯虎发祥于黎城县，因黎城古称黎侯国而得名，“黎侯虎”流传于黎城的黎侯镇、停河铺乡、东阳关镇、黄崖洞镇一带，世代传承不绝，是黎城民间美术的一朵奇葩。

商周时期，黎城境域人们以“虎”为图腾，从黎城西关村出土的西周古墓可以证实，虎形器物在当时民众的日常生活以及祭祀、军事活动中，都占有重要地位，是当时社会风俗与精神信仰的重要体现。

黎城民间虎形器物形态多样，分别由玉石、草编、剪纸、根雕、刺绣等材质制作，但是，最具有代表性、最富文化传统特色的当数布艺刺绣黎侯虎。黎侯虎造型简练概括，四蹄直立、昂首挺胸、虎虎生威。1997年在来自全国的众多“虎”中技压群芳，被国家邮电部选为1998年寅年生肖邮票图案。

黎侯虎集观赏、收藏、馈赠价值于一体，既有鲜艳绚丽的艺术表现力，又有纯朴的乡土气息，还有赐福、镇宅、生财等民俗文化内涵。黎侯虎经过长期的发展和演变，以独特的民间工艺品形态流传下来，展现着中国悠久的传统文化和黎城民众质朴的民风。黎侯虎来自民间，为人民群众所喜爱，具有相当广泛的群众基础，发掘、抢救、保护黎侯虎这一传统民间艺术，对丰富人民群众文化生活，提高人民群众素质，研究民间民俗活动，以及在建设社会主义新农村建设中，都将产生重要的推动作用。

侯马布老虎

申报地区或单位：侯马市群艺馆

侯马布老虎是一种流传广泛的传统手工艺制品，又是精美的儿童玩具、室内摆设、馈赠礼品及个人收藏品。它品种繁多，极具乡土气息。

侯马民间至今流传着“家有狮虎、平安幸福”的谚语。在各类以虎为形象的民间作品中，手工布老虎最具代表性。人们自出生至寿终，多以布制狮虎为护身符，同时，内装辰砂，外配艾叶，与五毒（蛇、蝎子、蜈蚣、蟾蜍、壁虎）依存出现。特别是端午节孩童戴虎必不可少，既壮胆，又保平安。

侯马布老虎形态各异，有坐、卧、行、走等形态，且大小皆备。大者三尺有余，粗犷豪放；小者指尖可立，小巧玲珑。绸缎为料，色彩斑斓、栩栩如生。细端其形，着意夸张而不失神韵，大胆取舍而不落俗套，威风凛凛、憨态可掬。全身装饰采用“盘金、绕金、扣金”的传统表现手法，并结合刺绣装饰，集思想性、知识性、趣味性于一体，极具观赏性，反映了人们的审美情趣、价值观念，有着突出的文化艺术价值。

阳泉布老虎

申报地区或单位：阳泉市城区峰梅琴艺术工作室

阳泉布艺式样繁多，布老虎便是其中最具特色的常见作品。境内流传着婴儿百天或周岁时，由姥姥家送布老虎的习俗，表达了民众驱邪纳吉的心理。阳泉地区的布虎造型，犹如变形夸张的圆雕，大多数为粗矮型，整个布虎以立体形状展示其姿态。

制作的材料相当简单，每缝一件布虎，先将红、黄两种布块放在布样上，剪出虎体的式样，缝合成袋状，内填麸皮、谷糠或木削等物。然后，在头部、尾部进行装饰，大都是用彩色丝线绣出眉毛、眼眶、嘴廓、鼻子等外型。最后，在布虎身体部分用丝线绣花或用彩色笔画图案，多数是画一些牡丹、荷花、桃花、松梅竹兰等图案。艺人们或刺绣或彩绘，有的人还用彩布分多层粘贴出来，想象极其大胆，装饰非常丰富，缝制出的布虎各具特色，耐人寻味。

阳泉布老虎大都出自乡村农妇之手，是民间艺人勤劳智慧的结晶。作品大都以夸张、变形为基础，用不同的方式对老虎的外形进行处理，生动体现了民间艺术的装饰性、去粗取精的概括性、装饰纹样的抽象性，具有重要的艺术价值。

阳高布艺

申报地区或单位：大同市阳高县民间工艺美术协会

手工布艺属于民间“女红”的一种，是以布为原料，集民间剪纸、刺绣、制作工艺为一体的综合艺术，主要用于服装、鞋帽、床帐、挂包、背包和其他小件的装饰（如头巾、香袋、扇带、荷包、手帕等），流传于我国北方农村地区。

阳高布艺始于清末，主要工艺分为布贴和刺绣两种，作品有服装、鞋帽、饰物和生活用品等。布老虎是阳高布艺中具有代表性的作品，它属于民间布制玩具的一种，品种多样，极具乡土气息。阳高布老虎没有统一的规格样式，多由它们的制作者自由发挥，有的样子灵活俏皮，有的模样憨态可掬，不一而足。另一代表作品是绣花鞋垫，针法多样、精密细致，妇女们将对生活的美好祝愿寄托在鞋垫上，让它经常陪伴自己的亲人。

阳高布艺的创作者大多是劳动妇女，虽然没有经过专业的美术训练，但对色彩和构图具有良好的把握力，作品也根据不同使用对象呈现出迥异的特点。送给老人的多以“福、禄、寿”为主要题材，祝愿老人健康长寿；儿童用品则常用老虎、小狗等动物图案，希望小孩子像小老虎一样健壮，同时也有辟邪镇恶之意；新婚夫妇往往选用“鸳鸯戏水”、“莲生贵子”、“鲤鱼闹莲”等比较浪漫和谐的图案，象征婚姻和谐、盼望家庭美满多子多福；姑娘送情郎的定情物多以蝴蝶、并蒂莲为图案，含蓄地表达爱情心意。

芮城布艺

申报地区或单位：运城市芮城县雅婷布艺工作室

芮城布艺流传于陌南镇一带，是以丝绸、棉布为主料，用丝线或小布料装饰而成，多做成小动物形状为衣服装饰，或制成青年男女的定情信物。芮城布艺起源无考，当地流传两种说法：一是传言布扎麒麟是其最早形态，后逐渐发展至“四灵”（龙、凤、龟、麒麟）和其他动物；二是传言与人生礼俗紧密联系，民众出于审美的需求，在刚出生小孩的头布、肚兜上点缀饰品，后来随着饰物品种的增加，逐渐形成了民间布扎艺术。

芮城布艺工艺较为繁琐，大致可以分为以下步骤：1.选料，精选高档纯棉布或精品丝绸作为面料，填充物选用优质蓬松棉。2.裁剪，先将设计好的模型拓印到面料上，再用剪刀加下。3.缝合，将裁好的面料及里布缝合。4.填充，将蓬松棉填充进已缝好的布料中，要求填充充实平整，缝合填充口。5.装饰，裁剪装饰物及上胶。6.组装，将装饰物粘接到充实的物体上，分配合理。7.绘画，用各种绘画笔将装饰物及身体部分构绘出花纹。制作工具有剪刀、针、填充棒、缝纫机、锅等。芮城布艺的主要作品有：十二生肖系列、童鞋系列、童枕系列、绣花鞋系列、单双头狮虎、小孩帽子肚兜、各种布老虎、长颈鹿、坐猫、毛驴、青蛙虎等。

芮城布艺以传说中的“四灵”为代表，十二生肖为主导，表达了民众纳福求吉的心理，作品既保持了动物原有特征，又夸张地将现实中和理想化了的动物原型交融在一起，使其具有人的性格、人的情感，因而外部造型显得可爱迷人、憨态可掬，具有浓郁的乡土气息。

潞城布艺

申报地区或单位：潞城市福禄工艺品有限公司

潞城布艺是流传于潞城市及其周边地区的一种传统手工技艺，它与当地的乡土文化密不可分，体现了民众勤劳、节俭、坚韧、细致的高贵品质和独特的审美情趣，由于其丰富的素材多采自于民间，因而受到了广大人民的喜爱。

潞城布艺内容丰富、题材广泛、形象生动、做工精湛、色彩鲜艳。按布艺作品尺寸大小分，有大、中、小、袖珍等类型，能满足各种需求。按布艺的用途可分为摆放式、壁挂式、佩戴式等几种。按布艺的特征、性质，可分为多个种类。镇宅壮威类，主要作品有四神艺东青龙、西白虎、南朱雀、北玄武；四灵艺龙、凤、龟、麒麟。另外尚有狮、孔雀等大型作品。祈福纳吉类，大多出于望子成龙、望女成凤、麒麟送子、龟龄鹤寿、孔雀开屏迎春、狮子摇头百兽惊等用意而制作。此外，还有十二生肖布艺类、上党戏剧脸谱布艺类、丝绣布艺类、儿童衣帽布艺类、香包仕女帽布艺类等。

潞城布艺底蕴深厚、涉及面广、形式多样、做工精美、造型美观大方、色彩艳丽，它是当地民众从自己的审美情趣出发，就地取材、因材施艺、巧妙制作的精美手工艺品，承载着当地的乡土文化、民俗传统，具有珍贵的艺术欣赏、收藏价值，并且为研究当地的民间文化提供了实物资料。

陵川布贴画

申报地区或单位：晋城市陵川县文化馆

布贴画原名宫廷补绣，俗称布贴画，又叫布堆画、布贴花、布摞花、拨花等，最初是一种古老的刺绣技艺，由各种不同色彩、不同质地、不同形状的布块按一定的构图拼接而成。陵川布贴画在民间流传已久，明清时期多为家庭妇女做针线活时用在腰兜、鞋子、衣帽、日用品等上面的装饰，造型多为花鸟虫鱼、吉祥图案等，随着时代的推移，经过传承人的改良和创新，逐渐变为现在以布为原料单独构图的民间美术，其题材也变得丰富多彩，主要有历史名画、戏曲人物、民俗风情、自然风景、花鸟鱼虫、动物图腾、古代侍女、梅兰竹菊等。

陵川布贴画所用布料数不等，视画面复杂情况，需要用少则数块，多则数万块。制作过程为全手工制作，无法使用机器进行创作，制作工序复杂，创作周期较长，作品较少。布块的裁剪大都凭借创作者的手感和经验，没有统一的形制。因此，对于同一主题的作品，每一幅都是独一无二的，且具有高度的立体感。陵川布贴画的创作过程主要分为制样、配色、选布、加工布料、剪贴、组装、装裱等步骤。制作时，首先根据构图将所需的布块制作完成，然后将各布块以自下而上的顺序粘贴到丝绸背景上。制作工具主要有：布料、纸、剪刀、镊子、白乳胶、熨斗等。

陵川布贴是一种集民间剪纸、手工刺绣、工笔画、水彩画为一体的综合艺术，作品剪工细腻，层次分明，图像逼真，具有较高的艺术价值。

绛县布扎

申报地区或单位：运城市绛县秋菊布扎虎艺术工作室

布扎虎在绛县有悠久的历史，传说晋文公坐车走于浍上，忽见车后有一个“虎首狸尾”怪物，便问大臣是何物，大臣说是“历山之神”，文公遂拜之。民间布扎虎作品深受传说影响，以虎和其他动物结合，制作出布艺作品，据说可以避邪、镇宅、保一方平安，贯穿于绛县民众的岁时节日、人生礼俗等重大活动中。

绛县布扎虎内容丰富，造型优美独特，主要制品有虎头鱼尾枕、龙虎贵枕、贵子娃枕、娃虎枕、双头虎枕、蝶面龟尾虎、元宝大象虎、贵子成龙虎、二龙戏珠虎、狮子滚绣球虎、独角虎、虎头蛇尾、双尾鱼虎等，其中，“虎头鱼尾枕”最为典型，虎与鱼的巧妙结合生动形象地表露出对华夏民族瓜瓞绵绵、长久延续、强盛繁荣的祝福。布扎制作步骤大体可分为：1.把绘好的底样铺在布上，用粉笔画出来，然后用剪刀裁剪下来。2.根据所需要的纹样印好，再用各种线扎到布上，显出美的图案。3.用缝纫机缝合虎的身子，然后用锯末或蓬松棉装进虎身，再用木棒固定好，再缝合头部。4.勒耳朵，用彩布、棉花装出眼、鼻、嘴等造型，然后贴、粘、缝在五官位置上。5.勒爪子，用黑线勒出爪子造型。6.用彩珠、彩线装饰、美化虎的全身，整理成型。

绛县布扎色彩鲜艳、明快，造型夸张、生动，工艺精湛，以土布为主要原料，内装锯末，再绣上各种吉祥图案，具有浓郁的地方特色和时代气息，是美好理想的化身和平安、吉祥的祝福，也是人际关系和社会交往的纽带。

长治堆锦

申报地区或单位：长治市城区德艺坊堆锦工作室

长治堆锦原名“堆花（儿）”，是以丝绸为主要面料，经十余道制作工艺堆积而成的一种工艺画及其制作工艺的统称，流行于山西省长治市及其周边地区。关于长治堆锦的起源，由于没有明确记载，无法确定其具体年代。但从明代中后期长治市的经济、社会、文化、人物，特别是发达的丝绸业来看，具有形成堆锦工艺的各种有利条件。现在存世的堆锦实物中有明确纪年的是：清咸丰五年（1855）凤山居士制作的一个堆锦摆件和清同治八年（1869）芝兰堂牛墡制作的一套大型通景六条屏。

长治堆锦具有浮雕感觉和华美的丝绸效果，常被制作成中堂、条屏、座屏等形式，用于厅堂装饰和礼品馈赠，表现内容多以具有吉祥寓意的人物和花卉为主。对长治堆锦的保护，不应停留在用其部分制作手段生产出堆锦产品的简单继承阶段，只有将其在形成与发展中遗留下的十分宝贵的实物、图片、文字、画稿、工具及其艺人和制作工艺的演变情况加以收集、整理、研究，为后人留下一个尽可能完事的堆锦历史，并使其发展成文化产业，才是对长治堆锦最有效的保护。

传统民俗服饰制作技艺

申报地区或单位：万荣县亲蛋蛋婴幼儿民俗用品有限公司

万荣婴幼儿民俗服饰制作历史悠久，源远流长。早在汉代，晋南民间就沿俗有为婴儿过满月、过周岁、过生日讲究穿戴的习俗。婴幼儿穿戴亲朋好友送来的猫娃鞋、虎头鞋，戴狮子帽、猪娃帽等，可爱又吉祥，寄托了人们无病无灾、幸福快乐的美好愿望。

万荣民俗服饰包括鞋系列、帽子系列、荷包系列、布老虎系列等，其中以虎头鞋、帽子系列为代表，通过家庭母女、婆媳之间代代相传，在婴幼儿时期由女性长辈制作，当地讲究“姥姥的帽子舅母的鞋”，一般男红女绿取意为“红官绿娘子”，祝愿儿童长得虎头虎脑、生龙活虎。虎头鞋做工复杂，民间常用兔毛将鞋口、虎耳、虎眼等镶边，红、黄、白间杂，轮廓清晰。孩子穿上虎头鞋后，兔毛随风飘动，虎头也有了动感。虎头帽要经过剪、贴、插、刺、绣等几十道工续才能完成，大约需要五六天时间。帽的两侧、后面均可以刺绣上各种艺术图案，看上去栩栩如生，形象生动，表现了人民群众纯真的思想感情和健康的审美趣味。制作鞋帽的原料为各种颜色的布、金线，装饰花边，布花边、棉花等。以前的面料基本为丝绸。里布为自家织的土布。绣花用的线也是自家养蚕抽丝打线，即纯正的丝线，随着时间的推移，现在的绣花线大多改为纯棉线和毛线。

万荣传统民俗服饰展示了中华民族对美好生活的追求，是古老文化的体现，又是劳动人民创造力的体现，具有重要的民俗价值、审美价值、人文价值和使用价值。

襄垣炕围画

申报地区或单位：长治市襄垣县

襄垣炕围画主要是流布于襄垣县及相邻县（长治、沁县、沁源、武乡、屯留、长子、黎城、潞城、壶关、平顺、晋城、晋中等地）的一种实用性民间美术形式。金元两代，壁画艺术在山西境内的盛行，对襄垣炕围画的形成与发展有着巨大的影响。炕围画在古韩州（今襄垣）地区，宋代已有雏形，金元两代受壁画的影响逐渐发展，至明清时已逐步走向成熟，影响及应用日益广泛。

襄垣炕围画是一种集诗、书、画、印于一体的“全套型”组合式炕围画。它具有种类形式多样、色调明快艳丽、主题鲜明突出等特点。在绘画内容上一般选择农村群众喜闻乐见的题材，形式上仿壁画绘法，风格上具有建筑彩绘画风。它的题材丰富，集人物、风景、花鸟、瑞兽、书法于一身。整体上采用象征隐喻手法，多取福瑞喜庆、如意吉祥纹样，反映驱邪纳祥、喜庆欢愉、道德教化等愿望，渗透着普通百姓的审美意识和价值观。

襄垣炕围画直接展示出普通民众的居室装饰文化，而它本身又与窑洞、厅房建筑构成完美的实用艺术组合，同时也间接地折射出民众的审美文化情趣、思想价值观念、精神生活风貌。此外，它与百姓日常生活关系密切，凡遇结婚嫁娶、旧房翻新、祝生祝寿、节日庆典等民俗活动，炕围画常被用来作为庆娱烘托手段。可以说，它是百姓整个民俗生活的一部分，具有鲜明的生活实用价值、审美艺术价值、德育教化功能和学术研究价值。

原平炕围画

申报地区或单位：原平市文化馆

炕围画俗称墙围画，为古代宫庭与庙堂建筑壁画的一种外延，是农村住宅里极具装饰性的壁画形式。北宋时期，原平炕围画便在一些官宦人家的居室流行，到明末，已逐渐普及到广大乡村。

原平炕围画一般由花边、画空子、锅台画、灶画四部分组成。炕围画的内容，早期大多从封建家庭教育的目的出发，宣传孝、悌、忠、信、礼、义、廉、耻等，后来逐渐增加了现实题材的内容，以人物画为主，同时配以花卉、山水、动物等予以衬托。整体上采用象征隐喻手法，多取福瑞喜庆、如意吉祥纹样，反映驱邪纳祥、喜庆欢愉、道德教化等愿望。

原平炕围画在长期的民俗传承中，形成了自己的特色。它在有限的空间里绘出精细、艳丽的图案，工写兼具，风格多样，表达了丰富的内涵，具有很高的实用价值和审美功能。炕围画直接展示出普通民众的居室装饰文化，既体现了房屋主人的理想希冀，又展现出绘画者的技能才艺。原平炕围画渗透了普通百姓的审美意识和价值观，在丰富人们精神生活方面起着积极的作用，尤其对少年儿童的审美取向的启蒙有着潜移默化的特殊功能。

建筑彩绘（墙围画）

申报地区或单位：长治市沁源县赤石桥乡赤石桥村

沁源炕围画是一种依附于建筑住房的艺术形式，当地百姓家中喜欢把炕上周围的墙油漆，配以字或画，并逐步带入各种故事内容，蕴含了丰富的文化与寓意。明清时期，已至臻完善，民国至解放初期达到高峰，但随着社会的进步，物质生活水平的提高，原来土炕窑洞逐步淡出了人们的视野，炕围画也逐渐衰落。

制作炕围画的第一道工序是作底子。用极细罗筛下的黄土和砖粉和以胶水成腻子，也可加入桐油成油腻子，往墙上刮两到三遍，每次刮完干后，均用细砂布打磨，直至光滑平整。第二道工序是刷底子。下半部刷以深色底色，如黑、深绿或深蓝、红均可，上半部刷以淡色，如淡蓝、淡绿、淡黄等，为作画打好底色。第三道工序是绘画。先画上、下两道栏杆的图案画，大多以富贵不断头和万字连续纹样，套色为主，勾以粉线或金线，中间大格主题有两种：一为花鸟虫草、山水风景及亭台楼阁画；二是人物故事画，以忠、孝、礼、义、信为主，如桃园三结义、三顾茅庐等。画好后，用界尺打边。第四道工序是上漆。刷以两道清漆干后，用水砂纸细细轻磨一次，再刷最后一道清漆，画作色泽鲜艳、光彩照人。蕴含了丰富的传统内容，寓教于乐。

炕围画在唐宋时期已在民间逐步形成，经元、明、清历朝的不断完善与发展，尤其在解放后，达到极大的发展。它集年画、壁画、图案画与油漆工艺于一体，是劳动人民智慧与文化的结晶，是民族文化的载体，既经济又实用，具有重要的民间工艺研究价值。

襄垣民居脊饰传统技艺

申报地区或单位：长治市襄垣县非物质文化遗产保护中心

脊饰是安置在建筑房脊、房屋两边沿上或大门楼子上的一种艺术装饰品，品种甚多，各有讲究。襄垣地处黄土高原，自然条件恶劣，土地贫瘠，先民们在与上天斗争之外，把美好的生活希望寄托在日常生活的起居中，于是他们将避祸降福、镇邪祈祥的图腾崇拜意念融入雕凿装饰品中，脊饰应运而生。

襄垣民居脊饰制作工艺考究，整个工序包括配料、泡土、闷泥、制坯、捏塑、镂刻、切割、阴干、装窑、煅烧、注水等，工时甚长，一般需要15天左右。烧制过程中，一般要避开月忌日，点火前必须先摆供品，焚香祷告，禁止妇女参与，忌讳一些说辞，如“红”、“败”等字眼。成品主要有筒瓦、墙砖、脊、兽头、宝顶、钩角、云砖、小云瓦、云瓦、猫头、屋脊兽、简瓦、句檐、滴水、方砖、青瓦等。

襄垣民居脊饰作为传统手工饰物，以家庭与作坊式传承为主，加强民居脊饰的研究，不仅对了解古代营造技艺，弘扬传统文化具有重要意义，而且客观上还能促使我们结合时代审美习惯，从古建筑群的地域特色中汲取营养，对建筑设计水平的提升也大有裨益。

古建筑彩绘

申报地区或单位：晋中市山西晋阳古建筑工程有限公司榆社分公司

古建筑彩绘是指绘于雀替、斗拱、墙壁、天花、瓜筒、角梁、椽子、栏杆等建筑木构件上的装饰画。古建筑彩绘的历史可以追溯到春秋时代，六朝和隋唐时期是彩绘发展的鼎盛期。宋代，彩绘在《营造法式》中有专门的记载。清朝时，彩绘发展到了高峰，主要分为和玺彩画、旋子彩画、苏式彩画几种。

榆社县古建历史源远流长，随之产生了彩绘、壁画、雕塑（木雕、石雕、砖雕、泥塑）、造像四大工艺美术品类，涵盖土木建筑、油饰彩画、石木雕刻、泥胎彩塑、壁画、砖画等专业方向，培育了大批的彩绘、雕塑等技术人才，以岳俊德大师为主的能工巧匠，以口口相传、手手相带的方式，几十年来培养出一代又一代弟子数千人，凭着精湛的工艺和严谨的作风，在古建领域闯出了“榆社古建”的金字招牌，尤其彩绘引领整个行业潮流。油漆彩画作为古建筑修缮的一道重要工序，它能真实地再现当时建筑的风采，具有很强的直观性。近年来，榆社县古建筑彩绘匠人承建或参与了山西境内多数著名的文物古迹、旅游景区开发等的修缮、保护和建设，如太原双塔寺、晋祠、迎泽公园“藏经楼”、清徐“三国演义城”、榆次老城、乌金山森林公园、常家庄园、乔家大院、王家大院、平遥古城、五台山明清一条街、长治城隍庙、晋城皇城相府等大小近百项工程建设。

目前，老一辈人中一些古老精湛的技艺正在逐渐丢失，年轻一代缺乏对古建筑彩绘技艺的掌握，使得各类人才青黄不接，古建筑彩绘行业发展缺少人才支撑。

平遥彩塑

申报地区或单位：平遥县琢凡彩塑制作中心

彩塑是以黏土加上纤维物、河沙、水揉合成的胶泥为材质，在木制的骨架上进行形体塑造，阴干后填缝、打磨，再着色描绘的作品总称。平遥彩塑随着东汉时期佛教、道教等相关宗教的传入而产生。魏晋南北朝时期，由于社会的不稳定，宗教思想十分兴盛，传统彩塑作为一门独特技艺也达到了一个新的发展时期。宋元以后，平遥彩塑成为平遥乃至晋中具有代表性的宗教彩塑艺术中心。现平遥有史可考的彩塑匠师为双林寺、清凉寺彩塑的塑造者段仲能、段哲、段添花祖孙三代。

平遥彩塑发挥了我国古代雕塑、绘塑结合的优良传统，充分体现了二者的优点，互为补充，相得益彰。在用色上，能够根据不同对象的不同肤色和不同服饰，运用石青、石绿、朱砂、白粉、赭石、石黄、群青、金、银等各种颜料，涂、染、描、刷、点、画、擦、抹甚至沥粉贴金，表现出不同事物的不同质感和量感，达到一种“丹青赭垩，雌黄白附，锡碧金银，众色炫耀”的艺术效果，极大地增强了泥塑的表现力。彩塑在设色上，运用强烈的原色直接涂绘，几乎没有灰暗的间色。同时大胆运用补色，以产生一种强烈的对比效果，使人备感晖丽灼烁，明快鲜艳，既兼顾了宗教本身所需要的庄严环境气氛，又能突出彩塑形体，加强艺术感染力，可谓匠心独运。

以庙宇彩塑为主的平遥彩塑反映了北方汉民族的宗教信仰、民俗风情以及民众的聪明智慧和艺术积淀，具有较高的历史价值、艺术价值和实用价值。

高平刺绣

申报地区或单位：晋城市高平市

高平刺绣有着悠久的历史，高平妇女大多能纺善绣。据专家考证，最早的作品可以追溯到明代中期。从历史遗存来看，高平刺绣最晚在清末民初已经在当地广泛流行。

高平刺绣是高平市民间传统工艺之一，与高平文明的发展一脉相承，与高平人民的服饰文化和生活习俗息息相关，是高平市民间艺术园林中的一朵奇葩。

高平刺绣分丝线绣和布贴绣两大类。丝线绣有平针绣、打籽绣、盘金绣、披金绣等针法。平针绣表现力最丰富，打籽绣结实耐磨，盘金绣、披金绣使画面显得富丽堂皇。布贴绣则不同，裁剪衣物剩下的各色布头便是刺绣的好材料，制作时把布头按照构思要求剪裁成人物、动物、花卉、草木等形状，然后堆贴在底面上锁边绣成，成品朴素大方，色彩艳丽。

高平刺绣的艺术特点是色彩鲜明、对比强烈，在色彩的搭配上尤其具有地方特色。一般采用黑、蓝、红、紫、淡蓝、金、银为主要色彩，并且在长期的实践中总结出一套很直观的对比统一的配色规律。在表现手法上为了增强装饰效果，常将表现内容大胆地加以夸张变形，且不追求形似，但注重神采，要求构图饱满，所以这一表现极其符合中国传统艺术的审美内涵。高平刺绣的悠久历史和丰富内容对中国民间美术史的补充和完善具有积极意义。

运城绒绣

申报地区或单位：运城市关圣绒绣研究中心

绒绣是一种传统的美术制品，它运用独特的“色渐变网点过度”和12种针织手法，巧妙地将形、色、光融合，使作品形象逼真、神态活现，具有强烈的艺术感染力。

运城位于山西省西南部，古称河东，是关羽的老家。传说关夫人刺绣精美，绣娘们为纪念关羽夫妇，便将这种民间刺绣称为“关圣绒绣”，即运城绒绣。运城绒绣艺人用祖传的绒绣技艺，多变的针法，创造性地发展了绒绣艺术。运城市盐湖区绒绣艺人李淑叶的绒绣活在当地首屈一指，她自幼随母亲学习刺绣，并在传承传统刺绣的基础上，用多达百余种不同色彩的纯毛绒线，使绒绣艺术品达到了既忠实原作，又胜于原作的艺术效果。她创作出的绒绣艺术品《奔向新纪元》、《三代伟人》、《关帝》、《桃园三结义》、《关公千里走单骑》等，不仅色彩丰富，而且针法繁多，层次清晰，造型生动，形象逼真，立体感强，表现力丰富，受到了社会各界的赞誉。

运城绒绣是在中国传统民间刺绣艺术上发展起来的，是古代广大劳动者智慧的结晶，有着突出的艺术、观赏、收藏价值。

和顺刺绣

申报地区或单位：和顺县文化馆

和顺刺绣是流传于山西省和顺县的传统美术表现形式，因其是在加工好的织物上以针引线，通过运针将绣线织成各种图案，故又称和顺牵绣。

和顺刺绣的特点主要有图案纯朴，色彩艳丽，构图简洁，造型夸张，针法多样，绣工精致。作品多为日常用品，主要有鞋垫、肚兜、帽子、耳套、枕头、荷包、针线包、粉线袋、钥匙套、坐垫、香包等。图案多以莲生贵子、二龙戏珠、十二生肖、福海无边、祥龙献瑞、丹凤朝阳、五子夺莲、孔雀开屏、喜鹊登梅、松鹤延年、凤凰牡丹等吉祥图案和虎、狗、狮、花草、昆虫等为主。和顺刺绣从样式到整理成形，一般需要糊裱、画图、裁剪、手工牵绣等4—5道工序。在和顺刺针法的运用上主要用斜针绣、平针绣、散针绣、打子绣、套扣绣、盘金绣等多种针法，这使得刺绣作品布局结构错落有致，构图章法严谨，且走线穿插得体，用色丰富，对比和谐，画面极富韵律感。

自民间的和顺刺绣艺术品，都出自农村劳动妇女之手。和顺刺绣工艺初看并不复杂，然而这一工艺有承师传道之迹，又有艺人自己悟性灵感独创之行，是劳动人民长期积累的智慧结晶，极具艺术、文化和科学价值。

侯马刺绣

申报地区或单位：侯马市群艺馆

侯马刺绣是独具特色又影响较大的传统美术形式，它形成于山西临汾侯马市，并广泛流行于侯马及周边区县。据记载，周代便有“画绣之工，共其职也”之说，《诗经·唐风》中的“素衣朱”、“素夜朱绣”则真切描绘了当时的刺绣艺术，而当时的唐正指山西中南部侯马地区。

侯马刺绣是山西刺绣的典型代表之一，具有图案纯朴、色彩艳丽、构图简洁、造型夸张、针法多样、绣工精致的特征。侯马刺绣作为服饰刺绣，它与人的性格相协调，与人们的衣、食、住、行相联系，而且与岁时风俗、人生礼仪、文学、绘画及宗教等文化现象相融合。侯马刺绣既保留着原始风貌，又不断发展、拓宽技巧和新针法。可以说，它既是一种造型艺术，又是一种环境艺术；既是一种灿烂的民间文化，又是丰富多彩、真真切切的民俗生活。

侯马刺绣传承至今，郭美玲是杰出传承人之一。她在传统“有针法”（如门环针、倒扣针、长短针等）的基础上独创了阿针、双跳针、编叶针等新针法，绣制出了精品壁挂“西厢记”、“晋商”等。多年来，她潜心整理、研究，免费收徒，赠送针线，辛勤培养习艺弟子，为侯马刺绣的传承作出巨大贡献。

上党女红

申报地区或单位：长治郊区锦绣坊

上党女红主要是指流传于上党地区的女红工艺制作技艺和制品，具体内容包括民间绣艺和绣品（摆设与挂饰），布艺玩具（老虎、狮子、十二生肖等），民俗服饰（虎帽、虎鞋、肚兜、围嘴、斗篷等），上党“潞绣”技艺及绣品（主要使用本地蚕丝绞股线坊染，绣艺效果与杭、苏彩丝绒线有很大区别），民俗风情绣艺与制品（窗花裁剪、点色技艺以及上党民间枕顶、香包、书剑镜袋）等。

上党地区自然条件优越，民众生活富庶、安定，与农耕文明发展过程相伴而生的上党女红技艺形成时间也极早。本区域内种蔴栽桑、养蚕纺丝、染线绣衣历史久远，明代《潞州府志》中已有记载。中华刺绣史中，“潞绣”可谓名噪一方。直到清代末期，本地蓝靛和潞蔴仍为重要的出省贸易物资。至今，上党各村几乎都有巧妇绣女精于织绣、坊染，将潞绣的技艺与手法代代相传，不断发扬。

上党女红技艺深厚，艺品风格独特，作品颜色以红、绿、黄、蓝为主调，体现出喜庆、吉祥的民俗氛围，秉承了传统格调与乡土特色。近年来，以“锦绣坊”为代表的女红艺品，因用色艳、形制古、品相好、风味足、乡土情、技艺精而广受好评，为保护和弘扬上党女红技艺做出了巨大贡献。

繁峙晋绣

申报地区或单位：忻州市繁峙县晋绣坊文化产业发展中心

晋绣（山西民间刺绣）有着悠久的历史，早在春秋时期的晋国，民间刺绣技艺就已经产生，在数千年的历史长河中经民间艺人的传承、延续、创新，逐渐形成了自己独特的风格和体系。

繁峙县位于山西省东北部，历史悠久，文化底蕴深厚，以刺绣为主的民俗艺术更是源远流长，早在千余年前就取得了很高的成就。繁峙刺绣，素以花色繁多、制作考究而久负盛名。在长期流传过程中，培育了一代代民间绣活艺人，为晋绣技艺的传承发展做出了巨大贡献。

繁峙刺绣属纯手工刺绣精品，极具观赏性与艺术性，有较大的升值空间与收藏价值。繁峙刺绣采用真丝布、真丝线、麻衬为原料，整套绣制过程由直绣、盘针、套针、撇和针、抢针、散错针等手法组成，作品主要以人物肖像、风景名胜、花鸟鱼虫、动物猛兽等为主，作品的图案秀丽、针法精细，具有平、齐、细、密、和、光、顺、匀的特点。近年来，“晋绣坊”作为当地民间刺绣技艺传承的企业实体，不断吸收众多工艺大师参与其中，先后推出以“中国五台山全景图”、“中国五台山东台日出”、“富贵牡丹”与“西方三圣”等极具地域特色题材的画卷，多次在国内外展销。2010年，还作为山西民间工艺品的杰出代表，参展上海世博会山西馆，深受国内外各界人士的青睐，得到了佛教界人士的高度赞扬和评价。

榆社晋绣

申报地区或单位：晋中市榆社县兴晋绣艺专业合作社

山西刺绣发源于临汾、侯马、洪洞、闻喜及周边一带，早在周代就有“画绣之工，共其职也”之说，《诗经·唐风》中的“素衣朱（襮）”“素夜朱绣”则真切地描绘了当时的刺绣艺术，其中唐正则指山西中南部地区。

受古老文化和地理条件的影响，榆社刺绣绣品显得情感率真自由，构图简洁丰满，色彩绚丽热烈，图案精美纯朴，造型夸张狂野。榆社刺绣针法多样，大致有“平针绣”、“辫绣（又称锁绣）”、“打籽绣”、“堆绣”、“盘金绣”等。题材上，多以含蓄的手法来表现不便明说但又不可回避的主题，比如“鱼戏莲”、“鹭鸶闹莲”、“石榴生子”、“老鼠偷葡萄”等表达祈子愿望，“狮子”、“虎”、“麒麟”等动物图样富有震慑与保护的双重含义，“鹿”、“白象”、“鹤”等则代表吉祥如意，等等。

榆社刺绣俗称“硬绣”，属于晋绣的一支，可以多层次叠压组合，浮雕感更强，形成了立体绣。绣品主要有民间纯手工绣花鞋垫、千层底布鞋、绣花拖鞋、麻草绳编织（男女）凉鞋及各种布艺品等，与人们的衣、食、住、行相联系，又与岁时风俗、人生礼仪、文学、绘画及宗教等文化现象相融合，具有较高的欣赏及研究价值。

交口刺绣

申报地区或单位：交口县雅汇刺绣专业合作社

交口刺绣历史悠久，经历了从民间刺绣到贡奉宫廷，从个体作坊到规模集约化的发展过程，它融入传统刺绣的技法精华，经过长期的实践积累，已形成一种构图雅致、绣工精细、针法多样、色彩富丽的工艺美术，对研究当地人类发展、宗教信仰、民俗礼仪、风土人情以及经济社会发展，均具有十分重要的意义。

交口刺绣工艺过程大致分为设计、勾稿、上绷、勾绷、配线、刺绣、装裱等工序。绣线的主要材料为花线与金银线，其中花线是由优质的真丝经过打拈、并合、炼染、整理等十多道工序加工而成，原始的1根花线可再劈成12份、24份，却能够因真丝般的优质品质而不断裂、不起毛。传统针织技法有平针、斜针、散针、打子针、套扣绣、盘金针、筛底针、掺针（密掺、稀掺）、五色套、闪边针、滚针、扎针等。底布和底料有植物纤维布、动物纤维布、化纤布、十字绣布四大类。绣针分为绣花针、毛线针、十字绣针、穿珠针。其他相关工具还有剪刀、刺绣绷子、绣架、装裱物等。代表作品有《花开春暖》、《秋园觅食》、《红梅报春》、《花开富贵》、《马到成功》、《源远流长》、《聚宝盆》、《旭日东升》、《松鹤延年》、《富贵祯祥》等。

交口刺绣雅秀精细的针法工艺，凝聚着一代代、一辈辈交口绣工的智慧和经验，尤其是各种针法千变万化的灵巧使用和对色彩自然渐变的艺术处理，使绣出的作品，无论是人物、动物，还是山水、花草，均保持和延续了“绣线套接不漏针迹、色线相配形象传神”的传统古法，代表了黄河流域刺绣“平、光、齐、匀、和、顺、细、密”的艺术特点，具有鲜明独特的工艺价值。

沁源石雕

申报地区或单位：长治市沁源县赤石桥乡武家沟村

石雕刻是一门古老的造型艺术，它以造型手段、三维空间展示着迷人魅力，被誉为“凝固的音乐，立体的诗”。武家沟村位于晋东南地区西北部，属沁源县赤石桥乡。当地气候较温和，群山环绕，山上各种各样的石头坚硬不易风化，为石雕提供了原料。

沁源石雕工艺制作历史悠久，据匠人史崇信讲，其老祖爷爷史绍尔早在明代就以石雕创作谋生，石雕作品主要有佛像、人物肖像、飞禽走兽、花鸟虫鱼、假山盘龙等，并且闻名周边县城，史家后辈子孙亦将这门技艺发扬光大，传承至今。沁源石雕是雕刻工艺的杰出代表，它不仅有赏心悦目的美感，而且反映了创作者的精心构思和超常的想象力。雕刻工艺的每道工序都非常细腻，是其他艺术难以比拟的。雕刻一件作品，首先根据作品需求选石（密度较高的青、白、玉石），然后才进行雕刻创作。主要工艺流程大致可分为：第一步，在选石上先画出大致的虚线。第二步，在石料虚线上精心创作。第三步，在前两步的基础上，更加细致地进行创作。第四步，根据各种要求做成半成品。第五步，刨光精细打磨。总体而言，在整个过程中用锤、錾、铣、锉等工具大略勾勒出作品的模型，然后抓住事物的特点用刻刀一丝不苟地刻出作品的每一个细节，才能创作出深受大众喜爱的作品。

沁源石雕工艺历史悠久，工序精细，它凝聚了从古到今雕刻家们的心血和卓越的智慧，具有重要的历史文化价值。

沁源木雕

申报地区或单位：长治市沁源县赤石桥乡涧崖底村

沁源木雕是流传于沁源县赤石桥乡涧崖底村及其周边地域的一种古老造型艺术。据艺人追忆，当地木刻艺术清乾隆年间开始盛行，至今已有四代传人，主要用于月饼模具雕刻，成品远销晋南、晋中、河南等地。

沁源木雕原材料主要有山梨木、枣木两种，取材必须选在冬季，用手工锯拉成板，然后采成块状，再用铡刀倒成圆空，按照木板质地画出适宜的图案，最后用刀则和圆刀开始细刻，查看、修改后才算完工。木刻作品的好坏主要在于匠工的制作理念、艺术构思和手功，所用工具有刨则、铡刀、刀则、斜刀、圆刀等，雕刻的图案有鸳鸯戏水、喜鹊登梅、福、寿、丰、优、财、寿桃、猴、兔、月亮、葫芦、鱼、葵花等。经手工雕刻而成的月饼模具图案清新、活泼、寓意丰富，表现了民众祈盼团圆、美满、风调雨顺、五谷丰登的美好愿望，不仅能够为传统节日增添色彩，同时也丰富了人们的精神文化生活，具有重要的工艺价值、民俗价值、社会价值。

宁武木雕

申报地区或单位：忻州市宁武县怀海根艺美术合作社

宁武木雕工艺制作是指利用宁武管涔山盛产的各种阔叶、乔冠、树根，雕刻、创造出具有天然形制和人工雕艺美感的艺术造型木器家具和工艺作品。

宁武位于山西省北中部，县境管涔山脉的天然次生林是山西著名水源涵养用材林基地，也为当地的木雕工艺提供了丰富的原材料供给。木雕工艺制作主要是利用雕刻刀、凿、锯、锉、斧、砂等工具，将各类硬杂木按照人工构思设计加工制作各种家具、摆件等艺术品的创制过程，主要工序分为设计、粗雕、烘干、精雕、打磨抛光、着色、打蜡上漆等步骤。艺术作品形象自然逼真，神态活灵活现，造型美观大方，构思简洁得体，成为当地珍贵的家具藏品和旅游纪念物。

宁武木雕工艺制作对匠人要求很高，需要掌握绘画、雕塑、人体解剖、动植物形体结构、构图设计等多种技艺，并且在实践过程中还要不断提高自身的欣赏和创作水准，方能创作出深受民众喜爱且具有艺术收藏价值的木雕艺术作品。

定襄木雕

申报地区或单位：忻州市定襄晟龙木雕模型艺术有限公司

定襄木雕主要以古建筑构建雕刻为主，集中在滹沱河南岸的智村和北岸的宏道镇两地。智村古建筑营造风格多以牌楼、牌坊、影壁为主，宏道镇则多用于制作木结构古建筑模型。当地百姓还将能够制作木雕模型的能工巧匠尊称为细木匠，以区别于盖房、做木工的粗木匠。

定襄县遗存有数量众多的古代建筑，其中不少建筑集群已列入国保级文物单位。历史上，定襄县涌现出了许多著名建筑师和木雕模型匠人，其中清末民初时期宏道镇张喜来为最重要的代表性艺人，后经过师徒、父子代代相传，到了第四代传人刘晓晨时，随着五台山旅游业的发展，已经开始专门制作古建筑营造摆件和教学模型，定襄木雕工艺日臻成熟，且深受民众喜爱。

定襄木雕模型制作在选料、下料、打磨、零部件制作、组装、上漆等环节都有十分严格的规定，需要匠人掌握过硬的建筑设计、测绘、雕塑、建筑形体结构、整体构图等美术功底和娴熟的木工雕刻技艺，具有很高的艺术价值、收藏价值和研究价值。

根雕

申报地区或单位：吕梁市交口县文化馆

交口县位于山西省西部，吕梁山脉中断山麓，双游河上游，山林覆盖率达到全县国土面积的60%，丰富独特的地域山林资源为当地的“根雕艺术”提供了优质的原材料，同时也为交口根雕艺术的发展创造了优越的物质基础。

根雕作品在创作过程中，既要充分利用植物根茎的自然形态，又要在匠人明确的创作思想指导下，依势造型，因材施艺，巧借天然进行取舍、雕琢和工艺磨制等加工处理方法，将根茎的自然形态美和人工造型美“奇”、“巧”的结合，充分表现根艺的创作规律。制作一个完整的根雕作品大致要经历选材、构思、裁剪、造型、雕琢、打磨抛光、配座、上漆烫蜡八个步骤，成品形象生动，极具个性，浑然天成。

交口根雕艺术是根艺者使用木雕技法，在具有一定艺术形象的树根上进行局部雕刻所创作出来的艺术品种。各具形态的根雕艺术形象，反映了当地群众的社会生活和根艺者的审美感受、审美思想，对研究晋西一带的人文、地理以及社会文明发展具有突出的历史、文化和科学价值。

永乐桃木雕刻技艺

申报地区或单位：运城市芮城县永乐理天桃木雕刻坊

芮城县永乐镇桃木雕刻技艺源于道教，后传于民间，以家族作坊发展流传至今。芮城县位于九曲黄河秦、晋、豫三省交界处，永乐镇（原永乐宫旧址）“吕公祠”在县城西南20公里处，当地人笃信道教仙长吕洞宾故里出产的桃木吉祥物最有灵气，所以世代居于此地的李氏家族（传说吕洞宾俗家姓李）将桃木手工雕刻技艺继承并发展至今。

永乐桃木雕刻技艺在木料的选材上，取吕祖故里优质桃木。工序大致分为采伐、下料、水泡、秘料烘干、分类选料、设计做柸、绘图、雕刻、打磨抛光、检验、朱砂油浸、开光加持等二十多个步骤；主要制作工具有刻刀、木锤、木锉、砂纸等；桃木制品分为十二系列，依次为法印、令牌、桃符、宝剑、神像、神牌、拐杖、木梳、生肖、文房四宝、名人字画、寿牌。手工制成的桃木吉祥物造型美观大方、精巧别致，深受民众喜爱。

中国民间桃木一直被视为辟邪、镇宅的重要法器，永乐桃木雕刻技艺属于家族秘传手艺，它将道教的民间信仰与民众祈福降祥的民俗心理寄托于桃木制成的吉祥物中，具有重要的工艺美术及民俗研究价值。

玉雕（太原玉和堂）

申报地区或单位：玉和堂玉雕工作室

山西玉雕历史悠久、源远流长，雕刻工艺精致、细腻，所用原料石质精美，产品品种多样，题材广博，雄浑大气，庄重规范。它既是山西古老文化的象征，又是山西人民智慧的结晶。

山西玉石资源丰富，娄烦县产玉石，晋中地区盂县产绿软玉、刚玉，晋南夏县产碧玉，临汾、乡宁产玛瑙，这正是玉雕技艺能够从古至今沿袭发展的重要原因。玉雕工艺是根据天然玉石资源因料取材，因材施艺，在玉雕大师们的精工刀刻下形成了色、形、态俱佳的工艺美术产品。玉雕工艺流程主要包括选料、剥皮、设计、粗雕、细雕、修整和抛光等步骤。在雕刻表现名胜古迹、花卉、人物等方面艺人们既继承了传统玉雕的手法，又在这一基础上大胆创新，精心雕刻了许多具有较高艺术水平的玉雕新产品。玉雕制品可分炉瓶、花鸟、人物、禽兽等几个类型，品种有数百个之多，代表作品有和田籽料《送子观音》、《太白醉酒》、《踏雪寻梅》、《山子松下老人》、《瑞兽》、《葫芦》、《龙凤牌》、《喜报三元》等。

玉雕艺人善于相料取材，因材施艺，能够根据各种玉料的天然色彩，灵活加以利用，特别是利用“俏色”的技艺，相当高明。山西玉雕作为中国玉雕中的一个重要流派，以其精湛的技艺、完美的造型广受欢迎，具有珍贵的工艺美术研究价值。

晋城泥塑

申报地区或单位：晋城市城区文化馆

泥塑是用粘土塑制成各种形象的一种民间手工技艺，俗称“泥玩”，是我国传统美术中的重要组成部分，多用于寺庙神像塑造。

晋城泥塑制作采用当地的山泥和配有一定比例的麦糠、沙、棉花、纸浆、榆皮面等物制成坯胎，再经过泥坯的抄浆漆、包麻布、上漆灰、磨光、糊粉、堆粉（沥粉）、装金、彩绘等一道道工序制作而成。作品多服务于寺庙，题材一般以神话传说、佛教、道教人物故事为主，近年来由于庙宇泥塑式微，艺人们多以当地习俗为题材，创作出大量的以反映现实生活为题材的泥塑作品，深受广大人民群众的喜爱。

泥塑（不倒翁）

申报地区或单位：清徐县文化馆

清徐“扳不倒”其制作技艺是集泥塑、泥雕、彩绘为一体的民间美术精品，制作原料主要有红泥、水泥、纸筋、胶、颜料以及各种大小模具，作品有福、禄、寿、吉祥物、财神和佛教中的各种形象。

民间一直流传着这样一个故事：宋代清徐当地有一个大户人家，主人老年得子，全家视如掌上明珠。只是孩子整夜的哭声闹得全家不得安宁，主家寻遍民间神医，都没法止住孩子哭闹。后来主人无意中用当地特有的红胶泥捏了一个底座肥大、上身细小的圆锥型球体逗小孩玩，小孩边玩边笑扳来扳去就是不倒，从此那个主人认为这是神的保佑，于是就让人在这圆锥体上画了观音的神像，意味着保佑全家永远不倒，因此取名“扳不倒”。后来小孩玩要时不小心将“扳不倒”扳成两半，主人认为此乃不祥之兆，他就在“扳不倒”整体结构上做文章，用废纸卷成三角桶形，糊成一顶帽子的形状与“扳不倒”底座相连接，再糊麻纸成形，增强其稳定性。

清徐不倒翁起初是用红胶土和成泥靠双手捏成的，后来为了使这种玩具经久耐用，在和泥时又用上了头发和麻头，在彩画上又增加了底色，而后人为了减轻不倒翁的重量，又从全泥改成用红胶泥作底座，上半部用纸浆做成空心状。制作过程主要分为和泥、制浆、脱坯、上色、打磨、彩绘六个步骤，其中构图和彩绘是制作不倒翁最重要的两个环节。

清徐不倒翁取材简单，制作方便，彩画生动，寓意深刻，用途广泛，从用料到制作，从打磨到彩画，以及造型上均体现了当地民众的聪明才智，具有较高的观赏研究价值。

泥塑（泥塑佛像）

申报地区或单位：晋中市灵石县静升镇苏溪村

我国传统泥塑佛像雕刻技艺已有两千多年的历史，魏晋以后，特别是随着道观、佛寺、庙堂的兴起，泥塑工艺有了较为快速的发展、完善，至今不衰。灵石县静升镇苏溪村位于太岳、吕梁山麓腹地，当地具有丰富的土质、石材等原料，为泥塑技艺提供了丰富的原材料。

灵石泥塑工艺复杂，大致要经过以下步骤：1. 原材料准备；2. 炮制防腐、防虫、防裂液体；3. 干柏木加工、浸泡；4. 制作胶泥；5. 喷洒虫胶，上麦尖泥，涂防裂液；6. 待干透后，在麦尖泥坯上喷虫胶，再上麦斗泥，涂防裂液；7. 待干透后，在麦斗泥坯上喷虫胶，再上草纸泥，涂防裂液；8. 待干透后，在草纸泥坯上喷虫胶，再上棉花泥，涂防裂液；9. 待干透后，开始修整、打磨，用木制刮刀将整个泥像坯刮白土稀泥，刮完后涂防裂液待干；10. 用砂布或粗棉布打磨，然后用单宣纸贴裹，待干后，用砑子砑平，再贴宣纸，反复三次；11. 将纸贴完后待八成干即砑子压光，干后涂白土粉，配明胶少许，配白芨水大量，涂蛋清，待干，反复打磨；12. 将准备好的各种石色，根据需要分块或整理涂色，用细棉布一二次打磨平，衣着图案、沥汾等必须直接用毛笔勾画，一切完成后，涂蛋清配料罩染，干后打磨抛光，最后细心收拾好，大功告成。

灵石泥塑技艺是一项传统而常见的民间艺术，泥塑佛像形体美观、逼真，色彩鲜艳而不失庄重、威严，集艺术观赏和信仰于一体，具有重要的工艺美术研究价值。

泥皮画

申报地区或单位：芮城县三月三文化发展中心

泥皮画是一种以泥为主要材料，拌以一定比例的麦秆、麦壳皮、棉絮、麻绳、头发等辅助材料，经过加水充分搅拌后，分不同层次附着在符合要求的硬质板材上，再经抹平、凉干、起稿、勾线、着色等步骤后而成型的一种传统画种。泥皮画有着浓郁的地域特色和宗教色彩，它是古代工匠复制或再创珍贵壁画、岩画等不可移动艺术珍品的经验总结，对社会、宗教、建筑、美术、文物保护等诸多方面都有巨大的贡献。

芮城地处黄土高原，遍地是极具可塑性的黄色黏土，在黏土中掺杂细麻麦秸后，附着在墙体上，成为一种天然创作壁画的主要材质；另外，黄土高原沟壑纵横，战争较少，当地保留了大量古建筑壁画，为泥皮画的产生、推广创造了先决条件。泥皮画进行制作时，应先取得第一手资料，然后拷贝、勾线、填彩、润色、作旧和加固封护。资料有了后，把稿子转移到泥皮上，再用矿物颜料和传统手工技法来制作。早期的线条颜色简单，越到后来就越丰富、越繁琐、越细致，画法渲染得也比较多。运用泥皮这种载体画出来就非常接近原作，真迹失传后，泥皮画可以为后世留下原作的风采，而且它可以在不同的空间和时间来完成。

泥皮画内容广博，画工精湛，色彩艳丽，为进一步临摹古代壁画面貌提供了较好的摹本，它不仅丰富了中国古代绘画艺术，而且为研究古代历史、绘画艺术、社会生活等方面提供了珍贵的资料，具有重要的学术研究价值。

宫灯（柴森宫灯）

申报地区或单位：运城市夏县柴森宫灯厂

山西省运城地区的制灯历史悠久，最为著名的有夏县和新绛两地。据载，唐代薛村（属运城管辖）灯就已成为贡品进入宫廷，此后，这一带的制灯技艺薪火相传，不断创新。明清时期，由于统治者的推崇，夏县地区的宫灯产量大增，可谓盛极一时。千百年来夏县宫灯制作不断发展创新，其间不乏名手巧匠、才思敏捷者，为其技艺的传承做出了突出贡献。

夏县宫灯应用于传统祭祀、各式庆典、元宵节庆、迎神赛会等民俗活动中，以木制雕刻工艺灯为主，它将抽象构成、复合装饰和光动机制融于一体，是一种具有浓郁民族特色的综合空间艺术产品。夏县宫灯上的雕刻一般以龙凤等吉祥题材为主，辅以优美舒展的植物题材，显得富丽精致而又典雅怡人。宫灯上的彩绘一般绘有仕女图、四季花卉、历史典故、戏曲故事、神仙佛像、农事耕作、节令风俗、岁时民风、吉祥图案等题材，使得夏县宫灯既精巧生动又形象各异。代表作品有木雕宫灯、彩绘宫灯、龙凤宫灯、五彩工艺灯、铁架古装长形灯、旋转彩灯等。

夏县宫灯形式多样，表现题材广泛，雕刻精美，彩绘生动，既精巧又典雅，既富丽堂皇又纯朴大方，体现了夏县民众的巧妙匠意和心灵手巧。“灯”、“丁”语音相同，象征人丁兴旺，喜庆吉祥，也反映出民众普遍的审美特征和趣味追求，具有浓厚的地方特色。

灯彩（平遥古灯艺）

申报地区或单位：平遥古灯艺研究所

平遥古灯艺，是一种传统手工制作的灯具工艺品，起源于何时，无法考证。明清时期，平遥经济发展到了最辉煌的时期，灯艺制作有了空前的发展。城内不论大小商铺店面为体现其生意兴隆，宣传、展示自己的实力和身份，制作一些形式多样的花灯，挂在门廊，形成一片热闹繁荣的景象。当时的彩灯从品种上看以大小不等的喜庆红灯为主，从质地上看主要以竹料、纸质为主，繁荣的灯具市场造就了一大批民间艺人，他们又将古灯制作改善、发扬，传承至今。

平遥古灯艺制作按照民间传统的图案构思设计而成，在加工技艺上概括为选材、剪切、扎制、缠丝、装裱、彩绘等多道工序，它融抽象构成、拟形雕塑、平面书画、复合装饰和光动机制于一体，自成一种具有浓郁民族特色和乡土气息的综合空间艺术。主要品种有木质宫灯系列、喜庆红灯系列、锦缎花灯系列，具体有前程似锦灯、富贵吉祥灯、光耀门庭灯、纸雕宫灯、走马灯、连年有余灯、庆丰年灯、农家乐灯、双星多彩灯、装饰灯等五十余种。

灯彩艺术的形、色、质、彩，贯穿着中华民族由火的体验而生发的信仰习俗、文化理念和美学意趣，历史的厚积和文化的浸润，使灯彩超越了灯具的一般性实用或观赏价值，成为民俗活动中既有较高艺术魅力又有重大文化价值和社会功效的一项内容。

河津转花灯

申报地区或单位：河津市楼里转花灯制作中心

河津转花灯流行于僧楼镇马家堡、李家堡村，是一种民间社火表演形式，多在元宵节前后夜晚活动。转灯起源于清光绪年间，系当地民间艺人根据风车原理研制而成，其制作工艺包括编制、剪纸、裱糊、仿生、木工装饰等步骤，涉及几何、舞蹈美学、动力、热力等多种学科原理，起初只有单转或双转，后逐渐发展到几个、十几个、几十个花灯同时在一个灯架上转动。

转灯制作先用竹子扎成骨架，葵花杆作灯身主体，用麻纸糊成各种花灯，另用厚纸糊成4—5个风轮，安装在每个花灯的中心，灯面上饰以各种剪纸图案。灯的空心处穿一转轴，轴外固定一燃烛柱，使烛光保持平稳，达到灯转烛不动的效果。灯架的顶端再饰一雉尾和纸绣球、风哨等，使灯在转动时有色有声，引人注目。表演时，队伍雄壮，有时多达数百人，艺人们各持一灯架，身穿马童装，头扎英雄巾，佩戴马铃，使劲吹口哨，碎步行进。队首由一人持火球向导，整个表演锣鼓震天，唢呐嘹亮，灯光绚丽辉煌，蔚为壮观。

河津转花灯工艺是由风车仿生而来，它融剪纸、裱糊为一体，集数学、力学诸原理于一身，匠心独运，精巧非常。现今，转花灯艺术已退出了历史舞台，逐渐成为一种装饰品和收藏品，但转花灯的艺术价值和文化意义更值得现代人去思考。

永济扎麦草

申报地区或单位：永济市文化馆

麦草画，俗称扎麦草，在我国北方部分区域广为流传。近几年，永济市民间艺人进行改革、发展、提高，使麦草画由单片变多片、由单层变多层、由单色变多色、由平面变立体，形成系列产品，受到国内外客户的青睐。

麦草画取材方便，用料普通，工具简单。它的制作工艺相当复杂，往往要经过剪、劈、泡、刮、裁、贴、烙、烫、画、染、装等几十道工序。题材有花鸟、人物、动物、山水、建筑等。民间风味浓厚，装饰性强，是厅堂挂件、馈赠亲友的最佳礼品。但由于麦草画制作系纯手工操作，工序繁杂，对技艺要求很高，而且还需要创作者具备一定的美术基础，因此，技艺传承难度很大，急需抢救与保护。

麦草画

申报地区或单位：临汾市蒲县非物质文化保护中心

麦草画又叫麦秆画，是始于隋唐时代的宫廷工艺品，和剪纸、布贴一样属于剪贴艺术。相传，东汉刘秀被王莽追杀，藏匿于麦地之中，麦草随即化为树林保护刘秀。后来，当地人视麦草为祈福迎祥之物，特制麦草画，供奉神灵。

蒲县麦草画采用纯天然麦秸秆为原料，整个制作过程有二十多道工序，主要包括熏、蒸、烫、漂、拼料、下料、烫料、粘料、装裱等。制作过程中，要充分利用麦秆本身的自然光泽和质地，对其进行熏烫，并结合温度的高低变化，对熏烫部位分轻重缓急灵活处理。技术上吸收国画、版画、剪纸、烙画等诸多艺术手法，使麦秆表面形成深浅不同的层次和色变，之后再经剪、裁、印、贴等工序，从而制作出既古朴典雅、富丽堂皇，又惟妙惟肖、栩栩如生的艺术作品。制作工具有剪子、刀子、镊子、尺子、铅笔、胶、刷子、烙铁、染料（两稀）、画笔、锅、盆、纸等。作品分为浮雕麦草画、麦草轴画、麦草工艺花瓶、麦草工艺口杯等五大系列上千个品种。

蒲县麦草画色泽鲜亮、形象逼真，融扎画与烙画技艺为一体，具有独特的艺术魅力。另外，麦草画取材方便，制成的作品色彩亮丽、造型逼真，不仅适合各种场合的装饰美化，更是馈赠友人的最佳礼品，还可以作为一项文化产业，在当地加以发展，并以此带动地域经济的发展，从而获得良好的经济效益和社会效益。

泥金笺画

申报地区或单位：运城永济市文化馆

泥金笺画是利用特殊的传统工艺将金箔贴在宣纸上，然后运用高超的绘画手法在泥金笺纸上绘出各种图案的艺术创作过程。它是中国传统绘画的一种特有工艺，以在画面上连接点金、描金、泥金、洒金和泥金纸上连接彩墨作画作为主要的方法和手段，且至今已有五百多年的历史。永济县永乐镇“永乐宫”(1955年迁至芮城县）道教壁画，就有堆金、沥粉的表现手法运用在绘画当中，这种堆金沥粉泥金画就是泥金笺画演变的前身。

泥金笺画在民国时期，就已经在中条山下河东地区永济县开始流传。在永济，制作泥金笺要选用上好的宣纸，用金笺泥封底、打磨，经过严格的处理后再贴金箔。贴金箔首先在处理好的纸面上涂上金箔胶，准备好金箔，戴上手套、口罩（不能用手指碰到金箔），然后揭开保护纸，小心谨慎地把金箔贴到处理好的宣纸上（关于这一点就需要很高的专业技术水平）。把纸面全部贴满后，再用羊毛刷轻轻地堆扫，使金箔全部粘牢。如果是金箔，这套工序就完成了。如果是铜箔，贴完后铜箔面上还要用封面胶封面，以防铜箔氧化变色。等完全干透后，再在金笺纸上用高超的手法勾线，图案完成后，再用皴、擦、堆、染等手法完成创作。制作材料有宣纸、金笺泥、金箔胶、金箔和各种颜料。制作工具有羊毛刷、手套、口罩、海绵、细沙纸、各种毛笔等。主要作品为仿古宫庭画、人物、肖像、花鸟、泼彩山水等。

泥金笺画古朴典雅、赏心悦目，其制作工序复杂而细腻，具有重要的历史价值、科研价值和审美价值。

内画（广灵内画）

申报地区或单位：广灵县文化馆

内画是中国特有的一种艺术形式，鼻烟壶是内画的主要载体，它的产生起源于清康熙年间，到嘉庆时期内画鼻烟壶就已经发展成为一门艺术，至今已有二百多年的历史了。民国期间，广灵商人张文正将内画技艺从京城带回故乡，经过长期钻研，逐渐形成了画风细腻、构图雅致、线条流畅、意境高雅、设色古香的艺术特色，传承至今。

内画在海内外被誉为“鬼斧神工”、“中国一绝”，与外画相比，它的创作更需要高超的技艺。首先，作画顺序相反。内壁反着书画，外壁才能显现正面图形。其次，壶口小限制了书画的操作。内壁绘画时不容易看到笔的位置，所以内画不但要有扎实的外画基础，还要经过严格的训练才能完成一件好的作品。正因为内画创作的不易，故而当一件精品创作完成后，才愈显珍贵。

广灵内画用笔上有写意、工笔；用色上有水墨、重彩；题材上有传统山水、人物、动物、花鸟、书法、文物、古迹、旅游风光等各个领域；用料上主要以水晶、玛瑙为主；工具有自制弯曲的小毛笔、金钢砂（用以磨内壁）、橡胶气囊（用于吹干内壁水分）等；涂彩以国画颜料、油彩为主。

广灵内画在冀、鲁、粤纤细秀美的风格基础上，笔法与用色集中国水墨画、西洋油画于一体，并且融合广灵剪纸的用色和表现手法，以主体细腻次之粗犴的笔法和艳丽的色彩、明快的构图而独树一帜，自成一派，具有珍贵的艺术观赏、收藏、研究价值。

平遥纱阁戏人

申报地区或单位：平遥县文化艺术中心

纱阁戏人俗称“纱阁人人”，简称“纱阁”。平遥县清虚观内，收藏着一组清光绪三十二年（1906）该城纸扎店铺六合斋老板许立廷制作的纱阁戏人。这组纱阁戏人原为36阁，现存28阁，每阁一剧。这组纱阁戏人因其利用韧性、弹性及表面张力都很强的洒金宣纸扎制而成，所以服饰挺拔阔展，衣褶清晰自然，着色后鲜艳亮丽，就像真纱一般，被中国著名雕塑家刘开渠先生和中央美院的师生称为“中华一绝”。这组作品是在70厘米高的木阁舞台里，陈列50厘米高的戏剧人物，一阁一戏，每阁3—4个戏剧人物造型，择剧中精彩场面，展现刹那间的情景，阁内的横额上都题写有剧名，有些还刻在木阁的地板上。在每阁的画面中，都可以看到当年梨园演出的精彩剧照。

纱阁戏人的制作过程大致是构思戏剧场景、设计舞台场面、搭建木阁及分隔断、题壁装饰，然后依次给戏人搭骨架、设架式、制泥头四肢、画脸谱、安装头及四肢、做服饰、贴刻花、绘布景、添道具等。从平遥纱阁戏人的如《满床笏》、《断桥》、《恶虎村》等剧情看，古代匠师把人物表情、剧情高潮同搭骨架、定架式等紧密地结合起来，使这些纱阁戏人一个个造型生动、栩栩如生，实为不易。

平遥纱阁戏人的用料极为普通，主要有撒金宣、生丝、胶泥、高粱杆、石质颜料、银箔等。制作工具多为毛笔、剪刀、雕刀、钳子等。平遥纱阁戏人有极高的艺术价值、文物价值、美学价值。它集雕塑、纸扎、戏剧、造型、色彩、舞美于一身，用独特而高品位的艺术手段，展现了民间艺术匠师的超凡技艺。

曲沃花葫芦

申报地区或单位：曲沃县郑家民间美术社

葫芦工艺在我国源远流长，千百年来，葫芦作为一种吉祥物和观赏品，一直受到人们的喜爱和珍藏。曲沃县北曲镇下坞村四季分明，土地肥沃，是种植葫芦的天然场所，以郑月巴先生为代表的郑氏后人依靠得天独厚的地理环境和代代相传的手工技艺，种植、加工葫芦，使这一距今已有千余年历史的传统手工技艺得以传承、发展和创新。

葫芦工艺按其品种可分为镂雕葫芦、烫画葫芦、沥粉葫芦、压模葫芦、浮雕线刻葫芦、根艺葫芦、金丝葫芦七种。郑家葫芦运用了透雕、浮雕、线刻、烫烙、沥粉、压模等技巧，创作了形态各异的装饰图案，如平安如意、平安富贵、福禄寿禧、晋侯用宝、吉祥图、鼻烟壶、护身符、百寿、百禧、神牛、八宝、菩萨、器皿、脸谱、壁挂、奇禽异兽等。特别是根艺葫芦，文化内涵更为丰富，堪称艺术精品。

曲沃花葫芦既有民间艺术的稚拙华美，又富历史久远的厚重风尘，具有突出的文化、艺术和观赏、收藏价值。然而，由于目前葫芦工艺仅限于家族内部传承，郑家子孙传承、创新的积极性不高，急需相关部门对葫芦工艺加以保护、传承，使其走上良性发展道路。

侯马皮影

申报地区或单位：侯马市皮影雕刻艺术研究会

侯马皮影设计属秦晋皮影，源于侯马西部的高村乡。

侯马皮影严谨规范，艺术风格及工艺流程与陕西皮影相似，但又有自己独特之处。侯马皮影的用线除了虚线、实线之外，虚实线、绘线及暗线的运用更为别致。虚实线常用于皇宫贵族的建筑、摆设、衣饰等，显得富丽堂皇；绘线以墨线代刀，在难以雕镂的微小装饰物上描绘，细致精彩。制作皮影使用的颜料大多是艺人们用天然彩石自制而成，色彩鲜艳明快、清雅大方，耐蚀而且长久不褪色。

侯马的皮影雕刻盛行于清朝末年和民国初年间。民国初年南上官村杨茂盛家开设了影子雕刻作坊，专营皮影戏戏箱，以租赁影箱为生，还雇有四个雕刻艺人。侯马及附近的新绛、闻喜、夏县等也有人从事皮影雕刻，并形成了自己的风格。这种师传方式一直延续到1973年侯马市的"皮影雕刻艺术研究组"成立，从此以后侯马皮影雕刻工艺得到了有效保护和传承，侯马皮影也因其细腻的做工，流畅的线条多次赴美国、德国、日本等国家和地区进行文化交流，深受海内外人士的欢迎。

大同折纸

申报地区或单位：张氏折纸素质教育研发中心

大同折纸是流传于山西省大同市南郊区白马城村及周边地区的传统美术表现形式。张氏折纸已传承六代。

大同折纸最初主要用于叠元宝、折纸鹤、扎竹马以祭奠亡人，艺人以此为职业谋生。后由文化人与折纸匠人合作，将此技能开发引至幼稚园，为孩子们折叠各种各样的动物造型、人物造型，以启发孩子们的创造想象力，提高手脑并用的能力。逐渐地，这部分匠人脱离了扎纸店以"折画生"的身份行走于各私塾学堂。大同张氏折纸便是一例。

大同折纸艺术的主要特征为：在折叠过程中，只靠两只手、一张纸，一折到底，纯手工折叠。作品拆开后仍保持为一张完整的纸张，周边没有裁剪、粘贴的痕迹。作品题材包罗万象，人物、动物、植物、器物等应有尽有。每个作品造型不一，姿态各异，形象、生动，富有民间文化特色。特别值得一提的是张氏折纸艺人创作理念古朴，技法多变，且取材方便，易于操作，具有广泛的群众基础，深受广大人民群众喜爱。

清徐彩门楼

申报地区或单位：清徐县文化馆

清徐彩门楼是一项集民间彩绘、传统手工技艺、古建营造技艺于一体的综合性艺术，主要流行于太原、清徐及其周边地区。当地民谚有曰："狮子龙灯跑旱船，彩楼当街撑面面"，是在清徐流传久远的民谚。

清徐彩门楼起源于唐代，当时清徐县城叫清源县，交通便利，商铺林立，经济繁荣。逢年过节人们即在附近山上采回柏叶绑在竹杆和木棍上，插在自家房顶的最高处，以求来年百业兴旺、人畜驱除百邪。到宋代发展为用几根木杆搭在自己门前，上边绑上柏叶枝，两边写上对联。柏叶门楼年年造型不同，极具观赏价值。再后来历经商家们的多次改进，由最初的柏叶门楼发展到柏叶彩门楼、扭彩彩门楼、彩绘彩门楼。

清徐彩门楼是我国门楼艺术的代表，在全国的民间艺术中占有相当突出的地位，每座彩门楼从设计到搭制彩绘，从造型色彩到门楹对联，都彰显了清徐人民深厚的文化底蕴和聪明智慧。具有较高的历史价值和观赏价值，多年来受到广大民众的喜爱和高度赞扬。

八、传统技艺

阳城生铁冶铸技艺

申报地区或单位：山西省阳城县人民政府

山西阳城为中国生铁冶铸技术的重要留存地，这里的犁炉炼铁和犁镜的铁范铸造等技艺十分突出。因阳城地处中条山区，盛产富铁矿，且距地表较浅，还有大量可以烧制木炭的优质木料，为当地生铁冶铸术的形成创造了良好条件。

犁炉为中国式的竖炉，由炉缸、炉腔、炉身及支架构成，其内腔呈曲线状，具有风流顺畅、利于炉况顺行的优点。熔炼铸造时，首先，矿石必须粉碎，再经高温焙烧去硫方可入炉；其次，要以当地江木等优质木材烧制的木炭作为熔炼的还原剂；再次，有一整套成熟的熔炼工艺，师傅们凭借多年的经验，通过看火色、辨铁水等方法娴熟地掌握炉况、火候及铁水成色，恰到好处地把握铁水的化学成分和温度。其中，辨铁水一法堪称绝技，熔炼师从出铁口舀出一小勺铁水，观察其色泽及表层纹样变化，就能判定其成色。

犁镜是阳城的品牌产品，是步犁的重要配件。阳城犁镜由原铁水浇灌，这种做法在世界上十分罕见。铸型以灰口铁为原料，用泥范铸成，一副铁范可用上千次。所铸犁镜坚固耐用且省力，深受农民欢迎。犁镜烧铸最盛时，年产七十余万片，远销尼泊尔、越南、朝鲜等国。

阳城生铁冶铸自成体系，工艺规范，堪称中国式铁范铸造的“活化石”，具有重要的史学价值，工艺价值。然而，伴随着社会经济的转型，犁镜被农业机械化生产所取代，生铁冶炼技艺已逐渐退出历史舞台，需要及时加以保护。

荫城冶铁铸造技艺

申报地区或单位：长治县民间文艺家协会

荫城位于长治县南端，地处雄山北麓，该地区气候干燥多风，地质构造复杂，地层较为齐全，成矿条件优越。据史料记载，荫城镇自战国时期就开始了简单的铁业生产，到清朝乾隆、嘉庆年间进入鼎盛时期。

荫城手工冶铁和锻造生产主要有以下步骤：1.从矿石中提炼出生铁；2.生铁通过炒炉，成为熟铁；3.把成型的熟铁放入火中烧，用黏土做成炉盖，封住火口，以保持温度；4.打铁主要靠炉头来指挥操作，一般是两个人或三个人一起打，几个人分工不同；5.把打下的模型冷却之后再经匠人加工，基本上制作成功。荫城镇成批铸作的铁制农具和手工工具，以生产效率高、经久耐用、产品规格齐全、高强度韧性而闻名，其中“贾”字刀具是荫城冶铁锻打技艺中的代表。

荫城冶铁铸造技艺经过代代相传，形成了一套非常成熟的工艺流程，它在生铁冶铸的基础上，采用铁范来成批铸造铸件，不仅提高了产量，同时也发展了各色炉具。这些炉具与当地的资源配置、产品特色相联系，形成了独特的冶铁铸造文化。

晋作家具制作技艺

申报地区或单位：唐人居古典文化有限公司

山西式样的家具，行话曰“晋作”，它与苏作、京作、广作合为中国家具的四大流派。晋作家具用料精纯，制作考究，以体量朋硕、沉穆劲挺、框厚板实、大边坚梆为特色。其形式、内容的完美结合体现了中华传统文化的深厚底蕴和独特的山西地域性特色，具有较高的艺术价值和文化价值。

晋作家具在明代中末期硬木材料日渐枯竭的情况下，利用晋南地区优质软木如核桃木、榆木、楸木为材，沿用制作硬木家具的技术，发展传承至今。制作的家具线条流畅、厚重质朴，被业内人士称为“软木黄花梨”，其中上品多以核桃木为之，质地匀称，纹理细腻，轻重适度，软硬相当，往往予人以丰润持重、四平八稳之感。软木易于雕花刻饰，若不髹漆，久置则色褐栗，皮赭酱，因此，晋作的本色家具要经煮、泡、烤、磨、漆、光等工序；大漆家具要经过披麻、披灰、上漆、描金、画彩等复杂的工艺流程。“龟裂断纹漆”、“竹木藤三木结构”、“五彩与描金”等是其主要的技艺绝活。在过去，晋作家具一般由工匠上门制作，不惜工时，求佳求精，因而出现了“家具不出门”的现象。

晋作家具用料精纯，制作考究，形式与内容的完美结合体现了中国传统文化的深厚底蕴和山西独特的地域文化，具有较高的艺术价值和文化价值，又因其主要以家庭传承的方式为主，故而逐渐形成一种独具特色的地方传统技艺。

家具制作技艺

申报地区或单位：山西省鑫荣木雕工艺有限公司（忻府区）

忻州市忻府区地处忻定盆地，西临黄河沿岸的晋西北，东靠太行山，南以石岭关与太原市相接壤，北以雁门关与塞北相通，境内忻口历来是商贾流通要道。明清之际，忻州（现忻府区）、崞县（现原平市）、定襄商人遍布全国，成为晋商的重要组成部分，其中有不少忻州商人从事红木家具制作、销售，而且发迹后又在大兴土木建造豪宅大院时，使用高档木材制作门窗等装饰物，同时配置了不少高档红木家具，因此，手工雕刻制作技艺代代相传，沿袭至今。

制作红木家具大致步骤分为选料（采用黄花梨、紫檀木、酸枝木、鸡翅木、核桃木、榆木等珍贵硬木）、下锯（按照木材的实际情况与计划制作需要，锯为薄厚不一的板材）、烘干（对木板材料进行烘烤、曝晒，使之去水干燥）、设计（根据木料质地、花纹、颜色、大小进行构思）、加工（以精密巧妙的榫卯结合部件）、雕刻（对家具上的各种花纹、图案进行刻绘）、打磨、抛光、打蜡等。古典红木家具造型优美，色泽古朴，上面配以精美的手工雕刻《清明上河图》、《百子图》、《二十四孝图》、《喜鹊登梅》、《富贵牡丹》等图案以及各式花纹，成为珍贵的艺术精品，具备了很高的文化价值。

晋作家具制作技艺

申报地区或单位：侯马市盛世华韵古典家居文化有限公司

晋作家具是我国四大古典家具之一，它与京作、广作、苏作家具交相辉映，在国内外享有盛名。

晋作家具传承了明式家具的优点，以体量宽大、造型厚重、雕嵌丰富、用料考究、质感细腻而著称。晋作家具用材大都以当地优质核桃木、榆木为主，豪宅大户则用紫檀、红木、黄花梨木等名贵材种，以显富庶，争比排场。制作过程纯手工操作，不用钉子，全部用卯榫衔接，大平板则以攒边法嵌入边框槽内，坚实牢固，能适应冷热干湿变化。镶嵌大理石、玉石、贝壳、金属等多种材料，形成独特的山西地方风格。装饰以素面为主，局部饰以小面积漆雕或透雕，以繁衬简，朴素而不简陋，精美而不繁缛。成品造型稳重、庄严、豪华、富丽，雕刻上使用浮雕、圆雕、透雕、浅刻等多种技巧。通体轮廓及装饰部件的线条讲求方中有圆、圆中有方的一气贯通而又有小的曲折变化，线条雄劲而流利。家具整体的长、宽、高与局部的权衡比例都非常适宜，有助于纠正不合礼仪的身姿坐态。主要作品有暗八仙三围床、多宝格、福临东海大屏风、家具杂、核桃木镂空雕龙凤插屏、平头案、核桃木灵芝转心桌、平头案、翘头案、山水大屏风、太师椅及核桃木镶理石和长条桌等。

晋作家具的工艺考究，造型稳重、庄严，雕刻上使用浮雕、圆雕、透雕、浅刻等多种技巧，并且镶嵌大理石、玉石、贝壳、金属等多种材料，形成明清时期的显著风格。随着时间的推移和社会的发展，晋作家具存世已十分有限，其技艺传承也遇到了诸多问题，需要及时解决并加以保护。

平遥推光漆器髹饰技艺

申报地区或单位：山西省平遥县文化艺术中心

晋中有一俗语可谓家喻户晓："平遥古城三件宝，漆器牛肉长山药"。在古城三件宝中，漆器列为首。平遥推光漆器是我国四大名漆器之一（北京金漆、福建脱胎、扬州点锣、平遥彩绘）。

平遥推光漆器外观古朴雅致，闪光发亮，绘饰金碧辉煌，手感细腻滑润，耐热防潮，经久耐用，诚为漆器之精品。平遥推光漆器素以制作工序繁琐、复杂著称，主要包括以下步骤：1. 用特殊配方、技艺及设施炼制大漆；2. 以大漆和天然桐油炼制罩漆；3. 木胎披麻挂灰，生漆灰须褙布，猪血灰须披麻，黄土胶则需褙纸；4. 以人发、牛尾制作漆栓（髹饰工具）；5. 在特设的阴房内阴干漆器；6. 描金彩绘，包括平金开黑、堆鼓罩漆、勾金、罩金和蛋壳镶嵌等传统技法；7. 用砂纸、木炭、头发、砖灰、麻油等逐次推光，使漆器光亮如镜；8. 采用镶嵌、镂刻、罩金、刻灰等技艺进行装饰。

平遥推光漆髹饰品分为实用品（如漆柜、漆箱、条案、茶几）和陈设品（如屏风、漆画）两大类，具有很高的实用价值和工艺价值，为广大群众所欢迎。推光漆技艺还普遍用于宫廷、庙宇、厅堂、文房的陈设装饰，具有良好的艺术效果。

平遥推光漆器流传至今已有数千年历史，然而受现代化学漆和腰果漆的影响，以传统天然大漆为原料的推光漆艺日益萎缩，需要及时抢救和保护。

绛州剔犀技艺*

申报地区或单位：山西省新绛县

剔犀，为雕漆工艺之一。雕漆始于唐代，剔犀定型于宋代，其名称见程大昌《演繁露》等史籍。明代我国漆工唯一专著《髹饰录》也提及剔犀。我国著名学者王世襄等认为，剔犀主要产于山西新绛县。

剔犀是我国漆器工艺生产中较为繁杂的一种髹漆工艺。它从木材选料到裱胎、灰胎、髹漆、制图、雕刻、推光等各个工艺流程都必须严格把关，都要有多年经验的技工操作。髹漆必须在潮湿、不通风、干净无污染的地下室中进行。工艺流程大体是：在优质木材胎体上将朱、黑、黄等两种或三种色漆，一层层地髹上色漆，逐层堆积起来，若干遍后，堆积到一定厚度（约0.3毫米至0.5毫米），一般要涂饰80道左右，上一道漆，阴干后再上一道，各种色漆每层都要上好几道，几十道漆要用一个多月时间。整体阴干后，放一段时间才能描绘图案和雕刻，用“v”形刀雕刻花纹，刀口处可看见不同的色层，与其他雕漆和漆器截然不同。每一个图案都要一遍一遍地雕刻、修整，直到深浅、宽度、厚度都达到一定的要求才能合格，而后再进行其他工艺。因其花纹刀口侧面处显现如同截开的犀牛皮质的断面层次，故名剔犀。同时，又因花纹多为回纹、云钩，流转自如，回旋生动，断面显露宛若彩云的纹理色彩，近代以来称之为云雕。

剔犀物件的漆层厚度是别种漆器无法比拟的，它耐磨、耐蚀、耐水、耐潮，始终光亮如新，经久耐用，置放越久，云纹色彩越发古色古香，美不胜收。

稷山螺钿漆器髹饰技艺*

申报地区或单位：稷山太阳海珠工艺美术厂
稷山仿古旅游工艺厂

螺钿漆器是汉族传统漆器品种之一。螺钿又名螺甸、螺填、钿嵌等，分硬螺钿和软螺钿两种，主要取材于蚌壳、鲍鱼壳和贝壳等，将其磨薄磨光加工成硬螺钿片或是通过泡制加工

* 该项目省级名称为《云雕制作技艺》，申报国家级项目后改名为《绛州剔犀技艺》，本书以国家级名称为准。
* 该项目省级名称为《稷山螺钿漆器制作技艺》，申报国家级项目后改名为《稷山螺钿漆器髹饰技艺》，本书以国家级项目名称为准。

成软螺钿后，具有美丽的珍珠般的光泽。螺钿漆器自唐代开始兴盛，宋、元时期得到进一步发展。唐代镶嵌螺钿的贝壳片较厚，至北宋始将贝壳片研磨，截切成薄片，作品更为精细。在明、清两代，镶嵌螺钿漆器又饰以金银箔和金银屑，使之更为绚丽。

稷山螺钿漆器在用料方面颇为讲究，使用天然大漆、螺钿（软、硬）、贵金属和木、纸等为原料，而且在制作工艺上细致复杂，经过选型、手工纸胎、设计图案、多次髹漆、螺钿镶嵌、油面推光等数十道繁杂工序，制作出的产品外观古朴雅致，构造精细，线条流畅，漆面光洁，图案清新高雅，色调和谐，手感细腻华润，耐热防潮，经久耐用。展现了中国特有的汉族传统工艺，突出了中国镶嵌螺钿漆器传统手工艺的特点，具有很高的欣赏价值、艺术价值和收藏价值。

繁峙银器制作技艺

申报地区或单位：忻州市繁峙县星河银业有限公司

繁峙位于山西东北部恒山与五台山之间，境内盛产金银铁矿，据《繁峙县志》记载，宋太平兴国年间，太宗赵匡义建“宝兴军”，曾在繁峙伯强沟开采银矿，银器加工业也随之产生，并日臻完善。近年来，不断出土的金银器物和周边遗留下来与冶炼加工金银器物相关的村名、地名（如东冶口、西冶口、金山铺等），也从不同角度证明当地开采、冶炼、加工金银器由来已久。

繁峙银器制作历史悠久，工艺独特。纯银手工艺品因工件不同，工艺也各有不同，主要有鎏金、模冲、錾花、镂空、掐丝、镶嵌、炸珠、焊接、铆接、熔铸等方法和技艺。纯银手工艺品制作一般要经过以下流程：1. 铸银板，将块银碎银上火熔炼，铸成所需厚度的银板；2. 压片，将银板压成所需厚度的银片；3. 下料，根据加工件的尺寸在银片上下料；4. 成型，将所需银片上车床擀压成型；5. 焊接打磨，根据加工件需求，把几件焊在一块并磨光；6. 灌胶錾花，把打磨好的加工件灌上胶，冷却后在上面錾各种花鸟纹饰；7. 下胶蘸酸，处理表面上的杂质；8. 抛光出厂，制作好的纯银成品，要求通底光洁、明亮，花纹清晰，线条流畅，图纹形象逼真。作品类型主要分为花瓶、观音、财神、看盘、如意、酒具、茶具、餐具、饰品、佛品等。

银器加工工艺流程看似简单，但不易操作，许多技艺不是用文字可以记录的，必须通过师傅口传身教，加之自身的努力和经验总结才能掌握，难以用现代技术来替代，这些生产技艺是民间劳动人民长期智慧的结晶，也是一份珍贵的历史文化遗产。

黎城银器制作技艺

申报地区或单位：长治市黎城县八宝银楼

黎城县的银器加工制作大约可以追溯到清代中期，产品主要以民俗饰物为主，也有少量生活用具，佩戴人群大多是儿童和妇女。当时县域较为著名的银器加工作坊以“集玉楼”为代表。黎城银器制作秉承了前代的传统民间工艺，做工细致精巧，造型简单大方，而且独具地方特色。制作工序主要分为范铸、锤打、拉丝、滚珠、焊接、镂空、掐丝、镶嵌、点翠等步骤；纹饰多以牡丹、宝相花象征荣华富贵，以鹊闹枝头象征喜庆，以鸿雁衔胜象征平安，以石榴鱼子象征人丁兴旺、多子多孙。吉祥图案有蝙蝠、如意等。吉祥文字则有“福”、“禄”、“寿”、“禧”、“三元及第”、“状元及第”、“和合二仙”等。主要作品有百家锁、长命锁、银佛帽、狮子头儿童帽、银狮子胸补等。制作工具主要有手锤、手钳、拉丝板、簪窝、胶板、镊子、簪子、喷枪、焊枪、坩埚、钢卷尺、角尺等。此外，还有各种样式的铜模型、铅模具，各种型号的锉刀、铁皮剪、圆规、角度尺、长柄丝状紫铜刷、平头砧子等。辅料有银料、银面、紫铜、焊锅、白矾、硼砂等。

黎城银制作工艺包含了创作者的思想感情和想象空间，具有较高的工艺美术和审美艺术价值。然而，由于传统工艺耗时长，要求高，除了一些世传家族式的小作坊外，从业者甚少，传承比较困难。

金银细工制作技艺*

申报地区或单位：运城市杰忠金银铜器传统制作工艺研究中心

金银器加工过程中精细的制作工艺，简称金银细工制作技艺。它是指以金、银、铜器为原材料进行的艺术加工过程，主要内容包括锤、碟、刻、镂、掐丝、镶嵌、炸珠、鎏金等几十余种工艺，做出的工艺品惟妙惟肖、精美细致、典雅华贵，被人们称为金银细工作品。

坞堆鎏金细工制作技艺发源于山西省稷山县坞堆村一带。隋唐时期该村的手工业就很发达，金、银、铜、铁、木器等加工作坊遍布大街小巷，农历每月逢“七”必集，四乡八里人拥如潮，都来这里看戏、交易、拜财神，主要是妇女们来选首饰，财主或管家们来选购金银铜

---

* 该项目省级名称为《金银铜器制作技艺》，申报国家级项目后改名为《金银细工制作技艺》，本书以国家级项目名称为准。

器，一直延续至民国初期。坞堆鎏金细工制作技艺始创于坞堆王家，据《稷山县志》记载，王家在清康熙五十二年（1713）就开始经商，道光十五年（1835），王家十四世王文明创设兴业堂银楼，专做鎏金细工，时人评价“雕刻精巧，玲珑雅致不凡焉”。此后，兴业堂银楼通过父子延续，不断代传承已至二十世共百余年。

坞堆鎏金细工技艺主要是将汞与金箔或银箔按一定比例和成金（银）泥，涂抹在银或铜制的器物表面后入炉烘烤，反复多次，致汞遇热蒸发，形成金膜或银膜覆盖在器物表面，再用玛瑙刀轧光。鎏金工艺对表面抛光要求很高，能够熟练掌握这一传统技艺的人很少；再加上汞蒸汽具有一定毒性，长期接触对人体有害，因此，坞堆鎏金细工的传承需要有关部门的扶持和帮助。

平定黑釉刻花陶瓷制作技艺

申报地区或单位：山西省平定县

平定黑釉刻花陶瓷制作技艺是指山西平定刻花瓷艺人采用当地优质高岭土为主要原料，经筛选、淘洗、陈腐、制泥、拉坯成型、施釉、刻花等多道工序，烧制刻花瓷的社会实践。

平定有着悠久的陶瓷烧造历史。早在唐代即产白瓷，“西之平定、霍州，在唐均烧白窑……”（《隋唐史》）。据《中国陶瓷史》记载，平定窑最早见于明李贤等奉敕撰《大明一统志》、陆应《广舆记》，史称“西窑”。1977年山西省《轻工业志》编写组组织专家依据平定柏井窑出土的瓷片标本考证“山西平定窑属于中国古代定窑窑系”。平定陶瓷烧造繁荣期在清道光年间，“十里烟道雾蒙蒙，村村野火连天明”（《平定州志》）。清末，平定窑被太原府指定为山西四大“土贡窑”之一（《太原府志》），黑釉刻花陶瓷是平定窑的代表作，该烧造技艺流传至今。

平定黑釉刻花陶瓷采用当地高岭粘土经陈腐、除铁、配料、研磨、蒸空练泥等14道工序制坯，在坯胎未干前以刀代笔刻花，一气呵成。线条俏丽流畅，形象生动概括。平定黑釉刻花陶瓷采用黑白两色为主要表现手段，经过特殊烧造、窑变，作品具有一种融材质美、装饰技巧美、形象简洁美、造型古朴美于一身的特点。另外，平定刻花瓷迄今仍保留着包括棕釉、白釉、黄釉、仿哥开片釉、窑变釉、剪纸漏花加彩和木叶窑变釉等绝活。

刻花瓷是北方陶瓷中具有特殊意义的装饰品，在烧造技艺上较之定窑更加复杂，釉色更为丰富，不仅有白釉，更有黑釉、棕釉、黄釉、蓝釉和许多窑变色，极具研究价值。现今，山西四大“土贡窑”只有平定窑这一民间烧制技艺还在延续着，但平定黑釉刻花陶瓷技艺仍存在着传承链条脆弱的瓶颈，急需保护。

新绛刻瓷工艺

申报地区或单位：新绛县文化馆

刻瓷是新绛县流行百年的传统产业，它是指用镶有金刚石的刻刀，在烧制好的瓷器表面，经过凿、刻、研、刮、擦等技法，雕刻山水、人物以及花卉等纹饰、图案的技艺。瓷器经过刀雕斧凿，使无光的画面与有光的釉面，相互映衬，形成强烈对比。刀迹的错落、深浅、疏密，可使作品形成刚劲、柔美等不同的风格，其虚实、顿挫，又能表现物象的轻逸、厚重等感觉。新绛刻瓷工艺融金石、书法、绘画于方寸之间，既突出了浓郁的地方特色，又使观者在品鉴刻瓷艺术的神奇魅力时，获得了美的艺术享受。

由于刻瓷属于纯手工制品，不仅需要很好的技艺，还需要有深厚的书法、绘画、篆刻功底，故培养人才时间长、难度大。所以，收徒传艺，加强相关的专业培训，是新绛刻瓷技艺传承发展最紧迫的任务。

黑陶烧制技艺

申报地区或单位：高平市文化馆

高平黑陶是一种无釉陶器，由民间灰陶发展演化而来，在工艺、造型、色泽、图案、表现手法等方面，高平黑陶仍保持着浓厚的民间艺术风格。

高平黑陶制作的主要原料为红土胶泥，材质均为陶土，经过采土、晒土、舂土、筛土、和土、制坯、烧陶、埋陶、起陶、打磨等十几道工艺流程，用传统的手工轮制成型。工艺陶体黑如漆、亮如镜，造型粗犷朴拙，庄重典雅，流畅谐趣，美观大方，虽有光泽却不浮艳。黑色陶体在不同光线、角度下，呈紫、锭、银等不同光泽，晶莹幻变，富有金属感，被人称为“叩之金”。

高平黑陶距今已有四千多年的历史，它集收藏、观赏、实用于一身，被史学家称之为“原始文化中的瑰宝”、“中国制陶艺术的奇葩”。

黑陶制作工艺

申报地区或单位：山西翔龙黑陶工艺品有限公司（榆次）

黑陶是源于我国古代的一种陶器，距今约有五千年的历史，被称为“土与火的艺术，力与美的结晶”。晋中是黄河流域历史文化的重要发祥地之一，本区域储存着大量制作黑陶所需的原料——陶泥，为黑陶制作提供了天然的优质资源。

黑陶制作选用的泥土是在黄河流经过程中所携带的大颗粒泥沙沉入河底，经过不断冲刷，堆积而形成的，因为这些深层的泥土土质特别细腻、无沙、粘性大，而且富含多种矿物元素，在烧制中能产生纯黑均匀质感，所以适合于黑陶制作。黑陶的制作流程大致分为如下几步：第一步，泥土取出后经晾干，后用纱布过滤制成泥坯，经过手工拉坯造型后，用工具反复压光，直到陶坯表面密度增加，光滑如镜。第二步，以特制的雕刻工具运用线雕、浅雕、深雕、镂空等技法，手工雕刻出绚丽神秘的图案。第三步，给黑陶作品安装耳、环、鼻、腿等配件。黑陶表面所呈现出的纯净的黑色，是以独特的无釉无彩碳化窑变的古老技艺烧制而成的，出窑后就是浑然天成，不再做任何处理，其外观效果黑如漆、亮如镜。第四步，在器物烧成后从窑顶徐徐加水，使木炭熄灭，产生浓烟，有意让烟口熏黑，而形成的黑色陶器。

黑陶主要分布在黄河流域，晋、鲁、陕、豫等地，原料是多年沉积的细致黏土，小部分间杂砂质器物。早期以砂质为主，器物表面多为素面饰以弦纹、划纹、镂空等。随着社会生产力的不断发展和手工业制作工艺的不断进步，逐渐多采用细致而少砂的黏土，快轮制作，贝类抛光，纹饰精美化、地域化、民族化，从而具有浓郁的地域特色，故黑陶具有鲜明的黄河流域文化特色，反映了黄河流域先民的聪明智慧和丰富的想象力以及鲜明的历史痕迹，独具深厚的历史底蕴和文化内涵。

彩绘陶制作技艺

申报地区或单位：运城市新绛县店头乡乐义林堂仿古工艺厂

彩绘陶是指将陶胎烧成之后在其表面进行彩绘的陶器，又称烧后彩绘陶。

新绛县彩绘陶制作取材汾河滩地的澄泥，生产以手工为主，从采回原料到最后变成艺术品，周期长而且成品率不高。其八大工艺是选料、配泥、揉泥、拉坯、整形、晾干、烧制、绘彩，还要经过20道工序进行打磨、上彩。彩绘仿古陶器制作过程中所用的主要工具有配泥用的棒、槌、筛、罗、瓮、转盘等，整型用的各种模具，几十种雕刻刀具等。彩绘陶品种约有四百余种，大致分为：动物类，包括十二生肖，神话传说中的各种飞禽走兽；人物类，各方神祇、历代君臣、凡夫俗子、三教九流等；器具类，古代鼎、壶、簋、舟、匜、奁、鉴、罐、方瓶、鹅瓶、蒜头瓶等；砖雕类，三星高照、招财进宝、各路神灵等；三彩类，各种鱼缸、佛塔等，另外还有漆器、生活生产用品、装饰品、各类仿古工艺品等。

新绛彩绘陶制作技艺历史悠久，工艺繁复，作品往往以谐音 、借代、比拟的手法传达人们对平安、吉祥、幸福的向往，具有较高的艺术收藏价值。然而近年来受环境影响，澄泥资源多遭破坏，加之技艺熟练、周期长，从业者很难坚持等因素，彩绘陶制作技艺难以传承。

古陶烧制技艺

申报地区或单位：临汾市九州地方文化工作室

古陶烧制技艺，是先民们认识自然、征服自然、改造自然的经验和结晶。起先，为了适应生产和生活的需要，先民们开始利用自然资源，制造一些生活用品，如碗、盆、锅、桶等陶制品，从而代替了笨重的石器，方便和巩固了人民的定居生活，扩大了农业生产对人类社会进步的意义。只是由于当时的工艺简单，产品质量又差，因此更新频繁。后来随着生产力的发展，人们生产经验的丰富，到明清时期已形成了一整套成熟的古陶烧制技艺，处于世界的领先水平。

平阳古陶器烧制工艺流程严密科学，一般要经过采料、选料、预烧、粉碎、磨粉、配比、焖料、捣泥、加工胚胎、晒胚、修胚、施釉、焙烧、烧制、捂锅15道工序。制作工具主要有木锤、转轮、刀具、尺子、划规等。平阳古陶具有明显的地域性和时代性特征，它是华夏文明的象征，也是人们生产、生活、政治、信仰、图腾崇拜、社会发展的历史见证。

怀仁陶瓷制作技艺

申报地区或单位：怀仁恒源瓷业有限公司

怀仁素有“北方瓷都”之称，据《大明一统志》、《大同府志》等相关记载，“怀仁窑”由吴家窑、小峪窑和张瓦沟窑组成，历史上曾与大同青磁窑、浑源窑并称“北方三大民窑”，辽金时期便以生产瓷器而闻名。中国陶瓷博物馆陈列的宋代“兔毫釉碗”和元代“枫叶瓶”皆出自怀仁，相传，闻名于世的大同九龙壁也出自于怀仁古窑。

怀仁陶瓷制作选料严格讲究，主要选取本地生产的高岭土、黏土、石英、长石等“四大原料”。制作工艺分为选料、原料粉碎、制泥、拉坯塑型、修坯定型、泥坯干燥、洗坯打磨、画坯上釉和烧制成型等十道工艺流程，每道工艺流程都有严格的控制程序，对陶瓷艺人的经验、手艺要求极高，特别是画釉、施釉和烧成工艺，对艺人的艺术造诣、釉料控制以及对窑火温度和烧制时间的掌握都是重要的考验。

怀仁陶瓷历史上以生产“粗瓷”为主，其瓷器线条粗犷、釉层厚、硬度高，注重实用功能。此外，怀仁瓷业至今保留了一整套行业信仰与禁忌民俗，碗窑村两狼山雕窝寺山崖上有窑神庙，当地老百姓称之为“仙姑爷”，每年开窑、闭窑时都要举办祭祀仪式。过去，每年农历二月二陶瓷业都歇业一天，传说是因为拉坯用的石制龙盘上有眼，避免刺伤龙王爷的眼睛。

怀仁陶瓷是北方窑的一个重要组成部分，怀仁地处北方边陲，在数千年的游牧民族与农耕民族融合过程中，怀仁陶瓷形成了自己鲜明的个性特色，具有重要的历史文化价值。

陶器制作技艺

申报地区或单位：新绛县龙兴镇文红陶器工艺厂

新绛县古称“绛州”，是国家级历史文化名城。在明清之际，该县就已产生彩绘陶制作技艺，至今已有150余年历史。

新绛县陶器制作工序大致分为以下几个步骤：1.选料，制作汉陶的原料，非普通黄土，而是含铁多、氧化钙多的、可塑性好的黏土和沉积土、红土，还有防止爆裂变形的辅料“羼和料”。2.制模具，先把造型雕塑好，然后翻成石膏模具，细小部件另外做好，再粘。3.表面修饰，为了美观，在未烧之前研磨，而后根据所需颜色，浇以陶衣，继而纹饰。4.入窑烧制，对陶胚胎进行压、印、雕、结，放窑烧制，掌握火候，关键是时间长短，与陶器大小有关，烧结得成。5.上釉，上釉原料比例是上百次试验研究出配方，上釉后，再入窑烧制，出窑即可完成。在这些工序中，晾干的程序必须是阴干，不能让太阳照射。代表性作品有礼器、人物、瑞兽、奇禽、房舍、楼阁以及少量碗、罐、壶、盆、枕等生活日用制品。

新绛陶器制品以精选黏土为原料，经捏塑、制模、采土、和泥、制坯、阴干、精修、打磨、窑炉烧制、上釉、二次烧烤等步骤制成，具有极高的工艺美术研究价值。

八义红绿彩瓷制作技艺

申报地区或单位：长治县文艺家协会

八义红绿彩是磁州窑系继剔花、白底黑花等装饰技法之后，创新而成的一种瓷器装饰艺术，分布于长治县八义镇的八义、东山、南泉庄村一带。八义窑址坐落在八义、东山两村之间，村子周围有优质高岭土（白矸土）、煤炭、水等资源，为烧瓷工匠提供了得天独厚的物质条件，据明万历版《潞安府志》记载，潞安城西南的城墙上开有“八义门”，附近有八义瓷器销售市场，说明潞安城当时已是瓷器流通、贩运的重要通道和销售集散地。

长治八义窑的红绿彩瓷器是釉上彩瓷，其烧制方法为：在本地白矸土拉成的较为粗糙的瓷器坯胎上，施一层白色的化妆土，再施透明釉后，入窑高温1200度左右烧制白釉瓷器。出窑自然风干后成白瓷成品，瓷绘艺人用毛笔蘸上红绿黄彩在釉面上描绘纹饰，然后二次入窑，以800度左右的低温进行烘烤，使彩料与瓷釉慢慢烧结，在白釉上呈现鲜艳的红绿彩。红绿彩瓷器的种类有碗、盘、瓶、钵、盒、碟、盏、小人、动物、玩具等，图案有折枝花卉、鱼虫、人物、文字等。瓷上绘画以写意为主，兼有工笔、勾画、填涂，技法娴熟，线条流畅，形象生动。红绿彩瓷在配色装饰上风格独特，以白釉为主要底色，红、绿、黄为彩绘主色，洁白的瓷器上，呈现大红大绿的纹饰，色彩明快、艳丽，绘画古朴、豪放，洋溢着浓郁的喜庆气氛。

八义红绿彩瓷在艺术水准、成型工艺、烧制水平等方面具有较高成就，尤其是胎、彩分烧工艺，为当时瓷器装饰手法的一种创新和尝试，开创了在器物上施彩绘画的先河，具有重要的工艺研究价值。

平定砂器制作技艺*

申报地区或单位：阳泉郊区南小西庄村
平定县文化馆

平定砂器制作技艺是指山西平定砂器艺人采用当地特有的优质黏土，经调泥、成型、上釉、晾干、窑烧、熏制等多道工序烧制砂器的社会实践。采用这种技艺制作而成的平定砂器素有“烧饭不变色、煎药不变性、炖肉不变味、煮水无水垢”四大特点，平定砂器耐酸、耐碱、

* 该项目省级名称为《平定砂货烧制工艺》，申报国家级项目后改名为《平定砂器制作技艺》，本书以国家级项目名称为准。

透气性好，实用美观，千百年来，在平定及周边地区流传。

平定砂器制作技艺历史悠久，早在秦代就已有生产。据1972年平定县东关古窑层塌土中出土的砂器碎片粘合复原的砂灯、砂鼎考证，“属秦代生产的平定砂货”（《考古与文物》）；到明清时期，平定砂器已闻名遐迩，与宜兴紫砂陶、广东砂煲齐名，史称“三鼎甲”。《天工开物》的《陶埏篇》里就有：“凡白土日垩土，为陶家精美器用。中国出惟五六处：北则真定定州、平凉华亭、太原平定、开封禹州……”；乾隆版《平定州志·物产》载：“砂产州北山中。砂色白，俗称干子。村民陶为器皿，货之他方。京师呼为砂吊子者，即州产也”；平定北庄村一通清乾隆二十一年（1756）的石碑，碑文也明确记载着当地“耕陶为业”的历史。

平定砂器制作技艺十分讲究。从选料到成品熏釉，各道工序都有手艺技巧。如黏土要采用距煤层20米处青坩、铝矾土和15米处粘坩，再经一年以上风化陈腐才能使用；筛土要经过除铁；踩泥要用光脚，以增加黏性和韧性；煅烧最为讲究，一般采用“竖穴窑”，燃料层次和坯子的位置要恰到好处，更关键的是火候的掌握；熏釉也叫渗碳还原，其诀窍是动作麻利精准。关于平定砂器制作，业内流传着“一坩二压三筛土，四踩五捏六入炉，七煽八杈九熏烤，十分质量窑头传”的口诀。

一直以来，平定砂器从农具、灯具、炊具等方面，可谓涉及人们生活的方方面面，无铅镉重金属溶出物，无污染，其特殊的文化情调和实用功能，彰显出其绿色环保和古朴厚重的文化魅力。

浑源砂器制作技艺

申报地区或单位：大同浑源下韩砂器厂

浑源下韩砂器制作，年代久远。据《浑源县志》记载，浑源砂器制作始于唐代，从宋代起当地就涌现出大批砂器工匠，到明清时期砂器制作已有着很高名气，并在民间广泛应用。清道光十五年（1835），时任河东河道总督的治河专家栗毓美曾把浑源砂锅带入朝内，得到道光皇帝的赞赏，并被封为“朝廷贡品”，从此，浑源砂器享誉全国，与平定砂货、宜兴紫砂陶齐名，被世人誉为“三鼎甲”。

浑源县下韩村文化底蕴深厚，砂器资源丰富，几百年来，古老的砂器手工制作技艺在这里代代相传至今。下韩砂器是用天然石矸为主料烧制而成的正北砂器，亦称砂陶，介于陶与瓷之间。传统工艺制作流程大致分为：1. 和泥，先把石矸料粉碎取磨，煤烧焦粉碎取磨，然后按3：2比例加水混和均匀成泥。2. 踩泥，用脚踩，一脚一脚地踩，直至把整块泥踩完，反复地踩，次数越多，泥就有劲好做活。3.制坯，一个人操作先拨动轮子，使其转动后，再在轮上把泥制坯。4.上釉，备好纯黑、纯白土原料，需两个空水缸，把土放在一个缸里加水搅拌，待土块溶解后，把溶液盛到另一个缸里沉淀，留部分水把多余的水倒掉，上釉时搅拌均匀后，把砂坯放在药水里，快速蘸一个，这样药薄厚才均匀。5.烧制，用明火烧，烧时把坯放在煤窝，笼盖扣上砂器，烧到笼盖温度700—800度时，把砂器挑出，并放些木柴磨，扣在铁锅盖下焐约三十分钟再取出，烧制的成品就会发亮，保证质量。

下韩砂器制作技艺蕴含着丰富的文化内涵，对研究当地生活习俗、文化传承、工艺特征等方面都具有很高的学术价值。

翼城砂锅烧制技艺

申报地区或单位：临汾市翼城县隆化镇尧都村

“尧都砂锅”产于翼城县隆化镇尧都村，民国版《翼城县志·物产》载：“砂锅沙壶，皮薄质细，久为社会所称道，行销河东，早经驰名，此为尧都一村独享权利……”明清至民国年间，当地砂器生产均由家庭分散经营，自产自销。建国后，尧都村陆续成立了尧都砂器生产合作社、翼城陶瓷厂、翼城坩埚厂，产品远销陕西、甘肃、河南、山东等地。

“尧都砂锅”一直沿用手工制作和独炉单烧的方法生产，原料采用当地坩泥、软质矿泉水，水料相宜是尧都砂器独有特点和质量的保证。制作流程主要经过采料、细粉、焖料、炼泥、净坯、烧制、捂锅、验收等十五道工序。砂器品种繁多，主要有笼锅、扣锅、老锅、气死猫（盖锅）、药锅、药壶、火锅、炖肉锅、平底锅、把锅、圪节锅、砂盆、砂壶等几十种产品。

“尧都砂锅”为研究区域性民间科技提供了丰富的资料，是古代民间手工技艺的典型代表。

南安阳砂锅烧制技艺

申报地区或单位：晋城阳城县文化馆

南安阳位于阳城县县城以东获泽河中游西岸，背靠大红沟山，山间储藏着大量黑坩和红土，为砂锅烧铸创造了得天独厚的条件。安阳砂锅的生产历史已无从查考，据老人回忆，远在明清时期，南安阳村就已生产砂锅，民国时期仅安阳村就有5张炉供生产，最高产量达年产75000余套。

南安阳砂锅的主要原料为黑坩，俗称拌，辅助原料为红土，俗称药土，通过配料、焖料、碾碎、过筛、拌泥、上模、上釉、入炉等工序加工而成。生产工具主要有漏铲、泥棒槌、打锅板、摞锅刀、锅模等。安阳砂锅按形状与用途又分为平底、圆脚、扁脚等7种类型，不同类型的砂锅又分几种不同的口径，大至2尺余，小至4寸，大小相套，包装运输。根据市场需求，安阳砂锅又增加了火锅、套锅、蒸锅、发芽锅等系列品种。阳城安阳砂锅轻巧方便，不费火，不走味，炖肉、煮粥，味香可口。同日常生活中所用的铁、铝或其他制品的餐具相比，砂锅的独到之处是其他用品所替代不了的。

阳城“安阳砂锅”制作技艺是祖先数百年来传承下来的砂锅手工烧铸方法，它为了解当地地质、物候、民俗、历史等方面提供了鲜活的资料，具有重要的文化价值。

乔氏“法花”陶瓷传统手工技艺

申报地区或单位：晋城市阳城县乔枫瓷业有限公司

阳城的陶瓷烧造技艺历史悠久，据《阳城县志》记载，“唐宋时期，黑白瓷生产已很普遍”，至明代时，境内陶瓷及琉璃技艺达到鼎盛。阳城县后则腰乔氏是当地最负盛名的陶瓷世家，祖先系陶瓷、琉璃艺人，唐代从陕西迁入，后移居后则腰，“法花”陶瓷是乔氏家族的独门技艺。

乔氏“法花”陶瓷工艺先在陶瓷素坯上立线、焙烧，再绘画填色，工艺非常复杂，釉料配方难度大，由乔氏一门世代相传，主要烧造过程有原料筛选、碎研浸泡、耙泥沉淀、出泥制泥、揉泥拉坯、干坯修坯、立线焙烧、兑料填色、装钵烧制、凉窑出窑、分类装箱等工序。乔氏“法花”陶瓷主要以当地陶土为原料，所用工具有耙、犁、泥铲、瓷轮、瓦底、揉泥台、施刀、割坯绳、挤泥器、上料笔（刷）窑炉等，着色采用孔雀蓝、茄皮紫、黄、绿等，装饰内容多以人物、山水、花鸟、龙凤为主，成品有盆、碗、罐、碟、瓶、茶具等多种器皿。

乔氏“法花”陶瓷是我国陶瓷工艺发展史上一个非常重要的品类，其产品胎质坚实，造型规矩，色泽统一，在生产上有着严格的工艺流程和操作程序，具有较高的研究、收藏价值。

山西珐花器制作技艺

申报地区或单位：阳泉市郊区大龙珐花器制作中心

珐花原名“粉花”，又名“珐华”或“法花”，盛行于明代，常见器物有较大的瓶、罐、炉以及佛前供品等。山西曾是珐花陶器的主要产地，历史上蒲州、霍州、文水、平遥、阳城、介休、榆次、太原、朔州、代县、清源、临汾等地均有烧造记录。根据史料记载，元代开始，晋南地区即可生产一种低温彩釉珐花陶器，明代较为盛行，清中后期技艺失传。

珐花器是指以硝酸钾（火硝）为助熔剂的陶胎彩釉器，从形制上看，珐花器的主要装饰方法是“堆筋立粉”，其工艺过程是在坯胎上用胎泥堆挤出纹饰轮廓，高温烧出后，在轮廓中填以黄、绿、紫、蓝等低温釉，再经釉烧而成。主要器型有梅瓶、天柱瓶、球瓶、赏瓶、双耳尊等，纹饰多有龙凤、花卉，其制品造型端庄，纹饰流畅，线形优美，填彩准确，珐花釉绚丽晶莹、隔釉见胎，色彩主要以黄、蓝、紫、绿、白为主，胎质坚硬而厚重。代表作品有《牡丹富贵》、《十二生肖富贵图天柱瓶》、《龙飞凤舞天下富天柱瓶》、《龙凤呈祥赏瓶》等。

山西珐花器手工技艺是山西民窑的智慧结晶，古朴典雅的彩色立线珐花陶器，纹饰线条刚劲流畅，多彩晶莹，烧成后的器皿表面釉彩绚丽，具有较高的工艺研究价值。

杏花村汾酒酿制技艺

申报地区或单位：山西省杏花村汾酒集团有限责任公司

汾酒也称“老白汾酒”，汉族传统名酒，因产于山西省汾阳县杏花村，故又称“杏花村汾酒”。汾酒工艺精湛，源远流长，素以入口绵、落口甜、饮后余香、回味悠长特色而著称，是清香型白酒的典型代表。

酿造汾酒选用的原料是晋中平川的“一把抓高粱”、发酵剂是用大麦、豌豆制成的糖化发酵剂，采用的是“清蒸二次清”独特酿造工艺。在酿造过程中，酿酒师傅的悟性起着至关重要的作用，像制曲、发酵、蒸馏等都是经验性极强的技能。著名的微生物和发酵专家方心芳先生把汾酒酿造的工艺归结为“七大秘诀”，即：“人必得其精，水必得其甘，曲必得其时，高粱必得其真实，陶具必得其洁，火必得其缓”的“清蒸二次清”工艺。千百年来，这种技能以口传心领、师徒相延的方式代代传承，并不断得到创新、发展，在现代汾酒酿造的流程中，它仍起着不可替代的关键作用。

汾酒酒系在发展中逐渐扩大，以汾酒为母酒产生了老白汾酒、竹叶青酒、玫瑰汾酒、白玉汾酒等系列酒。但在目前，汾酒的大工业生产给手工作坊式传统酿造工艺的传承带来了巨大的挑战，与此同时，汾阳还存在着水源紧张、大气污染、高粱等原料短缺问题，对此应引起高度重视，及时采取措施以保证汾酒的正常生产和汾酒酿造技艺的顺利传承。

梨花春白酒传统酿造技艺

申报地区或单位：山西省朔州市

山西梨花春酒是晋北历史名酒。应县地处雁门关外，历史上曾先后是匈奴、鲜卑、突厥、沙陀、契丹、女真、蒙古等少数民族往来活动的地域，是典型的多民族文化融合地区；加之该地区气候严寒，酒成为人们生活中必备的物品，由此形成了人们豪饮的习俗，使酿酒业颇为发达，酿酒工艺也有自己的特色。

梨花春白酒以大麦、豌豆、麸皮为制曲原料，以应州东上寨出产的“狼尾巴”高粱为原料，用标准筛筛去杂质和蓖粮，然后进行粉碎、配料、润料和拌料、蒸煮糊化、冷散、加曲、加水堆积、入池发酵、出池蒸酒8个工序。它采取中温制曲、堆积增香、地缸发酵、慢火蒸馏、分级贮藏、精巧勾兑等独树一帜的工艺，许多工序的操作经验都是凭借酿酒师傅辈辈口传身授的积累而形成，至今一些关键的工序仍需手工劳作。从这条独特的工艺路线既可以看到以汾酒酿造工艺为代表的清香型蒸馏酒的酿造技艺模式，又可以看到从其他少数民族酿酒技艺中汲取的先进经验。正是这种融合，创造了自身的特色。曾有酿造业专家专门考察后，认为梨花春白酒的香型介于清香型和浓香型之间，为“淡雅型”酒品。梨花春系列酒成为享誉山西、内蒙、陕西、河北的美酒佳酿。其传承下来的独特技艺成为多民族文化融合的文化成果。

汾阳王酒传统酿造工艺

申报地区或单位：吕梁市汾阳市

汾阳王酒是我国清香型白酒的代表之一，其酿造工艺是从唐代名将“汾阳郡王”郭子仪的王府家酒传承、演变而来的。郭氏后裔中从事酿造者历代均有传人，据艾子村老人回忆，民国时期虽受战乱影响，但每逢年节，仍有村首、社首组织村人酿造郭府家酒。

汾阳王酒是以汾阳优质高粱为原料，将大麦、豌豆与神泉水等物质在一定温度下进行发酵，并采用缓火蒸馏而生成。在汾阳王酒的传统酿造过程中，人的直觉和经验起着至关重要的作用，许多关键的配制环节，人工经验和手工操作具有决定性意义，特别是在制曲、酿造两个重要环节中，完全凭感觉、经验和秘诀进行，手工操作起着决定性作用。汾阳王酒传统酿造工艺在漫长的历史发展进程中，还产生、累积了大量的文化史料、文化遗存和众多故事传说，更为其增添了厚重的文化魅力。

代县黄酒酿造技艺

申报地区或单位：山西省代县贵喜酒业有限公司

代县制作的黍米黄酒宋金时代已闻名京城，距今已有千余年的历史。代县盛产黍子，种植区域覆盖全境，为黄酒生产提供了得天独厚的物质资源。

代县黄酒酿造是将黍米、绿豆、酒豆、白砂糖、水等原料在一定的温度条件下发酵酿造并过滤的手工技艺，在制作过程中人的悟性起着至关重要的作用。制曲、发酵等都是经验性极强的技能。千百年来，这种技能以口传心授的方式代代传承，并不断得到创新、发展。

代县黄酒酒色金黄，温和醇香，热饮味道最佳。它不仅有增进食欲、帮助消化、补脑强身、舒筋活血、平肝舒气、消除疲劳、提神御寒、减肥健体之功效，而且还融入天然植物中所含生理活性物质，对人体免疫功能有促进和调节作用，有防病、抗病、延年益寿之功效。

午城酒酿制工艺

申报地区或单位：山西午城酿酒有限责任公司

隰县午城镇酿酒历史悠久。据《魏书》记载，北宋时期，午城镇就发展成为山西五大产酒地之一。近代阎锡山将午城老字号酿酒作坊“三夏合”更名为“山西第一酒厂”。从此，午城酒业声名鹊起。

午城酿酒秉承传统蒸馏酒酿造技艺，用大麦、豌豆、麸皮制曲，以高粱为酿酒主料，在纯自然的生态环境下酿造。制曲、酿造、蒸馏、勾兑等许多技艺都有自己的独到之处。午城酒系列产品有清香型、浓香型和果露酒三大类别，其中清香型有“午城粮液”、“午城烧”、“午城春”，浓香型有“黄河醇”、“黄河粮液”、“黄河春”，果露系列有“金梨春”、“红果春”、“苹果酒”，构成高、中、低三个档次系列，产品四十余种。

午城酒传统酿造技艺采取中温制曲、堆积增香、地缸发酵、慢火蒸馏、分级贮藏、精巧勾兑等工序精心酿造，许多操作经验都是凭借酿酒师傅辈辈口传心授的经验积累而成，具有重要的研究价值。

桑罗酒制作技艺*

申报地区或单位：山西舜都集团永济酒业有限公司

桑罗（落）酒是我国传统历史名酒，产于山西省永济市。关于桑罗（落）酒起因，当地有两种传说：一是在古蒲州城外东南5华里土龟塬后土祠下有个桑落泉，因用此泉水酿酒，所以起名桑罗（落）酒。另一说法是，蒲州有酒坊名曰桑落，坊内有井，井旁有桑，每年桑椹成熟时，桑叶落入井中，用井水酿酒，酿成后封存，经过叶落枝枯之秋冬，到来年桑椹成熟时再开封，故有“悬食同枝枯之年，挪于桑落之辰”之说。

桑罗（落）酒酿造以大麦、豌豆、绿豆、高粱等为原料，用大麦、豌豆、绿豆制成青茬大曲为糖化发酵剂，工艺上采用清蒸原料、清蒸辅料、清渣发酵、清蒸流酒、一清到底、地缸发酵、以质摘酒、平等勾兑等操作方法，经过品评、勾兑、包装而成。产品属清香大曲酒，酒质无色透明、清澈明亮、清香纯正、芳香悦人、酒体醇厚、入口绵甜、回味较长、余香较浓，为我国传统清香型风格的上乘白酒。主要品牌有桑罗（落）酒、金桑罗（落）酒、桑罗（落）老酒、桑罗（落）王酒等。

桑罗（落）酒采用传统“固态微生物地缸发酵法”酿造而成，含有特殊微生物群体，具有祛风明目、顺气活血之功效，为古代酿造工艺研究提供了上好的实例。

---

* 桑罗酒为文件中名，“罗”字应为“落”，此处均用桑落酒。

唐宫悦酒制作工艺

申报地区或单位：长治市潞城市凤栖桥酿业有限公司

唐宫悦酒是上党地区的历史名酒，原产于潞城市微子镇凤村。微子镇东1公里处冯村有一眼泉——凤泉（传说当年凤凰曾在此饮水），因水质好，百姓便以之酿酒，命名凤酒。唐玄宗李隆基任上党别驾时，寻访微子镇，闻香下马，对凤酒格外珍爱，将此酒带入宫廷，赐名“唐宫悦酒”。

唐宫悦酒系纯粮固态分缸发酵清香型大曲白酒，生产过程完全采用传统工艺，沿袭传世秘方。酿造以大麦、豌豆制曲，以高粱为酿酒原料。工艺流程主要分为备料、制曲、润糁、装甑蒸料、出甑加浆、冷散加曲、入缸发酵、出缸拌糠、装甑蒸馏、坛存窖藏、分层调兑等步骤，其中制曲、酿造、蒸馏、勾兑等工序都有自己的独到之处。制酒的相关器具有石头磨子、木斗、木锹、木水桶、曲箱、曲模、手推车、甑锅、铲子、柳簸箕、扫帚、竹耙、酒卮子、摘酒杯、摘酒布、酒坛、漏斗、坛盖、酒瓶、量杯、量筒、样酒瓶、管道、鬃刷、滤布、地缸等。

唐宫悦酒传统酿造技艺采用中高温制曲、堆积增香，地缸发酵、慢火蒸馏、分级储藏、精巧勾兑等独特工艺，其配料秘方家族秘传，一些关键的工序只能依靠手工操作，这些经验都是凭借酿酒师言传身教积累而成，凝聚了民众的聪明才智，具有重要的研究价值。

堡子酒酿造技艺

申报地区或单位：山西后沟古村酒业有限公司

堡子酒系历史名酒，产于晋中。据《榆次县志》记载，此酒“性香烈，行销远近，以产高家堡、乔家堡者为最，人称堡子酒”。榆次古称魏榆，城郊北部即高家堡、乔家堡一带，自明代出现酿造业，代代相传。解放前，堡子酒远销东北、河北、内蒙等地。在北京前门大街曾设有“堡子酒馆”，传说当年慈禧太后亲笔题匾。民国四年（1914），堡子酒在巴拿马国际赛酒会上获得一等奖，从此名震国内外。

堡子酒采用当地盛产的高粱为主料，谷糠为辅料，大麦、豌豆踩制的大曲为糖化发酵剂，利用地缸固体分离发酵和清蒸二次传统工艺进行酿造而成。堡子酒属于清香型白酒，而清香型大曲酒的生产采用了三种优质大曲，即清茬曲、红心曲、后火曲（高温曲）。这三种曲在入房前为同一种曲坯，即原料、配比、粉碎度、踩曲方法、曲块大小以及水分均一致，只是在培曲工艺上不同，从而生产出三种不同的大曲。这三种大曲在外观、生化指标、微生物数量及产酒量上均存在差异。工艺流程大致可概括为将高粱磨面加辅料搅拌均匀蒸熟，出锅后凉至17度加麯入缸，4天后翻动均匀发酵，后加热蒸出后变酒。

和川藺泉酿酒技艺

申报地区或单位：安泽县和川藺泉酿酒有限公司

和川藺泉酿酒技艺，起源于临汾市安泽县和川镇和川村，据县志记载，清康熙十三年(1674)，和川村已有“增盛亨”、“田和永”等几十家酿酒作坊，经过数百年传承，其酿酒技艺辐射周边村镇，远至临汾及沁源、屯留一带。

和川镇藺泉酒酿是典型的清香型白酒酿造，分大曲酒、快曲酒两类。大曲以大麦、小麦、豌豆、高粱为主要原料，经过精心培育发酵制成。快曲则以麸皮为主要原料，经过蒸、堆积、接菌、升温、腺曲等过程制成曲，配以粮食、稻壳等辅料入池发酵，然后蒸馏，入库贮存，经过精心勾兑而制成。产品主要有“藺泉牌”高粱白酒、将相醇酒、“荀园牌”荀子酒三大系列二十几个品种，其中“高粱白酒”、荀子酒遍及周边各地。

和川藺泉酿酒技艺以大麦、小麦、豌豆、麸皮等原料制成大曲，以高粱、玉米酿酒，窑池、陶缸发酵，工艺特征是清蒸、清烧二次清，讲究以“清”字入手、“净”字收尾，使酒味呈现清香、纯正、柔甜、尾净味长的风格。

羊羔酒传统酿造技艺

申报地区或单位：山西羊羔酒业股份有限公司

羊羔酒是山西传统名酒，因色泽白莹、入口绵甘，如羊羔之味甘色美，故名之。明代王世贞《酒品》云：“羊羔酒出山西汾州孝义等县，白色莹澈，如冰清美，饶有风味，远出襄陵之上。”《山西通志》中也有“(孝义)酒之名色甚多，其羊羔儿名重海内”的记载。

羊羔酒能够享誉天下，主要因素有四：一是原料好。羊羔酒以孝义当地优质高粱为料。二是水质好。酿造羊羔酒所用的天然井水，水质优良，甘甜透明。三是用曲讲究。曲由大麦和豌豆制成，所用之曲发酵周期长，使得羊羔酒的酒劲尤显持久。四是工艺精湛。主要表现在制曲和酿酒两个阶段。制曲分为配料、粉碎、加水、压曲、上霉、晾霉、潮火、后火、养曲九个步骤，核心技艺为蒸粮、加曲、固态发酵、蒸馏；酿酒又有粉碎、润糁、蒸糁、冷散下曲、入缸发酵、装甑蒸馏、二期发酵、再装甑蒸馏、勾兑等工艺流程，技艺特点为清蒸清渣、地缸发酵、清蒸二次清。各个环节中人工技艺都占有很重要的位置，属经验型技能，如润糁要依据季节掌握水温和时间；蒸糁要在圆气后蒸糁80分钟；加水、冷散、加曲、加水时严格控制粮水比例；大楂发酵期为28天，二楂发酵期为26天，大楂酒与二楂酒的酒品成色，勾兑时的配方和比例等都要严格控制。

羊羔酒凝聚着晋地匠人的智慧和创造力，其传统酿造工艺在原料配方、大曲制造、发酵蒸馏上，均体现了独特性、稀有性和精湛性，具有重要的白酒酿造工艺研究价值。

代州黄酒制作技艺

申报地区或单位：忻州市代县四达酒类饮料有限责任公司

代县特产黍米黄酒，距今已有千余年的历史，宋金时期已闻名京城。明清两朝，以代县阳明堡为中心的周边地区就已形成较为完善的制酒技艺，有民谣称“南绍（绍兴）北代（代州），黄酒不赖”。

代县黄酒是以黍米、高粱、绿豆、酒豆、红枣、枸杞等为原料，在一定的生态条件下，通过大曲为糖化发酵剂酿制而成，一般酒精含量为11%vol以上，属于低度酿造，其酒色金黄透明呈琥珀色。酿制工艺流程大致为：黍米—浸泡—蒸煮—冷却—加曲—前发酵—开耙—后发酵—压榨—灭菌—贮存—勾兑—过滤—灌装；生产器具主要有碾米机、蒸煮锅、搅铲、发酵缸、吊架、吊包、浆缸、陈化罐、勾兑罐、品酒勺等；相关设施主要为发酵房、制曲房、陈化房、滤浆房、勾兑间等；成品分为干黄酒、普黄酒、陈酿、料酒等。

代县黄酒富含有多种氨基酸、蛋白质、维生素和对人体有益的矿物质素，其中含有氨基酸14种，无机盐18种，包括钙、镁、钾、磷等常量元素和铁、铜、锌、硒等微量元素，此外含有多种糖类、脂类、甘油、高级醇、有机酸等多种营养物质，具有暖胃健脑、舒筋活血、补血理气、消除疲劳、益寿延年等多种功效。

平遥“长昇源”黄酒酿制技艺

申报地区或单位：晋中市平遥“长昇源”黄酒厂

“长昇源”创于明崇祯（1624—1644）年间，初期字号为“聚昇源”，主要制作经营点心、黄酒、醋、人丹等多种物品，尤以黄酒最为出名。19世纪初叶伴随着晋商的崛起与发展，“聚昇源”黄酒名播晋中乃至全国各地，成为富豪宴席和招待外来客商的上等饮品。1900年，慈禧太后西逃路经平遥，畅饮黄酒，膳食炉食后，特赐“长”字，“聚昇源”遂改名为“长昇源”（《平遥县志》载）。

“长昇源”黄酒取本地糜子为原料酿造，制作周期为一个月左右，主要制作工序为：1.脱壳，把黄黏米用风吹干，用脱壳机把外壳去掉；2.浸泡，将去皮的黄黏米用清水清洗2—3次，直到干净为止，浸泡一晚上；3.笼蒸，浸泡后的黄黏米再冲洗一次，装在特制的木笼内，用大火蒸一个小时；4.搅拌，蒸好的米配上一定比例的酒曲、母酒，放入酒缸，人工搅拌至均匀；5.发酵，将酒缸移至暖房，温度要求40—50度，发酵一个月左右，直到色、香、味俱佳；6.压榨，发酵好的酒胚放入榨中，人工压榨2—3次，黄酒压出；7.灭菌，自然沉淀一段时间后进行灭菌处理；8.密封，导入酒缸中进行第二次自然沉淀，装瓶、密封。成品黄酒香味浓郁，酒性温和，具有健脾、益胃、舒筋、活血之功效。

清徐葡萄酒酿制技艺

申报地区或单位：山西清徐葡萄酒有限公司

山西清徐不仅是中国最早种植葡萄的地方之一，也是中国最早酿造葡萄酒的地方之一。汉朝时，清徐马峪边山一带有一姓王的皮货商人，从大西北贩皮货，带回葡萄枝条在当地栽植成功。之后，栽培渐广，清徐人根据酿醋的原理酿出了葡萄酒。

清徐葡萄酒通过加温浓缩、自然发酵、澄清过滤酿造而成。传统制作工艺分为炼白酒（传统工艺制作的白葡萄酒）和红滔酒（传统工艺制作的红葡萄酒）。制作手法主要是熬制，3斤鲜果才能作出一斤酒，传统的葡萄酒口味甜，颜色呈微黄，黏度高，工艺流程大概有以下步骤：葡萄经初选，破碎除梗去核，加SO_2灭菌，制成葡萄浆；葡萄浆经分离，去皮渣得葡萄汁；葡萄原汁浓缩，经主发酵，后发酵，冷冻过滤，制成葡萄酒；葡萄酒经瞬间杀菌、过滤，装瓶出厂。制作工具主要有手工苇绳、单架、柳罐、葡萄框、风箱、柱棍儿、小花杈、捡葡萄桌、马莲、皮锅、酒篓子等。产品种类有炼白酒、红滔葡萄酒、红葡萄酒、干红葡萄酒、干白葡萄酒。

清徐葡萄酒（炼白酒、红滔酒）中含有抗氧化成分和丰富的酚类化合物，可防止动脉硬化和血小板凝结，保护并维持心脑血管系统的正常生理机能，起到保护心脏、防止中风的作用，此外还具有抗老防病作用，经常饮用还可以预防老年痴呆，适量饮用，对人体健康有益。

山西老陈醋传统酿制技艺（清徐）

申报地区或单位：山西水塔老陈醋股份有限公司

山西酿醋历史悠久，相传春秋战国时期，清徐人便已经以“液态发酵”方式，在各家各户的院子中用缸、瓮酿醋；西汉末，清徐境内已出现了商业性醋作坊；北魏中期，清徐醋行改“液态发酵”为“固态发酵”工艺，为山西清徐老陈醋酿造工艺风格的形成奠定了基础。随后，翻醅供氧工艺、涓缸淋滤工艺、白醅熏制工艺在清徐酿醋匠人中相传，到明末清初，清徐老陈醋陈酿技艺已经成型。

山西清徐老陈醋是以当地红高粱为主要原料，以各种皮糠为辅料，以红心大曲为发酵剂并以曲代料，经合理配料、蒸料，采用稀醪厌氧酒化、固态醋酸人工翻醅、按需人为变温发酵，经高适温熏醅、高密度淋滤、高标准陈酿而成的，具有明显的山西地方特色。这一酿造工艺在清徐区域内世代相承，是经几千年醋行业精英不断改进、不断完善所形成的北方型高级食醋酿制技艺。

山西清徐老陈醋色泽亮丽，入碗挂壁，在民间素有“透瓶香”的雅号。其酸味纯正柔和、口感醇厚、微甜爽口、回味绵长，具有断腥、去膻、除膻、杀菌之独特功效，是烹调各种美味佳肴的上上精品。

山西老陈醋传统酿制技艺（太原）

申报地区或单位：山西省非物质文化遗产保护中心

山西老陈醋为中国四大名醋之首，具有食而绵酸、醇厚柔和、酸甜适度、微鲜、口味绵长的独特风味。据史料记载，明清以前晋阳地区以陈年白醋闻名。明初（1368）太原醋坊“美和居”酿醋师傅在原来白醋的生产工艺基础上，创造出了“熏蒸”工艺和“夏伏晒，冬捞冰”的陈酿工艺，使山西老陈醋酿造工艺发展到一个新的水平，又经600多年的传承和发展，形成了一套与现代科学相匹配，以手工技艺为经验的山西老陈醋生产技艺。

美和居老陈醋是以高粱、麸皮、谷糠和水为主要原料，以大麦、豌豆所制大曲为糖化发酵剂，经酒精发酵后，再经固态醋酸发酵、熏醅、陈酿等工序酿制而成。其主要酿造工艺特点为：“低温酒醪液体发酵”、“高温接种引火，熏淋醋醅结合制醋”、“夏伏晒，冬捞冰、贮陈老熟”。这套技艺在中国酿醋技术上独树一帜，是最富科学内涵，大有发掘潜力的传统技艺，被中国科学院专家称作“中国一绝”。

美和居老陈醋酿造技艺是中华民族最早运用微生物生产食品的典范，作为黄河农耕文化的结晶，是中国传统文化的重要组成部分。

“益源庆”宁化府老陈醋醋酿造技艺

申报地区或单位：太原市宁化府益源庆醋业有限公司

宁化府醋酿制技艺是山西陈醋酿造工艺的代表之一，传承至今已有600多年的历史。明洪武初朱元璋建立明朝后，封其三子朱棡为晋王，1404年又封晋王五子朱济焕为宁化王，因宁化王选府址时，选在了“益源庆”（制醋坊）所在地区，便将其收为专门为王府酿酒、制醋、磨面的王府作坊，供皇室使用。“益源庆”在制醋方面，总结多年的经验研制出了一套固态发酵食醋的制作工艺和配方。酿出的醋甜、绵、香、酸，回味生津，久存不变质，为当时仅供皇宫贵族御用的珍贵调味品。之后的几百年中“益源庆”始终由朱姓东家经营，直到1943年朱家败落易主，新股东1956年进行公私合营，但始终不变的是代代严格相传的名醋酿造工艺和配方。

宁化府醋以优质高粱、大曲（用大麦、碗豆制作）为主料，辅料有谷糠、麸皮等。具体酿造流程分为粉碎、拌谷糠（或稻壳）、加水润料、蒸料、拌曲、入缸酒精发酵、拌麸皮、谷糠（或稻壳）、醋酸发酵、熏醅、浸泡、淋醋、灭菌、陈酿（老陈醋）、检测等十几道工序。主要使用的工具和设备为不同规格、型号、口径的陶瓷大缸，运输用小推车、扫帚、草盖等。成品色泽棕红清亮、熏香扑鼻、酸味柔和浓郁、酯香醇厚、微甜、微鲜、回味生津，不仅有调味功能，还可广泛应用在医疗保健品、药品的配制方面，具有较高的医用价值。

辛寨陈醋酿造技艺

申报地区或单位：长治市壶关县辛寨绿色醋业有限公司

辛寨陈醋起源于北宋元丰年间，因村人李咏供奉家酿老醋受封“提牌官”而始名。李咏在酿醋中，吸取前辈经验，将酿醋实现了工艺化操作：六天倒四次缸，再经过转缸，自然挥发，最终十斤原醋只剩下不到三斤。这样酿出的醋色泽黑紫、体态清亮，闻之醇香扑鼻，具有辛、绵、酸、香、甜、鲜多重特性。

辛寨老陈醋的原料和配料很有讲究，不仅有高粱、玉米、谷子、麸皮，还有多种中草药料配伍。酿造工艺独特，分熟料和生料两种酿制方法，整个工艺流程要求非常严格，从配料、发酵、翻缸、淋制、日晒到成醋勾兑，环环相扣，各有规程。李氏后人发明的“二次发酵法”使物料充分糖化，酿出的陈醋“色泽深紫，体态透红，入口酸，入喉香，回味不绝”。辛寨醋酿成后，要根据时间长短，浓度、酸度高低进行科学勾兑，这种勾兑不是简单的掺搅，要有资深专业醋师，按祖传密方进行勾兑。勾兑后的老陈醋要进行储藏，储藏方法十分讲究，什么醋放置于向阳处，什么醋放置阴凉处，什么醋露天密封储存，什么醋深埋地下，都有一套严格的规程和要求。

辛寨老陈醋是以小米和玉米等原料经传统发酵工艺酿制而成的纯天然产品，富含多种氨基酸，口感醇厚、柔和，能促进蛋白质、脂肪和糖在人体内的新陈代谢，形成人体容易吸收的营养成分。醋液中富含生物活性因子和铁、钙等矿物质，对恢复人体活力，永葆青春有积极意义，既有调味功能，也是滋补佳品。

四眼井醋制作工艺

申报地区或单位：晋中市榆次区四眼井酿造实业有限公司

榆次张庆乡怀仁村老醋厂生产的“四眼井”陈醋是传统老字号品牌。醋坊创于明中后期，清道光年间立号名曰“钰泉庆”，历代相承，现为榆次怀仁醋厂。因怀仁地处平川，盛产优质高粱，加之当地水质清冽甘纯，故而酿出的醋酸、绵、甜、香，久盛不衰。

四眼井怀仁陈醋选用优质高粱作为主料，辅料有玉米、麸皮等，酿造过程分为粮食粉碎、熔料、蒸料、酒精发酵、醋酸发酵、醺化、淋醋、晒醋、罐装等十几道工序，平均生产周期为20天左右，期间还要两次灭菌，主要生产工具有醋缸、过滤塔、熏炕、发酵池、醋罐、化验设备等，产品分为“四眼井牌”、“灯山井牌”、“龙眼井牌”等七大陈醋系列。

四眼井陈醋怀仁陈醋，呈黑褐色，体态清亮鲜明，味酸、甘，性平。归胃、肝经，具有酸醇烈长，不沉淀、不混浊、不生白皮的特点，存放时间长。该醋不仅是调味佳品，还具有补益强身，助消化、预防感冒、痢疾等功效；与相关药物配制，可消肿、止痛、除疾块、降低胆固醇、防止血管硬化、治疗高血压等；与石灰粉混合涂患处，可除治狐臭，能消食开胃、散淤血、止血、解毒等。

小米醋酿造技艺

申报地区或单位：山西三盛合酿造有限公司（襄汾）

汾城（太平）米醋历史悠久，源远流长。当地生长着一种瑞草，叫“蓂荚”，其味酸，人们用来作调味，即醋的先祖。据考证，汾城米醋早在汉魏时期已形成地方优势，明清以降，汾城米醋酿造甚为发达，民国初年，仅汾城城内就有八家醋坊，年产在数千担以上，规模较大者有三盛合、五成德、义盛德、同顺和、益升源、发盛奎、涌发源、源兴顺等字号。

汾城米醋酿造分为八大工序：制曲、发（大麦）芽、煮料糖化、放淋、二淋、（入缸）拌曲、封缸、发酵。汾城米醋以天然绿色无污染的小米为酿造原料，营养价值较高；大麦芽中富含多种复合酶，据现代营养学家分析，大麦芽含有的 γ－氨基丁酸，具有增进脑活力、改善更年期综合症等重要的生理功能；大曲中含有多种微生物，在发酵过程中能产生多种酶系及多种微生物的代谢产物，是形成产品香型物质的主要来源；“多菌培养、多酶作用、低温发酵、长期酿造”，小米经过高温液化、糖化、酒精发酵和醋酸发酵协同进行的边酒化、边醋化的双边发酵，不同于其他酿造工艺；采用封缸后熟陈酿、澄清，产品金黄清亮，柔和舒顺，稳定性好。

汾城小米醋品质优良，其色泽如小米一样呈金黄色，口味具有酸、甜、醇、爽的特色，产品总酸含量虽高，但无尖锐刺激感，给人以柔和、醇爽、回甜的舒适感。

张营小米醋酿造技艺

申报地区或单位：永济市张营小米醋专业合作社

张营小米醋酿造技艺发源于永济市张营镇，距今已有三百余年的酿造历史。山西晋南地区多产谷子等杂粮，百姓农闲时，用自家的杂粮酿上几缸米醋，供家人食用，剩余的送给亲朋好友。清嘉庆年间，张营镇常里村有一李姓举人，进京时带了一坛子自制小米醋，让在京城里的达官贵人品尝，获得一致好评。后来，李举人在离张营二里地的地方开了一个小作坊，取名"正德和"，采用传统方法汲深井水酿制，做出的米醋酸味持久、香气四溢、口感酸爽。

张营小米醋酿造大致可以分为以下步骤：1.将当地特产小米加水充分浸泡，然后捞出小米、控干水分，要求米粒膨胀，用手可以碾碎，无硬心。2.大麦芽作糖化剂，比例为25%，将其加水浸泡3—4小时后用竹筐盛出，保持温度和湿度，让其自然生长，再用粉碎机把张好的大麦芽打碎，研磨成糊状。3.小米放进蒸锅进行蒸料，一般待大气均匀时计时，45—50分钟，期间淋水两次，要求蒸透无生心，但是不得成糊状。4.把粉碎好的大麦芽和蒸透的小米均匀地搅拌在一起，入缸糖化，再将开水加入糖化缸，2小时后淋出糖水。5.糖水盛入发酵缸内，放入大曲，利用微生物自然发酵，边酒化边醋化双边发酵，保证产品特有的品质和芳香。

张营小米醋以黄土高原特有的精选小米为原料，大麦芽为糖化剂，大曲为发酵剂，采用传统"液态微生物瓷缸静止发酵法"酿造而成，是我国食醋类不使用添加剂液态发酵食品的典范。

神池胡麻油压榨技艺

申报地区或单位：山西省非物质文化遗产保护中心
忻州市神池县清泉岭榨油厂

胡麻油是我国北方地区，特别是少数民族地区长期食用的植物油。胡麻是西汉时期从西戎引进的一种油料作物，从胡麻籽中榨取麻油的技艺在民间已流传了近千年。

神池县位于山西省西北部，盛产胡麻，该县压榨的胡麻油远销陕西、内蒙、甘肃、宁夏等地。胡麻种植和胡麻油压榨已成为该县的支柱性产业。胡麻油压榨技艺由胡麻籽的精选加工、炒熟、磨碎、压榨、沉淀、过滤等数十道工序组成。由于神池胡麻油压榨仍是采用古法榨油，使用木、石制作设备，人力推砸，故而在加工过程中不会影响油质，胡麻油香味纯正绵长。

近年来，由于现代化机械设备的引入，极大地影响了传统胡麻油压榨技艺的生存空间，加上传统榨油技术劳动强度大、出油率低等因素，该技艺面临十分严峻的生存困境，急需保护。

胡麻油传统手工压榨技艺

申报地区或单位：山西兴香缘粮油有限公司

兴县，位于山西省西北部，吕梁市北端，历史上这里曾是胡汉杂居的地方，汉代以来，北方游牧民族匈奴、鲜卑、羯、氐、羌或侵入或迁徙长期入居吕梁各地，也将先进的胡麻油压榨技艺带入本地。据《吕梁民俗》记载，410年，鲜卑族秀容部贵族尔朱氏曾以岚县为中心，建立了秀容封国。鲜卑人入居兴县时，把野生胡麻、黄芥、下麻子和其他油料植物带入兴县培植，得到大面积发展。但当时胡麻还仅仅作为鲜卑人的主食，宋元以后，随着兴县粮食植物如谷子、玉米、高粱、糜子、莜麦、荞麦等作物的增多，胡麻、小麻子才开始退出主食行列改用榨油。

兴县胡麻油传统手工压榨技艺以峁底村白家最为典型，白氏祖先经过几代人不断实践，创制了“三条腿小榨油”的方法，并代代相传，相沿成习。白氏胡麻油压榨技艺以胡麻、麻子、黄芥为原料，炒后用石磨低温碾磨，经过高温杀菌、蒸汽水化、人工压榨而产生。其技艺特点：一是原料的烘炒和配比；二是蒸油上量的多少，温度的高低，时间的长短；三是包坨要求油料要匀实，表面要平整，坨口要严密；四是压榨时上锤要平稳，力度要均匀，加压要间隙性，这样既保证了出油均匀，又防止了设备的过快损坏。

胡麻油传统手工压榨技艺凝聚着祖先的智慧和创造力，其工艺流程严谨而独特，具有重要的食用油品压榨工艺研究价值。同时，也为研究当地的区域文化、民族融合以及社会风俗提供了鲜活的资料。

木梁压榨小麻油工艺

申报地区或单位：榆社天禾绿色食品有限公司

榆社县北寨乡以盛产小麻著称，当地木梁压榨小麻油技艺已有500多年历史。据程氏家谱记载，早在明朝初年，程氏祖先就以农忙种田、农闲及秋冬季节用木梁压榨小麻油为生，除自家食用外，还售给乡邻。到清朝末年，木梁压榨小麻油在程氏家族中成为主要产业。2009年，晋中市榆社文物普查队在北寨乡下城南村发现了一处建于清末的木梁压榨小麻油作坊，该油坊功能完善，设备齐全，由炒台、蒸台、石碾、木梁等组成，其中木梁长10.4米，采用杠杆原理制作而成，前部为绞架，中间为支点，后部为油槽、油瓮。虽然作坊已逐渐失去原有作用，但整体保存完好，对研究传统技艺具有重要的意义。

木梁压榨小麻油工艺由四部分组成，分别是炒、碾、蒸、榨，其中最重要的就是榨，整套工艺流程大致为：1.精选优质小麻籽；2.温火铁锅炒制；3.石磨粉碎；4.高温蒸制；5.小麻麻皮打包后，采用木梁压榨。采用木梁压榨工艺所产的北寨小麻油原生态、纯天然，含有丰富的不饱和脂肪酸，多种功能性活性成分，氨基酸和多种维生素成分及钙、铁矿物质等人体所需的微量元素，不仅具有丰富的营养成分，而且具有润肠胃、去肝火、助消化、明目保肝等功效，被当地群众称之为“长寿油”。

木梁压榨小麻油工艺历史悠久，地方特色明显，采用铁锅炒制、木梁压榨的小麻油香味浓郁，口感细腻，而且不破坏营养成分，具有重要的食用油类压榨工艺研究价值。

祁县小磨香油制作技艺

申报地区或单位：祁县顾椿香油厂

祁县位于晋中盆地中部，气候暖温，四季分明，很适合芝麻生长。祁县又是晋商故里，用芝麻榨香油是这里的传统产业。据县志记载，清嘉庆年间，当地一顾姓官员（祖籍浙江）任满后弃官经商，以做小磨香油扎根祁县，代代相传，至今已传至第八代。

祁县小磨香油制作采用传统的“水代法”，即把精选的芝麻在洗涤池中漂洗，然后炒熟再扬烟吹净，用石磨磨细为浆，并在大锅中兑加95℃热水，用油葫芦搅拌振荡，使其非油物质吸收膨胀，其中油脂被挤出。这种工艺从炒料、磨浆、兑水、振荡及工具的使用全凭经验，特别是兑水要通过搅拌的手感决定加水量，需要有相当经验才能操作，技工的经验决定出油率和香味的浓度。小磨香油传统技艺的主要特点是将磨浆中的芝麻酚素在高温水解下转化为芝麻酚，从而分解出特殊的香味。传统手工制作的小磨香油色泽枣红清亮，质地浓稠，味醇清香，回味悠长，久存清香不变。

小磨香油是中餐上佳的调味品，香油中所含的亚油酸、维生素E，对改善血液循环，促进人体新陈代谢具有极佳的效果。

卫生馆五香调料面制作技艺

申报地区或单位：交城县人民文化馆

交城卫生馆五香调料面是一种由纯天然中药材和植物香料配制而成的调味品，有理气、去腥、散寒、暖胃的功效，深受广大人民群众的喜爱。

卫生馆五香调料面是明清著名思想家、学者、医学家傅山先生根据中国传统调味品的原理，依据特定的气候、饮食、环境、风俗习惯，结合纯天然植物香料研制而成。制作中，要经过选料、炮制、磨粉、细筛、焖压、包装等6道工序，采用独特配方，才可生产出特别适合我国北方地区口味的产品。经过几代人的不懈努力，交城县卫生馆五香调料面配制技术，不断升级改进。交城县调味品厂成立于1991年，创办人蔚林生凭借自己的中医药基础，拜原交城县卫生馆老技师孙立诚老人为师，继承和钻研交城卫生馆五香调料面传统配方与制作技艺，使这一传统技艺得到了保护和传承。

阳城制糖技艺

申报地区或单位：阳城县文化馆

阳城水村制糖是该村的传统产业，已有三百年的历史。早在明清时期，河南、山东、安徽、陕西等地商贩，每年农历腊月二十三前就成群结队来阳城水村担“灶糖”。

水村位于阳城县城西，历史上手工业主要以制糖为主，村内基本上户户有糖坊，多时达80余座。阳城制糖主要原料为玉米、小米、小麦。制作工序大致分为两个步骤：一为制饧，具体步骤有发芽、熬制、入锅、过滤、粉碎等；二为制糖，具体步骤因糖类的不同而制作工序有异。阳城制糖的主要产品有棍棍糖、芝麻糖、裕谷糖、灌糖、切糖、板糖、糖瓜等，其口味香、甜、脆，产品远销陕、豫、冀、皖等地，在民间享有很高的声誉。

民国期间，河南的济源、孟县，陕西的延安，本省的翼城、浮山、长治、垣曲、洪洞、晋城等地均有慕名前来学艺或请村内师傅去传授技艺的。但由于传统制糖工艺复杂，劳动强度大，成本高、回报少，水村制糖呈萎缩趋势。

五步产盐法

申报地区或单位：山西省运城盐化局

运城地区是我国最古老的盐业生产基地，运城盐池古称“鹾海”、“古海”，因位居黄河以东而称“河东盐池”。

制盐的生产工艺流程经历了长期的发展和演变。盐池最早的生产工艺是“天日曝晒，自然结晶，集工捞采”的自然方式。隋末唐初制盐形成了“垦畦浇晒”的生产模式，俗称五步产盐法。其生产工艺主要以集卤蒸发为主，分为过箩、调配、储卤、结晶、铲出五个步骤。这种方式的优点：一是垦地为畦，人工晒盐；二是晒制中，在卤水中搭配淡水，提高了盐的质量；三是加快了成盐速度，只要五六天就可以晒制成一次盐。五步产盐法的出现，是运城池盐生产技术的一大进步，一直沿用至今，约有1300年的历史。到宋代以后，此法传到了沿海，取代了那里的煎煮成盐法，这一先进生产工艺领先于世界海盐生产技术980余年，被英国近代生物化学家和汉学家李约瑟博士在《中国的科学与文明》(即《中国科学技术史》)一书中称为“中国古代科学史上的活化石”。

五步产盐法工艺的独特之处，在卤水养制过程中占有很大的比重，盐工的直觉和经验在制盐过程中起着至关重要的作用，它决定着盐的产量和品质。

山西面食

**申报地区或单位：山西省非物质文化遗产保护中心
山西晋餐文化研究会**

山西面食是在几千年黄土高原农业经济的基础上产生、发展、创造出来的具有山西地域性特征的家常食品。山西自古以来是农耕文化与游牧文化交汇地，是一个盆地耕作与山区种植并存、中原习俗与北方各兄弟民族习俗相结合的特殊地区，农作物以麦类与小杂粮为主，人们的家常食物主要用这两类作物磨制的面粉制作。山西面食经过长期制作经验的积累，制作方式和技艺的不断提高、改进、创新，并与副食品、调味品相搭配，就形成了今天技艺精湛、品种繁多、风味各异、美味可口的各色品种，可谓五花八门，具有营养丰富、保健养生、老少皆宜、色香味俱全的特色。这些具有独特地方风味的各色面食，已经成为山西民众固定的日常饮食，并通过家庭传承与师徒传承一辈一辈延续了下来。

明清时期山西面食已经成为一个独立种类并开始进入民众生活。到清代末期，传统山西面食的品类已有300多个，成为中华民俗饮食文化中一颗灿烂夺目的明珠。山西传统面食，从选择原料到制作流程再到面食成品，都有相当的讲究，其中包含着独特的手工技艺和山西面食文化内涵。山西面食百面百吃，味形俱佳，其中尤以杂粮面最具特色。其制作的技艺也成为一种独特的表演形式，具有观赏性和审美价值。山西传统面食的工艺与文化特征，对于研究山西人的体质特点、性格特征、风俗习惯、地域方言，尤其是研究山西古代岁时年节、人生礼仪习俗具有重要意义；此外，对于研究民族习俗融合、古代饮食习惯和农耕文化的发展也有一定的学术价值。

龙须拉面和刀削面制作技艺

申报地区或单位：山西省全晋会馆

“龙须拉面”是流行于太原一带的传统面食，它原是宫廷中的一种食品，后来流入民间。传说“龙须”是古代皇帝的赐名，可能因为这种拉面细如须发，不绝如缕的原因。由于压面姿势优美，犹如交织在一起的龙须，入口香软可口，故而得名。在山西，人们寿诞生辰、聚友团圆时，常常要吃这种面，以示长寿和喜庆。龙须面配料精细，制作讲究，其制作方法过去曾被认为是绝招，秘而不传。面团被和匀后，抻开、卷起、再抻开、再卷起，如此数扣之后，师傅们将拉好的面放在撒满面粉的几案上抖开，而后两手像搭毛线般地将面抻开并抖动着。整个景象就如瀑布泻下一般，蔚为壮观。

刀削面是山西名声最大、影响最广的面食，同北京的炸酱面、山东的伊府面、武汉的热干面、四川的担担面，同称为五大面食名品。刀削面因以刀削面团成条而得名，又称为“飞刀削面”。用刀削出的面叶，中厚边薄，棱锋分明，形似柳叶；入口外滑内筋，软而不粘，越嚼越香，深受喜食面食者欢迎。刀削面的制作方法是将面粉和成团块状，左手举面团，右手拿弧形刀，将面一片一片地削到开水锅内，煮熟后捞出，加入臊子、调料食用。其要诀为：“刀不离面，面不离刀，胳膊直硬手端平，手眼一条线，一棱赶一棱，平刀时扁条，弯刀是三棱。”

抿尖面和猫耳朵制作技艺

申报地区或单位：山西省晋韵楼

抿尖用的面是由豌豆和小麦磨合而成的杂面，将和好的面团放在密布筛孔的特制抿尖床上，用手掌抿压而下，成一寸来长的扭曲状小节。民国刘文炳《徐沟民俗志》记载，当时太原郊县的面食中有“面用网抿丝者曰抿尖”。抿尖床架为木制，呈井字形，中间开长形口，口上放置抿尖拍子。抿尖拍子为铁置或铜制，呈凹形，岫面上开密密麻麻排序整齐的小孔眼，四边缘凸起，嵌在床架上，上下须严丝合逢，否则不能操作。将豆面加水和合成软糊状，用铁勺挑在抿尖床上（抿尖床须搭水在滚沸的锅沿上），右手按床架，左手拿抿拐拐把糊状豆面一下下抿到沸水锅里，煮熟用笊篱捞在碗里，食时，浇以素汤，汤内有豆腐丁、土豆丁、豆角丁等，并佐以韭黄、芝麻、辣酱、香菜等，其味清淡可口，带一股豆香味。

猫耳朵是山西晋中、晋北等地区的一种传统风味面食，俗称“碾疙瘩”、“碾饦饦”等。猫耳朵历史悠久，与北魏《齐民要术》中讲到的“馎饦”形似，其制形如猫耳，小巧玲珑，筋滑利口，是久传不衰的大众面食佳品。猫耳朵的制作方法简便：和成软硬适度的面团后，擀成稍厚（约二三厘米）的面片，切成多半厘米块头，撒面粉，用双拇指按住面块往前推，按成猫耳朵状即成。也有先搓成食指粗的条，用右手掐小块，在左手掌碾成猫耳朵。之后，下在开水锅煮熟，配上各种打卤、浇头。除用白面外，还用豆面、荞面、莜面、高粱面等作原料，亦可焖、可蒸、可炒。

剔尖面和莜面栲栳栳传统制作技艺

申报地区或单位：山西会馆餐饮文化有限公司

“天下面食，尽在三晋”，这是人们对山西面食的赞誉。剔尖面和莜面栲栳栳是山西众多传统面食中的优秀代表。

剔尖也称拨鱼儿，“剔”、“拨”指操作技法，“尖”、“鱼儿”指面的形状。剔尖是山西晋中、太原等地人民最爱吃的一种面食。剔尖制作食用方便，并且味美、筋滑、利口，因而广受民众喜爱。太原一带及介休民间称剔尖为“八（拨）姑（股）”，并有李世民之堂妹八姑在晋中绵山修道时创此面食的传说。剔尖用白面、豆面、高粱面等都可以制作。由于剔尖具有独特风味，且制作方法简便，不仅在国内流传甚广，而且还传到海外许多国家及地区。

莜面栲栳栳，也叫“莜面窝窝”、“推窝窝”，是用莜面精工细作的一种古老而别具风味的传统面食，在山西主要分布于雁北、忻州、吕梁等山区。栲栳是用竹篾或柳条编制成的一种上下粗细一致的圆框，形状像斗，是农家专门用来打水或装东西的一种用具，也叫“笆斗”，“栲栳栳”因与其形似而得名。著名歌唱家郭兰英演唱的山西民歌中有“交城的大山里，没有那好莱饭，只有莜面栲栳栳，还有那山药蛋”，生动地描述出山区人民的食俗风情。

剔尖面和莜面栲栳栳是山西饮食文化发展的重要标志，已经积淀为山西民众稳固的饮食习惯。

刀拨面和蘸片子传统制作技艺

申报地区或单位：新开元酒店餐饮有限公司

刀拨面制作技艺属于山西煮制面食中的硬面制作绝活。刀拨面制作过程主要有和面、醒面、擀面、拨面、煮面等五个步骤。其中，和面是讲究“扎软和硬”的技艺，需要师傅极好地控制水量，凭借经验和手感把面和到软硬适中的程度，保证拨面时不连刀、不拖刀；拨面是核心环节，需要常年的实践积累才能够练就到“匀、稳、准、快、飞”的程度，同时拨面用的工具——案板，讲究平直，多选用硬木；刀具长约50厘米，两端有柄，刀刃锋利，使拨面者保证横向用力时稳而快。拨面时，将擀好的面折叠成5—6层，然后一刀接一刀呈60度角连贯地拨出。用这种刀拨出的面十分整齐，粗细均匀，断面成三棱形。山西刀拨面筋软利口，并可制成不同颜色，与刀削面、剔尖面、拉面被誉为山西四大面食。

蘸片子也叫蘸尖尖、拖叶子、菜疙瘩，是太原、晋中、吕梁一带民间家常面食。它用料广泛，食法讲究。制作过程主要有备蔬菜、调制面糊、挂裹面糊、汆熟、配调和等步骤。蔬菜多选用山野菜、菠菜、油麦菜等的菜叶部分或者长山药、西葫芦、茄子、豆角等，将这些备成均匀薄片或段，放入用杂粮面调成的稀糊中滚裹后，在开水锅里汆熟，讲究汆熟的“片子”薄厚大小一致，不能走形。其中调面糊是关键，稀则裹不住蔬菜，稠则容易结块，且原料稠稀有别；其次是汆熟，对水温及时间极为讲究，否则容易剥离或不熟。食用时要配用不同口味的卤汁逐片沾食。其面香、菜香，与卤汁香味混合，外嫩内滑，口感极佳，并且可以满足人们对营养、健康、美味的多重追求。

在刀拨面和蘸片子传统制作技艺中，包含和反映着山西特殊的地理环境、民风民俗、饮食习惯、审美情趣、生活智慧等丰富的历史文化信息。

稷山传统面点制作技艺*

申报地区或单位：山西省稷山县

稷山是后稷教民稼穑、树艺五谷的地方，是我国传统农业的发祥地之一。稷山饮食文化源远流长，煮麻花、蒸花馍、炸油条、打饼子早已流行民间。稷山麻花流行于晋南地区以及陕西西安一带，通常分为油酥麻花和普通干麻花。其中，稷山“赵氏四味坊”麻花以其用料考究、做工精细的传统制作工艺独树一帜，享誉秦晋，是稷山麻花的代表。

“赵氏四味坊”麻花的制作要经过培养酵块、掺水和接面、按比例分接面、掺水和面与掺油和面、分割面块、反复揉面、匀揪面节、面节擦油、卧缸存放、搓条上劲、分板打畦、扭股成形、入锅油炸、添加辅料、出锅淋油、定型摆放、化熬糖汁、翻拨整形18道工序而成。稷山“赵氏四味坊”已传承六代之久，始终恪守最传统的配比秘方和保留重要环节上的18道传统制作工序。一百余年来，“赵氏四味坊”麻花一直是当地的风味食品、馈赠佳品。

郭杜林晋式月饼制作技艺

申报地区或单位：山西省太原市

“郭杜林”晋式月饼是我国北方月饼的杰出代表，据相关资料记载，“郭杜林”月饼制作技艺最早可上溯至清康熙年间，距今已有三百多年的历史。至光绪年间，“郭杜林”月饼已经享誉晋中、太原、大同、临汾等地，并融入传统的中秋节风俗之中，成为地方百姓中秋馈馔之节日佳品。

“郭杜林”晋式月饼形制古朴，口味淳厚，酥绵爽口，甜而不腻，以“酥绵、利口、甜香、醇和”的口感特征著称于世。经数代艺人传承，其制作技艺日臻完善。“郭杜林”晋式月饼精选原料和辅料，皮面揉制手法与馅料制作技艺独到，米稀上色时机讲究，吊炉形制独特，烘烤火色温度依赖人工控制，窖圈熟藏而使其香味浓郁，感官特色明显，口感上佳。其纯手工制作技艺和口传身授的传承方式，保留着民间制饼业的传统，而“以面为馅”的特殊工艺，具有北方饮食文化的特色。

郭杜林晋式月饼与山西民众的物质生活、精神生活融为一体，有着广泛而深厚的群众

* 该项目省级名称为《稷山麻花传统制作工艺》，申报国家级项目后改名为《稷山传统面点制作技艺》，本书以国家级名称为准。

基础，它以技师的姓氏为产品名称，具有强烈的亲和力与凝聚力，在中国饮食文化中是个特殊的现象。

冠云平遥牛肉传统加工技艺

申报地区或单位：冠云平遥牛肉集团有限公司

平遥牛肉是山西平遥县一种风味独特的地方肉食产品，以其独特的色、香、味而享誉全国。平遥地处三晋腹地，地肥水美，交通便利，自古宜农、宜林、宜牧。西汉以降，素称农耕富邑，大量的耕牛，为当地牛肉传统加工技艺的萌生和发展提供了条件。到明清两代，晋商崛起，平遥牛肉便随商贸走遍大江南北，名扬四海。从清道光至光绪、民国，平遥牛肉老作坊“兴盛雷”、“自立成”、“源盛长”、“隆盛旺”名扬三晋大地，如今第七代技艺传承人仍在传艺授徒。

平遥牛肉传统制作工艺独特，从生牛屠宰、生肉切割、腌渍、锅煮等操作程序和操作方法，到用盐、用水以至加工的节气时令等，都十分讲究。依靠当地特有的土壤、水质、气候、人文等因素，采用考究的选料方法和独特的腌、卤、炖、焖制作工艺，所产牛肉，色泽红润，肉质鲜嫩，肥而不腻，瘦而不柴，醇香可口，营养丰富，具有扶胃健脾之功效。

六味斋酱肉传统制作技艺

申报地区或单位：山西省太原市六味斋实业有限公司

六味斋是始创于清朝乾隆三年（1738）的著名“中华老字号”，其生产的酱肉作为我国传统食品，三晋名吃，曾作为皇宫贡品享誉京师。

六味斋酱肉传统制作技艺经历代传承，保留了传统酱肉制作技艺的特色。它选用鲜（冻）猪肉为原料，经分割、烧毛等工序加工成块后，加入多种中药材和调味料，再经卤制、酱制、刷汁而成。六味斋酱肉肉皮油亮，红中透紫，香味四溢。从外观色泽看为酱红色或红褐色，用刀切开后，内部组织为粉红色，口感绵烂利口，肥而不腻，瘦而不柴，不仅味道鲜美，经常食用还有保健养生之功效，真正做到了“医食同源”。在六味斋的传统工艺中，酱肉刷汁技艺更是长久以来经验传承特色的体现，是酱肉加工所必须的独特工艺。酱汁由卤制酱肉的老汤经滤渣熬制而成。由于酱肉制作过程工序繁多，经卤制、酱制后猪皮软嫩，外观不太好看。刷汁是为了保护猪皮，使外形美观，还可以改善口感。六味斋酱肉“熟而不烂、甘而不浓、咸而不涩、辛而不烈、淡而不薄、香而不厌、肥而不腻、瘦而不柴”的特点体现了“以和为美”的中国食文化。

太谷饼传统制作工艺

申报地区或单位：晋中市太谷县

太谷饼原名油甘饼，是以晋商故里太谷县名命名的名优食品，创始于清朝咸丰年间，迄今已有150余年的历史。

太谷饼传承了我国传统食品胡饼（由西域引进而来的一种烤制类食品）的制作技艺，精选特定的主辅料，配方考究，采用传统的发酵、和面、揉制手法以及特殊的烫面翻烤工艺制作而成。当地流传至今的口诀云：“临汾麦子白又筋，北路胡麻香半城，太谷家的打锣锤（即谷子），熬成米稀灵味浓，难得广西洋冰糖（即白糖），最好永济白芝麻。”太谷饼辅料重，主辅相当，民间流传一斤面粉需出二斤太谷饼（另有一斤辅料），否则就是假货。太谷饼生产工艺十分讲究，口传身教有五个不准，即“不准乱用料，不准少用料，不准多用料，不准乱了套，不准急火搞”。太谷饼表皮为茶黄色，并粘有脱皮的白芝麻仁，具有酥、软、香、甜的特点，即酥而不碎、甜而不腻、香甜可口、久放绵软。它的储存时间长，久储味道不变。

太谷饼制作技艺是山西面点技艺的典型代表，从原料加工到成品烘烤要经过多道工序，“先烫面，芝麻含一半，后翻烤，不准急火搞”等带有民间智慧的口诀，正是匠人们集体实践和经验的总结，这些技术和操作手法对太谷饼传统制作技艺的传承和保护，对于弘扬传统饮食文化具有重要价值。

福同惠南式细点制作工艺

申报地区或单位：运城市

福同惠南式细点是运城地区享有盛誉的地方名品，创始于清乾隆时期，它以其独特的揉搓面技艺，手法绝妙的雕花技艺以及独到的油炸、挂浆、烘烤成熟技术赢得河东民众的口碑，成为山西食品面点类为数不多的“中华老字号”。

福同惠南式细点原料选取严格，以精面粉、白绵糖、植物油、蜂蜜、麻仁、青红丝、核桃仁、玫瑰酱等为主要原料。制作手法细腻，造型逼真，手工与刀口是其制作技艺的核心：手工在搓挤时要边揉边推，边搓边拉，力要用在表面，力道要均匀；刀工的关键在于每个品种刀数不同，刻痕深度及刀口都有很高的技术要求。福同惠面点每斤四款十二块，象征着一年四季十二个月，每块一个花色品种，代表一个美好的祝福，形状呈圆形，造型精巧，形如其名，如菊花酥花瓣细密，层次分明，含苞怒放，色泽鲜艳，清亮典雅。其按成熟方法分为三大类，包括菊花酥、百合酥、翻毛酥、天鹅蛋酥、糖圆、麻圆、灯笼、三刀、双十字等38个品种。

福同惠南式细点制作既保留了南方面点的制作技艺，又融入了面点制作者对本地食品口味的理解，具有重要的历史、文化、社会价值。

襄垣手工挂面制作技艺

申报地区或单位：襄垣县文化馆

襄垣挂面是山西面食名品，深受民众亲睐。据《襄垣县志》载，元大德年间襄垣挂面便已面市，入清后更有“上党亭外三千铺，庶民饶食悬丝绪”之盛。

襄垣手工挂面原料配方独特，制作工艺考究，历经和、卧、盘、架、分、省、拉、晾、潮、裁、装等十多道工序方可成型。受当地气候影响，它的生产周期具有明显的季节性，制作配方随节令变化而不同，这也是其制作上的特别之处。食时干、汤、荤、素、软、硬、浓、淡吃法多样，形成了具有地域特色的民间饮食习俗。长期以来，之所以深受民众欢迎，除其口感柔嫩，绿色营养外，还有便于贮藏、保质时长、食用方便的特点。襄垣挂面制作技艺是当地民众长期生活经验的积累，是当地传统手工技艺的一个典型代表。

恒义诚老鼠窟元宵制作技艺

申报地区或单位：太原市恒义诚甜食店

元宵作为一种民间食品由来已久，据有关史料记载，宋代人用果饵作馅，外面裹以糯米粉，滚成圆球形状，人们称呼这种圆子为“元宵”。恒义诚老鼠窟元宵是太原特殊地域条件下产生的传统美食，因其制作技艺精细、馅大皮薄，老少皆宜而深受群众喜爱。

恒义诚老鼠窟元宵制作技艺是太原松庄村村民申友潜心研究与反复实践而形成的。他制作的元宵，原料多采用本地原料，主料为晋祠花塔村一代的江米，辅料取用初开之时的桂花和玫瑰花。整个制作过程分面粉碾制、拌制元宵馅、滚元宵、煮元宵四个部分，每个过程都是纯手工操作。

老鼠窟元宵是山西饮食文化的重要组成部分，也是太原市民喜爱的风味小吃，其技艺传承百年，具有深厚的群众基础，值得认真保护和传承。

柳林碗团制作技艺

申报地区或单位：柳林县沟门前风味食品有限公司

碗团属荞麦面粉制品，山西以柳林城区的碗团最负盛名。柳林碗团是一种享誉三晋的地方风味小吃，因其制于碗、食于碗，并取其团团圆圆之意，故称为碗团，也称“碗脱”。柳林碗团起源于西晋战乱年代。相传西晋刘渊起兵离石，派大将石勒驻军柳林三郎堡。当时因战乱灾荒，军士以荞面粉熬粥为食。一次有士兵外出，贻误饭时，回来后荞面粥已冷凝成团，由于粮食紧缺，只好将就食用。食后感觉味道颇佳，士兵便反映给石勒将军，石勒食后大加赞赏，下令推广。后传入民间，几经改进，流传至今。

柳林碗团用料考究，制作工序简单。产地仅限于柳林城区方圆5公里之内。柳林碗团以其柔韧、筋道、爽腻、香辣适口，以及食用方便而成为柳林地方名吃。柳林碗团以优质荞面制作而成，不仅营养丰富，而且商品中富含人体所需的各种营养成分，特别是含有其他作物不含有的芸香甙成分，有降血脂、血糖、胆固醇的功效，是适合现代人食用的保健食品。

垣曲炒糗制作技艺

申报地区或单位：垣曲县解峪乡乐尧村

炒糗是流行于山西省垣曲县境内的一种地方特色小吃，具有养胃健脾之功效，深受群众欢迎。

垣曲炒糗选用当地优质的小麦作原料，经过观音土炒制而成。炒糗颗粒大小均匀，面黄焦脆，口感颇佳，老少皆宜，吃起来让人回味无穷。垣曲炒糗品种繁多，主要有花生炒糗、核桃炒糗、芝麻炒糗等。

垣曲炒糗属于当地传统小吃，具有浓厚的地方特色和养胃补脾的功能，可帮助出门远行的垣曲人解决在外水土不服的问题，也是民间亲朋好友互赠的佳品。随着时代的变迁，垣曲炒糗只有在农村还有些许老年人擅长制作，年轻人多嫌其制作繁杂，不愿于学习，炒糗这一传统手工技艺与当代生活渐行渐远。

闻喜煮饼制作技艺

申报地区或单位：闻喜县永祥和煮饼食品有限公司

闻喜煮饼是一种油炸的点心，形似圆月，外皮粘满白芝麻，掰开两半，外皮可拉出3—6厘米的一窝金丝，吃到嘴里，酥沙松软，不皮不粘，甜而不腻，食后回味有一种松柏的余香。它以面粉、芝麻、糖、香油等为原料，经过制馅、制坯、油炸（煮）、冷却、上汁、粘芝麻等几道工序加工而成。

闻喜煮饼具有浓郁的地域文化色彩，在祭祀、婚嫁、建房、乔迁等民俗活动中广泛使用，具有深厚的群众基础，尤其是在当地的传统婚嫁仪式上必不可少，因其圆形的外观，有“婚蛋”的美称。闻喜煮饼选料讲究，工艺精细，许多工序的操作都是凭借历代师傅口传心授的经验积累而成，至今一些关键的工序仍需手工完成，其中凝聚了数百年来烹饪工匠的智慧，是宝贵的非物质文化遗产。

白起豆腐制作技艺

申报地区或单位：高平市文化馆

白起豆腐也称高平烧豆腐，是高平传统豆腐制作技艺的典型代表。它的名称源于秦国大将白起在长平之战中坑杀赵军40万降卒的传说。据传，公元前260年长平之战，赵括被秦将白起一举打败，40万赵军降卒被白起坑杀于现在的高平市谷口村。白起的残暴激起当地人的憎恨，民众把豆腐比作白起肉，火烧水煮而食之，以泄心中之愤。不料人们食后，颇觉新鲜，别具一番风味，于是，这一烧豆腐的方法在高平流传下来，当地百姓将这种豆腐称作“白起豆腐”。

高平各乡镇家家户户都会磨豆腐、烧豆腐，尤其以谷口村制作的烧豆腐味道最为醇正。白起豆腐制作先以当地生产的大豆为原料，浸泡后用石碾压碎，煮成豆浆，再用卤水点制而成。具体做法是：将豆腐切成一寸厚、二寸见方的小块，以旺火烧烤至焦黄为好。蘸头的配制是先把姜、蒜一起捣成泥，再拌上豆腐渣。食前先用白水将烧豆腐煮熟，配上蘸头，趁热蘸食。豆腐滑润可口，外焦里嫩，蘸头香气扑鼻，味道独特。

白起豆腐的制作是劳动人民长期的智慧结晶，点豆腐的酸菜浆、卤水的多少，火候以及蘸头的配料比例，全凭经验掌握，且难以为现代技术所替代。

神池月饼制作技艺

申报地区或单位：神池县自永和食品厂

神池月饼历史悠久，技艺精湛，具有“甜而不腻、酥而不散、色香味美、久放不馊”的特点，深受当地老百姓的欢迎，并在长期的发展过程中，成为享誉三晋的名优糕点。

神池月饼的制作始于明代初年，经过600多年的发展革新，形成了成熟完整的制作技艺。清末，匠人吕凤斌加工的月饼在当地远近闻名，其子吕永和以自己名字命名创立了“自永和”老字号月饼铺，使用土炉烤制，技艺传承至今。神池月饼制作主要选用当地的优质胡麻油，以营养可口的原料搭配制馅，通过传统模具压制成型和土制炉鏊烤制而成。在过去，当地老百姓都能自己制作月饼，因此，神池也被誉为月饼之乡。然而，随着科技的发展和民众饮食结构的改变，传统的制饼技艺逐渐淡出人们的视野，成为一种民众的生活记忆。

神池月饼加工技艺

申报地区或单位：忻州市神池县长祥圆食品有限责任公司

神池月饼是晋西北地区特有的烘焙食品，其形制古朴，香味浓郁，酥绵爽口，回味悠长，以“酥、绵、利口、甜香、醇和”的口感享誉三晋。据史料记载，神池月饼早在清康熙年间，就已形成生产规模，清末民初，神池月饼已经享誉晋、陕、蒙、冀等地，并融入传统的中秋节习俗之中，成为该地区百姓中秋品赏、馈赠之节日佳品。

神池月饼制作从原料加工到成品烘烤要经过12道工序，依次为整理炉鏊垒碳生火、选材备料、定量配比、馅料制作、搅拌和面、捏制成型、打（印）饼、着色（刷稀）、扎气孔、入炉烘烤、观察火色、出炉包装，其中“四油四糖”的特色口味配方，具有典型的北方游牧民族与农耕民俗相结合的特色，保留着明清以来山西民间制饼业的传统技艺。神池月饼以白面和胡麻油调制成面皮坯，以食糖为主要原料，拌玫瑰、青红丝、核桃仁、花生米、葡萄干、芝麻等辅料加工成馅料，经包制、脱模成型、用炉鏊烘烤加工而成，具有香而不腻、酥而不散、久放不馊的特点。

神池月饼传统技艺是明清以来北方游牧民族与农耕民族民间食品工艺的典型经验，对研究我国传统民间工艺的科学和思想有重要的学术价值。

长子炒饼制作技艺

申报地区或单位：长治市长子县明孩饭店

长子炒饼是用面粉、肉丝、蒜苔、粉条加上鸡汤，配以各种佐料制成的上党传统小吃。当地民谚有云“上党炒饼在长子，长子炒饼在石哲，精工细作炉卜香，赛过宫廷八仙汤”。

相传，长子县清代著名书法家冯士翘先生，经常徒步民间深入农户。一日，他行至石哲村，到一户人家打尖。户主吩咐家人做待客饭。冯士翘将主人端的饭、汤吃了个精光，并打听饭菜名称，主人回答道：“你吃的饭是用小粉面、粉条、白萝卜条做成的，叫‘炉卜’，是我们这儿待客饭。”冯先生听完叙说，高兴地取出文房四宝写诗赠给主人作为留念，乘兴而归。回家后，夫人按冯先生说的方法做“炉卜”，可是怎么也做不好。于是她和面烙饼时抓了几把白面，掺入小粉面烙成饼，切成丝同粉条和白萝卜丝焖炒在一起，成为“长子炒饼”的雏形，至今长子、屯留的百姓，叫“炒饼”还是“炉卜”。

长子炒饼选料精致，制作细腻，操作流程要经过多道工序。首先把面发酵后上案，摊成直径35厘米、3毫米厚的饼。烙饼时两层饼粘在一起，两层饼中抹有油脂，待鏊中的油刚冒烟时开始烙。再将烙的色泽微黄的饼从鏊中取出晾冷，切成长5厘米，宽5厘米的长条备用。然后用豆油（或菜籽油）将带皮的猪肉片（腊条五花肉）、蒜苔及崔家庄的手工粉条，按次序放入锅中翻炒，同时辅以白鸡汤，将其煨熟。吃时加香醋，配大蒜瓣，满口生香。成品具有色泽金黄，爽口不腻，质地柔软的特点。

古寨豆腐制作技艺

申报地区或单位：太原市晋源区金胜镇古寨村委会

古寨村位于太原市晋源旧城东北汾河与风峪沙河交汇处，水质独特，土壤肥沃，气候良好，农业发达，自古就是优质大豆的生产基地。相传后汉皇帝刘知远的妹妹下嫁此地，该村故名皇姑寨，俗称姑姑寨。当时，村民用村东井水做的豆腐白嫩可口，被皇姑送进皇宫，备受称赞，一时间“姑姑寨豆腐”轰动晋阳。因本村盛产豆腐，村民终年勤劳制作经营，故当地长期流传着“姑姑寨、姑姑寨，鸡儿叫鸣人不在”的谚语。做豆腐是该村的传统产业，解放前，村里仍然保留豆腐作坊40余家。

古寨豆腐选用当地精品大豆，主要制作步骤分为：汾水泡豆（汾河水处于平川缓流地段，其水清澈，含矿物质丰富，有利于泡豆和分解大豆的团粒结构）、青石磨研磨（青石质地坚硬，石磨转速较慢，加水研磨，不会造成升温，也避免升温之后改变豆浆质量，并且石磨研磨细度高）、铁锅煮浆、铜箩过筛、卤水点浆（卤水又称苦卤或盐卤，一般是指由海水、咸水制盐时残留的母液，性温，味咸苦辛）、石板压制、原汤浸养（用原汤来浸泡成品，一是原汤经高温消毒，避免成品发馊，二是提高成品密集程度，三是充实提高成品营养）、清水淘洗（洗净原浆中的异味，增进产品的白洁度）等操作流程。制作的豆腐纯白鲜嫩、醇香可口、营养丰富，或煎、或蒸、或炸、或炖，冷拌热炒，随意烹饪。古寨豆腐中含有氧化剂矿物质和多种维生素，具有调节内分泌系统的功能，尤其适合高血压、高血脂、高胆固醇、低血糖者食用。

壶关羊汤制作技艺

申报地区或单位：山西郭氏食品工业有限公司（长治市）

壶关羊汤是上党著名的传统风味小吃，同雁北地区的羊杂割汤、晋南一带的羊汤泡馍，合称山西羊汤三大流派。壶关羊汤为全羊汤，正所谓“头蹄下水胡椒粉，水饺丸子加炖肉。荤素干汤巧调配，一碗汤里有全羊”。因其营养丰富，故民间有“冬天喝羊汤，驱寒暖身增营养。伏天喝羊汤，温胃止泄去肚胀”之说。

壶关羊汤一大特点是讲究尝全羊，即一碗汤中要有七八个羊肉饺子、三五个羊肉丸子、几块炖肉、血条、脂油、头、蹄、口条及胃、肠、心、肝、肺、腰等内脏切成的条条或块块，除羊的皮毛之外，应有尽有，连羊骨髓也熬在老汤中。壶关羊汤另一特点是讲究老汤。每座羊汤馆里除正锅外，另设一口大砂锅专供炖羊骨架和羊肉块，此锅从中秋做汤开始坐在火上，到次年清明止，边舀边续，老汤不断。喝羊汤还要配吃黄蒸才算最好配伍。黄蒸是用黍米面包豆沙、枣泥馅做成的馍，极软、极甜、极粘。喝一碗羊汤，吃一两个黄蒸，热乎乎、香喷喷，足以称得上是美餐一顿了。

壶关羊汤是中华名吃，传统手工技艺的杰出代表。羊汤生产工艺流程较为复杂，难以为现代技术所替代，它是劳动人民长期的智慧结晶，具有特殊的社会价值。

武乡炒指技艺

申报地区或单位：武乡县人民文化馆

炒指是武乡民间流传的一种炒制面食品，因其外形像人的手指而得名。它的制作流程为：首先，以当地出产的糯小米面、玉米面加水和制，擀成厚饼状。然后，用刀切成细长条，放入烧滚的细皇土中搅拌烤煨。最后，烧熟后从锅中捞出来，用筛子筛掉浮土，晾冷即可食用。

关于“炒指”的来历，当地流传着一则传说：西晋末年，武乡人石勒带兵打仗过程中，经常没有时间安锅造饭，而蒸、煮的面食，带在身上几天吃不完，就腐烂变了质。石勒就想了个办法，让人们把面和好后，擀成厚厚的饼，然后切成手指大小的面条块儿，用水煮熟了再上火烤干，这样带起来就方便多了。士兵在征战过程中，经常有水土不服的情况，石勒手下的一个火头军试着用家乡干土磨成粉，用铁锅将干土滚沸后再来炒这个面条块儿，无论打仗走到哪儿，士兵只要常常吃一点，就不会出现水土水服、呕吐、腹泻等不良症状，而且吃起来也香脆可口。

后来石勒做了皇帝，武乡是其出生的地方，因这种面食制品外形像人的手指，石勒就分封这种面食制品叫作“皇土炒指”。

从此“皇土炒指”这个武乡独有的民间食品就在武乡一带流传下来，并渐渐流传在周边的各县。后来为了叫起来顺口，人们省略了“皇土”二字，只称为“炒指”。经常食用炒指对消化系统还有好处，对于溃疡和肠胃不适，特别是对于水土不服有奇效。

浑源凉粉制作技艺

申报地区或单位：浑源大瑞食品有限责任公司

浑源凉粉是浑源县的特色名吃，它以土豆淀粉为原料，加入适量的明矾，搅成糊状，在火上滚熟，凉冷倒出成形，故又名粉砣。浑源凉粉又白又细又利口，像猪皮冻似的“筋颤”，拿在手中“滑溜溜”，吃起来“凉丝丝”，再配上其他特色调味品，如豆腐干、莲花豆、辣椒油等，味道香辣可口，回味无穷。

浑源凉粉制作工艺较为简单，主要步骤有：1.采用高山种植的土豆为原料，挑选出优质淀粉；2.在粉面中加入适量的食用明胶；3.用冷水将准备好的淀粉和好，面粉和凉水的比例为1:7，具体的软硬度也可根据情况适当调节；4.开大火猛煮，同时用“六道棍”（特制的搅拌棍子）不停地搅拌；5.将明矾用水溶开，倒入锅内继续搅拌；6.将出锅的凉粉迅速涂到瓮上，晾凉即可；7.把晾好的凉粉切成细条，加入味道独特的豆腐干、莲花豆以及醋、盐水、辣椒油等佐料后就可食用了。

浑源凉粉是当地民众日常生活中重要的饮食之一，经常食用有防暑祛火的功效，深受人们喜爱。

德义园府酱制作技艺

申报地区或单位：山西德义园味业有限公司

汾阳德义园酱园创立于明末，全称“万记德义园”，是传统老字号店铺。昔日的汾州府人称“三晋旱码头”，各地客商尤其是晋陕之间从事皮毛、粮食交易的商人常年往返于此。德义园府酱因酱香独特，经济实惠，便于携带，而成为广大民众餐饮之必备佳品。当时，“府酱”除汾州八县（汾阳、平遥、介休、孝义、离石、中阳、临县、石楼）外，还远销太原府、平阳府（临汾）、潞安府（长治）、陕北榆林府等地。

德义园府酱以汾阳优质小麦为原料，将小麦磨面在一定的温度下进行发酵，直至形成酱。整个生产过程全凭生产者的感官进行制作，具体工艺流程包括：1. 和面，将上等小麦面粉加入适量的清水，搅拌均匀；2. 蒸馍，把和好的面团，用刀切成馒头状置于（竹制）笼屉中，蒸四十分钟左右；3. 发酵，将蒸熟的馒头放在竹架上，移到室内，将门窗关闭，不使空气流通，生火使室温保持在30℃左右进行发酵，60天后待馒头生出各种菌毛，即为酱曲；5. 制酱，将酱曲取出晒干，捣碎放入瓮中，加入2倍重量的15% 的盐水，充分搅拌；6. 暴晒，瓮要安置在窗前阳光充分照射处，为避免地气过于阴凉，一般要将瓮放在砖石上，然后用洁净的白布蒙住瓮口在阳光下暴晒，遇到风雨天要加盖。三天后，开始打耙，每天早晚各打一次耙，每次二百下左右，直到将发劲儿（表面生出的沫状物）彻底打除为止，经过一百天左右的发酵，即为成品府酱。

六味斋酱肘花传统生产工艺

申报地区或单位：太原六味斋实业有限公司

六味斋是始创于清乾隆三年（1738）的中华老字号，位于山西省太原市，其生产的酱肉产品是我国传统卤食。六味斋酱肘花色泽漂亮，气味馥郁，皮嫩肉烂，肥而不腻，瘦而不柴，香而味长，是老百姓合家团聚、佐餐下酒的佳品之一。

六味斋酱肘花以猪之前肘为原料，缠卷捆镇压，精心炮制，形奇味美。制作时先将肘子煺尽猪毛，去骨，洗净后用凉水浸泡2—3小时，控净水分后用盐米和花椒反复揉搓，腌渍1日后，再将肘子逐个卷成膀臂的棒柱状，皮朝外再用细麻绳反复缠捆。然后将卤酱的老汤上火烧开，撇去浮沫，将肘子及调料袋放入卤锅，烧开后用小火焖煮2小时，捞出晾凉。将卤汤撇去油，过箩后再将肘子垫篦于锅内摆放好后，上火用小火煮2小时，此为二次酱卤，时间到后改用小火焖1小时，捞出晾凉。将肘子捞出稍晾，去掉缠捆的绳子，再将酱汁刷在肘花上面，使之挂在肘花表面，待晾凉后呈酱褐色，食时横断顶刀切薄片即可食用。

六味斋酱肘花“熟而不烂、甘而不浓、咸而不涩、辛而不烈、淡而不薄、香而不厌、肥而不腻、瘦而不柴”的特点正体现了“以和为美”的中国传统饮食文化。

手工空心挂面制作技艺

申报地区或单位：运城市夏县黄土壹佰合家食品有限公司

鲁因村位于夏县裴介镇北端，地势平坦，气候温和，物产丰富，有“天府之村”的美誉。鲁因手工空心挂面相传由鲁因村张氏先祖张正于明朝永乐年间带入，迄今约600余年。

鲁因手工空心挂面选用优质小麦粉，用食用盐和水和面，经过化盐水、和面、上案、破大条、过大条、过中条、过小条、上面、开面、上架、下架、切断包装12道工序层层发酵而成，整套工序约36个小时。由于鲁因村特有的水土缘故，做出的挂面有筋头不回汤，口感好，再加上其纯手工制作过程，加工出来的挂面白，净，细，耐煮，空心易消化，深受当地民众的喜爱，至今久销不衰。

鲁因手工空心挂面耐煮而不回汤，利于消化，是人们在宴席、逢年过节、孝敬老人、访亲探友时的最佳时尚礼品。

清徐孟封饼制作工艺

申报地区或单位：太原市昌发祥食品有限公司

孟封饼是山西省清徐县孟封村的特色传统名食。据传，清光绪年间孟封镇南里旺村冯财主雇用孟封人赵晋山为厨。一日，赵晋山偶用面粉与油、糖炒成油酥面和面粉加水混在一起和成面团，不料面团过稀，无法做饼，只好一块块堆在鏊子上，自然摊成饼形。出炉后，冯财主一家人食之，赞不绝口。问之饼名，赵随口答曰：锅块。后赵晋山回孟封村设炉，专以做该饼为生。其时，孟封镇集市贸易兴旺，客商皆至，此饼味美之名不胫而走，成为远近闻名的佳品。后经多次改进，其品质更佳，因产地为孟封镇，大家都称之为“孟封饼”。

孟封饼是用小麦专用粉、精炼植物油、绵白糖、蜂蜜、芝麻、纯净水等作为原料，经过调制面团、调酥、成型、烘烤、冷却、储倦、包装等工艺制作而成。

清徐孟封饼工艺独特，采用传统的吊炉、闷罐储倦烘焙；选料精优，调配合理，纯天然，不含防腐剂，符合现代食品要求；风味独特，绵甜可口，回味清香，老少皆宜；该产品集传统工艺和现代中西餐口味于一体，是馈赠亲友、旅游外出携带的佳品。

大阳馔面制作技艺

申报地区或单位：晋城市泽州县文化馆

大阳馔面是流行于山西省泽州县大阳镇的一种地方特色面食。相传馔面源于周代，原本是宫廷美食，后流传到民间，成为百姓婚丧嫁娶、招待客人必不可少的一种主食。

大阳馔面的制作方法可分为11个环节：1.兑料，先选好精制面粉，再精确地按比例配兑盐、碱、槐叶汁、野菜汁等其他原料；2.和面，古时候用擀面杖压面，流传至民间后，进一步得到发展，在石碾上压面，和面讲究将面揉出汗来，否则达不到要求；3.将面切成块，重量要同等，然后抹油；4.擀面，面要擀匀，擀成桑皮纸厚，韭菜叶宽才行；5.切面，一块面要准确地切180刀左右；6.切好的面还要经过去余粉、捋、盘、按等多道工序；7.装食盒密封发酵，发酵时间根据季节不同，温度的不同而定；8.煮面，煮面也相当有讲究，要求锅大、水多、火大，在沸水中煮，时间长短要凭经验而定；9.过滤，煮熟的面出锅后，要及时放入冷水中过滤两遍；10.捞面，捞面也有讲究，面要捞浅一点，不能满碗，否则吃不出风味；11.吃面，吃面时，将凉水里的面用滚烫开水浇两遍，便可浇臊子食用了。

大阳馔面作为山西面食文化的重要组成部分，蕴含着深厚的文化底蕴，对于研究当地社会发展和民间风俗具有重要的学术价值。

剪刀面制作技艺

申报地区或单位：侯马市宴皇源餐饮有限公司

剪刀面是山西民间的特色面食名吃，流行于晋中、晋南等地，因制面工具用剪刀而得名，又因剪出的面条呈鱼形，亦称剪鱼子。相传，黄河东岸渡口的巧姑出嫁到一家富户子弟为媳，过门三天，婆婆要考验新媳妇的手艺，让她下厨擀面条。巧姑因不会做饭而受到婆婆的责骂，后来在邻居大娘、大婶的启发下，她用剪刀剪出面条从而消除婆媳间的隔膜。河东一带的主妇们听说此事，纷纷前往渡口找巧姑学艺，“剪刀面”不胫而走，流传于晋南各地。

剪刀面之面，和时加盐少许，和好略硬须饧。汤分浓淡，提前备好，而后上火煮沸，持面以剪。剪时左手持面，右手握剪，面剪不离，声如鹊鸟归巢之喧，形如银鱼入水之跃，高手每分钟可剪出200余根，令人目不暇接。煮时稍闷，盛碗上桌，讲究配四味碟、四菜码，筋滑利口，风味别具。正所谓“剪不离赛闪电，两头尖尖中间胖，根根条条五厘长，恰似银鱼白浪翻，配料得当色泽艳，味出厨房十里香”。

交里桥饸饹面制作技艺

申报地区或单位：临汾市曲沃县交里桥小胖饸饹面馆

饸饹面原名“河捞面”，因工艺地道，配方独特，用料考究，深受山西民众青睐。

曲沃交里桥饸饹面选用绛山地区高面筋绿色面粉人工和面，用木桩压成又细又圆的面条，在大口锅里煮熟后捞入冷水中连洗3遍沥干水后，放入木盘中，洒拌植物油进行面层保护。肉臊子选用生猪肉为原料，配八角、花椒碾制的调料。首先，对生猪肉进行切分剔骨后，用高温去沫煮熟后冷却。而后用菜刀切成厚度两毫米、长宽一厘米左右的肉片。然后在大铁锅中用猪油配曲沃特有的黑面酱和大蒜进行色味糊化。随即把切好的肉片倒入锅里，加火进行炒制，人工不断搅拌，再放入调料和盐，用高温物理的方法将肉中的油逼出部分后，然后加入部分煮肉汤，继续加火到肉香扑鼻为好。前锅汤内加入盐和调料搅匀，始终保持95—100度，把压制好的面条，配新鲜韭菜、菠菜、大葱一起放入竹编的笊篱内，在锅里反复淘煮。浇入制好的肉臊子，淋上米醋即可食用。

沁州干馍制作工艺

申报地区或单位：长治市沁县文化馆

沁州干馍历史久远。传说隋末李渊带兵打仗从太原来至沁县的月岭山，士兵身上背的锅被打破，不能盛水，无法做饭。正当将军犯愁时，徐茂公急中生智，和好面，做花椒盐面心，将树杆做小擀面杖，擀成饼，用破锅烧红烤熟。李渊吃后觉得非常好，遂将干馍作为行军食品转战南北。因沁县过去为沁州，故称此饼为沁州干馍，流传至今，成为沁州特色小吃。

沁州干馍以脆而不硬、柔而不韧、嚼而不腻、香而不厌的特点闻名。干馍为面食烤制品，圆形，内鼓中空，色泽焦黄，香脆可口。在沁县制作干馍叫“打干馍”。打干馍工艺简单，但对和面以及掌握火候要求比较严格，非经验老道者不能为。基本制作方法是：用凉开水把面和好，在面案上反复揉匀，将特制的圆圪辘擀杖碾成饼状，然后，用一小块面团蘸上备好的油盐花椒粉配成的调料，包入面饼中间，再擀制成形，放入焦炭火烧的铁鏊上，适时翻转、定型后，揭起铁鏊，靠入内圈再烤。大约下一个新饼成型时，上一个干馍就差不多烤熟了，然后取出，即可食用。为招徕生意，制作艺人擀饼时小擀杖在案板上敲出“砰砰叭叭”有节奏的声响，动作娴熟自如，因此称作“打干馍”。

沁州干馍是沁县乃至武乡、沁源周边的地方小吃，文化内涵丰厚，对于研究当地饮食习俗、风物传说具有非常重要的意义。

上党腊驴肉制作技艺

申报地区或单位：山西世龙食品有限公司

上党腊驴肉是山西长治市的汉族传统名吃，其肉质肥而不腻，瘦而不柴，香味四溢，回味无穷。早在明代，腊驴肉就已驰名于上党和晋南地区，产品远销北京、天津、南京等南北名城。腊驴肉与当地的凉粉、酥火烧被称为潞安府（长治古称潞安府）三宝。

制作腊驴肉的原料为驴鲜肉。切肉时，要按部位把肉分成前肘、后肘、前臂、后墩、元宝、肋条、腱子、腰球、肚厢皮等，并顺着肉缝把各部位肉切成1—2公斤的肉块；用清水浸泡12小时，洗净后，入80℃清水锅内，加调料（每15公斤生肉加花椒35克、大料25克、茴香35克、食盐300克）滚煮三四个小时；出锅晾凉后，将肉按部位依次放入盛有老汤的砂锅，加满例汤，上压小石块，炖煮12小时（其间不断加汤）即可出锅上市。

上党腊驴肉具有较高的营养价值，是理想的高蛋白、低脂肪食品。同时又可健胃、活血，是脾虚肾亏和贫血症患者的滋补食品。驴肉富含蛋白质、钙、磷、铁及人体必需的多种氨基酸，具有低脂肪、低热量、高蛋白、高铁等特点，常食之有一定的补益食疗作用。

棉上酥饼制作技艺

申报地区或单位：长治市沁源县棉上村

棉上酥饼是上党名吃，流行于沁源县棉上村及其周边地区。旧时，沁源、介休一带的民众过寒食节都要做酥油饼用以祭祀晋国介子推。

棉上地区的先人在芝麻粉、大饼基础上，用食油和面，烧饼炉烘烤，饼面上芝麻粉，焙成酥软、焦黄、香脆的“棉上大酥饼”。相传刘邦与项羽打仗经过棉上县，当地人将“油酥饼”呈送与刘邦部队，因这种饼子保存久、易携带，深受官兵喜爱。刘邦还专程将棉上厨师请到部队中，烤制这种酥饼，作为部队行军打仗中的干粮。

棉上酥饼以小麦粉、白砂糖、芝麻仁为原料，以传统工艺制作而成，为纯手工制品。酥饼外形圆而色黄，层多而薄，正面贴满芝麻仁，酥脆异常，入口一嚼即碎，香满口腹，老少皆宜，是旅游携带和馈赠亲友之佳品。

灵丘烧饼制作技艺

申报地区或单位：大同市灵丘县田师傅食品加工厂

灵丘黄烧饼是山西省灵丘县的特色小吃，由于其色泽金黄，味道可口，广受青睐。

灵丘黄烧饼至今已有300多年的历史。早在清朝中叶，就有几家店铺经营这种食品。它起源于灵丘县上寨村，据传是由村中一屠匠发明，因色质焦黄而得名。黄烧饼直径12厘米，周边厚1.2厘米，圆心较薄，每个约重80克，主要原料是面粉、牛油、白糖香料，经反复揉搓搅拌而成，面上粘有脱皮白芝麻，薄如铜镜，颜色金黄，其特点是酥脆香甜，油多而不腻，久放而不变质。

黄烧饼是灵丘县特色的地方名吃，制作工艺简单且存续状况良好，它是传统饮食与现代生活相融合的典范。

寿阳油柿子技艺

申报地区或单位：晋中市寿阳县文化馆

油柿子是山西省寿阳县独具风味的传统名吃，也是当地人民逢年过节、迎亲送友的必备佳品。相传寿阳县是老寿星的诞生地，据说寿星出生时身体羸弱不堪，因常年食用柿子身体日益强壮，得道成仙，飞升天界。后来，寿阳渐渐成为“春晚无花秋早霜”的高寒地带，百姓没有柿子来供奉“老寿星”，特意用红糖稀把面和起来，捏成柿状，用油炸熟，拿绳串起来，供献祭祀。年代日久，这种民间食品流传下来，成为今天寿阳的一个特色产品。

制作油柿子需要主料面粉500克，辅料饴糖（小米饴最佳）250克，白糖50克，碱少许，清水150克，胡麻油120克（实耗）。制作时，先将饴糖放入盆内，将清水和碱面溶合在一起成碱水，分几次倒入饴糖内，不断搅匀使饴糖颜色由棕黑色变成灰白色，再变成棕黑色（比原饴糖色略重），再将250克面粉倒入饴糖水内搅匀（但不要多搅）。将另外250克面粉放在案板上，倒上面糊，搋和成软面团。揪一小块面团（约重70—80克）放在案上，左手托面团底，右手向前推搓（似揉馒头）把面团搓成圆锥形，掐去锥头，按扁成圆肚形，再用筷子在掐去尖端的中心缓缓扎一小孔用手轻轻拿起，贴锅边下入温油锅内（火不宜大），炸至金黄色捞出即成。

老寿星传说所衍生的各种民间技艺和食品，是中华民族关于“寿”文化的重要载体，而油柿子则成为寿文化遗产的典型代表，同时它还牵系着“寿星会”、“过百日”、“百寿衣”、“吃寿山”、“做寿”等诸多民俗活动，反映了劳动人民对生命的追求和对美好生活的向往。

汾州八大碗制作技艺

申报地区或单位：汾阳市丰泰苑酒店

汾阳土地肥沃，物产丰富，交通便利，历史上是一个商贾云集的重镇。优越的地理环境，政治经济与历史文化，催生了汾州传统宴席制作技艺，并且代代相传至今。

汾州传统宴席集历代汾阳传统菜肴精华，共分“四盘八碗席”、“八盘八碗席”（二八八席）、“八盘八碗八烩碗席”（三八八席）三种，其中八盘八碗席使用最为普遍。汾州传统宴席选料讲究细、特、鲜、嫩；烹饪技术主要有炒、榨、烩、熘、蒸、炖几种方法；菜品尤专重制汤，汤的使用和熬制是其技艺的核心，也是区别于周边其他宴席的最明显标志；菜式造型鲜活，色泽清亮，精巧雅致。今日的汾州传统宴席更注重刀工、刀法和上席的感官效果，讲究菜品与器皿在色彩、图案、形态上的和谐搭配。

汾州传统宴席制作技艺作为山西地方饮食的重要组成部分，它反映了汾阳民众的生存状态、生产习俗、生活风貌、伦理观念以及当时的社会形式、自然环境、宗教信仰和科技发展状况，具有重要的历史文化价值。

高平十大碗制作技艺

申报地区或单位：高平市翠岭茶楼

高平十大碗起源于古代公祭始祖炎帝的献祭活动，后来逐渐变为民众婚丧嫁娶、寿诞喜庆、招待宾朋的传统宴席，因主菜，10道分别盛放于10个大碗而得名，又因菜品先后有序，如同流水，俗称高平水席。

高平十大碗共10道大菜，分别是水白肉、铬桃肉、碗子肉、川汤肉、肠子汤、豆腐汤、鸡蛋汤、天和蛋、软米饭、扁豆汤。“十大碗”有荤有素，原料来源广泛，主要有猪肉、鸡肉、鸡蛋、软米（软谷米、软黍米、江米）、扁豆、粉皮、粉条、海带、紫菜等；席前先将各种食材调制搭配，通过油炸、水煮、笼蒸，做成半成品，开宴时再进行精心调制，或水汆、或蒸煮，按顺序一碗一碗上席；整个制作过程分为选料、分割、煮、炸、蒸、烹等，每道工序都有具体要求，每碗制作都非常讲究，有的要经过数道工序才能做成，而且要求色香味俱佳。

随着时代的发展需求，高平十大碗在保留传统风味和特色的基础上，有了较大的改进：一是引进了海味品，如海参、鱿鱼、虾仁等；二是改碗蒸为盆蒸，然后汤锅汆制；三是改油腻过大的食材为清淡适口的食材；四是增加了时鲜疏菜类食品（西红柿、青菜、白木耳等）；五是制作更为简便实用。

平定传统三八席制作技艺

申报地区或单位：阳泉市晋香源餐饮服务有限公司

平定地处太行山西麓，自古为通衢大道之咽塞，商务贸业相对比较发达，有“文献名邦”

之美誉。在长期社会发展过程中，宴请成为人们社交、文化交流、商务、礼仪必不可少的手段，久而久之，形成了当地独特的饮食文化。平定“三八席”源于宋金时期，后经过食客、商贾、文人的开拓、积累，明永乐年间基本上成熟定型，清初，“三八席”已形成工序流程完整、烹调方法复杂多变等特点，并逐渐成为人们宴请宾客、访问亲友、婚丧祭祀等民俗活动中必不可少的内容。

平定“三八席”共设24道菜，包括8个小碟、前4大碗、带8小碗、后4大碗汤，跟8小碗米饭，冷热、荤素、甜咸、酸辣兼而有之。上菜顺序极为考究，预先摆4碟干果、4碟鲜果，供客人闲聊时开胃，通常不算在正式的“三八席”之内，开席后，先上4菜4肉、8个冷盘作为下酒菜，其中，素菜“瓜干”、肉菜“焖”都是平定特有的做法；待客人酒过三巡再上热菜：热菜中每3个味道相近的为一组，每组由一个大碗跟两个小碗（也叫陪衬菜或调味菜），同时有点心佐餐；最后上4道为汤带8碗米饭，其中有一道氽丸汤，又称送客汤，以示全席圆圆满满。热菜上桌必以汤水佐味，鸡鸭鱼肉、鲜货、菌类、时蔬无不入馔，丝、片、条、块、丁，煎炒烹炸烧，变化无穷。

平定传统“三八席”制作技艺历经岁月沧桑，流传至今，蓄积了不同历史时代的烹饪技艺精华，反映了长期以来民众的生存状态、生产习俗、生活风貌、伦理观念以及当时的社会形式、自然环境、宗教信仰和科技发展状况，具有重要的社会文化价值。

洪洞重八席制作

申报地区或单位：洪洞县重八席大酒店餐饮有限公司

洪洞重八席历史源远流长，据传起源于先民祭祀人文始祖伏羲氏的民俗活动，后明代大移民又将重八席带到各地，当时的一曲民谣至今流传：“朱重八，朱重八，槐乡人在天涯；喜相逢，吃重八，百家姓里是一家。”故民间又将其称为“重逢席”、“八八汤水”。此宴规格严谨，选料精细，做工考究，并以师徒口传手授、世代传承的形式一直沿袭至今，被誉为“根祖槐乡第一席”。

洪洞重八席分为有头有尾的全席和无头无尾的单重八，除了头和尾外，中间部分形式基本是相同的，头和尾则是为了提高宴席的品位，增添内容的丰富性，以表示对客人的尊敬，显示主人的富有和热情。菜肴包括8大碗、8小碗，大碗盛整鸡、整鱼、火腿、肘子等大菜，传统的菜肴有夹砂（炸红薯片夹肥肉装陶碗蒸熟撒白糖）、酥肉等，还有4个汤（鱿鱼汤、海参汤、肉丝汤、丸子汤、鸡蛋汤、醪糟汤、苜蓿汤、烧肚丝等）；8小碗主要盛小炒一类（如小炒肉丝、小炒莲菜丝、过油肉、红烧肉、拔丝山药等），这才是一桌完整正宗的重八席。而无头无尾的重八席就只是中间8大碗和8小碗16道主菜肴。

洪洞重八席的烹饪技艺，是在当地传统厨艺的基础上，伴随晋商“汇通天下”的脚步，广泛吸纳南北美食精华（比如海鲜类），运用本地厨具、本地时蔬，制成的既具本地特色，又含外乡风味，并收兼容的烹饪技艺，它体现了中华民族固有的“慎终追远”、不忘先祖的优良饮食传统美德，具有重要的历史文化研究价值。

徐沟豆干制作技艺

申报地区或单位：太原市清徐徐沟豆制品有限公司

徐沟乃历史重镇、晋阳粮仓、河东商贸集散地。唐朝前期，当地粮丰人旺，商人们想尽办法开办粮食加工店铺，相传徐沟豆腐干就起源于这一时段。

徐沟豆腐干硬中带韧，咸香耐嚼，原料优，水质适，制作精，主要原料为黄豆，佐料有盐、黑酱、大茴、小茴、花椒、桂皮、香叶等，色泽上用白糖炒熟染色，品种有名干王、熏干王、香干、鲜鱼干、鸡肉干、麻辣干等50余个品种，包装上采用真空贮存。徐沟豆腐干从原料到成品共需16道工序：选料、破料去皮、凉水浸泡、养酱、磨酱、煮酱、点豇、养酱、上帐、压酱、下帐、打块、凉晒、锅煮、凉晒、包装，产品销往北京、内蒙古、山东等地。制作工具主要有石碾、石磨、铁锅、荆条浅筐、豆腐包、木杠、打块尺等。

徐沟豆腐干制作技艺是劳动人民长期实践和深刻探索的结果，对于研究当地农作物的种植以及历史上劳动人民对粮食的深加工和农业生产习俗具有重要的历史文化价值。

雪莲酥月饼制作技艺

申报地区或单位：太原市山西大唐明楼食品有限公司

雪莲酥是祁县老字号“是盛楼”糕点铺的一款极品糕点，其形如雪莲，色如白玉，用料讲究、工艺精湛、口味淳厚，以“酥、绵、利口、甜香、醇和”的口感特征著称。据《祁县县志》载，“是盛楼”是祁县著名的老字号炉食（糕点）铺，以制作糕点鲜美精致著称，始建于清乾隆时期，鼎盛于清末民初。其时，也正是乔家的事业被乔致庸推上巅峰的时期。当时，乔家食用的糕点、月饼均由“是盛楼”承制，其中雪莲酥等至酥月饼系列专供“在中堂”（乔氏一族）。

雪莲酥作为晋商乔家独有的一款糕点，随着其商业版图不断扩展，每逢中秋，东家与各地掌柜之间相互赠送糕点、礼品，乔东家将各地送来的上乘糕点送给专为乔家做月饼的师傅研究，经过专聘烘焙师傅的提炼，工艺技术精益求精，逐渐形成独特的制作工艺。雪莲酥用料考究，原料汇集九州南果北仁之精华，再经过皮面揉制、油料提炼、饴糖馅料制作等若干独特的工艺，最后由专聘师傅烘焙而成。成品糕饼表面依然洁白如玉，花纹清晰；底面呈棕红色，火色均匀；掰开后皮馅均匀，口感绵润香酥。

雪莲酥制作工艺复杂，用料考究，始终恪守最传统的配比秘方和重要工艺。同时，它又博采众家之长，集合了几代糕点师傅的集体创造结晶，最集中、典型地体现了一代晋商的发展过程和烘焙工艺的历史，具有重要的社会人文及工艺价值。

熏肘传统制作工艺

申报地区或单位：山西省平遥县延虎肉制品有限公司

曹家熏肘是平遥传统名吃，系清末名厨曹德广在总结前人卤肘经验的基础上，结合药食同源的中华养生之道，以柏叶嫩芽为主料，进行焙烤香薰制成。旧时，每逢年关，平遥各路票号、经理回到家乡，各家各户都要用曹家熏肘和白菜加工成一道菜肴，取名“柏肘白菜”，寓意“百走百财”，表达家乡人们对他们的祝福和成功的赞许。

曹家熏肘的制作工序概括起来有七个字：相、屠、剔、修、腌、卤、熏。“相”是指选择猪源，慎之又慎，观察肉猪，筛选苛刻，非病、非残、非犊之猪方选为本；“屠”指屠宰过程中对猪肘部位肉的准确把握，不可过大，过大则肥，不可过小，过小而损失名贵部位；“剔”指对猪肘除毛、剔骨；“修”指将生肘肉进行整修；“腌”是按照一定的时间、温度，将肘肉用盐及特殊配方腌制；“卤”是将肘肉加以佐料，依照一定的工艺卤煮；“熏”是把熏肘用柏叶嫩芽等专用熏制材料，通过不完全燃烧消毒、增香、保鲜。经过几代人的创新发展，曹家熏肘品种不断丰富，按不同部位、不同工艺方法，形成家乡熏猪蹄、老坛熏猪脸、宫廷熏脆耳、王府熏香肚、功夫熏口条、胡同熏香肝的“曹家宴”系列品种。

曹家熏肘加工工艺在原料选取、加工制作工艺、产品研究开发等一系列环节上，都渗透着地方文化意识和文化心理，折射着民众生活习俗和聪明才智，并在诸多方面继承了晋商敬业精神和诚信传统的文化元素，向人们展示着中华美食的传统文化，具有重要的研究价值。

“酱玉瓜”制作技艺

申报地区或单位：运城市临猗县临晋东晟酱园

临晋“酱玉瓜”是以临猗玉瓜和优质面酱为原料腌制而成的一种酱菜。临晋镇地处临猗县西部，属温带气候，四季分明，黄土沙壤，雨量适中，非常适合地黄瓜的生长。同时每年夏季光照充足，有利于传统甜面酱的晒制，为酱玉瓜的主要辅料——甜面酱提供了天然的生产条件。

临晋“酱玉瓜”已有百余年制作历史，据当地村民回忆，清代临晋生产的“酱玉瓜”曾上贡皇宫，深受皇帝称赞。当时临晋有名的酱玉瓜作坊有“敬义通”和“森茂源”两大老字号。民国版《临晋县志·物产略》载：“菜瓜于未熟时用酱制成名曰酱玉瓜，巴拿马赛会及本省第一次实业展览会均审查给予奖章。”

临晋“酱玉瓜”制作以当地特产的地黄瓜为主要原料，配以食盐、面酱末、调料水等腌制而成，整个生产过程工序复杂，主要包括选料、洗涤、切串、剔瓤、腌制、封制、日晒、搅翻、调味、包装等十一道工序，成品绵香可口，咸中有甜，酱味浓郁，色净质脆，细嫩如玉，风味独特，堪称酱菜中之上乘精品。

临晋“酱玉瓜”的腌制过程有着独特的工艺特征：它的每一道工序都非常严格，工序中的半成品不允许全面脱水，但又不能含有过量的水分；腌制、酱制两道工序严格分开，并且是菜质入味到一定程度才允许进行下道工序；在制作中运用阴凉、暴晒等反差很强的工艺，实际上利用了热胀冷缩的原理，故而色净质脆。

代县酱菜制作技艺

申报地区或单位：代县旭源土特产加工厂

代县素有“菜代州”之称，有记载的蔬菜瓜果腌制可以追溯到汉代，当时雁门关周边守兵蜂屯，官宦蚁杂，粮草远距离征集，蔬菜因不易储存必须就地调济，腌制酱菜的民间工艺便应运而生。聪敏勤劳的祖先在用盐腌制蔬菜加以贮藏的过程中，代代相传并不断改进工艺，使之成为代县饮食文化的重要组成部分。

代县酱菜风味特点是酱香浓郁、焦黄透亮、酸咸适口，食后回味无穷，闻名晋、陕、蒙、冀、鲁、豫。酱菜的种类有大菜、小菜，分为酱渍、盐渍、糖渍、醋渍，不同的配料和不同的工艺会产生出不同的风味特点。原料一般有白萝卜、芥菜、苤蓝、莴笋、洋芋、芹菜、白菜、茴子白、乳瓜、小茄子、尖椒、地梨、瓜条等。配料有黑酱、黄酱、醋、酱油、花椒、苦豆、茴香、姜、蒜、辣椒等。腌制的方法也多种多样，包括干腌、压腌、卤腌、漂腌、暴腌和乳酸发酵等，品种大大小小共有100多种。最常见的品种有倒腌萝卜、酸菜、黄菜、老咸菜、酱苤蓝、酱瓜条、酱腌八宝菜、杂什锦、酸辣豆角、蒜泥茄子、糖醋地梨、辣椒酱等。

代县酱菜制作精细，工艺严谨，用料考究，花样齐全，如今，代县酱菜在继承和发扬这一传统技艺的基础上，和现代食品加工工艺相结合，不断创新，使这朵古老的艺术奇葩重放异彩。

黄瓜干制作技艺

申报地区或单位：平定县后沟村

平定黄瓜干属干菜类，主要产于平定县后沟、河头两村，它以黄瓜为原料，用无烟煤火炉烘烤而成，因色鲜、味香、质脆“三绝”而扬名，是平定的三宝之一。据《平定县志》记载，“黄瓜干于明洪武年间开始生产，清乾隆后逐渐盛行。产品除供本地外，少量销往京津等地，还是地方官吏岁岁敬献封建皇室的贡品，故有‘龙筋’之称。”

制作黄瓜干的原料并不是一般的黄瓜，而是当地民间百姓长期培育出来的一种特殊品种。这种黄瓜栽培有多道工序，播种前，种子要用煤渣粉加水浸泡、发芽；瓜蔓伸长后，须用玉米皮搓的软绳捆在瓜架上；在瓜田管理上还要做到“天旱不误锄田，雨涝不误浇园”，采摘的黄瓜必须是45—54厘米之间为宜。在加工黄瓜干的过程中，必须严格操作。加工时，先用一种特制的工具削去黄瓜外皮，然后顺长分为4条，放在架杆上，用炉火烘烤，温度保持在50℃左右，经一昼夜的烘烤，便成了黄瓜干。将烤好的黄瓜干扎起后，密封于大缸内，可随食随取。装入塑料袋封口后，可长期存放而色味不变。吃的时候，将黄瓜干用冷水浸泡一定的时辰，然后捞出来，冲洗干净，控净水，切成菜丝，用佐料淹制成香、甜、酸、辣等多种口味的小菜，吃起来有外韧内脆的特别风味。

平定黄瓜干生产技艺可追溯到明洪武年间，这种最原始的脱水干菜手工传统技艺，从古到今与当地百姓的生活密不可分，是研究当地农耕食品文化与技艺不可或缺的资料来源。

“鱼羊包”烹饪技艺

申报地区或单位：晋中市榆次区文化馆

“鱼羊包”是山西榆次老城汉族名吃，它是用新鲜鱼肉、新鲜羊肉、家传老汤及多种调味作料混合制作而成的肉陷食品，其配膳独特，营养合理，制作精细，滋味鲜美，皮薄馅嫩。

鱼羊包始创于清道光年间，寿阳名厨王大财跟随三代帝王师祁隽藻司厨行走大江南北，在传承北方菜品技艺的同时大量吸收和掌握了南方菜品的烹饪技艺，尤其在药食同源、膳食平衡等中华烹饪技艺中吸取了丰富的知识，并在实践当中发展和研究了很多烹饪养生秘方，其中“鱼羊包”、“鱼羊饺”这些用鱼肉、羊肉混合肉馅制成的面食正是这些养生膳食秘方的代表作。

鱼羊包烹饪技艺是一套将鱼肉、羊肉以及其他辅料、佐料在一定的生态条件下进行加工制作的完整技术，人在烹饪中的自觉和悟性起到至关重要的作用，如原料选配、原材料加工、辅料配制、秘方佐料、家传老汤、料油熬制、制馅、和面、搓条、下剂、包制以及煎、蒸、煮、烤、火力、火候都是经验性极强的技能。这些手工技艺百余年来以口传心领、父子相传、秘方保存的方式经历了王家几代人的传承、延续和创新，为保护和发展鱼羊包烹饪技艺这朵中华食文化中绚丽的饮食奇葩起到了承前启后的作用。

琉璃烧制技艺

申报地区或单位：山西省非物质文化遗产保护中心

琉璃即低温铅釉陶，通常用于建筑装饰。铅釉陶于西汉时期就已出现，只烧制一些生活用器和随葬的俑，到唐代时烧制出了今人所称的“唐三彩”，宋代以后，其成就主要体现在建筑琉璃的生产上。山西是我国琉璃的主产地，其琉璃艺术有悠久的历史传统。千余年来，这一行业相承不衰，留下许多优秀作品，其分布之广，匠师之多，在全国居于前列，是我国琉璃艺术之乡。

历史上的琉璃多用于宫殿、陵寝、寺院、庙宇、宝塔等建筑上，使得这类产品具有一种独特的品质，在造型样式、装饰风格、工艺品质等方面都达到了相当的高度，是中国传统陶瓷文化和建筑文化的有机结合，琉璃建筑也成为富有民族特色和传统文化内涵的建筑形式。琉璃生产在山西境内广泛分布，其中以太原、阳城、河津、介休等地的影响较大。太原至迟在明代万历年间就已生产琉璃，之后一直没有间断，当地烧琉璃以苏姓家族最有影响。阳城烧造琉璃始于元代，明清达到鼎盛，起初在县城东关，后迁至后则腰村，以乔氏家族的琉璃最为著名。河津琉璃始于明代万历年间，主要集中在城西的东、西窑头村，吕姓是当地的琉璃世家。介休是山西烧造琉璃较早的地区，唐代寺庙建筑就已使用琉璃，在明代达到极盛，遗留下不少优秀作品。

山西琉璃的特点是：光亮如镜，颜色鲜艳，永不变色，防腐防潮，坚固耐久。其生产工艺大致与瓷器相同，先配料制坯，配色上釉，然后装窑嫩烧。其中以配料、配色、上釉最难掌握，是为绝技。琉璃工艺品，既是一种优美的装饰品，也是一种很好的建筑材料。建造高大的建筑物，特别是建造我国民族传统的建筑物，琉璃制品更是必不可少。在那高大建筑物的屋脊、飞檐上，配以琉璃的装饰，使建筑物显得更加雄伟壮观，金碧辉煌，即使久经风吹日晒，仍葆色泽如新，光彩夺目。

山西传统琉璃烧制工艺

申报地区或单位：万荣县上井琉璃工艺厂

琉璃即低温铅釉陶，通常用于建筑装饰。山西是我国琉璃的主产地，千余年来，这一行业相承不衰，其分布之广，匠师之多，在全国居于前列，是我国琉璃艺术之乡。运城市万荣县是我省琉璃的主产地，史料记载：“蒲州一带所出者最佳，蓝如深色宝石之蓝，紫如深色紫晶之紫，黄如透明之金铂。”万荣琉璃始于明代中期，主要集中在里望乡上井村，王姓是当地的琉璃世家。

琉璃制作工艺复杂，要经过备料、成型、素烧、施釉、釉烧等几个阶段。琉璃制品大都是两次烧成：第一次是高温素烧，将制好的黑色瓦坯烧成洁白的素坯；第二次是低温釉烧，将素坯施釉后烧成色彩缤纷的琉璃瓦。上釉的素坯经过窑火的洗礼，火温稍有差异，出窑的琉璃瓦便呈现出不同的色彩。

制作琉璃要求艺人不但要有较强的立体造型能力，还要有一定的艺术鉴赏力；琉璃釉料的配比除了考虑颜色的差别外，还要注意与坯料的膨胀系数相匹配；特别是琉璃的釉烧关乎整个生产过程的成败，是生产过程中最主要的环节，上述这些都只有经过长期工作实践，才能练就一套过硬的功夫。

如今，随着传统建筑形式的式微，琉璃的需求逐渐减小，又因在生产琉璃过程中排放烟尘存在环保问题，导致产业萎缩、人员流失和制作技艺的荒废。因此，在现阶段，琉璃烧制作为一种民间传统手工艺，需要及时、有效地进行自我调整，以便于融入民众的生产、生活中。

交城琉璃咯嘣制作技艺

申报地区或单位：吕梁市交城县

琉璃咯嘣是明清以来汉族地区春节期间流行的一种薄玻璃制作的响器。吕梁市交城县夏家营镇覃村以生产琉璃咯嘣而闻名，距今已有400余年的历史。交城琉璃咯嘣以紫红色玻璃融化吹塑成型，状如瓶形葫芦，有薄而平的底，通过吹奏中间的细长管，使内部空气回流震动而发出“圪嘣、圪嘣”的清脆声音，在民间广为流行。

交城琉璃咯嘣的制作严格按照代代相传的配方，在玻璃溶液中加入适量的铜屑、铁屑，利用独特的熔炉结构及通风保温技术，通过控制火候的大小，生产出紫红色玻璃薄膜。交城琉璃咯嘣的制作技艺运用了古代先民利用金属铜、铁作为玻璃着色剂的技术和朴素的线性数学知识。琉璃咯嘣的流行时间短但普及面广，其制作技艺独特，工艺造型新奇，对青少年、儿童具有强烈的吸引力，具有粗犷憨厚、稚拙朴素而又艳丽悦耳的民族特色。

平阳麻笺制作技艺

申报地区或单位：临汾襄汾县邓庄丁陶麻笺社

麻笺即麻纸。平阳麻笺历史悠久，据《晋南史料》记载，山西造纸始于东汉永初（107—114）年间，在121年（蔡伦卒年）前，蒲州地区的造纸业已具相当规模，产品即为麻纸。平阳麻笺以山西襄汾邓庄所产为上，曾一度作为贡纸、府纸，故被誉为“邓庄麻笺”。明清时代，平阳麻笺就被指定为皇宫用纸，蜚声京华，当时各部大臣及地方官员向皇室呈文，大都用的是平阳麻笺系列产品之一的“呈文纸”。

平阳麻笺色泽洁白光亮，质地均匀细密，纤维细而长，拉力强而柔，吸墨性能好，保存时期长，不受虫蛀风蚀，不变颜色，宜于书写。著名国画大师董寿平先生使用麻笺后，极为赞赏，并作为习字作画专用纸张，其宜书宜画的特点，当时得到许多书画家的普遍赞赏与广泛使用。麻笺的制作用料考究，以优质天然麻为原料，沿袭了汉代以来的传统技艺方法加工纸张。它具有“纤维长、拉力强、色泽鲜”等优点。工艺流程合理，计有铡货、折货、泡货、整货、剁麻、燥麻、蒸麻、碾麻、搅海、抄纸、晒纸、整纸等12道工序。更兼该地区水质适宜，水分含碱度高，所产麻同样原料同样工序，与他地产纸比，平阳麻笺具有纹理细密、吸水性强、柔软性韧等特点。

由于平阳麻笺用料考究、工艺均系手工且制作流程繁多，导致生产成本高，因此1949年前后一度停止生产，在国画大师董寿平先生的大力支持和保护下，平阳麻笺的生产工艺保存至今，邓庄麻笺为纪念董先生，今特地以“寿平”作为平阳麻笺的商标。

麻纸制作技艺（崞阳、蒋村）

申报地区或单位：原平市文化馆 定襄县文化中心

麻纸制作是山西忻州、原平地区的传统产业，其制作技艺至今仍在忻州市定襄县蒋村和原平市崞阳镇保留延续。据传，和崞阳蒋村从明代始即有麻纸制作作坊，这些作坊的匠人每年农历二月都要祭拜蔡神（蔡伦），并将此古老的造纸方法传承至今。

麻纸制作用料讲究，工艺流程复杂，有铡货、折货、泡货、整货、剁麻、燥麻、蒸麻、碾麻、搅海、抄纸、晒纸、整纸等12 道工序。所制麻纸色泽洁白光亮，质地均匀细密，纤维细而长，拉力强而柔，吸墨性能好，保存时间长，不受虫蛀风蚀，不变颜色。用它记账写字，不走墨，耐搓揉；用它打顶棚，筋骨坚韧，拉扯不断。崞阳、蒋村麻纸质高价廉、耐用实用，誉满省内外，曾畅销晋、冀、蒙等地。

近年来，由于价格低廉的替代品大量增加，麻纸的使用范围逐步缩小；农业生产结构改变，周边苎麻种植大量减少，麻纸制作的原料严重不足；加之麻纸生产劳动强度大，年轻一代不愿意从事此项重体力劳作，古老的麻纸制作技艺已趋于消亡。

贾得手工麻纸技艺

申报地区或单位：尧都区贾得乡贾得村

贾得村位于临汾市尧都区河东南垣，乃乡政府所在地，与市区相依，这里地势平坦，土地肥沃，水资源丰富，由于造纸业历史悠久，故又有“纸乡”的美誉。

贾得麻纸早在宋金时期就被京人称之为“府纸”。元明清三代，贾得所产麻纸作为贡品进献朝廷，又称“贡纸”。历史上贾得村民除了务农之外，进行麻纸制造和流通成为其主要经济来源。产品主要销售到内蒙古、山西、河北、东三省、新疆等地，甚至还流传到日本、朝鲜和东南亚各地。用贾得麻纸墨写的各种文字，不浮印、不透墨，入水捞出后不破损墨迹不走失，文卷、字据放置千年不腐、不沤、不虫蚀。

贾得麻纸的主要原料为废旧麻绳头，辅助材料为石灰粉。麻纸的主要工艺流程分泡货、刹货、淀货、剁麻、燥麻、蒸麻、碾麻、淘麻、搅海、抄纸、晒纸、剔纸、成俱、打包、成捆等步骤，其中泡货、刹货、淀货、剁麻相当于现代造纸的选料和粉碎；燥麻、蒸麻相当于蒸煮；碾麻、淘麻相当于制浆和漂洗；抄纸相当于抄造；晒纸相当于烘干；剔纸、成俱、打包、成捆则相当于质检和包装。造麻纸的主要工具有：剁麻斧、剁麻碾、蒸煮锅灶、碾纸槽、碾纸砣、淘麻筛、水井轱辘、柳罐、纸涵、抄纸帘、帘架、计数石、压纸杆、晒纸车子、晒纸刷等。麻纸的主要种类有呈文纸、方曰纸、三五纸、京纸、顶纸、条廉纸、尺八纸等。

贾得村曾经是麻纸的重要生产地，至今仍然保留着为数不多的麻纸生产作坊，这些文化遗产对于我们了解古代麻纸制作技艺具有重要作用。

沁源手工麻纸制作技艺

申报地区或单位：沁源县中峪乡人民政府

沁源县中峪乡郑氏麻纸坊始建于清朝中期，至今已有200余年。中峪乡渣滩村素有种植麻类植物的习惯，此类作物韧性十足、易提炼、成浆率高，为造纸提供了优质原料；而四季分明的气候也保证了造纸原料不会在暴晒和暴凉中变质，尤其是村旁的石山山洞中流出的清泉为造纸提供了优质水源。郑氏手工麻纸以麻皮、麻绳头为原料，生产要经过剁料、蒸料、上灰、洗麻、碾麻、下池淹纸、抄纸、压纸、晒贴纸几道工序，其中淹纸、抄纸、压纸、晒纸、揭纸全凭经验和手感，技术细腻程度要求很高，很难为现代化技术所替代。相关制作工具有麻皮、麻绳头、立石碾、洗麻料池、淹纸池、淹纸架、淹纸帘、晒纸架、晒纸刷、蒸料锅、垛麻斧、垛麻台等。

沁源手工麻纸制作从原料加工到成纸多道工序多数以手工完成，重要的生产技艺全靠师傅传承，口传心授，还要靠悟性和长期实践相结合才能掌握，难于言表和形成文字，原料靠石碾，麻纸采用日晒，没有具体的理化指标，全凭经验掌握，具有鲜明的传统技艺特点。

阳城绵纸制作技艺

申报地区或单位：阳城县文化馆

阳城县位于太岳、太行、中条三山之间，境内山谷纵横，河流交织，桑林茂密，为造纸业创造了得天独厚的有利条件。

阳城绵纸制作是当地一项传统产业，至今仍保存着较为完整的传统工艺。据载，清雍正年间，县内的手工抄纸业已非常兴盛。当时的下孔村一带家家设池，户户造纸。阳城手工抄纸主要原料为桑皮，辅助原料有石灰、油胶等。主要制作过程包括选、蒸、晒、碾、切、抄等72道工序。具体包括收皮、选皮、拣皮、糙皮、蒸皮、晒纸、搭皮、擻皮、捣饼、切皮、打洗、捞纸、下纸、压坯、晒纸、揭纸、裁纸等步骤。主要产品有绵纸、土纸、黄裱纸3种，以绵纸、黄裱纸为佳，纸面无疙瘩，柔软光亮；绵纸洁白细腻，边沿整齐，无破洞，拉力强，宜作窗纸，而且吸附性强，润墨性能好。

绵纸生产工艺复杂，且关键步骤难以用现代技术替代，是阳城人民在长期生产实践中智慧的结晶，有着突出的历史和科学价值。

桑皮纸制作技艺

申报地区或单位：吕梁市柳林县孟门镇文化站

桑皮纸，又叫纱纸、棉纸、纱皮纸，是以山区特有的构树皮、纱树皮、野生植物皮、植物胶等为原料，经多道工序特制加工而成。山西省柳林县孟门镇前冯家沟村有着悠久的桑树种植历史，明清时期，当地桑皮纸使用频率颇高，直至20世纪40年代，许多公文、契约和包装都还在使用。本县孟门镇刘家圪达村民俗陈列室收藏的古代手抄书及契约、军渡郝宏武收藏的晋绥边区革命文献中，有相当多的一部分即为桑皮纸抄写。

孟门桑皮纸完整地保留了中国古代造纸术的传统工艺，以家庭作坊为单位，纯手工生产，从原料到成品，大体要经过剥、浸、灰、蒸、烧、揉、洗、化、捞、转、擞、拣、捣、切、踩、摆、操、晒、分、整等20余道工序。孟门桑皮纸的制作工具大部分是木制的，对纸纤维损坏很小，所以纸质坚韧耐用，保温性能很好。用它书写文书契约，保存数百年皱折不断裂；用它包鲜水果，滴水成冰的日子包上七层可长途贩运。孟门人经常用桑皮纸包上梨在火上烤着吃，据说对治疗咳嗽有明显效果。用桑皮纸做材料，写出的字，画出的画色彩靓丽，古朴典雅，比传统宣纸更有韵味。

绛墨制作技艺

申报地区或单位：新绛积文斋笔墨庄

新绛县古称绛州，制作绛墨是该县的传统产业，过去常当作贡品，被文人墨客赞誉为“落墨似漆，万年存真”，百余年来受到群众追捧。

绛墨传统制作技艺主要分布在汾河下游与新绛县相毗邻的襄汾、侯马、稷山一带，其中尤以积文斋笔墨庄制作的绛墨最为有名。绛墨常用的材料有皮胶、油烟、冰片、麝香、朱砂等。绛墨捶打是力气活，生产工人仅捶打一项就要百遍，揉与压需用巧劲，只有这样制作出来的墨锭才能质细蕴光，不胶不涩。研墨写字，乌黑铮亮，挥毫作书，不浸不晕，经年不衰，字迹如新。泼墨画画，幽香淡浓，尽如人意。

绛墨生产工艺复杂，技术要求高。现今，积文斋的技术掌门人张永福老生先年岁虽高，但还亲自操作，并授技于女婿王中升，意将此项技艺发扬光大。

绛笔制作技艺

申报地区或单位：新绛积文斋笔墨庄
新绛县于良英笔庄

新绛县自古为水陆码头，商业和传统手工业历来发达，从而聚集了一批文人墨客，也产生一些为其服务的相关产业，绛笔生产便是一例。

据传，秦国大将蒙恬发明了毛笔，后随秦始皇东巡，路过绛州，亲传造笔之术。至宋帝赵匡胤时，绛州制笔业已达鼎盛，贵为历代朝廷贡品。在其后的千余年间，绛州历代制笔艺人，承先人技艺之精华，不断改进创新，技艺日臻成熟。20世纪二三十年代，新绛城内仅笔墨作坊就有一百余家，年产毛笔十万支，行销全国和日本、朝鲜等地。

绛笔的制作主要由水活和干活两大工序构成。原料选好后，经石灰水沤，加热处理，变为熟毛。然后开始做衬垫、齐材、合把、分头、圆笔，做盖毛、上盖毛、捆笔等，以上为水活。干活主要是选用竹杆、牛角、红木等材料作笔杆。笔杆竹有苦竹、湘妃竹、凤眼竹、花斑竹、烤火竹、紫竹等名贵竹种。笔杆做好后开始粘膛、胶笔头和修笔。一支毛笔的好坏，修笔是关键，用小小修笔刀把所有的秃毛拔出，有一根杂毛也会影响笔的质量。笔修好后，开始扰笔、定型、晾干，然后在笔杆上印字，这样一支像样的成品毛笔才算做成。

如今，新绛县内坚持绛笔传统手工制作的以于良英笔庄和积文斋笔墨庄最具代表性。于良英老人经多年探索、研究，总结了一套完整的生产技术，仅对羊毛处理就有撕、搦、沤、合、刮、齐、冲实、绘、间、通等82道工序，裁笔、焊笔更是精益求精，所制之毛笔毫尖、锋齐、刚健、型圆四德皆备，深受用户欢迎。

澄泥砚制作技艺*

申报地区或单位：山西省新绛县

澄泥砚原产于泽州（今山西晋城）、绛州（今山西新绛）、虢州（今山西平陆与河南灵宝交界之地）一带，与端、歙、洮砚齐名，是我国四大名砚中唯一的陶砚。其制作工艺可概括为“取之于水而成之于火”，即以人工澄炼之泥做原料，经特殊焙烧工艺制成，是界于陶与瓷之

* 此项目省级名称为《新绛县澄泥砚传统制作工艺》，申报国家级项目后改名为《澄泥砚制作技艺》，本书以国家级项目名称为准。

间的一种炻器。

绛州澄泥砚通过泥料、过滤、澄细、制坯、塑形、磨制、雕刻、烘干、烧制、蜡煮、抛光等几十道工序制作而成。砚品质坚莹润，呵气生津，纹理纷呈，色泽素雅；贮水不涸，历寒不冰；发墨甚速，墨色泛光；晶莹细腻，不损笔毫。其中“鳝鱼黄”、“绿豆砂”、“玫瑰紫”、“朱砂红”等佳品尤为珍贵。由于泥料可塑性大，因而澄泥砚具有自己独特的雕塑风格：注重形象的塑造，讲究精雕细刻又不失古朴大方；质地细腻又坚而不燥。在造型艺术上，澄泥砚也别具一格。它十分注重图案设计，雕刻形式多样，色泽典雅秀丽，显得极为古朴大方。

绛州澄泥砚传统制作工艺集雕塑、绘画、文字、篆刻、造型设计于一炉，烧制难度与制作难度都远远超过了一般石砚，堪称一门综合性的历史文化遗产。

温氏空心澄泥砚制作技艺

申报地区或单位：五台温氏澄泥砚制品有限公司

温氏空心澄泥砚是我国历史上备受文人雅士所推崇的文房用具，系唐代宰相温彦博所创，曾作为御用贡品而闻名。

温氏空心澄泥砚制作工序大致可以分为以下步骤：一是选料。五台山滹沱河河床5米深沉淀层中的古澄泥是制作澄泥砚的上乘原料。二是浸泡。先将沉积多年的精细胶泥经过滤后装入绢袋中沉淀，把澄泥用水泡成液体状，经过180目的细滤网过滤，使泥的细度达标，然后将泥置于细密绢袋中阴干。三是配料。将各种原料打澄、过滤、合理搭配，反复实践，解决粘接问题和澄泥的可塑性。四是设计、雕模。用石膏雕刻样品，再用石膏翻出澄泥砚的模具。五是制坯。用石膏模具做出空心砚台泥坯，并进行荫干。六是雕刻。再经雕刻、打磨，雕刻工具有铲、刀、尺、圆规，其中刀有宽、窄、圆、平、尖等几十种。七是烧制。掌握火候，运用独特的窑变技术，不仅一窑能烧出青铜色、紫铜色、豆绿色、鳝鱼黄等十几种颜色，而且一件砚台同时有几种颜色。温度的掌控是砚台质量的保障。温度低烧不熟，过高容易瓷化，这一套烧制技术相当保密。八是打磨抛光，去掉澄泥砚上面不光滑的泥沙，使之更加光洁美观。

温氏澄泥制品继承了我国传统工艺，造型古朴大方、色泽典雅，具有储墨不涸、发墨益亮、质坚细腻、温润沉静的特点，为书画爱好者的经典佳品。

五台山石砚雕刻技艺

申报地区或单位：忻州市定襄县河边雅艺轩制砚厂

五台山石砚雕刻技艺流传于定襄县河边镇及其周边地区，该地盛产制作砚台的文石资源，民众多以雕刻砚台为业，能工巧匠甚多。《定襄县志》载：“本县最早的工艺美术制品业是石雕业。清代和民国时期……特别是河边的制砚业，名声更盛。《中国实业志》记，1935年（民国二十四年），河边村有制砚户12户，从业人员35人，年产石砚31800盒，产值12720元（银元）。”1952年，当地出土了明万历年间所制的“犀牛望月砚”，证明其石砚雕刻技艺年代久远。

五台山石砚主要采用定襄县河边镇文山上的文石制作砚台，其工艺流程从采石到成品一共需要7道工序：1.采石。首先用锤、錾等工具剔除围岩，然后选择适宜制作砚台的石料，对于可利用其颜色、形状设计独特图案、造型的石料，要精心采选、分离。2.设计。根据石料形状、质地、花纹、颜色、大小进行构思，依照石料自然形态基础，设计合适的作品图案。3.成形。按照石料与设计作品的差距，使用钢锯去除不需要的部分，使石料基本成形。4.雕刻。雕刻技师需要胸有成图，眼光敏锐，刀法娴熟，准确、快捷。对每一件作品都潜心研究，精雕细刻，使其在风格、工艺和制作上尽量达到形神合一，比例适中，结构合理。一般按照由表及里、由粗及精的程序反复进行。5.打磨、抛光。使用砂布、砂纸，由粗到细反复打磨，使表面光洁、平整、柔润、美观。6.加温上腊。7.配盒包装。

五台山石砚造型古朴，色泽丰富，在雕刻技艺上，手法独特，配以精美的手工雕刻图案，加上娴熟的雕刻刀法，成为珍贵的艺术精品，具备了很高的文化艺术价值。

潞绸手工织造技艺

申报地区或单位：山西吉利尔潞绸集团织造股份有限公司

晋城、长治地区古称“上党”，战国时便置“上党郡”，至今已有2400多年历史，隋唐时改称潞州。这里的丝织业源远流长，曾是我国北方最大的手工业丝织中心，明朝万历年间（16世纪中叶至17世纪初），潞绸已发展至鼎盛时期，产品除作贡品外，还远销国内外，成为与苏州、杭州并列的三大丝绸专业区，当时曾有“南淞江、北潞安，衣天下”之佳话。

潞绸制造工艺大致可以分为：1.原料选用；2.经丝（原料分档、浸渍、缫丝、络丝、整经）；

3.纬丝（并丝、扬返、染色、络丝、卷纬）；4.织机装造；5.纹制设计（纹样、匠意、配色）；6.纸板制作；7.织造；8.成品制作。潞绸织造传统设备有：手工轮经车、手工打纬车、络丝车、扶摇机、捻丝车、手工丝织机。织造作品有真丝织锦被面、手帕、水纱、皱纱、提花绸、花软缎等。

潞绸历史悠久，传统深厚，它所流传积累下来的诸多表现内容，不仅具有艺术的欣赏、教化、认知和审美价值，而且是研究当地人民群众精神生活最为鲜活的史料，具有重要的历史、人文、社会、工艺研究价值。

丁村民间传统棉纺技艺

申报地区或单位：丁村民俗文化开发有限公司

丁村作为全国重点文物保护单位所在地，保留了明清以来北方劳动人民的许多生产生活习俗。由于气候与地理条件的优越性，当地人很早就会耕作烧陶、纺线织布（丁村遗址里出土的陶纺轮可证明）。明代以来，随着棉花和纺织技术的引进，丁村家家户户都学会了种棉和纺织，这种传统技艺一直发展到今天。

老土布，又叫老粗布、手织布，是旧时代沿用的一种纯棉纺织品。从采棉纺线到上机织布，要经过轧花、弹花、整棉絮条、纺线、打线、染线、落线、整花型、整经作纬、掏棕、栓机、织布等大大小小72道工序，均为纯手工制作。制品有白布、蓝条纹布、红条纹布、绿条纹布、花色方瓣布、素提花布、色提花布等十多个品种。与其他纺织品相比，手工老土布具有精工细作的纺织工艺和浓郁的乡土气息，冬暖夏凉、透气吸汗、手感厚实、质地柔软、绿色天然，千百年来，一直被当地人制成床上用品、衣服鞋袜而广泛使用。

民间传统棉纺技艺的产生是人类服饰习俗的又一次重大变革，中华民族几千年来从养蚕种麻到纺织丝麻，解决了人类对丝绸麻缌的需要，虽然棉纺品传入内地还不足千年，但它已取代了丝麻的地位，成为中华民族衣着被服的主导用品。

平顺手工纺织技艺

申报地区或单位：长治市平顺县石城镇白杨坡村

山西省平顺县白杨坡村自古就有种植棉花的传统，当地人为满足自身需要，形成了以棉花为原料，开展手工纺花、织布的传统。据清光绪《白杨坡志》记载，白杨坡土地主产棉，而昼夜纺织，出土布颇多，远销他境。18世纪30年代，村人岳志得将村里零散纺织户集中起来，在河北邯郸开办了“兴得布店”，所织布匹贩售到河南、河北、安徽等地，年销家织布84万匹。近代以来，国内外大规模的机械纺织对传统手工纺织技艺形成巨大的冲击，然而白杨坡村始终以手工纺织闻名周边，技艺传承至今。

平顺白杨坡手工纺织以本地及周边所产棉花为主要原料，要求必须是晴朗干燥时采摘的成熟棉花。具体工艺流程分为晾晒、轧籽、弹花、搓花，把搓好的花纺成线，打穗、落线，然后上织布机织出成品布，成品布再由工艺精湛的技艺人做成各种日用品和工艺作品。整个工序严谨、熟练，织成的土布外观清晰，均匀，手感细腻柔软。以土布为原料制作的日用品穿着舒适，夏季透风吸汗，冬季保温效果好；以土布制成的传统手工艺品，民间文化气息浓厚，地方特色鲜明。

白杨坡村棉花纺织历史非常悠久，有着广泛的群众基础，民间以家庭或口耳相传为主，使得技艺上不断传承，创新。现如今，随着人民生活水平的不断提高，纯天然、绿色环保型日用纺织品越来越受到人们的青睐，纺织手工艺品既是日用品又是工艺品，深受市场欢迎。

襄子老粗布织造技艺

申报地区或单位：长治市襄垣县非物质文化遗产保护中心

襄垣，因赵襄子筑城于此而得名。相传，襄子筑城时召来人士巨增，布匹用量甚缺，襄子曾亲自带头纺织，以解所需，襄子老粗布的手工纺织技术也从此流传下来。明清时期，老粗布手工纺织空前繁荣，民间家家有纺车，户户有织机，人人穿布衣。女人会不会纺织成为婚嫁择偶时一条不成文的社会习俗。

襄子老粗布又名“老土布”，主要原料是棉花，制作程序纯手工操作，整个生产过程不对环境产生任何污染。襄子老粗布织造工序主要有选棉、弹花、搓花卷、纺线、染线、络线、合线、径线、浆线、刷布、挂线、栓线、穿笻板、缠线、上梭、牵机、织布、下机、浆布、捶布等大小几十道工序，每道工序里还有诸多子工序，千丝万缕，环环相扣。除白布外，若织花格布则又需染色、煮线、晾线、合成等多道复杂程序才能成布。主要生产工具有搓板、箭杆、纺车、线椗、线架、落丝、木拖、交杖、和面盆、径杆、圪筌、刷床、谷草、火柱、箹、木梭、平机、立机等。布品种类分为白布、格布、条纹布等。

襄子老粗布制作工艺考究，是千百年来劳动人民世代沿用的一种纯棉手工纺织品，具有浓郁的乡土气息和鲜明的民族特色，对研究地方棉纺织业和服饰民俗演变有重要意义。

新田手工粗布制作技艺

申报地区或单位：侯马市晋商纯棉手工老粗布厂

晋国古都侯马（古称新田），位于山西省临汾市最南端，汾河、浍河交汇处，是中华文明发源地，这里土壤肥沃，人杰地灵，商阜汇聚，历史上曾是晋南服装业繁荣发展的集中地。民国初年，当地的土布制作已成多元化，花色品种发展至十余种，闻名周边县市。

新田手工土布织造从采棉纺线到上机织布经轧花、弹花、纺线、打线、浆染、沌线、落线、经线、刷线、作综、闯杼、掏综、吊机子、栓布、织布、了机等大小72道工序，以22种基本色线可以变幻出近2000种色泽各异的布匹，按照布纹又可分为平面、梅花、斜纹、菠萝等花形图案。梅花、菠萝工艺花瓣形象逼真，斜纹花纹如浪涛澎湃，重叠起伏。加以点缀粗布晋绣更引人注目，更显新田当地粗布特色，颇具韵味。

新田老粗布是几千年来劳动人民世代延用的一种纯棉手工纺织品，具有浓郁的乡土气息和鲜明的民族特色，在当今社会崇尚绿色、回归自然的消费潮流中，它所具有的纯棉质地、手工织造、民族图案、古老民间工艺等特点显得尤为珍贵。

晋南土布织造技艺

申报地区或单位：永和阁底乡于家咀村

晋南土布织造技艺，是随着棉花栽培和棉纺织技术传入黄河流域而逐步发展起来的，至今已有近八百年的历史。今天在黄河流域中东部的永和县，这一传统技艺仍然保存完好。“晋南土布”既是当地民众床单、被褥的当家材料，又是旅游纪念品的“宠儿”，深受广大群众的喜爱。

土布织造的基本工序有弹花、搓花卷和纺棉等。主要工艺有纬线制作、经线制作和上机织布。其中，缠拐子、浸线子、蹿线子、晒线子、拉线子、解线子、卷线子等工序具有比较大的操作难度，既需要织工具有娴熟的技术，又需要有足够的耐心和丰富的经验。所以，一直以来晋南土布织造技艺都是农村妇女通过身传口授加苦练而得以传承。20世纪六七十年代始，土布生产逐渐淡出基本生产领域，仅有少数村民还能掌握土布织造的传统技艺。现在随着人们生活的富裕，消费观趋于多元化，土布在某种程度上也成为健康、时尚的代名词，这也为土布织造工艺的传承和发展奠定了良好的社会基础。

晋南土布织造技艺体现了劳动人民自给自足、勤劳朴实的民风，是一本鲜活生动的历史教材。

土布制作技艺

申报地区或单位：运城市石榴花家纺装饰有限公司

运城市盐湖区位于山西南部，历史上曾经是山西乃至全国重要的商品粮棉生产基地。传说黄帝战胜蚩尤后，带领大家发展生产，而衣冠之事便交给正妃嫘祖，之后即有了嫘祖养蚕缫丝，开创了我国纺织技艺的先河。元明之际，民众已将多种手法揉于棉织工艺，使粗布制造完全成熟，清代，老土布晋升为特殊的贡品，受到皇室的青睐。直至民国初年，洋织机没有进入中国之前，晋南布商一直是以土布机手工织布为主。

运城“石榴花”老粗布的织造工艺极为复杂，从采棉纺线到上机织布经轧花、弹花、纺线、打线、浆染、沌线、落线、经线、刷线、作综、闯杼、掏综、吊机子、栓布、织布、了机等大小72道工序，全部采用纯手工工艺。工艺流程大致可以分为桄线、络线、经线、牵机、刷机、递综、掏综、栓机、作穗、织布等步骤。

手织布的图案意境是靠各种色线交织出的几何图形来体现，而不是具体的事物形象。通过抽象图案的重复、平行、连续、间隔、对比等变化，形成特有的节奏和韵律，因而更具有艺术魅力。手织布手感粗糙，耐磨，无静电，不起球，色牢度好，不上浆，缩水率低，穿着舒适，属纯天然绿色保健棉织品，具有极高的使用价值。

平阳印染布艺

申报地区或单位：临汾市非物质文化遗产保护协会

印染来源于古老的捺印技艺，唐宋时期称“药斑布”，明清时期称“浇花布”。平阳印染布艺是流行于临汾及其周边地区的一种印染工艺，清末民初已盛行于晋南地区，由于印染艺人流动性较大，因此其工艺遍布晋南、晋东南多个乡村，影响面较广。

平阳印染布艺最早采用的染料是在植物中提取的，紫色、蓝色较多，后来有了矿物颜料，常使用的染色颜料有品红（胭脂红）、品蓝、嫩黄（亮黄色）、品桃红（玫瑰精）等基色，其他色彩可自行调配。印染对象以日常用品为主，如大、小包袱，被面、头巾、门帘等，图案题材多为花草、吉祥物等，寄托了人们对美好生活的向往。工艺比较复杂，采用套色印染，即用花版型纸在织物上印染出花纹图案，具体而言，就是在适合并经过处理过的纸板上，把事先设计好的图样采用阴刻的形式制版（通常需要六七个版样），完成印染需求。这种工艺的关键步骤就是要设计出多处重叠、相间合理的套色印版，再通过颜料的运用和配制，使得印染图案色色相套，互相映衬，使色彩出现深浅层次，达到近似渲染的效果。

平阳印染布艺在构图和色彩上体现出尧乡人民敦厚豪放的性格。印染时，工艺复杂、排版讲究、形式多样、寓意明确，堪称民间传承工艺中的精品，具有重要的历史文化与审美艺术价值。

桑蚕丝被制作技艺

申报地区或单位：晋城市晋氏实业有限公司

晋城地处山西东南，南部是中条山脉和太行山交界处，地近西荫。其民间有嫘祖在云蒙花石沟教民养蚕的传说；东连神农炎帝稼穑之地，西邻尧舜圣邦；境内有舜王获泽渔猎、商汤王桑林祷雨、周穆王桑林观桑的记载和诸多桑蚕养殖的史实、故事。20世纪80年代，有关专家对晋城桑树资源进行调查时，发现南部山区不但野生桑树资源丰富，而且还有罕见的柒叶桑等稀有品种，再次印证了嫘祖教民利用山野桑树养蚕的传闻。

晋氏纯手工蚕丝被采用100％桑蚕丝做内胆，整个工艺分为原材料制作和蚕丝被芯制作两部分。原料制作工艺包括选茧烘干、煮茧、剥丝、烘干、半成品蚕丝、蚕丝被制作、半成品被套、拉丝铺面、磨合、整理、缝制、包装、入库等步骤。被芯制作工艺分为称重、唤醒、离别、除杂、欢聚、包边、翻身、整理、磨和、边缘处理、穿衣、缝边、翻衣、打丁等。制作工具有台案、磨盘、压杆、桑蚕丝、棉被套、缝制针线等。

手工桑蚕丝被制作保留了明清手工艺精工织造、收分有致、不虚饰、不夸张、不越礼的原态工艺标准，成品方方正正、自然得体、瑰奇秀丽，积淀中折射着民众的聪明智慧。

宝龙斋传统布鞋制作技艺

申报地区或单位：晋中市平遥宝龙制鞋厂

平遥永庆斋（宝龙斋前身）鞋坊创建于清代同治五年（1866），坊间以手工制作千层底布鞋和绣花鞋而闻名，店铺设在古城明清街市楼南，其手工制鞋工艺历经百余年不衰，传承至今。

宝龙斋千层底布鞋一直沿用传统手工制作方法，制作工艺严谨、独特，选料考究，做工精细，难度大、耗时长、工序多，做一双鞋要近百道工序，每道工序都有成文要求，一双鞋需花四五天时间。手工鞋底，每平方寸纳81针，一双鞋要2100多针，麻绳粗，针眼细，用手勒得紧，针码还得布均匀。手工缝绱鞋时，紧绷楦型，平整服贴，绱鞋的针码更得间距齐整。制作流程大致可分为准备阶段（摸袼褙、拟尺码、裁帮则、背底则、包边）、底帮合成（扒麻绳、纳底则、捶底则、背帮则、切口则）、绱鞋（绷帮则、绱鞋、缝垫、整形、晾干、下楦、检验、入库）和绣花（设计、落稿、配色、手绣）等步骤。制作工具主要有有夹板、鹰嘴钳子、虎头钳子、过板、鞋芭子、扒来子、拐针、锥子、楦头、裁刀、扒刀、修刀、勾子等。产品有千层底布鞋、牛皮底布鞋、绣花鞋、老寿鞋、童鞋、休闲鞋、舞台专用鞋等六大类100多个品种。

宝龙斋千层底布鞋选用纯天然材料，如纯毛料、纯棉布、牛皮、麻绳等，精心加工制作而成，其特征是“柔软舒适、透气吸湿、冬御寒、夏吸汗、治脚气”，对脚具有保养的作用。

千层底手工拉花布鞋制作技艺

申报地区或单位：临汾市尧都区土圪塔手工布艺有限公司

千层底手工拉花布鞋制作技艺在民间流传已有上千年的历史。起初纳底布鞋是专为官员们制作的朝靴，发展到清代，纳底布鞋制作工艺逐渐成熟，产生了家喻户晓的“千层底”布鞋。民国时期，匠人们将此技艺做成其他款式，成为适合老百姓穿着的千层底布鞋。

晋南拉花千层底布鞋的做工复杂，工艺要求严格。每双鞋的制作都要经过剪裁底样、填制千层底、纳底切底边、剪裁鞋梆、绱鞋、楦鞋、子修抹边、检验等近百道工序，制作周期需要四五天时间。手工纳底要求锥铤细，勒得紧，针码匀，拉力大，每平方寸纳146针以上，一双鞋至少3000多针。缝绱鞋时则要求紧绷椗型，平整服贴。绱鞋的针码更得间距齐整，鞋帮与鞋底的结合要严合饱满。拉花千层底用料讲究，袼褙必须用好的纯棉白布打成，纳底时选用上等麻绳，每双鞋要用掉麻绳、棉索200多米。鞋底纳制花样包含不同的蕴意，如万字不断头、事事如意、富贵牡丹、年年有余、石榴籽儿多等。千层底布鞋具有柔软舒适、透气吸汗的特点，长期穿着有益足部健康。

凤头鞋制作技艺

申报地区或单位：翼城县巨彩文化发展有限公司

凤头鞋，鞋头以凤纹为饰，故名，亦称“凤翘”。相传，明万历皇帝的生母，祖籍系山西翼城，在世期间，经常怀念家祖，多次回乡省亲。万历皇帝为生母思乡情绪所感动，钦赐翼城姑娘在出嫁时可与宫内公主享受同等待遇：坐凤轿、戴凤冠、穿凤头鞋。从此四百余年来，翼城妇女因享此特权而备感骄傲，穿凤头鞋已成为历代妇女地位和身份的象征，此俗为孝定李太后特赐家乡女子的出嫁礼仪，它处女子不得享此殊荣。

凤头鞋做工精细，用料考究，色彩艳丽。制作一双凤头鞋大概需要半个月左右的时间，大大小小经过60多道工序，且第一步打衬子必须选在夏天完成。鞋面凤凰用五彩贡缎、七彩锦丝刺绣、堆绣而成，色彩艳丽，栩栩如生，给人以展翅腾飞的感觉。鞋底凤凰图案用七彩锦丝配以民间传统的石榴子、凤爪、钩针、打子儿、背对背、盘针等针法纳制而成，与鞋面风格和谐相称，完美结合。

凤头鞋是古代工艺文明与历史文化的结合，以民间传统技艺制作而成。栩栩如生的凤头鞋，不仅丰富了冀城妇女的物质文化生活，而且使“李娘娘的传说”得以流传，对于传承中华民族传统美德，增强社会凝聚力，提升民族亲和性，构建和谐社会，具有十分重要的意义。

传统戏剧鞋帽制作技艺

申报地区或单位：稷山县传统鞋帽制作中心

稷山县传统戏剧鞋帽制作始于20世纪初，距今已有一百年的历史，师祖张子耿，高平人，在稷山为各剧团加工传统靴帽，总结了一整套的传统鞋帽制作技艺，传承至今。

传统鞋、靴、帽子等产品主要是由麻纸、麻绳、草板纸、皮胶、生蚕丝、各种宝素珠、金铂、银铂、铝铂、牛皮、铁丝、衬子、各种绸缎、布匹等多种材料制作而成。制作工序严谨，环环相扣，仅头盔类就有80多种品种，制作流程一般有26道，分为复纸、印、裁、剪、扣匀、上底粉、吊粉花样、上三遍漆、贴金、贴翠、组装等。鞋靴类品种有30多种。制作流程至少十三道，大致有做鞋底、做邦子、打衬子、绣花、裁邦子样、糊邦子、裁邦子、拧麻绳、钉纸、裁、压、钉底、打磨、上邦、楦、上粉等。制作鞋靴类使用工具有钉板、长把裁刀、锥子、钳子、斧头、木锉、砂纸、撬棒、挑拨、特制长针、裁案、刷子、剪子等；制作头盔使用工具有特制小裁刀、裁板、剪子、刷子、胶笔、木凳、布疙瘩、火炉子、特制小烙铁、钳子、筐子、立粉道具等。

稷山传统鞋帽制作工艺繁杂，每一件成品制作的周期很长，而且技术掌握全靠经验，技术传授全靠老师傅口传心授，具有典型的业缘传承特点。

定襄古代戏装制作技艺

申报地区或单位：定襄县文化馆

宏道戏装头盔制作是定襄县宏道镇梁氏家族祖传手艺，传承至今，已逾百年。宏道镇地处定襄、五台、原平三县交界处，文化底蕴深厚，自古为农、商、牧集散之地和水陆码头，也是山西文化大镇和诗歌之乡。旧时，每逢农闲，村人置办红火，戏剧、社火、秧歌、跑船等种类繁多的民间艺术，促进了地域性文化的发展和交流，也催生了当地戏装头盔行业的出现。

宏道头盔一直延续着家族式生产模式，口传身授为主，大多以各剧团提前定货生产和按剧团要求制作。制作流程大致可分为26道工序，依次为裱纸、作图、镂剪、涂胶、夹纱、粘丝、漂粉、堆粉、上漆、贴铂、勾金、点翠、粘蓝、成圆、组装等。宏道头盔基本分为软硬两大系列，五大类别，及盔、帽、冠、额、巾，近50余个品种。“盔”以包巾盔、蝴蝶盔、夫子盔等组成；“帽”以王帽、大小太监帽、大小达子帽组成；“冠”以凤冠、紫金冠、五福冠等组成；“额”以大小额、七星额等组成；“巾”以大板巾、书板巾、押尾巾等组成。

宏道头盔历史悠久、工艺考究，在晋、冀、蒙、陕享有盛誉，其产品工艺可与北京、苏州的产品相媲美，而且同等产品的盔帽要比北京、苏州的重量轻很多，究其原因主要在于选材和设计角度上。宏道头盔是戏曲界的知名产品，也是戏曲文化的重要组成部分。

戏剧头盔制作技艺

申报地区或单位：山西省晋剧院

晋剧头盔制作技艺工艺严格，样式考究，不同的头盔代表不同的脚色行当、人物地位。晋剧头盔制作、设计系梁在全祖孙三代家传手艺，流传至今已逾百年。据梁氏后人回忆，梁在全生于清末，8岁起做学徒工，师傅无其他传人，遂将戏剧头饰制作技艺倾囊相授，解放前梁在全在山西崞县宏道（现属于定襄宏道）开过戏剧用品铺，解放后他把头盔制作技艺传承于子孙。

梁氏戏剧头盔材料讲究、工序繁多、工艺严格、纯手工制作。大致可以分为以下步骤：首先，把麻纸用面糊一层一层裱起来，共十余层，晒干，画图；然后，按照不同的样式用小刀裁出来，再用骨胶铁砂组合起来，成型；最后，经过上粉、刷漆、贴银箔、点翠、组合上绒球、空心珠最终完成。梁氏戏剧头盔品种繁多，共有50余种，如皇帝佩戴王帽、软王帽、齐王帽；皇后佩戴女套翅、凤冠；公主佩戴大过桥；武将佩戴夫子盔、包巾盔、耳不闻、大盔、将巾等；文官佩戴纱帽、金刁、相刁、状元盔等。

戏剧头盔是历史人物形象地位、人物属性、性格表情的舞台展现，头盔制作技艺的改革创新对解读历史，展示人物具有不可估量的作用。

地窨院建筑技艺

申报地区或单位：山西省平陆县

地窨院，又称“地坑院”、“天井窑院”、“下沉式窑院”，是人类早期“穴居”发展演变的实物遗存，距今已有四千余年的历史。这种黄土高原特有的居住形式以山西南部黄河之滨的平陆县境内居多。

地窨院是典型的生土建筑，它是黄土丘陵区的土窑洞移植到平原地带的民居形式。这种院室的建筑方法是：在平整的黄土地面上挖一个几十平方米的方形平底大坑，然后在坑内的四壁凿挖窑洞。为了解决人畜，在坑的一侧，挖一条向下的斜坡通道。通道下端临近院处，安装大门。院墙崖顶四周边沿，砌筑花砖墙，称为拦马墙，夏天可防止地面洪水灌到院内，冬天可挡风雪吹入院内，又为在崖顶劳作的人畜和儿童的安全所设，同时也作为建筑装饰，使整个院落美观协调。崖顶四周留有空旷的场地，碾压平整，便于排水，维护窑院坚实。场地内既可放置柴草，又可为夏季碾、打小麦，秋季收获庄稼所用。

地窨院是农耕文明的典型产物，中国北方的“地下四合院”，人称“见树不见村，见村不见房，窑洞土中生，院落地下藏，平地起炊烟，忽闻鸡犬声，绿树簇拥处，农家乐融融”。研究地窨院建筑技艺及其相关民俗文化，对了解我国悠久的风俗习惯、民族性格、农耕文化提供了直观的实物形态和生动资料，具有重要的文化价值。

雁门民居营造技艺*

申报地区或单位：山西省忻州市

雁门民居主要分布在山西省代县雁门关及其周边一带，这一地区是历史上中原文化和少数民族文化融合与交流的重要地区，传统木结构建筑极富地方特色，如代县边靖楼、雁门关关楼、代州文庙、应县木塔等许多国家重点文物保护单位都是其典型代表。

雁门杨氏木匠家族是雁门民居营造技艺的主要传承者，其祖先是北宋杨家将镇守三关时的随军木匠，专门制作兵器、寨堡、城门、关楼、武庙、钟鼓楼等，传统木作营造技艺代代相传，现如今，他们利用当地丰富的木材资源，主要从事民居、村镇戏台、祠堂和寺观等传统

* 该项目省级名称为《雁门杨氏古建筑营造技艺》，申报国家级项目成功后，改名为《雁门民居营造技艺》，本书以国家级项目名称为准。

木结构建筑的营造与修复。目前，他们所掌握的建筑技艺主要包括全国仅有的扇股麻花挑角技术及工艺、传统多层建筑的梁架结构起重运料安装技术及工艺、传统建筑的彩画和塑像技术及工艺等。在代县境内，由其家族营造的现存年代最久远的传统木结构建筑——文庙和边靖楼，虽历经了五百余年风雨和多次地震等自然灾害，但大木构架仍然保持完好，足见其工艺之精湛。

保德石窟建造技艺

申报地区或单位：忻州市保德县

保德居室中，石窑占绝对优势，被当地誉为“冬暖夏凉的神仙洞”。石窑由砂石、青石或青砖石旋砌而成，过去多为“枕头窑”，现在皆为“筒子窑”。枕头窑面阔三间，一门两窗，取一佛二菩萨之意，进深一间，拱顶。筒子窑面阔一丈零五寸，进深二丈，高一丈零五寸，拱顶，双开门，偏窗子，“狗牙子”檐头。城镇窑洞进深多为二丈五，中有夹墙，分前后两室，前室为客室，后室或橱室或卧室。

保德石窑建造技艺的代表作是保德“钓鱼台石窑群”，这处石窑群是黄河流经的9个省、市唯一的一处石窑群，该石窑群位于黄河之滨的保德县西部杨家湾镇故城村，距保德县城8公里。这里面向黄河，背靠大山，近临冯保公路，交通十分便利。清人陈大德的《钓鱼台记》记载这里“轻鲦出水、白鸥矫翼，水石清幽、地势险峻”。人们常见的是土窑、石窑，在整石山上刻凿石窑十分罕见，其工艺之精，构思之奇，使到过这里的人无不为之惊叹，特别在山西保德、河曲，陕西府谷、神木，内蒙鄂尔多斯一带，提起钓鱼台石窑群奇特的建筑结构人们都引以为豪。

保德石窑的代表作钓鱼台石窑群有“北方石头城”之称，当年工匠们首先是将整石从两边凿开，然后在下面用锲搜空，最后用撑子往下撑，每凿一次只能前进25厘米，整个工程以“开嗓搜根凿刻法”完成。这座鬼斧神工的明代石窟，由6组12个石窟组成，有栩栩如生的佛教和道教塑像，更蕴含着独特的石窑建造技艺，是我国北方传统建造技艺的瑰宝。

古建筑模型制作技艺

申报地区或单位：山西古典艺术研究院

传统古建筑模型制作技艺，俗称“扎小样”。它是伴随着古建筑营造技术的发展而产生的一种以木材为原料，以卯榫结构搭建，经过画草图、选料、烤干、下料、作基台、树立柱、成柱网、建梁架、造屋顶、装修、油饰彩绘等多道工序组成的传统手工技艺。古代在建造较大规模的建筑物时，都要先扎若干小样，经过品评修改，确定其中一件为建造样板，这种“扎小样”就是传统古建筑模型的起源。以目前尚存于山西晋祠博物馆的宋代建筑小样为例，距今至少有900余年的历史。在山西，现存古建筑模型还有朔州崇福寺所藏元代小样、大同华严寺的明代小样和阳曲县悬泉寺存放的明代小样等。

传统古建筑模型不仅内部结构全部可以拆卸，而且与建筑物实体保持完全一致，只是缩小了体量，成为可移动的建筑物，其中内含的纯手工制作技艺，从建筑理念、形制和技术上都体现了中国古建筑的文化、艺术和结构特点：中轴对称，方正严整，采用“榫卯”、“升起”、“侧脚”技艺，对古建筑的研究、修缮、保护是极有价值的参考依据。

晋南古建筑营造技艺

申报地区或单位：侯马市盛世华韵古典家居文化有限公司

晋南古建筑营造技艺以古代营造法式为标准，而形成的一套完整的，具有严格形制要求的汉族古建筑施工技艺。清朝末年，建筑巨匠杨振禄是晋南地区“古建”工艺的代表性人物，其子杨寅虎在父亲的传艺下，继续对晋南古典建筑的营造深入学习，并将祖传古建筑木制雕刻和修复技艺传承发展至今。

晋南古建筑营造讲究遵循古建筑的地方风格，做到修复如旧，工程虽然落架重建，但必须保证建筑物原有的面貌。古建筑营造技艺的精典是木结构，重点是装饰构件的雕刻，如浮雕、阳雕、阴雕等，工艺有造材、画图案、拓样、制粗胚、扫活等。

晋南古建筑营造技艺秉承了中国传统建筑的营造法式，有着浓厚的地方特色，在建筑装饰上以木雕、砖雕、彩画见长，作品线条蜿蜒有力、形象生动传神、风格柔顺秀逸、图案寓意吉祥、情趣雅俗兼备。

长子响铜乐器制作技艺

申报地区或单位：山西省长子县

长子县地处山西省东南部，上党盆地西南侧。长子县享有“铜乐器之乡”的美誉，是我国最早生产响铜乐器的地方。长子县手工制造响铜乐器的历史悠久，唐贞观元年（627），在今长子县西南呈村所在区域范围的手工铜业作坊制作的响铜乐器就已遍及各地，享誉天下。

长子响铜乐器与地方戏剧、宗教音乐关系密切。乐器适合于晋剧、京剧、评剧、梆子腔等戏曲和道教、佛教音乐伴奏。地方戏剧和宗教的多样性使响铜乐器具有广泛的社会需求。长子响铜乐器以铜锡为主要原料进行配比，熔炼制坯，然后再经过反复锻造等多道工序逐步完成，需要具备多年的手工实践操作经验方可完成。长子响铜乐器制作是典型的民间手工技艺，主要通过家族传承与师徒传承，需要学徒自身悟性和长期操作实践才能掌握，很多工序难以为现代技术所替代，尤其是“千锤打锣，一锤定音”的定音技术更是需要制作匠人对其整体工艺流程完全掌握后才能够有资格学习的高难度技艺。这些制作技艺是中国民间匠人在长期劳动中总结出来的智慧结晶，是极其珍贵的历史遗产。

传统乐器制作技艺

申报地区或单位：太谷县渊方乐器厂

太谷县是晋商文化的发源地，也是晋剧的重要发源地和流传地，晋商的崛起不仅为晋剧的发展奠定了经济基础，也为晋剧乐器的制作创造了得天独厚的条件。清末，太谷县东怀远村村民胡侯六以制作晋剧四大件而著名，被誉为晋剧四大件制作的“一把手”，由他创立的“胡记乐坊”几经更名，传承至今。

晋剧文场伴奏乐器四大件中，起核心作用的主奏乐器是晋胡。在晋剧曲牌演奏时晋胡拉出旋律，二弦、三弦、四弦配合伴奏。晋胡是亦名葫芦子，由琴杆、弦轴、音壳、腰码、底码、琴弦、底座组成，音色丰厚和平，属中音乐器。二弦是晋剧高音弦乐，由琴杆、弦轴、音筒、腰码、底码、琴弦、底座组成，音色高亢、明亮，属高音加花色彩性乐器。三弦是晋剧中音，弹拨乐器，由琴杆、弦轴、琴鼓、腰码、底码、琴弦、底座组成，属晋剧节奏性乐器。四弦是晋剧高弹拨乐器，由琴杆、弦轴、琴箱、拉弦板、琴弦、底座组成，属晋剧加花为主的节奏性乐器。

晋剧文场四大件乐器的制作原料有檀木、乌木、梨木、枣木、椰子壳等。制作流程大致分为：1.选料，要求无裂纹、无关节、纹顺，否则直接影响发音，檀木、乌木要放置3—5年，自然干后方可使用；2.做坯，包括锯、刨、锉、打磨、开孔、镶嵌骨头等程序；3.上漆、抛光、打蜡；4.组装，包括上弦、装壳、装轴、安装底座等。

晋剧文场四大件制作技艺流传久远，它的传承和发展对研究晋剧的发展历史和我国传统乐器的发展、成就及走向都有很好的见证与借鉴作用。

高家笙、管制作技艺

申报地区或单位：大同阳高县文化馆

阳高县高山屯笙、管制作始于清乾隆年间，据传，高山屯村民高永恩曾收留救治一名河北籍病危的老人。老人病愈后感恩心切，无以施报，遂将自己的绝技（制作笙、管、唢呐）传授于高永恩，两年后又收高永恩之子高普为徒。高普在父亲和师傅的共同指导下，继承了笙、管、唢呐乐器制作技艺，一直传承至今。

高家制作的笙为十七簧圆形口含式壶嘴抱笙。其苗杆的排列法是：一空、二上、三大乙、四大四、五大反、六勾反、七大工、八四五、九空、十小工、十一青工、十二青尺、十三小六、十四大合、十五大尺、十六贝四、十七空。制作步骤主要分为笙斗、笙苗、笙束三部分。笙斗是指笙下边的铜底坐，由斗皮、底、天盘、二层天盘、转气筒、笙嘴等组成，斗皮的制作是把铜皮剪成所需笙斗的大小，经过卷制焊接，用锤子打出所需的鼓度，一定要光滑、平整、宜打磨、抛光。笙苗是指安装在笙斗上的苗杆，是由紫竹、苗脚、骨码、簧片组成。笙束是笙苗安装在笙斗上固定笙苗活动的，把竹皮开为竹片，用火薰制为圆形，松紧要适宜，用铜丝固定住，中间加一个卡子。

高家笙、管制作技艺历史悠久，它从选料到安装，尤其是笙斗、口含壶嘴的改革，以及点簧片的超高技巧，对民间乐器制作工艺有极高的研究价值，为北方民间鼓乐、乐班灵活方便的演奏做出了贡献。

襄汾县北许锣鼓制造工艺

申报地区或单位：襄汾县文化馆
襄汾县徐记锣鼓制作有限公司

襄汾县北许村锣鼓制造的历史悠久。据传，三国时期魏将许褚曾驻扎此地，用敲锣击鼓以壮军威，为当地留下锣鼓制造的传统。《襄陵县志》载："北许世以造响铜乐器为业，庄人多明七音者。"北许锣鼓制造技艺按父传子，师传徒两种方式，一直传承至今，已传300多代，千余年的历史。

北许村制锣工艺是将原材料按比例进行配比，熔炼制坯，然后再经过反复锻造和蘸火、铣镟、定音等道工序完成，其中，定音是个技术活，全凭师傅的经验掌握。鼓的制作工艺有选料、分解、定型、粘接、抛光、蒙皮、打坯、上漆8个环节。每道工艺精雕细刻、精益求精，特别是踩鼓技艺必须手脑并用，否则鼓面永远绷不紧。

北许村锣鼓制造工艺复杂，尤其是千锤打锣、一锤定音的高超技艺，体现了人们对音乐艺术的独特感知和理解，更是当地世代工匠的智慧结晶。

刘氏制鼓技艺

申报地区或单位：长治市黎城县民俗文化学会

刘氏老鼓发源于黎城县范家庄村，以制鼓师傅姓氏而命名，主要流传于晋东南和晋中地区，是伴随地方剧种（黎城落子）而形成的地方特色乐器，当地有"黎城老鼓，长子铜锣"的民谚。刘氏老鼓以清光绪年间黎城范家庄村刘旦首制，到现在已传至第四代，逾百年历史。经过几代人的不懈努力和改进，刘氏老鼓以其音域宽厚、发音响亮、灵敏度强、音质恒定等特点，深受用主和内行们的赞扬。

刘氏老鼓一般分为制作鼓身、制作鼓皮、蒙鼓调音和上漆四个步骤。其中第一步用椿木制作鼓身，先依据鼓的尺寸大小，把椿树木料做成一段段弧形状，然后再把这些弧形状的木料用胶粘在一起；第二步在鼓身做好后，就该做鼓皮了，依据鼓面大小裁剪牛皮；第三步就是蒙鼓和调音了，把鼓皮蒙在鼓身上后用力"顶"牛皮，使其弹性得以拉伸，接着就是敲击鼓面、调节鼓音，然后再把鼓皮用铆钉固定在鼓身上；最后一步上漆。虽然只有四个步骤，但由于是纯手工制作，整个工艺流程一般也需要三天时间。在制鼓的过程中，制皮尤为关键，这一环节中鲜牛皮要经过削皮、晒干、浸泡、钻孔等严格处理，最后将绳子把牛皮固定在鼓壳上，再用专用工具把牛皮拉力扩张成形，采用此法是为了让牛皮绷紧，保证鼓的音质。刘氏老鼓做工精良、用料考究，鼓身全部采用材质精良的椿木，鼓皮用纯牛皮制作，不仅结实，而且韧性十足，经久耐用。

刘氏老鼓作为地方剧种的特色乐器，同地方剧种和音乐一样是黎城地域文化的结晶，集中体现了黎城民众的智慧，为上党剧种和音乐提供了文化滋养空间。

大同铜器制作技艺

申报地区或单位：山西省大同市城区

大同铜器是汉族传统工艺品，其历史悠久，工艺精湛，早在北魏时期，就享有盛名。唐宋以来，大同铜器已畅销全国，至今民间还流传着“五台山上观佛景，大同城里买铜器”的俚语。

北魏时期，大同有了铜铸的释迦佛像。辽代西京（今大同市）军工匠人能制炮、弩等武器。元初在大同炼铜的冶户多达760家。到了明清，铜器在当时深入到生活的各个方面。武器、容器、生产工具、生活用品、装饰品应有尽有，大同院巷被称为“铜匠一条街”，百米长的街道开设有几十个铜匠铺，聚集着上百名能工巧匠。

大同铜火锅是大同铜器的代表作品，由底盘、锅身、火座、铜盖、火筒和小盖等六部分组成，在底盘、锅身、锅盖和小盖上，分别刻有“龙凤呈祥”、“喜鹊登梅”、“八仙过海”、“花鸟山水”等图案。其生产工序为成型、铸造、焊接、镀锡里、錾花、抛光、组装等。其造型美观、工艺精巧、经久耐用，具有浓厚的民族特色和地方特色，深受顾客的喜爱。1973年周恩来总理陪同法国总统蓬皮杜来同访问时，将雕有“九龙奋月”图案的铜火锅作为礼品赠送给蓬皮杜总统。

新田青铜器制作技艺

申报地区或单位：侯马市青铜艺术学会

新田青铜器制作技艺是一种集绘画、造型、雕刻、铸造于一身的传统手工技艺，流传于山西省侯马市及其周边地区，因侯马古称新田而得名。

新田青铜器制作起源于春秋晚期，该青铜器制作技艺包含錾刻、翻砂、块范和失蜡法等，雕刻则涉及平面线刻、假阳纹、二层纹饰、三层花、浅浮雕、高浮雕等多种工艺。主要特征是在反射炉的造型结构中，采用火焰顺着炉壁回旋的反射炉，在青铜觚的制作中使用内外模，从而达到了内部平整的效果。更重要的是，在底部使用了“加强筋”。另外，新田青铜器在蜡型制作中率先使用橡胶模具压蜡模技艺，并把“分范浑铸”原理运用于蜡模成型中，发明了“分型浑铸”技艺。

新田青铜器纹饰精细，造型优美，其制作技艺是侯马历代工匠群体智慧的结晶，不仅凝聚了历史的记忆，而且表现出超凡的实践技能和技术水平，具有较高的艺术价值。

浑源铸钟制作技艺

申报地区或单位：神溪牛氏铸钟公司

浑源县传统铸造技艺历史悠久，源远流长。明清时期，当地铸造锅具、农具、大钟的大小作坊有30多家，产品远销雁北各县区和河北、内蒙古等地，传统铸造行业十分兴盛。最典型的是位于县城3公里处的神溪村，该村以传统手工造钟而闻名，古老的技艺已在这里沿传了数百年，诞生出一代又一代能工巧匠。

浑源传统铸钟制作工艺流程为:第一步，选料，要用本地优质松土，上好白口铁。第二步，将松土碾碎，用筛子过滤，然后加水搅拌到一定湿度，水量的多少要根据模子的大小来定。第三步，做模具，将和好的泥手工堆积成型，晾干。第四步，套模型，因为模型有内外两层，将内外模型分隔并套在一起，中间可用细沙子做隔离。第五步，夯土，将填土夯结实。第六步，进行浇铸成型。整套工序耗时月余，相关工具有冶炼炉、土沙模型、轮子及小手工工具等。

铸钟制造技艺程序严谨，模具精致，制作流程环环相扣。产品质量可靠，造型美观，古朴庄重，声音洪亮悠远，当地民众十分喜爱。

青铜铸造技艺

申报地区或单位：曲沃县晋华隆艺术品有限公司

晋都青铜铸造技艺是指流传在古晋国都城（山西曲沃）及其周边地区的传统金属制作工艺。

晋都青铜铸造主要工艺流程如下：1.塑型。根据参照物或设计作品要求，先用黄泥进行雕塑，精雕细刻后制成玻璃钢模具，进而再制成硅胶模型，接着向硅胶范内注蜡，然后对蜡型进行修饰。2.制范。用60%—83%的细沙，17%—40%的铝矾土做母范、内范和外范。在铸造器件时，将成品的铸件置于外范上预先做好的内孔，浇铸后即成一体。3.浇铸。在地上掘一土坑，把内范倒置于坑内，然后再把外范分块附在内范上，用草泥糊好接缝。在外范底部要装一个锲行浇口，使铜液由浇口注入内外范间的空腔，待铜液完全冷却，打碎外范，取下铸件。4.磨砺。对不光洁处进行打磨，沙眼处进行填补，不通达处进行疏理，不规矩处进行修正。5.着色、抛光。对铸件先进行抛光处理，然后根据要求进行着色。

晋都青铜铸造技艺对中华民族这一优秀传统金属工艺的形成，发展及制作流程，具有重要研究价值；通过产品和技艺的交流，对提升我国青铜铸造工艺水平，青铜器物品位，工艺美术的水准具有很高的参考意义。

襄垣金工铸造技艺

申报地区或单位：襄垣县丰通工艺铸造有限公司

山西襄垣武氏护法金工铸艺历史悠久、技艺精湛，其手工制作的成品主要有铜雕、大钟、香炉、铁塔、铁佛、龙凤牌碑等。

襄垣县西营镇南漳村地处襄垣、武乡两县交界之浊漳河畔，素有铸造故乡之称。上溯到清康熙年间便有武氏祖先在武乡县段村（现名为丰州镇）开办了远近闻名的复兴隆艺术品铸造厂，主要是为宗教庙寺及家居布置中铸铜钟、铜像及各种精美的艺术用品。所用造型材料就是当地河砂，经捏、付、烘、扣等工艺手段，精雕细刻制成范模，然后用“牛屎拜”（木制吹风机）送风将坩锅中的金属熔化为液体注入范模而制成活灵活现、细致精美的金属雕像及其他艺术品。清道光二十五年（1845）武氏“复兴隆”铸造六世祖武有德移居襄垣，七世祖武二虎定居南漳。经过一代代传承人继承发掘与升华，到清咸丰年间，武氏工艺品铸造已在当地有一定知名度，清光绪年间至民国初期发展到鼎盛时期。在此期间，为适应社会需求，“复兴隆”还生产了锅、盆、犁、铧等农民生产、生活用品。

武氏手工翻砂铸造的各种工艺品集中代表了我国几千年的翻砂历史及其发展变化的工艺过程，较完整地保留了千百年以前的生产模式和设施工具，具有重要的文化价值。

宝剑制作技艺

申报地区或单位：晋中市平遥县文涛坊艺术品有限公司

平遥铁器锻造，有记载的可上溯至清代道光年间。鸦片战争后，中国的冷兵器逐渐退出了历史舞台，几千年来流传下来的刀剑文化实物毁之甚巨，刀剑复制、修复技艺也应运而生，其中涌现出多位工艺巨匠，他们将古刀剑复制、修复技艺通过师徒口耳相传至今。

古兵器复制、修复是一门综合技术，由锻造、冶炼、研磨、雕刻、铸造、木工、皮工等工种组成，它综合运用了中国古代兵器中科学的淬火工艺、精湛的金属冶铸煅造技术、精致的外装金属设计制作流程，全面体现了极具中国特色的良刃制造工艺水平，其核心技术——剑（刀）条的复制、修复采用传统花纹钢技术，使用传统淬火术，并综合了中国传统工艺上的雕刻、镶嵌、金银铜错、漆艺等多种装饰工艺，对匠师们的经验、素养、悟性等方面均有较高的要求。

古兵器复制、修复是对宝贵的中国古兵器文化遗产抢救性挖掘研究与保护的一项有力举措，是中国民间对古兵器收藏研究成果的集中体现，对古兵器研究和收藏都具有非常重要的意义。

并州刀剪制作技艺

申报地区或单位：太原晋府店刀剪社

并州剪刀亦称“并剪”、“并翦”，《今日太原》第二十章《名土特产》中记载：“并州刀剪有两千多年的历史，以刀口犀利、钢水分明、锻造坚固而著称于世。在唐、宋时代，并州刀剪的生产，有相当规模，现今大、小铁匠巷，大、小剪子巷，就是当年生产的集中地。”

并州自古制铁业发达，铁质优良，工艺精湛，技术高超。所以并州刀剪锋口犀利，钢水分明（钢和铁分明），式样大方，锻造坚固。刀，切肉不粘刃，砍骨不卷刃；剪，剪布不毛边，剪毛不粘锋。这不仅是铁质的优良，更是技术的精尖，工艺流程的严谨也起着关键性的作用。一把并州刀剪，要经过20余道工序，分为选料、锻造、毛胚、劈槽、热锻、冷锻、淬火、开利口、装配、开刃、检验等步骤，特别是淬火和冷有独到之处，致使古代并州刀剪质地优良、名播四方。并州剪刀具有出色的啮合钢叶片，在剪刀的叶片内题有诗词，并且可以平开刀口，呈180度。

并州剪刀制作技艺历史悠久，工艺复杂，为了保持刀片硬度，每个叶片必须在相应的温度下加热、淬火，然后回火，由此过程产生的刀片，既坚硬，又能承受较强的冲击，深受太原民众喜爱。

大阳手工制针技艺

申报地区或单位：晋城市泽州县

大阳传统手工制针技艺创于明代嘉靖年间，是山西冶铁技术发展至明清时期的典型代表。大阳镇位于泽州县西北部25公里处，这里优越的采矿和冶炼技术促进了手工制针业的迅速发展，制针业的兴起又繁荣了大阳镇的经济和文化，逐步形成了地域性的“针文化”，大阳因此被誉为“九州针都”。

从明朝末年到清朝中期是大阳传统手工制针技艺的鼎盛期。大阳钢针随着晋商的足迹销往全国各地，并远销到西亚的伊朗等地。根据“针翁庙补修碑”和“始皇庙碑”所记，大阳钢针在西北以榆林府为中心，转销大西北，南路以周家口为中心，转销华南，北以北京为中心，销往蒙古，在黄河流域和长城内外是其主要的销售市场。

大阳传统手工制针技艺建立在对钢材柔化处理的基础上，即著名的“地下土圆炉炼钢法”。这种炼钢法是在干燥的红土地下挖六尺深的坑，不用坩埚来冶炼，设备、方法都非常简便，冶炼出的钢富于延性，可以拔成钢丝，非常适合制针。据传，手工制针有72道工序，一般是由经营针行的商家购进钢丝剪断，扎成把送交给家庭手工业者加工，众人各执一艺，流水作业，最后仍转回针行包装出售。从钢丝到成品，非一家和数家可单作独揽，所以大阳村逐渐形成了家家户户投入，家无剩余劳力，妇孺皆可劳作的繁荣景象。当地流传的《卖针歌》唱道：“头号针能纳千层底，二号针能缝万件衣，三号四号老常用，五号钢针虽然小，大家小户离不了……”制针技艺的发展是当地先民利用丰富的煤铁资源，并在借鉴了成熟的条炉、炒炉、坩埚炼铁技术的基础上的一项伟大的发明创造。

传统手工制香技艺

申报地区或单位：太原市小店区文化馆

香是百姓供奉神灵、怀念祖先以及宗教活动时必需的供祀用品，山西庙多、寺多，加之表里山河的特殊地貌，使其习俗各异，各种祭祀频繁，制香业也就发达起来。

太原市西里解村手工制香技艺始于清光绪年间，仅在当时该村就有制香的作坊7家，到1956年实行农业生产合作社时停产，近几年又有几家香坊恢复了生产。手工制香的工序为：1.将优质松树、柏树、桦树的枝条磨成粉面；2.再将榆树皮面和中草药苍术按比例混合均匀，倒入开水锅，搅拌均匀，再倒到铺在地上的席子上，用石砖捣动，团成圆柱形坯子；3.装入人力操作的挤压机，一根一根挤在光洁的木锨板上，再一根一根滚到铺箩上；4.用刀切去两头，再用竹片按10支或12支一板通开，平铺到折箩、丝箩上，放到太阳下晒干，后捆把包装，即可上市。

太原小店区刘家堡乡西里解村手工制香技艺历史悠久，整个生产过程全靠手工操作，生产过程不产生任何污染影响，既绿色环保，又满足人民供祖的需求，深受当地民众的喜爱。

云香制作技艺

申报地区或单位：交城县宏泽制香有限公司

吕梁市交城县大营村自古就有生产"云香"的历史，《交城县志》载："明清至民国年间，本县居民家家户户逢年过节、婚嫁丧葬、贺子弥月、高堂庆寿，都要焚香祭祖。大营村百余户人家利用（本县）中西川、西冶川所产的松柏栎杨木生产板香、大香、空香、盘香、万寿香、云儿香等，年产量800—1500万把（件），销于华北各省及东北等地。"

制作云香原材料包括骨料、粘结料、助燃料、香料。骨料主要是"末子"（木粉），要求没有异味。传统粘结料是榆树皮粉（俗称榆皮面），作用就是将骨料粘结在一起，使做出来的香条不易疏脆断折。硝适量，作为助燃剂，防"熄火"。香料可以是多种天然香料，如柏香、檀香、沉香、人造香精等。“樋子”是一种称为“茧草”的主茎，长二尺左右，细长且具韧性，趁香条未干时穿刺在香条上，使制成的图形固定下来，起到支撑的作用。制作流程大致为：1.将原材料包括骨料、粘结料、助燃料、香料加开水搅拌好的面团，强调软硬适度及韧性；2.使用类似厨具河捞床式的工具加工，从独孔模具的孔中挤压出粗细均匀的香条（云香、高香较粗，普通线香较细）；3.按照所需造型或直或曲、长短加工后排列晒干，就是成品香了。

云香造型别致，燃时长久，焚法各异，香味悠扬的特性，受到晋中文化圈中民众的默认，它体现了区域宗教文化的历史烙印，对黄河中游农耕文化的研究具有重要价值。

陵川纸龙制作技艺

申报地区或单位：陵川县文化馆

扎纸龙、舞纸龙是一种汉族传统民俗，陵川县平城镇每年农历十月初一举行隆重的龙灯会仪式，一方面感谢神龙保佑风调雨顺、五谷丰登，同时还能驱鬼辟邪，保佑一方平安。陵川纸龙一雌一雄，成对出现。舞龙时双龙在前，后面的提灯队伍浩浩荡荡，非常壮观。

陵川纸龙以竹篾制骨架，用宣纸（后用牛油纸）做龙头、龙身、龙尾，其中龙头的制作难度最大，由口含龙珠的嘴部、前额、后脑、角、手柄等部分组成，龙身和龙尾所蒙裱的纸上绘有龙的鳞片，鳞片上贴有金银色纸。舞龙正式开始前，经过村中德高望重的老者点睛后，龙头摆动，龙目闪闪发光，龙鳞熠熠生辉。每次舞龙时约由六十余人组成，以狮鼓、大钹、锣作打击乐，以唢呐等为吹奏乐器。纸龙舞的内容和动作有许多种，包括“祥龙献瑞”、“龙入禹门”、“金龙缠柱”、“游龙戏水”、“龙逛花园”等造型；通常表演结束后，就将纸龙抬到河流侧畔，将其火化，意为“祥龙归大海”。

陵川纸龙的艺术价值主要体现在它的材质、工艺和舞龙套路上：1.陵川纸龙为纯手工制作，所用原料为纸、竹和麻绳等天然原材料；2.扎龙是一项非常精细的手工技艺，工艺考究、工序复杂，制作精美，成为世代传承的民间艺人的绝活；3.舞龙也是一项极为隆重和讲究的表演过程，遵循着一系列祖上传下来的固定仪式，具有极高的艺术价值、民俗价值。

绛州飞龙制作技艺

申报地区或单位：运城市绛县

山西绛县自古就有舞龙的习俗。年末岁首，民众精心制作出各种形制的龙，把它作为吉祥物在空地场院和村头巷尾翩然舞动，以此祈求五谷丰登，来年好运。民间艺人为了能够表现神龙腾飞的状态，在传统“地龙”的基础上，运用科技手段，依靠气体的比重差异和严谨的设计制作，形成了独树一帜的飞龙艺术。

绛县飞龙在工艺制作上，选用了超轻型特殊材料经过周密的设计、裁剪、拼接而成，特别是龙头部分，既要表现飞龙头角峥嵘、飞跃腾空的形态，又要严格控制骨架的受负荷程度，可谓精益求精。飞龙制作完成后，操作者必须熟练掌握充气的方法和技巧，时刻保持龙身的自然平衡，不能直立而上，也不能头重脚轻，还要令飞龙翩翩起舞，时而盘旋，时而翻滚。

绛县天地龙舞近年来在一些大型民间艺术活动上多次表演，备受关注。每当地龙表演至高潮处，天龙盘旋腾空，二龙动作相互配合，在舞蹈上，融入当地民间舞蹈《推花灯》、《九凤朝阳》的韵律。音乐上，与当地锣鼓、铜乐管等民间艺术巧妙和谐地结为一体，将龙舞表演推上了一个新的境地。

交城滩羊皮鞣制工艺

申报地区或单位：吕梁市交城县

交城滩羊皮是山西省交城县皮草匠人用陕甘宁青区域的“滩羊”生皮，鞣制成的名贵裘皮的总称。《中国实业志》曾记述交城毛皮业：“山西以牧羊著称，硝皮业亦随之发达。全省硝皮业之发轫，以大同、交城两地最早，在明末清初之季，已有硝皮场之经营……”“交城皮货以滩皮为最著，制工之精美……”交城皮毛业在明、清时期达到最盛。据资料记载，清末民初，交城仍有一百多家皮坊，年总产值达三百一十多万块银元，当时在皮坊做工的工人达一万余人，这些人中交城城区常住人口只有两千余人，其余九千余人都是外来打工者。

交城滩羊皮精选原材料，经精心鞣制而成。其加工工艺复杂，有洗、泡、晒、铲、钉、鞣、吊、压、裁、缝等20余道工序，另加入黄糜、皮硝等辅料，完全依靠手工操作。滩羊皮的特点是皮板薄、重量轻、色泽白、毛锋长并有波形弯曲，经鞣制后仍保持7—9道弯。质次者称“头顶一枝花”，即只在毛尖梢部有卷曲，其余则是直毛，区别明显。滩羊毛纤维细长均匀，绒毛轻柔蓬松，富有弹性，也是制作毛毯、披肩围脖、毛衫等的高级原料。

新中国成立后，交城县成立了地方国营交城毛皮厂，交城滩羊皮鞣制工艺得到传承。然而，该厂20世纪80年代因经营不善破产，现在交城滩羊皮技工均已年老，后继乏人，工艺濒临失传。

王吴猪胰子制作技艺

申报地区或单位：太原市小店区文化馆

王吴猪胰子制作技艺是小店区刘家堡乡王吴村吴姓人家传承近三百年的洗洁用品手工制法。

清康熙年间，一山东人落难到王吴村，被吴姓人家收留，出于感恩，特将猪胰子手工制作技艺传授于吴家。由于猪胰子造价低，适合劳动人民冬季清洁皮肤使用，人们非常喜爱，因此猪胰子不仅在当地热销，还远销周边省份。到雍正年间，王吴村生产猪胰子的作坊发展到五六家。王吴猪胰子制作主要以民房宅院为主要生产场所，其生产工艺为纯手工制作。主要用料为猪的胰脏和其他几种名贵的中草药，配料也十分严格讲究。在制作过程中，温度与湿度的要求非常严格。初期猪胰子主要用于清洁、润肤和护肤，经过后人的精心研制和不断改进，猪胰子又具有软化皮肤，增加皮肤的弹性，防冻、防裂和润肤的功能，且去污力强，有改善粗糙皮肤之功效，用后肌肤细嫩、干净、绵软，堪称“冬用皂王”，是冬、春、秋三季洗涤佳品。

蝴蝶杯制作工艺

申报地区或单位：侯马市群艺馆

蝴蝶杯是一种显影型酒具，它利用光学透镜的原理，使人们在饮酒时可以观赏到杯中美景，“杯满蝶显，酒尽蝶隐”，不仅给人以美的享受，还映射出我国古老的酒具文化。

蝴蝶杯在宋代史料、明代剧本中均有记载。《陶录》云：“邑绅刘吏部藏古瓷器，内绘彩碟，贮以水，碟即浮水面，栩栩如生，来观者众，遂秘不示。”当时的蝴蝶杯作为爱情信物，在民间流传，作为稀世之宝，被官吏收藏，但许多人在现实生活中并没有见过。1979年，蝴蝶杯生产作坊在侯马市郊区崖口村的一村民家发现，随后立刻轰动全国。

夜光蝴蝶杯是用高档骨瓷、祁连玉、蓝田玉、岫玉、米黄玉、阿富汉玉等不同瓷、玉制作而成，造型古朴，设计奇绝。瓷制夜光蝴蝶杯通体透亮，高贵典雅；天然玉制夜光蝴蝶杯用玉石打磨，抛光而成，翠绿晶莹，古朴端庄。斟酒满杯，便见一彩蝶从杯底泛起，起落于花丛之间，栩栩如生，出神入化，杯酒饮尽，彩蝶顿逝。这一瓷一玉把蝴蝶展现得完美无暇，极具观感。

清徐熏葡萄技艺

申报地区或单位：太原市清徐马峪葡萄酒厂

清徐熏葡萄是一种葡萄深加工制作方法，主要流传于清徐县马峪乡周边山村。清徐熏制葡萄技艺历史久远，《新唐书》中有“太原、平阳皆做葡萄干，货之四方”的记载，古代由于交通运输不畅，鲜食的葡萄运送不出去，加上当地葡萄产量大品种多，本地消化不了，一些不适宜鲜食的葡萄，熏制成葡萄干。

熏葡萄制作周期大约二十五天左右，原材料须用黑鸡心葡萄。熏房选在干燥、向阳、通风的地方，墙壁用石灰泥或破灰泥抹平，地板用炉渣和水石灰混合铺垫，房顶有天窗，每间必须有窗户、土火炉，房内还要预备30个浅只和230根熏杆。熏制之前要先将葡萄搭架，将熏杆搭在两条板凳中间，把鲜采回来的葡萄搭在杆上，直到搭满为止。然后将搭满葡萄的熏杆移至熏房内的架子上，搭杆之间的距离以葡萄之间不挨着为宜，架杆最上层装浅只，里面放零散的葡萄。熏制过程中，火候一定要把握好，最开始的5天内采用大火，室温一般为40℃，逼出水分，从第6天开始到第10天改为中火，室温一般为25℃—30℃，使葡萄缓慢皱缩。10天以后用小火直到熏干，葡萄干的水分保持在30％左右。为了使葡萄受热均匀，每天要将熏好的葡萄揉下来，未成干的继续留在杆上熏制。熏葡萄的煤糕非常有讲究，必须用无烟煤和烧土按2:1的比例配制。管理熏房的大师傅叫炉头，小工叫圪斗候。炉头负责掌握火候，承担整个熏房的加火、减火、开窗、放风等工作，圪斗候做搬煤糕、挑煤渣等重活。

清徐熏葡萄技艺是农耕文化的产物，具有较高的历史文化研究价值。然而随着交通运输的便利，葡萄贮藏保鲜加工方法的增多，果农不再单单以熏干的方式来贮存葡萄，古老的熏葡萄技艺已渐渐退出了历史舞台。

苇编技艺

申报地区或单位：长治市襄垣县非物质文化遗产保护中心

苇制品编造是指用芦苇、高粱秆、河草、麦秆等高茎植物表皮，通过加工编造出各种民众生活用品的技艺。襄垣，位于山西东南部长治地区，与沁县、武乡、黎城、屯留地势相邻，这里土地肥沃，河流宽广，地理环境适宜编造原料芦苇生长，好的茎高四米有余，每村都有三五八亩不等的芦苇地，给人们的日用苇制品需求带来十分便利的资源条件。

苇编工艺对原材料要求苛刻，是一个追求技艺性很强的体力劳作项目。制作工具有五尺、刀子、拨子，破苇用的穿子，叠边用的撬刀等。编造原料大致分为芦苇、高粱秆、河草三类，其中以芦苇编造较普遍，因其有茎高、空心、耐用、光亮、整洁、光滑等特点。制作流程有选料、去杂、破苇、碾压、刮皮、编造等步骤，其中编造又分为起头、做心、回编、编边、搁角、打紧、对节、裁边、洒水、划痕、叠回、插边、打刺等。纹饰分三纹、二纹、格纹和花纹，其中花纹类又分为条盘型、富贵不断头、满天星、金砖漫地、方砖漫地等。制作要点归纳成的三字要诀为：选料真、破苇匀、碾压平、刮皮净、配料均、摆顺纹、搭配勤、对节准、四角齐、八面光。传统苇制品有炕席、床席、窗席、凉席、囤席、圆圪娄、草帽、花罩、头发卡等。

苇编制品原材料广泛，充分利用皮质植物的特点，注重色泽、肌理，追求天然，体现了劳动民众的淳朴、淳厚、真诚的品性。苇编品隔潮耐用，环保节能，使用便利，冬暖夏凉。与一般的传统艺术相比，苇编造型观念的主观性更加突出，是民间使用技术和民间工艺的有机结合，也是适用性与审美性的有机结合。

乾和祥茉莉花茶融淬技艺

申报地区或单位：太原市果品茶叶副食总公司乾和祥茶庄

乾和祥茶庄是山西茶行的百年老字号店铺，以销售茉莉花茶为主，茶庄的掌柜们在长期摸索实践中，创制了茉莉花茶拼配加工、包装技艺，传承至今。

茶叶拼配加工，即把各种长短、粗细、轻重、批次、质量和产地不同的、等级相当的原料茶相互拼和，使茶叶的各项品质得以提高的技术，具体而言，分为选料、单样感观审评（取小样、剔除花干、冲泡、热闻香气、看汤色、尝滋味、看叶底、温闻冷闻）、采成品小样、小样拼配、成品小样审评、做单（把成品小样所需原料品种、数量明细做成表交递保管，拼配成品茶由保管完成）、成品拼配、采成品大样、包装等9道工序。斗型包装是茶叶加工后的最后一道工序，又分为拢茶、对折、打筒、折边、整型、卡包、捋型、封边、成型9个步骤。通过上述过程，茶包成型加贴茶庄标签。一个底部方方正正，上部隆起饱满，四面平整，棱角分明的斗型茶包就可成型上柜了，这种斗型包装寓意着方方正正做人，踏踏实实做事，才可日进斗金。

乾和祥茶庄茉莉花茶拼配加工以感官审评为主，斗型包装为纯手工操作，这种口传身授手手相传的传承方式，保留着我国北方茉莉花茶拼配加工技艺和包装特色，具有较高的历史文化和社会价值。

木雕、石雕、砖雕艺术

申报地区或单位：山西省灵石县王家大院资寿寺管理中心

王家大院地处灵石县城东12公里处的全国历史文化名镇——静升镇，静升镇有全国重点文物保护单位四处，历史文化氛围极浓。

王家大院的砖雕、木雕、石雕题材丰富、技法娴熟，大量采用了世俗观念认可的各种象征、隐喻、谐音，甚至禁忌的艺术形式，在文人、画家、雕刻艺人的共同参与下，将花鸟鱼虫、山石水舟、典故传说、戏曲人物或雕于砖、或刻于石、或镂于木，体现了清代建筑装饰的风格，将儒、道、佛思想与汉族传统民俗文化融为一体。木雕图案构成形式复杂多样，表现手法虽灵活多变，但在图案的构成形式上仍然呈现出一些规律性的特点，即图案的连续美、对称美、均衡美。砖雕远近均可观赏，具有完整的效果，采用阴刻、浅浮雕、深浮雕、圆雕、镂雕、减地平雕等手法，刻画龙凤呈祥、和合二仙、刘海戏金蟾等寓意吉祥和人们所喜闻乐见的内容为主。石雕主要以雕刻龙亭龙柱、琼楼玉阁、飞禽走兽、人物花草及仿古器皿为擅长，有圆雕、线雕、浮雕、平雕四类之分，既有古老艺术的魅力，又有典雅明快的现代艺术风格。

王家大院的三雕艺术是清代“纤细繁密”风格的集大成者，其石雕、木雕、砖雕分别装饰着斗拱、雀替、挂落、栋梁、照壁、廊心、柱础石、墙基石、匾额、帘架、门罩、屋顶等，雕刻题材丰富多彩，技法精致多样，具有重要的工艺美术、历史文化研究价值。

九、传统医药

山西省非物质文化遗产代表性项目名录

道虎壁王氏中医妇科

申报地区或单位：平遥县王恭诊所
晋中市道虎壁王氏妇科研究院

平遥道虎壁王氏妇科疗法由王氏直系家族面传口授、代代传承，尤其是王氏先祖吸纳清代名医傅山所著《傅青主女科》之精华，形成的一套主治妇女不育或调经、崩漏等疑难疾病的独特良方，在国内中医妇科流派中占有重要一席。

据王氏宗谱记载，其始祖王厚北宋末年为躲避战乱率子迁居平遥东泉镇从事中医妇科诊疗活动，至今相传29代不绝，名医迭出。道虎壁王氏中医妇科以傅山女科治疗方法为重要思想，讲究明辨标本、分步调治、先攻后补、先补后攻、辩证兼施，特别注重四季用药方法；根据妇科病症的不同，采用内病外治、外病内治以及内外结合治疗的方法；还有对中药材的选用、加工炮制、技术操作全凭经验掌握，逐渐形成了较为完善的中医妇科医学思想理论体系和独特的临床诊疗方法。

道虎壁王氏中医妇科针疗法经过几十代人的努力，积累了大量的临床实践经验，具有很强的医学研究价值，对许多妇科疑难杂症的治疗也具有较强的借鉴意义。

傅青主女科

申报地区或单位：太原市尖草坪区

傅青主女科是傅山先生对治疗妇科疾病总的辩证思想和诊疗方法的概括。傅山，字青主，一字公佗，自号朱衣道人，山西阳曲（今太原）人。傅青主博学多才，精史之外，兼工佛、道、武术、书法、绘画、诗词、音韵、训诂学。名满天下的思想家、学者顾炎武曾三次拜访傅青主，将傅青主当作自己的老师，称赞他“萧然物外，自得天机”。值得一提的是傅青主对临床医学很有研究，其医学理论和传世良方至今仍在我国中医学界影响深远。直到现在，山西各地还流传着傅青主治病救人的故事。

傅青主的医术以女科见长，《傅青主女科》是其代表作之一。全书文字朴实，论述简明扼要，理法方药严谨而实用，重视肝、脾、肾三脏病机，善用气血培补、脾胃调理之法，故颇受妇产医家推崇。他把所有妇产科疾病分列在调经、种子、崩漏、带下、妊娠、小产及临产等九门项下，内容涉及整个妇产科领域。书中详细论述了经、带、胎、产四个方面的多种病症，有理有法，有论有述，有常有变，理法方药俱全。傅山继承了清朝以前历代医学家关于妇产科学的学说，并结合自己的临床经验，提出了很多独特的学术见解，该书是中医临床、教学、科研，特别是中医妇产科临床工作者必读的中医古籍之一，至今还在指导着中医妇科的临床实践。

吴氏妇科

申报地区或单位：太谷县康福药店

吴氏祖传中医起源于浙江吴县，明朝洪武年间传到太谷，历经25代，融合了中国南北方的中医药理论，其妇科诊疗方法堪称一绝。

明洪武六年（1374），吴氏中医第十世传人吴汗许为了躲辟战乱，从吴县迁至太谷县贯家堡村，随即也将吴氏祖传中医及众多祖传药方带入晋地。经过世代传承，吴氏后人不断融合了一些地方妇科诊疗方法，逐渐成为当地治疗妇科疾病的中医名家。吴氏第20代传人吴华亭对其家族医术的传承至关重要，他在吴氏祖传中医的基础上，大量收集、整理古今秘方、民间验方，又根据祖传药方，自创了许多新方，尤其在男女不孕不育方面，有着独到的见解。吴华亭之子吴连文继承祖业，在中医辨证施治、鉴定药材真伪和中药炮制等方面积累了丰富经验，尤其在妇科领域颇有建树。吴氏祖传中医在妇女不孕不育治疗方面积累了丰富的经验，善于用汤药、丸药、针灸相结合的方法，综合治疗。对于因输卵管不通的妇科不孕不育症患者，一般用针灸、汤药；对于男性不孕不育症患者，用自制的“种子丸”治疗，效果显著；另外，对于习惯性流产的治疗及保胎、下乳方面也颇有疗效。

吴氏妇科是祖辈流传下来的行医经验总结，对研究我国传统中医药的发展、成就及走向具有很好的见证与借鉴作用，是极其珍贵的文化遗产。

武氏正骨疗法

申报地区或单位：高平市文化馆

武氏正骨法是一门传统中医骨伤科疗法，源于清末，迄今已有百年历史。其奠基人武根定（1886—1957）12岁在山西省沁水县白云寺牧羊时，拜一老和尚为师，学得正骨技术和“唾骨正骨法”，曾为“高平县三区医生研究所”研究员。第二代传人武承谋继承父传，创立“马村镇掌握村卫生所骨科”，后更名“马村镇掌握村正骨医院”、“高平市武氏正骨医院”等。第三代传人武天宝开设“高平市武氏正骨医院友谊街分院”，后更名为“高平市武承谋骨伤专科医院”。

经过三代人的不懈努力，“武氏正骨法”已发展形成为具有独特正骨技术和学术专长的中医骨伤科疗法。其总纲为“一次整复，多次矫正，持续牵引，定期调整”。特色为“武氏正骨手法整复，牵引加小夹板固定为主，内服三期中药为辅，武氏推拿按摩舒筋手法恢复后期功能善后”。正骨手法心诀为“摸之心要准，按之手如戳，拽之力要当，捏之手要稳，转之宜松（灵）巧，合之功要真”。武氏正骨法根据骨伤患者的具体情况，采用“问号法”、“提拉法”、“颈膝牵引法”、“坐位牵引法”以及“双拇指按压法”等正骨整复手法，辅以内服中药“武氏接骨方”，在临床应用中尤有疗效。

武氏正骨是中华医学骨伤科的一个支流，从其产生到现在一直在当地发挥着重要的作用。

李氏正骨疗法

申报地区或单位：长治城区红十字李新如骨科医院

李氏正骨术流传于山西长治、晋城一带，至今已传承六代150余年，其始祖李三义通过无数正骨实践，总结出“整复、固定、功能锻炼”三阶段的治疗方案来处理一般性骨折，同时对外伤、肿、脓疮等病症，还大胆借助了“鹰爪”、“火石片”等工具来做切除手术，开创了李氏正骨的独特疗法。李三义之子李济民在正骨治疗的方法上开辟了“诱导正骨法”及“妥善固定，合理功能锻炼”的“动静结合康复疗法”，尤其是李济民独特的“无备复位法”，堪称一绝。李三义之孙李善修禀承祖辈中医手法正骨的特长，并把李氏正骨疗法总结为“摸、揣、提、按、分、挤、理、摆”（李氏八法），另外他还概括出“肌触于外、巧生于内、手随心转、法从手出”的“李氏正骨要领”。李善修之子李新如在家传中医正骨的基础上，又结合使用西医手术治疗骨伤的优势，中西医结合，把李氏正骨疗法推向了一个新的阶段。

李氏正骨疗法历史悠久，传承稳定，社会影响力大，正骨技术独特并配有秘制药方，临床效果好，治愈效果显著，是晋东南地区传统中医正骨手法的典型代表。

何氏中医正骨

申报地区或单位：运城市稷山县洪新诊所

正骨疗法是以中医治疗骨折、关节脱位等运动系统疾病的一种方法。稷山县何氏中医正骨系家传疗法，是通过拔伸、复位、对正、按摩，然后用小夹板进行固定，最后通过口服中成药、外敷膏药，对病人的骨伤进行康复治疗。何氏正骨法中的”小夹板固定”属于何氏独创，因其有效的提高了骨伤患者的治愈率，故被许多医院所效仿。

何氏正骨疗法起源于清乾隆二十五年（1760），何氏先祖何六一开始单一正骨，简单用药，用“一法”、“一药”，开创了中医正骨。后经几代人探索、总结，逐步发展到小夹板固定、手法定位、内服中药、外敷膏药、针灸按摩、功能性体能恢复锻炼等诊疗方法，形成一整套比较系统完整、科学有效的正骨治疗体系。

何氏正骨法因人、因时、因病而采取不同手法，大致分“轻”、“重”、“缓”、“急”四种情况，灵活运用“手随心转、法从手出”，既能达到治疗效果，又可减轻患者痛苦，是传统中医中药的一朵奇葩。何氏正骨还有祖传秘方用药，如何氏万应膏对活血化淤、消肿止痛、续筋接骨具有非常显著的疗效，被患者赞誉为“焊骨膏”。七厘散、接骨丹、紫金丹、虎潜丸、香附散、散结散等多种家传秘制效方，经过多年传承完善，贯穿于正骨的早、中、晚期，具有时间短，痛苦小，疗效好，费用低，无毒副作用。

何氏中医正骨，历经240余年，至今已传承九代，它作为国粹中医中药的一个有机组成部分，长期根植于民间，并且形成了自己独特的治疗办法和方药，保存、延续、发展了祖国传统医学文化，具有重要的中医药文化研究价值。

平王中医正骨

申报地区或单位：运城市芮城县陌南镇平王村中医骨科诊所

平王中医正骨术流传于芮城县陌南镇平王村，始创者为清代名医石林子。石林子，生于1843年，乃清朝后期名医，他继承父亲中医大学士石彦秀的衣钵，以整骨、接骨而闻名一时。其子石养子以中医正骨为主，创立了自己的一套诊断、治疗及药物助疗的完整手法，成为当时一绝，并将其辅助药物命名为“展筋丹”和“接骨丹”。

平王中医正骨流传至今已逾百年，发展至四代传人，独特的手法配以秘制“展筋丹”、“接骨丹”等药物辅助，疗效确切，治愈率高，特别是对顽疾更有它独特的效果。平王中医骨科在诊断及治疗方面的基本内容有：1.诊断。采取望、闻、摸、切四种检查手段，便可判断患者伤情症；2.治疗。以推、拿、捏、捺四种手法进行正骨复位，外揉“展筋丹”以舒筋活血，消肿止痛；3.康复。外敷“接骨丹”促进愈合，并用纸片及绷带固定。

平王中医正骨术承先人临床经验所传，治病过程中损伤小，痛苦小，治愈率高，其辅助药物“展筋骨”、“接骨丹”具有舒筋活血，消肿止疼，促进痂骨形成之功效，是珍贵的中医文化遗产。

韩式正骨术

申报地区或单位：陵川县西河底镇卫生院

中医正骨系诊治损伤专科，是古代医学“十三科”之一，也称骨伤科或骨科。陵川韩氏正骨术有据可考的历史已有200余年，目前唯一的传承人韩高举，师承于岳父王文公。王氏系晚清生人，祖籍陵川县附城镇峰西村，一生治病救人，乐善好施，接济乡邻，人送绰号“大善人”。王氏师承西河底镇冯山村冯得孩，冯氏医术高明，人称“及时雨”，当时与上党戏王赵清海（勤孩）齐名，民间有“唱戏的是勤孩，正骨的是得孩，补锅的是良孩，小偷王是五孩”的说法。冯氏师承晋城白杨泉河李氏（姓名已不可考），人称“李半仙”，在当地名声很大。再往前历年代久远，传承情况已不可考。

陵川韩氏正骨术治疗骨伤疾病，徒手整复，以自制的骨伤药局部外敷，小夹板绷带一同固定，适当的药物内服，经治患者自行休养短期内就可以恢复正常。韩高举将自己多年临床正骨手法总结为摸法、提法、拔法、拉法、晃法、推法、拿法、接法、端法、按法、摩法、揉法，共12种。这些手法是伤科诊断和治疗的必要方法，也是伤科治疗的特点。骨折的诊断主要依靠望、闻、问、切并结合摸法和比法相互配合进行。民间正骨医师只有不断提高自身的诊治能力，不断发现并解决问题，积累知识，总结经验，才能更好地继承先辈的精湛医术并发扬光大，将正骨治疗技术不断向前推进。

摸骨正脊术

申报地区或单位：晋中市灵石县

摸骨正脊术是通过触摸人体骨骼位置与形态变化结合经络、气血、脏腑学说来确定人体是否健康，以及发病部位、病情轻重等，进而确定实施手法和推测治愈程度，并以正骨理筋手法加以治疗。灵石郭氏摸骨正脊术在汲取古今先进技术的基础上，运用摸骨方式，从检查诊断、临床施治到固效辅疗，形成自成一体的整脊矫正体系，具有安全、舒适、高效等特点 。

郭氏摸骨正脊术主要是通过脊柱的“四柱理论”，把脊椎与脏腑经络的关系系于一脉，将脊椎的临床生物力学与杠杆原理、重力原理融为一体，通过运用推、扳、挤、压、旋转、移动等特定手法，治疗各种脊椎疾病，并运用健身、食疗、药疗三位一体的固效疗法，达到维护和修复病症不再复治的目的。摸骨正脊全凭双手，不依靠 CT、X 光、核磁共振检查而精确诊断间盘突出、狭窄、增生，并且复位时也仅用双手，从不使用介入或辅助工具。该项技术不仅可以调整脊柱的结构异常，而且对众多顽固性颈肩腰腿痛及许多相关疾患疗效确切，真正达到摸骨知病，正脊祛病。

赵氏正骨

申报地区或单位：河津堡子沟中医骨伤专科医院

河津赵氏中医正骨法是一门传统中医骨伤科疗法，迄今已有百余年历史。奠基人赵孟成，生于清同治年间，民间游医，以治疗骨伤见长。其子赵奎保秉承了父亲的正骨手法，创立“赵氏正骨法”，自制小夹板为病人治疗。迄今为止，赵氏正骨术已传至第四代，并形成了自己的独特治疗技艺和学术专长。

赵氏正骨的治疗原则是“筋骨并重，内外兼治”，其特色是“以赵氏正骨手法复位和小夹板外固定的特色治疗方法为主，内服、外敷自制中药为辅，赵氏中医理疗善后”。手法整复和小夹板固定是治疗之首要，其后为促进骨折早日愈合则需内服、外敷中药。骨折愈合是治疗关键，然而肢体功能的恢复是治疗骨折的最终目的。赵氏正骨心法和复位技术可以总结为：“摸之心准，捏之手稳，拉之力当，转之手巧，推之手柔，按之手正”，使复位在“骤然人不觉，患者知时骨已拢”的过程中悄然完成。赵氏正骨根据骨伤患者的具体情况，采用的正骨整复手法有“折叠复位法”、“旋转复位法”、“牵引复位法”、“相反复位法”、“提拉复位法”等。如今，口服中药秘方制剂“接骨定痛胶囊”“木瓜舒筋胶囊”已经投入临床使用，该制剂对各种新鲜骨折、软组织红肿、淤血、疼痛、骨折延迟愈合、骨不连接、骨折愈合后肌无力、关节僵硬及各种骨病有其独特疗效。

赵氏中医正骨在整个河津地区的中医骨伤科医疗领域占有重要地位，它是中医骨伤科中的一个支流，是河津地区的优秀民间医药，也是古老中医正骨术的遗存，具有重要的中医医药研究价值。

吉祥王氏烧伤

申报地区或单位：临汾市曲沃县吉祥村卫生所

曲沃县曲村镇吉祥村的王氏烧伤膏药为祖传秘方，纯中药制剂，有100余年的历史，创研人系王氏先祖王天豪。王天豪年轻时略懂医术，在治疗夫人腿部烫伤期间，将几个烧伤偏方拼凑到一起，药剂份量稍有增减，无意间研发出了治疗烧伤的秘药。王天豪的孙子王生辰天生残疾，行动不便，不能从事农活，故而学医，是村里的卫生员，他将爷爷遗留下来治疗烧伤的方子整理、抄录，经过反复琢磨、实践，终获成功。王生辰一生没有子女，他妹妹的女儿董伟文过继给他，改名为王伟文，并让其学医，继承父业，把吉祥王氏烧伤膏药及治疗方法传承给了她。

王氏烧伤药膏采用祖传配方，药材选用天然蜂蜜、大黄、黄连、红花冰片、紫药、芝麻油等。制作时，将中药晒干，用碾子捣碎，即为末，然后木锣筛后，末如面状。将所有草药锣完后，用砂锅将天然蜂蜜和芝麻油和药末加少量水搅拌均匀，开文火熬至3—5小时晾凉后倒入药盒中。最后用纱布浸泡三天三夜，即可用之。王氏烧伤药膏由纯中药配制而成，疗程短，不易感染，不换药，一次性治愈，是中医学诊疗法的重要组成部分。

杨氏中医烧伤疗法

申报地区或单位：平遥县杨复兴诊所

中医对烧伤的暴露疗法，最早记述于唐代王焘的《外台秘要》一书中，但具体配方早已失传。平遥中医杨复兴在祖传秘方的基础上，参阅大量古代医书，不断发掘、提高、完善，形成一套完整体系的中医烧伤疗法。

杨氏中医烧伤疗法的核心是密封式人工植皮法，即运用中医辨证治疗理论，选用不同的中药，将其炮煅炙焙成极细粉末，并制成稠稀适度的膏液，采用创面覆盖的方法，用中药膏液将烧伤创面全部密封起来。这种密封式烧伤创面覆盖膜，可在烧伤创面上起到临时性皮肤的作用。有它覆盖创面，既可防止外邪的侵袭，又可促进内皮的生长；既能防菌，又能杀菌；既能祛腐，还可以使皮肤再生。

杨氏中医烧伤疗法的主要特征一是快速止痛，痊愈快，无副作用；二是避免了治疗后容易留下的疤痕或者肌肉萎缩，瘢痕少、致残率低；三可使烧烫伤后的皮肤最大限度地自我修复及重建；四是加速坏死肌肉的代谢，提升肌肤重建能力，消除疤痕。

杨氏中医烧伤疗法已初步形成了自己独特的中医烧伤治疗体系，为后人研究中医烧伤治疗提出了许多有价值的观点和思路，需要认真加以保护。

冯氏中医皮肤烧伤疗法

申报地区或单位：万荣皮肤烧伤研究所

万荣县冯氏中医皮肤烧伤疗法在治疗皮肤病、烧伤方面总结出一整套独特治疗方案：采用梅花针疗法、火攻疗法、湿敷疗法、烟薰疗法、热烘疗法、药膏疗法等多种混合治疗方法，尤以药疗外治著称。

冯氏中医在烧伤治疗过程中，针对烧伤病人早期口渴、纳差的症状，辨证为阴伤胃贴、脾失健运，以滋阴益胃为治则，组方益胃渗湿汤；对烧伤休克病人辨证为阳脱阴败，以补气、滋阴为治法，组方益气生津场。同时，外涂烧伤痊愈膏，此药选大黄、黄芩、黄柏、地榆、巴豆、乳香、没药、五倍子、黄连等中药材，取净晾干，研制成粉，用30%的凡士林配成膏剂，其作用是去火毒、收敛、止痛。其他药物还有乳香、没药的炮制：取净乳香、没药100克置锅内用温火加热炒至冒烟表面微融喷淋米醋5毫升，再炒至表面呈油亮光泽取出放凉研制成粉。其作用是生肌、长皮、止痛。此外根据水烧、油烧、电烧等不同的烧伤，还有烧伤的面积和深度以及每个人身体素质的不同，外涂药膏的选用、炮制也不同。

冯氏中医皮肤烧伤疗法具有见效佳、痛苦小、费用低，无毒副作用，深受群众欢迎，具有珍贵的中医诊疗研究价值。

武氏中医脾胃派疗法

申报地区或单位：运城武氏中医院

脾胃派是医学学派的分支之一，又称“补土派”，倡导“人以胃气为本，内伤脾胃，百病由生”，注重脾胃在滋生诸病中的重要作用，“久病大病必伤及脾胃，反之，千头万绪，从脾胃入手，往往能收奇效”，故被称为脾胃派。

运城武氏中医理论认为脾胃生理特点在于“升”与“降”，病机突出表现为“湿”与“滞”，具体表现为脾湿外感、寒湿困脾、脾胃湿热、肝郁脾湿、脾胃虚弱、脾虚夹湿等症状，所以，脾胃病重在调理，治兼宣通肺气。脾胃派还认为中医的根本在学术，学术的根本在临床，临床的根本在疗效，效的根本在药性。武氏中医药材地道，经过拣、摘、揉、磨、刷、刮、镑、刨、剥、切、捣、敲、碾、簸、箩、筛、锯、扎、榨等二十余道修制程序，再经过润、漂、水飞等水制过程和炒、煨、炮、煅、炼、烘、焙、烤、燎等火制方法，才能入药，严格恪守“炮制虽繁必不敢省人工，品味虽贵必不敢减物力”的传统古训。

武氏中医一脉至今已有两百余年历史，传承六代，它在继承发扬传统的中医理论的同时形成独特的理论和诊治特点，具有重要的医学价值。

腹揉康传统揉肚技艺

申报地区或单位：运城腹揉康传统揉肚特色疗法研究所

“揉肚疗疾”是中华医药文化的重要组成部分，此术不仅能治愈一般的常见病，而且对于慢性病及疑难杂症均有独特而神奇的疗效。

“以腹为治”是揉肚疗疾的最佳选择，因腹之地，脏腑所居，气血、经络、神经之发源，故“澄其源而流自清，灌其根而枝乃茂”。此乃治本之良策，且先天之本“肾”与“脐”，后天之本“脾”与“肠”，皆在腹内，揉之益甚，莫大于此。“脐肠为根”是揉肚疗疾施治的切入点。中医认为“脐为先天之本源”，十二经脉之根蒂，揉而通之，脏腑即调，调则病愈；肠者道，根本源。吐纳之窗，健康之基石，生命之源泉，后天之根本，肠畅胃就好，胃好脏腑安。“以通为本”是揉肚疗疾施治的基本原理。万物之变在于气，通则万物生，不通则不生。人体也是如此，脏腑、气血、经络、神经、五官、七窍、二阴、四肢百骸、皮肤、肌肉等，通则健，不通则病。“以揉为纲”是揉肚疗疾的施治的基本原则。脏腑之间经络串连。揉其腹，五脏六腑皆动。动则生变，变异为常。常则健，异则病。健则腑通脏调，疾病何有？异则腑不通脏不调，百病丛集。

一针消肿疗法

申报地区或单位：临汾市非物质文化遗产保护协会

刺血疗法是在中医基本理论指导下，通过放血祛除邪气而达到和调气血、平衡阴阳和恢复正气为目的的一种有效治疗方法，适用于“病在血络”的各类疾病。

一针消肿是一种祖传针刺疗法，主要针对患者碰伤、摔伤、撞伤、跌伤等伤后引起的肿胀，消肿疗效极佳，流传于尧都区、洪洞县、古县、安泽县等地。

一针消肿的针法器具是平时家庭用的手缝（做针线活）钢针，治疗方法是将患者脖子根部的筋络用针刺破后放血，观察出血颜色，如果发紫，说明刺到病害处了，到位即拔，一般中小肿胀一次即可，刺后数小时，即可看到肿胀明显消退，大肿2—3天（每天一次）便可消肿止痛。

经络中的气与血是相互为用，气为血帅，气行则血行，气滞可导致血瘀。对于气血瘀滞经络滞涩之疾，《内经》指出“宛陈则除之”及“血实宜决之”的原则，“视其血络，尽出其血”的具体方法。一针消肿疗法，传承数百年，对外伤跌打引起的属于气血瘀阻所致的各种顽固性疼痛，痹症及肢体麻木等病症有奇特疗效，是一种古老而独特的中医药诊疗方法。

沙袋循经拍打疗法

申报地区或单位：太原市御生堂文化养生服务有限公司

沙袋循经拍打疗法起源于清朝光绪年间，是清朝名医王清新根据中医的经络学说、脏腑辨证施治理论，结合自己医疗临床实践，参考中医推拿按摩和武术练功法，创编而成；后来，在慈禧西逃过程中，此法流落到太原市小店区周边，由民间人士传承至今。

沙袋循经拍打疗法所用工具为小沙袋两个，每个长1.3尺，宽3.8寸，装入中药炮制过的细沙，用布双层缝制。随着拍打疗效的发挥、病人体质的增强，也可逐渐增沉，换粗沙、绿豆、铁沙等。沙袋为医生给病人治疗所用，也可病人之间互相拍打治疗；也可将两个小沙袋用小绳绑扎，作为病人打下肢时代大沙袋用。沙袋循经拍打疗法治疗时，要有安静环境避免意外的干扰，饮食要适当增强营养，不吃生冷和刺激性食物。拍打时要按一定的顺序循环进行，力度要轻要舒。沙袋循经拍打疗法具有调整阴阳平衡、通经活络、理气活血、增强机体免疫功能和调动机体自我调节功能的作用，对于治疗风湿骨病，神经官能症，神经性头痛，神经性衰弱、遗精、阳痿、早泄；肠胃病、胃及十二直肠溃疡、慢性胃炎、胃下垂、神经性消化不良；高血压、低血压、脑溢血脑血栓形成后遗症，心脏病，糖尿病，妇女月经不调，更年期综合症等有显著疗效。

中医养生术

申报地区或单位：芮城县吕洞宾中医养生文化研究会

芮城中医养生术是尉氏先祖在继承吕仙（吕洞宾）古法诊病的基础上，以九峰洞宾“内经图”、“修真图”为先导，依据“吕祖药签”、“灵宝毕法”、“脉理奥旨详解”的原理，演化而形成中医养生诊疗法。

芮城中医养生诊疗法包括：1. 利用其流传下来的各种验方，丹丸治疗疾病。2. 利用其在丹道方面的知识帮助人们调养身体，增强体质，降低患病机率。3. 药食同源，意念养生，气功运作药膳食疗，包括四季保健养生药方、气功养生法、梳摩疗养、针灸刮痧按摩手法等，有病调节，无病养生。

芮城中医药养生理论非常重视天人合一理念，推崇顺势养生，在治疗方面采用药汤与丸药结合治疗，实现标本兼治、祛病强身、消除病苦、益智复聪、美容养颜的目的。

龟龄集传统制作技艺*

申报地区或单位：山西省太谷县

龟龄集传统制作技艺是我国产生最早且保存完好的中药复方升炼剂制作技艺，是我国中成药宝库中最珍贵的技艺之一。

龟龄集传统制作技艺的中医学原理源于道臧丹经和黄帝内经，其处方出自明代嘉靖年间。相传，嘉靖帝即位后，颁发诏书广集长生不老药，方士邵元节和陶仲文从《云笈七笺》"老君益寿散"中取长补短，并采用炉鼎升炼技术，制成了号称可以长生不老的"仙药"，献给皇上，嘉靖帝服用后，效果显著，亲赐药名"龟龄集"，以示服用此药可以获得像千年神龟那样的高龄。

龟龄集处方严谨、配方珍奇、炮制奥妙、工艺独特。首先，原料来自天然动植物，精选人参、鹿茸、海马、雀脑、地黄、苁蓉、枸杞、淫羊藿等28种珍贵药材，应合28星宿；第二，制作技艺别具一格，依据传统医学"天人合一"、"阴阳五行"的整体观念，在整个升炼过程中，极其巧妙地融汇了中国传统的"五行学说"（金、木、水、火、土）和中医"五味学说"（酸、甜、苦、辣、咸），制作工艺有煮、蒸、拌、爆、土埋、露夜等，历经81道工序精心炮制，在我国中药生产领域独一无二，堪称绝技。

龟龄集迭经四个多世纪的临床实践，功效卓著，是我国传统医药制剂技术的经典之作，具有补脑、益髓、温阳、滋肾的卓越功效，并具有独特的抗衰老和抗疲劳作用，进而起到补而不腻，阴阳平衡，扶正驱邪的目的，是我国古代养生抗衰老方剂的结晶。

定坤丹制作技艺

申报地区或单位：山西省太谷县广誉远国药有限公司

定坤丹又名"定坤丸"，是妇科传统名药。乾隆四年（1739）已列为"宫帏圣药"的定坤丹传统制作工艺被时任清宫监察御使的孙廷夔（山西太谷人）带回太谷，流传至今。200余年来，定坤丹一直延用传统手工制丸技术推丸模、挂蜡，熟地等药材的炮制也采用古法技艺，这在全国中医药生产行业中是独有的。

---

* 该项目省级名称为《龟龄集药酒传统制作工艺》，申报国家级项目后改名为《龟龄集传统制作技艺》，本书以国家级项目名称为准。

定坤丹处方奇妙，配伍得宜，入药29味，融汇了中医药之大成，具有理气、健脾、补血、止血、镇痛、强壮等奇特功效，是传统妇科医药综合制剂中的一大珍品。其制作技艺属于“古方所未备，珍秘而不传”的国家级保密处方。

定坤丹是我国妇科药中的一大珍品，是前人留给我们的一笔无价财富，研究和保护古代医学研究成果有助于发扬博大精深的中医文化。

点舌丸制作技艺

申报地区或单位：山西省太谷县

梅花点舌丸是延续生产三百余年对治疗外科疾病疗效卓著的中国传统中成名药。据《新绛县志》记载，清末民初，新绛县就有中药铺（店）34 家，均以出售中成药为主。当时双人药业的前身德义堂生产的梅花点舌丸是镇店之宝，它系清朝皇宫专用的秘药，后由王姓太监流传于民间，河北郝氏得此秘方，遂在新绛县建德义堂中药铺，因药效卓著，声誉鹊起。

山西双人药业有限责任公司（以下简称双人药业）生产的中成药“点舌丸”（原名梅花点舌丸）采用藏红花、珍珠、麝香、熊胆、血竭、沉香、蟾酥等多种名贵药材炼制而成，主治功能清热消炎、凉血排毒、消肿止痛、抑制肿瘤等，其制作技艺保密不外传。

近年来，随着老技术人员的辞世，点舌丸制作技艺的传承遇到了一定的困难，急需保护。

药膳八珍汤*

申报地区或单位：太原市尖草坪区

药膳八珍汤俗名“头脑”、“长寿汤”、“益母汤”，是我国中医“医药同源”和“治未病”强调保健滋补理念指导下不可多得的一种药膳清真食品，由傅山先生于明崇祯年间研创，在太原地区已传承了370多年，是一道独具特色的地方名吃。

傅山是我国一代名医，医德高尚、医术精湛。在行医治病过程中，他将中医治病、祛病、

* 该项目省级名称为《傅山养生健身术——八珍汤》，申报国家级项目后改名为《药膳八珍汤》，本书以国家级项目名称为准。

防病的机理与营养学中食防、食养、食疗相结合研创出了药膳养生食品——八珍汤。八珍汤严格按照备料全、选料精的要求，精选成块的肥嫩羊肉等八种食材和中草药为原料，经过清洗、净肉、加辅料煮炖、出锅晾存等工序将肉煮熟，同时将诸种辅料严格按照既定方法或煨、或腌、或煮、或蒸做好，然后将上述材料按照既定的程序、比例混合，上火熬煮，并加入黄酒调制而成。其主要成分有黄芪、良姜、长山药、莲藕、肥羊肉、黄酒、煨面、腌韭菜等，经常食用可达到舒筋活血、养心益肾、补血生阳、健脾开胃、益气调元、滋虚补亏的作用。

安宫牛黄丸制作技艺

申报地区或单位：山西广誉远国药有限公司

安宫牛黄丸是太谷“广誉远”的传统特色药品。光绪十一年（1885），“广升远”（“广誉远”前身）对成药生产大力改革，延聘当时祁县“裕丰堂”名医吕振音、高丕明，通过旧品进行改良，研制富含自身特色的传统药物安宫牛黄丸，因其清热解毒，镇惊开窍作用显著，一时声名大振，广为流传至今。

安宫牛黄丸处方由牛黄、郁金、水牛角浓缩粉、黄连、朱砂、栀子、雄黄、黄芩、珍珠、冰片、麝香11味药物组成。制作时需将珍珠水飞或粉碎成极细粉，朱砂、雄黄分别水飞成极细粉；黄连、黄芩、栀子、郁金粉碎成细粉；再将牛黄、水牛角浓缩粉、麝香、冰片研细，与上述粉末配研，过筛，混匀，加适量炼蜜制成大蜜丸，包金衣，即得。安宫牛黄丸属于中医方剂的开窍剂，是我国传统药物中最负盛名的急症用药，中医将其与紫雪丹、至宝丹并称为“凉开（温病）三宝”，并奉为“三宝”之首。本品清热解毒，镇惊开窍，用于热病，邪入心包，高热惊厥，神昏谵语；中风昏迷及脑炎、脑膜炎、中毒性脑病、脑出血、败血症见上述证候者。现代医学中常加减运用于治疗流行性乙型脑炎、流行性脑脊髓膜炎、中毒性痢疾、尿毒症、脑血管意外、中毒性肝炎、肝昏迷等病，属于热毒内陷心包者。

安宫牛黄丸生产工艺复杂而独特，尤其是其炮制、推丸及挂蜡工艺，是其他同类生产难以比拟的。这些生产技艺是中国劳动人民长期的智慧结晶，且难以为现代技术所替代。它蕴含着丰富的科学技术基因，是一份极其宝贵的历史文化遗产。

竹叶青酒泡制技艺

申报地区或单位：杏花村汾酒集团

竹叶青酒是中国传统保健药酒，它以中国清香型名酒——汾酒为基酒，加入十余味草本中药材和低聚果糖，经独特工艺秘制而成。其特点是酒液金黄微翠，口感柔绵微甜，加冰饮用，品味更佳。

竹叶青酒以卓越的保健功能和色、香、味俱佳的独特风格，赢得了古今中外饮者的赞誉。最初的竹叶青酒只是单纯加入竹叶浸泡，求其色青味美，故名“竹叶青”。后经传承人不断改进，竹叶青酒酿造加进了广木香、公丁香、竹叶、陈皮、砂仁、当归、零陵香、紫檀香等十多种名贵药材和冰糖、白砂糖，色泽金黄兼翠绿，酒液莹澈透明，芳香浓郁，酒香药香协调均匀，入口香甜，柔和爽口，口味绵长。其酒度为45度，糖分含量为10%。经专家鉴定，它具有养血、舒气、和胃、益脾、除烦、消食的功能，对心脏病、高血压、冠心病、关节炎都有一定的疗效，是我国传统的保健名酒。

小儿七珍丸制作技艺

申报地区或单位：山西双人药业有限责任公司

小儿七珍丸（原名小儿七珍丹）是新绛县延续生产300余年，专治小儿内热惊风、痰延烦躁、四时感冒的传统中成名药。

小儿七珍丹系清宫秘药，后由太监传于民间。新绛县德义堂清末民初开始生产该药，因该药疗效卓著，声誉鹊起。德义堂公私合营后成为新绛中药厂，小儿七珍丹成为该厂的主要产品之一。小儿七珍丸选材严格，处方独特，而且用独特的祖传方法炮制，遵循“炮制虽繁，必不敢省工时，品味虽贵，必不敢减物力”的古训，精心炼制而成。小儿七珍丸采用天麻、犀牛角、羚羊角、牛黄、麝香、蟾酥、沉香等十几种中药材炼制，具有镇惊、退烧、祛风定喘、通便泄火、杀虫除菌的功效，对十岁以下小儿的疑难诸病，如胎惊内热、脐风、急惊风、肚皮坚硬、目睛上视、手搐中搦、角弓反张、痰涎壅盛、喘嗽、惊悸、夜哭烦躁、滞痢吐泻、停乳伤食、冷热不均、四时感冒等症皆有疗效。故民间有“若要小儿安，月月离不开七珍丸”的说法。

榆社阿胶熬制技艺

申报地区或单位：榆社阿胶厂

阿胶又名盆覆胶、驴皮胶，是用驴皮熬成的胶块，传统的补血佳品，人称“妇女之友”。榆社阿胶的主要原料是驴皮、冰糖、黄酒和豆油，用紫金山泉水熬制而成。其制作方法是：先将驴皮刮去毛，切成小块，加水煎熬3 昼夜，待液汁浓稠，取出驴皮块，再加水煎熬。如此反复5— 6 次后，再将熬出的阿胶汁滤去杂质，用火浓缩至膏状，冷凝，阴干结块，方成入药的阿胶。阿胶以颜色乌黑、透明光亮、无腥臭气，经夏不湿软为上品。阿胶捣成碎块后，对光视之，棕色透明，具有易保存、不变质等特点。

中医学认为，阿胶性味甘、平，有滋阴润燥、补血、养血、止血、安胎的功效，且其疗效好、副作用小，是妇科上等良药，临床上多用于治疗妇女胎、经、产病和一些内科疾病。现代药理学研究证明，阿胶含有多种蛋白质、氨基酸、钙等，能改善血钙平衡，促进红细胞的生成。此外，阿胶还能升高血压，防止失血性休克，对营养不良也有较好的预防作用，其熬制方法应当受到保护。

垣曲菖蒲酒泡制技艺

申报地区或单位：垣曲县舜皇酒业有限公司

菖蒲酒产自山西垣曲，是传统滋补名酒。史料记载，168 年，孟陀以菖蒲酒一斛赠与当朝的朝廷命官张让，即拜凉州刺史，从此，菖蒲酒便成为历代朝廷贡品。

唐朝天宝五年（746），宫廷御医王焘对菖蒲酒的配方进行了改进。那时，垣曲县设有御制官办酿造坊，原名为“御隆菖蒲酒官办酿造处”，后更名为“御隆菖蒲酒坊”。“御隆菖蒲酒坊”的酿酒师傅创造出了优质的大曲酒泡制菖蒲酒的特殊工艺，使垣曲菖蒲酒酿造工艺发展到一个新的水平。又经1200 多年的传承和发展，形成了一套与现代科学相匹配的传统菖蒲酒泡制技艺。

菖蒲酒采用清蒸清杂、地缸发酵技术，用九节菖蒲、天麻、阿胶、檀香、砂仁和冰糖等二十多味中药酿制而成，具有提神、化痰、清头明目、轻身坚骨之功效。明代李时珍著《本草纲木》中说：“菖蒲酒，治三十六风，一十二痺，通血脉，治骨萎，久服耳目聪明。”也正是这些作用，使得菖蒲酒成为我国五月端午节必喝的佳酿，成为端午节习俗的一部分。

中药炮制技术（山西颐圣堂醋制药材）

申报地区或单位：山西黄河中药有限公司

中药必须经过炮制，才能适应中医辨证施治、灵活用药的要求。药材的炮制是中医临床用药的一大特色，也是去除毒性、提高疗效的重要环节。

太谷县位于山西省中部，地处晋中盆地，始建于西汉，历史悠久，文化商贸发达，是晋商发祥地之一。当地自然环境良好，水质清洁，富含多种矿物质。药材资源非常丰富，并且有浓厚的中医药文化传统及制药产业。过去，由于太谷富户集中，生活骄奢，对医药的需求极为迫切，因此太谷医药行业适时而兴，早在明代嘉靖二十年（1541），太谷城内兴隆巷开设的“颐圣堂”医馆（兼药店）（黄河中药前身），由于医术高明，又有配药的方便，“颐圣堂”声名日益远播。久负盛名的清宫圣药“龟龄集”和“定坤丹”出产于太谷。此类名药，都具有神秘而特色的炮制方法，形成了具有区域性的中药炮制文化。清乾隆年间著名的医馆药行有颐圣堂、颐元堂、广升誉、广升远、广益义、广懋兴、广源兴等20余家。这些药材商号博取众家之长，在激烈竞争之中精益求精，继承和创造出一批疗效卓著的经典名药和独特的中药炮制技艺，如鲜牛奶九蒸熟地、酥油炙海马、花椒水炙丁香、黄酒炙补骨脂、陈醋炙鹿茸、醋制天雄等，均为历代中医药书籍中未收载的炮制之法。然而，由于现代用药方法趋于常规化，传统“一方一法”的用药模式已不复存在，许多特殊而又可产生特效的传统炮制技术逐渐被遗忘。加之现存为数不多的身怀绝技的炮制老药工对于自己经过长期工作总结出来的炮制方法秘而不宣，传统的炮制技术面临衰退甚至失传的局面，急需保护。

龟龄御酒传统制作技艺

申报地区或单位：山西龟龄御酒厂

御酒在我国有着悠久的历史，它是中国酒文化和皇室文化的集萃，是历代帝王为追求享乐和长寿，取珍奇名贵药材用陈年佳酿浸制提炼而成的珍贵酒品。明代方士邵元节创龟龄御酒进献嘉靖皇帝获赞，其弟子（山西太谷人）将“御酒”处方工艺带回晋地，托太谷西山底永生泉酒坊配酿生成“龟龄御酒”，传承至今。

龟龄御酒的基酒采用清香型酒底，其特点是用粮纯正，为三粮三糠（三粮即高粱、大麦、豌豆，三糠即谷糠、麦糠、稻糠），水质取太谷凤凰山“神泉”水酿制，“神泉”水经国家地矿部鉴定为优质矿泉水，微量元素含量丰富，等级为富矿级。原料及配方完整沿用清代御酒酿造成分，采标准地道野生药材进行挑选、加工、炮制，集珍奇名贵药材于一身。工艺流程是将选好炮制后的药材逐一加以粉碎、修合，再经夜露、日晒、水浴、升炼，佐以陈年名酒为基酒，采用手工方法，遵循皇室秘制工序精制而成。每道工序分工严格，复杂精细，护守秘密，部分提取技术为独家专断。炮制过程中所用的相关器皿有酒精灯、陶制容器、切制粉碎工具、炒药锅、水浴罐、银罐、升炼炉、地缸及发酵器具、蒸馏器等。

龟龄御酒对酒质及原料都有特别的要求，完全采用传统手工工艺制作，许多炮制工序难以被现代生产技术所代替，是极其宝贵的历史文化遗产。另外，随着现代临床的不断发现，每日饮用少许龟龄御酒对健脑行阳、滋阴固肾、增强人体免疫功能有着特殊的药物功效。

白氏拔毒膏药与生肌散制作技艺

申报地区或单位：任庄中医外科诊所

白氏拔毒膏与生肌散是由山西省平遥县仁庄村白仕成参照“仲景全书秘籍”理论经过反复临床实践刻苦研制而成。此药原流传江南，乾隆七年（1742）江南大遭灾荒，白常槐（白仕成子）带着该药的制作秘方流落北方行医度生，后在山西省平遥县杜家庄乡仁庄村定居，祖辈延续行医，将此秘方流传至今。

白氏拔毒膏和生肌散相辅相成、配合使用、缺一不可。拔毒膏具有拔毒生肌的作用，长健骨骼，该药由血竭、象皮，穿山甲、白芷、白蔹，当归、山栀、生白芍，桃仁、红花、川地龙、蜈蚣等组成；生肌散为粉红色粉状面，该药由象皮、血竭、甘草、煅龙骨、熊胆等组成，原料配伍独特，解决了用中药治疗外科感染伤口久不愈合的问题且疗效显著无毒副作用，可快速消除疮口疤面，很快使伤口愈合。主要对治疗糖尿病感染外伤久不愈合，骨髓炎，大小褥疮，深静脉炎引起的顽赚疮，脉管炎，腐骨烂肉等创伤、脓肿有特效，在当地享有良好的口碑。

勒马回中药制作技艺

申报地区或单位：运城市万荣三九药业有限公司

勒马回又名斩龙剑、蜈蚣草、追风草、一支香，味苦，性微寒，有清肺，化痰，止咳，解毒作用，系多年生草本植物，主产于山西南部黄河东岸。《万泉县志》药类栏目中记载一种草药名“勒马回”，长尺许，尖叶、紫花、性寒、味苦、山（孤山）中多有，能治诸疮。

勒马回学名水蔓菁，基原为玄参科植物婆婆纳属水蔓菁的全草，秋季穗状花序呈蓝紫色，穗状花序顶生，种子细小，以地上全草入药，民间广泛用其治病防病，对于热火内盛、痈肿、无名肿毒、感冒上火、支气管炎、急性尿路感染、疖肿等病，拣几苗煎服，立刻见效。20世纪70年代，在解放军总后医疗队帮助试验下，由万荣县军民制药厂研制开发了勒马回片、勒马回注射液，后又根据名老中医的气管炎经验方，将勒马回及其他止咳化痰类中药组方研制成“复方勒马回颗粒”。日本长崎大学教授河野功和山西医科大学杨丁铭等教授研究表明，勒马回抗菌效果极佳，抗菌普及广，无抗原性和毒副作用，被喻为21世纪抗生素，入列国家中药保护品种。

纯中药制剂的勒马回产品疗效显著，无毒副作用，不产生耐药性，其制作工艺不仅选材严格，而且采用独特的方法炮制，精心炼制，是浩瀚的中华药学文化中一份宝贵的遗产。

传统丹药炼制技艺

申报地区或单位：稷山县清河镇秦家庄卫生所

炼丹术是一种古老的中医（矿物资类）炮制方法，即用火烧炼而成的一种升华、生化过程，它开辟了化学药物的先河。稷山县清河镇秦家庄在清乾隆年间就以经营药材而闻名，秦氏一族精通各类药材的炮、炒、粹、煅，所制造的丸、散、羔、丹远销京浙湖广等地，尤其对炼丹术颇有研究。

秦氏第七代传人秦俊田在继承祖炼丹术的基础上，刻苦钻研，积极创新，经过多次研究、实验，设计制作了升丹和降丹的炼丹炉。炼丹术分为升丹和降丹，秦氏炼丹术的主要应用有红升丹，成分为朱砂、雄黄、皂矾等，研细，将其放铁锅内，上覆瓷碗、盐泥封口，置升丹炉（自制）上，小火、中火、大火炼成，冷却后，碗上结晶粉末为升丹，刮下应用；八仙丹、白降丹，成分由水银、火硝、白矾等8味药物组成，将其研细装子罐中，火烤焙烧后倒覆母罐上封固，置降丹炉上（自制自制），烧炼，精微结晶于母罐中，色白如雪、如霜，为白降丹“八仙丹”。秦氏炼制丹品主治痈、疽、疔等化脓感染，特别对术后感染、久不愈合、长期卧床引起的褥疮、结核瘰疬、无名毒肿等顽难怪症都有独特的疗效。

稷山传统丹药炼制历史久远，文化积淀深厚，“八仙丹”、“红升丹”只是丹药中的冰山一角，秦氏祖传药物中还有“五虎丹”、“渴龙奔江丹”、“珍珠黄粉霜”等百余种，尚待开发。

乾德堂小儿止泻散制作技艺

申报地区或单位：平遥乾德堂邓兆泉中医内科诊所

平遥乾德堂邓氏祖传秘方“小儿止泻散”又名“小儿沉香导化丸”，是治疗小儿腹泻、痢疾的特效古方，也是治疗成人胃炎、胃溃疡、肠道菌群失调、胃下垂以及结肠炎特效药，在大量临床治疗中显现了突出的效果。

据邓氏家族资料存证，邓义，字怀宜，明末清初平遥西游驾村人，出身于书香门第，深研中医，研制出小儿沉香导化丸，曾遇灾荒三次，施此药，出赈谷三千石，封义官，至今庙中碑文仍有记载。其子邓元文23岁就开始施医施药懿德于乡，小儿沉香导化丸（即现在的小儿止泻散）就是当时曲沃“魁泰烟店”乾德堂邓家祖传的施舍救济药。邓氏第五代传人邓兆泉继承和完善了祖先的经方和验方，熟练地掌握了该方在各种病例中的成分处理和中草药的传统炮制运用，对幼儿腹泻治愈率非常高，小儿止泻散也被老百姓尊称为“小儿一把抓”。

邓氏祖传秘方小儿止泻散由西洋参、砂仁、太子参、建莲子、焦白术、炒山药、焦三仙、炒扁豆、炒玉米、焦槟榔、炙香附、炙升麻、建神曲、半夏曲、炙黄连、炙粟壳、泽泻、云苓、猪苓、藿香、肉豆蔻等39味中草药组成，君臣佐使配伍严谨，运用传统工艺严格炮制，服用方便，疗效显著。

乾德堂小儿止泻散具有一整套独特的理论体系和中成药剂制作方法，其中药炮制过程全凭经验掌握，属经验性传承操作，蕴含着丰富的文化信息和工艺思想，是珍贵的中医药文化遗产。

楼村中医世家胃灵散制作技艺

申报地区或单位：洪洞县乐善堂商贸有限责任公司

胃灵散是洪洞县刘家垣镇楼村史家的祖传秘方，主要治疗慢性胃炎、浅表性胃炎、萎缩性胃炎、胃溃疡等虚寒老胃病。胃灵散由党参、苍术、陈皮、川朴、猪苓、白茯令、官桂、草菓、甘草等二十多种名贵中药材组成，是中医治疗脾胃失调、肝胃失调等症的独家秘方。

胃灵散制作工序严格考究，最关键的是炮制一关：官桂等部分药物需要用秘制黄酒浸泡3—5天时间不等；甘草等药物需用特质蜂蜜炮制；枳实、川朴等药物需要用秘制熏醋浸泡1—2天时间不等；苍术炒制的成色和火候，土炒白术等都有其独特的秘制方法，与常规不同；其他果实药如草菓要用椒窝捣碎，各种片药用铁碾槽碾碎，然后混合上钢磨磨成100目粉面，最后装袋密封。病人用时一次15克左右，放入水杯，滚开水冲匀，加盖3—5分钟后即可像饮茶一样，冲喝两遍，药渣倒掉，省去了煎药工序。

楼村中医世家祖传秘方胃灵散，区域性影响较大，专治各类胃肠疾病，茶饮方法简便，临床疗效奇特。

贾氏乌金散制作技艺

申报地区或单位：洪洞县贾氏乌金散中医研究所

乌金散源于藏药，是治疗妇女产后诸病（月子病）的良剂，由洪洞县赵城贾氏一族世代相传。

藏药是我国传统医药学宝库的一个重要组成部分，藏医妇科学已有2000多年的发展历史，《四部医典》中对妇科疾病的病因病机作了全面、系统的论述。贾氏乌金散正是《四部医典》中的独家秘方，据贾氏族谱记载，明万历四十四年（1616），朝廷派人入藏册封四世喇嘛，邀其进京朝见。四世喇嘛因病未及成行，随派出一队喇嘛高僧去北京朝见皇帝，明皇帝接见了西藏高僧，并赐予四世达赖喇嘛贵重礼物，由此行喇嘛带回西藏。西藏喇嘛途经赵城时，不慎将皇帝御赐礼物遗失，恰被赵城县秀才贾德兴所得。数日后，喇嘛寻来，贾德兴悉数奉还，喇嘛感赵人不昧之举，念贾氏厚德之风，随馈赠秘方一笈，主治妇科，以造福一方，恩泽乡里。

贾氏乌金散选料、存料条件严格，制作工艺精湛，以藏红花、怀药、童便黑豆、动物药材、自制黄酒等为主料，通过选、制、碾、筛等流程精制而成，主治妇女产后诸病、崩漏、滑胎及妇人杂病等，是中医治疗妇科的独家秘方。

贾氏祖传乌金散蕴含了宝贵的妇科诊疗法思想，是汉藏医学融合的结晶，其选料、炮制、配方都有严格的要求和规范流程，独家秘方作为药魂，临床疗效奇特，具有重要的中医妇科药物炮制研究价值。

襄汾关梁氏膏药制作技艺

申报地区或单位：襄汾温泉医院

膏药是外用中成药的一种，已有数千年历史，古称薄贴，用植物油或植物油加药熬成胶状物质，涂在布、纸或皮的一面，可以较长时间地贴在患处，用来治疗痈、疽、疖、疔等。关梁氏膏药起源于襄汾县南辛店乡北关村关氏家族，从现存手抄本医书落款年代看，在清朝顺治年间已开始临症应用，在医治外科烧伤、溃疡、痛、疽、疖、疔、跌打损伤、乳痈、瘰病、发背等症，疗效神奇。此膏药祖辈传流，每一代仅二三人知其秘方及制法。由于疗效如神，求诊患者从襄陵、汾城一代逐渐扩展到平阳府（今临汾、运城）大部分地区。20世纪40年代，随着关家后代关淑兰女士嫁给襄汾县贾庄乡温泉村（今邓庄镇温泉村）梁怀德先生，此膏药在温泉村方圆几十里应用频广，为许许多多患者解除了病痛。

襄汾关梁氏膏药以香油、白芷、广丹等植物类、动物类、矿物类20余种中药材熬制而成，敷贴时，以细铁棒摊开于牛皮纸或布上，形状与大小视病区大小而定，用以治疗痈、疽、疖、疔、溃疡、扭挫伤、烧伤、冻疮等疾病。关梁氏膏药性质稳定，储存方便，保质期长，贴敷牢固，不伤肌肤，稍加热后摊于纸上贴于患外即可，具有消炎、消肿、活血、通络、止痛、止血、去腐、生肌等功效，是襄汾当地重要的中医药传统制剂。

拾

十、民 俗

怀仁旺火习俗

申报地区或单位：朔州市怀仁县文化馆

旺火是新春元宵节期间流行于晋北地区久负盛名的一种传统习俗，其中以怀仁旺火为最。怀仁县地处雁门关外，是典型的多民族文化融合地区；加之该地区煤炭资源比较丰富，煤的作用远在古代就已渗透到风俗民情之中，而拢旺火习俗一直流传至今。

怀仁旺火，俗称拢火龙。每逢春节除夕和元宵节，家家户户院落门前都要用大块煤炭垒成一个塔状，名曰旺火，以图吉利，祝贺全年兴旺之意。里面放柴，外面贴上大红字条，上写“旺气冲天”等字。单等午夜12点，鞭炮齐鸣之时，将旺火点燃。点燃后，火苗从无数小孔中喷出，状若浮图，既御寒，又壮观。大人孩子围起一圈，有的做游戏，有的放鞭炮，男女老少都要来烤火，以图“旺气冲天”。孩子们也可以走街串巷观看评论火堆大小，谁家的火堆大、着得旺，谁家的旺气也大。正如清朝《大同县志》所述：“元旦，家家凿炭伐薪垒垒高起，状若小浮图。及时发之，名曰旺火。”如今，旺火不但在节庆时拢，就连平日办婚丧大事或者重大节日时也要涉及，它们皆表达着当地百姓内心对未来的希望与祝福。

旺火习俗是怀仁地区乃至朔州、内蒙古中南部地区千余年社火文化实践的总结，是历代匠师们的智慧结晶，是古老的摊礼文化与社火艺术结合的遗存，为研究我国传统民俗艺术提供了确凿的证据，在民族传统文化中实属罕见。它是边塞文化、黄河文化的具体体现。

介休寒食清明习俗*

申报地区或单位：介休市文化馆

寒食节，是山西民间春季一个重要节日，时间在冬至后105天。寒食节的源头，应为远古时期人类的火崇拜——禁火节，后来转化为寒食节，用以纪念春秋时期晋国的名臣义士介子推忠君爱国、功成身退的奉献精神。相传，介子推曾辅佐晋公子重耳流亡列国，割股奉君。16年后，重耳回国当上了晋文公遍封群臣，独忘介子推。介子推功不言禄，偕母隐居故乡介休绵山。晋文公求贤烧山，介子推不愿出山，抱树焚身而死，于是晋文公葬其尸于绵山，改山名为介山，并下令介子推亡日禁火寒食。民间为纪念介子推，自觉遵守这一规定。我国古

* 此项目省级名称为《清明节》，申报成为国家级项目后改名为《介休寒食清明习俗》，本书以国家级项目名称为准。

代文献及大量文学作品对此都有记述。寒食节在千百年的历史传承中，不断融入民间关于介子推的地方风物传说和寒食节习俗，最终在唐宋之际，三节合流，形成了一个以祭祖扫墓为中心，包括寒食习俗与上巳踏青等活动的具有代表性的传统节日。

介休寒食清明习俗主要包括：禁烟、吃冷食、祭祀、扫墓、插柳、踏春、蹋蹴鞠、荡秋千、放风筝、斗鸡、赏花、咏诗等一系列传统活动，以及发黑豆芽、采柳芽、蒸面塑、戴柳圈、扫房顶、唱大戏、文化交流等具有浓郁地方特色的活动。这些民俗活动承载着丰厚的民族民间文化，是民族集体记忆的集中体现。寒食节所蕴含的介子推忧国忧民、忠君爱国、清明廉洁的政治抱负和功不言禄、功成身退的奉献精神，是古代社会伦理准则，是社会安定、民族团结的纽带，至今仍有重要的现实意义。

泽州中秋习俗

申报地区或单位：泽州县民间习俗研究会

泽州中秋习俗流传于山西省泽州县珏山附近，其核心地区以今泽州县珏山为中心，辐射至三晋、豫西北、冀南等中原地区。

珏山中秋习俗历史久远，据现存文献资料和古代碑刻记载可知，珏山赏月之俗早在北齐时便已出现，宋金时期，祭月、拜月、赏月就已盛行且具有一定的规模和影响力，明清之际，已辐射到整个古泽州地区以及其周边的晋东南、豫西北、冀南等地。

珏山“过八月十五”的主要仪式是祭月、拜月，当地人称为拜“月婆婆”。主要内容一是祭月、拜月；二是看望外祖母；三是赏月、吟诗颂月；四是庙会。对于泽州地区的寻常百姓而言，中秋节来珏山集体祭月、拜月、登高、赏月、逛庙会、品月饼、饮茶，既是祖辈人传下来的风俗，也是携亲伴友、欢庆团圆的愉悦。

珏山将中秋这一古老的民族传统节日与百姓生活密切联系的庙会形式相结合，不但较为原始地保留了泽州地区中秋习俗的文化特征，而且使这一民族节日与民俗文化形式的传承变得更加稳固，更加深入人心，呈现出了一种古今相融的民族传统节日与民俗文化相辅相成的群体传承状态。

皇城村重阳习俗*

申报地区或单位：阳城县皇城村

皇城村重阳节习俗是流传在山西省阳城县以皇城村为核心区域的历史久远的传统民俗活动。九九重阳节期间，以皇城村为中心，全县18个乡镇与沁水泽州相关村镇都有丰富多彩的“养老、敬老、爱老、助老”活动。这种活动目前已辐射至整个晋城市，并逐渐传播到附近豫、冀部分市县以至更大的范围。

据古代碑刻、诗文佐证，该区域最早约在明代正德十年（1515）即有过重阳的习俗。明、清两代，九九重阳、祭祖敬老、登高望远、赏菊饮酒、吟诗唱词，蔚然成风。这种隆重的传统重阳节习俗在皇城村附近一直保留至今，不断延续。

九九重阳习俗在当地不仅保留着以家庭为单位的爱老、敬老、祝寿等习俗活动，近年来还恢复了大规模的物资交流活动，出现了具有现代气息的各种文娱、体育活动，传统节日习俗已经与现代生活元素相结合，传承方式更加独具特色，影响更为深远。阳城将重阳这一古老的民族传统节日与百姓生活密切结合，不但较为原始地保留了该地区传统习俗的文化特征，而且使这一民族节日与民俗文化形式的传承变得更加稳固，更加深入人心，呈现出了一种古今相融的民族传统节日与民俗文化相辅相成的群体传承状态。

大槐树祭祖习俗*

申报地区或单位：临汾市洪洞县

大槐树寻根祭祖习俗是山西洪洞县在清明节期间举行的一种寻根祭祖活动，主要是移民后裔通过焚香、献供、跪拜等形式，表达自己对祖先和家乡的怀念之情。山西明代移民遗址——洪洞古大槐树是海内外数以亿计的大槐树移民后裔寻根祭祖的圣地。

据史料记载，元末明初，频繁的战争和灾害使全国许多地方十室九空，而晋南风调雨顺，经济繁荣，人口稠密。为了发展经济，巩固政权，明政府于洪武三年（1371）至永乐十五年（1417）间，在洪洞大槐树下设局驻员，大规模迁民18次，总数达百万之众，共计554个姓

---

* 此项目省级名称为《皇城村重阳节习俗》，申报成国家级项目后改为《皇城村重阳习俗》，本书以国家级项目名称为准。

* 此项目省级名称为《洪洞大槐树根祖文化》，申报成国家级项目后改名为《大槐树祭祖习俗》，本书以国家级项目名称为准。

氏，迁民遍布京、冀、豫、鲁、皖、苏、鄂、陕等18个省市，是中国历史上规模最大、历时最长、范围最广的官方移民。因移民多在大槐树下汇集转迁，所以被称为“大槐树移民”。如今，大槐树移民子孙繁衍遍布全国各地，以至辗转迁徙海内外的移民后裔数以亿计。600余年来，洪洞大槐树被赋予神性，成为崇拜对象，被看作“家”“祖”“根”，成为亿万人心目中的家乡，古槐后裔纷纷回归大槐树寻根祭祖，形成了山西洪洞县独具特色的“根祖文化”。

大槐树根祖文化是以明初大移民为背景，大槐树为形象图腾，洪洞地方文化为渊源，移民史实和纪念移民为主线，用以维系宗亲之情为精髓的文化现象。慎终追远、明德归厚是中华民族的传统美德，大槐树根祖文化源远流长，具有强大的民族凝聚力和社会整合力，保护和弘扬洪洞大槐树根祖文化，对增强海内外华人的民族认同感和民族凝聚力有重要的作用和意义。

走亲习俗

申报地区或单位：临汾市洪洞县

洪洞走亲习俗是每年农历三月三和四月二十八在山西洪洞县羊獬村和历山圈头村之间举行的一项历经千年的古老民俗活动——“接姑姑迎娘娘”。

河东地区是黄河文明的重要发祥地之一，尧都平阳，舜都安邑，此地流传有丰富的关于尧舜的传说和故事。在洪洞的民间习俗中，每年农历“三月三”、“四月二十八”的“接姑姑迎娘娘”走亲习俗反映的就是尧王访贤、历山得舜、禅让王位、喜结姻缘的传说故事。自尧女娥皇、女英嫁舜之后，两地人便结成联姻亲眷，互称姑舅。传说尧访舜的日子是三月初三，正巧某年三月三正值清明时节，所以每年此日，羊獬人都要到历山“接姑姑”回娘家祭祖、省亲。等到四月二十八尧王生日这一天，历山人来羊獬村给尧王爷祝寿，顺便把“娘娘”迎回去。节日当天，两地都是彩旗招展，锣鼓喧天，男女老少都盛装到古庙祭祀。途经的20多个村庄，也都有威风锣鼓迎进送出。走亲习俗成为当地民众共同拥有的历史记忆。

洪洞羊獬、历山的“接姑姑迎娘娘”传统民俗活动，是迄今为止发现的迎神、送神活动中最珍贵的活态的民俗资料。这一具有深刻传承性的民间走亲习俗不但是远古文明的历史见证和载体，而且在当地民众精神世界中占据了支配地位，影响到他们的生活观念和行为方式，成为该地区有别于其他社区文化的重要特征。

近年来，受媒体、学界等外界因素的影响，“威风锣鼓”、“抢亲戚”之类的标志性活动已经有些程式化，一项淳朴的民俗活动少了原始的风貌，土生土长的民俗在当今社会面临着异化与消亡的危险，急需抢救和保护。

祁县民居建筑习俗

申报地区或单位：祁县文化艺术中心

祁县古称“昭馀”，是国家历史文化名城，位于晋中盆地，东接太谷，西连平遥，是晋商文化发源地之一。祁县古城明风清韵，古色古香。乔家大院和渠家大院是祁县民居建筑习俗的典型代表，集实用与艺术于一体，具有鲜明的地方特色，深刻影响着当地的民居建筑风格，并相沿至今。

祁县的民居建筑大多墙高院深、造型华丽、做工精良。一般以二或三进兼东西偏院为多，甚至还有全国罕见的五进院。这些院落青石奠基，水磨砖墙，门前各种门楼形式各异，制作精细。木雕、砖雕、石雕玲珑剔透，寓意祥和。院落之间隔以木雕或砖砌牌坊。屋内屋外遍布雕刻彩绘，庄重华丽。

祁县民居建筑的主要特点一是外墙高，既可防盗，又可防风；二是单坡顶，无论正房、厢房、楼房还是瓦房，双坡顶不多。由于都是采用单坡顶，外墙又高大，雨水都向院子里流，取“肥水不外流”之意；三是大部分院落以北为正，东西窄，南北长，形成长方形的四合院，院门多开在东南角。

祁县的民居建筑与当地的自然地理条件、经济生活、政治制度、风俗习惯浑然一体，是北方民居的代表，有极高的历史、文化、艺术和科学价值。

礼生唱祭文习俗

申报地区或单位：山西省柳林文化研究会

礼生唱祭文习俗是流行于山西省柳林县北孟门镇、王家沟乡、成家庄一带的民间礼俗。当地老人在去世后，子女为其送丧，要聘请当地有学问、有威望的人充当礼生，俗称礼教先生，并由礼教先生主持悼念仪式，编、唱祭文。祭文紧密结合逝者的生平，声情并茂，押韵上口，有着很强的劝世功能。

丧事请礼生唱挽歌的习俗起源于周代。后来，周公旦修订周礼，形成了“婚、丧、冠、祭”的基本礼仪。据《永宁州志》记载，永宁州每年农历八月二十八都要在大成殿举行祭孔仪式，所行之礼及礼生唱赞的仪式载于其中，与今流传于柳林县孟门镇、王家沟乡、成家庄镇一带的丧事唱赞的仪式基本相同。

赞礼所请礼生，一般为四人，分别承担统赞、引赞、唱赞、礼赞四项事务，主持整个祭奠活动。祭文一般有三大类，即祭神文、主祭文、客祭文。祭文分序和唱两部分，序采用《诗经》文风，四字一句，押韵成篇，用以兴起下文。唱为主祭文，曲调多为哀婉的古典曲牌，如“苦伶仃”等。随着现代生活方式的改变，民间风俗逐渐淡化，唱祭文习俗已渐渐淡出人们的生活。

二月二南街焰火习俗

申报地区或单位：太原市晋源区晋源南街村委会

晋源南街二月二焰火是当地百姓每年在立春之日和太阳祀日燃放焰火的习俗，是民众对美好生活的一种祈盼。这种燃放焰火的习俗源于明代，并一直延续至今。

南街焰火主要是老架火，按层次搭建十二层，闰年十三层，最顶层还要布置一个火神庙用于摆放鞭炮，其中跌架炮别具特色。第一部分是搭老架火和小架火，搭建造型按牌楼设计进行，既要便于人上去摆放鞭炮，又要有一定的格式（彩绘上秀丽山川、优美传说）。架火象征月月上进，节节高升，红红火火，越烧越旺。第二部分是地面火配以各种杂耍，主要有牌楼火、树儿火、葡萄火、磨儿火、字儿火、锅儿火、瀑布火、高升瓶火等。彩绘内容以民间故事为主，如嫦娥奔月、猴子捞月、大闹天宫、炮打灯等。

南街焰火的传统工艺、技术复杂，习俗讲究甚多，仪式庄严隆重，年轻人很少主持，一般由德高望重的老人领衔。现在二月二焰火已没有了当年的规模，日渐消退。

打潭习俗

申报地区或单位：晋城市阳城县非物质文化遗产保护中心
泽州县下村镇上寺头村

阳城县古称获泽，位于山西东南边缘，历史悠久，文化资源丰富。县城西南20公里处的次营镇北次营村长期流传着《黑姑姑施雨报乡亲》的民间祈雨传说，它是商汤雩祭文化的传承与扩展。

相传，北次营村民女（黑姑姑）与黑龙爷相恋，入龙宫成仙，居住在东川村后深山中的茉茉潭。后黑姑姑托梦告知家人详情并将祈雨龙瓶留在东川以备不时之需。从此，每次遇到旱情，村人先提前派人和东川村取得联系，东川人则隆重地招待从娘家来的打潭祈雨人。第二日，祈雨者在汤王庙神像前隆重上供祭拜后，捧着四只龙瓶，身穿白布衣，头戴柳条帽，手提大铜锣，竭诚而去。来到峡谷中，所有人员再次献供品、燃清香、祭龙瓶、烧黄表、放鞭炮、虔诚叩拜，然后，打潭人身系绳索下潭取水，岸边人将大石头推入潭中溅起涟漪，待潭周围出现飞蛾、蝴蝶、鸟类、爬虫等灵物后，取水人背起龙瓶，赤脚返回。回村时沿街村民献供、燃香、烧表、跪迎，祈雨人游遍村中的五龙庙、龙王庙、关帝庙、后佛堂等七座庙宇后，回到村头汤王庙祈祷等待。三天之内大雨即至，沿途均普降甘雨，旱象顿解。村民为了向黑姑姑、黑姑父感恩庆贺，每逢四月初一都回婆家洗瓶回水，逢七月十五再把婆家的客人请来，盛情款待，并唱戏过会三天，张灯结彩，隆重而热烈。这种民间祈雨的传统活动，从古到今，辈辈相传，已成为当地群众文化活动的一种特殊形式。

打潭祈雨活动真实反映了古阳城地区的水利、地貌、气候等生态环境特征，体现出民众对于自然灾害的畏惧心理以及在此基础上形成的多神崇拜信仰，具有珍贵的的民俗学、历史学、社会学研究价值。

火星圣母祭祀习俗

申报地区或单位：临汾市霍州市文化馆

火星庙位于霍州旧城北大街，始建于明成化三年（1467）。据碑文记载，明代早期，霍州城东李泉庄打麦场失火，本村一荀姓女子扑入火海，奋力救出几名被困儿童，自己却献出了宝贵生命。霍州知州崔明，深赞其舍身救人之可贵精神，尊其为“火星圣母”，并为其立庙塑像，以求永久祭祀。百余年以来，霍州民众祭祀“火星圣母”活动从未间断，至今愈来愈盛。

火星庙每年举办三次祭祀圣母活动，农历正月二十七为圣母寿辰庆典。届时，霍州百姓从四面八方涌向火星庙，为圣母上香、祝寿，然后，抬着圣母驾楼，以手执金瓜、钺斧等兵器及罗伞、旗幡的浩大仪仗队伴驾随行，威风锣鼓、狮子、龙灯、高跷、竹马、秧歌等表演助兴，走遍州城四街八巷，最后返回火星庙里。农历四月初十是火星庙庙会，其时夏收将临，各种农具如木锹、杈把、扫帚、镰、绳等，以及种子交易尤为突出。两次活动，都唱戏三天，并伴有“剪纸”、“面塑”等民间艺术展览，还有独具特色的盲人“霍州书”表演。农历六月十五是圣母家乡李泉庄（现名李诠庄）观音祠庙会，六月十三村民敲锣打鼓用驾楼迎接圣母“回娘家”。会后，村民再用驾楼把圣母送回火星庙。届时，州城及沿途东关、赵家庄等村民拥立街巷两侧，躬身迎送，十分虔城。整个活动由火星庙总管、香首主持操办。香首由公认的“德财”兼备的人员担任，通常为12人，任期一年。本年活动结束，即推选下届香首，优秀者当然可以连选连任。

火星庙祭祀是以地方俗神为对象的典型民俗活动，具有强大的感召力、亲和力和凝聚力，为民间信俗研究提供了鲜活的素材。

宁武天池净身节习俗

申报地区或单位：忻州市宁武县余庄乡马营村村委会

“宁武净身节”又名“泼水节”，活动范围限于忻州市宁武县马营海周边乡村，它是一种由民间传说而引发的送瘟神、消灾难、祈福报、求平安的民俗文化活动。相传，隋朝马营村驻有一个马监，平时欺男霸女，鱼肉乡民。某年年初一，恶霸醉死在马鞍桥上，兵士遂将马鞍做成棺材，舁棺渡河，不幸全体遇难。乡民奔走相告，清扫街道，女性互相泼水，以洗刷耻辱，驱污净身。此风俗延续至今，逐渐形成今日以泼水净身、祈福禳灾为宗旨的盛大节日活动。

天池净身节每年举行两次。第一次从正月初一到初十，届时，家家户户都要发旺火、响鞭炮、清扫垃圾，消除晦气。初十上午，会首们礼佛敬神后即开始“送瘟神”。送瘟神时前面有鼓班响打着带路，由一个人端着马鞍，把纸粘的“瘟神”放进去，后面众人簇拥着，送到村外的大河边，把瘟神连马鞍一起扔到大河里。大家再高高兴兴地回到主会场，这时已经准备好装满水的水桶和瓢、盆、碗、勺、杯等泼水用具。来看热闹的人们互相泼水，打闹嬉戏，尽情狂欢后方散。

第二次在农历五月廿四至廿八，其中五月廿七为正日子，以“祈雨”、“灭蝗”为主题，活动时仍然要垒旺火、响大炮、请鼓班、唱大戏、送瘟神、互相泼水、请佛敬神，不过这次增加了请玉皇大帝和龙王爷的内容，以期泼水净身、求神降雨。

宁武天池净身节是一项融祈福、消灾、拜佛、还愿、布施、祈雨于一身的综合性民俗活动，体现了民众多神信仰的民俗心理，具有较为重要的学术研究价值。

东于架火迎鼓习俗

申报地区或单位：清徐县文化馆

架火迎鼓是一种民间社火活动，主要分布于清徐县东于、西高白、中高白、东高白、水屯营一带，传说是为了纪念三官大帝而设。古时，东于镇高白村一带店铺林立，人们为了来年的生意兴隆，每年正月十五期间都要在店铺门口放一些自制的烟花爆竹以示庆贺。在流传过程中，村民又发明了架火用以增强感官效果，同时为了招揽观者，年轻人自发地敲起锣鼓，反穿羊皮袄，手摇鸡毛凉扇结队而舞，遂形成架火迎鼓的习俗。

架火的基本构架是以长方形木桌层层高叠，呈塔状而固定于一根竖杆（架火杆）上。平年12桌为一架，闰年13桌为一架。架火用桌称之为火桌，是没有桌面的框架形空心木桌，高2.2市尺，长2.8市尺，宽1.4市尺。火桌之间以八股绳两侧绑结。火桌背面有三条粗麻绳起吊，其中两侧的称为吊绳，中间的称为总绳。吊绳穿过火杆顶的滑车，由人工控制升降。架火第一层以炮开架，名为《就地一声雷》，第二层《开山炮》，三层《炮打灯》…… 末层叫《上天灯》。迎鼓则是围绕架火燃放而派生出来的一种民间舞蹈表演形式，由锣鼓队、抬鼓队和灯笼队伍组成。在锣鼓队的伴奏下四名青年男子抬一面大鼓（鼓面绘有亭台楼阁、戏曲故事、民间传说等图案），反穿羊皮袄，摇着鸡毛扇走三步退两步结队而舞，由灯笼队的姑娘引路和伴舞。元宵夜由第一社起鼓相迎，其余社逐步加入，数十社鼓队、灯队形成庞大的迎鼓队伍，随着架火的依次而放，移舞于全村，可谓鼓潮灯潮，相迎相接，狂欢之夜，人声鼎沸。

东于架火迎鼓集民间音乐、舞蹈、美术、手工技艺于一体，表达了人们祈盼美好生活，迎接新年祝福的愿望，具有重要的研究价值。

五龙洞祭祀习俗

申报地区或单位：临汾市蒲县非物质文化遗产保护中心

五龙洞圣母祠位于蒲县城北20公里处，县级文物保护单位，明代建筑，四合院式，正殿为石灰溶洞，内有五龙圣母等塑像五尊。西侧有一洞，深不可测，民间传言可通陕西，为历代祈雨之地。传说龙王专司雨职，掌管兴云降雨，每逢风雨失调之年，民众都要到此烧香祈愿，以求一年里风调雨顺，五谷丰登。

相传，民间一陈姓女子与陕西黑水河龙王再续前世姻缘坐化于山间岩洞，人们将岩洞改称五龙洞，并在旁边修建庙宇，塑造神像，每年五月十八（圣母诞辰）或逢天旱，四乡群众纷纷来此唱戏祈雨，恳求五龙圣母施水救灾，相沿成俗。民间有着各种各样的祈雨方式，康熙年间知县朱元裕“草服扇履”、“徒步往祷于洞”，“露坐竟日，期必得清而后归”，这属于典型的步祷、露祷。雍正二年《创建戏亭碑记》中记载了中邑人善士于国梁、吕增癸二人的“绝食祈雨法”，“于五月初一日进洞不食”。《五龙洞募修建醮碑》中生员郭鹿、香老郭凝琳二人“率众齐沐折柳焚香”的祈雨方式。献戏酬神是圣母庙的又一大传统活动，一般演戏之日，数十个戏班轮流演出，锣鼓表演竞相献艺。戏班除为圣母献戏外，还为村庙中所祀之神献戏，可谓一举两得。“谢雨”之祭，更是有过之无不及，除献戏外，各村以整猪、整羊作为供品来祭祀圣母。这一天，圣母庙戏台不仅是各戏班展示自己的舞台，更是他们竞技比赛的场所。

圣母庙祭祀活动最早可追溯到明代，至今已有数百年的历史。作为一种文化载体，祭祀活动有着内在的契合性和天然的功能，它根植于民众血缘亲情的天然联系之中，具有重要的历史文化价值。

娘子关跑马排春节习俗

申报地区或单位：平定县下董寨村民委员会

“跑马排春”是流行于平定县娘子关镇下董寨村的一种极富地方特色的民间社火形式，相传，“跑马排”起源于唐朝，原本是当时驻扎在娘子关的唐军信史传递信息的方式，后来随着时代的变迁逐步演变成一种民俗娱乐活动，一直流传至今。

下董寨村的春节活动保留了关隘地区以民间信仰为特点的习俗文化，多以祭祀祖先、除旧布新、迎喜接福、祈求丰年为主要内容，从每年的腊月二十三开始准备，二月二活动全部结束。主要表现形式有报灯官、过大年、接官印、跑马排、耍社火、元宵夜、唱尾声、演戏酬神等环节，而最有特色的民俗活动当属正月十五、十六举办的“跑马排”。届时，下董寨村村民身穿古装，牵着自家饲养的马，聚集在一条长100米，宽约4米的古巷中循环奔跑。马上不装马鞍，骑马的人双腿紧夹马身，双手平举，飞奔而过。人们专门在古巷道上撒下许多灰渣，马跑过时灰尘飞扬，其用意一是马奔跑时防止被滑倒，二是渲染气氛。跑马者从上午9点到下午2点不间息地奔跑，其间还穿插着农民自编自娱的社火、秧歌。

跑马排春习俗是民众祈祷国泰民安、万事如意、五谷丰登、吉祥平安的一种精神象征，它体现出喜庆祥和的春节主题，强调了人性中勇敢、坚强、竞争的品格，具有重要的人类学、民俗学、历史学、社会学研究价值，对当今构建和谐社会起到重要的促进作用。

绵上天齐庙习俗

申报地区或单位：山西通州集团灵宝旅游有限公司

“天齐庙”又称“东岳庙”或“东岳行祠”，庙内供养“天齐仁圣大帝”又称“东岳大帝”，掌管着人间生老病死和阴曹地府十八层地狱。沁源县绵上村西原建有天齐庙一座，分为上下两院，传为隋代建绵山县时所创，之后曾在宋元祐二年（1087）、清康熙二十七年（1688）、康熙四十一年（1707）、清同治七年（1868）四次修缮，后于抗战时期被日军烧毁。千百年来，此地流传着很多敬奉天齐东岳大帝和祭祀超度亲人亡灵的习俗，同时还遗存不少民间故事、传说，为庙宇增添许多神秘色彩。

绵上村是春秋时期的古镇，相传，晋国直臣介子推曾隐居于绵山东麓，死后葬于距绵上村20华里的伏贵村（其墓今尚存），因此晋文公将绵上村一带封为介子推的祭祠之地。隋开皇六年（586），绵上村设县，管理现沁源北部地区（始称绵山县，后改为绵上县），并在村西建天齐庙，庙内设有十殿阎君及十八层地狱，方园百里甚至更远地方的亡人灵魂都要送往绵上天齐庙报到。年代日久，围绕祭祀、超度亡灵的主题，遂形成规模盛大的古庙会。旧时，天齐庙每年举办两次庙会，第一次时间为三月十六至三月二十；第二次时间定在十月初六至十月初十。庙会期间附近农村组织社火进香及文艺表演活动，最后一天人们抬天齐东岳大帝神位牌，出庙游行，谓之“天齐爷出巡”。每年逢七月十五，村中神庙管理人员还要邀请僧人、道士为亡灵做法事和水陆道场，并搭起台架，点起七星灯，超度亡灵。

绵上天齐庙习俗历史悠久，表达了民间对于亡故亲人在天亡灵的思念和祝愿，是中华历史文化的一个重要组成部分。

阳城桑蚕习俗

申报地区或单位：阳城县孙文龙纪念馆

阳城地处山西省东南部，位于太行、太岳、中条三山交汇之处，森林茂密，水源充足，地势西高东低，气候温和凉爽，优越的自然环境非常适合桑树生长。阳城蚕桑习俗源远流长，它发轫于西周，兴盛于唐宋，迄今已有5000多年的历史。相传黄帝元妃嫘祖娘娘曾于阳城云蒙山教民养蚕，周穆王也驾临获泽（阳城）视察当地蚕桑。

在数千年的栽桑养蚕、丝织加工的历史长河中，始终有一条绵延不断的溪流——蚕桑养殖习俗在渗透传承。它与其他文化相融发展，形成了大量的与桑、蚕、丝相关的诗歌、风俗、礼仪、服饰等文字符号，构成了蚕桑习俗的丰富内涵。由蚕而起，因蚕而庆，为蚕而祭的蚕谣、蚕谚、蚕事、蚕忌和蚕戏等传统习俗，已经深深融入到老百姓的衣食住行、儿女婚嫁和日常生活中。它不仅丰富了乡民们的精神文化生活，而且使栽桑养蚕在更广泛的空间里得以传承，这也是阳城蚕桑能随几千年文明史延续至今，并且一枝独秀的重要原因。蚕桑习俗是阳城劳动人民长期智慧的结晶，且不能为现代技术所代替，是一份极其宝贵的历史文化遗产，必须大力传承发展。

蚕桑文化是汉文化的重要组成部分，它标志着农耕文明的成熟。蚕农们在长期的实践过程中，注重对蚕性的观察，不断研究和探索出了一整套蚕桑养殖习俗流程，总结了蚕种的选育、制种、给桑、防病、禁忌等。这些习俗对栽桑养蚕、缫丝技术、桑蚕文化以及后世蚕桑业推广等方面发挥了重要指导作用。

用水习俗

申报地区或单位：临汾市霍州市文化馆

山西是华北地区的缺水省份，在长期干旱少雨人畜饮水困难的压力下，地处霍州陶唐峪乡和洪洞一带的村社组织在长期的历史发展中，创造出一种独特的民间水利管理机制和模式——不灌而治水利习俗。不灌而治水利习俗涉及两个县（市）三个乡（镇）五个村庄，当地人俗称“四社五村”，具体包括仇池社、李庄社、义旺社、杏沟社和孔涧村（属义旺社），并留有水利制度的成文标识——水利簿（分水规、社首谱、神谱、香首谱）。据清嘉庆十五年（1810）三月四社公议照旧合抄水册记载：“霍山之下，古有青條二峪各有源泉流至峪口交会一处。虽不能灌溉地亩，亦可全活人民。二邑四社因设龙君神祠诸村轮流祭赛。自汉、晋、唐、宋以来，旧有水例。”水利簿明确地规定了管理水利工程的社首集团，村社取水合法许可权和公共利益，提出了节约用水的具体措施和对违规用水的制裁办法，还对“四社五村”的祭祀时间、祭祀用品、祭祀仪式、各社水日、维修工程、交水时辰、违规处置等都做了规定。

不灌而治的水利在某种程度上更强调水的非物质性，水成为一种权力、资本、道德的象征，为了有效的控制和分配有限的水资源，人们建立了一套在干旱地区团结生存的可持续经验。不灌而治的个案比较特殊，它的缺水运作不等于华北广大乡村社会的普遍情况，但它的存在，能够提示学者认识华北水利的多元模式，同时对华北其他缺水地区寻找适合自己的可持续发展模式，对中国社会在现代化转型中合理地保护和利用水资源，对广大中国城乡合理的安排现实用水生活，也有重要的启示作用。

本命年习俗

申报地区或单位：山西本命年习俗研究会

本命年就是十二年一遇的农历属相所在的年份，俗称属相年，这一说法早在西汉就有了，起源于中国的十二生肖和崇色心理。传统习俗认为，本命年犯太岁，是一个不吉利的年份，故民间通常把“本命年”也叫作“槛儿年”，每到本命年时，汉族北方各地，不论大人小孩都要买红腰带系上，俗称“扎红”，还要穿红背心、红裤衩，认为这样才能趋吉避凶、消灾免祸。

晋南民间还流传着这样一个传说故事：话说当年刘秀被派往河北清剿王莽的残余势力，战事告捷凯旋途经晋南现在的闻喜县，慕名前往相传为舜帝“豢龙”的董泽湖，不想天色将晚，路遇劫匪。刘秀逃至一农舍，主人急中生智将其藏入茅厕中。晋南的民居小院，都是一家男女共用一厕，但凡有人入厕时，就在门上挂个东西，以防尴尬。刘秀藏入厕中后，老人忙从屋中取出女儿的红腰带挂于厕门，就这样骗过强徒，救了刘秀一难。东汉王朝建立后，刘秀便号令天下每年的农历十一月十五人们都要佩戴红腰带，以示纪念。这样红腰带也就被赋予特殊的寓意，慢慢地演变为本命年的习俗。

晋南民间的本命年红腰带颇具创意，腰带的内面融于朱砂的中国红，外面是充满品位经典的褐色真皮材质，中间是精心设计的精美饰扣，时尚典雅。而且产品的种类和内涵在不断地丰富着，根据不同的时令、节日的文化内涵，给产品赋予充满文化韵味的系列：田园风情、龙凤呈祥、十二生肖、观音菩萨、一生平安、三合贵人等，有的还将十二属相和八大守护神的图案分别印制在红腰带的内侧，更加丰富了红腰带的情感表达。人们还将本命年文化信俗同地域特色文化结合起来，创意出文化产品。运城作为中华武圣关公故里，关公文化有着强大的文化穿透力和精神感召力，本命年文化和关公信仰文化结合起来，成就了丰富的文化创意。

晋南民间刺绣是民间手工艺的一朵奇葩，有着很高的民俗价值、文化艺术价值。这些刺绣图案多以民间喜闻乐见的内容为题材，孔雀开屏、喜上眉梢、松鹤延年、双龙戏珠、凤凰牡丹、梅兰竹菊等。瓜果蔬菜、飞禽走兽、山川风景、亭台楼阁也是常见的题材。本命年文化同晋南民间刺绣结合起来，给人以无比温暖的感觉，如手工刺绣本命年钱夹、刺绣本命年香包、刺绣本命年吉祥挂件等，还有本命年千层底绣花鞋、本命年龙凤呈祥抱枕、本命年婴儿蚕沙枕、本命年五毒娃儿枕等。

端午节习俗

申报地区或单位：长治市沁县文化馆

端午节是古老的传统节日，始于春秋战国时期，至今已有2000多年历史。由于我国地域广大，民族众多，加上许多故事传说，不仅产生了众多相异的节日名称，而且各地也有着不尽相同的端午习俗。其内容主要有女儿回娘家，挂钟馗像，迎鬼船、躲午，帖午叶符，悬挂菖蒲、艾草，游百病，佩香囊，备牲醴，赛龙舟，比武，击球，荡秋千，给小孩涂雄黄，饮用雄黄酒、菖蒲酒，吃五毒饼、咸蛋、粽子和时令鲜果等，除了有迷信色彩的活动渐已消失外，其余至今流传中国各地及邻近诸国，有些活动，如赛龙舟等，已得到新的发展，突破了时间、地域界线，成为了国际性的体育赛事。

沁县是浊漳河、沁河的发源地，也是华夏农耕文明的重要发祥地。作为“北方水城”的沁县端午节经过世代传承发展，形成了插艾、带五色线、包粽子等特色文化传统，并且生动地结合了赛龙舟、民俗展等文化活动，表达了民众祈福避凶、竞技健身等良好愿望，鲜明地体现出人与自然和谐相处的永恒主题。沁县端午节已经成为融赛龙舟、民俗展览、沁州书会、传统民间文艺、集会贸易于一体的综合性民族传统节日，挖掘和保护此项节俗活动对弘扬民族文化，传承中华文明具有重要的意义。

泽州打铁花习俗

申报地区或单位：晋城市泽州县巴公镇来村村委

打铁花是泽州特有的一种风俗之一，这种传统习俗由来已久，与当地发达的冶铁业有关，大约起始于1850—1930年间，至今已有100多年历史。每年的元宵节，各冶炼大户除了出二跷、旱船、小车、竹马等多种形式的故事表演外，到了晚上还要放焰火、锅花、打铁花。十里八乡的人们齐聚来村，主要是为了观赏气势磅礴、恢弘壮观的“打铁花”盛况。据传，“打铁花”可趋鬼避邪，来观赏“打铁花”的人也可祛除身上的邪气，所以来村“打铁花”这一传统习俗被人们冠以迷信色彩以后，便显得更加扑朔迷离。

巴公镇来村“打铁花”通常在夜间宽阔的场地上进行，活动前搭一个丈余高的大棚，称花棚，花棚顶部中央位置竖起一根高杆，称老杆，四周梆上一些新鲜的柳树枝，顶部挂上鞭炮、烟花等，称为彩棚。花棚旁边设一座化铁水用的方炉，一尺多长，拳头粗细的新鲜柳树棒两根，其中一根在一端掏直径约三厘米大小的圆形凹槽，用来盛铁水。打铁花者一手拿着盛有铁水的花棒，一手拿另外一根，光着上身，趿拉着鞋（上身抹油，铁水溅在身上容易滑落，趿拉鞋使铁水进入鞋内脱鞋容易，这些都是打铁花自我保护的方法），迅速跑到花棚下，用木棒猛击盛有铁水的花棒，十几个打铁花匠一棒接一棒，一人紧跟一人往来于熔炉和花棚之间。夜空中，只见铁花在老杆树枝上飞溅，如流星似瀑布，瞬间铁花引爆了老杆上的鞭炮，顿时把当日活动引入高潮，观者惊叹不已，如一片花的海洋，夜幕中梦幻般的美景倾倒了远道而来的人们。

泽州打铁花是中国民间一种庆祝春节的传统庆典狂欢活动，它与图腾崇拜、原始歌舞有着很深的联系，经过驱傩仪式由宫廷传入民间，演变成乡村祭祀、娱神、迎神的赛会，并加进社火表演，具有重要的学术研究价值。

小店牺汤习俗

申报地区或单位：太原市小店区

小店牺汤源于周朝“牺牲祭祖”的古老习俗。据史料记载，西周贵族用全羊祭祀祖先后，将全羊煮熟，连汤带肉分给族人享用。在历史发展过程中，小店牺汤逐渐由宫廷祭祖仪式走向民间，成为晋阳（今太原）一带群众民间祭祀求雨的主要形式，传达着百姓渴望风调雨顺的信息。

在传统社会中，农民靠天吃饭，祈雨是百姓的主要祭祀活动，羊是不可缺少的祭祀供品。祭祀完毕后，煮好全羊，连汤带肉分给全村百姓享用，是久为流传的民间习俗。近现代以来，小店一带百姓一般是在小麦收割后，煮全羊牺汤，全村享用、庆贺丰收，并一直流传至今。小店牺汤的主要原料为优质羊肉、羊头、羊脸、羊骨架、羊肝、羊脾、羊肾、羊肺、羊血。做法是先把所用原料用开水浸一会儿，血水出尽后，开锅加料煮，调料有小茴香、花椒、葱、姜、辣椒，肉熟汤浓后，把肉捞出。调好汤，肉切片，加热后即可食用，调味品为盐、味精、胡椒、辣椒面等。吃的时候加入香菜，并用当地特产切饼佐食。小店牺汤最具特点的是伏天食用。羊肉在一般地区是冬季食用佳品，用于驱寒、和胃，而小店牺汤是夏季食用的美食，特别是三伏天小麦收割之后喝上一碗牺汤，全身汗水湿透，顿觉神清气爽、精神倍增。

小店牺汤是古老的“牲祭”礼仪在民间的完整保留，通过对其仪式和过程的考察，可以再现远古时期先民们“牺牲祭祖”的原貌。现今，小店牺汤虽然已进入百姓日常生活之中，并逐步演变为多种形式，如羊汤面、羊杂割、豆面羊汤等，但具有区域特色的全羊牺汤，则逐渐淡出了人们的日常生活。

关公信俗*

申报地区或单位：山西省运城市

关公信俗是以崇拜三国时期蜀汉著名将领关羽（160—220）“忠仁义勇”精神品格为核心内容的社会实践、仪式、节庆活动。被尊称为武圣的关公，与文圣孔子齐名，千余年来，相关社区及群体以在关帝庙举行祭典活动作为关公信俗的主要实践方式。关公信俗以其祭典仪式的完整性、民俗事象的多样性、信众数量的众多性和人文精神的传承性为其重要特征，对相关社区及群体持续的文化认同感具有重要意义，是中国民间信仰文化最具代表性的表现形式之一。

山西运城是关公的故里，是关公文化发源与发展的源头，围绕关公形成的关公文化内涵丰富，形式多彩，具有独特的文化价值，占有不可替代的地位。关公文化几乎渗透于人们思想及生活的各个方面，包括宗教、祭祀、民俗、文艺等，形成了广泛的极具地方特色的文化现象。关公从“当时义勇倾三国”的蜀汉名将，到“万古祠堂遍九州”的神化、圣化偶像，是中国封建社会后期以来，社会各界对关公不断美化、圣化和神化的结果。

---

* 此项目省级名称为《关公文化》，申报国家级项目后改名为《关公信俗》，本书以国家级项目名称为准。

关公作为道德楷模和道德偶像被不断提升，关公崇拜作为一种道德文化现象被广泛普及，对于维护和继承中华民族优秀道德传统，促进和增强海内外华人对民族文化的认同，是关公精神和关公文化在当代社会中所具有的新价值和新作用。关公文化对于中华民族凝聚力的形成，以及道德意识、道德行为的规范与提升，产生了积极的作用，时至今日，依然是凝聚海内外华人的一条精神文化纽带。

上党连氏宗族信俗

申报地区或单位：长治市襄垣非物质文化遗产保护中心

中华连氏祖源系出鲁周公姬旦子孙后裔，连氏根祖在上党襄垣，开宗始祖为春秋时齐大夫连称，据专家考证，早期连氏发祥地为襄垣县纯孝乡桃树村，阳泽河、南丰沟、黄楼北、九庄分别为元代后连氏发祥地之一。襄垣连氏在族裔家族生活方面有着许多独特的方式、方法，这些方式方法经过几千年的传承，不断更新、完善，形成了连氏宗族独特的信仰、习俗。

连氏宗族信俗主要表现在婚嫁、生养、丧葬等方面，婚俗中表现为：结婚当天新郎必须戴上舅舅买的帽子，到女家不吃鸡肉。新娘出门时嫂嫂不能相送，衣服忌有口袋。和新郎、新娘属相相克的男女宾客和鳏寡之人不能进入新房。新郎、新娘临行前要“挖富贵”，结婚头一天要到祖坟去祭祀；生养方面表现为：请全福之人为新郎理发，为新娘开脸。入洞房后新人需吃两碗生“疙瘩汤”，借文生意。孩子生下由族中长者按辈词起名；丧葬习俗表现为：初终入殓时，为死者换上预先特制的“送老衣”，件数为单，忌用皮、毛料。出殡之日，由连姓主丧人邀请两个不同姓氏的人，站立坟头，从背后手握“柳栽”，象征性地往上拔三下，寓意后世子孙发达之意。治丧期间，嫡亲孝子戴“抓髻帽”，其余孝子则戴“平顶帽”，出殡三日后，到坟茔祭奠。此后，过单七、百日，每逢一、三、五、七、九周年，孝子拜祭，九周年又称“完周年”，至此，丧葬礼仪全部结束。

连氏宗族信俗的传承对于弘扬民族文化，促进人们的价值认同、心理趋同和协助共事、团结互进等方面起着积极的作用，为谱牒文化研究提供珍贵的实物例证，具有重要的历史文化价值。

孝义贾家庄婚俗

申报地区或单位：吕梁市孝义市

孝义贾家庄婚俗是沿袭与传承了古代婚俗六礼的基本规制，并结合当地文化与风俗的特点，演绎、细化、传承喜庆热烈的婚嫁礼仪程序。它具有古朴而丰富的内容，婚俗仪式大体分为三个阶段，四十多项礼仪，每一项都有着深邃的文化寓意，具有鲜明的地方特色，是中华民族婚庆礼仪习俗活的标本。

孝义贾家庄婚俗产生于宋元时期，发展定型于明清。在长期发展过程中，与当地的民间音乐、歌舞、文学艺术、手工技艺以及社会信仰、伦理道德观念融为一体，具有广泛的群众基础。从婚联、婚贴内容到书写格式、方式，处处渗透着传统的道德准则和人文理念。无论是拦门、撒酒，还是拜花堂的相关谚语，都和当地的秧歌小调韵律相同。七字十字不等，上下句合辙押韵。

据考古发现，早在北宋时期当地就流行影戏和民间吹奏乐，民间婚嫁喜庆必定“观皮影、举鼓乐”。明清时期，孝义贾家庄婚俗礼仪随着孝义皮影戏的发展而日趋完备、定型。这种特有的婚俗形态已成为孝义贾家庄一带社会风俗文化的标志，是当地百姓婚俗生活的重要内容。贾家庄婚俗具有多种文化特征与广泛的学术价值、社会价值，是中华民族宝贵的文化遗产，对于研究传统社会礼仪制度的形成与发展，研究黄河流域的风俗文化以及伦理道德发展演变等，都具有重要的价值。它融汇了当地民间音乐、绘画、书法、剪纸、诗词等艺术形式，对研究当地民间文化、民间工艺的传承和发展具有重要的佐证和借鉴作用。

贾家庄婚俗与当地的民间音乐、歌舞、文学艺术及社会信仰融为一体，具有广泛的群众基础。长期以来，它已成为当地百姓精神生活的重要标志之一。

平定婚俗

申报地区或单位：平定县历史文化研究会

平定位于山西中部东侧，太行山西麓，田少土薄，民风淳厚俭约，自古有耕读传家的良好风尚。平定婚俗沿袭古代婚嫁六礼，是一种极具地方特色的文化现象，光绪版《平定州志》载：“婚姻为人伦之始，仪礼有纳采、问名、纳吉、纳征、请期、亲迎六礼，朱子家礼略去问名、纳吉、则止四礼，平定更略沿旧俗而已。”千百年的历史发展中，平定婚俗与当地的民间音乐、歌舞、文学艺术、手工技艺以及社会信仰、伦理道德观念融为一体，具有广泛的群众基础，成为当地百姓精神生活的重要标志之一。

平定境内的婚俗过去一般按议婚、下帖、下财礼、请期（择定婚期）、迎亲、谢婚六道程序进行，其中，每道程序都有许多讲究和约定俗成的规矩，共四十多项礼仪。婚礼程序大致上分为提亲、议婚、订婚阶段（相亲、换帖、订婚、下彩、择吉），庆典、迎娶阶段（准备仪式、迎亲仪式、启轿仪式、开脸梳头仪式、拜堂入洞房仪式）和谢婚、走亲阶段（女婿行认亲礼、娘家请十日礼、新娘七日回娘家礼）。整个婚俗过程中均渗透着当地民众对祖先、神灵的虔诚和敬仰之情，并将此人文理念融入到整个婚俗之中，体现了当地民众尊老爱幼、和睦相处的优良传统。

平定婚俗与各地一样，都是随着时代的变迁、历史的演进，在原传统的基础上不断地除旧布新并赋之以时代特征加以传承、发展的。近现代的平定婚俗，一般遵循“纳采、问名、纳吉、纳征、请期、迎亲”“六礼”的习俗，它既结合了当地文化与风俗的特点，又传承、细化了喜庆热烈的礼仪程序，具有古朴而丰富的内容，深受民众欢迎。

交城卦山庙会

申报地区或单位：交城县人民文化馆

卦山庙会是流行于交城及周边县区的一种节日民俗活动，大致产生在唐贞元（785—804）年间，以当时的佛教华严法会、道场活动为雏形，明代又有扩展，加入了以“昭济圣母庙”活动为主的民俗内容，后世定每年农历五月初五、初六为卦山庙会之期。届时，四周城乡百姓扶老携幼，纷至沓来，构成一幅独特的民情风俗长卷。

卦山庙会期间，家家户户悬挂菖蒲、艾草，门窗上贴公鸡、蝎子剪纸；游城墙、游百病；佩雄黄香囊，上寨儿，逛狐突庙；给小孩涂雄黄，吃粽子和时令鲜果等；携粽子、雄黄酒、菖蒲酒，上卦山拜天宁寺，圣母庙“还花花”、游文昌宫、乔总兵墓等。庙会形式、内容没有专门的组织者，香客们祭祀佛道儒三教和民间俗神，主要目的有祈福禳灾、求子嗣、祛病痛、问功名等。卦山庙会保持了宗教信仰、祭祀节庆、郊游远足、生殖崇拜、文化娱乐、饮食风味等习俗，是中华民族传统文化的缩影。加强对卦山庙会的扶持与保护，对促进文化交流、民族团结、社会和谐等方面有着积极的作用。

龙天庙会

申报地区或单位：山西龙天古太原县城开发有限公司（晋源区）

龙天庙俗称刘王祠，位于古太原县城南关，供奉着汉文帝刘恒和汉景帝刘启。龙天庙会是太原市晋源南街村民在农历二月、七月、九月连续举办三次的祭祀刘氏父子的传统民俗活动。

龙天庙会分三部分，二月二祭龙，七月初五迎龙，九月十五谢龙。庙会期间，燃放焰火，祭拜神灵，商贾云集，商棚林立，工艺、杂耍、风味小吃，应有尽有，社火表演，演戏酬神、祈福，人山人海，历经千年的变迁，它已成为太原当地家喻户晓的传统庙会。在祭祀神灵活动时百姓高呼："代王到，代王到，阿哈弥尔拉茂"、"代王、代王我来也，阿哈弥尔托福"。

在这些民俗活动的文化传承中无不印证着古晋阳的百姓没有忘记那位曾经以"休养生息"、宽松、开明的政策使晋阳富甲一方的君主——汉文帝。庙会三个阶段处处展现出农耕民族在民俗文化中对龙的敬仰与崇拜，反映出中华民族知恩、感恩、谢恩的传统文化精神，具有极高的民俗学研究价值。

水陆院庙会

申报地区或单位：晋城市城区文化馆

水陆院庙会是流行于晋城及周边县区的一种节日民俗活动，产生于清代初年，是晋城地区规模最大、民众参与最多、影响范围最广的庙会。清乾隆版《凤台县志·寺观》记载："水陆禅院，在城东南隅……每年农历四月二十举行大型法会，曰：'水陆院会'。"

水陆院会亦称水陆法会、水陆大会、水陆会、水陆斋、陆斋仪，是佛教徒据盂兰盆会而举办的水陆道场。届时，四面八方的信徒为祈福求安，满怀虔诚地赶往寺庙，顶礼膜拜，于是逐渐形成了固定的集会。后来，水陆院庙会的相关祭祀活动逐渐淡化，农用物品交易开始成为庙会的主要内容。

沁源菩提古寺庙会

申报地区或单位：沁源县人民文化馆

沁源信义村菩提寺是世界三大（印度、中国、日本）菩提寺之一，素有“中菩提”之称。传说上柳村（今信义村）东的菩提山上有菩提树，又因寺中有菩提塔一座，故而得名“菩提寺”。

在长期的迎神、敬神和其他礼俗活动中，菩提寺逐渐形成以佛教为主，兼容他教的高层次、综合性全神庙。每年正月十五和六月十九，芸芸众生，拜佛许愿还愿，并伴有庙会、演出等活动。菩提寺传统庙会的活动区域为寺庙和寺前广场两部分。每逢庙会期间，安泽、古县、洪洞、霍州、平遥、介休、武乡、沁县、屯留等地的善男信女纷至沓来，人们相互传道，进行物资交流。中华人民共和国成立后，寺庙古建筑屡遭严重破坏，庙会活动停止。1984年庙会活动初步恢复，现已连续举办20多届。

魏村牛王庙会

申报地区或单位：临汾市尧都区群艺馆

魏村立春“鞭春牛”民俗活动产生于东汉刘秀建武年间，距今至少有近两千年的历史，是临汾人民千百余年在生产生活过程中形成、发展并传承至今的一项祈福民俗活动。“鞭春牛”民俗以魏村古镇为中心，辐射至周边十余县的百十号村庄，如吴村镇、土门镇、西头乡以及有一沟之隔的洪洞县万安镇、龙马乡等，影响遍及晋南。

鞭春牛民俗，始于每年立春鞭春牛，止于芒种“备夏收”，前者重氛围，蓄势待发；后者重农事，龙口夺食，先主后次、相辅相成。鞭春牛集中体现在两个字上，“牤”、“芒”，读音相同，各有所指。“牤”，即公牛，“芒”为鞭牛神童。牤牛与芒神，一牛一孩，牤芒不分，构成了今天老黄历上的“春牛图”。乍一看，图内不乏散发出充满希望的春天气息。

魏村立春鞭春牛民俗活动包括：亲耕迎春、鞭牛打春、春柳童冠、牛王祭春、社火闹春、乡老议春、春事吃喝等内容，既是传统农耕文化的遗存，也给后世安身治家予以启迪。

立春鞭春牛习俗是中华民族认识自然、改造自然、利用自然的经验总结，具有重要的历史、文化、科学、学术价值。如今，立春鞭春牛习俗已经与镇政府一年一度的“春耕生产动员大会”一起举行，从而使这一传统民俗增添了新内容、新内涵和时代精神，开始焕发出勃勃生机。

鸣条二月二四圣出巡古庙会

申报地区或单位：运城市盐湖区鸣条尧舜禹关四圣民间文化传承会

运城市盐湖区之北限，鸣条岗之西端，有舜帝陵庙，每年二月二、九月十三要举行盛大庙会，用以缅怀圣祖之功德，其中二月二四圣（尧舜禹汤，现改汤为关王）出巡为传统庙会中最隆重的民俗活动。

旧时，每年会期前十天，远近客商就在神道两旁搭建商棚，进行贸易往来的商客们来自陕、甘、宁、蒙、青等地。会期3天，初一晚上人们敲锣打鼓请四圣出宫看大戏，然后各村请回圣像，落驾行宫，群众烧香祭拜，神手轮流值班。初二早上神手为圣像除尘、整装，9点整圣像起驾，前面炮手、狮子、锣鼓开道，献贡有三牲、五谷、果品、食品、麻花、花馍等。圣驾两旁有执示、龙头、大刀、钺斧、金瓜、朝天蹬、黄罗伞、盾旗等，圣像由16个彪悍青年抬着稳健缓行。至南大门稳驾后，各村锣鼓去迎执事村圣像，四个村轮流执事。再由村民们推荐的神手开始主持祭祀仪式，主持者分别为四圣披红挂花，供奉祭品，上香焚表，宣读颂文。期间皇城内外，两个戏台同时开演，广场上各种大型社火，盛况空前，前来观众拜谒者络绎不绝。群众上香，然后圣像起驾看戏，四圣为民爱民，君民平等，为示圣上英明，当日必唱打金枝，初三晚上戏码全部演完后，再敲锣打鼓，送四圣回宫，庙会至此全部结束。

鸣条二月二四圣出巡古庙会传承和弘扬了中华民族的传统文化，不仅促进了当地经济的飞速发展，提高了舜帝陵的知名度，同时让永垂不朽的舜帝“德、孝、善、仁、礼、义”文化进一步发扬光大，具有重要的民俗文化研究价值。

凤山庙会

申报地区或单位：吕梁市离石区文化馆

凤山（古称三阳云凤山）位于吕梁市离石城北，凤山道院（亦称天贞观）坐落在凤山山腰，每年正月二十四至二十六，道院都会举办传统古庙会，祭祀本院道士孙真人。

据史料记载，孙真人本名孙浩远，字云际，离石玉亭街（今南关旧街）人，约生于明代洪武年间。成化十九年（1483）云际道人羽化石州（今离石），其弟子姜浩渊告请知县，组织了规模较大的葬仪，并建楼三间，塑天尊真人像，将先师诞辰日正月二十六作为道观祭日，州人感云际先生之洪恩，自发祭拜，遂形成庙会。

凤山庙会约形成于明代中期，距今已有五百余年的历史。凤山道院于明末清初达到鼎盛时期，一年四季香火不绝，庙会红极一时。据道观现存道光元年（1821）石碣记载："旧观旧规，每年正月二十六，居民铺户以香灯素馔竭诚致供与真人之祠，以祷灾祈福，礼毕，公享祭余诚盛事也。"据传当时道院内外，宝棚呼幺喝六，声震山谷，叫卖之声不绝于耳，香客络绎不绝，盛极一时，为凤山道院一年中的极大盛事。庙会期间，远近香客络绎而来，凤山上下人流如潮。道院内外，到处搭设牌坊宝棚，呼神唤法。州民不论男女老少，还是官吏僚属，皆拖家带口去爬凤山，进香许愿，俗称"遇仙"。尤其是到了二十五日子时，道院人潮涌动，水泄不通，真人殿前万头攒动，鞭炮大作，人们在烟雾之中，争着去点"头香"，以期给自己带来好运。

凤山庙会历史悠久，内容丰富，具有广泛的群众基础，表达了民众追求美好生活的夙求，为研究当地民俗、宗教、历史文化提供了重要资料。

高都三月二十八传统庙会

申报地区或单位：晋城市泽州县高都镇综合文化站

高都古镇位于泽州县东北部，境内遗存有建于金大定年间的东岳古庙，是古镇标志性建筑，现为省级保护单位。高都三月二十八庙会因东岳大帝（天齐仁圣帝君）诞辰而设，历史悠久，庙内现存嘉庆十六年（1811）《谓定各社该行花车事故碑记》载："天齐仁圣大帝历有年所每岁三月二十八虔备油席鼓吹大戏，旗伞花车，故事恭祝圣诞，绕村行会，相沿已久……"

高都庙会会期五天，从三月二十八到四月初一，各项活动由五社街及地方绅士全面负责。三月二十七为"公（供）展日"，当天由各社社首、绅士聚首东庙，安排大会活动事宜，敬摆献供，祈祭风王爷，宣读《祭风文》祝文。三月二十八日上午八时，东岳庙主持焚香叩首，宣读《祭东岳大帝》祝文，宣毕撞钟、放铳、放鞭，善男信女叩拜，焚香化帛恭祝贺天齐爷圣诞。下午一点起会，东岳大帝神主出山，由八抬大轿抬神像绕村行会，后面跟着数十伙民间故事，队伍从北城后起首，途经西门口、西东下社、直入南社村，从南社穿街而过，经江沟返至东岳庙。庙会期间，来自河南、山东、晋东南地区和邻近乡镇的商户、杂耍艺人众多，届时人声鼎沸，车水马龙。正会过后的三月二十九、三十、初一赶会人相对减少，但还有不少是看戏的、购物的，还有到庙上抽签问事求平安的（因三月二十八正会为天齐爷生日不抽签），至此传统庙会活动全部结束。

高都三月二十八传统庙会是神诞日祭祀活动的产物，它承载着人们求吉纳福的民俗心理，具有重要的学术研究价值。

圪咀崖娘娘庙会

申报地区或单位：古交市文化馆

圪咀崖娘娘庙位于古交西北五华里处，始建年代无考。每年农历三月二十五，娘娘庙都会举行传统求神赐子的盛大庙会，俗称拔花花。届时，酬神唱戏3天，求子还花者，摩肩接踵，商贩云集，献花鸣炮，热闹非凡。

每年农历三月二十肇始，庙会筹备组（六村代表组织）开始筹划本年庙会，三月二十三为立神，迎贡之日。各村的供品要全部上大殿供起。三月二十四、二十五、二十六分别为起会、唱戏、还花花之日。三月二十七为闭会，谢神。现在的庙会虽然没有了原先的农副产品和骡马交易的内容，但花会却是盛况空前。娘娘庙求子俗称拔花花，祈求者（可以是本人，也可以是家人或亲戚朋友）先到娘娘庙内进香、叩拜、上布施，并默默祈祷，然后到庙内陈列的花丛中拔花花。求生男孩子的拔一束白花，求生女孩子的拔一束红花。回家后，将花供奉在财神或灶神前。来年生了孩子后，要每年还愿进香，俗称“还花花”，直至孩子满12岁时为止。已经如愿的人们，在庙会期间会拿着自制的花儿（每人一杆，平年12朵，闰年13朵）进殿还愿，如果有想生育的就要从其他人家还愿的花上拔花，拔时闭眼，如拔上白花生男，如拔上红花生女，还可以拿贡品，给媳妇吃。有身体不适的儿女，男拿18根红线代表十八罗汉，女拿17根红线祈求娘娘保健康。

圪咀崖娘娘庙会反映了古交民众企盼子孙兴旺，延续家族香火的民俗心理，具有重要的学术研究价值。

华佗庙会

申报地区或单位：临汾市曲沃县方城村民俗文化研究会

华佗神医庙会又称华佗医圣庙会，以祭神灵，求祛病痛之方，求知事之知，求吉祥平安之术为主要内容。华佗庙位于曲沃县城东北20公里处的方城村，距今约有五百余年的历史，至今香火从未间断，清康熙中后期尤为繁盛，每逢庙会，上香求药者接踵而至，辐射四邻各县，远至河南周口。

庙会以东大庙（华佗殿）为主会场，殿中设有华佗神像、香桌、香炉、灶台、签筒、签簿、签子等物，签簿分为内科、外科、问事三种，求方人在公值（管理庙会的负责人）的引导下，净面、焚香、跪拜、述情、许愿、抽签、求方，以达到自身愿望。签上记有上百种民间偏方，所用药物大多数是民间常见的中草药，还有制药的方法，药引和所用之物等，这些中草药看似平淡，但常常起到了意想不到的效果，因此，庙内至今香火旺盛，看病还愿者络绎不绝。华佗神医庙会以正月十五和九月初一为正日，相传正月十五是华佗诞生日，九月初一乃其寿终日，这两日各逢会五天，并伴有唱戏、说书、杂要等活动。医圣灵验之后，还愿者自愿前来进献布匾，大小不等，以二尺左右的红布为主，也有捐款捐物的，所有的捐物、捐款都有专人负责保管，以供庙会费用，解放后有以说几次坠子书，上映几场电影的形式来还愿的。

华佗神医庙会以“祛百病，保平安”为原则，以“积德行善，祛除病痛，平安祥和”为宗旨，表达了民众祛病消灾的民俗心理，具有重要的学术研究价值。

娘娘庙会

申报地区或单位：临汾市曲沃县里村镇封王村委会

曲沃县封王堡古赵庄娘娘庙会是神诞日祭祀活动的产物，基本形式有传统拜祭、民俗表演、烧香许愿、还愿等。古赵庄位于曲沃县城西北20公里处，现与封王堡合并为一村。相传此地为春秋时赵文子（即赵武、赵孟、赵氏孤儿）的食邑，又传因程婴在此藏匿赵氏遗孤而得名。后土圣母庙建在古赵庄北侧，汾河岸边。民众笃信“后土娘娘”能保一方平安，繁衍子孙后代，几百年来，庙中香客不断。

古赵庄传统庙会以行善助善，祝福平安为宗旨，活动区域包括后土圣母庙、送子娘娘庙、玉皇大地庙、历山老母庙、火神庙几部分。每年农历三月二十，香会组织者首先清理周边道路和障碍物，打扫庙内卫生、香棱祭桌摆放整齐，大门、小门挂上对联、灯笼、搭建戏台等。二十日子时，全体人员开始祭拜各路神像，抢烧第一柱香。各香会到庙会地点首先要在庙宇门外焚香叩拜，称之为报号，然后进入庙中神像前肃立，献供品给娘娘，披红袍、挂锦旗，及而回身叩拜，叩拜完毕再转达向东庙、西庙进行叩拜。香会有专人在庙内给叩拜者系红丝带意味一生平安，给年轻夫妇系红丝带意味着早生贵子，给年长者系红丝带意味着健康长寿。各地香客有零散赶会的，有结伴赶会许愿的，一般本地香会负责组织、协调工作，外地香会以献艺为主，参与人员以女性居多。香会还设立账房，以便给捐款者记账，这些钱用来维修庙宇和其他活动的费用。

古赵庄传统庙会是以民间信仰为主要内容的群众性民俗活动，香客们祭祀后土娘娘，求子嗣，祛病痛，祈祷幸福，表现了民众多神崇拜与求吉心理，具有重要的文化研究价值。

海潮禅寺庙会

申报地区或单位：河曲县文化体育发展中心

海潮禅寺，位于河曲县城东南35公里处的旧县村镇南门外，始建于明万历年间，后毁于兵火，清顺治年间重建，道光二年（1822）由祖师朴山更为现名，1986年入列省级重点文物保护单位。海潮禅寺每逢农历正月初八举行庙会，六十年举办规模盛大的法会，信众横跨山西、陕西、内蒙古三省，最多时曾达数万人。

海潮禅寺庙会，也称“万人会”、“九曜星君平安善会”，相传农历正月初八是天空九神（星）下界之日，超度凡人，赐福万民。届时，民众南城祭星，设道场七昼夜，年前九日打会，起会时设会坪，为商贾贸易之场所，摆三堂，备四班鼓手，昼夜轮班吹奏。寺前东山门西山门前各有一棵古槐，上边各挂一匹白洋布，届时东槐布上着一条龙，西槐布着一朵花，所以佛门又叫“七昼夜龙花山会”。每逢此会，整个旧县古镇，摊点林立，游客摩肩接踵、寺内香烟缭绕，钟声悠扬，炮声不绝。另外，农历二月十九、四月初八、六月十九这些佛教节日里，庙会香火也较为兴旺，各地善男信女除了求福、求财、求平安外还有诸多来还愿的。

海禅寺庙会历史悠久，源远流长，庙会上的商业贸易、文艺汇演、传统娱乐等多种表现形式，促进了当地的物资、文化交流，增进民族之间的团结、互助，为研究古代建筑、佛教文化、民俗曲艺等方面提供了鲜活生动的实物资料。

晋祠庙会

申报地区或单位：太原市晋源区

晋祠庙会是流传于山西太原晋源区的一种汉族民俗及民间信仰活动，它是以晋祠为载体、以祭祀圣母诞辰为由头举办的赛神会。晋祠庙会同时也是晋、冀、豫等数省商业交流的盛会，规模宏大，形式多样，参与庙会的人数众多，也是各种民间艺术展示的总汇。

晋祠农历七月初二为传统庙会，古称“赛神会”，源于西周时期祭祀叔虞之母邑姜诞辰的仪式活动，已有近千年的历史。北宋年间，晋祠周边村庄就开始了酬神演戏的迎神赛社活动。自明洪武二年给圣母加封号后，晋祠庙会开始纳入官方正统祭祀行列。在长期的历史发展中，七月初二祭祀圣母的传统盛典，逐渐形成祭祀仪典、演剧酬神和市场交易三位一体的模式。明清时期祭祀活动兴盛不衰，并一直延续至今。

传统赛神会从农历七月初一开始，历时5天。届时，晋祠水镜台演戏酬神，晋祠附近百姓齐到圣母殿跪拜叩头，上香祈福。七月初二是祭祀圣母诞辰的正日，“是日，县、乡、村社的官绅、社首及民众，均要斋戒、沐浴、躬至晋祠，致祭圣母之神。在圣母殿前的献殿，陈设香案祭品，由知县恭读祝文，行礼如仪”。同时，全县范围内赛神会将有序地推向高潮。从七月初四起，是圣母出行日，地方精英率领四街百姓举办迎送圣母出行仪式，四街组织社火表演。在庙会期间，商贾云集，各种民间传统风味小吃、工艺、玩具、杂耍纷至沓来，成为太原历史上著名的传统庙会。

晋祠庙会具有千年悠久历史的底蕴和丰富的民族传统文化内涵，目前，晋祠庙会原有的祀神仪式逐渐淡化，演戏从酬神转为娱民，人们在活跃文化生活的同时更看重人际交流，庙会的重心渐渐落在了集市贸易上，传统民间文化和民俗活动日渐消失。人们把赶庙会叫逛庙会，一个“逛”字道破了现代人到庙会的心态，为的是寻快乐、看戏、看热闹、会亲访友或交际，晋祠庙会已逐渐演变成为调剂生活的一种风俗。

柳林盘子会

申报地区或单位：吕梁市柳林县

柳林盘子会又称“天官会会”“小子会会”，是流行于山西省柳林县县城及城郊穆村一带的盛大民俗活动，起源于古代搭棚祭神活动，是古代“祭盘”仪式的遗留，距今已有五百余年的历史。活动时间为农历正月十三至十六，以元宵节为高潮。

盘子民俗活动围绕“盘子”展开，“盘子”是一种制作非常精美的组合型阁楼式仿古建筑模型，民间庙宇的高度浓缩。明代，柳林镇商品经济发展迅速，原始的神棚不能适应民间宗教信仰活动，开始有匠人模仿唐代之“祭盘”，将民间庙宇与神像按比例缩小，精雕细刻，油漆彩绘，易装易拆易保存。这种浓缩的庙宇比用砖木修建的庙宇造价低廉，一般高约3—4米，分4角、6角，有单层或双层等多种形式，内分多个神龛，供奉天官、财神、观音等众神像，一座盘子就成为一处民间祭祀场所，活动场地可大可小。盘子的外观可以用“缩小的庙宇，放大的神龛”来形容。活动期间各街巷分段轮值，张灯结彩、高搭彩盘、遍点社火，或配以秧歌、弹唱，或佐以转九曲、斗活龙，汇聚十里乡亲，载歌载舞，共庆节日，祈求来年风调雨顺。

明末清初，柳林盘子会已经具有一定规模。目前保存最古老的是清朝光绪二十六年穆村沙曲的木刻盘子。日本侵华期间，盘子会冷落下来，20世纪50年代初有所恢复，但不久被视为“四旧”遭受批判。“文化大革命”期间，盘子的制作艺人被当作牛鬼蛇神批斗，盘子会活动停止。从20世纪80年代开始，盘子会又逐渐恢复活跃起来。现在，柳林盘子约有两百余座。

柳林盘子会民俗活动是柳林地区独具特色的民间庙会祭祀活动，以“盘子”为核心和载体，将民间自然神，以及佛教、道教等众多神灵共祭一处，保留和传承了众多民间艺术和技艺，如民间弹唱、传说、社火、面塑、工艺、美术等，是研究民间艺术的重要依据。

河曲河灯会

申报地区或单位：忻州市河曲县

河曲河灯会是流传于晋西北地区黄河岸边河曲县并于每年农历七月十五举行的一项古老的民俗活动。河灯会，老百姓称为放河灯。放河灯源于佛教佛事仪式中盂兰盆会的“照冥荷花灯”，其目的是普渡落水鬼魂或其他孤魂野鬼。河曲河灯会赋予了独具地方特色的内涵。

河曲位于九曲黄河拐入晋境之处、晋陕蒙三省区交界的黄河东岸口。据《禹贡》记载，禹曾亲临河曲治理河道，至今禹迹犹存。此地历来河渡繁忙，船工辈出，被称为“河路汉”的船工常年走险于变幻莫测的黄河之中，死难者无数，放河灯活动因之备受重视。又因旧时河曲地瘠民贫，乡人多有走西口谋生者，其流亡丧命于外乡者众多，家乡人以放河灯形式祭祀他们，河灯会遂稳固地传承下来，并逐步延续下来形成古老习俗。

河曲河灯会历史悠久，每年农历七月十五来临之际，当地百姓蜂拥而至位于县城西门外的“西口古渡”处燃放河灯并举行隆重的仪式，祭奠大禹，并为当年在黄河上走船而死难的船工们超度亡灵，祈祷风调雨顺。河曲河灯会把祭禹、悼念亡灵、祈福集结于一身，通过特殊的放河灯形式来寄托对故去人的哀思和对未来美好生活的热切企盼，是禹文化和走西口文化相结合的文化产物。

经过时代的冲刷，其中祭亡灵、讲轮回的理念逐渐淡化，节日文化尤其是民间灯艺文化的自我张扬日益彰显。现如今，河曲河灯会已成为晋、陕、蒙交汇地区影响很大的民俗节目。它与当地人民的思想、生活习俗息息相关，是当地民风乡情的缩影。河曲河灯会是黄河文化的一个符号，它的产生与发展，象征着黄河黄土儿女对幸福生活的向往和自强不息的精神。

蒲县朝山会*

申报地区或单位：山西省蒲县

蒲县位于山西省西南部，吕梁山南端，县域东岳庙坐落在城东南柏山顶端，为东岳泰山天齐仁圣大帝行宫。每年农历三月二十八，东岳大帝诞辰之日，当地要举行各种朝山祭祀活动，周边县、市亦有参与，其中，最著名者称“四醮朝山”。

“四醮朝山”起于何时，尚不可考，但有关朝醮资料，明弘治十七年（1504）《重修东庙庙记》碑刻、清顺治十四年（1657）《建醮朝山》碑记载均有记载。“朝醮”是当地一种有组织、有秩序的团体祭祀活动，即在县城按东、南、西、北分建四醮，各醮都供有神祇牌位，每年农历三月二十八，各醮组织青壮年，抬着神位楼轿，锣鼓开道，铁铳轰鸣，踩着高跷，舞动长龙，汇集柏山，将所供奉东岳大帝神位送还行宫，让其归位，以享大祭。朝醮一切事务由各醮社轮流主持，每年一换，12或15年一轮。每年农历三月二十五，参加朝山的醮民都要在当年主持朝醮的社村集中训练，排演朝山仪仗队形，准备安排朝醮所需的衣食住行等一系列生活、祭祀用品。哪村主醮，一切费用、开支由哪一村村民摊派解决。东岳庙朝醮，世代承袭，一直延续至民国三十七年（1948），蒲县解放后，朝山活动正式停止。现庙中仍保存有当年朝山时使用过的“神楼”、“伞盖”、“朝山令箭”等祭祀文物。

蒲县朝山会属于典型的民间信仰活动，它是群众自发组织起来的一项祭拜活动，是人们在长期的农耕生活中向神灵求福消灾的一种外在表现，对民众具有极强的亲和力和凝聚力，具有重要的历史文化研究价值。

---

* 此项目省级名称为《东岳庙 —— 四醮朝山》，申报国家级项目后改名为《蒲县朝山会》，本书以国家级项目名称为准。

独辕四景车赛会*

申报地区或单位：山西省平顺县

独辕四景车赛会是形成于长治市平顺县并广泛流行于平顺及周边区县独具的，特色又影响较大的社火活动。

独辕四景车赛会盛行于清朝，清朝咸丰年间岁贡牛联奎老先生作诗盛赞："四景神车不计年，八村五社会流传，赛期例卜三春幕，宴酒先尝二月天。廿四马楼列后，几重社鼓引当前。东下南北西流转，崇奉丹宵太乙仙。"从诗中反映了四景车在当地是非常受欢迎的。但1938年因日军侵华曾一度中断。2005年农历四月初四，中断了66年的九天圣母庙大赛会复会，四景车盛景重现。

独辕四景车的所谓"四景"，并不是车本身的四种景致，而是车本身结构有四处巧妙的设计，四景车从东河九天圣母庙到主会场（园心地）相距约5公里，中间还要经过约50米长、45度的土坡，其路程之远，坡度之大给跑车带来一定的难度。但从来没有听人说过在历年大赛会中发生过翻车事故。由于四景奇特，沿途观者甚众，是否参加过大赛会，是否观看过四景车，成为当地人的一种资历，一种荣耀。所以，至今民间仍流传"赶了大赛会，死了不后悔"的谚语。

独辕四景车承载着千百年来当地汉族劳动人民的聪明才智，蕴含了丰富的汉族传统文化创造成果，它是百姓欢庆太平盛世、风调雨顺、五谷丰登的喜庆艺术产物。它作为一项优秀的非物质文化遗产，国域之内，北社独有，其精巧的构造艺术、精美的外观设计、独特的民欲民韵、深邃的文化内涵、高超的驾车技艺，足以见证中华民族文化之古老、文明、优秀和灿烂。

偏关万人会

申报地区或单位：偏关县文化馆

偏关万人会，又名龙华盛会，是明万历皇帝敕准举办、一直延续至今的祭奠祖先、超度亡灵、祈求平安、追求幸福、弘扬民族精神的祭奠节庆民俗活动。它产生于明万历二十九年

* 此项目省级名称为《平顺四景车赛会》，申报国家级项目后改名为《独辕四景车赛会》，本书以国家级项目名称为准。

（1601），每隔十年举办一次，现已举办了40届。

明万历年间，时任兵部右侍郎的蓟辽总督万世德（偏关人）抗击倭寇有功，万历皇帝恩准万世德回家乡省亲，并为无数为国捐躯的官兵和因石灰煮海驱敌烧死的海中动物亡灵超度，在县城北部修缮祠堂“白衣殿”，敕准举办“龙华会”，进行祭奠。

万人会集佛事、民俗文化展示及物资交流于一体。在白衣殿请来五台山高僧做水陆道场，超度亡灵；并请上几班有名剧团捧场，全国各地商贾、云游僧人、各类艺人、八音鼓手等助兴；当地百姓张灯结彩、搭建牌楼彩门；街头玩意儿、高跷、龙灯、旱船、抬挠阁、西洋游千、狮子老虎舞一齐出动，整个街头人山人海、万人攒动、热闹非凡。

万人会具有四百多年的悠久历史，现已转化为劳动人民为了纪念先烈、弘扬民族精神、祈求幸福安康、五谷丰登的一大盛会，对传承我国民间传统民俗文化有着重要价值。

五台山骡马大会

申报地区或单位：忻州市群众艺术馆

五台山骡马大会是山西省五台县利用佛教圣地五台山周边优越的天然牧坡、草场，以及周边农牧民对农畜进行休养、交易、配种等交流活动所举行的大型农事贸易民俗活动，每年农历六七月在山西省五台县五台山区举行。

农历六七月的五台山气候凉爽，水草丰盛，是十分理想的天然牧场，当地流传有“放牧半月，增膘一指”的民谚。届时，来自晋、蒙、冀、豫、鲁、陕、甘、宁等地的农牧民，都赶着骡、马、牛、驴等大牲畜到五台山区来放牧，当地人称之为“寄坡”。由此开始进行牲畜互换调剂或货币交易，从而形成了集宗教活动、畜牧交流、文艺表演活动为一体的五台山骡马大会。

近年来，由于农业、畜牧业生产方式的改变，过去家家养畜的局面已不存在，加之年轻人从事农业、畜牧业的越来越少，学习牲畜交易的“牙纪”更是凤毛麟角，专业化的五台山骡马大会传承人大量减少。延续了上百年的五台山骡马大会渐渐失去吸引力，由骡马大会服务或派生的各种习俗活动也不复存在。

四牌楼传统古会

申报地区或单位：临汾市曲沃县乐昌镇东关村

曲沃县四牌楼传统古会俗称财神会，每年农历七月二十举行，会期10天。古会始于清朝末年，原为商界的敬财神会，初时三五年一次，民国后定为每年一次。会期，正大街自南而北搭天棚，并搭5座神楼，5个影戏舞台。白昼演木偶，晚上演皮影。傍晚，楼台牌坊花灯齐明，商户门首悬灯结彩，交相辉映。黄帝庙、关帝庙、世子庙、七郎庙、汤王庙等场所都要演剧助兴，观众摩肩擦踵。

曲沃县四牌楼传统古会是以民间信仰为主要内容的群众性民间文化活动，主要由商会组织各店铺祭祀财神以及香客们祭祀佛、道、儒和民间俗神为主要内容。古会由商铺组成，商会牵头，各商家店铺入会摊股。庙会开始时，商会首领备齐一应之祭品（全猪、全羊、全鸡、时鲜果品、香火纸烛等），亲率各财神会骨干到老爷庙祭祀，净手焚香上供至祭，然后宣布古庙会开始。届时，乐昌镇东关村承办各项事宜，并且聘请锣鼓班子、舞龙队等助兴。活动一般由数人扛旗、锣鼓开道，商会及各家首领、信众随后，祭拜老爷庙，所请班子及其他队伍，皆彩衣彩裤，软丝巾裹头，应和锣鼓声翩然起舞，以舞龙灯的形式祈福求瑞，祈求国泰民安、风调雨顺。祭祀仪式完毕后，会众分散活动，到各神殿或许愿或还愿，各了心愿。

四牌楼传统古会是曲沃及周边县市商家店铺及善男信女在商会组织下祭祀财神，为财神过节的民俗活动；广大群众以赶会的形式，表达了祈求平安、吉祥的心愿。该古会承载着大量的民俗事象，传承着晋南一带的民俗、民风，具有重要的研究价值。

翼城滦池古会

申报地区或单位：临汾市翼城县文化馆

翼城县南梁村每年农历三月初八要举行滦池古会，为纪念滦水之主乔泽神而设，会期5—10天。民国十八年（1929）《翼城县志·礼俗》载："三月初八南梁滦池祀乔泽神，旧志载，俗传为栾共子忌辰，未知孰是。"栾共子即义臣栾成，曲沃武公伐翼过程中被俘，宁死不屈而被杀。晋小子侯嘉其忠义，为之举行葬礼，在掘墓时得一汪清泉，遂冠名滦水。后宋徽宗敕封栾将军为乔泽神，并于滦池旁建庙、修池，每年农历三月初八（栾成忌辰）行幡赛会，相沿成俗。

滦池古会也称祭水节，届时，各村将手工制作的彩幡运至滦池旁，以殡葬的形式祭祀乔泽神，每年1小祭，12年1大祭，由12村轮赛。其中南梁、涧峡、故城、清流四村地处滦水上游，有优先用水权，故而命其行幡，其余各村挂幡。轮赛之时，大幡一杆高八丈，上悬彩幡数层，驾五头大牛拉着，百余人四面八方以绳扶行。小幡12杆，各高2丈，1牛拉1杆。行进时有僧道两门身披袈裟，吹奏乐器前面引路，后有人抬着油筵、彩筵、全猪、全羊、大食（枣果）、食榴（730个，白面制）等各种祭品，行至滦池，人们用全猪、全羊、枣果敬献乔泽神，献毕将猪和枣果等全部倒入池中，并把彩幡全部打碎，故而又将行幡称为打幡。届时还有狮子、老虎、高跷、抬阁、花鼓等民间艺术助兴，排列成行，鱼贯而行，声势浩大，热闹非凡。

滦池古会是南梁镇及周边乡村联合组织的大型祭水活动，表达了民众祈求丰衣足食、幸福安康的文化心理，具有重要学术研究价值。

黎城望乡会

申报地区或单位：长治市黎城县文化馆

广志山又称中阳山、王至山，位于黎城县西北部，当地人也叫广志垴。每年农历四月十八和十月初一，黎城、襄垣两地民众都要在广志山奶奶庙前举办庙会，祭祀对象为襄垣老奶奶（娲皇圣母驾前侍女）。相传，清嘉庆年间，襄垣北关王雪梅不顾礼教之约尾随父母上广志山拜神，因思夫（亡佚，黎城人）心切，气绝化仙，俗称“老奶奶”。从此，襄、黎二县为其建庙供奉，时间日久，遂形成庙会，其中以十月初一（诞辰日）最为隆重。

广志山十月初一望乡会的主要民俗活动为老奶奶望家乡，祭祀时间从九月二十六开始，十月初一全部结束。二十六日，襄垣北关的娘家人要提前上山，请油匠神像抬到北面梳妆楼上重新彩画、梳理，再将凤冠霞披全部更新。广志山周边村民每年要给付四石米招待襄垣亲家，还要请戏班、乐户班社助兴。三十日晚上开始唱戏，头场必唱《黄鹤楼》，附近百姓、香客前来听戏。不少远方客商不辞辛苦，连夜上山，露天住宿，等到天明。初一凌晨，襄垣娘家人抬着老奶奶神像在乐户的伴奏下，缓缓走出二道山门，上望乡台远眺家乡。娘家人按照辈分依次跪拜，观望老奶奶的表情来预测下年年景。仪式过程必须在日出前结束，活动人员须由山上主持指挥，按时将神像重新安坐。

广志山望乡会从清代中期一直延续至今，庙会组织费用由大社承担，当地由10个村组成，名曰“十村管社”，社首大部分时间由石板杨家和前庄李家担任，社里拥有大量的社田，每年所收租金用于社内开支。广志山望乡会是襄、黎两地以姻亲关系缔结的民间信俗活动，起源较早，内容丰富，具有重要的学术研究价值。

尧王传统祭祀文化

申报地区或单位：山西省临汾市

尧王为传说中父系社会后期“陶唐氏”部落联盟领袖，名放勋，史称唐尧，都于平阳(今山西省临汾市尧都区西南)。尧是《尚书》开篇首载的仁君，被炎黄子孙尊为“三皇五帝”之一。

临汾市位于山西省西南部汾河谷地，被称为“华夏第一都尧都”。尧是华夏民族的文明始祖，其仁如天，功德载物，不仅为司马迁等历史学家载录于史卷，而且成为历代人们顶礼膜拜的神灵，对中华民族的农业文明、封建国家的政治生活以及中华民族性格和价值观念的形成都产生了重大影响，已经成为中华民族农耕文明民生富庶、社会和谐的象征。关于帝尧的神话传说不仅在古代典籍中有丰富的记载，而且在民间至今还流传着大量口头文本，主要有“感生传说”、“农业事功传说”、“政治功绩传说”三大类型，还盛行着延续久远的祭尧仪式。

长期以来，尧作为五帝之一，他的贤明品格为历代帝王所景仰和仿效，成为封建社会的官万正祀之神，民间祭祀也经久不衰。例如洪洞县甘亭镇羊獬村每年农历四月二十八尧王生日，郡石大型的祭尧仪式。在清朝末年与民国时期，尧陵附近的郭行村、上村、岳壁村等负责管理尧陵祭奠与逢会的事情，每年清明节与农历八月十五祭祀尧王成了民间集体性质的行为，场面盛大、热闹非凡。祭尧仪式历代都被列入国家祀典，规模盛大，场面隆重，祭品丰厚齐全。尧王祭祀仪式曾在抗日战争和解放战争时期停止和消失过一段时间，改革开放后，尧的崇拜与祭祀又再次得到地方社会的重视，并对祭祀活动进行了规范和引导。

舜王传统祭祀文化

申报地区或单位：运城市
晋城市

舜，姚姓，有虞氏，名重华，是传说中父系氏族社会后期部落联盟领袖，因建国于虞，故称为虞舜或有虞氏，都于蒲坂（今山西省永济县）。因他大治天下，后人为其建庙，世代崇奉。山西的舜王遗迹较多，很多地方都建立了舜庙，舜王传说及其信仰习俗在山西民间流传较广。

山西舜王传说圈的民间庙会活动主要集中在运城市的盐湖区、垣曲县的同善村和临汾市的洪洞县三地。运城民间以前在农历二月二和九月十三要为舜王和关帝唱戏。据当地民众说因为鸣条山像一条龙，舜王陵庙建在龙头上，民间又有“二月二，龙抬头”的习俗，所以二月二要唱戏。传说中关公与舜王也有关系，在每年的农历二月二民间祭祀活动中，其中有一项仪式便是关公拜舜王。各村挑选出的小伙子装扮成武士，抬着身穿绿袍的关公坐像，后面跟着仪仗队，鼓乐齐鸣周游舜王陵庙，在正殿祭拜舜王后将关公坐像抬回关公祠。垣曲县同善村的舜王庙在每年农历三月十五有古庙会，会期三天。传说同善村是舜的故乡，每年农历三月十五，附近乡民都要到舜王庙祭祀舜帝，酬神唱戏，并进行物资交流活动。临汾市洪洞县有一个相沿千年，至今仍流传的民间庙会活动“接娘娘，迎姑姑”习俗，有许多与舜王相关的传说也在当地流传，历山人把舜奉为神灵，尊称“爷爷”。传说中尧是羊獬人，舜是历山人，尧的女儿娥皇、女英是从羊獬嫁到历山的，两地因此便结成了姻眷亲戚，故此不论生日满月或红白喜事都礼尚往来。

舜王是中华民族的祖先，民众将其视为圣贤君主加以崇拜。改革开放以来，中国的社会和文化发生了巨大的变迁，但舜帝传说及其信仰习俗并没有因现代化的涤荡而退出人们的视野。

禹王传统祭祀文化

申报地区或单位：山西省运城市

禹，名文命，亦称大禹、夏禹、戎禹，与尧、舜并列为传说中的古圣王。禹受封于夏，他的部落因此称夏。大禹因平治洪水有功，受舜禅让为天子，后传位于子启，开创了我国君主世袭制，故称其是夏朝的第一代君主。《史记·夏本纪》载：“禹为华夏族首领，建都安邑。”大禹是华夏民族在神州大地奠基立国的一位伟大先祖，是中华民族的精神象征之一。几千年来，围绕大禹衍生出了丰富的传说，并形成了独具特色的大禹祭祀文化。千百年来，大禹治水“三过家门而不入”和吃苦耐劳、克己奉公的忘我精神被传为佳话，成为中华民族精神的重要组成部分。它展现了我们祖先与洪水作斗争的生动画面，体现了劳动人民在征服自然的过程中不屈不挠的斗争精神，鼓舞着历代劳动人民。民间视大禹为治水英雄，称其为“河神”，在山西沿黄河一线分布着诸多河神庙，适时奉祀。古禹都安邑位于山西省东南部的夏县，地处秦、晋、豫三省交汇处。禹王庙是禹都的重要组成部分，是传统社会官方公祭大典和民间庙会活动的重要场所。每年农历三月二十八，人们赶庙会、打锣鼓、跳舞，举行盛大的祭祀活动。

禹的杰出贡献，对中国历史的演进和发展有着深远的影响。禹王庙几千年祀典相继，是后人学习大禹明德，弘扬大禹精神的明证，对中华民族起着无可替代的凝聚作用。禹王祭典的制度和礼仪，包括祭品、祭器、祭乐、祭舞和祭文等，都蕴含着十分丰富的民族传统文化信息。加强对大禹祭典的保护，对传承中华悠久的传统文化有重要的历史价值、人文价值和学术价值。

河东盐池文化

申报地区或单位：山西省运城市

运城，在春秋时被称作“盐氏”，汉时设司盐都名曰“司盐城”，元太宗因运城盐池惠泽天下而赐名为“圣惠镇”，元末，始建城郭，因设运治，始称运城。由此可见，运城是由于盐池的开发而兴建的一座盐务专城，它深深地烙上了盐文化的印记。这里形成的一系列历史悠久、底蕴丰厚、多彩多姿的盐文化千百年来在该地区长期传承，是一笔珍贵的文化财富。河东盐池文化主要包括：垦畦浇晒产盐法、从唐朝沿袭至今的池神庙会、盐池神庙祭祀仪式（舜帝手抚五弦琴，高吟《南风歌》是最早的文献记载）、盐工独特的生活习俗、丰富多彩的民间文学（如神牛造盐池、黄帝战蚩尤、哑姑泉的传说、伯乐相马、关公除恶、包公理盐、猗顿致富）等多种文化表现形式。

以运城为中心的河东盐池文化和中华民族的文明发展史几乎同步，它悠久的历史与民族的生存、发展密切相关。河东盐池文化具有突出的地域特征，是中国盐业史上的重要篇章。

洪洞大槐树根祖文化

申报地区或单位：临汾市洪洞县

洪洞，古称“神圣之邦”，传说中演绎八卦太极图的伏羲，炼石补天、抟土造人的女娲，统领四方的黄帝，禅让天下的唐尧，体恤万民的虞舜，都曾在洪洞留下深深的印迹。明代移民遗址山西洪洞古大槐树处（洪洞大槐树祭祖园）是海内外数以亿计的大槐树移民后裔寻根祭祖的圣地。

据史料记载，元末明初，频繁的战争和灾害使全国许多地方十室九空，而晋南风调雨顺，经济繁荣，人口稠密。为了发展经济，巩固政权，明政府于洪武三年（1371）至永乐十五年（1417）间，在洪洞大槐树下设局驻员，大规模迁民18次，总数达百万之众，共计554个姓氏，迁民遍布京、冀、豫、鲁、皖、苏、鄂、陕等18个省市。这是中国历史上规模最大、历时最长、范围最广的官方移民。因移民多在大槐树下汇集转迁，所以被称为“大槐树移民”。如今，数以亿计的大槐树移民后裔遍布全国各地，或辗转迁徙海外。600余年来，洪洞大槐树被赋予神性，成为崇拜的对象，被看作“家”、“祖”、“根”，成为亿万人心目中的家乡，古槐后裔也纷纷回归大槐树寻根祭祖，这就形成了山西洪洞县独具特色的“根祖文化”。

大槐树根祖文化是以明初大移民为背景，大槐树为图腾，洪洞地方文化为渊源，移民史实和纪念移民为主线的维系宗亲之情为精髓的文化现象。

慎终追远、明德归厚是中华民族的传统美德，大槐树根祖文化源远流长，具有强大的民族凝聚力和社会整合力，保护和弘扬洪洞大槐树根祖文化，对增强海内外华人的民族认同感和民族凝聚力有重要的作用和意义。

后土文化

申报地区或单位：运城市万荣县

后土祠位于万荣县荣河镇庙前村的黄河和汾河的交汇处，相传后土娘娘（女娲）在此创造人类。后土信仰源于原始社会的地母崇拜，是农耕文化的产物。据史书记载，万荣后土祠是中国土地文化最早的“根”和最早的“源”，故在此地形成了历史悠久、内涵丰富的后土文化。

后土祭祀活动在万荣由来已久，最早起源于人文始祖轩辕黄帝时代。自从轩辕黄帝在此扫地为坛祭祀后土后，这里就成为历代帝王祭祀大地，祈祷后土圣母福佑万民、社稷平安之所，也是民间百姓祈求人兴财旺、家道昌盛之地。虽然明清时皇家祭祀后土仪式迁到北京天坛，但后土祠作为华夏民族祖祠之首，民间祭祀香火旺盛，从未间断。相传后土的生辰是农历三月十八，所以几千年来，每逢此日，人们都要举行规模盛大的祭祀活动。

后土文化产生于中华民族的母系氏族阶段。它是以生活在汾阴的一位伟大的母系氏族首领为原型，把中华民族在母系氏族阶段认识自我、改造自我与认识自然并同自然作斗争的经验和知识智慧集中于后土名下而凝结成的一种文化。后土文化是中华民族对自然与女性、母亲与生殖的崇拜与思考，它推动了中华民族的生存与发展，是支撑中华民族从茹毛饮血的洪荒岁月进步到汉唐盛世、明清鼎盛的精神动力之一。万荣后土祠被誉为中华祖祠，是中华民族根祖文化的源头，近年来，越来越多的海外华人、台湾同胞远涉重洋，来到万荣后土祠寻根问祖、拜谒后土圣母。后土文化作为中华民族根祖文化的源头、中华民族历史文化的象征、中华民族生息繁衍的历史见证、中华黄河文明的真实写照，已成为世界华人共有的文化遗产。

裴氏谱系文化

申报地区或单位：运城市闻喜县

在中国两千多年的封建社会里，有一个独一无二的望世家族——河东闻喜裴氏家族。这个世族的发祥地，就是山西省闻喜县礼元镇裴柏村。裴氏家族自古为三晋望族，也是中国历史上声名显赫的名门巨族。裴氏家族源远流长，考其先祖，始出有熊氏、伯益之后，与秦同祖。其家族以裴柏村为发祥根基，不断繁衍昌大。至两晋，始分三眷，分支蔓延，形成了“三支五房”之说。所谓三支五房：即闻喜故地为中裴眷，分支于长安、凉州一带者为西裴眷，分支于幽燕一带者为东裴眷，加上洗马裴，南来吴裴，合称“三支五房”。实际上，其分支蔓延之地还要广泛得多，仅山西南部的河东大地，就布有“八裴十二族”。欧阳修盛赞：“天下无二裴。”可见裴氏子孙遍布各地，连朝鲜、韩国、越南等邻国也都有裴氏子嗣。

“自秦汉以来，历六朝而盛，至隋唐而盛极，五代以后，余芳犹存，在上下两千年间，豪杰俊才，名卿贤相，摩肩接踵，辉耀前史，茂郁如林，代有伟人，彪炳史册。”裴氏家族人物之盛，德业文章之隆，在中外历史上堪称绝无仅有。裴氏家族中，正史立传与载列者600余人，名垂后世者不下千余人，七品以上官员多达3000余人。作为一种独特的历史文化现象，两千余年来，裴氏家族的兴隆与辉煌，引发着人们的深思。追溯裴氏家族经久兴隆的原因，明末清初的思想家顾炎武总结了三条，即“联姻、世袭与自强不息”。对于公侯将相数以千计的裴氏家族来说，起决定作用的原因在于他们重视教育，自强不息，顽强拼搏。“重教守训，崇文尚武，德业并举，廉洁自律”是裴氏家风的主要特征。裴氏曾有家规，子孙不中秀才者，不准进入宗祠大门。

裴柏村至今仍保留着重视教育的传统。《裴氏世谱》虽名为家族谱牒，但实际上远远超出了家谱的范围，它的大部分内容都同社会历史问题相联系，是当时社会、政治、经济、科学、文化兴衰更替的真实记录。

郭璞堪舆文化

申报地区或单位：闻喜县郭璞研究会

郭璞，字景纯，河东闻喜县人（今山西省闻喜县），两晋时代最著名的方术士，堪舆风水文化之鼻祖。

郭璞继承了《易经》的思想，并加以发展，其著作《葬书》首次把阴阳五行学说和灾异说引入易占，为发展中国易象学做出了贡献，使占筮更加灵活多样，更能清楚地解释错综复杂的社会现象和自然现象，赢得众人的信任和以占卜为业者的青睐。郭璞的风水观点和堪舆思想，千百年来已深入到人们的衣、食、住、行和社会生活的方方面面，成为无处不在的文化现象。

郭璞堪舆文化实际上就是物理学、水文地质学、宇宙星体学、气象学、环境景观学、建筑学、生态学以及人体生命信息学等多种学科综合一体的一种认识世界的方法。其宗旨是审慎周密考察、了解自然环境，利用和改造自然，创造良好的居住环境。将郭璞的堪舆理念正确地运用到城市现代化建设和新农村建设中，引导人们正确对待生老病死自然现象，使城市和乡村的风水格局更合理，更有益于人民的身心健康，是有一定积极意义的。

民间社火

申报地区或单位：山西省潞城市民间赛社文化研究会

潞城贾村民间赛社是流布于山西上党地区的民间迎神赛社活动，它是古代社祭与驱傩仪式的遗存。民间赛社源于古代先民对土地的崇拜，是沿袭商周时代社祀而来的酬神活动，俗称“赛神会”。上党地区因山川阻隔，交通闭塞，民风淳朴，使其成为保留传统风俗习惯和多种民间艺术最为丰富的地区。潞城贾村传统的民间赛社活动于农历四月初四，在碧霞宫举行。按旧时规定一年一小赛，四十年一大赛，直至清末民国，贾村赛社历代相承，至1945年举办最后一次大赛。

贾村的赛庙主神为碧霞宫供奉的碧霞元君。赛社活动仿照宋代帝王“圣节”寿宴的礼制，场面宏大。按照年、月、日、十二时辰排定的二十八宿神祇当值，进行供盏，并确定相应的供祀祭品和礼仪程序，主神庆寿，百神共祀。完整的供盏仪式有所谓“前七、后八、中十二”和“跑太阳”准一盏之说，即头赛七盏、正赛十二盏、末赛八盏，外加“祭太阳”一盏，总计3

天28次供盏仪式，并穿插乐户及其他演艺人员的音乐、舞蹈、戏剧等表演形式。

贾村民间赛社是融合多元宗教文化、民俗文化和艺术文化的复合体，作为我国民族民间文化遗产的重要组成部分，蕴藏着丰富的文化因素，它既具有巨大的学术研究价值，为历史学、文化人类学、民俗学、宗教学、神话学、戏剧学等学科，提供了丰富、珍贵的资料，被誉为民间的“活化石”，而且它还具有奇异、神秘的色彩和独特的审美价值。贾村的民间赛社活动渗透着古老的傩祭因子，是傩祭世俗化的表现。近年来随着音乐、舞蹈、戏剧艺术的注入，赛社逐渐由酬神变为娱人，人神共赏，形成了公众性的娱乐狂欢活动，又因它是华北地区存留至今的内容丰富、形态完整、历史底蕴深厚的社火活动，中国傩戏学研究会曲六乙先生高度评价其为“华北民间第一社火”。至今，源自远古社祀、傩礼，蕴含着古代礼仪、民间音乐、舞蹈、戏剧等多种文化遗存的潞城市贾村民间迎神赛社活动仍在延续并传承。

代县上阳花社火

申报地区或单位：忻州市代县上阳花社火研究中心

代县上阳花社火是一种集戏剧、舞蹈、音乐、武术、杂技、队列于一体的节庆祭祀活动，主要流传在山西省忻州市代县、五台、原平、繁峙、定襄等地。上阳花村位于代县城东南，据传周平王初年，军队曾进驻村社，扩修建堡，后村民模仿军队操练、对垒、排兵、布阵方式，逐步演变为岁时节令活动。

上阳花社火每年春节、元宵期间在场院进行，属武社火，以民间传说和戏剧故事为题材，通过一个或一组人物展现一个故事（称一转社火）。人物要画社火脸谱，穿社火服装，持社火把杖（兵器）。表演时，一般是探马在前，后面跟着社火会旗、火铳队（炮队）、旗队、社火队，最后是锣鼓队。表演过程分为整装、列队、祭旗、出征、行军、传丁、练兵、探马、布阵、对垒、决战、破阵等，每一细节都有一系列行为规范，其阵法演变与古代军事斗争思想基本相符。表演剧目有《五雷阵》、《打登洲》、《白蛇传》、《三岔口》、《金沙滩》、《天门阵》、《西游记》等。乐器配以原始铜锣、战鼓、铙钹为主，雄壮激昂，气势磅礴，烘托了战争场面，渲染了表演气氛。阵法有太极圈基本步法、八卦传丁、珍珠倒卷帘阳遁、八卦阵法、六甲阵、演马探阵图等。

上阳花社火历史悠久，形式古朴、原始，它将舞蹈、杂技、武术与戏剧表演融为一体，既有剧情，亦有民间舞蹈、杂技绝活、战阵对打、武术套路，具有较高的民间艺术价值。

南庄无根架火*

申报地区或单位：晋中市榆次区文化馆

榆次南庄无根架火是广泛流行于山西榆次东阳镇南庄村及周边县区一项造型别致、风格独特的民俗社火活动。

南庄无根架火高十三米开外，每层都用桌子装饰成殿宇、楼阁，其中一层二层各用三张桌子装成不同的三座庙。一层开扇内设三尊神，分别是天官、地官、水官，意蕴滋养天地万物；二层为不开扇；三层四层两侧饰假山水，内装戏台，且有折戏造型。从三层到顶层为一桌一层，共计十二层或十三层，它的顶架不需用通天柱固定，故称为“无根架火”。架火用不同造型的彩纸、彩炮、彩灯、彩旗装饰而成，其外观浑然一体，恰似一座别具特色的古代建筑。

架火燃放更是妙趣横生，无需人直接点燃，而靠引火装置相互对打引爆，俗称“码儿”，对对码儿似流星飞穿对擂，樽樽火炮疾如内电，簇簇火花相互交织，金碧楼阁时隐时现，婉如海市蜃楼，场面壮观，给人遐想。据“榆次县志”记载：春初迎神赛会，多放架火，南庄架火尤有名。记载阐明了古人对南庄架火的评价。多少年来，每逢大的节庆，几乎都燃放架火，以庆祝太平盛世，祝愿来年风调雨顺，在山西晋中一带广为流传，影响着一代代后人。

南庄架火以其造型别致、风格独特、工艺精湛、绚丽多彩而载入史册，成为山西省古老的汉族民间文化艺术的瑰宝。南庄无根架火集精巧的手工技艺和极高的艺术价值于一身，充分体现了当地劳动人民的聪明才智和艺术创造力。

沁水柳氏清明祭祖*

申报地区或单位：山西省沁水县

柳氏家族人生礼俗是山西沁水县西文兴村柳氏家族存续的传统礼仪民俗。西文兴村是一处保存完整的河东柳氏族人世代聚居的千年古村落，它保留着柳氏明清时期，具有封建宗法制度特征的种类齐全的古建筑群。

---

* 该项目省级分类为传统美术类，申报国家级项目后改为民俗类，本书以国家级项目分类为依据。

* 此项目省级名称为《柳氏家族人生礼俗》，申报国家级项目后改名为《沁水柳氏明清祭祖》，本书以国家级项目名称为准。

该古村落迄今仍居住着56户人家，220余口一脉同宗的柳氏后人，别无外姓。据现存金石碑记和《河东柳氏族谱》考证：该古村落的柳氏后人，均为唐代政治革新家、思想家、文学家柳宗元的后裔。柳宗元后裔自唐末隐居沁水历山，世居西文兴村，世代遵训守礼，传承了河东柳氏家风和柳氏先祖美德，延续了河东柳氏独特的人生礼俗，并立石永记于西文兴柳氏宗祠，为子孙传世至今。形成了一个以血缘聚居的柳氏家族独有的一种民间民俗传统文化，并为周边四乡五邻的家族广为效仿。

柳氏家族的人生礼俗，包括诞生礼俗、行冠礼俗、婚嫁礼俗、丧葬礼俗等。每一项礼俗都有一整套完整的程序和仪式，对于参与者的言谈举止、衣冠装束、献食祭品、感告时日等，都有严格的要求和规范；对于不同礼俗的礼节、宴请，都有明文规定。

柳氏后裔延续人生礼俗规约，发展到现在，家丁兴旺、相处和谐，带动周边村庄和社区，安定团结，共同发展。传承柳氏家族人生礼俗对于继承发扬我们优秀的传统文化、传统美德，对于构建当地和谐的人际关系都有积极的推动作用。

洪洞北羊社祭

申报地区或单位：洪洞县北羊农耕社祭管委会

洪洞北羊农耕春秋社祭是人们在与大自然的长期斗争中，逐步形成的祈求春种秋收、五谷丰登的农耕文化信仰形式和民俗活动。该民俗活动最早开始于北宋。主要流行于临汾市洪洞县和尧都区交界的二县（区）四镇，其核心在洪洞县的北羊村，该村至今仍保留有较为完整的传统社祭仪式。

每年农历二月二的时候，社首们都要率领群众前往牛王庙祭祀土神、社神，并在三王殿敬献神鞭、耕作农具，以祈求农事丰收。秋收之后，群众再次蒸面花供到三王殿祭拜，并向三王敬献油食、面食等供品。该民俗仪式完备，参与人数众多，有着深厚的群众基础。

洪洞北羊社祭活动是以农时活动为契机，以庙会活动为载体的农耕文化活动，表现了原始先民朴素的信仰，也反映了原始村社联盟组织形式。另外它通过固定的模式开办农贸市场，不仅是物资交流的重要平台，更是活跃农村文化和丰富农民生活的重要活动，具有很强的现实意义。

平定雩祭

申报地区或单位：平定县文化馆

平定雩祭，又称“魇马界”，是由古代雩（求雨）祭发展而成的一项祈福纳祥的民间信俗活动。马界，即神汉。据山西省平定县柏井村旧狐突庙残碑《初建太傅灵应伺记》记载，明嘉靖时大旱求雨，柏井村民在东山翠龙台举行祷祀活动，沿袭形成魇马界习俗，世代传承。

平定雩祭每年农历七月在平定县柏井庙会时举行，中心内容是祭祀“孤突大王”。自农历七月十五开始准备，各家分头到庄稼地供奉五谷神灵，打扫庙宇、戏台，备置供品。农历七月二十一搭台唱戏，魇下马界来“传圣旨”。二十二是正式会期，礼俗程序有迎驾、扭驾、马界开山、扇鼓祭神。大王庙酬神献戏三天是一项不可缺少的内容。

平定雩祭表现出传统农耕社会，民众祈求风调雨顺、和睦平安的美好愿望，体现了人与自然、人与人之间和谐相处的价值追求，得到社区民众的高度认同。“文革”期间，这一活动曾一度中断，改革开放后，平定雩祭习俗得以恢复。

煤窑祭祀

申报地区或单位：襄垣县文化馆

煤窑祭祀是矿主和矿工为祈求下井安全，多出煤出好煤，每逢初一、十五而祭祀太上老君的民俗活动。煤窑（矿）生产是一个特殊行业，陷顶、塌方、瓦斯、透水各种灾难频繁发生，为求自保，这种祭祀活动遍及全省大小煤窑。

自古道“天下百业圣人作”。在过去，民间各种行业都有着自身的主管神灵，对于煤炭行业的行业神一直众说不一。就襄垣而言，因有太上老君在此种煤和羿射九日五乌坠地“五阳”而化煤的传说，加之老君用煤烧炉炼丹，故当地煤业尊老君爷为窑神，保佑行业的安全与兴盛。

上党煤窑信仰习俗包括祭祀、忌讳与相关传说三部分。煤业祭祀是从业者向神灵祈求保佑和驱灾避难的一种民俗事象，由祭祀对象、祭祀人员、祭祀程序以及祭供礼品等诸多元素组成，是人神相通的习俗。煤业忌讳禁忌是人们心理防范观念和预防控制的一种手段，其中的忌讳语主要有两方面内容：一是指说出的词语，二是替代性说法。煤业民间传说则是表达从业人员的生活愿望，表现人们的理想和追求，并与民众生活相融合，世代流传。窑工凭借神灵的威望获取心理上的抚慰，同时也利用祖师爷的神圣地位提高本行业声望和地位，统一着群体的行为与思想，并能够增强团结友爱、互相帮助的精神。煤业求安习俗对行业祖师爷的崇拜属于自发性的原始信仰，这种民间信仰与煤业生产相结合，并形成了传统的习俗，流传至今。

上党煤窑信仰习俗是保留了煤炭行业民间信仰的传统习俗，是研究我国煤业界民众世界观和生活状况的重要依据和切入点，也是研究煤文化和山西历史文化的一个切入点。

舜的祭祀

申报地区或单位：运城市垣曲县舜文化研究会

垣曲位于山西南端，运城北隅，相传是舜的出生和早期活动地，县域以古负夏（今历山镇同善村）为中心，围绕舜帝传说形成了一个虞舜文化圈，广大民众对帝舜崇拜莫至，以各种方式进行祭祀。据碑刻资料记载，早在元朝时，瞽塚村就曾经重修虞舜庙，逢年过节，前来求神祈福的人络绎不绝，庙会香火不断。

帝舜祭祀活动每年农历三月二十六开始准备，二十八结束，活动内容包括祭奠、祈福、娱乐、商贸、巡会等。庙会第一天为祭神（祭舜），由主持社头带领各个社头祭舜，在舜王像前置五牲福礼、食品、酒、水果等，点焚香叩拜，颂德祈福。之后，庙会活动正式开始，信众“宿山”（在庙里吃斋念佛）、进香，观戏娱神。庙会期间，至少要演3天3夜大戏，从下午开始，《芦花戏》是必演剧目，因其内容歌颂舜王孝心，其他戏码由社头点名上演。巡会是庙会上又一主要内容，俗称接神会，源于舜帝巡守制度，表现了人们对圣主的追思之情。由八人抬着舜王神像按即定路线巡视各村，所到之处，民众跪拜祈福，燃香鸣炮。帝舜神巡会正常情况下每两年举行一次，灾年、战乱除外，主要由社头们来决定。

垣曲帝舜祭祀活动传承了上千年，积累了丰富的文化内涵，它不单单是祭祀活动，还是集庙会、物资交流、民间社火表演于一体的民俗文化空间，具有重要的研究价值。

后稷祭祀

申报地区或单位：稷山县民间文艺家协会

后稷是上古时代的农耕始祖，他长期生活在稷山县及其周边地区，教民稼穑，结束了人类茹毛饮血，采撷渔猎的生活。后人为纪念他的丰功伟绩，在稷王山上修建了宏伟的稷王陵、稷王庙、稷王塔等建筑，在其诞辰日（农历四月十七）还要举行盛大的祭祀活动，一直延续至今。

民间传说后稷的祭祀活动最早始于尧帝时代，先民们在稷王山上封土为坛，用五谷和牺牲祭祀祭拜，祈求来年的五谷丰登。此后，祭祀活动以官祭和民祭两种形式交错进行。官祭是政府出面组织的祭祀活动，参加人员多为朝廷官员。在历史上，每年农历四月十七，由朝中派官携同本县县宰到稷王山祭祀后稷，后为避免爬山之苦，在距县城15公里的修善村建起一座稷王庙进行官祭。明末清初，为避兵乱，县城再次修建稷王庙，就近祭祀后稷。民祭由民间自发组织进行，地点除在稷王山、修善稷王庙、县城稷王庙之外，还有一些群众在自建的稷王庙进行祭拜。民祭时间不固定，除了农历四月十七外，每逢初一、十五、夏至、冬至都有群众自发进行祭祀。民祭无固定的仪式，往往根据祭奠者的愿望及习俗而自己确定，大致程序为鸣炮、上香、行献礼、读祭文、焚黄文、焚金铂、焚祭文、送神鞠躬、撒五谷、撒酒。这种民间祭祀活动相沿日久，最盛是在明清两代，现仅在稷王山周围就有祭祀庙宇十余处。

后稷对中国农耕文明的演进和社会的发展有着深远的影响，加强后稷祭祀的保护，对传承中华悠久的传统文化有重要的历史价值、人文价值和学术价值。

尧的祭祀

申报地区或单位：运城市绛县文化馆

尧王为传说中父系社会后期“陶唐氏”的部落联盟领袖，名放勋，史称唐尧，都于平阳（今山西省临汾市尧都区西南）。尧是《尚书》开篇首载的仁君，被炎黄子孙尊为“三皇五帝”之一。

绛县尧寓村位于县城南四公里处，考古工作者在这里陆续发现了“唐甸服”、“陶唐遗风”、“巍严配天”等石匾，“创建寨记”残碑和“古驿道碑”等，还出土了石铲、石斧、石臼、石杵、陶鬲、陶杯、陶盘、瓦鼓陶等文物100余件，发掘古灰坑、灰层等遗址多处，发现了数千片夹沙陶片。村中还分布有尧庙、庆都庙、娥皇女英庙、三官庙等十多处庙宇遗存，并流传着大量口头文本，主要有感生传说、农业事功传说、政治功绩传说三大类型，此外还盛行着延续久远的祭尧仪式。

长期以来尧王作为五帝之一，他的贤明品格为历代帝王所景仰和仿效，成为封建社会的官方正祀之神，民间祭祀也经久不衰。相传农历三月初三是尧王的诞辰。尧寿终后，尧寓村的人们把每年尧王寿诞庆贺活动改为祭祀活动，流传至今。参加祭祀的人员身穿祭服，戴柳帽，举龙盘，敲石磬，唱击壤歌，献供品，宣读祭文，仪式非常隆重而古朴。尧是华夏民族的文明始祖，其仁如天，功德载物，不仅为司马迁等历史学家载录于史卷，而且成为历代人们顶礼膜拜的神灵，对中华民族的农业文明、封建国家的政治生活以及中华民族性格和价值观念的形成都产生了重大影响，已经成为中华民族农耕文明民生富庶、社会和谐的象征。

永济背冰*

申报地区或单位：运城市芮城县
运城市永济市

“背冰”是发源并流传于山西永济长旺村的一种仪仗队列式的原生态民俗活动。因其表演形式独特，流传历史悠久，深受当地人民喜爱。相传清朝咸丰年间，洪秀全领导的农民起义北征攻打蒲津渡时，清军将领夏新强拆民房，准备当太平军攻城时点燃木料架构防御体系。起义军部将相福录（长旺村人）献策下黄河凿冰，然后背冰块灭火破城，果然成功。相解甲归田后，在本村组织民众创编反映当时的场景，以展示华夏儿女的大无畏精神。后历经数百年传承至今并在群众中逐渐形成一种特有风俗。

背冰受到当地群众的欢迎，得到人们的自发传承，成为春节期间代表性的风俗活动，用长旺村人的话说是“敲一年锣鼓背一次冰，今年肯定好收成”。背冰这一活动在演技上没有太大的难度，但却是在一年中最冷的时候进行，是对男性体质、力量、抵抗寒冷及意志力的严峻考验。“背冰”这一民间社火、舞蹈，动作简练，体现出一种“天不怕地不怕”的民族精神。长旺村家家户户都要出人参与，或背冰，或背着家中最锋利的兵器，比如铡刀、大刀等，在刺骨严寒中展示着威武，通过参与这一活动，鼓励民众在任何恶劣的环境下都要有战胜困难的勇气和决心。

---

* 该项目省级名称为《背冰》，申报国家级项目后改名为《永济背冰》，本书以国家级项目名称为准。

汾西添仓节

申报地区或单位：临汾市汾西县文化馆

添仓节，又称“天仓节”或“填仓节”，是汉民族古老的传统节日，约起源于西周至春秋时期，它的相关习俗集中反映了汉民族农耕区域民众的原始信仰和自然崇拜，以及人们的民俗心理和思想情感。

汾西添仓节民俗活动从活动时间上，可分为“小添仓”、“大（老）添仓”；从活动的组织方式上，可分为以家庭个体为单位的民间习俗和以村社为单位的祭祀仪俗；从活动的形式上，可分为以晒种子和整理农具为代表的生产习俗，以添水、添炭、捏面灯和撒五谷为代表的生活习俗与禁忌，以供拜祖宗和各路神仙神位为代表的家庭祭祀活动，以庙堂请神、打谷场“安神”、“转九曲”祭神（游地灯）以及“送神”为代表的集体祭祀活动和以地灯秧歌、瓮鼓表演等挨家（串院子）表演和“扎场”表演为代表的娱神娱人的民间文艺活动。不同时段、多种组织方式和民俗活动形式既有时间上的交叉渗透，又有空间上的互为补充，经过漫长历史时期的演进融合，使得汾西添仓节形成了一整套祭祀、崇拜、禁忌和生产生活习俗相结合的复杂的民俗活动现状、典型的民俗事项。

添仓节作为冬春之交的重要节日，其本身是春节活动的延续，也是元宵节活动的扩展，同时，相关生产生活习俗又为即将开始的春耕活动提供了心理缓冲和精神准备。然而，随着时代变更，添仓节失去了其传承的民间基础，逐渐被人们所遗忘。汾西添仓节民俗活动有着完整的仪式规程和复杂的祭祀活动，对它的发现、挖掘和整理无疑将填补这一空白，丰富中华民族的节俗文化。

盂县河灯节

申报地区或单位：阳泉市盂县梁家寨乡大崔家庄村

盂县河灯节是一种起源于河神崇拜的古老民俗祭祀活动，主要流传于盂县沿滹沱河流域的上游庄里与下游大崔家庄两个乡镇的十多个村庄，以梁家寨乡大崔家庄村的河灯节最为典型。盂县河灯节历史悠久，据《崔氏族谱》记载，崔氏先人崔佰容从山西大同怀仁于南宋末年（1725）迁来滹沱河边定居。由于河水经常泛滥，水祸无穷，民众为求人身平安和庄稼丰收，遂在河边修建了河神庙，祭求河神，祈望佑护，庙儿经冲刷终未保留下来，而祭拜河神的习俗却延续至今。

盂县河灯节的活动时间为农历正月十五元宵节，届时，家家户户自发地传油、传棉花、传柴、做贡献、烧香。待冰川融化，河川初开，夜幕降临之际，人们敲锣打鼓，鞭炮齐鸣，成群结队，集中到村旁岸边七亩大的巨石“望河梁”上，祭拜河神。当地人传言，柴火越旺，丰收在望，旺火照到哪里，哪里就不受霜冻，不下冰雹，于是，人们把对平安、幸福、丰收的美好愿望寄托在河灯里，他们用火把将自家的河灯点燃，轻轻托起，放入河中，双手合十，祷告河神。几十只、上百只河灯随着河流缓缓漂去，刹那间，整个山间、河流都变成灯的海洋，火的世界，祭拜仪式达到高潮。

盂县河灯节是集花灯制作、祭祀、庆典为一体的综合性民间祭祀活动，表现了民众朴素的世界观和对大自然虔诚的敬畏心理，深入挖掘其民俗内涵，将有助于加深对当地山川气候、民俗风情、民众信俗的了解，具有较为重要的学术意义。

云丘山中和节*

申报地区或单位：乡宁县文化馆

“中和节”是中国的传统节日，“云丘山中和节”因节日集散地在云丘山而得名。云丘“中和节”以农历二月十五为正日，节俗盛行于地处晋南的乡宁、稷山、新绛、河津、万荣、襄汾、曲沃、运城、临汾等地。“中和文化”最早兴于夏代，至周代形成规模。《诗经·大雅·生民》说后稷在获得丰收后，对神灵举行了大规模的祭祀。云丘山古称昆仑、北顶，“云丘山中和节”至今保留的“朝顶”习俗是对这一行为的民俗化继承。

云丘山中和节习俗以祭山拜神、祈求化生繁衍、祈求五谷丰登和人与自然的和谐为主要内容，并不断与二月二的相关习俗相融合，现在的中和节已演变成从农历二月初一开山门至农历三月初一关山门长达一个月的节会，节会期间的农历二月十五为中和节“正日”。据方志记载，云丘山中和节除战乱期间略见萧条外，一直绵延至今，极盛时参与人数达十万之众，足见其规模之盛，传承基础之牢固。

云丘山中和节从农历二月初一开始，四面八方的乡民便摩肩接踵上云丘山朝山拜顶，他们举旗幡、擎灯笼、扭秧歌、唱山曲、抬驾楼、打花鼓到云丘山的土地庙及各个庙宇里迎神赛会，祭祀拜神，祈求风调雨顺、五谷丰登。朝山的青年男女持鞭杆、擎花篮、拜神塔、朝牝门、摸娃娃、吃枣花、祈求生产、生育繁衍。云丘山中和节，是人们迎接播种的节日，是老百姓放纵

* 该项目省级名称为《乡宁中和节习俗》，申报国家级项目后改名为《云丘山中和节》，本书以国家级项目名称为准。

情怀的狂欢节。

在长期的生活实践中，中和节习俗已内化为当地老百姓的一种心理需要和感情依托，并在漫长的传承过程中凝结了中华民族的文化特质、群体精神，具有和谐共建的现实意义。

九曲黄河阵

申报地区或单位：河曲县文化体育发展中心

九曲黄河灯游会又称灯游会、转九曲等，是流传于晋西北河曲县长盛不衰的大型“社火”活动。清《河曲县志》载：“上元前后三日，祀天关、地官、水官，谓之三元盛会。插灯数百枝，排练宛如阵图，观灯人曲折行其中者，转灯游会也，庶民欢乐，共祝丰年，庆太平之遗意呼。”现灯游会以文笔镇规模最盛，沿黄河边的北元、巡镇、曲峪、沙畔、楼子营、河南村等地都设有组织。

九曲黄河灯游会每年正月十四、十五、十六三天举办，会场由彩门、灯阵、中心旗杆三部分9个“万”字组成，称九曲，设有九门，分子孙门、太和门、平安门、鲤鱼跃龙门、吉祥门、富贵门、姻缘门、状元门、求子门。转灯前，有入场仪式，由会首对三官行叩拜礼，僧众等手持乐器的在后，炮乐齐鸣进入会场，即打场，游人随后进入，游人经九门才从出口出来。“九曲”由3米高木杆搭成，中间有一中杆，12米高，上插一斗形，顶部插一面“帅”字大旗，下置一面大鼓，游人转灯至此击鼓祈福。中心旗杆由彩带向四面辐射，形成插有365根灯柱的灯阵，象征一年365日天天平安，灯阵呈方形，每柱挂一主一辅两盏灯，这些灯最先由各家做灯自己挂，现为集体出资购买，为了美观又增添了无数的彩灯勾连灯柱，空出游人观灯通道，呈九曲连环状，走完全程约有五华里。进来转灯场的人在经过中杆时要抱中杆以求财、求子、求平安，有的也要在主杆前磕头。

九曲黄河灯游会是河曲元宵习俗中最重要的内容之一，它体现了民众驱凶纳吉的心理，具有重要的民间文化研究价值。

保德九曲黄河阵灯会

申报地区或单位：忻州九曲黄河灯会文化发展有限公司

保德九曲黄河阵灯会是传统“阵法”与民间花会结合的民俗活动，取黄河九曲十八弯之意，以灯代兵，布阵游戏。九曲阵通常摆在一块平整宽敞的场地上，用365根杆子，按等距离的方位横竖各置19根，循着一定的规律联结成一条纵横曲折的通道。全阵分为9区，每区有一处360度曲折。每根杆上悬挂一盏彩灯，然后用细竹竿按一定的路线连接起来。全程1公里左右，曲折反复，但通畅无阻，决不混绕，一般要转30分钟左右方能出来。阵图中心杆比较粗大，无论从哪个方向数它都是第十根。中央桩顶端插黄旗，旗下安放八卦图，图下是斗，四面上书“九曲黄河”，并设置神位于其下，供游客和善信烧香礼佛，阵门标着“进口”、“出口”，以指引游转的路线。整个九曲黄河阵布局严谨、灯光辉煌，气势恢宏，蔚为壮观，是民间文化娱乐、体育健身、节日喜庆、游览观赏的大型民俗活动。

九曲黄河阵

申报地区或单位：偏关县文化馆

九曲黄河阵也称灯游会、转九曲等，是流行于晋西北、陕北黄河沿岸地区一项古老的民俗游艺活动。偏关自古就是兵家必争之地，号称“三关”之首，古代这里战事频频，解甲后定居在偏关的军人，为了超度亡灵，祈祷平安，以军事战略为布局，摆成九曲黄河阵，阵地木杆上每一盏油灯表示还活在阳世的战士，它就像明灯般照亮身边的世人，此项活动从明末到现在一直未断。

偏关九曲黄河阵融古代哲学、军事、艺术、文化于一体，摹拟古代排兵布阵格局，威武雄壮。每当古会期间，村民自制灯杆、油灯，由传承人指挥布置呈正方形的“九曲黄河阵”图，阵内按金、木、水、火、土、太阴、太阳、罗睺、计都布成九曲，整个阵容星罗棋布，壁垒森严。游阵以善男信女为主，届时，人流浩荡，蜿蜒曲折，展示出国泰民安、吉祥如意的氛围，给游人以平安、幸福之感，民众将美好的期盼希寄于游阵过程，既达到锻炼目的，又使人精神上得到快乐与满足，具有重要的社会价值。

偏关九曲黄河阵具有四百多年的悠久历史，是晋西北地区黄河岸畔人民的精神文化娱乐活动，也是当地民众为了祈求四季平安、人口兴旺而产生的一项重大节日礼俗，它为研究晋西北地区的历史、文化、艺术、民俗等方面提供了丰厚的实物资料，具有重要的研究价值。

平顺转九曲

申报地区或单位：长治市平顺县石城镇白杨坡村

九曲黄河阵也称转九曲或转灯，是一种古老的汉族传统民俗文化活动。关于九曲黄河阵的起源，各地有着不同的解释，有的说它是道家阴阳太极图的变形；有的说它源于古代战争中的迷魂阵图形。《帝京物略》载："正月十一至十六，乡村人缚秸作棚，周悬杂灯，门径曲折，藏三四里，入者如不得径，即久迷不出，曰'黄河九曲阵'也。"可见，"转九曲"活动在民间历史悠久，十分盛行。按照民间传统说法，每年正月十三各路神仙便会入凡间观灯，十四日开始"转九曲"，百姓们燃香焚纸、持灯鸣炮、鱼贯而入、祈求平安、周而复始、岁岁平安，一直延续至今。

平顺县石城镇白杨坡村元宵转九曲灯历史悠久，据《白杨坡志》记载，清光绪年间，村人岳志得将河北邯郸的九曲黄河灯用白布当图纸，照抄图样带回来家乡，发展成为当地的民俗文化娱乐活动。平顺转九曲灯场设在平整、宽敞、避风的场地。布置时，准备361根木杠，杠高五尺左右，横竖各栽19行，共361根，意喻一年天数。杠间相距约米许，杠顶安油灯一盏。油灯一般用地瓜、萝卜做成，中间挖有一凹，为"灯碗"，也有用胶泥做的泥灯，在灯里倒上麻油，放上棉花搓成的灯捻，外罩五色彩纸糊成的灯罩。杠与杠之间用麻绳按规则连接起来，一排与另一排栅栏之间留出通道，正好形成一个四方城城图，像一个很大的城廊，九曲回廊，路径重复。大城廊又分为九个小城廊，分别以金、木、水、火、土、日、月、罗睺、计都九个星宿象征九个门廊，也称"九曲黄环阵"。活动时，进场先由一年纪大的首领领头，高举红灯，身后是拳家伙，耍拳人持刀、枪、剑、戟紧随其后，再往后是八音会和提着各种彩灯的人们，浩浩荡荡，排成长队，蜿蜒曲折，持灯鸣炮，烧纸点香，开始转灯。转灯讲究越走在前边越好，因此，进场时十分拥挤，人们早早守候，等待抢个头筹，祈盼消灾免难、人畜平安、五谷丰登、幸福安康。

左权县河南村黄河阵

申报地区或单位：晋中市左权县辽阳镇河南村委

左权县河南村位于县城南，清漳河南岸，因村口门阁与县城旧南门隔河相对而得名。本地长期流传着一种独特的社火形式——黄河阵，表演时摆出两军对垒的阵势，对垒双方主要是由人扮演的兽与精、仙与怪等。此种阵法最早可以追溯到宋朝，据传是为纪念春秋时期晋国卿大夫先轸而设。

黄河阵的表演艺术在民国初年最为鼎盛，节目有所增加，阵容也在不断壮大，演出时，老寿星居中，法海殿后，金童玉女前行，大仙姑、二仙姑、三仙姑左右，黑白二蛇环绕，独角兽先行，双龟于独角兽左右，鹿鹤兔紧随其后，孙悟空、哪吒、鱼、蚌、虾前后穿插活动，“ 纛”字令旗于阵中，廻字旗、水板云板、虾兵蟹将排列四周，成为一个宏大的阵容，威武壮观。阵中穿插小戏剧情，如“独角兽戏弄众水怪”、“金和尚捉小鬼”、“鹿鹤同春”、“水淹金山寺”等。伴奏分为文乐器和武乐器，其中文乐器有唢呐、低胡、中胡、二胡、四弦、竹笛等；武乐器有大鼓、小鼓、大锣、小锣、大镲、小镲等。各角色采取不同的舞步表演形式，如金和尚的十字倒半步、前抡步、倒挫移步；老寿星的十字倒挫步、横移倒挫步；乌龟的罗圈前跨步、横移罗圈弹跳步；虾兵蟹将的武云步等。

河南村的黄河阵已经传承数百年，历经几个朝代更迭，清末民初已经增加到了几十人，现在的黄河阵已增至八十多人，服装、面具等道具和音乐鼓点等都得到了完善。

榆社“九曲黄河灯阵”

申报地区或单位：榆社县箕城镇北逆流河村

榆社“九曲黄河灯阵”起源甚早，可追溯到隋唐时期，也叫游九曲、游黄河。邑人称游九曲可去浑身百病，来年无灾无难，万事顺心吉利，亦有说，至深夜油尽灯灭时，所剩红绿灯由多年不孕之妇端回家中，来年会生育，端红灯者生男，端绿灯者生女。

榆社“九曲黄河灯阵”先得制作直径2寸、长3尺余的木杆365根，象征一年365天。置于1亩地块设计的正方形“九曲图”内，每根间距3尺，然后用绳索一一连接木杆，于木杆顶各置一油灯，并糊一圈彩纸，围成灯笼。点燃油灯后，灯火相间，齐放异彩。远望，即由9个通路弯曲、有规则的四方形格组成，人们顺路线游行，热闹非凡。

榆社“九曲黄河灯阵”因母亲河——黄河而得名，它以游园的形式让人们了解黄河文化的曲折多变，从而激发广大黄河儿女对中国民族历史的追溯，对传统民间文化的尊重信仰。同时，榆社“九曲黄河灯阵”既能丰富和活跃城乡民众的精神文化生活，又可以维系人们之间渐行渐远的情感。

九曲黄河阵

申报地区或单位：晋中市榆次区文化馆
沁源县人民文化馆

九曲黄河阵俗称游黄河，变称游迷错阵，取材于《封神演义》中肖娘娘摆九曲黄河阵助纣抗武王之故事。这一活动多在每年的正月十五元宵节进行。至今，九曲黄河阵在山西榆次、沁源等地广为流传，有着深厚的群众基础。

九曲黄河阵布阵方法简单，先用361根木杆作立柱埋入地下，再把横木杆依阵图将各立柱相连，组成多个曲道。阵中心立一高杆称作老杆，上部装一斗，并在上端横杆一边挂七星宫灯，另一边挂帅字旗。每个立柱顶端置由圆木作底座糊五色纸的灯，在夜晚纸灯内放小油灯或蜡烛。阵门的出入口用松枝搭建彩色牌楼并各增设灯二盏，代表着365位神仙。阵的对面搭建神棚，供奉“三官大帝”和“赐福天官”及365个神仙牌位，立香案，摆供品。主要阵形有九个回纹万字阵、十二万字阵和七个、五个富贵万字阵等。夜幕降临，人们汇聚在阵前广场，锣鼓喧天，龙灯挥舞，礼炮齐鸣。先祭神，再祭风，然后点灯。在鼓乐声中，由伞头率领众人入阵，绕行在弯弯曲曲数个万字灯的海洋之中，以祈求一年风调雨顺、五谷丰登、万事如意。

尉村跑鼓车

申报地区或单位：襄汾县尉村村委会

尉村“跑鼓车”是发源于山西襄汾县汾城镇尉村为纪念唐代名将尉迟恭而举行的一种集祈福与健身为一体的影响较大的民俗活动。作为一种原生态的群众竞技活动，尉村鼓车的精粹即在于鼓与车、韵律与运动的完美结合，也是豪放雄浑的鼓乐之美与更强更快的体育精神的完美结合。

尉村“跑鼓车”主要包括三大习俗：祭鼓、踩辕和赛鼓。每年农历正月十三和三月十三为祭鼓的日子。过去在尉迟恭祠前祭鼓，现在因该祠已毁，改在村中大庙里进行。由老者主持，祈求风调雨顺，百姓平安。踩辕，即鼓车祭祀完之后，由二十余名村民拉着游街，德高望重者踩在车上身披绶带，是一种至高无上的荣誉。赛鼓是指全村按居住方位分为西北院、西边、东院、庙巷、南院、后院六个院分，每个院分都有自己的鼓车，比赛时可以相互邀请，两辆鼓车进行比赛，是村民强身健体，增进友谊的一项重要活动。外村来拉鼓车者，也要根据居住方位选择鼓车，不得随意。

村里专门有“鼓车田”，每个鼓车3—4亩，谁耕种，来年拉鼓车的费用就由他来出。有从古就有的“鼓车协会”，负责有关事宜。参加比赛的队员奋力拉车，亲戚朋友呐喊助威。妇女炸油糕熬热汤送到赛场，气氛十分热烈。近年来，妇女们也加入到了“跑鼓车”的行列中，妇女在赛场上的精彩表现，更使人耳目一新。比赛时，伴随着飞奔的鼓车，两名乐师站在车上击鼓敲锣，由鼓声锣声和击鼓边而组成的鼓乐，激扬清脆，乃是古代击鼓进军鼓乐的活化石。

尉村“跑鼓车”这项淳朴、积极向上、历史悠久的民俗活动，具有鲜明的地方文化特色，是不可多见的活态传承标本，具有重要的民俗学价值。

马拉鼓车

申报地区或单位：闻喜县文化馆

马拉鼓车，又称车鼓，是一种独特的民间鼓乐，兴起于闻喜县北垣镇，现仅流传于凹底、薛店、阳隅以及新绛县、稷山县汾南一带。

马拉鼓车是远古农耕文化及冷兵器时代战争遗留的产物，约在明末清初逐渐形成规模，是一种民间百姓自发组织的即兴庆祝、娱乐的一种鼓乐，用于一年一度的“祈年成”和“庆丰收”。《闻喜县志·礼俗》记载：“古时村各有迎神之俗。凡轮值之社，及沿定之期，锣鼓外必闹会，有花车、鼓车，皆曳以大牛。”马拉鼓车基本形式是由古代战车演变而来的，最早是古代载重量最大的木制大车，车身车辕一体，车宽约五尺，长约6尺有余加上车辕约丈二，车身高与人齐胸，辕干用以配套辕马抻辕驾驭，辕上另置数环可配置帮拉稍马使用，后来，用花布和花等材料装饰成彩车，一直沿袭至今。

马拉鼓车形式别具一格，是骡马车和鼓乐表演的完美组合，传统的文鼓车已失传，流传至今的是武鼓车，其表演过程分为跑鼓车和场地表演。武鼓车配套至少七四以上、毛色和骠形一致的骡马，车上配有2—8面大鼓，大小锣、大小钹、镲等各种打击乐器若干。传统曲谱有“秦时关山”、“农家乐”、“双打鼓”、“大排队”、“得胜会”、“凯旋归”、“长街行”等。

马拉鼓车曲调丰富，鼓车装饰内容别致，表演技艺精湛，是一种集鼓乐表演、舞蹈、体育于一体的民间综合艺术，它与当地民俗活动紧密联系，有着极其丰富的文化内涵，对我们研究当地的社会状况、风土人情、民间习俗有着一定参考价值。

骡驮轿

申报地区或单位：山西省朔州市

骡驮轿是一种流行于山西朔州平鲁一带的极具地方特色的民间婚俗迎娶工具，即两头骡子一前一后驮着一乘花轿。骡子要经过精挑细选，必须训练有素、体质壮、毛色好。骡驮轿的花轿做工考究、木料结实、雕刻细腻、结构严谨。

朔州平鲁，秦代为“武州塞地”，汉代“屯宿重兵”，直至明清，一直是塞北著名的古战场，汉族与北方少数民族长期混居，多种文化在这里相互碰撞、融合。骡驮轿既满足了汉族婚嫁乘轿的风俗习惯，又顺应了游牧民族骑马的心理要求，更因地制宜地解决了山路崎岖、五陵蜿蜒的交通困难问题，传承至今已成为平鲁传统文化中的一个亮点。

骡驮轿的制作与装饰工艺，成为平鲁民间传承久远的工艺绝活。骡驮轿轿身长2米，高1.5米，上部宽0.9米，两根长杆和驮架、驮鞍、皮带、铁轴巧妙组合，无论是上坡下坡、拐弯直行，都灵活自如且平稳。饲驯骡子的技艺和驾驭技术也有一套口传心授的方法，尤其是驯养骡畜适应各种热烈场面和特殊地形，均有诀窍。

骡驮轿的花轿装饰图案皆具有喜庆吉祥和成双成对的意思，含有夫妻之间和和美美、相亲相爱之意。平鲁骡驮轿最迟在清代已具备了民间职业的形式，家庭内部父子传承是其主要特征。娶亲方需提前一个月约定骡驮轿，并给“骡夫”放下订金。骡驮轿是平鲁民间人生礼仪习俗的重要组成部分，是当地文化变迁的见证，也是中华民族婚俗文化完整性、多样性的见证。如今，当地骡子饲养减少，相关技艺流失，从业人员传承难以为继，骡驮轿习俗面临消亡的危险境地。

平遥票号

申报地区或单位：平遥县文化艺术中心

平遥票号又叫票庄或汇兑庄，是我国封建社会末期组建起来的信用机构。清代康、雍、乾年间，平遥当地的当铺、账局、钱庄、银楼等组织已初具规模。从道光初年第一家票号日升昌创立，到最终成“汇通天下”之势，平遥票号前后延续100多年。它几乎垄断了国内埠际间汇兑业务，并赢得中国金融界“执牛耳”的显赫地位。

票号文化及其管理模式的主要内容有：一是所有权、经营权两权分离，实行经营管理总经理负责制；二是总号统辖分号，分号又有业务经营独立性；三是商埠码头重镇设立分号，促进票号业务扩大；四是完善的用人及劳酬制度，习徒管吃住，部分伙友挣薪金，中高层伙友分股份；五是完善的财务统辖及核算制度；六是整套监督管理制度，如巡边制、点验制等。

平遥票号在实践中逐步形成了明晰的产权结构、诚信的经营理念、灵活的激励机制和严谨的号规、号章，在票号内部构建起推动整个行业健康发展的有利氛围，将金融管理以及企业管理发挥到了极致。由此形成的票号文化是我国现代银行改革、管理、发展的重要借鉴材料，对当代企业甚至其他领域的发展也有着一定的借鉴作用。

晋商镖局

申报地区或单位：晋中市心意拳协会
平遥县文化艺术中心

镖局是专门武装押运商品、现银等重要物资和钱财，保卫其安全运输的专业机构，百余年来，镖局为晋商的发展提供了社会支持，也创造了很多为人称道的走镖文化。

在晋商这一著名商帮的迅速发展期和鼎盛期，镖局不仅在票号产生之前为晋商的发展提供安全运输现银与货物的社会服务，而且在票号产生之后晋商仍保留甚至加强了与镖局的联系与合作。所以镖局的产生是晋商文化长期发展和积累的产物，对促进晋商的发展起到了重要的作用，是晋商文化的重要组成部分。

晋商镖局一般编制由老板、总镖头、镖头、镖师、掌柜、趟子手和杂役组成。总镖头一般由交际能力强，人脉关系广，武艺高强的人担任，走镖行话内容丰富，只有走镖人能听懂，它不仅是江湖规矩，更是一门学问。人们总结晋商镖局精神为：三分保平安的谦和精神，对雇主的忠诚守信精神，对挑畔者以礼相待的精神，对盗贼先礼后兵的精神，与官相交先声夺人的精神，对奸恶的大无畏精神。随着时间的推移，在交通以及各种金融业的快速发展下，镖局已失去了它应有的职能，所以各大镖局已先后歇业，随之镖局文化也慢慢退出了中国的历史舞台，但它作为一种历史文化，我们应当尽快开展收集、记录、建档、保存工作。

清徐徐沟背铁棍*

申报地区或单位：太原市清徐县

清徐县徐沟镇的背棍、铁棍（抬阁、挠阁）产生于金大定二年（1162），发展形成于明嘉庆年间，距今有八百多年的历史。徐沟镇的背棍、铁棍（抬阁、挠阁）从内容到形式，从制作到表演诸方面都别具特色。它经过民间艺人的辈辈相传，不懈努力，发展而成为一种集民间口头文学、民间美术、民间音乐、民间舞蹈、民间杂技、民间戏曲、民间手工技艺为一体的综合艺术，其与众不同的表演形式更是令人叹为观止。经过历代民间艺人的手口传承与博采众长，它又将西方芭蕾舞的“托举”、东北秧歌的“群舞”、民间高跷的“凌空”等多种艺术表现形式吸收进来，形成了集戏剧内容之精华，舞蹈动作之飘逸，雕塑造型之优美，杂技惊险之玄妙，绘画色彩之缤纷为一体的独特艺术。同时其又伴以独特的表演步伐和口喊号子，使之既有较高的艺术魅力又带有浓厚的民俗特色。其细致的设计、精巧的构思、优美的动作比戏剧更淋漓，比舞蹈更有内涵，比杂技更为奇妙，以“无言戏剧”“空中舞蹈”“流动杂技”的美称而闻名三晋，蜚声中外。当地十里八乡“南庄的火，太谷的灯，徐沟的背棍铁棍爱煞人”的民谚更是家喻户晓。背铁棍这一艺术形式几百年来一直深受广大群众的喜爱，是逢年过节闹红火必不可少的表演节目。

徐沟背铁棍艺术的产生和发展对该地区历史文化传统的研究有着重要的历史价值，其对民间戏剧、民间音乐、民间美术、民间口头文学、民间杂技、民间手工技艺巧妙的借鉴和吸收，又使其蕴含了极高的艺术价值，同时其对于当代的文化建设也具有积极的社会意义。

---

* 该项目省级分类为传统舞蹈类，申报国家级项目后改为民俗类，本书以国家级项目分类为依据。

万荣抬阁*

申报地区或单位：运城市万荣县

万荣抬阁是一种极具地方特色的民间舞蹈艺术形式，形成于明末，至今已有400多年历史；它起源于西村，现拓展至稷山、新绛、河津等县，临汾地区以及河南、陕西等地也有流传。

万荣抬阁立意新颖，内容丰富，以奇制胜，以险绝伦。一架抬阁就是一出折子戏，一个故事，一段传说，表演起来风采卓著，妙不可言。万荣抬阁的设计、制作复杂，工序繁多，物力、财力消耗大，但公众参与程度高，是一门综合性的民间艺术。20世纪90年代，万荣抬阁比较兴盛，每年正月十五，观看表演的人从各地蜂拥而来，其不仅得到广大群众的赞扬，而且受到各级领导的多次好评，也曾受邀参加市县级的大型文艺表演活动，并多次获得奖励。

峨口挠阁*

申报地区或单位：忻州市代县

峨口挠阁是流传于代县峨口镇及雁门关周边地区的一种民间舞蹈形式，发源于郝街、西村、楼街一带，后流传至聂营、阳明镶等地。

挠阁由乐队与表演队两部分组成。乐队的乐器有鼓、唢呐、笙等八种。表演队伍一般由60架（组）左右挠阁组成，每架（组）2人（大人小孩各一人），特殊架（组）3人。小演员选五六岁的漂亮小孩，妆扮成各种各样的古装戏剧人物，站立在特制的铁架子上，用宽布带绑缚固定好，再由体魄健壮、音乐感强的成年男子将小演员挠在肩上。乐曲响起，下面的壮汉迈粗犷沉稳的舞步，上面的小演员也翩翩起舞。在热闹的音乐声中，小孩与壮汉配合默契，演员的情绪与音乐的氛围也相得益彰。

峨口挠阁形象而集中地反映了古代州人的思维方式、价值追求和精神企盼，这种古老传统的杂艺形式是天、地、人和谐共处的艺术典范，发掘、抢救、保护峨口挠阁，对提高当地人民群众的整体素质，促进民族文化事业发展将产生积极的推动作用。

* 该项目省级分类为传统舞蹈类，申报国家级项目后改为民俗类，本书以国家级项目分类为依据。

* 该项目省级分类为传统舞蹈类，申报国家级项目后改为民俗类，本书以国家级项目分类为依据。

连氏手指算法

申报地区或单位：襄垣县文化馆

连氏手指算法俗称“手掌经”，是以手指的不同伸屈计数的速算方法，由明朝洪武御史连楹首创，后主要在山西省襄垣县连姓家族内部流传，并延续至今。

连氏手指计算法中，左手表示十位数，右手表示个位数，当手指表示某数后，5个指头自然地分成两部分，同拇指方向相同的部分叫作该数的外指，和拇指方向相反的部分叫内指。规定如下：

一、右手，食指、中指、无名指各指的三个关节，分别表示个位数1、2、3、4、5、6、7、8、9。

二、左手手指伸屈表示10位数：1.拇指屈指表示10，外指是1，内指是4；2.拇指、食指同时屈指表示20，外指是2，内指是3；3.拇指、食指、中指同时屈指表示30，外指是3，内指是2；4.拇指、食指、中指、无名指同时屈指表示40，外指是4，内指是1；5.五指同时屈指表示50，外指是5，内指是0；6.拇指伸出表示60，外指是1，内指是4；7.拇指、食指同时伸出表示70，外指是2，内指是3；8.拇指、食指、中指同时伸出表示80，外指是3，内指是2；9.拇指、食指、中指、无名指伸出表示90，外指是4，内指是1；10.五指全部伸出表示100，外指是5，内指是0。

连氏手指算法是按照五位数凑的方法，右手记个位数，左手记十位数，脑记百位数。这样减少了思维运算上的多位负担，提高了运算速度。它不借助任何计算工具，使心算、口算、连算巧妙融为一体，速度快，方便实用，早在明清时期就受到了潞商的亲睐，并用于经营活动中。连氏手指算法是劳动人民在实践中创造的一种实用性极强的计算方法，对开发智力，增强思维能力和记忆力大有益处，具有重要的文化、科学价值。

岚城面供

申报地区或单位：岚县文化馆

岚城供会是每年的农历二月十九岚城北街的传统古庙会，庙会围绕“摆供”（面塑供品）进行，间或有八音吹奏、唱大戏、扭秧歌、耍狮子、荡胡悠、打秋千等活动助兴。

岚城北街供会历史悠久，起源于何时，无确切的记载。据民间传说，该庙会为纪念一位德行高尚的大衣仙（或为观音菩萨）而设。开始人们以搭建临时性神棚开展祭祀活动，明洪武年间始建观音庙，活动更加规范化。中华人民共和国成立前夕，庙被破坏。“文革”时活动中断。一直到改革开放后，活动才逐步得以恢复。北街的面塑供品可谓题材多样，内容丰富。有神话故事类，如八洞神仙、西天取经等；有象征人丁兴旺的十二生肖、爬孩孩等；也有象征六畜兴旺的牛驴骡马等；还有象征五谷丰登的瓜果蔬菜，糜麻豆麦等。各类面塑的制作工艺极为精美，堪称一绝。

岚城北街供会是一个古老的民俗活动，它融佛教文化与民间传统文化于一体，反映了中华民族崇尚善良、家庭和美、追求幸福的道德理念。供会所展示的面塑作品，不仅是供会的重要载体，更是岚城民众的情感寄托，具有重要的文化、艺术价值。

刮街

申报地区或单位：长治市平顺县石城镇白杨坡村

刮街是长治平顺县一带正月十六进行的一项民俗活动，主要分布区域为平顺县北部浊漳河谷沿岸，包括北耽车、阳高、石城二乡一镇，以石城镇白杨坡村最为典型。平顺刮街是古代“乡人傩”的遗形，大致产生于宋代以后，主要是借助神灵的力量，将村中潜藏的妖魔鬼怪、邪恶污秽，驱赶出村庄，以求一年平顺安康。

刮街每年正月十六下午举行，活动时先由村上年龄最大的老人在三神庙前焚香祷告，然后鸣炮启程，队伍按事先预定好的路线将全村街巷“刮遍”，最后，再返回神庙，活动结束。刮街队伍有严格顺序，走在最前面的是持两根三眼枪和放鞭炮的开路者，其后是两支火把，由谷草绑缚，长约三丈，由三四个人抬着。第三排有铡草刀两把，砍柴刀两把，红樱枪两把。第四排是灯笼，分两排，一般每排四只。第五排是火斗，火斗由铁片做成，样式和水桶相似，但铁条之间有间隙，下面由铁条连接，半腰有一柄伸出，柄为空心，一根木棍插在中间，作取火斗之用。第六排是持楼铧的四个人，楼铧也绑缚在木棍上，持楼铧人不时将楼铧放在火斗上熏烤，待其发红时，浇以食醋，散发出阵阵醋香，称作打醋坛。第七排是八音会，八音会后跟十余面五色彩旗。再往后是拳家伙（即古代演练拳术时所用的乐器，和八音会的乐器有区别），拳家伙后面是八仙、秦叔宝、尉迟敬德等将官武士和持刀枪剑戟的武术表演者。最后面是踩着高跷和打扮成各种人物的人。

平顺刮街是元宵社火中以“禳瘟祛灾”为主旨的民俗活动，它是唐宋以来民间“乡人傩”的演化，具有比较重要的民俗学、社会学研究价值。

附录

山西省非物质文化遗产代表性项目名录

山西省人民政府关于公布山西省第一批省级非物质文化遗产名录的通知

晋政发〔2006〕46号

各市、县人民政府，省人民政府各委、厅，省直属机构：

省人民政府批准山西省非物质文化遗产领导组确定的第一批省级非物质文化遗产名录（共计105项），现予公布。

山西是华夏文明发祥地之一，文化遗产十分丰富。以非物质形态存在的传统表演艺术、民俗活动、口头传说、礼仪节庆和手工技艺等，其种类之繁多、形式之多样、内容之丰富，为世人瞩目，实施非物质文化遗产保护工作具有十分重要的意义。

各地、各部门要认真落实《山西省人民政府办公厅关于加强我省非物质文化遗产保护工作的实施意见》（晋政办发〔2005〕77号）的精神，贯彻“保护为主、抢救第一、合理利用、传承发展”的工作方针，切实做好非物质文化遗产的保护、管理和合理利用工作。

山西省人民政府

二〇〇六年十二月十八日

山西省第一批非物质文化遗产名录（共计105项）

一　民间文学（共计7项）

序号	编号	项目名称	申报地区或单位
1	Ⅰ－1	董永传说＊	运城市万荣县＊
2	Ⅰ－2	民间传唱史诗《杨家将》	山西大学
3	Ⅰ－3	广武传说	朔州市山阴县
4	Ⅰ－4	赵氏孤儿传说	阳泉市盂县 运城市新绛县
5	Ⅰ－5	万荣笑话	运城市万荣县
6	Ⅰ－6	司马光传说	运城市夏县
7	Ⅰ－7	牛郎织女传说	运城市永济市 晋中市和顺县

二　民间音乐（共计12项）

序号	编号	项目名称	申报地区或单位
8	Ⅱ－1	左权开花调＊	晋中市左权县＊
9	Ⅱ－2	河曲民歌＊	忻州市河曲县＊
10	Ⅱ－3	五台山佛乐＊	忻州市五台县＊
11	Ⅱ－4	晋南威风锣鼓＊	临汾市＊
12	Ⅱ－5	绛州鼓乐＊	运城市新绛县＊
13	Ⅱ－6	上党八音会＊	晋城市＊ 长治市长治县、长子县
14	Ⅱ－7	文水鈲子＊	吕梁市文水县＊
15	Ⅱ－8	太原锣鼓	太原市
16	Ⅱ－9	晋北鼓吹	忻州市忻府区、五台县 大同市阳高县
17	Ⅱ－10	恒山道乐	大同市阳高县
18	Ⅱ－11	上党乐户班社	长治市
19	Ⅱ－12	临县大唢呐	吕梁市临县

三　民间舞蹈（共计14项）

序号	编号	项目名称	申报地区或单位
20	Ⅲ－1	狮舞（天塔狮舞）＊	临汾市襄汾县＊
21	Ⅲ－2	走兽高跷＊	运城市稷山县＊

续表

22	Ⅲ-3	翼城花鼓＊	临汾市翼城县＊
23	Ⅲ-4	临县伞头秧歌	吕梁市临县
24	Ⅲ-5	稷山高台花鼓	运城市稷山县
25	Ⅲ-6	踢鼓秧歌	朔州市
26	Ⅲ-7	平定武迓鼓	阳泉市平定县
27	Ⅲ-8	寿阳爱社	晋中市寿阳县
28	Ⅲ-9	汾阳地秧歌	吕梁市汾阳市
29	Ⅲ-10	朔州喜乐	朔州市
30	Ⅲ-11	背铁棍（抬阁、挠阁）	太原市清徐县 晋中市祁县 运城市万荣县 忻州市代县
31	Ⅲ-12	原平凤秧歌	忻州市原平市
32	Ⅲ-13	榆社霸王鞭	晋中市榆社县
33	Ⅲ-14	武乡顶灯	长治市武乡县
四　戏剧（共计20项）			
序号	编号	项目名称	申报地区或单位
34	Ⅳ-1	晋剧＊	省文化厅＊
35	Ⅳ-2	蒲州梆子＊	临汾市＊ 运城市＊
36	Ⅳ-3	北路梆子＊	忻州市＊
37	Ⅳ-4	上党梆子＊	晋城市＊ 长治市
38	Ⅳ-5	雁北耍孩儿＊	大同市＊
39	Ⅳ-6	灵丘罗罗腔＊	大同市灵丘县＊
40	Ⅳ-7	秧歌戏 （朔州秧歌戏＊、繁峙秧歌戏＊、襄武秧歌、壶关秧歌）	朔州市朔城区＊ 忻州市繁峙县＊ 长治市襄垣县、武乡县、壶关县
41	Ⅳ-8	道情戏 （晋北道情戏＊、临县道情戏＊、神池道情戏、洪洞道情戏）	朔州市右玉县＊ 吕梁市临县＊ 忻州市神池县 临汾市洪洞县

续表

42	Ⅳ-9	二人台 *	忻州市河曲县 *
43	Ⅳ-10	锣鼓杂戏 *	运城市临猗县 *
44	Ⅳ-11	皮影戏 （孝义皮影戏 *、侯马皮影戏）	吕梁市孝义市 * 临汾市侯马市
45	Ⅳ-12	碗碗腔 （孝义碗碗腔 *、曲沃碗碗腔）	吕梁市孝义市 * 临汾市曲沃县
46	Ⅳ-13	祁太秧歌（太谷秧歌、晋中秧歌）	晋中市、太谷县、祁县
47	Ⅳ-14	晋南眉户	临汾市 运城市临猗县
48	Ⅳ-15	上党落子	长治市潞城市
49	Ⅳ-16	线腔	运城市芮城县
50	Ⅳ-17	孝义木偶戏	吕梁市孝义市
51	Ⅳ-18	碓臼沟秧歌	大同市
52	Ⅳ-19	赛戏	朔州市
53	Ⅳ-20	上党二簧	晋城市城区
五　曲艺（共计7项）			
序号	编号	项目名称	申报地区或单位
54	Ⅴ-1	潞安大鼓 *	长治市 *
55	Ⅴ-2	太原莲花落	太原市
56	Ⅴ-3	襄垣鼓书	长治市襄垣县
57	Ⅴ-4	阳泉评说	阳泉市
58	Ⅴ-5	晋东南说唱道情	长治市屯留县 晋城市阳城县
59	Ⅴ-6	河东说唱道情	运城市盐湖区、永济市
60	Ⅴ-7	沁州三弦书	长治市沁县
六　杂技与竞技（共计2项）			
序号	编号	项目名称	申报地区或单位
61	Ⅵ-1	挠羊赛	忻州市
62	Ⅵ-2	心（形）意拳	晋中市

七　民间美术（共计6项）			
序号	编号	项目名称	申报地区或单位
63	Ⅶ－1	中阳剪纸＊	吕梁市中阳县＊
64	Ⅶ－2	平阳木版画	临汾市
65	Ⅶ－3	山西面塑艺术 （定襄面塑、闻喜花馍、焙面面塑、新绛面塑）	忻州市定襄县 运城市闻喜县、新绛县 晋城市阳城县
66	Ⅶ－4	山西民居砖雕艺术	省非物质文化遗产保护中心 山西省民居雕刻艺术研究会
67	Ⅶ－5	黎侯虎（布艺老虎）	长治市黎城县
68	Ⅶ－6	广灵染色剪纸	大同市广灵县
八　民间手工技艺（共计26项）			
序号	编号	项目名称	申报地区或单位
69	Ⅷ－1	阳城生铁冶铸技艺＊	晋城市阳城县＊
70	Ⅷ－2	平遥推光漆器髹饰技艺＊	晋中市平遥县＊
71	Ⅷ－3	杏花村汾酒酿制技艺＊	吕梁市汾阳市＊
72	Ⅷ－4	山西老陈醋传统酿制技艺＊	太原市清徐县＊ 省非物质文化遗产保护中心
73	Ⅷ－5	山西面食	省非物质文化遗产保护中心 山西晋餐文化研究会
74	Ⅷ－6	云雕制作技艺	运城市新绛县
75	Ⅷ－7	地窨院建筑技艺	运城市平陆县
76	Ⅷ－8	长子响铜乐器制作技艺	长治市长子县
77	Ⅷ－9	交城琉璃咯嘣制作技艺	吕梁市交城县
78	Ⅷ－10	平定黑釉刻花陶瓷制作工艺	阳泉市平定县
79	Ⅷ－11	新绛县澄泥砚传统制作工艺	运城市新绛县
80	Ⅷ－12	郭杜林晋式月饼制作技艺	太原市
81	Ⅷ－13	绛州飞龙制作技艺	运城市绛县
82	Ⅷ－14	梨花春酒传统酿造工艺	朔州市
83	Ⅷ－15	汾阳王酒传统酿造工艺	吕梁市汾阳市
84	Ⅷ－16	上党堆锦艺术	长治市

续表

85	Ⅷ－17	太谷饼传统制作工艺	晋中市太谷县
九　传统医药（共计2项）			
序号	编号	项目名称	申报地区或单位
86	Ⅸ－1	傅山养生健身术（八珍汤、傅青主女科、傅山传说）	太原市尖草坪区
87	Ⅸ－3	龟龄集酒药传统制作工艺	晋中市太谷县
十　民俗（共计18项）			
序号	编号	项目名称	申报地区或单位
88	Ⅹ－1	民间社火 *	长治市潞城县 *
89	Ⅹ－2	尧王传统祭祀文化	临汾市
90	Ⅹ－3	舜王传统祭祀文化	运城市 晋城市
91	Ⅹ－4	禹王传统祭祀文化	运城市
92	Ⅹ－5	关公文化	运城市
93	Ⅹ－6	河东盐池文化	运城市
94	Ⅹ－7	寒食节	晋中市介休市
95	Ⅹ－8	洪洞大槐树根祖文化	临汾市洪洞县
96	Ⅹ－9	后土文化	运城市万荣县
97	Ⅹ－10	骡驮轿	朔州市
98	Ⅹ－11	晋祠庙会（水母娘娘传说、晋阳风火流星）	太原市晋源区
99	Ⅹ－12	走亲习俗	临汾市洪洞县
100	Ⅹ－13	河曲河灯会	忻州市河曲县
101	Ⅹ－14	背冰	运城市芮城县、永济市
102	Ⅹ－15	任庄扇鼓傩戏	临汾市曲沃县
103	Ⅹ－16	柳林盘子会（含弹唱）	吕梁市柳林县、离市区
104	Ⅹ－17	孝义贾家庄婚俗	吕梁市孝义县
105	Ⅹ－18	裴氏谱系文化	运城市闻喜县
注：* 标志为我省入选第一批国家级非物质文化遗产名录的项目名称及申报地区			

关于增补冠云牌平遥牛肉传统制作技艺等项目列入省级非物质文化遗产保护名录的通知

晋政函〔2007〕125号

各市、县人民政府，省人民政府各委、厅，省直属机构：

根据商务部、文化部《关于加强老字号非物质文化遗产保护工作的通知》（商改发〔2007〕45号）精神，为切实加强我省老字号非物质文化遗产保护工作，省人民政府决定增补“冠云牌平遥牛肉传统制作技艺”等28个项目（名单见附件）列入省级非物质文化遗产保护名录。

希望各地、各部门从保护优秀传统文化、传承中华文明、建设和谐社会的高度出发，从发展民族商业、弘扬民族品牌、振兴民族经济、增强国家核心竞争力和“软实力”的战略着眼，提高对老字号非物质文化遗产保护、传承和发展重要性和必要性的认识，按照“保护为主、抢救第一、合理利用、传承发展”的方针，切实加强我省老字号的非物质文化遗产保护工作。

山西省人民政府

二〇〇六年十二月十八日

山西省第一批省级非物质文化遗产保护项目增补名单

项目类别	项目名称	申报地区或单位
传统手工技艺	冠云牌平遥牛肉传统制作技艺	晋中市平遥县
	六味斋酱肉传统生产技艺	太原市
	山西传统琉璃制作工艺	山西省非物质文化遗产保护中心
	平定黑釉刻花陶瓷制作技艺	阳泉市平定县
	大阳手工制针技艺	晋城市泽州县
	交城滩羊皮鞣制工艺	吕梁市交城县
	交城琉璃咯嘣制作技艺	吕梁市交城县
	稷山麻花传统制作工艺	运城市稷山县
	五步产盐法	山西省运城盐化局
	福同惠南式细点制作工艺	运城市
	保德石窟建造技艺	忻州市保德县
民间文学	尧王故里传说	运城市绛县
	乔阁老传说	运城市临猗县
	宋丑子故事	忻州市定襄县
民间音乐	九大套	太原市小店区
	保德民歌	忻州市保德县
民间美术	襄垣炕围画	长治市襄垣县
	高平刺绣	晋城市高平市
民间舞蹈	五鬼盘叉	晋城市陵川县
	高平九莲灯	高平市文化馆
传统竞技与杂技	洗髓经健身术	山西省群艺馆健身中心
	盂县武术社火	阳泉市盂县
民俗	小店牺汤习俗	太原市小店区
	柳氏家族人生礼俗	柳氏民居实业开发有限公司
戏剧	晋剧（中路梆子）	太原市、晋中市
	壶关秧歌	长治市壶关县
	怀梆戏	运城市垣曲县
	眉户	运城市临猗县、临汾市眉户剧团

山西省人民政府关于公布第二批省级非物质文化遗产名录的通知

晋政发〔2009〕12号

各市、县人民政府，省人民政府各委、厅，各直属机构：

省人民政府批准由省非物质文化遗产保护工作领导组确定的第二批省级非物质文化遗产名录（共计167项，新入选项目141项，扩展项目26项），现予以公布。

各部门要按照国务院《关于加强文化遗产保护的通知》（国发〔2005〕42号）及《国务院办公厅关于加强我国非物质文化遗产保护工作的意见》（国办发〔2005〕18号）精神，进一步贯彻“保护为主、抢救第一、合理利用、传承发展”的工作方针，认真做好我省非物质文化遗产普查、保护、管理工作，为构建和谐山西，建设文化强省，推动社会主义文化大发展大繁荣做出新的贡献。

山西省人民政府

二〇〇九年四月二十四日

第二批省级非物质文化遗产名录
（新入选项目）
（共141项，涉及保护单位155家）

一、民间文学（25项，涉及保护单位28家）

序号	编码	项目名称	申报地区或单位	备注
1	Ⅰ－1	女娲补天神话	泽州县文化馆	1
2	Ⅰ－2	精卫填海神话	长子县文化馆	2
			高平市文化馆	3
3	Ⅰ－3	后羿射日神话	屯留县文化馆	4
			襄垣县文化馆	5
4	Ⅰ－4	愚公移山传说	阳城县文化馆	6
5	Ⅰ－5	珏山吐月传说	泽州县文化馆	7
6	Ⅰ－6	白马脱缰传说	晋城市城区文化馆	8
7	Ⅰ－7	舜的传说	沁水县文化馆	9
8	Ⅰ－8	杀虎口传说	右玉县图书馆	10
9	Ⅰ－9	老寿星传说	寿阳县文化馆	11
10	Ⅰ－10	姑射山—乾元山传说	洪洞县乾元山九州旅游有限公司	12
11	Ⅰ－11	大禹治水传说	河津市文化馆	13
12	Ⅰ－12	嫘祖养蚕传说	夏县文化馆	14
13	Ⅰ－13	稷王传说	闻喜县文化馆	15
14	Ⅰ－14	交城玄中寺鸠鸽二仙传说	交城县人民文化馆	16
15	Ⅰ－15	峪道河马跑神泉传说	山西神泉酒业有限公司	17
16	Ⅰ－16	董父豢龙传说	闻喜县东镇官庄村	18
17	Ⅰ－17	鱼跃龙门传说	河津市文化馆	19
18	Ⅰ－18	围棋起源传说	陵川县文化馆	20

续表

序号	编码	项目名称	申报地区或单位	备注
19	Ⅰ－19	介子推传说	万荣县孤峰山景区发展有限公司	21
			介休市文化馆	22
20	Ⅰ－20	杨贵妃传说	永济市杨贵妃文管所	23
21	Ⅰ－21	广禅侯故事	阳城县文化馆	24
22	Ⅰ－22	崔生遇虎故事	襄垣县文化馆	25
23	Ⅰ－23	张生和莺莺故事	永济市普救寺旅游有限公司	26
24	Ⅰ－24	孔子回车故事	泽州县文化馆	27
25	Ⅰ－25	张四姐大闹温泉县故事	交口县文化馆	28

二、传统音乐（11项，涉及保护单位11家）

序号	编号	项目名称	申报地区或单位	备注
26	Ⅱ－1	云冈大锣鼓（云胜锣鼓）	原平云冈大锣鼓艺术社	29
27	Ⅱ－2	泽州对鼓	泽州县文化馆	30
28	Ⅱ－3	十不隔	陵川县文化馆	31
29	Ⅱ－4	盂县民歌	盂县文化馆	32
30	Ⅱ－5	翼城西闫民歌	翼城县文化馆	33
31	Ⅱ－6	花敲鼓	垣曲县新城镇古堆村	34
32	Ⅱ－7	庆唐神鼓	浮山县文化馆	35
33	Ⅱ－8	金鼓乐	洪洞县万安镇	36
34	Ⅱ－9	侯马台神花鼓	侯马市群艺馆	37
35	Ⅱ－10	侯马台骀锣鼓	侯马市群艺馆	38
36	Ⅱ－11	文水桥头大鼓	文水县文化馆	39

三、传统舞蹈（16项，涉及保护单位19家）

<table>
<tr><th>序号</th><th>编号</th><th colspan="2">项目名称</th><th>申报地区或单位</th><th>备注</th></tr>
<tr><td rowspan="2">37</td><td rowspan="2">Ⅲ－1</td><td colspan="2" rowspan="2">二鬼摔跤</td><td>忻州市体育运动学校</td><td>40</td></tr>
<tr><td>太原市小店区文化馆</td><td>41</td></tr>
<tr><td>38</td><td>Ⅲ－2</td><td colspan="2">屯留瞪眼家伙</td><td>屯留县文化事业发展中心</td><td>42</td></tr>
<tr><td>39</td><td>Ⅲ－3</td><td colspan="2">盐湖龙灯舞</td><td>运城盐湖区金井乡贵家营村</td><td>43</td></tr>
<tr><td>40</td><td>Ⅲ－4</td><td colspan="2">平定皇纲</td><td>平定县文化馆</td><td>44</td></tr>
<tr><td>41</td><td>Ⅲ－5</td><td colspan="2">盂县牛斗虎</td><td>盂县秀水镇南白水村</td><td>45</td></tr>
<tr><td rowspan="2">42</td><td rowspan="2">Ⅲ－6</td><td rowspan="2">迓鼓</td><td>昔阳迓鼓</td><td>昔阳县文化艺术中心</td><td>46</td></tr>
<tr><td>阳泉文迓鼓</td><td>阳泉郊区文化馆</td><td>47</td></tr>
<tr><td>43</td><td>Ⅲ－7</td><td colspan="2">昔阳拉话</td><td>昔阳县文化艺术中心</td><td>48</td></tr>
<tr><td>44</td><td>Ⅲ－8</td><td colspan="2">寿阳竹马</td><td>寿阳县文化馆</td><td>49</td></tr>
<tr><td rowspan="2">45</td><td rowspan="2">Ⅲ－9</td><td rowspan="2">跑旱船</td><td>阳城旱船</td><td>阳城县文化馆</td><td>50</td></tr>
<tr><td>翼城孝义旱船</td><td>翼城县文化馆</td><td>51</td></tr>
<tr><td>46</td><td>Ⅲ－10</td><td colspan="2">翼城浑身板</td><td>翼城县文化馆</td><td>52</td></tr>
<tr><td>47</td><td>Ⅲ－11</td><td colspan="2">翼城堡子河蚌舞</td><td>翼城县文化馆</td><td>53</td></tr>
<tr><td>48</td><td>Ⅲ－12</td><td colspan="2">侯马麒麟舞</td><td>侯马市新田乡乔村村委会</td><td>54</td></tr>
<tr><td>49</td><td>Ⅲ－13</td><td colspan="2">响铃高跷</td><td>隰县文化馆</td><td>55</td></tr>
<tr><td>50</td><td>Ⅲ－14</td><td colspan="2">阳城裤马</td><td>阳城县文化馆</td><td>56</td></tr>
<tr><td>51</td><td>Ⅲ－15</td><td colspan="2">扛桩闹故事</td><td>阳城县文化馆</td><td>57</td></tr>
<tr><td>52</td><td>Ⅲ－17</td><td colspan="2">西华门舞狮</td><td>太原市民间文艺家协会</td><td>58</td></tr>
</table>

四、传统戏剧（4项，涉及保护单位4家）

序号	编号	项目名称	申报地区或单位	备注
53	Ⅳ-1	凤台小戏	和顺县文化馆	59
54	Ⅳ-2	夏县蛤蟆嗡	夏县文化馆	60
55	Ⅳ-3	垣曲曲剧	垣曲县曲剧团	61
56	Ⅳ-4	弦儿戏	夏县文化馆	62

五、曲艺（7项，涉及保护单位8家）

序号	编号	项目名称		申报地区和单位	备注
57	Ⅴ-1	大同数来宝		大同市工人文化活动中心	63
58	Ⅴ-2	洪洞书调		洪洞县祥瑞传播公司	64
59	Ⅴ-3	琴书	翼城琴书	翼城县文化馆	65
			曲沃琴书	曲沃县文化馆	66
60	Ⅴ-4	泽州四弦书		泽州县文化馆	67
61	Ⅴ-5	泽州鼓书		泽州县文化馆	68
62	Ⅴ-6	陵川钢板书		陵川县文化馆	69
63	Ⅴ-7	沁水鼓儿词		沁水县文化馆	70

六、传统体育、游艺与杂技（10项，涉及保护单位10家）

序号	编号	项目名称	申报地区或单位	备注
64	Ⅵ-1	形意拳	太谷县形意拳协会	71
65	Ⅵ-2	文水长拳	文水县左家拳总会	72
66	Ⅵ-3	太谷绞活龙	太谷县文化艺术中心	73
67	Ⅵ-4	拔花花	太原尖草坪区文化馆	74
68	Ⅵ-5	南少林五行拳	太原万柏林区体育总会	75
69	Ⅵ-6	傅山拳法	太原尖草坪区傅山文化园	76

续表

序号	编号	项目名称	申报地区或单位	备注
70	Ⅵ-7	打瓦游戏	永和县文化馆	77
71	Ⅵ-8	翼城老虎上山	翼城县文化馆	78
72	Ⅵ-9	动物棋	乡宁县文化馆	79
73	Ⅵ-10	洪洞通背缠拳	洪洞县通背缠拳协会	80

七、传统美术（9项，涉及保护单位9家）

序号	编号	项目名称	申报地区和单位	备注
74	Ⅶ-1	南庄无根架火	晋中市榆次区文化馆	81
75	Ⅶ-2	平遥纱阁戏人	平遥县文化艺术中心	82
76	Ⅶ-3	晋城泥塑	晋城市城区文化馆	83
77	Ⅶ-4	曲沃花葫芦	曲沃县郑家民间美术社	84
78	Ⅶ-5	侯马皮影	侯马市皮影雕刻艺术研究会	85
79	Ⅶ-6	永济扎麦草	永济市文化馆	86
80	Ⅶ-7	运城绒绣	运城市关圣绒绣研究中心	87
81	Ⅶ-8	大同折纸	张氏折纸素质教育研发中心	88
82	Ⅶ-9	清徐彩门	清徐县文化馆	89

八、传统技艺（30项，涉及保护单位34家）

序号	编号	项目名称	申报地区和单位	备注
83	Ⅷ-1	襄垣手工挂面制作技艺	襄垣县文化馆	90
84	Ⅷ-2	大同铜器制作技艺	大同市城区非物质文化遗产保护中心	91
85	Ⅷ-3	平定砂货烧制工艺	阳泉郊区南小西庄村	92
			平定县文化馆	93
86	Ⅷ-4	恒义诚老鼠窟元宵制作技艺	太原市恒义诚甜食店	94

续表

序号	编号	项目名称	申报地区和单位	备注
87	Ⅷ－5	传统手工制香技艺	太原市小店区文化馆	95
88	Ⅷ－6	王吴猪胰子制作技艺	太原市小店区文化馆	96
89	Ⅷ－7	雁门杨氏古建筑营造技艺	山西杨氏古建筑工程有限公司	97
90	Ⅷ－8	代县黄酒酿造技艺	山西省代县贵喜酒业有限公司	98
91	Ⅷ－9	胡麻油压榨技艺	山西省非物质文化遗产保护中心	99
92	Ⅷ－10	柳林碗团制作技艺	柳林县沟门前风味食品有限公司	100
93	Ⅷ－11	汾州八大碗制作技艺	汾阳市丰泰苑酒店	101
94	Ⅷ－12	卫生馆五香调料面制作技艺	交城县人民文化馆	102
95	Ⅷ－13	午城酒酿制工艺	山西午城酿酒有限责任公司	103
96	Ⅷ－14	祁县小磨香油制作技艺	祁县顾椿香油厂	104
97	Ⅷ－15	稷山螺钿漆器制作技艺	稷山太阳海珠工艺美术厂	105
			稷山仿古旅游工艺厂	106
98	Ⅷ－16	绛墨制作技艺	新绛积文斋笔墨庄	107
99	Ⅷ－17	绛笔制作技艺	新绛县于良英笔庄	108
			新绛积文斋笔墨庄	109
100	Ⅷ－18	垣曲炒粸制作技艺	垣曲县解峪乡乐尧村	110
101	Ⅷ－19	闻喜煮饼制作技艺	闻喜县永祥和煮饼食品有限公司	111
102	Ⅷ－20	新绛刻瓷工艺	新绛县文化馆	112
103	Ⅷ－21	黑陶烧制技艺	高平市文化馆	113
104	Ⅷ－22	白起豆腐制作技艺	高平市文化馆	114
105	Ⅷ－23	阳城制糖技艺	阳城县文化馆	115

续表

序号	编号	项目名称		申报地区和单位	备注
106	Ⅷ－24	阳城绵纸制作技艺		阳城县文化馆	116
107	Ⅷ－25	晋作家具制作技艺		唐人居古典文化有限公司	117
108	Ⅷ－26	晋南土布织造技艺		永和阁底乡于家咀村	118
109	Ⅷ－27	蝴蝶杯制作工艺		侯马市群艺馆	119
110	Ⅷ－28	新田青铜器制作技艺		侯马市青铜艺术学会	120
111	Ⅷ－29	麻纸制作技艺	崞阳麻纸	原平市文化馆	121
			蒋村麻纸	定襄县文化中心	122
112	Ⅷ－30	襄汾县北许锣鼓制造工艺		襄汾县文化馆	123

九、传统医药（8项，涉及保护单位9家）

序号	编号	项目名称	申报地区或单位	备注
113	Ⅸ－1	竹叶青酒泡制技艺	杏花村汾酒集团	124
114	Ⅸ－2	梅花点舌丸制作技艺	山西双人药业有限责任公司	125
115	Ⅸ－3	小儿七珍丸制作技艺	山西双人药业有限责任公司	126
116	Ⅸ－4	榆社阿胶熬制技艺	榆社阿胶厂	127
117	Ⅸ－5	定坤丹制作技艺	山西省广誉远国药有限公司	128
118	Ⅸ－6	垣曲菖蒲酒泡制技艺	垣曲县舜皇酒业有限公司	129
119	Ⅸ－7	武氏正骨法	高平市文化馆	130
120	Ⅸ－8	平遥“道虎壁”王氏中医妇科	平遥县王恭诊所	131
			晋中市道虎壁王氏妇科研究院	132

十、民俗（21项，涉及保护单位23家）

序号	编号	项目名称	申报地区或单位	备注
121	Ⅹ－1	郭璞堪舆文化	闻喜县郭璞研究会	133

续表

序号	编号	项目名称	申报地区或单位	备注
122	X-2	祁县民居建筑习俗	祁县文化艺术中心	134
123	X-3	怀仁旺火习俗	朔州市怀仁县文化馆	135
124	X-4	偏关万人会	偏关县文化馆	136
125	X-5	五台山骡马大会	忻州市群众艺术馆	137
126	X-6	平定雩祭	平定县文化馆	138
127	X-7	礼生唱祭文习俗	山西省柳林文化研究会	139
128	X-8	二月二南街焰火习俗	太原市晋源区晋源南街村委会	140
129	X-9	泽州中秋习俗	泽州县民间习俗研究会	141
130	X-10	尉村跑鼓车	襄汾县尉村村委会	142
131	X-11	洪洞北羊社祭	洪洞县北羊农耕社祭管委会	143
132	X-12	煤窑祭祀	襄垣县文化馆	144
133	X-13	连氏手指算法	襄垣县文化馆	145
134	X-14	平顺四景车赛会	平顺县文化馆	146
135	X-15	平遥票号	平遥县文化艺术中心	147
136	X-16	皇城村重阳节习俗	阳城县皇城村	148
137	X-17	乡宁中和节习俗	乡宁县文化馆	149
138	X-18	岚城面供	岚县文化馆	150
139	X-19	九曲黄河阵	沁源县人民文化馆	151
			晋中榆次区文化馆	152
140	X-20	晋商镖局	晋中市心意拳协会	153
			平遥县文化艺术中心	154
141	X-21	清明节	介休市文化馆	155

第二批省级非物质文化遗产名录推荐项目名单
（扩展项目）

（共26项，涉及保护单位54家）

一、民间文学（1项，涉及保护单位2家）

序号	编号	项目名称	申报地区或单位	备注
1	Ⅰ-4	赵氏孤儿的传说	清徐县清源镇大北村村民村委会	1
			襄汾县东汾阳村	2

二、传统音乐（3项，涉及保护单位3家）

序号	编号	项目名称		申报地区或单位	备注
2	Ⅱ-3	佛教音乐	左云楞严寺佛乐	左云县文化馆	3
3	Ⅱ-10	道教音乐	柏林坡道教音乐	绛县文化馆	4
4	Ⅱ-12	唢呐艺术	吉县唢呐	吉县文化馆	5

三、传统舞蹈（2项，涉及保护单位4家）

序号	编号	项目名称		申报地区或单位	备注
5	Ⅲ-3	花鼓	万荣花鼓	万荣县汉薛镇南景村	6
			土沃老花鼓	沁水县文化馆	7
6	Ⅲ-4	秧歌	唐城花灯秧歌	安泽县唐城镇唐城村民委员会	8
			白店秧歌	侯马市新田乡白店村委会	9

四、传统戏剧（6项，涉及保护单位15家）

序号	编号	项目名称	申报地区或单位	备注
7	Ⅳ-3	北路梆子	大同市北路梆子剧团	10

续表

序号	编号	项目名称		申报地区或单位	备注
8	Ⅳ－7	秧歌戏	汾孝秧歌	汾阳市韩家桥村	11
				山西省孝义市传统文化研究会	12
			西火秧歌	长治县文化中心	13
			沁源秧歌	沁源县人民文化馆	14
			太原秧歌	太原市小店区文化馆	15
				太原市晋源区音乐舞蹈工作者协会	16
			广灵秧歌	广灵县文化馆	17
			泽州秧歌	高平市文化馆	18
				泽州县文化馆	19
			平腔秧歌	陵川县文化馆	20
9	Ⅳ－8	道情戏	洪洞道情	临汾市尧都区群众艺术馆	21
10	Ⅳ－9	二人台		阳高县二人台剧团	22
11	Ⅳ－11	皮影戏	绛州皮影戏	新绛县文化馆	23
12	Ⅳ－17	木偶戏	浮山木偶戏	浮山木偶艺术团	24

五、曲艺（2项，涉及保护单位4家）

序号	编号	项目名称		申报地区或单位	备注
13	Ⅴ－3	鼓书	武乡鼓书	武乡县人民文化馆	25
			长子鼓书	长子县文化馆	26
			高平鼓书	高平市文化馆	27
14	Ⅴ－7	三弦书	霍州三弦书	霍州市群艺馆	28

六、传统体育、游艺与杂技（1项，涉及保护单位2家）

序号	编号	项目名称	申报地区或单位	备注
15	Ⅵ－2	心意拳	永济市心意拳协会	29
			祁县戴氏心意拳协会	30

七、传统美术（7项，涉及保护单位15家）

序号	编号	项目名称		申报地区或单位	备注
16	Ⅶ－1	剪纸	孝义剪纸	山西省孝义市传统文化研究会	31
			浮山剪纸	浮山县文化馆	32
			隰县剪纸	隰县文化馆	33
			新绛戏曲剪纸	新绛县文化馆	34
			高平剪纸	高平市文化馆	35
			静乐剪纸	静乐县非物质文化遗产保护中心	36
17	Ⅶ－2	木版年画	绛州木版年画	新绛县文化馆	37
18	Ⅶ－3	面花	高平面塑	高平市文化馆	38
			万荣面塑	万荣县城镇云仙传统工艺面塑铺	39
			孝义面塑	山西省孝义民间面塑艺术委员会	40
19	Ⅶ－4	山西民居砖雕		陵川县文化馆	41
20	Ⅶ－5	布艺	侯马布老虎	侯马市群艺馆	42
21	Ⅶ－6	炕围画	原平炕围画	原平市文化馆	43
22	Ⅶ－7	民间绣活	和顺刺绣	和顺县文化馆	44
			侯马刺绣	侯马市群艺馆	45

八、传统技艺（3项，涉及保护单位4家）

序号	编号	项目名称		申报地区或单位	备注
23	Ⅷ－5	山西面食制作技艺	剔尖面和莜面栲栳栳传统制作技艺	山西会馆餐饮文化有限公司	46
			刀拨面和蘸片子传统制作技艺	新开元酒店餐饮有限公司	47
24	Ⅷ－12	传统月饼制作技艺	神池月饼制作技艺	神池县自永和食品厂	48
25	Ⅷ－20	山西传统琉璃烧制工艺		万荣县上井琉璃工艺厂	49

十、民俗（1项，涉及保护单位5家）

序号	编号	项目名称		申报地区或单位	备注
26	X－11	庙会	交城卦山庙会	交城县人民文化馆	50
			龙天庙会	山西龙天古太原县城开发有限公司（晋源区）	51
			水陆院庙会	晋城市城区文化馆	52
			沁源菩提古寺庙会	沁源县人民文化馆	53
			魏村牛王庙会	尧都区群艺馆	54

山西省人民政府关于公布第三批省级非物质文化遗产名录的通知

晋政函〔2011〕83号

各市、县人民政府，省人民政府各委、厅，各直属机构：

省非物质文化遗产保护工作领导组确定的第三批省级非物质文化遗产名录（共计82项）和省级非物质文化遗产扩展项目名录（共计64项）已经省人民政府批准，现予以公布。

各地、各部门要按照《国务院关于加强文化遗产保护的通知》（国发〔2005〕42号）、《国务院办公厅关于加强我国非物质文化遗产保护工作的意见》（国办发〔2005〕18号）精神，以《中华人民共和国非物质文化遗产法》为指导，进一步贯彻“保护为主、抢救第一、合理利用、传承发展”的工作方针，认真做好我省非物质文化遗产的调查、名录保护、传承与传播及管理工作，为构建和谐山西、建设文化强省、推动社会主义文化大发展大繁荣做出新的贡献。

山西省人民政府

二〇一一年六月十九日

第三批省级非物质文化遗产名录推荐项目名单
（新入选项目）

（共82项，涉及94个申报地区或单位）

一、民间文学（12项，涉及12个申报地区或单位）

序号	编码	项目名称	申报地区或单位	备注
1	Ⅰ-37	狄仁杰的传说	太原市小店区营盘街办文化站	
2	Ⅰ-38	石海的传说	太原市小店区北格镇北格村	
3	Ⅰ-39	李佬人的传说	长治市黎城县文化馆	
4	Ⅰ-40	青果寒泉寺的传说	长治沁源县交口乡候壁村	
5	Ⅰ-41	炎帝的传说	长治市城区炎帝文化研究会	
6	Ⅰ-42	王泰来的传说	晋城市泽州县大箕镇 南沟村委、秋木洼村委	
7	Ⅰ-43	松林积雪的传说	晋城市泽州县大箕镇松林寺	
8	Ⅰ-44	汾神台骀的传说	临汾市侯马市群众艺术馆	
9	Ⅰ-45	黄河仙子的传说	临汾市大宁县文化馆	
10	Ⅰ-46	李娘娘的传说	临汾市翼城县文化馆	
11	Ⅰ-47	晋文公的传说	运城市绛县文化馆	
12	Ⅰ-48	卫夫人的传说	运城市夏县文化馆	

二、传统音乐（5项，涉及5个申报地区或单位）

序号	编码	项目名称	申报地区或单位	备注
13	Ⅱ-26	斤秤锣鼓	长治市武乡县人民文化馆	
14	Ⅱ-27	福胜锣鼓	吕梁市文水县闫家社村	
15	Ⅱ-28	人祖山祭祖鼓乐	临汾市吉县文化馆	
16	Ⅱ-29	晋都文锣鼓	临汾市曲沃县乐昌镇许村	
17	Ⅱ-30	软槌锣鼓	运城市万荣县软槌锣鼓研究会	

三、传统舞蹈（10项，涉及11个申报地区或单位）

序号	编码	项目名称	申报地区或单位	备注
18	Ⅲ-33	风火龙舞	长治市襄垣县非物质文化遗产保护中心	

续表

序号	编码	项目名称	申报地区或单位	备注
19	Ⅲ-34	漾杠箱	晋城市泽州县大箕镇 南河底村	
20	Ⅲ-35	霍家山龙灯	晋城市沁水县文化馆	
21	Ⅲ-36	渔翁逗海蚌	忻州市繁峙县繁城镇 北城街村	
22	Ⅲ-37	左权小花戏	晋中市左权县开花调艺术团	
23	Ⅲ-38	独龙杆	晋中市灵石县静升镇静升村	
24	Ⅲ-39	跑莲灯	晋中和顺县文化馆	
25	Ⅲ-40	转身鼓（翼城转身鼓） （令伯转身鼓）	临汾市翼城县文化馆 临汾市襄汾县令伯村委会	
26	Ⅲ-41	花腔鼓	临汾市襄汾县赵康镇 赵雄村委会	
27	Ⅲ-42	亮宝	运城市永济市文化馆	

四、传统戏剧（3项，涉及3个申报地区或单位）

序号	编码	项目名称	申报地区或单位	备注
28	Ⅳ-25	弦腔（夫子岭弦腔）	晋中市和顺县文化馆	
29	Ⅳ-26	乐乐腔	临汾市浮山县文化馆	
30	Ⅳ-27	目连戏	临汾市翼城县文化馆	

五、曲艺（2项，涉及2个申报地区或单位）

序号	编码	项目名称	申报地区或单位	备注
31	Ⅴ-15	垣曲镲	垣曲县文化馆	
32	Ⅴ-16	四弦书（平陆高调）	运城市平陆县文化馆	

六、传统体育、游艺与杂技（5项，涉及7个申报地区或单位）

序号	编码	项目名称	申报地区或单位	备注
33	Ⅵ-15	浑元一气功	武警山西总队	
34	Ⅵ-16	耍叉（晋阳三三叉） （寿阳耍叉） （火叉）	太原市晋源区武术协会 晋中市寿阳县文化馆 临汾市翼城县文化馆	

续表

序号	编码	项目名称	申报地区或单位	备注
35	Ⅵ－17	手歌	临汾市汾西县文化馆	
36	Ⅵ－18	永济飞狮	运城市永济市文化馆	
37	Ⅵ－19	杨氏太极拳	太原传统杨氏太极拳协会	

七、传统美术（4项，涉及8个申报地区或单位）

序号	编码	项目名称	申报地区或单位	备注
38	Ⅶ－18	石雕（沁源石雕）	长治市沁源县 赤石桥乡武家沟村	
39	Ⅶ－19	木雕（根雕） （永乐桃木雕刻技艺）	长治市沁源县 赤石桥乡涧崖底村	
			忻州市宁武县 怀海根艺美术专业合作社	
			忻州市定襄晟龙木雕模型艺术有限公司	
			吕梁市交口县文化馆	
			运城市芮城县永乐理天桃木雕刻坊	
40	Ⅶ－20	泥金笺画	运城永济市文化馆	
41	Ⅶ－21	宫灯（柴森宫灯）	运城市夏县柴森宫灯厂	

八、传统技艺（26项，涉及30个申报地区或单位）

序号	编码	项目名称	申报地区或单位	备注
42	Ⅷ－58	清徐葡萄酒酿制技艺	山西清徐葡萄酒有限公司	
43	Ⅷ－59	清徐熏葡萄技艺	太原市清徐马峪葡萄酒厂	
44	Ⅷ－60	清徐孟封饼制作工艺	太原市昌发祥食品有限公司	
45	Ⅷ－61	豆腐干制作技艺（徐沟豆腐干制作技艺）	太原市清徐徐沟 豆制品有限公司	
46	Ⅷ－62	浑源凉粉制作技艺	浑源大瑞食品有限责任公司	
47	Ⅷ－63	铸造技艺（浑源铸钟制作技艺）	神溪牛氏铸钟公司	
48	Ⅷ－64	烧饼制作技艺（灵丘烧饼制作技艺） （棉上酥饼）	大同市灵丘县田师傅 食品加工厂	
			长治市沁源县棉上村	

续表

序号	编码	项目名称	申报地区或单位	备注
49	Ⅷ－65	羊汤制作技艺（壶关羊汤）	山西郭氏食品工业有限公司（长治市）	
50	Ⅷ－66	上党腊驴肉制作技艺	长治世龙食品有限公司	
51	Ⅷ－67	苇编技艺	长治市襄垣县非物质文化遗产保护中心	
52	Ⅷ－68	沁州干馍制作工艺	长治市沁县文化馆	
53	Ⅷ－69	刘氏制鼓技艺	长治市黎城县民俗文化学会	
54	Ⅷ－70	金银铜器传统制作技艺 （金银铜器制作技艺） （黎城银器制作技艺） （繁峙银器制作技艺）	运城市杰忠金银铜器传统制作工艺研究中心	
			长治市黎城县八宝银楼	
			忻州市繁峙县星河银业有限公司	
55	Ⅷ－71	长子炒饼制作技艺	长治市长子县明孩饭店	
56	Ⅷ－72	乔氏“法花”陶瓷传统手工技艺	晋城市阳城县乔枫瓷业有限公司	
57	Ⅷ－73	桑蚕丝被制作技艺	晋城市晋氏实业有限公司	
58	Ⅷ－74	德义园府酱制作技艺	山西德义园味业有限公司	
59	Ⅷ－75	桑皮纸制作技艺	吕梁市柳林县孟门镇文化站	
60	Ⅷ－76	寿阳油柿子技艺	晋中市寿阳县文化馆	
61	Ⅷ－77	宝剑制作技艺	晋中市平遥县文涛坊艺术品有限公司	
62	Ⅷ－78	传统布鞋制作技艺 （宝龙斋传统布鞋制作技艺） （千层底手工拉花布鞋制作技艺）	晋中市平遥宝龙制鞋厂	
			临汾市尧都区土圪塔手工布艺有限公司	
63	Ⅷ－79	熏醋酿制技艺	临汾市安泽县府城镇义唐泽林醋业	
64	Ⅷ－80	米醋酿制技艺（小米醋酿造技艺）	山西三盛合酿造有限公司（襄汾）	
65	Ⅷ－81	古陶烧制技艺（古陶烧制技艺）	临汾市九州地方文化工作室	

续表

序号	编码	项目名称	申报地区或单位	备注
66	Ⅷ－82	彩古陶烧制技艺（彩绘陶制作技艺）	运城市新绛县店头乡乐义林堂仿古工艺厂	
67	Ⅷ－83	“酱玉瓜”制作技艺	运城市临猗县临晋东晟酱园	

九、传统医药（2项，涉及2个申报地区或单位）

序号	编码	项目名称	申报地区或单位	备注
68	Ⅸ－11	针灸（一针消肿疗法）	临汾市非物质文化遗产保护协会	
69	Ⅸ－12	中药炮制技术（山西颐圣堂醋制药材）	山西黄河中药有限公司	

十、民俗（13项，涉及14个申报地区或单位）

序号	编码	项目名称	申报地区或单位	备注
70	Ⅹ－42	东于架火迎鼓习俗	清徐县文化馆	
71	Ⅹ－43	刮街	长治市平顺县石城镇白杨坡村	
72	Ⅹ－44	上党连氏宗族信俗	长治市襄垣非物质文化遗产保护中心	
73	Ⅹ－45	端午节习俗	长治市沁县文化馆	
74	Ⅹ－46	黎城望乡会	长治市黎城县文化馆	
75	Ⅹ－47	打潭习俗	晋城市阳城县非物质文化遗产保护中心	
			泽州县下村镇上寺头村	
76	Ⅹ－48	泽州打铁花习俗	晋城市泽州县巴公镇来村村委	
77	Ⅹ－49	宁武天池净身节习俗	忻州市宁武县余庄乡马营村村委会	
78	Ⅹ－50	用水习俗	临汾市霍州市文化馆	
79	Ⅹ－51	火星圣母祭祀习俗	临汾市霍州市文化馆	
80	Ⅹ－52	五龙洞祭祀习俗	临汾市蒲县非遗中心	
81	Ⅹ－53	汾西添仓节	临汾市汾西县文化馆	
82	Ⅹ－54	本命年习俗	山西本命年习俗研究会	

第三批省级非物质文化遗产名录推荐项目名单
（扩展项目）

（共64项，涉及131个申报地区或单位）

一、民间文学（共计6项，涉及7个申报地区或保护单位）

序号	编码	项目名称	申报地区或单位	备注
1	Ⅰ-5	笑话（襄汾七十二呆）	襄汾县非物质文化遗产保护协会	
2	Ⅰ-9	尧的传说	长治市黎城县文化馆	
			临汾市非物质文化遗产保护协会	
3	Ⅰ-18	舜的传说	运城市垣曲县文化馆	
4	Ⅰ-24	稷王的传说	运城市稷山县文化馆	
5	Ⅰ-25	张四姐的故事	孝义市传统文化研究会	
6	Ⅰ-29	围棋起源传说（沁县烂柯的传说）	长治市沁县文化馆	

二、传统音乐（共计3项，涉及3个申报地区或保护单位）

序号	编码	项目名称	申报地区或单位	备注
7	Ⅱ-9	晋北鼓吹（定襄八音）	忻州市定襄县金锁呐艺术团	
8	Ⅱ-10	恒山道乐	大同市浑源县文化馆	
9	Ⅱ-11	上党乐户	长治市潞城市西流村王家乐户	

三、传统舞蹈（共计8项，涉及17个申报地区或保护单位）

序号	编码	项目名称	申报地区或单位	备注
10	Ⅲ-1	狮舞（南上官狮舞）	临汾市侯马市南上官村委会	
11	Ⅲ-2	高跷（集义高跷） （庙前高跷） （元王高跷） （神农高跷） （飞岭高跷）	太原市清徐县文化馆	
			太原市民间文艺家协会（迎泽区）	
			长治市沁县文化馆	
			晋城市高平市文化馆	
			临汾市安泽县府城镇飞岭村	
12	Ⅲ-3	花鼓（北垣花鼓）	运城市闻喜县文化馆	

续表

序号	编码	项目名称	申报地区或单位	备注
13	Ⅲ-4	秧歌（水船秧歌）（旱船秧歌）（踢鼓秧歌）（地秧歌）（地灯秧歌）	吕梁市柳林镇青龙社区文化活动中心	
			吕梁市离石区文化馆	
			大同市大同县文化馆	
			大同市南郊区文化馆	
			临汾市汾西县文化馆	
14	Ⅲ-11	背铁棍（抬阁）	晋中市榆次区张庆乡张庆村	
			晋中市灵石县静升镇静升村	
15	Ⅲ-13	霸王鞭（西石霸王鞭）	运城市垣曲县古城镇西石村	
16	Ⅲ-16	九莲灯（冶底九莲灯）	晋城市泽州县南村镇冶底村	
17	Ⅲ-24	竹马（左权县五里堠）	晋中市左权县辽阳镇五里堠村村委会	

四、传统戏剧（共计6项，涉及11个申报地区或保护单位）

序号	编码	项目名称	申报地区或单位	备注
18	Ⅳ-7	秧歌戏（大树秧歌）（沁水秧歌）（中庄秧歌）（祁县武秧歌）	晋城市阳城县非物质文化遗产保护中心	
			晋城市沁水县文化馆	
			阳城县非物质文化遗产保护中心	
			晋中市祁县温曲村	
19	Ⅳ-8	道情戏（大涧道情）（兴县李家湾道情）（永和道情）	大同市灵丘县文化馆	
			吕梁市兴县人民文化馆	
			临汾市永和县文化馆	
20	Ⅳ-10	锣鼓杂戏	运城市万荣县锣鼓杂戏研究会	
21	Ⅳ-11	皮影戏	太原市清徐县常丰村皮影艺术团	
22	Ⅳ-14	上党落子	长治市上党落子剧团	
23	Ⅳ-18	赛戏（鳌石赛戏）	大同市阳高县文化馆	

五、曲艺（共计3项，涉及5个申报地区或保护单位）

序号	编码	项目名称	申报地区或单位	备注
24	Ⅴ-3	鼓书（隰县打鼓书）	临汾市隰县文化馆	

续表

序号	编码	项目名称	申报地区或单位	备注
25	Ⅴ－5	晋东南说唱道情（屯长道情）	长治市长子县文化馆	
26	Ⅴ 7	三弦书（临县三弦书） （离石三弦书） （平遥弦子书）	吕梁市临县文化馆	
			吕梁市离石区文化馆	
			晋中市平遥县文化馆	

六、传统体育、游艺与杂技（1项，涉及1个申报地区或单位）

序号	编码	项目名称	申报地区或单位	备注
27	Ⅵ－10	傅山拳	晋中市灵石县武术协会	

七、传统美术（9项，涉及30个申报地区或单位）

序号	编码	项目名称	申报地区或单位	备注
28	Ⅶ－1	剪纸（武乡剪纸） （沁源剪纸） （陵川剪纸） （右玉剪纸） （柳林剪纸） （寿阳福寿剪纸） （左权剪纸） （闻喜剪纸） （万荣剪纸）	长治市武乡县职业介绍服务中心	
			长治市沁源县郭道镇郭道村	
			晋城市陵川县文化馆	
			朔州市右玉县飞天民间艺术发展中心	
			吕梁市柳林县文化馆	
			晋中市寿阳县文化馆	
			晋中市左权县文化馆	
			运城市闻喜县文化馆	
			运城市万荣县 月贵剪纸工作室	
29	Ⅶ－3	面花（太原面塑） （晋阳花馍） （代县面塑） （太平面塑） （万荣面人）	杏花岭区三桥街道办事处桃北西社区	
			太原市晋源区晋阳文化研究会	
			忻州市代县面塑艺术研究中心	
			临汾市非物质文化遗产保护协会	
			运城市万荣县董氏面人工作室	
30	Ⅶ－4	山西民居砖雕（太谷砖雕）	晋中市太谷县晋派砖雕研究所	

续表

序号	编码	项目名称	申报地区或单位	备注
31	Ⅶ－5	布艺（阳高布艺） （阳泉布老虎） （陵川布贴画） （绛县布扎） （芮城布艺）	大同市阳高县民间工艺美术协会	
			阳泉市城区峰梅琴艺术工作室	
			晋城市陵川县文化馆	
			运城市绛县秋菊布扎虎艺术工作室	
			运城市芮城县雅婷布艺工作室	
32	Ⅶ－6	建筑彩绘（墙围画） （襄垣民居脊饰传统技艺） （古建筑彩绘）	长治市沁源县赤石桥乡赤石桥村	
			长治市襄垣县非物质文化遗产保护中心	
			晋中市山西晋阳古建筑工程有限公司榆社分公司	
33	Ⅶ－7	长治堆锦	长治市城区德艺坊堆锦工作室	
34	Ⅶ－8	民间绣活 （上党女红） （繁峙晋绣） （榆社晋绣）	长治郊区锦绣坊	
			忻州市繁峙县晋绣坊文化产业发展中心	
			晋中市榆社县兴晋绣艺专业合作社	
35	Ⅶ－11	泥塑（不倒翁） （泥塑佛像）	清徐县文化馆	
			晋中市灵石县静升镇苏溪村	
36	Ⅶ－14	麦草画	临汾市蒲县非物质文化保护中心	

八、传统技艺（18项，涉及31个申报地区或单位）

序号	编码	项目名称	申报地区或单位	备注
37	Ⅷ－4	老陈醋酿制技艺（“益源庆”宁化府老陈醋醋酿造技艺） （辛寨陈醋酿制技艺） （四眼井醋制作工艺）	太原市宁化府益源庆醋业有限公司	
			长治市壶关县辛寨绿色醋业有限公司	
			晋中市榆次区四眼井酿造实业有限公司	
38	Ⅷ－5	传统面食制作技艺（剪刀面制作技艺） （交里桥饸饹面制作技艺） （大阳馔面制作技艺）	侯马市宴皇源餐饮有限公司	
			临汾市曲沃县交里桥小胖饸饹面馆	
			晋城市泽州县文化馆	
39	Ⅷ－11	砚台制作技艺（五台山石砚雕刻技艺） （温氏空心澄泥研）	忻州市定襄县河边雅艺轩制砚厂	
			五台温氏澄泥研制品有限公司	

续表

序号	编码	项目名称	申报地区或单位	备注
40	Ⅷ－12	传统月饼制作技艺（雪莲酥月饼制作技艺）（神池月饼加工技艺）	太原市山西大唐明楼食品有限公司	
			忻州市神池县长祥圆食品有限责任公司	
41	Ⅷ－14	蒸馏酒传统酿造技艺（唐宫悦酒制作工艺）	长治市潞城市凤栖桥酿业有限公司	
		蒸馏酒传统酿造技艺（堡子酒酿造技艺）	山西后沟古村酒业有限公司	
		蒸馏酒传统酿造技艺（桑罗酒制作技艺）	山西舜都集团永济酒业有限公司	
42	Ⅷ－18	六味斋酱肘花传统生产工艺	太原六味斋实业有限公司	
43	Ⅷ－28	手工空心挂面制作技艺	运城市夏县黄土壹佰合家食品有限公司	
44	Ⅷ－30	砂货烧制技艺（翼城砂锅烧制技艺）	临汾市翼城县隆化镇尧都村	
45	Ⅷ－34	古建筑营造技艺（晋南古建筑营造技艺）	侯马市盛世华韵古典家居文化有限公司	
46	Ⅷ－35	黄酒酿制技艺（代州黄酒制作技艺）（平遥“长昇源”黄酒酿制技艺）	忻州市代县四达酒类饮料有限责任公司	
			晋中市平遥“长昇源”黄酒厂	
47	Ⅷ－36	神池胡麻油压榨技艺	忻州市神池县清泉岭榨油厂	
48	Ⅷ－38	传统宴席制作（平定传统三八席制作技艺）（高平十大碗制作技艺）	阳泉市晋香源餐饮服务有限公司	
			高平市翠岭茶楼	
49	Ⅷ－46	武乡炒指技艺	武乡县人民文化馆	
50	Ⅷ－48	黑陶制作工艺	山西翔龙黑陶工艺品有限公司（榆次）	
51	Ⅷ－50	传统豆腐制作技艺（古寨豆腐制作技艺）	太原市晋源区金胜镇古寨村委会	
52	Ⅷ－52	晋作家具制作技艺（家具制作技艺）晋作家具制作技艺	山西省鑫荣木雕工艺有限公司（忻府区）	
			侯马市盛世华韵古典家居文化有限公司	

续表

序号	编码	项目名称	申报地区或单位	备注
53	Ⅷ－53	传统棉纺织技艺（襄子老粗布织造技艺）（平顺手工纺织技艺）（丁村民间传统棉纺技艺）	长治市襄垣县非物质文化遗产保护中心	
			长治市平顺县石城镇白杨坡村	
			丁村民俗文化开发有限公司	
54	Ⅷ－57	贾得手工麻纸技艺	尧都区贾得乡贾得村	

九、传统医药（4项，涉及9个申报地区或单位）

序号	编码	项目名称	申报地区或单位	备注
54	Ⅸ－2	龟龄御酒传统制作技艺	山西龟龄御酒厂	
55	Ⅸ－3	中医传统制剂方法（白氏拔毒膏药与生肌散制作技艺）（安宫牛黄丸制作技艺）（勒马回中药制作技艺）	仁庄中医外科诊所	
			山西广誉远国药有限公司	
			运城市万荣三九药业有限公司	
56	Ⅸ－9	中医正骨疗法（李氏正骨疗法）（何氏中医正骨）（平王中医正骨）	长治城区红十字李新如骨科医院	
			运城市稷山县洪新诊所	
			运城市芮城县陌南镇平王村中医骨科诊所	
57	Ⅸ－10	中医诊法（吉祥王氏烧伤）（腹揉康传统揉肚技艺）	临汾市曲沃县吉祥村卫生所	
			运城腹揉康传统揉肚特色疗法研究所	

十、民俗（6项，涉及17个申报地区或单位）

序号	编码	项目名称	申报地区或单位	备注
58	Ⅹ－1	民间社火（代县上阳花社火）	忻州市代县上阳花社火研究中心	
59	Ⅹ－2	尧的祭祀	运城市绛县文化馆	
60	Ⅹ－3	舜的祭祀	运城市垣曲县舜文化研究会	

续表

<table>
<tr><th>序号</th><th>编码</th><th>项目名称</th><th>申报地区或单位</th><th>备注</th></tr>
<tr><td rowspan="9">61</td><td rowspan="9">X－11</td><td rowspan="9">庙会（圪咀崖娘娘庙会）
（高都三月二十八传统庙会）
（凤山庙会）
（东岳庙 — 四醮朝山）
（华佗庙会）
（娘娘庙会）
（四牌楼传统古会）
（翼城滦池古会）
（鸣条二月二四圣出巡古庙会）</td><td>古交市文化馆</td><td></td></tr>
<tr><td>晋城市泽州县高都镇综合文化站</td><td></td></tr>
<tr><td>吕梁市离石区文化馆</td><td></td></tr>
<tr><td>临汾市蒲县非遗中心</td><td></td></tr>
<tr><td>临汾市曲沃县方城村民俗文化研究会</td><td></td></tr>
<tr><td>临汾市曲沃县里村镇封王村委会</td><td></td></tr>
<tr><td>临汾市曲沃县乐昌镇东关村</td><td></td></tr>
<tr><td>临汾市翼城县文化馆</td><td></td></tr>
<tr><td>运城市盐湖区鸣条尧舜禹关四圣民间文化传承会</td><td></td></tr>
<tr><td>62</td><td>X－17</td><td>婚俗（平定婚俗）</td><td>平定县历史文化研究会</td><td></td></tr>
<tr><td rowspan="4">63</td><td rowspan="4">X－39</td><td rowspan="4">九曲黄河阵
（平顺转九曲）
（保德九曲黄河阵灯会）
（左权县河南村黄河阵）
（榆社“九曲黄河灯阵”）</td><td>长治市平顺县石城镇白杨坡村</td><td></td></tr>
<tr><td>忻州九曲黄河阵灯会文化发展有限公司</td><td></td></tr>
<tr><td>晋中市左权县辽阳镇河南村委</td><td></td></tr>
<tr><td>榆社县箕城镇北逆流河村</td><td></td></tr>
</table>

山西省人民政府关于公布第四批省级非物质文化遗产代表性项目名录的通知

晋政函〔2013〕123号

各市、县人民政府，省人民政府各委、办、厅、局：

第四批省级非物质文化遗产代表性项目名录（共计50项）和省级非物质文化遗产扩展项目名录（共计41项）已经省人民政府批准，现予以公布。

各地、各部门要按照国务院《关于加强文化遗产保护的通知》（国发〔2005〕42号）、《国务院办公厅关于加强我国非物质文化遗产保护工作的意见》（国办发〔2005〕18号）精神，以《中华人民共和国非物质文化遗产法》及《山西省非物质文化遗产条例》为指导，进一步贯彻“保护为主、抢救第一、合理利用、传承发展”的工作方针，认真做好我省非物质文化遗产的调查、名录保护、传承、传播及管理工作，为建设文化强省、推动社会主义文化大发展大繁荣做出新的贡献。

山西省人民政府

二〇一三年十二月三日

第四批省级非物质文化遗产代表性项目名录

（共50项，涉及52个保护单位）

一、民间文学（共6项，涉及6个保护单位）

序号	编码	项目名称	申报地区或单位	备注
354	Ⅰ－49	晋城“九头十八匠”的传说	晋城市城区文化馆	1
355	Ⅰ－50	汾州民间传说	汾阳市汾州文化研究会	2
356	Ⅰ－51	石勒传说（榆社）	榆社县文化馆	3
357	Ⅰ－52	“王通王绩王勃”的传说	万荣县三王研究学会	4
358	Ⅰ－53	蒲津渡铁牛传说	永济市文化馆	5
359	Ⅰ－54	晋商茶路上的故事	山西晋贾茶文化有限公司	6

二、传统音乐（共9项，涉及10个保护单位）

序号	编码	项目名称	申报地区或单位	备注
360	Ⅱ－31	太原民歌	太原市小店区文化馆	7
361	Ⅱ－32	晋中吹打	太原市晋源区文化馆	8
			祁县西六支乡人民政府	9
362	Ⅱ－33	大同五音联弹会	大同市群众艺术馆	10
363	Ⅱ－34	文水马西铙	文水县马西铙艺术研究会	11
364	Ⅱ－35	碛口号子	临县碛口民间演艺有限公司	12
365	Ⅱ－36	吕梁民歌	吕梁市群众艺术馆	13
366	Ⅱ－37	汾阳围铙	汾阳市戏曲歌友协会	14
367	Ⅱ－38	襄汾民歌	襄汾县人民文化馆	15
368	Ⅱ－39	凌云八音会	古县文化馆	16

三、传统舞蹈（共3项，涉及3个保护单位）

序号	编码	项目名称	申报地区或单位	备注
369	Ⅲ－43	东蒲舞龙	太原市小店区文化馆	17
370	Ⅲ－44	侯村花船	运城市盐湖区侯丰农作物植专业合作社	18
371	Ⅲ－45	定襄大马社火	定襄县宏道镇北社西村委会	19

四、传统戏剧（共1项，涉及1个保护单位）

序号	编码	项目名称	申报地区或单位	备注
372	Ⅳ-28	扬高戏	芮城县文化馆	20

五、曲艺（共1项，涉及1个保护单位）

序号	编码	项目名称	申报地区或单位	备注
373	Ⅳ-17	河津干板腔	河津市文化馆	21

六、传统体育、游艺与杂技（共2项，涉及2个保护单位）

序号	编码	项目名称	申报地区或单位	备注
374	Ⅵ-20	鞭杆	盛甫武术研究院	22
375	Ⅵ-21	铁礼花	长治县民间文艺家协会	23

七、传统美术（共5项，涉及5个保护单位）

序号	编码	项目名称	申报地区或单位	备注
376	Ⅶ-22	玉雕（太原玉和堂）	玉和堂玉雕工作室	24
377	Ⅶ-23	内画（广灵内画）	广灵县文化馆	25
378	Ⅶ-24	平遥彩塑	平遥县琢凡彩塑制作中心	26
379	Ⅶ-25	河津转花灯	河津市楼里转花灯制作中心	27
380	Ⅶ-26	泥皮画	芮城县三月三文化发展中心	28

八、传统技艺（共18项，涉及18个保护单位）

序号	编码	项目名称	申报地区或单位	备注
381	Ⅷ-84	茉莉花茶加工技艺（乾和祥茉莉花茶融淬技艺）	太原市果品茶叶副食总公司乾和祥茶庄	29
382	Ⅷ-85	古建筑模型制作技艺	山西古典艺术研究院	30
383	Ⅷ-86	并州刀剪制作技艺	太原晋府店刀剪社	31
384	Ⅷ-87	戏剧头盔制作技艺	山西省晋剧院	32
385	Ⅷ-88	高家笙、管制作技艺	大同阳高县文化馆	33
386	Ⅷ-89	黄瓜干制作技艺	平定县后沟村	34
387	Ⅷ-90	八义红绿彩瓷制作技艺	长治县民间文艺家协会	35
388	Ⅷ-91	襄垣金工铸造技艺	襄垣县丰通工艺铸造有限公司	36

续表

序号	编码	项目名称	申报地区或单位	备注
389	Ⅷ－92	潞绸手工织造技艺	山西吉利尔潞绸集团织造股份有限公司	37
390	Ⅷ－93	陵川纸龙制作技艺	陵川县文化馆	38
391	Ⅷ－94	陶瓷制作技艺（怀仁陶瓷制作技艺）	怀仁恒源瓷业有限公司	39
392	Ⅷ－95	定襄古代戏装制作技艺	定襄县文化馆	40
393	Ⅷ－96	木梁压榨小麻油工艺	榆社天禾绿色食品有限公司	41
394	Ⅷ－97	“鱼羊包”烹饪技艺	晋中市榆次区文化馆	42
395	Ⅷ－98	木雕、石雕、砖雕艺术	山西省灵石县王家大院资寿寺管理中心	43
396	Ⅷ－99	熏肘传统制作工艺	山西省平遥县延虎肉制品有限公司	44
397	Ⅷ－100	传统乐器制作技艺	太谷县渊方乐器厂	45
398	Ⅷ－101	平阳印染布艺	临汾市非物质文化遗产保护协会	46

九、传统医药（共2项，涉及三个保护单位）

序号	编码	项目名称	申报地区或单位	备注
399	Ⅸ－14	中医烧伤疗法（杨氏中医烧伤疗法、冯氏中医皮肤烧伤疗法）	平遥县杨复兴诊所	47
			万荣皮肤烧伤研究所	48
400	Ⅸ－15	中药炼制技艺（传统丹药炼制技艺）	稷山县清河镇秦家庄卫生所	49

十、民俗（共3项，涉及3共 保护单位）

序号	编码	项目名称	申报地区或单位	备注
401	Ⅹ－55	绵上天齐庙习俗	山西通洲集团灵宝旅游有限公司	50
402	Ⅹ－56	阳城桑蚕习俗	阳城县孙文龙纪念馆	51
403	Ⅹ－57	后稷祭祀	稷山县民间文艺家协会	52

第三批省级非物质文化遗产扩展项目名录

（共41项，涉及68个保护单位）

二、传统音乐（共3项，涉及4个保护单位）

序号	编码	项目名称	申报地区或单位	备注
16	Ⅱ－8	丁樊锣鼓	万荣县丁樊神韵鼓乐艺术团	53
17	Ⅱ－9	晋北鼓吹（晋北吹打乐、岚县八音）	山阴县民间艺术团	54
			岚县文化馆	55
18	Ⅱ－10	道教音乐（长子）	长子县文化馆	56

三、传统舞蹈（共4项，涉及8个保护单位）

序号	编码	项目名称	申报地区或单位	备注
22	Ⅲ－2	高跷（定襄高跷、垣曲武高跷）	定襄民间高跷秧歌协会	57
			垣曲县文化馆	58
24	Ⅲ－4	秧歌（挑高秧歌、花伞秧歌）	襄垣县非遗协会挑高秧歌传习所	59
			隰县文化馆	60
26	Ⅲ－6	踢鼓子秧歌（浑源耍故事、五寨八大角秧歌、神池硬架子秧歌）	浑源县文化馆	61
			五寨县文化馆	62
			神池县窑子上村村民委员会	63
31	Ⅲ－11	抬阁（襄汾抬阁）	襄汾县汾城镇总工会	64

四、传统戏剧（共4项、涉及5个保护单位）

序号	编码	项目名称	申报地区或单位	备注
35	Ⅳ－1	晋剧	大同市晋剧院	65
41	Ⅳ－7	秧歌戏（土滩秧歌、翼城秧歌）	榆社县文化馆	66
			翼城县人民文化馆	67
43	Ⅳ－9	二人台	山西省曲艺团	68
50	Ⅳ－16	芮城木偶戏	芮城县文化馆	69

五、曲艺（共1项，涉及1个保护单位）

序号	编码	项目名称	申报地区或单位	备注
192	Ⅳ-13	钢板书（长子钢板书）	长子县文化馆	70

七、传统美术（共5项，涉及11个保护单位）

序号	编码	项目名称	申报地区或单位	备注
64	Ⅶ-1	剪纸（阳泉盘合、祁县剪纸、河津剪纸）	阳泉市矿区文化馆	71
			祁县城赵镇人民政府	72
			河津市尚义轩剪纸艺术中心	73
			山西剪纸协会	74
66	Ⅶ-3	面花（阳泉彩色面塑、大阳面塑、乡宁花食）	阳泉市城区文化馆	75
			泽州县文化馆	76
			临汾市非物质文化遗产保护协会	77
68	Ⅶ-5	布艺（潞城布艺、传统民俗服饰制作技艺）	潞城市福禄工艺品有限公司	78
			万荣县亲蛋蛋婴幼儿民俗用品有限公司	79
117	Ⅶ-8	民间绣活（交口刺绣）	交口县雅汇刺绣专业合作社	80
312	Ⅶ-21	灯彩（平遥古灯艺）	平遥古灯艺研究所	81

八、传统技艺（共15项，涉及22个保护单位）

序号	编码	项目名称	申报地区或单位	备注
70	Ⅷ-1	荫城冶铁铸造技艺	长治县民间文艺家协会	82
83	Ⅷ-14	蒸馏酒传统酿造技艺（羊羔酒传统酿造技艺、和川蔺泉酿酒技艺）	山西羊羔酒业股份有限公司	83
			安泽县和川蔺泉酿酒有限公司	84
215	Ⅷ-30	砂器制作技艺（浑源砂器制作技艺、南安阳砂锅制作技艺）	大同浑源下韩砂器厂	85
			晋城阳城县文化馆	86
217	Ⅷ-32	云香制作技艺	交城县宏泽制香有限公司	87
221	Ⅷ-36	胡麻油传统手工压榨技艺	山西兴香缘粮油有限公司	88
223	Ⅷ-38	传统宴席制作（洪洞重八席）	洪洞县重八席大酒店餐饮有限公司	89
238	Ⅷ-53	传统棉纺织技艺（新田手工粗布制作技艺、土布制作技艺）	侯马市晋商纯棉手工老粗布厂	90
			运城市石榴花家纺装饰有限公司	91
240	Ⅷ-55	青铜铸造技艺	曲沃县晋华隆艺术品有限公司	92

序号	编码	项目名称	申报地区或单位	备注
241	Ⅷ－56	麻纸制作技艺（沁源手工麻纸制作技艺、平阳麻笺制作技艺）	沁源县中峪乡人民政府	93
			临汾襄汾县邓庄丁陶麻笺社	94
242	Ⅷ－57	锣鼓制作技艺	襄汾县徐记锣鼓制作有限公司	95
327	Ⅷ－72	山西珐花器制作技艺	阳泉市郊区大龙珐花器制作中心	96
333	Ⅷ－78	手工制鞋技艺（凤头鞋制作技艺、传统戏剧鞋帽制作技艺）	翼城县巨彩文化发展有限公司	97
			稷山县传统鞋帽制作中心	98
			山西永杰民间布鞋有限公司	99
			闻喜县老谭家布艺加工坊	100
335	Ⅷ－80	米醋制作技艺（张营小米醋酿造技艺）	永济市张营小米醋专业合作社	101
336	Ⅷ－81	陶器制作技艺	新绛县龙兴镇文红陶器工艺厂	102
338	Ⅷ－83	酱菜制作技艺（代县酱菜制作技艺）	代县旭源土特产加工厂	103

九、传统医药（共4项，涉及11个保护单位）

序号	编码	项目名称	申报地区或单位	备注
86	Ⅸ－1	中医养生（沙袋循经拍打疗法、中医养生术）	太原市御生堂文化养生服务有限公司	104
			芮城县吕洞宾中医养生文化研究会	105
243	Ⅸ－3	中医传统制剂方法（乾德堂小儿止泻散制作技艺、楼村中医世家胃灵散制作技艺、贾氏乌金散制作技艺、襄汾关梁氏膏药制作技艺）	平遥县西关大街邓兆泉诊所	106
			洪洞县乐善堂商贸有限责任公司	107
			洪洞县贾氏乌金散中医研究所	108
			襄汾温泉医院	109
249	Ⅸ－9	中医正骨疗法（韩式正骨术、摸骨正脊术、赵氏正骨疗法）	陵川县西河底镇卫生院	110
			晋中市灵石县	111
			河津堡子沟中医骨伤专科医院	112
250	Ⅸ－10	中医诊疗法（吴氏妇科疗法、武氏中医脾胃派疗法）	太谷县康福药店	113
			运城武氏中医院	114

十、民俗（共5项，涉及6个保护单位）

序号	编码	项目名称	申报地区或单位	备注
98	X－11	庙会（海潮禅寺庙会）	河曲县文化体育发展中心	115
100	X－13	盂县河灯节	阳泉市盂县梁家寨乡大崔家庄村	116
253	X－23	春节（娘子关跑马排春节习俗）	平定县下董寨村民委员会	117
260	X－30	马拉鼓车	闻喜县文化馆	118
269	X－39	九曲黄河阵	河曲县文化体育发展中心	119
			偏关县文化馆	120